토익® 정기시험
기출문제집 1
1000
LISTENING

정답 및 해설

기출 TEST 1

1 (B)	**2** (C)	**3** (A)	**4** (A)	**5** (B)
6 (D)	**7** (B)	**8** (C)	**9** (B)	**10** (C)
11 (A)	**12** (B)	**13** (A)	**14** (A)	**15** (C)
16 (B)	**17** (A)	**18** (C)	**19** (A)	**20** (C)
21 (A)	**22** (C)	**23** (B)	**24** (C)	**25** (B)
26 (A)	**27** (A)	**28** (B)	**29** (B)	**30** (A)
31 (C)	**32** (C)	**33** (D)	**34** (A)	**35** (C)
36 (B)	**37** (A)	**38** (C)	**39** (D)	**40** (A)
41 (D)	**42** (D)	**43** (C)	**44** (A)	**45** (C)
46 (B)	**47** (D)	**48** (B)	**49** (A)	**50** (D)
51 (A)	**52** (B)	**53** (D)	**54** (A)	**55** (C)
56 (B)	**57** (A)	**58** (C)	**59** (B)	**60** (D)
61 (D)	**62** (B)	**63** (A)	**64** (C)	**65** (B)
66 (B)	**67** (C)	**68** (A)	**69** (B)	**70** (A)
71 (B)	**72** (A)	**73** (D)	**74** (C)	**75** (B)
76 (A)	**77** (C)	**78** (A)	**79** (B)	**80** (D)
81 (A)	**82** (C)	**83** (D)	**84** (B)	**85** (B)
86 (D)	**87** (A)	**88** (C)	**89** (D)	**90** (B)
91 (C)	**92** (C)	**93** (A)	**94** (B)	**95** (D)
96 (D)	**97** (B)	**98** (C)	**99** (A)	**100** (B)

PART 1

1 M-Cn

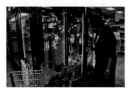

(A) She's searching in her handbag.
(B) She's looking in a display case.
(C) She's paying for a purchase.
(D) She's holding some flowers.

(A) 여자가 핸드백을 뒤지고 있다.
(B) 여자가 진열장을 들여다 보고 있다.
(C) 여자가 물건 값을 지불하고 있다.
(D) 여자가 꽃을 들고 있다.

어휘 search 뒤지다 display case 진열장 purchase 구입(품)

해설 1인 등장 사진 – 사람의 동작/상태 묘사

(A) 동사 오답. 여자가 핸드백 속을 뒤지고 있는(searching in her handbag) 모습이 아니므로 오답.
(B) 정답. 여자가 진열장을 들여다 보고 있는(looking in a display case) 모습이므로 정답.
(C) 동사 오답. 여자가 돈을 지불하고 있는(paying) 모습이 아니므로 오답.
(D) 동사 오답. 여자가 꽃을 들고 있는(holding some flowers) 모습이 아니므로 오답.

2 W-Br

(A) The man is switching off a lamp.
(B) The man is opening some curtains.
(C) The man is seated by a window.
(D) The man is hanging some photographs on the wall.

(A) 남자가 조명등을 끄고 있다.
(B) 남자가 커튼을 열고 있다.
(C) 남자가 창가에 앉아 있다.
(D) 남자가 벽에 사진을 걸고 있다.

어휘 switch off 끄다 by ~ 옆에 photograph 사진

해설 1인 등장 사진 – 사람의 동작/상태 묘사

(A) 동사 오답. 남자가 조명등을 끄고 있는(switching off a lamp) 모습이 아니므로 오답.
(B) 동사 오답. 남자가 커튼을 열고 있는(opening some curtains) 모습이 아니므로 오답.
(C) 정답. 남자가 창가에 앉아 있는(seated by a window) 모습을 잘 묘사했으므로 정답.
(D) 동사 오답. 남자가 사진을 걸고 있는(hanging some photographs) 모습이 아니므로 오답.

3 M-Au

(A) Some chairs are arranged in a circle.
(B) Some stairs are being cleaned.
(C) A roof is being repaired.
(D) A tree is being trimmed.

(A) 의자가 원형으로 배치되어 있다.
(B) 계단이 청소되고 있다.
(C) 지붕이 수리되고 있다.
(D) 나무가 다듬어 지고 있다.

어휘 arrange 배열하다 in a circle 원형으로 stairs 계단 roof 지붕 repair 수리하다 trim 다듬다, 잘라 내다

해설 사물/배경 사진 – 실외 사물의 상태 묘사

(A) 정답. 의자(chairs)가 원형으로 배치되어 있는(arranged in a circle) 상태이므로 정답.
(B) 동사 오답. 계단(stairs)을 청소하고 있는(are being cleaned) 사람의 모습이 보이지 않으므로 오답.
(C) 동사 오답. 지붕(roof)을 수리하고 있는(are being repaired) 사람의 모습이 보이지 않으므로 오답.

(D) 동사 오답. 나무(tree)를 다듬고 있는(is being trimmed) 사람의 모습이 보이지 않으므로 오답.

해설 2인 이상 등장 사진 – 사람 또는 사물 중심 묘사

(A) 사진에 없는 명사를 이용한 오답. 사진에 표지판(notice)이 보이지 않으므로 오답.

(B) 정답. 여자들이 출입구를 향해 걸어가고 있는(walking toward a doorway) 모습이므로 정답.

(C) 동사 오답. 남자가 타이어를 교체하고 있는(changing a bicycle tire) 모습이 아니므로 오답.

(D) 동사 오답. 바구니(basket)를 수레로부터 치우고 있는(is being removed) 모습이 아니므로 오답.

4 M-Cn

(A) One of the women is wearing a scarf.
(B) The women are talking to each other.
(C) The man is pouring coffee into a cup.
(D) The people are closing their menus.

(A) 여자 한 명이 스카프를 착용하고 있다.
(B) 여자들이 서로 이야기하고 있다.
(C) 남자가 컵에 커피를 따르고 있다.
(D) 사람들이 메뉴판을 덮고 있다.

어휘 each other 서로   pour 따르다(붓다)

해설 2인 이상 등장 사진 – 사람의 동작/상태 묘사

(A) 정답. 여자 한 명이 스카프를 착용하고 있는(wearing a scarf) 상태이므로 정답. 참고로 putting on은 무언가를 착용하는 동작을 가리키는 말로 이미 착용 중인 상태를 나타내는 wearing과 혼동하지 않도록 주의한다.

(B) 동사 오답. 여자들이 서로 이야기하고 있는(talking to each other) 모습이 아니라 메뉴를 보고 있는(studying the menus) 모습이므로 오답.

(C) 동사 오답. 남자가 커피를 따르고 있는(pouring coffee) 모습이 아니라 컵을 들고 있는(holding a cup) 모습이므로 오답.

(D) 동사 오답. 사람들이 메뉴판을 덮고 있는(closing their menus) 모습이 아니므로 오답.

5 W-Am

(A) A notice is being hung on a post.
(B) The women are walking toward a doorway.
(C) The man is changing a bicycle tire.
(D) A basket is being removed from a cart.

(A) 표지판이 기둥에 걸리고 있다.
(B) 여자들이 출입구 쪽으로 걷고 있다.
(C) 남자가 자전거 타이어를 교체하고 있다.
(D) 바구니가 수레로부터 치워지고 있다.

어휘 notice 안내문, 표지판   post 기둥   doorway 출입구   basket 바구니   remove 치우다   cart 카트, 수레

6 W-Br

(A) A shop assistant is giving a man some money.
(B) Some people are entering a supermarket.
(C) A cashier is putting merchandise into a bag.
(D) Some customers are waiting in line.

(A) 가게 점원이 남자에게 돈을 주고 있다.
(B) 사람들 몇 명이 슈퍼마켓에 들어오고 있다.
(C) 출납원이 상품을 봉투에 넣고 있다.
(D) 손님들 몇 명이 줄을 서서 기다리고 있다.

어휘 shop assistant 점원   enter 들어가다   cashier 출납원   merchandise 상품   customer 손님

해설 2인 이상 등장 사진 – 사람의 동작/상태 묘사

(A) 동사 오답. 점원이 남자에게 돈을 주고 있는(giving a man some money) 모습이 아니므로 오답.

(B) 동사 오답. 슈퍼마켓에 들어오고 있는(entering a supermarket) 사람이 보이지 않으므로 오답.

(C) 동사 오답. 출납원이 상품을 가방에 넣고 있는(putting merchandise into a bag) 모습이 아니므로 오답.

(D) 정답. 손님들 몇 명이 줄을 서서 기다리고 있는(waiting in line) 모습이므로 정답.

PART 2

7

M-Au When did you buy your new phone?
W-Am (A) The store is close to my house.
      (B) Last week when it was on sale.
      (C) I think it's the same number.

언제 새 전화기를 사셨나요?
(A) 그 가게는 저희 집과 가깝습니다.
(B) 지난주에 할인 했을 때예요.
(C) 동일한 번호인 것 같은데요.

어휘 on sale 할인 중인

해설 전화기 구입 시점을 묻는 When 의문문

(A) 질문과 상관없는 오답. Where 의문문에 대한 응답이므로 오답.

(B) 정답. 전화기 구입 시점을 묻는 질문에 지난주에 할인 했을 때라며 구체적인 시점으로 응답하고 있으므로 정답.

(C) 연상 단어 오답. 질문의 phone에서 연상 가능한 number를 이용한 오답.

8

W-Br Do you know where Keiko's office is?

M-Cn (A) That's the official logo.
(B) To reserve a room.
(C) It's on the second floor.

케이코의 사무실이 어디 있는지 아시나요?
(A) 그것은 공식 로고입니다.
(B) 방을 예약하려고요.
(C) 2층에 있습니다.

어휘 official 공식적인 reserve 예약하다

해설 위치를 묻는 간접 의문문

(A) 유사 발음 오답. 질문의 office와 발음이 일부 유사한 official을 이용한 오답.

(B) 연상 단어 오답. 질문의 office에서 연상 가능한 room을 이용한 오답.

(C) 정답. 사무실의 위치를 묻는 질문에 2층이라는 구체적인 장소로 응답했으므로 정답.

9

W-Am That was a short movie, wasn't it?

M-Au (A) The theater on Glenn Road.
(B) You're right—it was only an hour!
(C) I must have misplaced it.

영화가 짧았어요, 그렇죠?
(A) 글렌 로드에 있는 극장이요.
(B) 맞아요—딱 1시간짜리였어요!
(C) 제가 그것을 잃어버린 게 틀림없어요.

어휘 theater 극장 misplace 제자리에 두지 않다, 잃어버리다

해설 영화가 짧았는지 여부를 확인하는 부가 의문문

(A) 연상 단어 오답. 질문의 movie에서 연상 가능한 theater를 이용한 오답.

(B) 정답. 영화가 짧았는지 여부를 묻는 질문에 맞다(You're right)고 대답한 후에 상영 시간이 딱 1시간이었다며 그에 호응하는 추가 정보를 덧붙였으므로 정답.

(C) 질문과 상관없는 오답. 질문에 어울리지 않는 응답을 하고 있으므로 오답.

10

W-Br Where can I find a building directory?

W-Am (A) In two weeks.
(B) No, thank you.
(C) Near the front entrance.

건물 안내도가 어디에 있나요?
(A) 2주 후에요.
(B) 아닙니다, 괜찮습니다.
(C) 입구 근처에요.

어휘 directory 안내도, 명부 entrance 입구

해설 물건이 있는 장소를 묻는 Where 의문문

(A) 질문과 상관없는 오답. When 의문문에 대한 응답이므로 오답.

(B) Yes/No 불가 오답. Where 의문문에는 Yes/No 응답이 불가능하므로 오답.

(C) 정답. 물건이 있는 장소를 묻는 질문에 입구 근처라는 구체적인 장소로 응답했으므로 정답.

11

M-Cn Who's going to lead the merger negotiations?

W-Br (A) John Sanchez is.
(B) Thanks, I appreciate it.
(C) No, that's not mine.

누가 합병 협상을 지휘할 건가요?
(A) 존 산체스 씨요.
(B) 감사합니다.
(C) 아니요, 그것은 제 것이 아니에요.

어휘 lead 지휘하다 merger 합병 negotiation 협상

해설 협상 지휘자를 묻는 Who 의문문

(A) 정답. 협상 지휘자가 누구인지를 묻는 질문에 존 산체스라는 구체적인 인물로 응답했으므로 정답.

(B) 질문과 상관없는 오답. 질문과 전혀 어울리지 않는 응답을 하고 있으므로 오답.

(C) Yes/No 불가 오답. Who 의문문에는 Yes/No 응답이 불가능하므로 오답.

12

W-Am How do I contact the financial consultant?

M-Au (A) A free consultation.
(B) He left his business card.
(C) In a few more days.

금융 상담사에게 어떻게 연락하면 되죠?
(A) 무료 상담입니다.
(B) 그가 명함을 남겼어요.
(C) 며칠 더 있다가요.

어휘 financial 금융(재정)의 consultant 상담가 consultation 상담 business card 명함

해설 연락 방법을 묻는 How 의문문

(A) 유사 발음 오답. 질문의 consultant와 부분적으로 발음이 유사한 consultation을 이용한 오답.

(B) 정답. 상담사에게 연락할 방법을 묻는 질문에 그가 명함을 남겼다며 우회적으로 응답했으므로 정답.

(C) 질문과 상관없는 오답. When 의문문에 대한 응답이므로 오답.

13

M-Cn When is the health inspector coming?
W-Br (A) Anytime this week.
    (B) It's good for your health.
    (C) At the back door.

언제 위생 검사관이 오나요?
(A) 이번 주 아무 때나요.
(B) 당신의 건강에 좋습니다.
(C) 후문에서요.

어휘 health inspector 위생 검사관

해설 위생 검사관이 오는 시점을 묻는 When 의문문
(A) 정답. 검사관이 오는 시점을 묻는 질문에 이번 주 아무 때나 올 수 있다며 구체적인 시점으로 응답하고 있으므로 정답.
(B) 단어 반복 오답. 질문의 health를 반복 이용한 오답.
(C) 질문과 상관없는 오답. Where 의문문에 대한 응답이므로 오답.

14

W-Am Wasn't this assignment due last week?
M-Au (A) It's taking longer than we thought.
    (B) Sign at the bottom of the page.
    (C) No, you don't need permission.

이 업무는 지난주까지 해야 되는 게 아니었나요?
(A) 우리가 생각했던 것보다 오래 걸리네요.
(B) 페이지 맨 아래에 서명해 주세요.
(C) 아니요, 허가는 필요 없습니다.

어휘 assignment 임무 due ~하기로 되어 있는 bottom 맨 아래 permission 허가

해설 사실 여부를 확인하는 부정 의문문
(A) 정답. 지난주가 업무의 마감 시한이었는지를 확인하는 질문에 생각보다 오래 걸린다며 마감 시간을 맞추지 못했음을 우회적으로 응답하고 있으므로 정답.
(B) 유사 발음 오답. 질문의 assignment와 부분적으로 발음이 유사한 sign을 이용한 오답.
(C) 질문과 상관없는 오답. 마감 시한을 확인하는 질문에 허가(permission)가 필요한지 여부는 상황에 적합하지 않은 응답이므로 오답.

15

W-Br Whose turn is it to buy coffee?
M-Cn (A) Two sugars please.
    (B) In the kitchen.
    (C) I already bought it.

누가 커피를 살 차례이죠?
(A) 설탕 둘이요.
(B) 부엌에요.
(C) 전 이미 샀어요.

어휘 turn 차례 already 이미, 벌써

해설 커피를 살 사람을 묻는 Whose 의문문
(A) 연상 단어 오답. 질문의 coffee에서 연상 가능한 sugar를 이용한 오답.
(B) 질문과 상관없는 오답. Where 의문문에 대한 응답이므로 오답.
(C) 정답. 커피를 살 사람이 누구인지를 묻는 질문에 나는 이미 샀으므로 커피를 살 사람이 아님을 우회적으로 응답했으므로 정답.

16

W-Am Where will the company retreat be next year?
W-Br (A) Every year.
    (B) It hasn't been decided yet.
    (C) Yes, I've been there.

내년 회사 야유회는 어디에서 하나요?
(A) 매년이요.
(B) 아직 결정이 나지 않았어요.
(C) 네, 거기 가 본 적 있어요.

어휘 retreat 야유회 decide 결정하다

해설 회사 야유회 장소를 묻는 Where 의문문
(A) 질문과 상관없는 오답. 빈도를 묻는 How often 의문문에 대한 응답이므로 오답.
(B) 정답. 회사 야유회 장소를 묻는 질문에 아직 결정이 나지 않았다며 우회적으로 응답했으므로 정답.
(C) Yes/No 불가 오답. Where 의문문에는 Yes/No 응답이 불가능하므로 오답.

17

M-Au Let's discuss the building designs this morning.
M-Cn (A) We can do it this afternoon instead.
    (B) The sign on the wall.
    (C) Does he work in that building, too?

오늘 아침에 건물 디자인을 논의합시다.
(A) 아침 말고 오늘 오후에 할 수 있어요.
(B) 벽에 걸린 간판이요.
(C) 그도 그 건물에서 근무 하나요?

어휘 discuss 논의하다 instead 대신에 sign 표지판, 간판

해설 제안/권유의 평서문
(A) 정답. 아침에 건물 디자인을 논의하자고 제안하려는 의도의 평서문에 아침 시간 대신 오후에 하자고 대안을 제시하고 있으므로 정답.
(B) 유사 발음 오답. 평서문의 design과 부분적으로 발음이 유사한 sign을 이용한 오답.
(C) 단어 반복 오답. 평서문의 building을 반복 이용한 오답.

18

W-Br Why is there a cake sitting out on the front desk?
W-Am (A) The potted plant on the ground.
    (B) I'll answer the phone.
    (C) Because Barb's party is today.

왜 안내 데스크에 케이크가 놓여 있죠?
(A) 땅에 놓인 화분입니다.
(B) 제가 전화 받을게요.
(C) 바브의 파티가 오늘이거든요.

어휘 front desk 안내 데스크   potted 화분에 심은   plant 식물
　　 ground 땅

해설 안내 데스크에 케이크가 있는 이유를 묻는 Why 의문문
(A) 질문과 상관없는 오답. 질문과 전혀 어울리지 않는 응답이므로 오답.
(B) 연상 단어 오답. front desk에서 연상 가능한 업무인 전화 받는 (answer the phone) 상황을 이용한 오답.
(C) 정답. 안내 데스크에 케이크가 놓여 있는 이유를 묻는 질문에 바브의 파티가 오늘이라며 적절한 이유를 댔으므로 정답.

19

M-Cn How are we going to move all of these office chairs?

W-Am (A) Sergio will help us.
　　　(B) Across the hallway.
　　　(C) Have a seat by the window.

어떻게 이 사무실 의자들을 모두 옮기죠?
(A) 서지오가 도와줄 거예요.
(B) 복도 건너편에요.
(C) 창가에 앉으십시오.

어휘 across 가로질러   hallway 복도   seat 자리, 좌석

해설 사무실 의자를 모두 옮길 방법을 묻는 How 의문문
(A) 정답. 사무실 의자를 모두 옮길 방법을 묻는 질문에 서지오가 도와줄 거라며 우회적으로 응답하고 있으므로 정답.
(B) 질문과 상관없는 오답. Where 의문문에 대한 응답이므로 오답.
(C) 연상 단어 오답. 질문의 chairs에서 연상 가능한 seat을 이용한 오답.

20

M-Au Have you gone to the leadership training yet?

W-Br (A) A new training manual.
　　　(B) Sure, we can leave some for you.
　　　(C) I didn't know it was required.

리더십 훈련에 갔었나요?
(A) 새 훈련 설명서입니다.
(B) 물론이죠, 당신을 위해 조금 남겨 둘게요.
(C) 그게 요구 사항인지 몰랐어요.

어휘 manual 설명서   leave 남기다   require 필요(요구)하다

해설 리더십 훈련에 갔었는지를 묻는 조동사(Have) 의문문
(A) 단어 반복 오답. 질문의 training을 반복 이용한 오답.
(B) 연상 단어 오답. gone에서 연상 가능한 leave를 이용한 오답. leave는 '떠나다(출발하다)'라는 뜻도 있지만 이 문장에서는 '남기다'라는 뜻으로 쓰였다.
(C) 정답. 리더십 훈련에 갔었는지를 묻는 질문에 그것이 해야 되는 일인지 몰랐다며 참석하지 않았음을 우회적으로 응답하고 있으므로 정답.

21

W-Am Why don't we start marketing to a younger audience?

M-Au (A) That's a really good idea.
　　　(B) The film starts at nine.
　　　(C) Fifteen should be enough.

더 젊은 관객층에 마케팅을 시작하는 게 어떨까요?
(A) 정말 좋은 생각이네요.
(B) 영화는 9시에 시작합니다.
(C) 열다섯이면 충분할 겁니다.

어휘 audience 관객(청중)   film 영화

해설 제안/권유 의문문
(A) 정답. 더 젊은 관객층에 마케팅을 시작하자고 제안하는 질문에 좋은 생각이라며 찬성했으므로 정답.
(B) 연상 단어 오답. 질문의 audience에서 연상 가능한 film을 이용한 오답.
(C) 질문과 상관없는 오답. How many 의문문에 대한 응답이므로 오답.

22

M-Cn What kind of tablet computer do you have?

W-Br (A) I have a few more minutes.
　　　(B) An electronics store nearby.
　　　(C) Are you thinking of buying one?

무슨 종류의 태블릿 컴퓨터를 갖고 계신가요?
(A) 몇 분 더 시간 있어요.
(B) 근처의 전자제품 매장에서요.
(C) 하나 구입하실 생각이세요?

어휘 kind 종류   electronics store 전자제품 매장

해설 소유하고 있는 컴퓨터의 종류를 묻는 What kind 의문문
(A) 단어 반복 오답. 질문의 have를 반복 이용한 오답.
(B) 연상 단어 오답. 질문의 tablet computer에서 연상 가능한 electronics store를 이용한 오답.
(C) 정답. 현재 소유하고 있는 태블릿 컴퓨터의 종류를 묻는 질문에 질문의 이유를 파악하려는 의도로 물건을 구입할 의향이 있는지 상대에게 되묻고 있으므로 정답.

23

W-Am Wouldn't you rather travel somewhere during your time off?

M-Au (A) A round-trip ticket for two thousand dollars.
　　　(B) I'm planning to paint my house.
　　　(C) I would follow up with Sahar.

쉬는 동안 어디로든 여행을 가는 게 좋지 않겠어요?
(A) 왕복권은 2,000달러입니다.
(B) 집을 페인트 칠할 계획이에요.
(C) 사하와 곧 함께 할 거예요.

어휘 rather 차라리, 약간   time off 휴가   round-trip 왕복 여행
follow up 뒤따르다

해설 제안을 나타내는 의문문
(A) 연상 단어 오답. 질문의 travel에서 연상 가능한 round-trip ticket을 이용한 오답.
(B) 정답. 쉬는 동안 여행을 가는 게 좋지 않겠냐는 제안에 집을 페인트 칠할 계획이 있다며 우회적으로 거절하고 있으므로 정답.
(C) 단어 반복 오답. 질문의 would를 반복 이용한 오답.

24
W-Br You gave the customers the bill, didn't you?
M-Cn (A) A reliable delivery service.
　　　(B) That's an impressive offer.
　　　(C) Hasn't the payment arrived yet?

당신이 손님들께 계산서를 드렸죠, 그렇지 않나요?
(A) 믿을 만한 배송 서비스입니다.
(B) 인상적인 제안이네요.
(C) 아직 지불이 되지 않았나요?

어휘 customer 손님   bill 고지서, 계산서   reliable 믿을 만한
delivery 배송   impressive 인상적인   payment 지불(금)

해설 계산서를 제공했는지 여부를 묻는 부가 의문문
(A) 연상 단어 오답. 질문의 customers와 bill에서 연상 가능한 service를 이용한 오답.
(B) 질문과 상관없는 오답. 질문과 전혀 어울리지 않는 응답이므로 오답.
(C) 정답. 손님에게 계산서를 제공했는지 여부를 묻는 질문에 Yes를 생략한 채 아직 입금이 안 되었는지를 물으며 우회적으로 응답하고 있으므로 정답.

25
M-Au How soon can you finish the Sterling report?
W-Am (A) He's a reporter there.
　　　(B) I'll be done before lunch.
　　　(C) Please make ten copies.

스털링 보고서를 얼마나 빨리 마무리할 수 있나요?
(A) 그는 그곳의 기자입니다.
(B) 점심 전에 끝낼 겁니다.
(C) 10장 복사해 주세요.

어휘 report 보고서   reporter 기자   copy 복사(본)

해설 얼마나 빨리 일을 끝낼 수 있는지를 묻는 How soon 의문문
(A) 유사 발음 오답. 질문의 report와 부분적으로 발음이 유사한 reporter를 이용한 오답.
(B) 정답. 얼마나 빨리 보고서를 끝낼 수 있는지를 묻는 질문에 점심 시간 전에 끝낼 수 있다며 구체적인 시점으로 응답했으므로 정답.
(C) 연상 단어 오답. 질문의 report에서 연상 가능한 copies를 이용한 오답.

26
M-Cn Would you like your receipt now, or shall I put it in the bag?
W-Br (A) Just put it in my bag, thanks.
　　　(B) About twenty-five euros.
　　　(C) That's a great looking sweater.

지금 영수증을 받으시겠어요, 아니면 봉투에 넣어 드릴까요?
(A) 가방에 넣어 주세요, 감사합니다.
(B) 대략 25 유로입니다.
(C) 스웨터가 근사하네요.

어휘 receipt 영수증   great looking 보기 좋은

해설 절을 연결한 선택 의문문
(A) 정답. 영수증을 받을 방법을 묻는 선택 의문문에 봉투에 넣어 달라며 선택 사항 중 하나를 택해 구체적으로 응답하였으므로 정답.
(B) 연상 단어 오답. 질문의 receipt에서 연상 가능한 금액(twenty-five euros)을 이용한 오답.
(C) 연상 단어 오답. 질문의 receipt과 bag에서 제품 구매를 연상하게 하여 sweater라는 제품을 이용한 오답.

27
W-Am The registration deadline is on Friday.
M-Cn (A) Where did you hear that?
　　　(B) They arrived already.
　　　(C) Yes, I'd like to.

등록 마감일은 금요일입니다.
(A) 어디에서 들으셨어요?
(B) 그들은 이미 도착했습니다.
(C) 네, 저도 그러고 싶어요.

어휘 registration 등록   deadline 마감일

해설 사실/정보 전달의 평서문
(A) 정답. 등록 마감일은 금요일이라며 정보를 전달하는 평서문에 정보의 출처에 대해 추가 정보를 묻고 있으므로 정답.
(B) 질문과 상관없는 오답. 질문의 내용에 어울리지 않는 응답일뿐더러 등록 마감일(registration deadline)에 대해 말하고 있는 평서문에 They로 응답하고 있으므로 오답.
(C) 질문과 상관없는 오답. 질문의 내용에 어울리지 않는 응답이므로 오답.

28
M-Au Your airline has an overnight flight to Delhi, doesn't it?
W-Am (A) The nearest train station.
　　　(B) Yes, it departs at eight P.M.
　　　(C) Usually at a hotel downtown.

그쪽 항공사에 델리로 가는 야간 항공편이 있죠, 그렇죠?
(A) 가장 가까운 기차역입니다.
(B) 네, 그 비행기는 밤 8시에 출발합니다.
(C) 보통 시내에 있는 호텔에서요.

어휘 airline 항공사   overnight 야간의   flight 항공편   depart
출발하다   downtown 시내에

해설 야간 항공편이 있는지 여부를 확인하는 부가 의문문
(A) 질문과 상관없는 오답. Where 의문문에 대한 응답이므로 오답.
(B) 정답. 야간 항공편이 있는지를 묻는 질문에 Yes라고 대답한 후에 구체적인 출발 시간을 알려주었으므로 정답.
(C) 질문과 상관없는 오답. Where 의문문에 대한 응답이므로 오답.

29

M-Cn I can't seem to open the file you sent me.
M-Au (A) Yes, the post office is still open.
      (B) Sorry—I'll try sending it again.
      (C) We can't see that far either.

보내주신 파일을 열 수가 없어요.
(A) 네, 우체국은 아직 영업 중입니다.
(B) 죄송합니다-다시 보내 드리겠습니다.
(C) 우리도 그렇게 멀리 볼 수는 없습니다.

어휘 post office 우체국 still 아직 far 멀리

해설 도움을 요청하는 평서문
(A) 단어 반복 오답. 평서문의 open을 반복 이용한 오답.
(B) 정답. 파일을 열 수 없다며 도움을 요청하는 의도의 평서문에 죄송하다며 다시 파일을 보내겠다고 해결책을 제시하였으므로 정답.
(C) 유사 발음 오답. 평서문의 seem, file과 부분적으로 발음이 유사한 see, far를 이용한 오답.

30

W-Br Would you like to include breakfast in your room reservation?
W-Am **(A) Sure, that'll be fine.**
      (B) Check-in is at three o'clock.
      (C) A view of the ocean, if possible.

객실 예약에 조식을 포함하시겠습니까?
(A) 네, 그게 좋겠네요.
(B) 체크인은 3시입니다.
(C) 가능하면, 바다가 보이는 방으로요.

어휘 include 포함하다 reservation 예약 check-in 체크인(투숙 수속) view 전망

해설 제안을 나타내는 의문문
(A) 정답. 객실 예약에 조식을 포함할지를 제안하는 질문에 좋다고 수락했으므로 정답.
(B) 연상 단어 오답. 질문의 room reservation에서 연상 가능한 check-in을 이용한 오답.
(C) 연상 단어 오답. 질문의 room reservation에서 연상 가능한 a view of the ocean을 이용한 오답.

31

M-Au Should I print copies of the budget for the meeting or e-mail it to everyone?
M-Cn (A) The last page of the order form.
      (B) Four million dollars this year.
      (C) Everyone there will have a laptop.

회의를 위해서 예산안을 인쇄할까요 아니면 전원에게 이메일로 보낼까요?
(A) 주문서의 마지막 페이지요.
(B) 올 해에는 4백만 달러입니다.
(C) 모두 휴대용 컴퓨터를 가지고 있을 거예요.

어휘 copy 복사(본) budget 예산(안) order form 주문서 million 100만 laptop 휴대용(노트북) 컴퓨터

해설 예산안 배부 방법을 묻는 선택 의문문
(A) 연상 단어 오답. 질문의 print copies에서 연상 가능한 last page를 이용한 오답.
(B) 연상 단어 오답. 질문의 budget에서 연상 가능한 돈의 액수(four million dollars)를 이용한 오답.
(C) 정답. 예산안을 인쇄할지 혹은 이메일로 보낼지를 묻는 질문에 모두가 휴대용 컴퓨터를 가지고 있을 것이라며 이메일을 보내라는 대답을 우회적으로 표현했으므로 정답.

PART 3

32-34

M-Cn Thanks for calling Riverside Auto Repair. How can I help you?

W-Br Hi. I got my car repaired last week and used your shuttle service to get a ride back to my office. **32Can you tell me why there's a service charge on my invoice for using the shuttle?** I've never had to pay that before.

M-Cn Yes, **33unfortunately the cost of auto fuel has risen quite a bit, so the company now requires us to charge for the shuttle.**

W-Br Well, I wasn't expecting that.

M-Cn I'm sorry we didn't inform you of this ahead of time. **34I'll waive the fee now,** but please be aware that you'll have to pay for rides in the future.

남 리버사이드 자동차 정비소에 전화 주셔서 감사합니다. 무엇을 도와드릴까요?

여 안녕하세요. 제가 지난주에 차를 정비 받고 사무실로 돌아가기 위해 셔틀 서비스를 이용했는데요. **어째서 제 청구서에 셔틀 이용에 대한 서비스 요금이 청구되어 있는지를 말씀해 주실 수 있나요?** 전에는 돈을 내야 했던 적이 없었거든요.

남 네, **안타깝게도 자동차 연료비가 꽤 올라서, 회사에서 현재 셔틀 서비스에 대해 요금을 부과하고 있습니다.**

여 아, 예상하지 못 했던 일이네요.

남 사전에 말씀 드리지 못 해서 죄송합니다. **이번에는 제가 요금을 면제해 드리겠지만,** 향후에는 셔틀을 타시려면 요금을 내셔야 한다는 것을 알고 계십시오.

어휘　auto 자동차　repair 수리(하다)　ride 타고 가기　charge 요금; (요금을) 부과하다　invoice 청구서, 송장　fuel 연료　require 요구하다　inform 알리다　ahead of time 미리, 사전에　waive 면제하다　fee 수수료　aware 알고 있는

32

Why is the woman calling?

(A) To make an appointment
(B) To rent a car
(C) To ask about a fee
(D) To apply for a position

여자는 왜 전화를 했는가?

(A) 약속을 잡으려고
(B) 차를 대여하려고
(C) 수수료에 대해 문의하려고
(D) 일자리에 지원하려고

해설　전체 내용 관련 – 여자가 전화를 건 이유

대화 초반부에 여자가 어째서 청구서에 셔틀 이용에 대한 서비스 요금이 청구되어 있는지(Can you tell me why there's a service charge on my invoice for using the shuttle?) 물었으므로 정답은 (C)이다.

▸▸ Paraphrasing　대화의 a service charge → 정답의 a fee

33

According to the man, what has recently changed?

(A) Office hours
(B) Job requirements
(C) A computer system
(D) A company policy

남자에 따르면, 최근에 무엇이 바뀌었는가?

(A) 영업시간
(B) 구직 요건
(C) 컴퓨터 시스템
(D) 회사 정책

해설　세부사항 관련 – 최근에 변경된 사항

남자는 두 번째 대사에서 안타깝게도 자동차 연료비가 올라서, 회사에서 현재 셔틀 서비스에 대해 요금을 부과하고 있다(unfortunately the cost of auto fuel has risen quite a bit, so the company now requires us to charge for the shuttle)며 회사의 변경된 수수료 방침에 대해 설명하고 있으므로 정답은 (D)이다.

34

What does the man agree to do?

(A) Waive a fee
(B) Reschedule a meeting
(C) Sign a contract
(D) Repair a vehicle

남자가 하기로 동의한 것은?

(A) 수수료 면제
(B) 회의 일정 조정
(C) 계약 체결
(D) 차량 수리

해설　세부사항 관련 – 남자가 동의한 사항

남자가 마지막 대사에서 이번에는 요금을 면제해 드리겠다(I'll waive the fee now)고 했으므로 정답은 (A)이다.

35-37

W-Am　**35In sports news, our own Easton Jaguars won today's soccer match against the Portville Lions. Here to tell us about the game is Aaron Parker, the goalkeeper for the Jaguars.** Mr. Parker, thanks for joining us.

M-Au　Thanks for having me. Today's game was challenging—**36it started to rain early on, and the storm didn't let up for nearly an hour.** There were several times when we lost control of the ball because the field was so wet and slippery.

W-Am　Well, you all played really well despite the weather. **37Now, it's time for a commercial break,** but stay tuned—we'll soon be back with Aaron Parker to talk about the game's most exciting moments.

여　스포츠 뉴스입니다. 우리 이스턴 재규어스가 오늘 축구 경기에서 포트빌 라이언스에 이겼습니다. 재규어스의 골키퍼인 아론 파커 씨를 모시고 경기에 대해 이야기해 보겠습니다. 파커 씨, 함께 해 주셔서 감사합니다.

남　초대해 주셔서 감사합니다. 오늘 경기는 힘들었습니다. 초반에 비가 오기 시작해서 폭풍이 거의 한 시간 동안 누그러지지가 않았어요. 축구장이 너무 젖고 미끄러워서 볼 컨트롤을 놓친 적이 여러 번 있었습니다.

여　자, 날씨에도 불구하고 선수들 모두 정말 잘 뛰어 주셨는데요. 이제, 광고 시간입니다만 채널을 고정해 주십시오. 잠시 후 아론 파커 씨와 함께 가장 흥미로웠던 경기 순간에 대해 이야기를 나눠 보도록 하겠습니다.

어휘　challenging 어려운　let up 약해지다　nearly 거의　lose 잃다　field 들판, ~장　wet 젖은　slippery 미끄러운　commercial break 광고 시간　stay tuned (라디오·TV의 주파수에) 동조시키다

35

What is the topic of the conversation?

(A) Health
(B) Traffic
(C) Sports
(D) Finance

대화의 주제는 무엇인가?

(A) 건강
(B) 교통
(C) 스포츠
(D) 금융

해설 전체 내용 관련 - 대화의 주제

대화 초반부에 여자가 스포츠 뉴스라며 이스턴 재규어스가 오늘 축구 경기에서 포트빌 라이언스에 이겼다(In sports news, our own Easton Jaguars won today's soccer match against the Portville Lions)고 했고, 재규어스의 골키퍼인 아론 파커 씨를 모시고 경기 이야기를 하겠다(Here to tell us about the game is Aaron Parker, the goalkeeper for the Jaguars)고 했으므로 정답은 (C)이다.

36

What caused a problem?

(A) A staffing change
(B) A rainstorm
(C) A typographical error
(D) A road closure

무엇이 문제를 일으켰는가?

(A) 스태프 변경
(B) 폭풍우
(C) 오타
(D) 도로 폐쇄

어휘 staffing 직원 채용 rainstorm 폭풍우 typographical 인쇄상의

해설 세부사항 관련 - 문제의 원인

남자가 대화 중반부에서 초반에 비가 오기 시작해서 폭풍이 거의 한 시간 동안 누그러지지가 않았다(it started to rain early on, and the storm didn't let up for nearly an hour)고 했으므로 정답은 (B)이다.

37

What will the listeners hear next?

(A) A commercial
(B) A song
(C) A weather report
(D) A reading from a book

청취자들이 다음에 들을 것은?

(A) 광고
(B) 노래
(C) 일기 예보
(D) 책 읽기

해설 세부사항 관련 - 청취자가 다음에 들을 내용

여자가 마지막 대사에서 이제 광고시간(Now, it's time for a commercial break)이라고 했으므로 정답은 (A)이다.

38-40

W-Br Hi Paul, ³⁸**I know we were planning to work at the trade show together next week, but something has come up. Do you think you could find someone else to go in my place?**

M-Cn Sure, that can probably be arranged. Can I ask why you're unable to go?

W-Br ³⁹**My department recently hired several new people,** and I want to be here to make sure that their training goes smoothly.

M-Cn I understand. ⁴⁰**I'll call Ramona and ask her if she'd be able to attend the show instead.**

여 안녕하세요 폴. 다음 주에 우리가 함께 무역 박람회에서 일하기로 되어 있었는데, 일이 생겼어요. 제 대신 함께 갈 다른 사람을 찾으실 수 있을까요?

남 물론이죠, 아마 조정할 수 있을 거예요. 왜 못 가는지 물어봐도 될까요?

여 저희 부서가 최근에 신입 사원을 몇 명 뽑았는데, 제가 여기 있으면서 교육이 순조롭게 이루어지도록 확실히 하고 싶어서요.

남 알겠어요. 라모나에게 전화해서 박람회에 대신 참석해 줄 수 있는지 물어볼게요.

어휘 trade show 무역 박람회 in one's place ~ 대신에 arrange 마련하다, 정리하다 smoothly 순조롭게 instead 대신에

38

What does the woman notify the man about?

(A) She is unable to meet a deadline.
(B) She needs a replacement laptop.
(C) She cannot attend a business trip.
(D) She is planning to give a speech.

여자는 남자에게 무엇에 대해 알리는가?

(A) 마감 기한을 맞출 수 없다.
(B) 휴대용 컴퓨터 교체가 필요하다.
(C) 출장에 참석할 수 없다.
(D) 연설을 할 계획이다.

어휘 meet 충족시키다 replacement 교체(품)

해설 세부사항 관련 - 여자가 통보한 내용

대화 초반부에 여자는 다음 주에 함께 무역 박람회에서 일하기로 되어 있었는데, 일이 생겼다(I know we were planning to work at the trade show together next week, but something has come up)며 남자에게 제 대신 함께 갈 다른 사람을 찾으실 수 있는지(Do you think you could find someone else to go in my place?)를 묻고 있으므로 정답은 (C)이다.

39

According to the woman, what recently happened in her department?

(A) A corporate policy was updated.
(B) A supply order was mishandled.
(C) Client contracts were renewed.
(D) New employees were hired.

여자에 따르면, 최근 그녀의 부서에 무슨 일이 일어났는가?
(A) 회사 방침이 업데이트되었다.
(B) 납품 주문이 잘못 처리되었다.
(C) 고객 계약이 갱신되었다.
(D) 새로운 직원들이 채용되었다.

어휘 corporate 회사의 policy 방침, 정책 supply 공급
mishandle 잘못 처리하다 client 고객 renew 갱신하다

해설 세부사항 관련 – 최근에 여자의 부서에 발생한 일
여자가 두 번째 대사에서 자신의 부서가 최근에 신입 사원을 몇 명 뽑았다 (My department recently hired several new people)고 했으므로 정답은 (D)이다.

> ▸ Paraphrasing 대화의 **serveral new people**
> → 정답의 **New employees**

40

What does the man say he will do next?

(A) Speak with a colleague
(B) Conduct an interview
(C) Calculate a budget
(D) Draft a travel itinerary

남자가 다음에 할 일이라고 말한 것은?
(A) 동료와 이야기하기
(B) 면접 수행하기
(C) 예산 산출하기
(D) 여행 일정 짜기

어휘 colleague 동료 conduct 수행하다 calculate 계산하다
budget 예산 draft 초안을 작성하다 itinerary (여행) 일정표

해설 세부사항 관련 – 남자가 다음에 할 행동
남자는 마지막 대사에서 라모나에게 전화해서 박람회에 대신 참석해 줄 수 있는지 물어보겠다(I'll call Ramona and ask her if she'd be able to attend the show instead)고 했으므로 정답은 (A)이다.

> ▸ Paraphrasing 대화의 **call Ramona and ask her**
> → 정답의 **speak with a colleague**

41-43

> M-Au **41I'd like to book two tickets for tonight's city bus tour.**
>
> W-Am Sure, we still have seats on the bus. This tour will stop at five different sites and end up at the Seven Stars Restaurant.

M-Au Oh. That sounds good. A friend of mine is visiting from out of town. He'll like that.

W-Am Yes, but **42we have to put in the order for the restaurant in advance. You have a choice between the chicken with vegetables or the beef with rice.**

M-Au We'll both have the chicken.

W-Am Here are your tickets. And by the way, we're expecting clear skies tonight. **43You'll definitely want to bring your camera.** You won't want to miss taking photos of the city's skyline.

남 **오늘 밤 시티 버스 투어에 티켓 두 장을 예약하고 싶은데요.**

여 네, 버스에 아직 좌석이 남아 있어요. 이 투어는 다섯 곳에서 정차하고 세븐 스타즈 레스토랑에서 최종 하차합니다.

남 오. 그거 좋군요. 제 친구 한 명이 타지에서 방문하거든요. 그가 좋아하겠네요.

여 네, 하지만 **레스토랑은 미리 주문을 하셔야 해요. 채소를 곁들인 치킨이나 밥과 함께 나오는 쇠고기 중에서 선택하실 수 있으세요.**

남 치킨 둘로 할게요.

여 여기 티켓 받으세요. 그리고, 오늘 밤은 청명한 하늘이 예상되고 있어요. 카메라를 꼭 가져오시는 게 좋을 거예요. 도시의 스카이라인을 찍을 기회를 놓치고 싶지 않으실 겁니다.

어휘 book 예약하다 seat 좌석 site 위치(장소) order 주문
in advance 미리, 사전에 definitely 분명히 miss
놓치다

41

What does the man want to do?

(A) Purchase an area map
(B) See an event schedule
(C) Cancel a hotel reservation
(D) Book a bus tour

남자는 무엇을 하기를 원하는가?
(A) 지역 지도 구입
(B) 행사 일정표 확인
(C) 호텔 예약 취소
(D) 버스 투어 예약

어휘 cancel 취소하다 reservation 예약

해설 세부사항 관련 – 남자가 원하는 것
대화 초반부에 남자는 오늘 밤 시티 버스 투어에 티켓 두 장을 예약하고 싶다(I'd like to book two tickets for tonight's city bus tour)고 했으므로 정답은 (D)이다.

42

What is the man asked to choose?

(A) When to arrive
(B) What to visit
(C) How to pay
(D) What to eat

남자는 무엇을 선택하라고 요청 받는가?
(A) 도착할 시간
(B) 방문할 곳
(C) 지불 방법
(D) 먹을 것

해설 세부사항 관련 – 남자가 선택해야 할 사항
여자가 두 번째 대사에서 남자에게 레스토랑은 미리 주문을 해야 한다(we have to put in the order for the restaurant in advance)면서, 채소를 곁들인 치킨과 쇠고기와 밥 중에서 선택할 수 있다(You have a choice between the chicken with vegetables or the beef with rice)고 했으므로 정답은 (D)이다.

43
What does the woman suggest doing?
(A) Wearing a jacket
(B) Using a credit card
(C) Bringing a camera
(D) Looking for a coupon

여자가 하라고 제안하는 것은?
(A) 재킷 착용하기
(B) 신용카드 사용하기
(C) 카메라 가져오기
(D) 쿠폰 찾아보기

해설 세부사항 관련 – 여자의 제안 사항
여자는 마지막 대사에서 카메라를 꼭 가져오는 게 좋겠다(You'll definitely want to bring your camera)고 했으므로 정답은 (C)이다.

44-46

M-Cn Hi, Siba. **44Do you need help taking those files up to our office?** It looks like you have your hands full.
W-Br If you don't mind, that'd be great. **45The elevator is still out of order, so we'll have to use the stairs.**
M-Cn **45,46But that broke last week—the maintenance crew should have repaired that by now.**
W-Br Well, apparently a piece of hardware had to be custom made.
M-Cn Ah, I see. Well, at least our office is only on the second floor, so we don't have to climb too many stairs.
W-Br That's true. Thanks again for carrying some of these files—it would have taken two trips to get them all without your help.
남 안녕하세요, 시바 씨. **우리 사무실로 저 파일들을 옮기는 데 도움이 필요하세요?** 양 손이 가득 찬 것 같아 보이는 데요.

여 괜찮으시다면, 좋죠. **엘리베이터가 아직 고장이라서, 계단을 이용해야 하거든요.**
남 근데 엘리베이터는 지난주에 고장 났잖아요. 지금쯤이면 보수 팀에서 수리했어야 하는데.
여 그게, 보아하니 장비 하나를 주문 제작해야 했대요.
남 아, 그렇군요. 그래도 우리 사무실은 2층이라서, 계단을 너무 많이 올라갈 필요는 없네요.
여 맞아요. 이 파일들을 들어다 주셔서 감사해요. 안 도와 주셨다면 두 번 왔다 갔다 했을 거예요.

어휘 full 가득한 out of order 고장 난 stairs 계단 broke (break의 과거형) 고장 나다 maintenance 유지 crew 팀, 무리 repair 수리하다 apparently 보아 하니 custom made 주문 제작한 climb 오르다

44
What does the man offer to do?
(A) Meet in the lobby
(B) Contact a receptionist
(C) Carry some files
(D) Delay a meeting

남자는 무엇을 해 주겠다고 하는가?
(A) 로비에서 만나기
(B) 접수 담당자에게 연락하기
(C) 파일 일부 옮겨주기
(D) 회의 미루기

어휘 receptionist 접수 담당자 delay 미루다

해설 세부사항 관련 – 남자의 제안 사항
대화 초반부에 남자가 사무실로 파일들을 옮기는 데 도움이 필요한지(Do you need help taking those files up to our office?) 물었으므로 정답은 (C)이다.

▶ Paraphrasing 대화의 taking those files up to our office → 정답의 Carry some files

45
According to the man, what happened last week?
(A) An office door would not lock.
(B) A sink was installed incorrectly.
(C) An elevator stopped working.
(D) A document was lost.

남자에 따르면, 지난주에 무슨 일이 일어났는가?
(A) 사무실 문이 잠기지 않았다.
(B) 싱크대가 잘못 설치되었다.
(C) 엘리베이터가 작동을 멈췄다.
(D) 서류가 분실되었다.

어휘 lock 잠기다 sink 싱크대, 개수대 install 설치하다 incorrectly 부정확하게

해설 세부사항 관련 - 지난주에 일어난 일

여자가 첫 번째 대사에서 엘리베이터가 아직 고장이라 계단을 이용해야 한다(The elevator is still out of order, so we'll have to use the stairs)고 한 말에 남자가 그것은 지난주에 고장 났다(that broke last week)고 했다. 여기서 that은 elevator를 지칭하므로 정답은 (C)이다.

> ▸▸ Paraphrasing   대화의 **broke** → 정답의 **stopped working**

46

Why does the woman say, "a piece of hardware had to be custom made"?

(A) To justify a price
(B) To explain a delay
(C) To illustrate a product's age
(D) To express regret for a purchase

여자가 "장비 하나를 주문 제작해야 했다"라고 말한 의도는 무엇인가?

(A) 가격을 정당화하기 위해
(B) 지연을 설명하기 위해
(C) 제품의 수명을 설명하기 위해
(D) 구입품에 대해 유감을 표현하기 위해

어휘 justify 정당화하다, 타당함을 보여 주다 illustrate (실례·도해 등을 이용해) 분명히 보여주다 purchase 구입(품) regret 유감, 후회

해설 화자의 의도 파악 - 장비 하나를 주문 제작해야 했다는 말의 의미

남자가 두 번째 대사에서 엘리베이터는 지난주에 고장 났으므로 지금쯤 보수팀에서 수리를 했어야 했다(But that broke last week—the maintenance crew should have repaired that by now)고 지적한 것에 대해 한 말이므로 수리가 아직 마무리되지 않은 이유를 설명하기 위해 한 말임을 알 수 있다. 따라서 정답은 (B)이다.

47-49 3인 대화

M-Au	All right, ⁴⁷let's start the meeting. How were our clothing sales for June?
W-Br	Well, sales went up three percent from last month. But customers didn't respond as well as usual to our big semiannual sale.
M-Au	I was hoping for a five percent increase... ⁴⁸**Donna, why do you think the increase was so small?**
W-Am	**I think clothing sales weren't as strong because the advertising budget was cut this year. I'd like to see that money put back into our budget.**
M-Au	Hmm... Let's wait another month. ⁴⁹**If sales are still low, we may have to increase the advertising budget, but I prefer to wait on that decision.**
남	자, 회의를 시작합시다. 6월분 의류 판매는 어땠나요?
여1	지난달부터 판매가 3% 신장했어요. 하지만 6개월마다 하는 우리의 빅 세일 행사에 고객들 반응이 평소처럼 좋지가 않았어요.

남	5% 신장을 기대하고 있었는데… 도나 씨, 왜 판매 신장률이 이렇게 낮다고 생각하세요?
여2	의류 판매가 활발하지 못했던 이유는 올해 광고 예산이 삭감되었기 때문이라고 생각해요. 그 금액이 다시 우리 예산으로 편입되었으면 좋겠어요.
남	흠… 한 달 더 기다려 보죠. 만약 판매가 여전히 저조하면, 광고 예산을 늘려야 할 지도 모르겠네요. 그렇지만 기다렸다 결정하는 게 좋겠어요.

어휘	clothing 의류 respond 반응하다 semiannual 연 2회의, 반년마다의 increase 증가 advertising 광고 budget 예산 prefer 선호하다 decision 결정

47

What product are the speakers discussing?

(A) Electronics
(B) Office furniture
(C) Calendars
(D) Clothing

화자들은 무슨 제품에 대해 논의하고 있는가?

(A) 전자 제품
(B) 사무실 가구
(C) 달력
(D) 의류

해설 세부사항 관련 - 화자들이 논의하고 있는 제품

남자가 첫 번째 대사에서 회의를 시작하자(let's start the meeting)며 6월분 의류 판매는 어땠는지(How were our clothing sales for June) 물었고 그에 대한 응답으로 대화가 이어지고 있으므로 정답은 (D)이다.

48

What does Donna suggest?

(A) Hiring additional staff
(B) Revising a budget
(C) Posting some photos online
(D) Reducing prices

도나 씨는 무엇을 제안하는가?

(A) 추가 직원을 고용할 것
(B) 예산을 수정할 것
(C) 온라인에 사진을 올릴 것
(D) 가격을 낮출 것

어휘 revise 수정하다 post 게시(공고)하다 reduce 낮추다

해설 세부사항 관련 - 도나 씨의 제안 사항

남자가 두 번째 대사에서 도나를 호명하며 판매 신장률이 낮은 이유를 묻자(Donna, why do you think the increase was so small?) 도나가 의류 판매가 활발하지 못했던 이유는 올해 광고 예산이 삭감되었기 때문이라고 생각한다(I think clothing sales weren't as strong because the advertising budget was cut this year)며, 그 금액이 다시 우리 예산으로 편입되었으면 좋겠다(I'd like to see that money put back into our budget)고 했으므로 정답은 (B)이다.

49

What does the man propose?

(A) Postponing a decision
(B) Conducting a survey
(C) Developing new products
(D) Opening another location

남자는 무엇을 제안하는가?

(A) 결정 연기
(B) 조사 수행
(C) 신제품 개발
(D) 추가 지점 개점

어휘 postpone 연기하다 conduct 수행하다 develop 개발하다
location 장소, 위치

해설 세부사항 관련 – 남자의 제안 사항

남자가 마지막 대사에서 판매가 여전히 저조하면, 광고 예산을 늘려야 할
수도 있지만 기다렸다 결정하는 게 좋겠다(If sales are still low, we
may have to increase the advertising budget, but I prefer to
wait on that decision)고 했으므로 정답은 (A)이다.

> ▶▶ Paraphrasing 대화의 wait on that decision
> → 정답의 Postponing a decision

50-52

W-Am	Hello, Dan. ⁵⁰**You've been training with us for a couple of months now**—^{50,51}**as your mentor, I'd like to hear how your apprenticeship's been going.**
M-Au	It's been going well. I've enjoyed learning the different techniques for metal welding, and I like seeing the finished products.
W-Am	I'm glad to hear that. There're still a few weeks left in your training program—but you know, ⁵²**your work is so good that we've decided to offer you a promotion when your training is complete.**
M-Au	That's great news! I'd be happy to be part of the team here.
여	안녕하세요 댄, **현재 우리 쪽에서 두 달 가량 훈련을 받아왔잖아요. 당신의 멘토로서, 견습 기간이 어땠는지를 듣고 싶네요.**
남	잘 되고 있어요. 여러 다른 금속 용접 기술을 배우는 게 재미있고, 완성된 제품을 보는 게 즐거워요.
여	그렇게 말해 주니 기쁘네요. 훈련 프로그램이 몇 주 남긴 했지만, **당신의 작업이 매우 뛰어나서 훈련을 마치는 대로 당신에게 진급을 제안하기로 결정했답니다.**
남	정말 좋은 소식이네요! 이곳에서 팀의 일원이 되게 되어 정말 기뻐요.

50

Who most likely is the man?

(A) A manager
(B) A consultant
(C) A client
(D) A trainee

남자는 누구이겠는가?

(A) 매니저
(B) 자문 위원
(C) 고객
(D) 수습 직원

해설 전체 내용 관련 – 남자의 신분

대화 초반부에 여자가 남자에게 두 달 동안 훈련을 받아왔다(You've been
training with us for a couple of months now)면서 당신의 멘토로서,
견습 기간이 어땠는지를 듣고 싶다(as your mentor, I'd like to hear
how your apprenticeship's been going)고 했으므로 여자와 남자의
관계는 멘토와 수습의 관계임을 알 수 있다. 따라서 정답은 (D)이다.

51

What does the woman ask the man for?

(A) Some feedback
(B) Some assistance
(C) Some references
(D) Some dates

여자는 남자에게 무엇을 요구하는가?

(A) 피드백
(B) 도움
(C) 추천서
(D) 날짜

해설 세부사항 관련 – 여자의 요구 사항

여자가 첫 번째 대사에서 당신의 멘토로서, 견습 기간이 어땠는지를 듣고
싶다(as your mentor, I'd like to hear how your apprenticeship's
been going)고 했으므로 정답은 (A)이다.

52

What will the man receive?

(A) Extra time off
(B) A promotion
(C) Bonus pay
(D) An award

남자는 무엇을 받게 될 것인가?

(A) 추가 휴식 시간
(B) 진급
(C) 상여금
(D) 상

해설 세부사항 관련 - 남자가 받게 될 것

여자가 두 번째 대사에서 남자에게 당신의 작업이 매우 뛰어나서 훈련을 마치는 대로 진급을 제안하기로 결정했다(your work is so good that we've decided to offer you a promotion when your training is complete)고 했으므로 정답은 (B)이다.

53-55

W-Br	Well, Dietrich, we're looking forward to seeing you here in our Munich office next Tuesday. **⁵³We can't wait to see the latest design plans for the company's new, lightweight tablet.**
M-Cn	Thanks! **⁵³,⁵⁴There's one feature of the tablet that I'm especially pleased with.**
W-Br	Really? **⁵⁴What is it?**
M-Cn	**⁵⁴This model has our best battery life ever.** It can now operate for three full days on a single charge.
W-Br	That's incredible—I'm excited to hear more about this during your presentation. By the way, **⁵⁵we made a dinner reservation for our department that evening.**
M-Cn	Actually, my favorite singer is performing that night.
W-Br	That's OK. We'll see you soon.
여	디트리히, 다음 주 화요일에 뮌헨 사무실에서 당신을 만나길 학수고대 중이에요. 회사의 새로운 경량 태블릿 컴퓨터에 대한 최신 디자인 계획이 너무나 보고 싶네요.
남	고마워요! 제가 특히 만족하는 태블릿의 특징이 하나 있는데요.
여	정말요? 그게 뭔데요?
남	이 모델은 지금까지 자사 제품 중에서 최고의 배터리 수명을 가지고 있어요. 한 번 충전으로 3일 내내 쓸 수 있어요.
여	그거 믿기 힘들 정도인데요. 당신이 발표하는 동안 더 많은 이야기를 듣게 되길 기대하고 있어요. 그런데, 그날 저녁 우리 부서를 위해 저녁 식사를 예약했어요.
남	실은, 제가 제일 좋아하는 가수가 그날 밤 공연을 해요.
여	괜찮아요. 그럼 곧 만나요.
어휘	latest 최신의 lightweight 가벼운 tablet (컴퓨터) 태블릿 feature 특징 charge 충전 incredible 믿을 수 없는 presentation 발표 reservation 예약

53

What type of product is being discussed?

(A) A musical instrument

(B) A kitchen appliance

(C) A power tool

(D) A tablet computer

무슨 종류의 제품이 논의되고 있는가?

(A) 악기

(B) 주방 용품

(C) 전동 공구

(D) 태블릿 컴퓨터

해설 전체 내용 관련 - 논의되고 있는 제품

대화 초반부에 여자가 새로운 경량 태블릿 컴퓨터에 대한 최신 디자인 계획이 너무 보고 싶다(We can't wait to see the latest design plans for the company's new, lightweight tablet)고 했고 뒤이어 남자도 본인이 특히 만족하는 태블릿의 특징이 하나 있다(There's one feature of the tablet that I'm especially pleased with)며 태블릿 컴퓨터에 대해 대화를 이어가고 있으므로 정답은 (D)이다.

54

Which product feature is the man most proud of?

(A) The battery life

(B) The color selection

(C) The sound quality

(D) The size

남자는 어떤 제품 특징을 가장 자랑스러워 하는가?

(A) 배터리 수명

(B) 색상

(C) 음질

(D) 크기

해설 세부사항 관련 - 남자가 자랑스러워 하는 제품 특징

남자가 첫 번째 대사에서 특히 만족하는 태블릿의 특징이 하나 있다(There's one feature of the tablet that I'm especially pleased with)고 한 말에 여자가 그것이 무엇인지(What is it?) 물었고, 남자가 이 모델은 지금까지 자사 제품 중에서 최고의 배터리 수명을 가지고 있다(This model has our best battery life ever)고 대답했으므로 정답은 (A)이다.

55

Why does the man say, "my favorite singer is performing that night"?

(A) To request a schedule change

(B) To explain a late arrival

(C) To decline an invitation

(D) To recommend a musician

남자가 "제가 제일 좋아하는 가수가 그날 밤 공연을 해요"라고 말한 이유는?

(A) 일정 변경을 요청하기 위해

(B) 늦게 도착한 이유를 설명하기 위해

(C) 초청을 거절하기 위해

(D) 음악가를 추천하기 위해

어휘 decline 거절하다 recommend 추천하다

해설 화자의 의도 파악 - 제일 좋아하는 가수가 그날 밤 공연을 한다고
말한 이유

여자가 세 번째 대사에서 그날 저녁 우리 부서를 위해 저녁 식사를 예
약했다(we made a dinner reservation for our department that
evening)고 한 말에 실은, 제일 좋아하는 가수가 그날 밤 공연을 한다고
말한 의도는 같은 시각에 다른 용무가 있음을 알리기 위한 것으로 볼 수 있
다. 따라서 정답은 (C)이다.

56-58 3인 대화

W-Am	Welcome to the Westfield Hotel! I'm the event coordinator, and this is my associate, Diane. So, you'd like to host an event here?
M-Au	Yes! I work for the National Journalists Association. ⁵⁶**We're planning our annual awards banquet for June**—for about a hundred guests.
W-Br	Well, we have a beautiful ballroom on this floor that I can show you. It's been used for awards ceremonies before.
M-Au	Okay. Also, ⁵⁷**about half of our guests will be coming from out of town. Do you have enough rooms available for them to stay here?**
W-Am	I'm sure we do, but we'll check and send you a quote for a group rate.
W-Br	And additionally, ⁵⁸**we do offer free shuttle service to and from the airport.**

여1	웨스트필드 호텔에 오신 것을 환영합니다! 저는 행사 담당자이고, 이쪽은 제 동료, 다이앤입니다. 이곳에서 행사를 주최하고 싶으시다고요?
남	네! 저는 전국기자협회에서 일하고 있습니다. **저희가 6월에 연례 시상식을 계획 중이거든요.** 손님은 대략 100명 정도입니다.
여2	본 층에는 아름다운 연회장이 있는데 보여 드릴 수 있어요. 전에도 시상식장으로 활용한 적이 있어요.
남	좋습니다. 그리고, **손님 중 절반 가까이가 타지에서 오실 거예요. 그분들께서 여기 숙박하실 만큼 방이 충분히 있나요?**
여1	물론입니다, 저희가 확인해 보고 단체 요금 견적을 보내 드리겠습니다.
여2	추가로, **저희는 공항을 오가는 무료 셔틀 서비스도 제공해 드리고 있습니다.**

어휘	coordinator 조정자, 진행자 associate 동료 host (행사를) 주최하다 journalist 기자 association 협회 annual 연례의 banquet 연회 ballroom 연회장 available 이용 가능한 quote 견적(가) rate 요금 additionally 게다가

56

What type of event is being planned?

(A) A trade show
(B) An awards ceremony
(C) A film festival
(D) A wedding

무슨 유형의 행사가 계획되고 있는가?

(A) 무역 박람회
(B) 시상식
(C) 영화제
(D) 결혼식

해설 세부사항 관련 - 계획 중인 행사의 종류

대화 초반부에서 남자가 6월에 연례 시상식을 계획 중(We're planning
our annual awards banquet for June)이라고 했으므로 정답은 (B)이다.

> ▸▸ Paraphrasing   대화의 awards banquet
> → 정답의 awards ceremony

57

What does the man ask about?

(A) Accommodations
(B) Entertainment
(C) Meal options
(D) Outdoor seating

남자는 무엇에 대해 문의하는가?

(A) 숙소
(B) 오락
(C) 식사
(D) 실외 좌석

해설 세부사항 관련 - 남자의 문의 사항

남자가 두 번째 대사에서 손님 중 절반 가까이가 타지에서 오실 것(about
half of our guests will be coming from out of town)이라며 손님
들이 숙박할 만큼 방이 충분히 있는지(Do you have enough rooms
available for them to stay here?)를 묻고 있으므로 정답은 (A)이다.

> ▸▸ Paraphrasing   대화의 rooms available for them to stay
> → 정답의 Accommodations

58

What does the hotel offer for free?

(A) Meals
(B) Internet access
(C) Transportation
(D) Parking

호텔은 무엇을 무료로 제공하는가?

(A) 식사
(B) 인터넷 사용
(C) 교통 수단
(D) 주차

해설 세부사항 관련 - 호텔이 무료로 제공하는 것

여자2가 마지막 대사에서 공항을 오가는 무료 셔틀 서비스도 제공해 드리고 있다(we do offer free shuttle service to and from the airport)고 했으므로 정답은 (C)이다.

> ➤ Paraphrasing 대화의 **shuttle service**
> → 정답의 **Transportation**

59-61

M-Au	Excuse me. ⁵⁹My mobile phone is out of power. ⁶⁰Are there any tables here at the café that are near a wall socket, so I can charge my phone while I have some coffee?
W-Br	Well, we only have a few outlets. And… it looks like all the tables near them are occupied. I'm sorry about that.
M-Au	Hmm. In that case, ⁶¹can you suggest anywhere nearby where I might be able to sit for a few minutes and charge my phone, then?
W-Br	You know, ⁶¹the public library would be perfect for that, and it's just a block up the hill. You'll see it on the corner of Willow Street.
남	실례합니다. 제 휴대폰에 배터리가 다 되어서요. 여기 카페에 콘센트 가까이에 테이블이 있을까요? 제가 커피를 마시는 동안 휴대폰을 충전할 수 있게요.
여	콘센트가 많지는 않은데요. 그리고… 콘센트 가까이 있는 테이블은 모두 사람이 있는 것 같네요. 죄송합니다.
남	흠. 그렇다면, 근처에 제가 잠시 앉아서 휴대폰을 충전할 만한 장소를 좀 추천해 주시겠어요?
여	있잖아요, **공공 도서관이 딱 좋겠네요.** 언덕으로 한 블록만 가시면 되거든요. 윌로우 거리 모퉁이에서 보이실 거예요.

어휘	out of power 전력이 떨어진 socket 콘센트 outlet 콘센트 occupied 사용 중인 block 구역, 블록 nearby 인근의 charge 충전하다

59

What problem does the man mention?

(A) His car is out of fuel.
(B) His phone battery is empty.
(C) He is late for an appointment.
(D) He forgot his wallet.

남자가 언급한 문제는 무엇인가?
(A) 자동차의 연료가 떨어졌다.
(B) 휴대폰 배터리가 나갔다.
(C) 약속에 늦었다.
(D) 지갑을 잃어버렸다.

어휘 fuel 연료 empty 비어 있는 appointment 약속 wallet 지갑

해설 세부사항 관련 - 남자의 문제

대화 초반부에 남자가 휴대폰 배터리가 다 되었다(My mobile phone is out of power)고 했으므로 정답은 (B)이다.

> ➤ Paraphrasing 대화의 **out of power**
> → 정답의 **battery is empty**

60

Where are the speakers?

(A) At a train station
(B) At an electronics repair shop
(C) At a furniture store
(D) At a coffee shop

화자들은 있는 장소는?
(A) 기차역
(B) 전자제품 수리점
(C) 가구점
(D) 커피숍

해설 전체 내용 관련 - 대화 장소

대화 초반부에 남자가 커피를 마시는 동안 휴대폰을 충전할 수 있도록 여기 카페에 콘센트 가까이에 테이블이 있는지(Are there any tables here at the café that are near a wall socket, so I can charge my phone while I have some coffee?) 묻는 것으로 보아 화자들이 있는 장소는 카페임을 알 수 있다. 따라서 정답은 (D)이다.

61

What does the woman suggest the man do?

(A) Check a Web site
(B) Call a taxi
(C) Return at a later time
(D) Go to the library

여자는 남자에게 무엇을 하라고 제안하는가?
(A) 웹사이트 확인하기
(B) 택시 부르기
(C) 나중에 다시 오기
(D) 도서관에 가기

해설 세부사항 관련 - 여자의 제안 사항

남자가 두 번째 대사에서 근처에 잠시 앉아 휴대폰을 충전할 만한 장소를 좀 추천해달라(can you suggest anywhere nearby where I might be able to sit for a few minutes and charge my phone, then?)고 한 말에 여자가 공공 도서관이 좋겠다(the public library would be perfect for that)고 제안했으므로 정답은 (D)이다.

62-64 대화 + 도표

M-Cn	Mary? ⁶²I'm working on the bill for one of Dr. Singh's patients, and I keep getting an error message for the code I'm using…

W-Am Oh! The billing codes recently changed. You must be referring to the old list.

M-Cn Do you have the updated one?

W-Am Yes, right here. 63**Which procedure is it?**

M-Cn 63**A blood test.**

W-Am All right... Here's the code you should use.

M-Cn Thanks! Could I get a copy of that list?

W-Am Sure. But 64**I heard they'll be adding the codes to our billing software soon, so we won't need to deal with paper lists anymore.**

남 메리 씨? 제가 지금 싱 박사님의 환자 중 한 분의 청구서를 작업하고 있는데, 제가 사용하는 코드에 자꾸 에러 메시지가 떠요.

여 오! 청구서 발부 코드가 최근에 바뀌었어요. 예전 목록을 참고하고 계신 것 같네요.

남 업데이트된 목록을 갖고 계신가요?

여 네, 여기요. **어떤 업무 건이죠?**

남 **혈액 테스트요.**

여 알겠어요... 이게 사용하셔야 할 코드예요.

남 고맙습니다! 그 목록을 복사해도 될까요?

여 물론이죠. 근데 제가 듣기로는 곧 청구서 발부 소프트웨어에 코드를 추가할 거라던데요. 그러니 더 이상 종이 목록을 이용할 필요가 없을 거예요.

어휘 bill 청구서(계산서) billing 청구서 발부 refer to 참고하다 procedure 절차 blood 혈액 add 추가하다 deal with 처리하다, 다루다

Medical Lab	ID code
63Blood test	018
Allergy test	019
Body Fat test	020
X-ray	021

의료 연구실	ID 코드
63혈액 검사	018
알레르기 검사	019
체지방 검사	020
엑스레이	021

62

What is the man having trouble with?

(A) Conducting a test
(B) Preparing a bill
(C) Contacting a patient
(D) Shipping an order

남자가 겪고 있는 문제는 무엇인가?

(A) 검사를 수행하는 것
(B) 청구서를 준비하는 것
(C) 환자에게 연락하는 것
(D) 주문품을 배송하는 것

해설 세부사항 관련 – 남자의 문제

남자가 첫 번째 대사에서 싱 박사님의 환자 중 한 분의 청구서를 작업하고 있는데, 사용하는 코드에 자꾸 에러 메시지가 뜬다(I'm working on the bill for one of Dr. Singh's patients, and I keep getting an error message for the code I'm using…)고 했으므로 정답은 (B)이다.

> ▸▸ Paraphrasing 대화의 working on the bill
> → 정답의 Preparing a bill

63

Look at the graphic. Which code should the man use?

(A) 018
(B) 019
(C) 020
(D) 021

시각 정보에 따르면 남자는 어떤 코드를 사용해야 하는가?

(A) 018
(B) 019
(C) 020
(D) 021

해설 시각 정보 연계 – 남자가 사용해야 할 코드

대화 중반부에서 여자가 어떤 업무 건인지(Which procedure is it?)를 묻자 남자가 혈액 테스트(A blood test)라고 답했다. 시각 정보를 보면 혈액 검사 코드는 018이므로 정답은 (A)이다.

64

What does the woman say will happen soon?

(A) Some patients will be transferred to another doctor.
(B) Some employees will join a medical practice.
(C) A list will be available electronically.
(D) A doctor will begin a medical procedure.

여자는 무슨 일이 곧 일어날 거라고 말하는가?

(A) 환자 몇 명을 다른 의사에게 보낼 것이다.
(B) 직원 몇 명이 진료소에 합류할 것이다.
(C) 전자상으로 목록을 이용할 수 있을 것이다.
(D) 의사가 의료 시술을 시작할 것이다.

어휘 transfer 이동시키다 medical 의료의 practice (의사·변호사 등의) 사무실(업무) electronically 전자상으로

해설 세부사항 관련 – 곧 발생할 일

여자가 마지막 대사에서 곧 청구서 발부 소프트웨어에 코드를 추가할 예정이라 더 이상 종이 목록을 이용할 필요가 없을 것(I heard they'll be adding the codes to our billing software soon, so we won't need to deal with paper lists anymore)이라고 말했으므로 정답은 (C)이다.

65-67 대화 + 라벨 견본

로고:	앤비 디자인즈
크기:	대
재료:	100% 면
67취급 주의:	**온수 세탁**
원산지:	인도 생산

W-Am Pedro, there's a lot of interest in our new line of women's dresses planned for the spring. **65It looks like there will be a lot of demand, so we'd better increase production to be sure we have a supply of all garment sizes.**

M-Au In that case, **66I suggest we let the human resources department know that we'll need more workers.**

W-Am Right. I'll give them a call now.

M-Au OK, great. And I was just working on the labels. In fact, the template for the label is up on my computer screen.

W-Am Can I see? Oh, wait! **67These garments are 100 percent cotton, so they shouldn't be washed in warm water.**

M-Au OK. I'll make that change now.

여 페드로 씨, 봄 상품으로 기획된 여성복 신상 라인이 많은 관심을 받고 있어요. **수요가 많을 것 같아서, 모든 의류 사이즈의 공급이 원활하도록 생산을 늘리는 게 좋겠어요.**

남 그럴 경우, 직원이 추가로 필요하다는 점을 인사과에 알릴 것을 제안합니다.

여 맞아요. 제가 지금 인사과에 전화할게요.

남 좋습니다. 그리고 제가 방금 라벨을 작업 중이었는데요. 실은 라벨 견본이 제 컴퓨터 화면에 지금 떠 있어요.

여 제가 봐도 될까요? 오, 잠깐만요! 이 의류들은 100% 면이니까, 온수에서 세탁하면 안 돼요.

남 알겠습니다. 지금 수정할게요.

어휘 interest 관심 line (상품의) 종류 demand 수요 had better ~하는 게 좋다 increase 늘리다 production 생산 supply 공급 garment 옷 human resources department 인사과 label 라벨(상표, 표) template 견본

Logo:	Anvi Designs
Size:	Large
Material:	100% Cotton
67Care Instructions:	Wash in Warm Water
Origin:	Made in India

65

What does the woman say they will need to do?

(A) Rent storage space
(B) Increase production
(C) Organize a fashion show
(D) Update some equipment

여자는 무엇을 해야 한다고 말하는가?

(A) 보관 장소 임대
(B) 생산 증대
(C) 패션쇼 준비
(D) 장비 업그레이드

어휘 rent 임대(임차)하다 storage 보관 organize 준비(조직)하다 equipment 장비

해설 세부사항 관련 – 여자의 제안 사항

여자가 첫 번째 대사에서 수요가 많을 것 같아서 모든 의류 사이즈의 공급이 원활하도록 생산을 늘리는 게 좋겠다(It looks like there will be a lot of demand, so we'd better increase production to be sure we have a supply of all garment sizes)고 했으므로 정답은 (B)이다.

66

What does the man suggest?

(A) Conferring with a client
(B) Contacting another department
(C) Photographing some designs
(D) Changing suppliers

남자는 무엇을 제안하는가?

(A) 고객과 협의하기
(B) 다른 부서에 연락하기
(C) 디자인 사진 찍기
(D) 공급업체 변경하기

어휘 confer with ~와 협의하다 supplier 공급업체

해설 세부사항 관련 – 남자의 제안 사항

남자는 첫 번째 대사에서 직원이 추가로 필요하다는 점을 인사과에 알릴 것을 제안한다(I suggest we let the human resources department know that we'll need more workers)고 했으므로 정답은 (B)이다.

▶ Paraphrasing 대화의 **let the human resources department know**
→ 정답의 **Contacting another department**

67

Look at the graphic. Which section of the label will the man need to revise?

(A) The logo
(B) The material
(C) The care instructions
(D) The country of origin

시각 정보에 따르면 남자는 라벨의 어떤 부분을 수정해야 하는가?

(A) 로고
(B) 재료
(C) 취급 주의사항
(D) 원산지

해설 시각 정보 연계 – 남자가 수정해야 할 라벨 부분

여자가 세 번째 대사에서 이 의류들은 100% 면으로, 온수에서 세탁하면 안 된다(These garments are 100 percent cotton, so they shouldn't be washed in warm water)고 했으므로 정답은 (C)이다.

68-70 대화 + 복합 상업 지구 지도

W-Br	Hi, Mr. Foster. **68This is Kasumi Ito, the hiring manager at Silverby Industries. We've reviewed your job application and would like you to come in for an interview.** Are you available Tuesday at 2 P.M. next week?
M-Cn	Thanks for getting back to me. Let me check my calendar.... Yes, I can do that.
W-Br	Good. Now, Silverby Industries is in a business complex. **69Our building is on Tinley Avenue, and we're right next to the lake.**
M-Cn	Thanks. And am I able to park anywhere, or will I need a permit?
W-Br	**70Just make sure you're in a space marked Visitor, and you won't get a parking violation.**
여	안녕하세요, 포스터 씨. 저는 실버비 산업의 고용 담당자 카수미 이토입니다. 당신의 입사 지원서를 검토했는데 면접을 보러 오셨으면 해요. 다음 주 화요일 오후 2시에 오실 수 있으신가요?
남	연락 주셔서 감사합니다. 일정을 좀 확인하고요... 네, 가능합니다.
여	좋습니다. 실버비 산업은 비즈니스 단지 내에 있어요. 우리 건물은 틴리 가에 있고 호수 바로 옆이에요.
남	감사합니다. 그런데 제가 아무 곳에나 주차할 수 있나요, 아니면 주차권이 필요한가요?
여	방문객이라고 표시된 공간에만 주차하시면, 주차 위반 스티커는 붙지 않을 거예요.
어휘	hiring 고용 review 검토하다 job application 입사 지원서 available (사람을 만날) 시간이 있는 complex 단지 permit 허가증 mark 표시하다 violation 위반

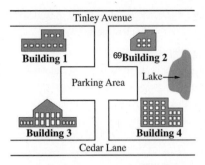

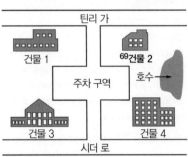

68

What are the speakers mainly discussing?

(A) A job interview
(B) A company celebration
(C) An office relocation
(D) A landscaping project

화자들이 주로 논의하는 것은 무엇인가?

(A) 구직 면접
(B) 회사 기념 행사
(C) 사무실 이전
(D) 조경 공사

어휘 celebration 기념 (행사) relocation 이전, 이동 landscaping 조경

해설 전체 내용 관련 – 대화의 주제

대화 초반부에서 여자가 자신이 실버비 산업의 고용 담당자(This is Kasumi Ito, the hiring manager at Silverby Industries)라고 밝히고, 남자의 입사 지원서를 검토했는데 면접을 보러 왔으면 한다(We've reviewed your job application and would like you to come in for an interview.)며 대화를 이어 나가고 있으므로 정답은 (A)이다.

69

Look at the graphic. Which building is Silverby Industries located in?

(A) Building 1
(B) Building 2
(C) Building 3
(D) Building 4

시각 정보에 따르면 실버비 산업은 어느 빌딩에 위치하는가?

(A) 건물 1
(B) 건물 2
(C) 건물 3
(D) 건물 4

해설 시각 정보 연계 – 실버비 산업이 위치한 건물

여자가 두 번째 대사에서 우리 건물은 틴리 가에 있고 호수 바로 옆(Our building is on Tinley Avenue, and we're right next to the lake)이라고 했으므로 정답은 (B)이다.

70

What does the woman tell the man about parking?

(A) He should park in a visitor's space.

(B) He will have to pay at a meter.

(C) A parking pass is required.

(D) The parking area fills up quickly.

여자가 주차에 대해 남자에게 한 말은 무엇인가?

(A) 방문객 구역에 주차해야 한다.

(B) 정산기기에서 지불해야 한다.

(C) 주차권이 필요하다.

(D) 주차 구역이 빨리 찬다.

어휘 meter 계량기 parking pass 주차권 fill up 가득 차다

해설 세부사항 관련 – 여자가 주차에 대해 말하는 사항

여자는 마지막 대사에서 방문객이라고 표시된 공간에만 주차하면, 주차 위반 스티커는 붙지 않는다(Just make sure you're in a space marked Visitor, and you won't get a parking violation)고 했으므로 정답은 (A)이다.

> ▸▸ Paraphrasing 대화의 a space marked Visitor
> → 정답의 visitor's space

PART 4

71-73 광고

W-Am Attention all listeners! **71Palmer's Gym now has several locations in your area. We have everything you need to keep fit, including exercise classes and fitness instructors ready to help you!** But that's not all. **72Starting in April, your membership gives you access to any of our locations across the country.** So if you're traveling for business or just on vacation, you won't have to skip your workout routine! **73Visit our Web site to see a map of all the Palmer's Gym locations across the nation!**

모두 주목해 주십시오! 여러분의 지역에는 현재 팔머스 체육관이 여러 곳 있습니다. 우리는 여러분을 도울 준비가 되어 있는 피트니스 강사들과 운동 수업을 포함해 여러분이 건강을 유지하는 데 필요한 모든 것이 있습니다. 그게 다가 아닙니다. 4월부터, 회원권이 있으면 전국 어디서든 우리 지점을 이용하실 수 있습니다. 출장 때문이건 혹은 휴가로 여행 중이건 늘 하던 운동을 거를 필요가 없습니다. 전국에 있는 모든 팔머스 체육관의 위치를 확인하시려면 웹사이트를 방문해 주세요!

어휘 attention 주목하세요 gym 체육관 location 위치, 장소 fit 건강한 instructor 강사 access 입장(접근) skip 거르다 workout 운동 routine (판에 박힌 일상) 틀

71

What type of business is being advertised?

(A) A farmers market

(B) A fitness center

(C) A medical clinic

(D) A sporting goods store

어떤 유형의 업체가 광고되고 있는가?

(A) 농산물 직판장

(B) 피트니스 센터

(C) 병원

(D) 스포츠 용품점

해설 전체 내용 관련 – 광고되고 있는 업체

지문 초반부에서 화자가 여러분(청자)의 지역에 현재 팔머스 체육관이 여러 곳 있다며 피트니스 강사들과 운동 수업을 포함해 건강을 유지하는 데 필요한 모든 것이 있다(Palmer's Gym now has several locations in your area. We have everything you need to keep fit, including exercise classes and fitness instructors ready to help you!)고 광고하고 있으므로 정답은 (B)이다.

> ▸▸ Paraphrasing 담화의 gym → 정답의 fitness center

72

What will the listeners be able to do starting in April?

(A) Use multiple locations

(B) Try free samples

(C) Meet with a nutritionist

(D) Enter a contest

청자들은 4월에 무엇을 시작할 수 있는가?

(A) 여러 장소 이용하기

(B) 무료 샘플 사용해 보기

(C) 영양사 만나기

(D) 대회 나가기

어휘 multiple 다수의 nutritionist 영양사 contest 대회

해설 세부사항 관련 – 4월부터 할 수 있는 일

지문 중반부에서 4월부터, 회원권이 있으면 전국 어디서든 우리 지점을 이용할 수 있다(Starting in April, your membership gives you access to any of our locations across the country)고 언급했으므로 정답은 (A)이다.

73

Why does the speaker invite the listeners to visit a Web site?

(A) To write a review

(B) To register for a class

(C) To check a policy

(D) To look at a map

왜 화자는 청자들에게 웹사이트를 방문하라고 권하는가?

(A) 후기를 쓰기 위해
(B) 수업에 등록하기 위해
(C) 방침을 확인하기 위해
(D) 지도를 보기 위해

어휘 review 논평(비평) register for ~에 등록하다 policy 방침

해설 세부사항 관련 – 웹사이트 방문을 권하는 이유

지문 후반부에서 화자가 전국에 있는 모든 팔머스 체육관의 위치를 확인하려면 웹사이트를 방문하라(Visit our Web site to see a map of all the Palmer's Gym locations across the nation!)고 했으므로 정답은 (D)이다.

74-76 회의 발췌

> **W-Br** Before we end this meeting, [74]**I want to thank everyone for the extra hours you've put in getting our new line of camera accessories ready for market.** Because of your willingness to work overtime, [75,76]**the new products will be ready in time for the trade show coming up next month in Shanghai.** [76]**That's in addition to the accessories we usually display, but it shouldn't be a problem.** We've reserved a booth at the front of the exhibition hall this year, and it's a large space.
>
> 오늘 회의를 끝내기 전에, **우리 카메라 부속품의 신상 라인을 시장에 내놓을 수 있도록 초과 시간을 할애해 주신 모든 분들께 감사 드리고 싶습니다.** 여러분이 기꺼이 야근을 해 주신 덕분에, **신제품들이 다음 달 상하이에서 열릴 무역 박람회에 맞춰 제때에 준비될 예정입니다. 이는 우리가 평소 전시하는 부속품들에 추가되는 물량이지만, 문제 없을 것입니다.** 올해에는 전시회장 앞쪽에 부스를 예약했고, 공간이 넓습니다.
>
> 어휘 accessories 부속품 willingness 기꺼이 하는 마음 overtime 초과 근무 in time for ~ 시간에 늦지 않게 trade show 무역 박람회 in addition to ~에 더하여 display 전시(진열)하다 reserve 예약하다 booth 부스, 작은 공간 exhibition hall 전시회장

74

Why does the speaker thank the listeners?

(A) For submitting design ideas
(B) For training new employees
(C) For working overtime
(D) For earning a certification

왜 화자는 청자들에게 감사하는가?
(A) 디자인 아이디어를 제출해서
(B) 신입 직원들을 훈련해서
(C) 초과 근무를 해서
(D) 자격증을 따서

어휘 submit 제출하다 certification 증명서

해설 세부사항 관련 – 화자가 청자들에 감사하는 이유

지문 초반부에서 화자가 우리 카메라 부속품의 신상 라인을 시장에 내놓을 수 있도록 초과 시간을 할애해 주신 모든 분들께 감사하고 싶다(I want to thank everyone for the extra hours you've put in getting our new line of camera accessories ready for market)고 했으므로 정답은 (C)이다.

75

According to the speaker, what is scheduled for next month?

(A) A retirement celebration
(B) A trade show
(C) A factory tour
(D) A store opening

화자에 따르면, 다음 달에 예정된 일은 무엇인가?
(A) 퇴임식
(B) 무역 박람회
(C) 공장 견학
(D) 상점 개점

해설 세부사항 관련 – 다음 달에 예정된 일

지문 중반부에서 화자가 신제품들이 다음 달 상하이에서 열릴 무역 박람회에 맞춰 제때에 준비될 예정(the new products will be ready in time for the trade show coming up next month in Shanghai)이라고 했으므로 정답은 (B)이다.

76

What does the speaker imply when she says, "it's a large space"?

(A) There is room to display new merchandise.
(B) High attendance is anticipated.
(C) A venue is too expensive.
(D) There is not enough staff for an event.

화자가 "공간이 넓습니다"라고 말한 의도는 무엇인가?
(A) 신상품을 전시할 공간이 있다.
(B) 높은 참석률이 예상된다.
(C) 행사장이 매우 비싸다.
(D) 행사에서 일 할 직원이 충분하지 않다.

어휘 merchandise 상품 venue (행사 등의) 장소 attendance 참석률 anticipate 예상하다

해설 화자의 의도 파악 – 공간이 넓다라고 말한 의도

인용문의 앞 문장들에서 다음 달 상하이에서 열릴 무역 박람회에 맞춰 신제품들이 준비될 예정(the new products will be ready in time for the trade show coming up next month in Shanghai)이라고 했고, 이 신제품은 평소 전시하는 부속품들에 추가되는 것이지만, 문제 없을 것(That's in addition to the accessories we usually display, but it shouldn't be a problem)이라고 했다. 따라서 '공간이 넓다'라는 인용문은 신상품 때문에 전시할 물량이 추가되었지만 공간이 충분하다는 의도로 한 말이므로 정답은 (A)이다.

77-79 담화

M-Cn Good evening. My name's Mateo and I'll be serving you tonight. Since this is your first time here, let me tell you about our restaurant. **77All the vegetable products you see on the menu come from our very own vegetable garden. 78The owner of the café, Natasha,** is a talented gardener who grows our fresh produce herself. Now, **79tonight we have a special entrée. It's poached salmon, caught fresh today. It's a simple dish, served with a lemon sauce and a salad. I eat it all the time.** So, while you read over the menu, can I bring you a beverage?

좋은 밤입니다. 제 이름은 마테오이고 제가 오늘 밤 여러분을 모십니다. 이곳은 처음이시니, 저희 레스토랑에 대해서 소개해 드리겠습니다. **메뉴에 있는 모든 채소 제품들은 레스토랑 소유의 채소밭에서 기릅니다. 카페의 소유주인 나타샤 씨**는 신선한 농산물을 직접 재배하는 재주 많은 원예사입니다. 자, **오늘 밤에는 특별한 주요리가 준비되어 있습니다. 오늘 잡은 신선한 데친 연어로, 레몬 소스와 샐러드가 함께 나오는 간소한 요리입니다. 저는 항상 이것을 먹습니다.** 그럼, 메뉴를 보시는 동안 음료를 가져다 드릴까요?

어휘 serve (음식 등을) 제공하다, (사람, 조직 등을 위해) 일하다 own 자신의 owner 소유자 talented 재주 있는 gardener 원예사, 채소 재배자 entrée 주요리 poached 데친 salmon 연어 beverage 음료

77

According to the speaker, what is special about the restaurant?

(A) It has private outdoor seating.
(B) It has been recently renovated.
(C) It has a vegetable garden.
(D) It has weekly cooking classes.

화자에 따르면, 이 식당은 무엇이 특별한가?
(A) 전용 야외 좌석이 있다.
(B) 최근에 보수를 했다.
(C) 채소밭이 있다.
(D) 주간 요리 강좌가 있다.

어휘 private 사적인, 전용의 outdoor 야외의 seating 좌석 renovate 보수하다

해설 세부사항 관련 – 식당이 특별한 점
지문 초반부에서 메뉴에 있는 모든 채소 제품들은 레스토랑 소유의 채소밭에서 기른다(All the vegetable products you see on the menu come from our very own vegetable garden)고 했으므로 정답은 (C)이다.

78

Who is Natasha?

(A) A business owner
(B) An interior decorator
(C) An event organizer
(D) A food writer

나타샤 씨는 누구인가?
(A) 사업체 소유주
(B) 실내 장식가
(C) 행사 주최자
(D) 음식 기고가

해설 세부사항 관련 – 나타샤 씨의 신분
지문 중반부에서 나타샤 씨를 카페의 소유주(The owner of the café, Natasha)라고 했으므로 정답은 (A)이다.

79

Why does the speaker say, "I eat it all the time"?

(A) He wants to eat something different.
(B) He is recommending a dish.
(C) He knows the ingredients.
(D) He understands a dish is popular.

화자가 "저는 항상 이것을 먹습니다"라고 말한 이유는?
(A) 그는 다른 것을 먹고 싶어한다.
(B) 그는 요리를 추천하고 있다.
(C) 그는 재료에 대해 안다.
(D) 그는 요리가 인기 있다는 것을 안다.

해설 화자의 의도 파악 – 저는 항상 이것을 먹습니다라고 말한 이유
인용문의 앞 문장들에서 오늘 밤에는 특별한 주요리가 준비되어 있고, 오늘 잡은 신선한 데친 연어로, 레몬 소스와 샐러드가 함께 나오는 간소한 요리(tonight we have a special entrée. It's poached salmon, caught fresh today. It's a simple dish, served with a lemon sauce and a salad)라고 메뉴에 대해 소개한 뒤 언급한 말이므로 인용문은 메뉴를 추천하려는 의도로 한 말임을 알 수 있다. 따라서 정답은 (B)이다.

80-82 안내방송

M-Au **80Welcome aboard this morning's direct flight to Toronto.** We look forward to flying with you today. **81Unfortunately, we've run out of space in the overhead bins for larger carry-on bags.** If your bag won't fit under your seat, we'll take it from you and check it. You'll be able to pick it up at the baggage claim when we land. In addition, we have several meal options for purchase today. Our standard selections are listed in the magazine in the seat pocket in front of you. **82If you would like to purchase a meal, please notify a flight attendant.**

오늘 아침 토론토 직항 비행편에 탑승하신 것을 환영합니다. 오늘 여러분과 함께 비행하게 되어 반갑습니다. **안타깝게도, 대형 가방용 짐칸에 자리가 부족합니다.** 가방이 좌석 아래에 들어가지 않으면, 저희가 가방을 받아서 수하물로 부치겠습니다. 착륙시에 수하물 찾는 곳에서 가방을 찾으실 수 있습니다. 또한, 오늘 여러 가지의 식사가 판매용으로 준비되어 있습니다. 여러분 앞에 있는 좌석 주머니 속 잡지에 기본 선택 메뉴가 나와 있습니다. **식사를 구매하려면, 승무원에게 알려 주십시오.**

어휘 aboard 탑승한 direct 직항의 run out of ~이 바닥나다 overhead 머리 위의 bin 통 carry-on (기내) 휴대용 가방 fit 맞다 check (수하물을) 부치다 baggage claim 수하물 찾는 곳 land 착륙하다 purchase 구매(하다) selection 선택할 수 있는 것들 notify 알리다 flight attendant 승무원

80

Where is the announcement being made?

(A) On a bus
(B) On a ferry boat
(C) On a train
(D) On an airplane

안내방송이 나오는 장소는 어디인가?
(A) 버스
(B) 여객선
(C) 기차
(D) 비행기

해설 전체 내용 관련 – 안내방송 장소
지문 초반부에서 오늘 아침 토론토 직항 비행편에 탑승하신 것을 환영 (Welcome aboard this morning's direct flight to Toronto)고 했으므로 정답은 (D)이다.

81

What problem does the speaker mention?

(A) There is no more room for large bags.
(B) Too many tickets have been sold.
(C) Weather conditions have changed.
(D) A piece of equipment is being repaired.

화자는 무슨 문제를 언급하는가?
(A) 대형 가방을 위한 공간이 더 이상 없다.
(B) 탑승권이 너무 많이 팔렸다.
(C) 기상 상황이 변했다.
(D) 장비 하나가 수리 중이다.

어휘 collaborate 협력하다 donate 기부하다

해설 세부사항 관련 – 화자가 언급한 문제
지문 중반부에서 안타깝게도, 대형 가방용 짐칸에 자리가 부족하다 (Unfortunately, we've run out of space in the overhead bins for larger carry-on bags)고 했으므로 정답은 (A)이다.

> ▸▸ Paraphrasing 담화의 **run out of space**
> → 정답의 **no more room**

82

According to the speaker, why should the listeners talk with a staff member?

(A) To receive a voucher
(B) To reserve a seat
(C) To buy some food
(D) To get free headphones

화자에 따르면, 왜 청자들은 직원과 이야기해야 하는가?
(A) 할인권을 받기 위해
(B) 좌석을 예약하기 위해
(C) 음식을 구입하기 위해
(D) 무료 헤드폰을 얻기 위해

해설 세부사항 관련 – 청자들이 직원과 이야기해야 하는 이유
지문 끝에 식사를 구매하시려면, 승무원에게 알려달라(If you would like to purchase a meal, please notify a flight attendant)고 했으므로 정답은 (C)이다.

> ▸▸ Paraphrasing 담화의 **purchase a meal**
> → 정답의 **buy some food**

83-85 전화 메시지

W-Am Hello. **83It's Dana, one of your truck drivers.** **84I'm supposed to deliver kitchen appliances to our store branches in Syracuse.** **85I'm looking for one of the branches, and according to the list I was given, there should be a store at 33 Thistle Lane.** Well, I've driven up and down the whole road, and all I see are houses. I'll deliver the appliances to the other stores on my list, but while I'm doing that, could you please get back to me with the correct address?

여보세요. 트럭 기사 중 한 명인 다나입니다. 시러큐스에 있는 우리 지점들로 주방 용품을 배송해야 하는데요. 지금 지점 중 한 곳을 찾는 중인데, 제가 받은 목록에 따르면, 시슬 로 33번지에 가게가 있어야 하거든요. 그런데, 길 위아래 전체를 다 돌아봤는데, 보이는 건 모두 집들뿐이에요. 목록에 있는 다른 지점들에 용품들을 배송할 테니, 그러는 동안 다시 제게 전화 주셔서 올바른 주소를 알려주시겠어요?

어휘 be supposed to ~하기로 되어 있다 kitchen appliances 주방 용품 branch 지점 according to ~에 따르면

83

Who is the speaker?

(A) A repair person
(B) A store clerk
(C) A factory worker
(D) A truck driver

화자는 누구인가?

(A) 수리공
(B) 가게 점원
(C) 공장 근로자
(D) 트럭 운전사

해설 전체 내용 관련 – 화자의 직업

지문 초반부에서 화자가 본인이 트럭 기사 중 한 명인 다나(It's Dana, one of your truck drivers)라고 밝혔으므로 정답은 (D)이다.

84

What does the company sell?

(A) Household furniture
(B) Kitchen appliances
(C) Packaged foods
(D) Construction equipment

회사는 무엇을 판매하는가?

(A) 가정용 가구
(B) 주방 용품
(C) 포장 식품
(D) 건설 장비

해설 세부사항 관련 – 회사가 판매하는 물품

지문 초반부에서 시러큐스에 있는 우리 지점들로 주방 용품을 배송해야 한다(I'm supposed to deliver kitchen appliances to our store branches in Syracuse)고 했으므로 회사는 주방 용품을 취급하는 곳임을 알 수 있다. 따라서 정답은 (B)이다.

85

What does the speaker imply when she says, "all I see are houses"?

(A) She is concerned about some regulations.
(B) She thinks a mistake has been made.
(C) A loan application has been completed.
(D) A development plan cannot be approved.

화자가 "보이는 건 모두 집들뿐이에요"라고 말한 의도는 무엇인가?

(A) 그녀는 몇 가지 규정에 대해 걱정한다.
(B) 그녀는 실수가 있었다고 생각한다.
(C) 대출 신청이 완료되었다.
(D) 개발 계획이 승인될 수 없다.

어휘 concerned 걱정하는 regulation 규정 loan 대출 application 신청, 지원 development 개발 approve 승인하다

해설 화자의 의도 파악 – 보이는 건 모두 집들뿐이라고 말한 의도

인용문 앞에서 지금 지점 중 한 곳을 찾는 중이고, 목록에 따르면, 시슬 로 33번지에 가게가 있어야 한다(I'm looking for one of the branches, and according to the list I was given, there should be a store at 33 Thistle Lane)고 했고, 뒤이어 길 전체를 다 돌아봤다(I've driven up and down the whole road)면서 '보이는 건 모두 집들뿐이다'라고 한 것으로 보아 목록에 있는 주소에서 지점을 찾을 수 없다는 뜻으로 이해할 수 있다. 따라서 인용문은 뭔가 잘못되었다는 의도로 한 말이므로 정답은 (B)이다.

86-88 담화

M-Cn Good afternoon. My name is Lawrence Wilson, and **86I'll be conducting the training on how to use our company's new scheduling software—Spark Schedule. 87The reason we chose this particular software is because it makes it easy for you to schedule meetings with people in different time zones.** That way we can conduct business with our increasing number of clients all over the world. And best of all, **88there's a mobile phone application that you can download for free.** This will allow you to check your schedule from any location.

안녕하세요. 제 이름은 로렌스 윌슨이고 우리 회사의 새로운 일정 소프트웨어인 스파크 스케줄의 사용법을 교육하도록 하겠습니다. 우리가 이 특정 소프트웨어를 선택한 이유는 여러분이 다른 시간대에 있는 사람들과 회의 일정을 잡기 쉽도록 하기 위한 것입니다. 이 방식으로 전세계적으로 증가하고 있는 우리 고객들과 사업을 하실 수가 있습니다. 무엇보다도, 여러분께서 무료로 다운로드 하실 수 있는 휴대폰 앱이 있는데요. 이 앱으로 어느 곳에서든 여러분의 일정을 확인하실 수 있습니다.

어휘 conduct 하다 particular 특정한 time zone 시간대 increasing 증가하는 client 고객 application 앱, 응용 프로그램 allow 허락하다 location 위치, 장소

86

What is the talk mainly about?

(A) A mobile phone model
(B) An office security system
(C) High-speed Internet service
(D) Business scheduling software

담화는 주로 무엇에 관한 것인가?

(A) 휴대폰 모델
(B) 사무실 보안 시스템
(C) 고속 인터넷 서비스
(D) 비즈니스 일정 소프트웨어

해설 전체 내용 관련 – 담화의 주제

지문 초반부에서 우리 회사의 새로운 일정 소프트웨어인 스파크 스케줄의 사용법을 교육하겠다(I'll be conducting the training on how to use our company's new scheduling software—Spark Schedule)고 했으므로 정답은 (D)이다.

87

Why did the company choose the product?

(A) It makes arranging meetings easy.
(B) It is reasonably priced.
(C) It has good security features.
(D) It has received positive reviews..

왜 회사는 그 제품을 선택했는가?

(A) 회의 준비를 쉽게 해준다.
(B) 가격이 합리적이다.
(C) 보안 기능이 훌륭하다.
(D) 긍정적인 평가를 받았다

어휘 arrange 마련하다   reasonably 합리적으로   security 보안
     positive 긍정적인   review 평가

해설 세부사항 관련 – 회사가 특정 제품을 선택한 이유

지문 중반부에서 우리가 이 특정 소프트웨어를 선택한 이유는 여러분이 다른 시간대에 있는 사람들과 회의 일정을 잡기 쉽도록 하기 위한 것(The reason we chose this particular software is because it makes it easy for you to schedule meetings with people in different time zones)이라고 했으므로 정답은 (A)이다.

88

What does the speaker say is offered with the product?

(A) An annual upgrade
(B) A money-back guarantee
(C) A mobile phone application
(D) A customer-service help line

화자는 제품과 함께 무엇이 제공된다고 말하는가?
(A) 연간 업그레이드
(B) 환불 보증
(C) 휴대폰 앱
(D) 고객 지원 서비스

해설 세부사항 관련 – 제품과 함께 제공되는 것

지문 후반부에서 무료로 다운로드 하실 수 있는 휴대폰 앱이 있다(there's a mobile phone application that you can download for free)고 했으므로 정답은 (C)이다.

89-91 방송

> **W-Br** This is Guo Lin with KDM TV News. Tonight, there's news about the Ashworth City light-rail. Work continues on this massive construction project, but **[89]the announcement of new federal safety regulations means that major modifications must be made to the tracks.** Opening day could be delayed by as much as three months. Public opinion about the railway is already divided. **[90]Some residents say they don't approve of how much money is being spent on the project,** but others say it's worth the cost. **[91]I'm here at the Fourth Street station where I'll ask a few passersby how they feel about this latest development in the project.**

KDM TV 뉴스의 구오 린입니다. 오늘 밤, 애쉬워스 도시 경철도에 관한 소식이 있습니다. 이 대형 건설 프로젝트의 공사가 지속되고 있지만, **새로 발표된 정부의 안전 규정으로 철도 선로에 상당한 변경이 불가피할**

것 같습니다. 개통일도 3달 정도 연기될 가능성이 있습니다. 철도에 대한 대중들의 의견은 이미 나뉘고 있습니다. **일부 주민들은 프로젝트에 소요되는 비용에 대해 찬성하지 않는 반면,** 다른 주민들은 비용을 들일 가치가 있다고 말합니다. **4번가 역에 나와 있는데, 몇몇 행인들에게 프로젝트와 관련된 최신 소식에 대해 어떻게 생각하는지를 물어보겠습니다.**

어휘 light-rail 경철도   massive 거대한   announcement
     발표   federal 연방정부의   safety 안전   regulation 규정
     major 주요한   modification 수정(변경)   track 선로, 길   delay
     미루다   public 대중의   divide 나누다(가르다)   resident
     거주자(주민)   approve 찬성하다   worth ~의 가치가 있는
     passersby 행인   latest 최신의   development 개발

89

What does the speaker say has recently been announced?

(A) An increase in funding
(B) A factory opening
(C) A new venue for an event
(D) A change in regulations

화자는 최근에 무엇이 발표되었다고 말하는가?
(A) 재정 지원의 증가
(B) 공장 개장
(C) 새로운 행사 장소
(D) 규정 변경

어휘 funding 재정 지원   venue 장소   regulation 규정

해설 세부사항 관련 – 최근에 발표된 사항

지문 초반부에서 새로 발표된 정부의 안전 규정으로 철도 선로에 상당한 변경이 불가피하다(the announcement of new federal safety regulations means that major modifications must be made to the tracks)고 했으므로 정답은 (D)이다.

90

According to the speaker, why do some people dislike a construction project?

(A) Because it caused a power outage
(B) Because it costs too much
(C) Because roads have been closed
(D) Because of the loud noise

화자에 따르면, 왜 몇몇 사람들은 건설 프로젝트에 반감을 갖는가?
(A) 정전을 유발했기 때문에
(B) 비용이 너무 많이 들기 때문에
(C) 도로가 폐쇄되었기 때문에
(D) 시끄러운 소음 때문에

어휘 dislike 싫어하다   cause 일으키다   power outage 정전

해설 세부사항 관련 – 사람들이 건설 프로젝트를 싫어하는 이유

지문 중반부에서 일부 주민들은 프로젝트에 소요되는 비용에 대해 찬성하지 않는다(Some residents say they don't approve of how much money is being spent on the project)고 했으므로 정답은 (B)이다.

91

What will the speaker do next?

(A) Introduce an advertiser
(B) Attend a press conference
(C) Interview some people
(D) End a broadcast

화자가 다음에 할 일은 무엇인가?

(A) 광고주 소개
(B) 기자회견 참석
(C) 몇몇 사람들과 인터뷰
(D) 방송 종료

어휘 advertiser 광고주　press conference 기자회견　broadcast 방송

해설 세부사항 관련 - 화자가 다음에 할 행동

지문 후반부에서 4번가 역에 나와 있는데, 몇몇 행인들에게 프로젝트와 관련된 최신 소식에 대해 어떻게 생각하는지를 물어보겠다(I'm here at the Fourth Street station where I'll ask a few passersby how they feel about this latest development in the project)고 했으므로 정답은 (C)이다.

92-94 공지

M-Au First of all, we know you have a busy schedule outside of work, so **92thanks for coming in to the warehouse today to work on a Saturday.** OK, so **93we're here because this extra shipment was delivered yesterday. There are hundreds of boxes, and we have to check what's inside them and put the information into our warehouse database.** Now, **94I'm going to assign you all to groups. Once you have your group number,** go ahead and join your group members. Group leaders will tell you which boxes you'll be working on.

먼저, 여러분이 업무 외에 일정이 바쁘다는 것을 알고 있는데도, **토요일인 오늘도 근무를 위해 창고에 나와 주셔서 감사 드립니다.** 좋습니다, 어제 배송된 추가 배송물 때문에 우리가 여기 나와 있는데요. 수백 개의 상자들이 있는데, 상자 안에 무엇이 있는지를 확인하셔서 우리 창고 데이터베이스에 그 정보를 기입해 주셔야 합니다. 자, 제가 여러분을 그룹별로 배정해 드릴 것입니다. 일단 그룹 번호를 배정 받으시면, 나오셔서 그룹 멤버들과 합류해 주세요. 그룹 대표들이 여러분께 작업할 상자들을 알려드릴 겁니다.

어휘 warehouse (물류)창고　shipment 배송물　inside ~의 안에　assign 배정하다

92

What does the speaker thank the listeners for?

(A) Reorganizing some files
(B) Cleaning a work area
(C) Working on a Saturday
(D) Attending a training

화자는 무엇에 대해 청자들에게 감사하는가?

(A) 파일 재정리
(B) 업무 구역 청소
(C) 토요일 근무
(D) 교육 참석

어휘 reorganize 재조직하다

해설 세부사항 관련 - 화자가 감사해 하는 일

지문 초반부에서 토요일인 오늘도 근무를 위해 창고에 나와 주셔서 감사하다(thanks for coming in to the warehouse today to work on a Saturday)고 했으므로 정답은 (C)이다.

93

In which division do the listeners most likely work?

(A) Shipping and Receiving
(B) Maintenance
(C) Sales and Marketing
(D) Accounting

청자들은 어느 부서에서 일하겠는가?

(A) 발송 접수부
(B) 유지 관리부
(C) 영업 마케팅부
(D) 회계부

해설 세부사항 관련 - 청자가 근무하는 부서

지문 중반부에서 어제 배송된 추가 배송물 때문에 우리가 나와 있다(we're here because this extra shipment was delivered yesterday)면서, 수백 개의 상자 안에 무엇이 있는지를 확인해서 창고 데이터베이스에 그 정보를 기입해야 한다(There are hundreds of boxes, and we have to check what's inside them and put the information into our warehouse database)고 했으므로 청자들은 배송물을 받아서 확인 및 접수하는 작업을 해야 함을 알 수 있다. 따라서 정답은 (A)이다.

94

What does the speaker say he will provide?

(A) A building name
(B) Group numbers
(C) Shift schedules
(D) A temporary password

화자는 무엇을 제공하겠다고 말하는가?

(A) 건물명
(B) 그룹 번호
(C) 근무 일정
(D) 임시 비밀번호

어휘 shift 근무시간, 근무조　temporary 임시의

해설 세부사항 관련 – 화자가 제공할 것

지문 후반부에서 제가 여러분을 그룹별로 배정해 드린다(I'm going to assign you all to groups)면서, 일단 그룹 번호를 배정 받으시면(Once you have your group number)이라고 했으므로 정답은 (B)이다.

95-97 뉴스 보도 + 일기 예보

W-Am And now, **⁹⁵an event we've all been waiting for since last year—Danville's Annual Cook-Off.** Held outside at City Park, the Cook-Off always attracts a lot of participants. Competitors prepare one dish, which they serve throughout the day. A panel of judges will select the winners based on taste, presentation, and uniqueness. This event is great fun for the whole family, and entry and food samples are free! **⁹⁶If you're interested in participating, the contest registration form is available on the city's Web site.** Now, **⁹⁷keep in mind we're expecting a cloudy day for this year's event.** We won't see any sunshine, so be sure to bring a jacket!

이제, **우리가 작년부터 기다리고 있는 행사인 댄빌의 연례 요리 경연대회 소식입니다.** 야외인 도시 공원에서 열리는 요리 경연대회에는 항상 많은 참가자가 모여듭니다. 경쟁자들은 한 가지 요리를 준비하고 하루 종일 그 음식을 제공하게 됩니다. 심사위원단은 맛, 표현, 독창성을 보고 승자를 선택할 것입니다. 이 행사는 가족 모두에게 즐거운 재미를 선사할 것이며, 입장과 음식 샘플은 무료입니다! **참가에 관심 있으시면, 대회 신청서를 시의 웹사이트에서 확인하실 수 있습니다.** 자, 올해 행사에는 흐린 날씨가 예상된다는 점을 유념하십시오. 해를 전혀 볼 수 없으므로 외투를 꼭 가져 오세요!

어휘 annual 연간의 cook-off 요리 경연대회 participant 참가자 competitor 경쟁자 prepare 준비하다 serve 제공하다 presentation 제공 방식 uniqueness 독창성 entry 입장, 참가 participate 참가하다 registration 등록 form 서식 available 이용 가능한

Saturday	⁹⁷Sunday	Monday	Tuesday
Partly Sunny	Cloudy	Rain	Rain

토요일	⁹⁷일요일	월요일	화요일
부분적으로 맑음	흐림	비	비

95

What event is being described?

(A) A sports competition
(B) A government ceremony
(C) A music festival
(D) A cooking contest

무슨 행사에 대해 설명하고 있는가?

(A) 스포츠 대회　　　　(B) 정부 행사
(C) 음악 축제　　　　**(D) 요리 대회**

어휘 competition 대회 ceremony 의식 contest 대회

해설 전체 내용 관련 – 설명하고 있는 행사의 종류

지문 초반부에서 우리가 작년부터 기다리고 있는 행사인 댄빌의 연례 요리 경연대회 소식(an event we've all been waiting for since last year—Danville's Annual Cook-Off)이라고 전하고 있으므로 정답은 (D)이다.

▸▸ Paraphrasing 담화의 Cook-Off → 정답의 cooking contest

96

According to the speaker, what can the listeners find on a Web site?

(A) A city map
(B) A list of vendors
(C) A demonstration video
(D) An entry form

화자에 따르면, 청자들은 웹사이트에서 무엇을 찾을 수 있는가?

(A) 도시 지도　　　　(B) 노점상 목록
(C) 시범 설명 비디오　　**(D) 참가 신청서**

어휘 vendor 노점상, 판매 회사 demonstration 시범 설명

해설 세부사항 관련 – 웹사이트에서 찾을 수 있는 것

지문 중후반부에서 참가에 관심 있으면, 대회 신청서를 시의 웹사이트에서 확인할 수 있다(If you're interested in participating, the contest registration form is available on the city's Web site)고 했으므로 정답은 (D)이다.

▸▸ Paraphrasing 담화의 contest registration form → 정답의 entry form

97

Look at the graphic. Which day is the event being held?

(A) Saturday
(B) Sunday
(C) Monday
(D) Tuesday

시각 정보에 따르면 어느 요일에 행사가 열리는가?

(A) 토요일　　　　**(B) 일요일**
(C) 월요일　　　　(D) 화요일

해설 시각 정보 연계 – 행사가 열리는 요일

지문 후반부에서 올해 행사에는 흐린 날씨가 예상된다는 점을 유념하라(keep in mind we're expecting a cloudy day for this year's event)고 했으므로 정답은 (B)이다.

98-100 전화 메시지 + 학회 일정표

M-Cn This is Seung-ho Park from Park Investors. We met last month at the Westside Technology Conference. I attended your interesting presentation and spoke to you afterward about my small investment firm. **98, 99I'm calling because I'd like to hire you to discuss ways to make my company's database more secure. 99I know you specialize in this type of work,** and I'm hoping you'll be interested in this project. **100Could you please e-mail me a list of your consultant fees?** Use the e-mail address on the business card I gave you. Thanks.

파크 인베스터스의 박성호입니다. 웨스트사이드 기술 학회에서 지난달에 만나 뵈었는데요. 귀하의 흥미로운 발표를 듣고 난 후 제 조그만 투자 회사에 대해 말씀 드렸습니다. **제 회사 데이터베이스의 보안을 강화할 수 있는 방안을 논의하기 위해 당신을 고용하고 싶어 이렇게 전화 드립니다. 귀하께서 이런 종류의 업무를 전문으로 하신다는 점을 알고 있으며, 이 프로젝트에 관심이 있으시길 바랍니다. 제게 귀하의 자문 요금표를 이메일로 보내주실 수 있으신지요?** 제가 드린 명함에 있는 이메일 주소를 사용하시면 됩니다. 감사합니다.

어휘 investor 투자자 conference 학회 presentation 발표 afterward 후에 investment 투자 firm 회사 secure 안전한 specialize in ~을 전문으로 하다 consultant fee 자문 요금 business card 명함

Westside Technology Conference April 6	
8:00	99Protecting Your Data, Carla Wynn
9:00	Learning to Code, Jae-Ho Kim
10:00	Latest Devices, Kaori Aoki
11:00	Is Newer Better?, Alex Lehmann
12:00	Lunch

웨스트사이드 기술 학회 4월 6일	
8:00	99데이터 보호하기, 카를러 윈
9:00	코딩 배우기, 김재호
10:00	최신 장비, 카오리 아오키
11:00	새로울수록 좋은가요?, 알렉스 레만
12:00	점심

98
What is the purpose of the call?
(A) To confirm a deadline
(B) To explain a company policy
(C) To make a job offer
(D) To discuss a new product

전화의 목적은 무엇인가?
(A) 마감기한을 확인하기 위해
(B) 회사 방침을 설명하기 위해
(C) 일자리를 제안하기 위해
(D) 새 프로젝트를 논의하기 위해

어휘 confirm 확인하다 policy 방침 offer 제안(하다)

해설 전체 내용 관련 – 화자가 전화를 건 목적

지문 중반부에서 화자가 자기 회사 데이터베이스의 보안을 강화할 수 있는 방안을 논의하기 위해 청자를 고용하고 싶어서 전화한다(I'm calling because I'd like to hire you to discuss ways to make my company's database more secure)고 했으므로 정답은 (C)이다.

99
Look at the graphic. Who is the speaker calling?
(A) Carla Wynn
(B) Jae-Ho Kim
(C) Kaori Aoki
(D) Alex Lehmann

시각 정보에 따르면 화자는 누구에게 전화를 하고 있나?
(A) 카를러 윈 (B) 김재호
(C) 카오리 아오키 (D) 알렉스 레만

해설 시각 정보 연계 – 화자가 전화를 하고 있는 사람

지문 중반부에서 화자는 데이터베이스의 보안을 강화할 수 있는 방안을 논의하기 위해 청자(you)를 고용하고 싶어서 전화한다(I'm calling because I'd like to hire you to discuss ways to make my company's database more secure)면서, 청자가 이런 종류의 업무를 전문으로 한다는 점을 알고 있다(I know you specialize in this type of work)고 했다. 따라서 청자는 데이터 보안 관련 일을 하는 사람임을 알 수 있으므로 정답은 (A)이다.

100
What does the speaker ask the listener to do?
(A) Check a catalog
(B) Send fee information
(C) Submit a travel itinerary
(D) Update a conference schedule

화자는 청자에게 무엇을 하라고 요청하는가?
(A) 카탈로그를 확인할 것
(B) 수수료 정보를 보낼 것
(C) 여행 일정표를 제출할 것
(D) 학회 일정표를 업데이트할 것

어휘 submit 제출하다 itinerary 일정표

해설 세부사항 관련 – 화자의 요구사항

지문 후반부에서 청자(you)의 자문 요금표를 이메일로 보낼 수 있는지(Could you please e-mail me a list of your consultant fees?)를 묻고 있으므로 정답은 (B)이다.

▸▸ Paraphrasing 담화의 e-mail me a list of your consultant fees → 정답의 Send fee information

기출 TEST 2

1 (C)	2 (C)	3 (B)	4 (B)	5 (D)
6 (A)	7 (A)	8 (A)	9 (C)	10 (A)
11 (A)	12 (C)	13 (B)	14 (C)	15 (A)
16 (B)	17 (A)	18 (C)	19 (B)	20 (C)
21 (A)	22 (B)	23 (C)	24 (C)	25 (B)
26 (C)	27 (C)	28 (C)	29 (A)	30 (B)
31 (B)	32 (B)	33 (D)	34 (A)	35 (B)
36 (D)	37 (A)	38 (A)	39 (C)	40 (A)
41 (A)	42 (B)	43 (D)	44 (D)	45 (C)
46 (A)	47 (C)	48 (B)	49 (A)	50 (B)
51 (C)	52 (B)	53 (C)	54 (D)	55 (B)
56 (C)	57 (B)	58 (A)	59 (A)	60 (B)
61 (D)	62 (C)	63 (B)	64 (C)	65 (D)
66 (A)	67 (B)	68 (D)	69 (A)	70 (B)
71 (A)	72 (D)	73 (B)	74 (C)	75 (D)
76 (C)	77 (B)	78 (A)	79 (C)	80 (D)
81 (A)	82 (B)	83 (D)	84 (B)	85 (B)
86 (D)	87 (C)	88 (B)	89 (D)	90 (A)
91 (C)	92 (C)	93 (A)	94 (B)	95 (C)
96 (D)	97 (A)	98 (C)	99 (A)	100 (B)

PART 1

1 M-Cn

(A) He's walking along the shore.
(B) He's swimming in the sea.
(C) He's holding a fishing pole.
(D) He's getting into a boat.

(A) 남자가 해변을 따라 걷고 있다.
(B) 남자가 바다에서 수영을 하고 있다.
(C) 남자가 낚싯대를 잡고 있다.
(D) 남자가 배에 올라타고 있다.

어휘 shore 해변 fishing pole 낚싯대

해설 1인 등장 사진 – 사람의 동작/상태 묘사
(A) 동사 오답. 남자가 해변을 따라 걷고 있는(walking along the shore) 모습이 아니므로 오답.
(B) 동사 오답. 남자가 바다에서 수영을 하고 있는(swimming in the sea) 모습이 아니므로 오답.
(C) 정답. 남자가 낚싯대를 잡고 있는(holding a fishing pole) 모습이므로 정답.
(D) 동사 오답. 남자가 배에 올라타고 있는(getting into a boat) 모습이 아니므로 오답.

2 W-Br

(A) A woman's standing on a busy street.
(B) A woman's wiping a car window with a cloth.
(C) A woman's carrying a jacket over her arm.
(D) A woman's parking a vehicle.

(A) 여자가 번화한 거리에 서 있다.
(B) 여자가 천으로 차창을 닦고 있다.
(C) 여자가 팔에 재킷을 걸치고 있다.
(D) 여자가 주차를 하고 있다.

어휘 cloth 천 vehicle 차량, 탈것

해설 1인 등장 사진 – 사람의 동작/상태 묘사
(A) 동사 오답. 여자가 번화한 거리에 서 있는(standing on a busy street) 모습이 아니므로 오답.
(B) 동사 오답. 여자가 천으로 차창을 닦고 있는(wiping a car window with a cloth) 모습이 아니므로 오답.
(C) 정답. 여자가 팔에 재킷을 걸치고 있는(carrying a jacket over her arm) 모습이므로 정답.
(D) 동사 오답. 여자가 주차를 하고 있는(parking a vehicle) 모습이 아니므로 오답.

3 M-Au

(A) A truck has stopped at a traffic light.
(B) A man is loading boxes onto a cart.
(C) A man is kneeling on the grass.
(D) Some boxes are stacked on the ground.

(A) 트럭이 신호등에서 멈췄다.
(B) 남자가 카트에 상자를 싣고 있다.
(C) 남자가 잔디 위에 무릎을 꿇고 있다.
(D) 상자 몇 개가 땅에 쌓여 있다.

어휘 stack 쌓다, 포개다

해설 1인 등장 사진 – 사람 또는 사물 중심 묘사
(A) 사진에 없는 명사를 이용한 오답. 신호등(a traffic light)의 모습이 보이지 않으므로 오답.
(B) 정답. 남자가 카트에 상자를 싣고 있는(loading boxes onto a cart) 모습이므로 정답.
(C) 동사 오답. 남자가 잔디 위에 무릎을 꿇고 있는(kneeling on the grass) 모습이 아니므로 오답.

(D) 동사 오답. 상자들이 땅에 쌓여 있는(stacked on the ground) 모습이 아니므로 오답.

4 M-Cn

(A) One of the women is writing on a notepad.
(B) One of the women is looking at some files.
(C) The women are sitting at their desks.
(D) The women are facing each other.

(A) 여자들 중 한 명이 메모지에 무엇을 쓰고 있다.
(B) 여자들 중 한 명이 파일을 보고 있다.
(C) 여자들이 책상 앞에 앉아 있다.
(D) 여자들이 서로 마주보고 있다.

어휘 notepad 메모지

해설 2인 이상 등장 사진 - 사람의 동작/상태 묘사
(A) 동사 오답. 메모지에 무언가를 쓰고 있는(writing on a notepad) 여자의 모습이 보이지 않으므로 오답.
(B) 정답. 여자들 중 한 명이 파일을 보고 있는(looking at some files) 모습이므로 정답.
(C) 동사 오답. 여자들이 책상 앞에 앉아 있는(sitting at their desks) 모습이 아니므로 오답.
(D) 동사 오답. 여자들이 서로 마주보고 있는(facing each other) 모습이 아니므로 오답.

5 W-Am

(A) Cars are parked in a garage.
(B) Plants are arranged on tables.
(C) There are umbrellas blocking a road.
(D) There are chairs set up in front of a building.

(A) 차들이 차고에 주차되어 있다.
(B) 탁자 위에 식물이 놓여 있다.
(C) 파라솔이 도로를 막고 있다.
(D) 건물 앞에 의자들이 놓여 있다.

어휘 garage 차고 block a road 길을 막다

해설 사물 사진 - 실외 사물의 상태 묘사
(A) 사진에 없는 명사를 이용한 오답. 차고(a garage)의 모습이 보이지 않으므로 오답.
(B) 동사 오답. 식물(plants)이 탁자 위에 놓여 있는(arranged on tables) 모습이 아니므로 오답.
(C) 동사 오답. 파라솔(umbrellas)이 도로를 막고 있는(blocking a road) 모습이 아니므로 정답.

(D) 정답. 의자들(chairs)이 건물 앞에 놓여 있는(set up in front of a building) 모습을 잘 묘사했으므로 정답.

6 W-Br

(A) Some travelers are seated in a waiting area.
(B) Some workers are setting up partitions.
(C) One of the women is handing out tickets.
(D) One of the men is approaching a counter.

(A) 여행객들이 대합실에 앉아 있다.
(B) 인부들이 칸막이를 세우고 있다.
(C) 여자들 중 한 명이 표를 나눠주고 있다.
(D) 남자들 중 한 명이 카운터로 다가가고 있다.

어휘 partition 칸막이 hand out 나눠주다, 배포하다

해설 2인 이상 등장 사진 - 사람의 동작/상태 묘사
(A) 정답. 여행객들(travelers)이 대합실에 앉아 있는(seated in a waiting arear) 모습을 잘 묘사했으므로 정답.
(B) 동사 오답. 칸막이를 세우고 있는(setting up partitions) 인부들(workers)의 모습이 보이지 않으므로 오답.
(C) 동사 오답. 표를 나눠주고 있는(handing out tickets) 여자의 모습이 보이지 않으므로 오답.
(D) 동사 오답. 카운터로 다가가고 있는(approaching a counter) 남자의 모습이 보이지 않으므로 오답.

PART 2

7

W-Am Where did you leave the account files?
W-Br **(A) In your mailbox.**
　　　(B) To South America.
　　　(C) No, I live nearby.

장부철을 어디에 두셨어요?
(A) 당신의 우편함이에요.
　(B) 남아메리카로요.
　(C) 아니요, 근처에 삽니다.

어휘 nearby 인근에

해설 장부철을 둔 장소를 묻는 Where 의문문
(A) 정답. 장부철을 둔 장소를 묻는 질문에 당신의 우편함이라고 구체적으로 응답하고 있으므로 정답.
(B) 연상 단어 오답. 질문의 where와 leave에서 연상 가능한 South America를 이용한 오답.
(C) Yes/No 불가 오답. Where 의문문에는 Yes/No 응답이 불가능하므로 오답.

8

M-Au Who should I call about the broken window?

M-Cn **(A) The maintenance department.**

(B) Try not to leave it open.

(C) Around nine o'clock.

깨진 유리창은 누구에게 전화해야 합니까?

(A) 건물관리 부서예요.

(B) 창문을 열지 않도록 하세요.

(C) 9시경에요.

어휘 maintenance (건물의) 유지·보수

해설 전화를 걸어야 할 사람을 묻는 Who 의문문

(A) 정답. 깨진 유리창과 관련해 전화를 걸어야 할 사람을 묻는 질문에 건물관리 부서라며 담당 부서를 제시하고 있으므로 정답.

(B) 연상 단어 오답. 질문의 window에서 연상 가능한 open을 이용한 오답.

(C) 질문과 상관없는 오답. When 의문문에 대한 응답이므로 오답.

9

W-Am You ordered more parts for the motor, right?

M-Cn (A) I promoted him.

(B) Thanks, it's a new model.

(C) Yes, last week.

자동차 부품을 추가로 주문하셨죠, 그렇죠?

(A) 제가 그를 승진시켰어요.

(B) 감사합니다. 신형이에요.

(C) 네, 지난주에요.

어휘 parts 부품 promote 승진시키다

해설 부품을 추가로 주문했는지 확인하는 부가 의문문

(A) 질문과 상관없는 오답. 질문에 어울리지 않는 응답을 하고 있으므로 오답.

(B) 연상 단어 오답. 질문의 motor에서 연상 가능한 new model을 이용한 오답.

(C) 정답. 자동차 부품을 추가로 주문했는지를 묻는 질문에 그렇다(Yes)고 대답한 후, 지난주에 했다며 구체적인 주문 시점까지 덧붙였으므로 정답.

10

W-Am When is the rent due?

W-Br **(A) Please send it by Friday.**

(B) I do have one.

(C) The new apartment complex.

임대료는 언제까지 내야 합니까?

(A) 금요일까지 보내주세요.

(B) 저에게 하나 있습니다.

(C) 새 아파트 단지입니다.

어휘 due 예정된, 지불해야 하는

해설 임대료 납부 시점을 묻는 When 의문문

(A) 정답. 임대료를 납부해야 하는 시점을 묻는 질문에 금요일까지 보내라며 구체적 시점으로 응답하고 있으므로 정답.

(B) 질문과 상관없는 오답. 질문에 어울리지 않는 응답을 하고 있으므로 오답.

(C) 연상 단어 오답. 질문의 rent에서 연상 가능한 apartment를 이용한 오답.

11

M-Au Why don't we submit the supply request?

W-Am **(A) OK, I'll print it out.**

(B) Yesterday morning.

(C) Yes, we do.

비품청구서를 제출하는 게 어때요?

(A) 좋아요, 제가 출력하죠.

(B) 어제 아침에요.

(C) 네, 그렇습니다.

어휘 submit 제출하다 supply request 비품청구서

해설 제안/권유 의문문

(A) 정답. 비품청구서를 제출하자고 권유하는 질문에 좋다(OK)면서 제안에 응하고 있으므로 정답.

(B) 질문과 상관없는 오답. When 의문문에 대한 응답이므로 오답.

(C) 질문과 상관없는 오답. 무엇인가를 해보자(Why don't we)며 제안하는 질문에 어울리지 않는 응답을 하고 있으므로 오답.

12

W-Br Won't you be at the panel discussion tomorrow?

M-Cn (A) The presentation schedule.

(B) The brown panels look nice.

(C) No, I'm leaving the conference tonight.

내일 공개토론회에 참석하지 않나요?

(A) 발표 일정입니다.

(B) 갈색 판이 좋아 보이네요.

(C) 아뇨, 오늘밤에 학회를 마치고 떠나요.

어휘 panel discussion 공개토론회 panel 판 conference 회의, 학회

해설 공개토론회 참석 여부를 확인하는 부정 의문문

(A) 연상 단어 오답. 질문의 panel discussion에서 연상 가능한 presentation schedule을 이용한 오답.

(B) 단어 반복 오답. 질문의 panel을 반복 이용한 오답.

(C) 정답. 내일 있을 공개토론회 참석 여부를 묻는 질문에 아니다(No)라고 대답한 후, 오늘 밤에 학회를 떠난다며 참석 못하는 이유를 덧붙였으므로 정답.

13

W-Am When did Susan ask for a computer upgrade?

W-Br (A) About an hour.

(B) Sometime last week.

(C) To business class.

수잔은 언제 컴퓨터 업그레이드를 요청했나요?
(A) 한 시간 정도요.
(B) 지난주에요.
(C) 비즈니스석으로요.

해설 수잔이 컴퓨터 업그레이드를 요청한 시점을 묻는 When 의문문
(A) 질문과 상관없는 오답. How long 의문문에 대한 응답이므로 오답.
(B) 정답. 수잔이 컴퓨터 업그레이드를 요청한 시점을 묻는 질문에 지난주라며 구체적으로 응답했으므로 정답.
(C) 연상 단어 오답. 질문의 upgrade에서 연상 가능한 business class를 이용한 오답.

14

M-Cn Do you work in marketing or public policy?
W-Am (A) It's open to the public.
　　　(B) I don't like the new policies.
　　　(C) Neither, actually.

마케팅 부문에서 일하세요, 아니면 공공정책 부문에서 일하세요?
(A) 대중에게 공개되어 있어요.
(B) 새 정책이 마음에 들지 않아요.
(C) 두 부문 모두 아닙니다.

어휘 open to the public 대중에게 공개되다, 개방되다 public policy 공공 정책

해설 근무 부서를 묻는 선택 의문문
(A) 단어 반복 오답. 질문의 public을 반복 이용한 오답.
(B) 단어 반복 오답. 질문의 policy를 반복 이용한 오답.
(C) 정답. 근무하는 부서를 묻는 선택 의문문에 둘 다 아니라고 응답하고 있으므로 정답.

15

W-Br Are you available for an interview next Tuesday?
M-Au **(A) Yes, I'd be happy to come in.**
　　　(B) A bit earlier next time.
　　　(C) Sure, let's go over the weekend.

다음 주 화요일 면접에 참석할 수 있습니까?
(A) 네, 참석하고 싶습니다.
(B) 다음번엔 조금 더 일찍이요.
(C) 물론이죠, 주말에 갑시다.

어휘 available 시간이 있는

해설 화요일에 면접이 가능한지를 묻는 be동사 의문문
(A) 정답. 화요일에 면접을 볼 수 있는지를 묻는 질문에 네(Yes)라며 긍정적으로 응답하고 있으므로 정답.
(B) 단어 반복 오답. 질문의 next를 반복 이용한 오답.
(C) 연상 단어 오답. 질문의 Tuesday에서 연상 가능한 weekend를 이용한 오답.

16

M-Cn How did you make this soup?
W-Br (A) Quite a long time.
　　　(B) Here's a copy of the recipe.
　　　(C) For Saturday night.

이 수프는 어떻게 만들었나요?
(A) 꽤 오래 걸렸어요.
(B) 여기 조리법이 있어요.
(C) 토요일 밤을 위해서요.

어휘 recipe 조리법

해설 수프를 만드는 방법을 묻는 How 의문문
(A) 질문과 상관없는 오답. How long 의문문에 대한 응답이므로 오답.
(B) 정답. 수프를 만드는 방법을 묻는 질문에 조리법을 건네주며 우회적으로 응답하고 있으므로 정답.
(C) 질문과 상관없는 오답. When 의문문에 대한 응답이므로 오답.

17

W-Am Wasn't the office furniture shipped last month?
M-Au **(A) The delivery's been delayed.**
　　　(B) Ms. Martinez does.
　　　(C) A more modern design.

사무용 가구는 지난달에 배송되지 않았나요?
(A) 배송이 지연됐어요.
(B) 마르티네즈 씨가 합니다.
(C) 더욱 현대적인 디자인이에요.

어휘 delivery 배송 be delayed 지연되다

해설 지난달에 가구가 배송되었는지를 확인하는 부정 의문문
(A) 정답. 지난달에 사무용 가구가 배송되었는지를 묻는 질문에 아니요(No)를 생략한 채 배송이 지연되었다고 응답하고 있으므로 정답.
(B) 질문과 상관없는 오답. 가구 배송 여부와는 전혀 상관없는 응답이므로 오답.
(C) 연상 단어 오답. 질문의 office furniture에서 연상 가능한 design을 이용한 오답.

18

W-Br Do you have some paper clips I can use?
M-Cn (A) The paper comes in several colors.
　　　(B) I found it very useful.
　　　(C) How many do you need?

제가 사용해도 되는 종이집게가 있나요?
(A) 여러 색상의 종이가 들어옵니다.
(B) 굉장히 유용했습니다.
(C) 몇 개 필요하세요?

어휘 paper clip 종이집게

해설 종이집게가 있는지를 묻는 조동사(do) 의문문

(A) 단어 반복 오답. 질문의 paper를 반복 이용한 오답.

(B) 연상 단어 오답. 질문의 paper clips에서 연상 가능한 useful을 이용한 오답.

(C) 정답. 사용할 수 있는 종이집게가 있는지를 묻는 질문에 네(Yes)를 생략한 채 몇 개가 필요한지 묻고 있으므로 정답.

19

M-Au How do I change my password?

W-Am **(A) I don't have any more.**

(B) You'd better ask Ms. Wang.

(C) Yes, you can log in now.

비밀번호는 어떻게 바꿉니까?

(A) 더는 없습니다.

(B) 왕 씨에게 물어보세요.

(C) 네, 지금 로그인하실 수 있습니다.

해설 비밀번호 변경 방법을 묻는 How 의문문

(A) 질문과 상관없는 오답. 비밀번호 변경과는 전혀 상관없는 응답이므로 오답.

(B) 정답. 비밀번호 변경 방법을 묻는 질문에 왕 씨에게 물어보라며 우회적으로 응답하고 있으므로 정답.

(C) Yes/No 불가 오답. How 의문문에는 Yes/No 응답이 불가능하므로 오답.

20

W-Br You can't get us an earlier flight, can you?

M-Cn **(A) It's a wonderful city.**

(B) I usually pack light.

(C) No, they're all fully booked.

더 빠른 항공편에 탈 수는 없죠, 그렇죠?

(A) 멋진 도시군요.

(B) 저는 보통 짐을 가볍게 쌉니다.

(C) 아니요, 이미 모두 만석입니다.

어휘 pack light 짐을 가볍게 싸다   be fully booked 예약이 꽉 차다

해설 더 빠른 항공편의 탑승 가능 여부를 묻는 부가 의문문

(A) 연상 단어 오답. 질문의 flight에서 목적지를 연상하게 하는 city를 이용한 오답.

(B) 연상 단어 오답. 질문의 flight에서 연상 가능한 pack을 이용한 오답.

(C) 정답. 더 빠른 항공편을 탈 수 있느냐는 질문에 아니요(No)라고 대답한 뒤 모두 만석이라며 구체적인 이유를 제시하고 있으므로 정답.

21

M-Au Why is the door locked?

W-Am **(A) I'm sure security can open it.**

(B) Six o'clock every day.

(C) It's right around the corner.

문이 왜 잠겨 있죠?

(A) 분명 경비가 문을 열 수 있을 겁니다.

(B) 매일 6시 정각이에요.

(C) 모퉁이를 돌면 바로 있어요.

어휘 security 보안, 경비   right around the corner 아주 가까이에

해설 문이 잠긴 이유를 묻는 Why 의문문

(A) 정답. 문이 잠긴 이유를 묻는 질문에 직접적인 이유를 답하는 대신 경비가 문을 열어줄 수 있을 거라며 우회적으로 응답하고 있으므로 정답.

(B) 질문과 상관없는 오답. When 의문문에 대한 응답이므로 오답.

(C) 질문과 상관없는 오답. Where 의문문에 대한 응답이므로 오답.

22

M-Cn Are you using the copier?

W-Br **(A) Would you like some more?**

(B) You go ahead.

(C) Mr. Tong's office.

복사기를 사용하시는 중인가요?

(A) 조금 더 드시겠어요?

(B) 어서 쓰세요.

(C) 통 씨의 사무실입니다.

어휘 copier 복사기

해설 복사기 사용 여부를 묻는 be동사 의문문

(A) 질문과 상관없는 오답. 질문에 전혀 어울리지 않는 질문으로 응답을 하고 있으므로 오답.

(B) 정답. 복사기를 사용하는 중인지를 묻는 질문에 아니요(No)를 생략한 채 어서 쓰라고 응답하고 있으므로 정답.

(C) 질문과 상관없는 오답. 질문에 전혀 어울리지 않는 응답을 하고 있으므로 오답.

23

W-Am I really need the updated expense report.

M-Au **(A) The trip to London.**

(B) It wasn't that expensive.

(C) I'll send it as soon as possible.

업데이트된 지출품의서가 필요합니다.

(A) 런던으로 가는 출장이요.

(B) 그다지 비싸지 않았어요.

(C) 가능한 한 빨리 보내드리겠습니다.

어휘 expense report 지출품의서

해설 요청의 평서문

(A) 질문과 상관없는 오답. 질문에 어울리지 않는 응답을 하고 있으므로 오답.

(B) 유사 발음 오답. 질문의 expense와 부분적으로 발음이 유사한 expensive를 이용한 오답.

(C) 정답. 업데이트된 지출품의서가 필요하다는 평서문에 가능한 한 빨리 보내겠다며 요청에 응하고 있으므로 정답.

24

W-Am Who's leading the logo design project?

W-Br **(A) I can lead you there.**

(B) By the third of October.

(C) We're still deciding.

로고 디자인 프로젝트 책임자가 누구입니까?

(A) 제가 거기로 데려다 드릴 수 있어요.

(B) 10월 3일까지요.

(C) 아직 결정하는 중입니다.

어휘 decide 결정하다

해설 프로젝트 책임자를 묻는 Who 의문문

(A) 유사 발음 오답. 질문의 leading과 부분적으로 발음이 유사한 lead를 이용한 오답.

(B) 질문과 상관없는 오답. When 의문문에 대한 응답이므로 오답.

(C) 정답. 로고 디자인 프로젝트 책임자를 묻는 질문에 아직 결정하는 중이라며 우회적으로 응답하고 있으므로 정답.

25

M-Au What happened at the workshop yesterday?

M-Cn (A) It's been working fine.

(B) I missed it, too.

(C) I like that shop.

어제 워크숍에서 무슨 일이 있었나요?

(A) 잘 진행됐습니다.

(B) 저도 워크숍에 빠졌어요.

(C) 저 가게가 맘에 들어요.

어휘 miss 놓치다

해설 워크숍에서 있었던 일을 묻는 What 의문문

(A) 유사 발음 오답. 질문의 workshop과 부분적으로 발음이 유사한 working을 이용한 오답.

(B) 정답. 어제 워크숍에서 있었던 일을 묻는 질문에 자신도 워크숍에 빠졌다면서 원하는 답변을 할 수 없음을 우회적으로 표현하고 있으므로 정답.

(C) 유사 발음 오답. 질문의 workshop과 부분적으로 발음이 유사한 shop을 이용한 오답.

26

W-Br Is there a dressing room where I can try these sweaters on?

M-Au (A) The store opened at 10 A.M.

(B) How would you like to pay?

(C) They're all occupied right now.

이 스웨터를 입어볼 수 있는 탈의실이 있나요?

(A) 매장은 오전 10시에 엽니다.

(B) 어떻게 지불하시겠습니까?

(C) 지금 모두 누가 들어가 있어요.

어휘 dressing room 탈의실 be occupied (공간이) 차다

해설 탈의실이 있는지를 묻는 be동사 의문문

(A) 연상 단어 오답. 질문의 dressing room에서 연상 가능한 store를 이용한 오답.

(B) 질문과 상관없는 오답. 질문에 어울리지 않는 되묻는 질문으로 응답하고 있으므로 오답.

(C) 정답. 탈의실이 있는지를 묻는 질문에 모두 사람이 들어가 있다며 지금 사용할 수 없음을 우회적으로 밝히고 있으므로 정답.

27

W-Am The dinner with the clients is Wednesday.

M-Cn (A) Four copies, please.

(B) I'm sure that he did.

(C) That's not what I was told.

고객과의 저녁식사가 수요일에 있습니다.

(A) 네 부 부탁해요.

(B) 그가 그랬다고 확신해요.

(C) 제가 들은 것과는 다른데요.

해설 사실/정보 전달의 평서문

(A) 질문과 상관없는 오답. How many 의문문에 대한 응답이므로 오답.

(B) 질문과 상관없는 오답. 질문과는 전혀 상관없는 제3자인 he에 대해 이야기하고 있으므로 오답.

(C) 정답. 고객과의 저녁식사가 수요일이라는 평서문에 자신이 들은 것과는 다르다며 평서문에서 말하고 있는 정보가 사실이 아님을 우회적으로 응답하고 있으므로 정답.

28

M-Au Why is the financial forecast still not finished?

W-Am (A) They're forecasting rain.

(B) In the finance department.

(C) You didn't receive it?

재무 예측 보고서가 왜 아직 완료되지 않았죠?

(A) 비가 올 거라는 예보입니다.

(B) 재무부서에서요.

(C) 못 받으셨습니까?

어휘 financial 재정의, 금융의 forecast 예측, 예측(예보)하다

해설 보고서가 완료되지 않은 이유를 묻는 Why 의문문

(A) 유사 발음 오답. 질문의 forecast와 부분적으로 발음이 유사한 forecasting을 이용한 오답.

(B) 유사 발음 오답. 질문의 financial과 부분적으로 발음이 유사한 finance를 이용한 오답.

(C) 정답. 재무 예측 보고서가 끝나지 않은 이유를 묻는 질문에 못 받으셨느냐며 보고서가 완료되었음을 우회적으로 표현하고 있으므로 정답.

29

M-Cn What did you think about that presenter?

M-Au **(A) I wish he could train my team.**

(B) Thanks, that's good to know.

(C) About three times a week.

진행자는 어땠나요?

(A) 그가 우리 팀을 교육했으면 좋겠어요.

(B) 감사합니다. 알아두어야겠네요.

(C) 1주일에 세 번 정도요.

어휘 presenter 진행자, 발표자

해설 진행자에 대한 의견을 묻는 What 의문문

(A) 정답. 진행자에 대해 어떻게 생각하는지를 묻는 질문에 대해 그가 팀을 교육했으면 좋겠다며 진행자를 긍정적으로 평가하는 응답을 하고 있으므로 정답.

(B) 질문과 상관없는 오답. 의견을 묻는 질문에 고맙다는 응답은 어울리지 않으므로 오답.

(C) 질문과 상관없는 오답. How often 의문문에 대한 응답이므로 오답.

30

M-Cn Is our production line operating again?
W-Am (A) That's a high rating.
      (B) Not quite, but almost.
      (C) Yes, I have.

우리 생산 라인이 재가동되고 있나요?
(A) 높은 등급이군요.
(B) 완전하지는 않지만 거의 가동되고 있습니다.
(C) 네, 그렇습니다.

어휘 production line 생산 라인 operate 가동되다 high rating 높은 등급

해설 생산 라인의 재가동 여부를 확인하는 be동사 의문문

(A) 유사 발음 오답. 질문의 operating과 부분적으로 발음이 유사한 rating을 이용한 오답.

(B) 정답. 생산 라인이 다시 가동되고 있는지를 묻는 질문에 완전하지는 않지만 거의 가동되고 있다며 구체적으로 응답하고 있으므로 정답.

(C) 질문과 상관없는 오답. production line을 주어로 묻는 be동사 질문에 I와 have동사로 응답하고 있으므로 오답.

31

M-Au I'm going to put on my sweater.
W-Br (A) The morning weather report.
      (B) I could turn the heat up.
      (C) I haven't decided yet.

스웨터를 입어야겠어요.
(A) 아침 일기예보입니다.
(B) 온도를 높여드릴 수 있어요.
(C) 아직 결정하지 못했어요.

어휘 turn the heat up (실내) 온도를 높이다

해설 정보 전달의 평서문

(A) 유사 발음 오답. 질문의 sweater와 부분적으로 발음이 유사한 weather를 이용한 오답.

(B) 정답. 스웨터를 입어야겠다고 말하는 평서문에 온도를 높여드리겠다며 스웨터를 입겠다고 말한 의도와 관련해 조치를 취하겠다며 응답하고 있으므로 정답.

(C) 질문과 상관없는 오답. 질문에 어울리지 않는 응답을 하고 있으므로 오답.

PART 3

32-34

M-Cn Hi, Ms. Larson. ³²**Thanks for agreeing to review the budget report that I prepared. I wanted to make sure that I did it correctly since it's my first time.**

W-Am Yes, Jason, ³²**it looked very good overall.** The only thing I'll need you to do is to add more details to the expenditures list. We like to have every office supply itemized.

M-Cn Oh, OK, sure. I'll work on getting those details this afternoon. It would be helpful to see how it was done in the past. ³³**Is there an example of a report that I can look at?**

W-Am ³⁴**You should talk to Emiko—she can give you a copy of last month's report.**

남   안녕하세요, 라슨 씨. 제가 준비한 예산보고서를 검토하는 데 동의해 주셔서 감사합니다. 처음이라 정확히 했는지 확인하고 싶었어요.

여   네, 제이슨 씨. **전체적으로 아주 훌륭해요.** 딱 한 가지, 지출 목록을 좀 더 구체화하는 작업이 필요해요. 모든 사무용품을 항목별로 적었으면 합니다.

남   아, 알겠습니다. 오늘 오후에 세부사항을 넣겠습니다. 전에 어떻게 작업이 이뤄졌는지 확인할 수 있다면 도움이 될 겁니다. **확인해 볼 보고서 예시가 있을까요?**

여   에미코 씨에게 얘기하세요. 지난달 보고서를 줄 수 있을 겁니다.

어휘 budget 예산 correctly 정확하게 overall 전체적으로 expenditure 지출 office supply 사무용품 itemize 항목별로 적다

32

What is the main topic of the conversation?
(A) A new supervisor
(B) **A budget report**
(C) An office floor plan
(D) A project deadline

대화의 주요 주제는?
(A) 신임 관리자
(B) **예산보고서**
(C) 사무실 평면도
(D) 프로젝트 기한

어휘 floor plan (건물의) 평면도 deadline 기한

해설 전체 내용 관련 – 대화의 주제

대화 초반부에 남자가 준비한 예산보고서를 검토하는 데 동의해 주셔서 감사하다(Thanks for agreeing to review the budget report that I prepared)며 처음이라 정확히 했는지 확인하고 싶었다(I wanted to make sure that I did it correctly since it's my first time)고 했고, 뒤이어 여자도 전체적으로 아주 훌륭해 보인다(it looked very good overall)며 예산보고서에 대해 대화를 이어가고 있으므로 정답은 (B)이다.

33

What does the man request?

(A) Additional office supplies
(B) Extra team members
(C) A different office
(D) A sample document

남자는 무엇을 요청하는가?

(A) 추가 사무용품
(B) 추가 팀원
(C) 다른 사무실
(D) 견본 문서

해설 세부사항 관련 – 남자의 요청 사항

남자가 두 번째 대사에서 확인해 볼 수 있는 보고서 예시가 있느냐(Is there an example of a report that I can look at)고 여자에게 묻고 있으므로 정답은 (D)이다.

> ▸▸ Paraphrasing 대화의 **an example of a report**
> → 정답의 **A sample document**

34

What does the woman suggest the man do?

(A) Speak with a colleague
(B) Organize some files
(C) Revise a manual
(D) E-mail a memo

여자가 남자에게 제안한 것은?

(A) 동료와 얘기하기
(B) 파일 정리하기
(C) 설명서 수정하기
(D) 메모를 이메일로 보내기

어휘 colleague 동료 revise 수정하다

해설 세부사항 관련 – 여자가 제안하는 사항

여자가 마지막 대사에서 에미코 씨에게 얘기하라(You should talk to Emiko)면서 그녀가 지난달 보고서를 줄 수 있을 것(she can give you a copy of last month's report)이라고 했으므로 정답은 (A)이다.

35-37

M-Au	Ms. Batra, ³⁵how does the stage look to you? Is the piano in the right place?
W-Am	The stage arrangement is fine. But ³⁶can we make sure that there'll be enough background lighting? ³⁵I want all the members of my band to be visible.
M-Au	Of course. But ³⁷I'd rather do it when the rest of your band is here so I can be sure the lighting is right.
W-Am	OK. ³⁷I'm meeting them for lunch and then we're coming back here to rehearse together this afternoon. We'll see you then.

남 바트라 씨, **무대 어때요? 피아노가 적당한 자리에 있나요?**
여 무대 배치는 좋습니다. 하지만 **배경 조명이 충분하도록 할 수는 없을까요? 저희 악단 단원 모두가 보였으면 해요.**
남 물론입니다. 하지만 **다른 단원들이 도착하면 하는 편이 좋겠어요. 조명이 제대로 됐는지 확인할 수 있도록 말이죠.**
여 네, **점심식사 때문에 단원들을 만난 후 오늘 오후에 있을 예행연습을 하러 여기 함께 올 겁니다.** 그때 뵙죠.

어휘 stage 무대 arrangement 배치 background lighting 배경 조명 visible (눈에) 보이는 rehearse 예행연습을 하다

35

Who most likely is the woman?

(A) A journalist
(B) A musician
(C) A theater director
(D) A costume designer

여자는 누구이겠는가?

(A) 기자
(B) 음악가
(C) 극장 감독
(D) 의상 디자이너

어휘 journalist 기자 costume 의상

해설 전체 내용 관련 – 여자의 직업

남자가 대화 초반부에서 여자에게 무대가 어떤지(how does the stage look to you), 피아노가 적당한 자리에 있는지(Is the piano in the right place)를 묻자 여자가 응답하며 저희 악단 단원 모두가 보였으면 한다(I want all the members of my band to be visible)고 한 것으로 보아 여자는 음악을 연주하는 악단의 일원임을 알 수 있다. 따라서 정답은 (B)이다.

36

What does the woman ask about?

(A) A performance date
(B) A guest list
(C) Some seating assignments
(D) Some lighting

여자는 무엇에 대해 물어보는가?

(A) 공연일자
(B) 관객 명단
(C) 좌석 배치
(D) 조명

어휘 performance 공연

해설 세부사항 관련 – 여자의 문의 사항

여자가 첫 번째 대사에서 남자에게 배경 조명이 충분하도록 할 수는 없을지(can we make sure that there'll be enough background lighting) 묻고 있으므로 정답은 (D)이다.

37

What does the man say he would prefer to do?

(A) Complete a task at a later time
(B) Ask for a meal to be delivered
(C) Speak with a manager
(D) Conduct some background research

남자가 하고 싶다고 말한 것은?

(A) 나중에 작업 완료하기
(B) 식사 배달 요청하기
(C) 관리자와 얘기하기
(D) 배경 조사 실시하기

어휘 prefer 선호하다, 택하다 complete 완료하다 at a later time 나중에 conduct 실시하다 background research 배경 조사

해설 세부사항 관련 – 남자가 하고 싶은 일

대화 후반부에서 남자가 여자의 문의 사항에 대해 조명이 괜찮은지를 확인할 수 있도록 다른 단원들이 도착하면 하는 편이 좋겠다(I'd rather do it when the rest of your band is here so I can be sure the lighting is right)고 했고, 여자는 점심식사 때문에 단원들을 만난 후 오늘 오후에 있을 예행연습을 하러 여기 함께 올 것이다(I'm meeting them for lunch and then we're coming back here to rehearse together this afternoon)고 한 것으로 보아 단원들은 오후에 도착할 예정이므로 정답은 (A)이다.

38-40

W-Br	Hi, Bob, ³⁸I received your e-mail about the software training at two P.M. this Friday. But I have to meet with the marketing director of J. Alderman and Sons at that time.
M-Au	Oh, I'm sorry; I completely forgot that you had a client meeting. How long do you think it'll take?
W-Br	Probably thirty to forty-five minutes. I have to review a contract with him. ³⁹Is there any way that you could start the training later in the day?
M-Au	Unfortunately, the rest of the team isn't free after three P.M., but if it's OK with you, ⁴⁰I can just e-mail you the training documents to look over on your own. Contact me next week if you have any questions.
여	안녕하세요, 밥 씨. 이번 금요일 오후 2시에 있을 소프트웨어 교육에 대한 이메일 잘 받았습니다. 그런데 저는 그때 J. 알더맨 앤 선즈의 마케팅 책임자를 만나야 해요.
남	아, 죄송합니다. 고객과 회의가 있는 것을 까맣게 잊었어요. 얼마나 걸릴 것 같아요?
여	아마 30~45분쯤 걸릴 겁니다. 계약서를 검토해야 하거든요. **같은 날 좀 더 늦은 시간에 교육을 시작할 방법은 없나요?**

남 아쉽게도 다른 팀원들은 오후 3시 이후에 일이 있어요. 하지만 **괜찮으시다면 혼자서 살펴보실 수 있게 교육 자료를 이메일로 보내드리겠습니다.** 질문이 있으시면 다음 주에 말씀해 주세요.

어휘 completely 완전히 probably 아마도 review 검토하다 contract 계약서 on your own 혼자

38

What is the problem?

(A) There is a scheduling conflict.
(B) There are no projectors available.
(C) A contract is incorrect.
(D) A deadline has been missed.

어떤 문제가 있는가?

(A) 일정이 겹친다.
(B) 사용할 수 있는 프로젝터가 없다.
(C) 계약서가 틀렸다.
(D) 마감기한을 놓쳤다.

어휘 scheduling conflict 일정이 겹침 available 사용 가능한 incorrect 틀린, 부정확한

해설 세부사항 관련 – 문제 사항

대화 초반부에 여자가 이번 금요일 오후 2시에 있을 소프트웨어 교육에 대한 이메일 잘 받았다(I received your e-mail about the software training at two P.M. this Friday)면서 그렇지만 그때 J. 알더맨 앤 선즈의 마케팅 책임자를 만나야 한다(But I have to meet with the marketing director of J. Alderman and Sons at that time)고 했으므로 정답은 (A)이다.

39

What does the woman inquire about?

(A) Comparing competitors' prices
(B) Purchasing new software
(C) Postponing a training session
(D) Arranging a teleconference

여자가 문의한 것은?

(A) 경쟁업체 가격과의 비교
(B) 신규 소프트웨어 구매
(C) 교육시간 연기
(D) 화상회의 준비

어휘 competitor 경쟁자, 경쟁업체 purchase 구매하다 postpone 연기하다, 미루다 teleconference 화상 회의

해설 세부사항 관련 – 여자의 문의 사항

대화 중반부에 여자가 같은 날 좀 더 늦은 시간에 교육을 시작할 방법은 없는지(Is there any way that you could start the training later in the day) 묻고 있으므로 정답은 (C)이다.

> ▸▸ Paraphrasing   대화의 start the training later
> → 정답의 Postponing a training session

40

What does the man say he will do?

(A) Send some materials
(B) Find some supplies
(C) Speak with a supervisor
(D) Contact a client

남자가 하겠다고 한 것은?

(A) 자료 보내기
(B) 소모품 찾기
(C) 관리자와 얘기하기
(D) 고객에게 연락하기

어휘 material 자료   supply 보급품, 물품

해설 세부사항 관련 – 남자가 할 일

남자는 마지막 대사에서 괜찮다면 혼자서 살펴볼 수 있게 교육 자료를 이메일로 보내주겠다(I can just e-mail you the training documents to look over on your own)고 했으므로 정답은 (A)이다.

> ▸▸ Paraphrasing   대화의 e-mail you the training documents
> → 정답의 Send some materials

41-43   3인 대화

W-Br	OK, Mr. Patel. **41Did the doctor want you to make another appointment?**
M-Cn	**41Yes, but I'll have to check my work calendar.**
W-Br	**42You can now make appointments on our Web site if you have an account.** Just log on and view available times online.
M-Cn	Great. How do I sign up for an account?
W-Br	Colin handles all registrations. Colin, can you help Mr. Patel set up a patient account on our Web site?
M-Au	Certainly. If you have a smart phone, we can do it now. Or 43**I can give you a handout with instructions to set up your account later.**
M-Cn	43**I'll set it up later.**
M-Au	OK. 43**Here's the handout.** Please call with any questions.

여	알겠습니다, 파텔 씨. **의사선생님께서 다시 예약하라고 하셨습니까?**
남1	네, 그런데 업무 일정표를 확인해야 해요.
여	**이제는 계정이 있으면 저희 웹사이트에서 예약하실 수 있습니다.** 로그인 후 온라인으로 가능한 시간을 확인하면 됩니다.
남1	잘됐네요. 계정 신청은 어떻게 하죠?
여	콜린 씨가 등록에 관한 업무 일체를 처리합니다. 콜린 씨, 파텔 씨가 웹사이트 환자 계정을 만들도록 도와주실 수 있나요?

남2	그럼요. 스마트폰이 있으시면 지금 바로 처리할 수 있어요. 아니면 **나중에 계정을 만드실 수 있도록 설명이 적힌 유인물을 드릴게요.**
남1	나중에 만들겠습니다.
남2	알겠습니다. **유인물 받으세요.** 질문이 있으시면 전화해 주세요.

어휘	make an appointment 예약하다, 약속을 잡다 account 계정 sign up for ~를 신청하다 registration 등록 handout 유인물 instruction 설명, 지시

41

Where most likely are the speakers?

(A) At a medical office
(B) At a bank
(C) At an electronics store
(D) At a library

화자들은 어디에 있겠는가?

(A) 진료소
(B) 은행
(C) 전자제품 매장
(D) 도서관

어휘 medical office 진료소   electronics 전자제품

해설 전체 내용 관련 – 화자들이 있는 장소

대화 초반부에 여자가 남1에게 의사가 다시 예약하라고 했느냐(Did the doctor want you to make another appointment)고 묻자 남1이 그렇다(Yes)며 그런데 업무 일정표를 확인해야 한다(but I'll have to check my work calendar)고 답한 것으로 보아 병원 접수 담당자와 환자와의 대화임을 알 수 있다. 따라서 정답은 (A)이다.

42

According to the woman, why should Mr. Patel open an account?

(A) To view a presentation
(B) To make an appointment
(C) To receive a free gift
(D) To leave some feedback

여자에 따르면 파텔 씨가 계정을 만들어야 하는 이유는?

(A) 발표를 보기 위해
(B) 예약을 하기 위해
(C) 무료 증정품을 받기 위해
(D) 피드백을 남기기 위해

어휘 open an account 계정을 만들다

해설 세부사항 관련 – 파텔 씨가 계정을 만들어야 하는 이유

여자가 대화 중반부에서 계정이 있으면 웹사이트에서 예약할 수 있다(You can now make appointments on our Web site if you have an account)고 했으므로 정답은 (B)이다.

43

What does Colin give to Mr. Patel?

(A) An application
(B) A receipt
(C) A registration card
(D) A set of instructions

콜린이 파텔 씨에게 준 것은?

(A) 신청서
(B) 영수증
(C) 등록 카드
(D) 설명서

어휘 application 신청서, 지원서 receipt 영수증

해설 세부사항 관련 – 콜린이 파텔 씨에게 준 것

대화 후반부에서 남자2가 나중에 계정을 만들 수 있도록 설명이 적힌 유인물을 줄 수 있다(I can give you a handout with instructions to set up your account later)고 했는데, 남자1이 나중에 만들겠다(I'll set it up later)고 하자 남자2가 유인물을 받으라(Here's the handout)며 건네 주었으므로 정답은 (D)이다.

> ▸ **Paraphrasing** 대화의 a handout with instructions
> → 정답의 A set of instructions

44-46

M-Cn	Mina, **⁴⁴I was thinking about our travel plans for the industry conference we're going to in Boston. It's only two weeks away.**
W-Am	Well, the three of us are all taking the same flight, so maybe **⁴⁵we could ride together from the office to the airport. ⁴⁵, ⁴⁶But, we'll be gone for several days, so the cost of parking would really add up.**
M-Cn	True. You know, I think it's twenty dollars to take a taxi.
W-Am	That's a possibility. Let's ask Martin what he thinks.
남	미나 씨, **보스턴에서 있을 업계 회의에 갈 출장 계획에 대해 생각해 봤어요. 2주밖에 안 남았잖아요.**
여	우리 세 명이 모두 같은 항공편을 이용하니 **사무실에서 공항으로 함께 갈 수 있겠어요.** 하지만 며칠 동안 가 있어야 하니 주차요금이 올라가겠죠.
남	맞아요. 택시를 타면 20달러가 나올 것 같은데요.
여	그럴 수도 있겠네요. 마틴 씨의 의견을 물어봅시다.

어휘	industry 업계 That's a possibility. 그럴 수도 있다, 가능한 얘기다

44

What does the man say will take place in two weeks?

(A) An awards ceremony
(B) A staff retreat
(C) A grand opening celebration
(D) A professional conference

남자가 2주 후에 열릴 것이라고 말한 것은?

(A) 시상식
(B) 직원 수련회
(C) 개업 기념행사
(D) 직업상의 회의

어휘 take place 개최되다, 일어나다 awards ceremony 시상식 retreat 피정, 칩거 grand opening 개업

해설 세부사항 관련 – 2주 뒤에 일어날 일

대화 초반부에 남자가 보스턴에서 있을 업계 회의에 갈 출장 계획에 대해 생각해 봤다(I was thinking about our travel plans for the industry conference we're going to in Boston)며 2주밖에 안 남았다(It's only two weeks away)고 했으므로 정답은 (D)이다.

> ▸ **Paraphrasing** 대화의 the industry conference
> → 정답의 A professional conference

45

What does the woman say she is concerned about?

(A) An inconvenient location
(B) A missed deadline
(C) A parking fee
(D) A canceled flight

여자가 염려스럽다고 말한 것은?

(A) 장소가 불편한 것
(B) 마감기한을 놓치는 것
(C) 주차요금
(D) 항공편이 취소되는 것

어휘 be concerned about ~에 대해 염려하다, 우려하다 inconvenient 불편한 cancel 취소하다

해설 세부사항 관련 – 여자의 우려 사항

대화 중반부에 여자가 사무실에서 공항으로 함께 차를 타고 갈 수 있겠다(we could ride together from the office to the airport)면서 하지만 며칠 동안 가 있어야 하니 주차요금이 올라갈 것(But, we'll be gone for several days, so the cost of parking would really add up)이라고 했으므로 정답은 (C)이다.

46

Why does the man say, "it's twenty dollars to take a taxi"?

(A) To make a suggestion
(B) To express surprise
(C) To complain about a price
(D) To correct a mistake

남자가 "택시를 타면 20달러가 나올 것 같은데요"라고 말한 이유는?

(A) 제안을 하기 위해
(B) 놀라움을 표시하기 위해
(C) 가격에 대한 불만을 제기하기 위해
(D) 실수를 바로잡기 위해

어휘 make a suggestion 제안하다 express 표현하다

해설 화자의 의도 파악 – 택시를 타면 20달러가 나올 것 같다는 말의 의도

여자가 첫 번째 대사에서 며칠 동안 가 있어야 하니 주차요금이 올라갈 것(we'll be gone for several days, so the cost of parking would really add up)이라며 걱정하자 남자가 인용문에서 택시를 타면 20달러가 나올 것 같다고 한 것으로 보아 주차요금에 대한 우려를 해소하기 위한 방안을 제시한 것으로 볼 수 있다. 따라서 정답은 (A)이다.

47-49

W-Br	Sam, **47Mr. Kim just called about his order. He wants us to double the number of uniforms we're making for his hotel staff.**
M-Au	That's great news! Has the deadline changed also?
W-Br	Actually, **48he still wants the order to be finished by the first of May.**
M-Au	Hmm… **48That's a problem.** There's no way we can make so many uniforms that quickly.
W-Br	**49How about we hire some part-time tailors to help with this extra work?**
M-Au	**49Good idea.** Can you get a list of names for me?

여	샘 씨, 김 씨가 주문사항에 관해 방금 전화했는데요. 호텔 직원들을 위해 제작 중인 유니폼 개수를 두 배로 늘리고 싶어해요.
남	반가운 소식이네요! 기한도 변경됐나요?
여	사실 김 씨는 여전히 5월 1일까지 주문 건이 완료되길 바라고 있어요.
남	음… **큰일이군요.** 많은 유니폼을 그렇게 빨리 만들 방법이 없잖아요.
여	**추가 작업을 도울 시간제 재단사들을 고용하면 어떨까요?**
남	**좋은 생각입니다.** 명단을 뽑아주시겠어요?

어휘 double the number of ~의 수를 두 배로 늘리다
deadline 기한 tailor 재단사

47

Where do the speakers most likely work?

(A) At a local hotel
(B) At an employment agency
(C) At a clothing manufacturer
(D) At a laundry service

화자들은 어디서 일하겠는가?

(A) 지역 호텔
(B) 직업소개소
(C) 의류 제조업체
(D) 세탁업체

어휘 employment agency 직업소개소 manufacturer 제조업체

해설 전체 내용 관련 – 화자들의 근무지

여자가 첫 번째 대사에서 김 씨가 주문사항에 관해 방금 전화했다(Mr. Kim just called about his order)며 호텔 직원들을 위해 우리가 제작 중인 유니폼 개수를 두 배로 늘리고 싶어한다(He wants us to double the number of uniforms we're making for his hotel staff)고 했으므로 화자들은 유니폼을 만드는 일을 하고 있음을 알 수 있다. 따라서 정답은 (C)이다.

48

What problem does the man mention?

(A) A machine is broken.
(B) A deadline is not realistic.
(C) An item is poorly made.
(D) A supplier went out of business.

남자가 언급한 문제는 무엇인가?

(A) 기계가 고장 났다.
(B) 기한을 맞추는 것이 불가능하다.
(C) 물품이 잘못 제작됐다.
(D) 공급업체가 폐업했다.

어휘 realistic 실현 가능한, 현실적인 go out of business 폐업하다

해설 세부사항 관련 – 남자가 언급한 문제

여자가 두 번째 대사에서 김 씨는 여전히 5월 1일까지 주문 건이 완료되길 바라고 있다(he still wants the order to be finished by the first of May)고 하자 남자가 큰일(That's a problem)이라고 했으므로 정답은 (B)이다.

49

How will the speakers solve the problem?

(A) By hiring additional staff
(B) By purchasing more material
(C) By updating some machinery
(D) By negotiating with a business

화자들은 문제를 어떻게 해결하겠는가?

(A) 직원을 추가로 고용한다.
(B) 재료를 더 많이 구입한다.
(C) 기계를 업데이트한다.
(D) 업체와 협상한다.

어휘 hire 고용하다 purchase 구매하다 material 재료
machinery 기계(류) negotiate with ~와 협상하다

해설 세부사항 관련 – 화자들의 문제 해결 방법

여자가 마지막 대사에서 추가 작업을 도울 시간제 재단사들을 고용하자(How about we hire some part-time tailors to help with this extra work)고 제안하자 남자가 좋은 생각(Good idea)이라고 했으므로 정답은 (A)이다.

50-52

M-Cn	Hello, ⁵⁰Ma'am. Thanks for shopping at Freshmade Supermarket. **Do you have one of our loyalty cards?**
W-Am	Yes, but ⁵⁰I forgot to bring it today.
M-Cn	⁵¹**Unfortunately, I can't look up your phone number because our computer system isn't working,** so I can't give you a discount today.
W-Am	OK. I understand. Oh, and ⁵²**I took this bottle of soy sauce from the shelf, but I don't want to buy it now.**
M-Cn	⁵²**That's fine,** I know where it belongs. Now, will you be paying with cash or credit?
남	안녕하세요. 프레시메이드 슈퍼마켓을 찾아 주셔서 감사합니다. **고객카드를 갖고 계세요?**
여	네, 하지만 **오늘은 깜빡하고 안 가져왔어요.**
남	**죄송하지만 저희 컴퓨터가 작동하지 않아서 전화번호를 찾을 수가 없어요.** 그래서 오늘은 할인을 해 드릴 수가 없습니다.
여	네, 알겠습니다. 아, **진열대에서 간장을 가져왔는데 지금은 사고 싶지 않아요.**
남	**괜찮습니다.** 자리가 어디인지 알고 있어요. 현금으로 지불하시겠어요, 아니면 신용카드로 지불하시겠어요?

어휘	loyalty card 고객카드 look up (정보를) 찾아보다 give a discount 할인해 주다 belong 제자리에 있다

50

What has the woman forgotten to bring?

(A) A receipt for an item
(B) A loyalty card
(C) Some coupons
(D) Some shopping bags

여자는 무엇을 가져오는 것을 잊었는가?

(A) 물품 영수증
(B) 고객카드
(C) 쿠폰
(D) 쇼핑백

해설 세부사항 관련 – 여자가 가져오기를 잊은 물건

대화 초반부에 남자가 고객카드를 갖고 있느냐(Do you have one of our loyalty cards)고 묻자 여자가 오늘은 깜빡하고 안 가져왔다(I forgot to bring it today)고 했으므로 정답은 (B)이다.

51

What problem does the man mention?

(A) A manager is not available.
(B) A product is out of stock.
(C) A computer system is not working.
(D) An advertised price is incorrect.

남자가 언급한 문제는 무엇인가?

(A) 관리자가 없다.
(B) 제품이 품절됐다
(C) 컴퓨터가 작동하지 않는다.
(D) 광고한 가격이 틀렸다.

어휘 out of stock 재고가 없다, 품절이다   advertise 광고하다

해설 세부사항 관련 – 남자가 언급한 문제

남자가 두 번째 대사에서 죄송하지만 컴퓨터가 작동하지 않아서 전화번호를 찾을 수가 없다(Unfortunately, I can't look up your phone number because our computer system isn't working)고 했으므로 정답은 (C)이다.

52

What does the man imply when he says, "I know where it belongs"?

(A) He can tell the woman where to find an item.
(B) He will return an item to the correct location.
(C) A supervisor is not available.
(D) An item has been put on the wrong shelf.

남자가 "자리가 어디인지 알고 있어요"라고 말할 때 암시하는 것은?

(A) 여자에게 물건을 어디서 찾을지 알려줄 수 있다.
(B) 물건을 제자리에 가져다 둘 것이다.
(C) 관리자가 없다.
(D) 물건이 제자리가 아닌 진열대에 놓여 있었다.

해설 화자의 의도 파악 – 자리가 어디인지 알고 있다는 말의 의도

여자가 마지막 대사에서 진열대에서 간장을 가져왔는데 지금은 사고 싶지 않다(I took this bottle of soy sauce from the shelf, but I don't want to buy it now)고 하자 남자가 괜찮다(That's fine)며 인용문을 말했으므로 본인이 물건의 위치를 알고 있으므로 가져다 두겠다는 의도로 한 말임을 알 수 있다. 따라서 정답은 (B)이다.

53-55

W-Br	Hello, Mr. Tanaka. ⁵³**Welcome to Bike Solutions Consulting. When I heard that a representative from the Burrville City Council wanted to meet, I was very excited.**
M-Cn	Well, ^{53, 54}**we know your company helps cities set up their bike-share programs, and Burrville wants to set one up, too.**
W-Br	⁵⁴**That's great news! What are your goals for your program?**
M-Cn	We want to encourage our residents to exercise as well as to reduce car traffic. But it's going to be a challenge convincing people to participate.

W-Br We'll handle that. **⁵⁵When cities partner with us, part of the service we provide is an advertising campaign.** We'll produce television and radio commercials that will encourage community members to use the bikes.

여 안녕하세요, 타나카 씨. 바이크 솔루션즈 컨설팅에 오신 것을 환영합니다. 버빌 시의회 대표께서 만나고자 한다는 말씀을 듣고 굉장히 기뻤습니다.

남 도시들이 자전거 공유 프로그램을 만들 때 귀사가 도움을 주신다는 것을 알고 있습니다. 버빌시에서도 하나 만들고 싶습니다.

여 반가운 말씀이군요! 프로그램의 목표가 무엇인가요?

남 교통량을 줄일 뿐 아니라 시민들이 운동을 하도록 독려하고자 합니다. 하지만 사람들이 참여하도록 설득하는 일이 어려울 겁니다.

여 그 문제는 저희가 맡을 겁니다. **도시들과 협력할 때 저희가 제공해 드리는 서비스의 일환으로 광고 캠페인이 있는데요.** 지역사회 일원들이 자전거를 이용하도록 장려하는 TV 및 라디오 광고를 제작할 예정입니다.

어휘 representative 대표 city council 시 의회 resident 거주자 reduce 감소시키다 challenge 도전 convince 납득시키다, 설득하다 participate 참여하다 handle 처리하다, 다루다 provide 제공하다 advertising campaign 광고 캠페인 commercial 광고 encourage ~ to … ~가 …하도록 장려하다

53

Who most likely is the man?

(A) A professional athlete
(B) A store manager
(C) A city official
(D) A television producer

남자는 누구이겠는가?
(A) 프로 운동선수
(B) 매장 관리자
(C) 시 공무원
(D) TV 프로듀서

어휘 professional 전문적인, 직업의 athlete 운동선수 official 공무원

해설 전체 내용 관련 – 남자의 직업

대화 초반부에 여자가 남자에게 바이크 솔루션즈 컨설팅에 온 것을 환영한다(Welcome to Bike Solutions Consulting)며 버빌 시의회 대표께서 만나고자 한다는 말씀을 듣고 굉장히 기뻤다(When I heard that a representative from the Burrville City Council wanted to meet, I was very excited)고 했고, 남자가 뒤이어 도시들이 자전거 공유 프로그램을 만들 때 귀사가 도움을 준다고 알고 있고 버빌시에서도 하나 만들고 싶다(we know your company helps cities set up their bike-share programs, and Burrville wants to set one up, too)고 했으므로 남자는 버빌 시의회에서 온 대표임을 알 수 있다. 따라서 정답은 (C)이다.

▶ Paraphrasing 대화의 **a representative from the Burrville City Council** → 정답의 **A city official**

54

What are the speakers discussing?

(A) A health and fitness show
(B) A workplace volunteer event
(C) A road-repair initiative
(D) A bicycle-sharing program

화자들은 무엇에 대해 이야기하고 있는가?
(A) 건강 및 운동 프로그램
(B) 일터 자원봉사 행사
(C) 도로 보수 계획
(D) 자전거 공유 프로그램

어휘 fitness 운동, 신체 단련 volunteer 자원봉사자 repair 수리 initiative 계획

해설 전체 내용 관련 – 화자들의 논의 사항

남자가 첫 번째 대사에서 도시들이 자전거 공유 프로그램을 만들 때 귀사가 도움을 준다고 알고 있고 버빌시에서도 하나 만들고 싶다(we know your company helps cities set up their bike-share programs, and Burrville wants to set one up, too)고 했고, 여자도 뒤이어 반가운 말씀(That's great news)이라며 프로그램의 목표가 무엇인지(What are your goals for your programs) 물으며 자전거 공유 프로그램에 대해 말하고 있으므로 정답은 (D)이다.

55

What does the woman say is part of the service her company provides?

(A) Wellness screening
(B) Local advertising
(C) Product samples
(D) Event tickets

여자가 회사에서 제공하는 서비스 일환으로 말한 것은?
(A) 건강 진단
(B) 지역 광고
(C) 제품 견본
(D) 행사 입장권

어휘 wellness 건강 screening 진단, 검사

해설 세부사항 관련 – 여자의 회사가 제공하는 서비스

여자가 마지막 대사에서 도시들과 협력할 때 제공해 드리는 서비스의 일환으로 광고 캠페인이 있다(When cities partner with us, part of the service we provide is an advertising campaign)고 했으므로 정답은 (B)이다.

56-58 3인 대화

W-Am Thanks for stopping by, Vincent and Sanjay. **⁵⁶The board of directors decided to purchase new security cameras, so someone from Menovar Technologies is coming tomorrow to deliver and install them.**

M-Cn It'll be good to have the latest equipment.

W-Am I agree. So Vincent, I'll need some of your Maintenance Department staff to help with the installation.

M-Cn No problem. I'll send two people over to assist.

W-Am Thanks.

M-Au 57Will there be a training session for my security personnel to use the new camera system?

W-Am 57Yes, Sanjay—Menovar Technologies suggested next Monday for the training. Is that OK for your team?

M-Au Sure. 58How about ten o'clock?

W-Am 58I'll e-mail Menovar right away to see if that works for them.

여 빈센트 씨, 산제이 씨, 들러주셔서 감사합니다. **이사회에서 새 보안 카메라를 구입하기로 결정했어요. 그래서 내일 메노바 테크놀로지에서 사람을 보내 카메라를 배송하고 설치해 줄 겁니다.**

남1 최신 장비를 갖추면 좋을 겁니다.

여 맞아요. 빈센트 씨, 그래서 내일 건물관리 부서에서 설치를 도울 직원이 몇 사람 필요해요.

남1 그래요. 도움을 줄 두 명을 보내드리겠습니다.

여 감사합니다.

남2 **저희 보안 담당 직원들이 새 카메라 시스템을 사용하는 데 필요한 교육이 있을 예정인가요?**

여 **네, 산제이 씨. 메노바 테크놀로지가 다음 주 월요일에 교육을 제안했어요.** 산제이 씨 팀은 괜찮나요?

남2 물론이죠. **10시 어떨까요?**

여 **지금 메노바에 이메일을 보내 괜찮을지 알아볼게요.**

어휘 stop by ~에 잠시 들르다 board of directors 이사회 security camera 보안 카메라 install 설치하다 latest 최신의 equipment 장비 maintenance (건물의) 유지·보수 installation 설치 personnel 직원

56

What is the woman announcing?

(A) A design has been approved.

(B) Some employees will be promoted.

(C) Some equipment will be installed.

(D) A security inspection will take place soon.

여자가 알린 것은?

(A) 디자인이 승인됐다.

(B) 직원 몇 명이 승진할 것이다.

(C) 장비 설치가 있을 예정이다.

(D) 보안 검사가 곧 이뤄질 것이다.

어휘 announce 알리다, 발표하다 approve 승인하다 be promoted 승진하다 inspection 검사

해설 세부사항 관련 – 여자가 공지하는 사항

대화 초반부에서 여자가 이사회에서 새 보안 카메라를 구입하기로 결정해서 내일 메노바 테크놀로지에서 사람을 보내 카메라를 배송하고 설치해 줄 것(The board of directors decided to purchase new security cameras, so someone from Menovar Technologies is coming tomorrow to deliver and install them)이라고 했으므로 정답은 (C)이다.

57

What is being arranged for next week?

(A) A board meeting

(B) A training session

(C) A company luncheon

(D) A job interview

다음 주에 잡힐 예정인 것은?

(A) 이사회

(B) 교육

(C) 점심 회식

(D) 면접

어휘 board meeting 이사회 job interview 면접

해설 세부사항 관련 – 다음 주에 예정된 일

대화 중반부에서 남자2가 보안 담당 직원들이 새 카메라 시스템을 사용하는 데 필요한 교육이 있을 예정인지(Will there be a training session for my security personnel to use the new camera system)를 묻자 여자가 그렇다(Yes)며 메노바 테크놀로지가 다음 주 월요일에 교육을 제안했다(Menovar Technologies suggested next Monday for the training)고 했으므로 정답은 (B)이다.

58

What does the woman say she will do?

(A) Confirm a time

(B) Test some software

(C) Visit a facility

(D) Review a proposal

여자가 하겠다고 말한 것은?

(A) 시간 확정하기

(B) 소프트웨어 테스트하기

(C) 시설 방문하기

(D) 제안 검토하기

어휘 confirm 확정하다 facility 시설 proposal 제안

해설 세부사항 관련 – 여자가 하겠다고 말하는 사항

대화 후반부에서 남자2가 10시가 어떤지(How about ten o'clock) 묻자 여자가 메노바에 이메일을 보내 괜찮을지 알아보겠다(I'll e-mail Menovar right away to see if that works for them)고 했으므로 정답은 (A)이다.

59-61

W-Br	[59]Thank you for agreeing to meet me for this interview. [59, 60]The readers of *Auto World Magazine* are eager to hear about your company's plans for a new car manufacturing plant.
M-Au	[60]Yes, we'll be opening a facility in Indonesia soon. We currently have two plants in this country, so we're looking forward to expanding our production capabilities overseas.
W-Br	I see. And [61]when will the first cars be built in that factory?
M-Au	That's a good question. [61]Right now we're planning on December.
여	이번 인터뷰 건으로 뵙는 데 동의해 주셔서 감사합니다. 〈오토월드 잡지〉 독자들은 신규 차량 생산 공장에 관한 귀사의 계획을 무척 듣고 싶어합니다.
남	네, 곧 인도네시아에 공장을 열 예정입니다. 현재 이 나라에 공장이 두 곳 있는데요. 해외로 생산 역량을 확대하고자 합니다.
여	알겠습니다. 그 공장에서 첫 번째 차량이 언제 만들어질까요?
남	좋은 질문입니다. 현재 12월로 계획하고 있습니다.

어휘	be eager to ~를 하고 싶어하다 manufacturing plant 생산 공장 facility 시설 currently 현재 expand 확대하다 capability 역량 overseas 해외에

59

Who most likely is the woman?

(A) A journalist
(B) A mechanic
(C) An engineer
(D) A plant supervisor

여자는 누구이겠는가?

(A) 기자
(B) 정비공
(C) 엔지니어
(D) 공장 감독관

어휘 mechanic 정비공

해설 전체 내용 관련 – 여자의 직업
대화 초반부에 여자가 남자에게 인터뷰 건으로 만나는 데 동의해 주어 감사하다(Thank you for agreeing to meet me for this interview)며 〈오토월드 잡지〉 독자들은 신규 차량 생산 공장에 관한 귀사의 계획을 무척 듣고 싶어한다(The readers of Auto World Magazine are eager to hear about your company's plans for a new car manufacturing plant)고 말하고 있으므로 정답은 (A)이다.

60

What is the main topic of the conversation?

(A) New car designs
(B) The opening of a factory
(C) An increase in costs
(D) Safety ratings

대화의 주요 주제는?

(A) 신규 차량 디자인
(B) 공장 개소
(C) 가격 인상
(D) 안전 등급

어휘 safety ratings 안전 등급

해설 전체 내용 관련 – 대화의 주제
여자가 첫 번째 대사에서 오토월드 잡지 독자들은 신규 차량 생산 공장에 관한 귀사의 계획을 무척 듣고 싶어한다(The readers of *Auto World Magazine* are eager to hear about your company's plans for a new car manufacturing plant)고 했고, 남자도 여자의 말이 맞다(Yes)면서 곧 인도네시아에 공장을 열 예정(we'll be opening a facility in Indonesia soon)이라며 대화를 이어가고 있으므로 정답은 (B)이다.

▸▸ Paraphrasing 대화의 opening a facility
→ 정답의 opening of a factory

61

According to the man, what will happen in December?

(A) Discounted trips will be available.
(B) An advertising campaign will start.
(C) An article will be published.
(D) Production will begin at a facility.

남자에 따르면 12월에 일어날 일은 무엇인가?

(A) 여행을 할인 받아 갈 수 있다.
(B) 광고 캠페인이 시작된다.
(C) 기사가 게재된다.
(D) 공장에서 생산을 개시한다.

어휘 article 기사 publish 게재하다, 싣다

해설 세부사항 관련 – 12월에 일어날 일
여자가 마지막 대사에서 공장에서 첫 번째 차량이 언제 만들어지는지(when will the first cars be built in that factory) 묻자 남자가 현재 12월로 계획하고 있다(Right now we're planning on December)고 했으므로 정답은 (D)이다.

▸▸ Paraphrasing 대화의 first cars will be built in that factory
→ 정답의 Production will begin at a facility.

62-64 대화 + 제품 목록

W-Br	Hi Raymond. It's Marta Dunmore. I'm calling about the wood options we discussed for my new kitchen floor.

M-Cn	Great! What did you decide?
W-Br	Well, I thought about choosing the dark pine. But then **62 I took the samples you gave me into the kitchen and looked at them carefully. 62, 63 I decided the pattern on the oak will look best.**
M-Cn	Oak is a great choice. It's harder than pine, so it's a good value. And the light color of the ash and maple don't really match your kitchen.
W-Br	OK, great. When can you start the installation?
M-Cn	**64 I'll have to check my calendar when I get back to the office. Can I give you a call later?**
여	안녕하세요, 레이먼드 씨. 마타 던모어입니다. 새 주방 바닥에 쓰기로 의논했던 목재 관련해서 전화했습니다.
남	네. 뭘로 결정하셨나요?
여	다크 색상 소나무를 선택할까 했지만, **주신 견본을 주방에 넣고 꼼꼼히 살펴봤어요. 그리고 오크 나무 무늬가 가장 잘 어울릴 것이라고 결정했어요.**
남	훌륭한 선택입니다. 소나무보다 단단해 가치가 높거든요. 물푸레나무와 단풍나무의 옅은 색상은 던모어 씨의 주방에 어울리지 않고요.
여	네, 좋아요. 설치는 언제 시작하실 수 있나요?
남	**사무실에 돌아가서 일정을 확인해야 합니다. 나중에 전화 드려도 될까요?**

어휘 pine 소나무 ash 물푸레나무 installation 설치

Wood Flooring Options	
Product Code	**Type of Wood**
W32	Maple
63 W51	Oak
W76	Pine
W94	Ash

목재 바닥재 사양	
제품 코드	**나무 종류**
W32	단풍나무
63 **W51**	오크 나무
W76	소나무
W94	물푸레나무

46

62

How did the woman reach her decision?

(A) She did some Internet research.
(B) She asked a friend for a recommendation.
(C) She examined some samples.
(D) She compared prices.

여자는 어떻게 결정을 내렸는가?

(A) 인터넷 검색을 했다.
(B) 친구에게 추천해 달라고 했다.
(C) 견본을 검토했다.
(D) 가격을 비교했다.

어휘 reach a decision 결정을 하다 recommendation 추천
      compare 비교하다

해설 세부사항 관련 – 여자가 결정을 내린 방법

여자가 두 번째 대사에서 남자가 준 견본을 주방에 넣고 꼼꼼히 살펴보았다(I took the samples you gave me into the kitchen and looked at them carefully)며, 오크 나무 무늬가 가장 잘 어울릴 것이라고 결정했다(I decided the pattern on the oak will look best)고 했으므로 정답은 (C)이다.

> ▸ Paraphrasing 대화의 **looked at them**
>   → 정답의 **examined some samples**

63

Look at the graphic. Which product did the woman choose?

(A) W32
(B) W51
(C) W76
(D) W94

시각 정보에 의하면, 여자는 어떤 제품을 선택했는가?

(A) W32
(B) W51
(C) W76
(D) W94

해설 시각 정보 연계 – 여자가 선택한 제품

여자가 두 번째 대사에서 오크 나무 무늬가 가장 잘 어울릴 것이라고 결정했다(I decided the pattern on the oak will look best)고 했다. 시각 정보를 보면 오크 나무의 제품 코드는 W51이므로 정답은 (B)이다.

64

Why does the man need to call back later?

(A) He is unsure about some inventory.
(B) He is about to attend a meeting.
(C) He needs to check his work schedule.
(D) He wants to consult a coworker.

남자가 왜 나중에 전화해야 한다고 말하는가?

(A) 재고 목록을 잘 모른다.
(B) 회의에 막 참석하려는 참이다.
(C) 업무 일정을 확인해야 한다.
(D) 동료와 상의하고 싶다.

46

어휘 inventory 물품 목록, 재고 attend 참석하다 consult 상의하다, 상담하다 coworker 동료

해설 세부사항 관련 - 남자가 나중에 전화해야 하는 이유

남자가 마지막 대사에서 사무실에 돌아가서 일정을 확인해야 한다(I'll have to check my calendar when I get back to the office)며 나중에 전화해도 되겠는지(Can I give you a call later)를 묻고 있으므로 정답은 (C)이다.

> ▸▸ Paraphrasing 대화의 check my calendar
> → 정답의 check his work schedule

65-67 대화 + 표지판

M-Au	65I think the restaurant's going to get some nice publicity by being in the community festival this weekend. It'll be a great way to get customers interested in our food.
W-Am	It's definitely good advertising. Aren't you working the first day of the festival?
M-Au	Yeah—but if the event gets rained out and is held at a later date, I won't be able to work it because I'll be on holiday. Luckily, the weather this weekend should be warm and sunny, so 66I plan to be at the festival's opening day. How about you?
W-Am	I'm not scheduled to work for the restaurant, but 67I'll be there helping a friend. She has a small jewelry shop and needs a hand with her booth.
남	우리 식당이 이번 주말에 지역 축제에 참가함으로써 홍보가 잘 될 것이라고 생각해요. 고객들이 우리 음식에 관심을 갖게 할 좋은 방법이잖아요.
여	단연코 훌륭한 광고이죠. 축제 첫날 근무하지 않으세요?
남	네, 하지만 비 때문에 축제가 취소되어 나중에 열린다면 일하지 못할 거예요. 휴가 중일 테니까요. 다행히 이번 주말 날씨는 따뜻하고 맑을 테니 축제 첫날 있으려고 해요. 당신은 어때요?
여	저는 식당 근무 일정은 없지만 친구를 도울 예정입니다. 작은 보석상을 하는데 부스에 도움이 필요하거든요.

어휘 get publicity 선전하다, 명성을 얻다 definitely 분명, 확실히 be rained out 비가 와서 취소되다 at a later date 차후 날짜에 be scheduled to ~할 예정이다

Stockton Community Festival

66November 5 and 6
Rain Dates: November 12 and 13

Enjoy local shopping and dining!

스톡튼 지역 축제

66 11월 5일-6일
연기일자: 11월 12일-13일

즐겁게 쇼핑하고 식사하세요!

65

Who most likely are the speakers?

(A) Community organizers
(B) Weather reporters
(C) Jewelry designers
(D) Restaurant staff

화자들은 누구이겠는가?

(A) 지역공동체 조직자
(B) 기상 예보관
(C) 보석 디자이너
(D) 식당 직원

어휘 weather reporter 기상 예보관

해설 전체 내용 관련 - 화자들의 직업

남자가 첫 번째 대사에서 식당이 이번 주말에 지역 축제에 참가함으로써 홍보가 잘 될 것이라고 생각한다(I think the restaurant's going to get some nice publicity by being in the community festival this weekend)며 고객들이 우리 음식에 관심을 갖게 할 좋은 방법(It'll be a great way to get customers interested in our food)이라고 한 것으로 보아 화자들은 식당에서 일하고 있음을 알 수 있다. 따라서 정답은 (D)이다.

66

Look at the graphic. When will the man work at the festival?

(A) On November 5
(B) On November 6
(C) On November 12
(D) On November 13

시각 정보에 의하면, 남자는 언제 축제에서 일할 것인가?

(A) 11월 5일
(B) 11월 6일
(C) 11월 12일
(D) 11월 13일

해설 시각 정보 연계 - 남자가 축제에서 일하는 날

남자가 두 번째 대사에서 축제 첫날 있을 계획(I plan to be at the festival's opening day)이라고 했고 시각 정보를 보면 축제 첫날은 11월 5일이므로 정답은 (A)이다.

67

What does the woman say she will do?

(A) Hang up some posters
(B) Assist a friend
(C) Prepare some food
(D) Write a review

여자가 하겠다고 말한 것은?

(A) 포스터 게시하기
(B) 친구 돕기
(C) 음식 준비하기
(D) 평가서 쓰기

어휘 hang up 걸다

해설 세부사항 관련 - 여자가 할 일

여자는 마지막 대사에서 친구를 도울 예정(I'll be there helping a friend)이라며 친구가 작은 보석상을 하는데 부스에 일손이 필요하다(She has a small jewelry shop and needs a hand with her booth)고 했으므로 정답은 (B)이다.

> ▸ Paraphrasing   대화의 **helping a friend**
> → 정답의 **Assist a friend**

68-70 대화 + 평면도

M-Cn	Welcome to the Natural History Museum. Can I help you?
W-Br	Hi—⁶⁸**I'm trying to find the special Fossils exhibit I saw advertised on TV. Can you tell me how to get to it?**
M-Cn	Sure. We're here in the Main Hall. That's the Bird Hall over there. ⁶⁹**The fossils are just in the next room, on the other side of Bird Hall. It's a large well-lit space that we often use for special exhibits. That's where you want to go.**
W-Br	Thanks. Oh—and ⁷⁰**is my ticket good for special exhibits?**
M-Cn	⁷⁰**Yes. Everything is included with regular admission at our museum.**

남	자연사 박물관에 오신 것을 환영합니다. 도와드릴까요?
여	안녕하세요. **TV 광고에서 본 특별 화석 전시회를 찾는데요. 어떻게 가는지 알려주시겠어요?**
남	네, 현재 위치는 메인홀인데요. 저기가 조류관입니다. **화석은 조류관 맞은편, 바로 다음 방에 있습니다. 특별 전시회에 종종 쓰이는, 넓고 조명이 밝은 공간입니다. 찾으시는 곳이죠.**
여	감사합니다. 아, **제 입장권으로 특별 전시회도 볼 수 있나요?**
남	네, 저희 박물관에서는 정규 입장료에 모든 것이 포함됩니다.

어휘	fossil 화석 exhibit 전시회 advertise 광고하다 on the other side of ~의 맞은편에 well-lit 조명이 밝은 be included 포함되다 regular admission 정규 입장료

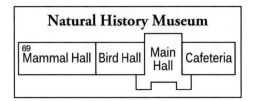

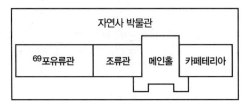

68

Why does the woman talk to the man?

(A) To purchase a ticket
(B) To sign up for a tour
(C) To rent some equipment
(D) To inquire about an exhibit

여자가 남자에게 말을 건 이유는?

(A) 입장권을 구매하려고
(B) 투어를 신청하려고
(C) 장비를 대여하려고
(D) 전시회에 대해 문의하려고

어휘 sign up for ~를 신청하다 equipment 장비

해설 세부사항 관련 - 여자가 남자에게 말을 건 이유

대화 초반부에서 여자가 TV 광고에서 본 특별 화석 전시회를 찾는다(I'm trying to find the special Fossils exhibit I saw advertised on TV)면서 어떻게 가는지 알려달라(Can you tell me how to get to it)고 했으므로 정답은 (D)이다.

69

Look at the graphic. Where does the man tell the woman to go?

(A) To the Mammal Hall
(B) To the Bird Hall
(C) To the Main Hall
(D) To the Cafeteria

시각 정보에 의하면, 남자는 여자에게 어디로 가라고 말하는가?

(A) 포유류관
(B) 조류관
(C) 메인홀
(D) 카페테리아

해설 시각 정보 연계 - 남자가 여자에게 가라고 말하는 장소

남자가 두 번째 대사에서 화석은 조류관 맞은편, 바로 다음 방에 있다(The fossils are just in the next room, on the other side of Bird Hall)고 했고 특별 전시회에 종종 쓰이는, 넓고 조명이 밝은 공간(It's a large well-lit space that we often use for special exhibits)이라고 했다. 시각 정보를 보면 조류관 다음 방은 포유류관이므로 정답은 (A)이다.

70

What does the man say about the woman's ticket?

(A) It can be purchased in advance.

(B) It includes admission to special events.

(C) It is issued only to museum members.

(D) It is nonrefundable.

남자가 여자의 입장권에 대해 말한 것은?

(A) 미리 구매할 수 있다.

(B) 특별 행사 입장료가 포함되어 있다.

(C) 박물관 회원에게만 발행된다.

(D) 환불이 불가능하다.

어휘 in advance 미리 issue 발행하다 nonrefundable 환불되지 않는

해설 세부사항 관련 – 남자가 여자의 입장권에 대해 말하는 사항

여자가 마지막 대사에서 자신의 입장권으로 특별 전시회도 볼 수 있는지 (is my ticket good for special exhibits) 묻자 남자가 그렇다(Yes)면서 박물관에서는 정규 입장료에 모든 것이 포함되어 있다(Everything is included with regular admission at our museum)고 했으므로 정답은 (B)이다.

PART 4

71-73 방송

M-Cn **71Attention, shoppers!** **72Today is the first day of our spring sales event.** **72This is being held on the first floor.** **71All art supplies are now on sale,** starting from as little as one dollar. We've got great deals on brushes, canvases, paint, and more! Also, **73from now until August thirtieth, we're accepting submissions for our summer art contest!** This is a wonderful opportunity for aspiring artists to get their work shown. Please visit the information desk for details. Thank you for shopping at Baxter's Art Supply Store.

쇼핑객 여러분께 알려드립니다! 오늘은 봄 할인행사 첫날로, 1층에서 열리고 있습니다. 미술용품 일체를 할인해 드리며 단돈 1달러부터 시작됩니다. 붓, 캔버스, 물감 등을 다량 구비했습니다. 아울러 **지금부터 8월 30일까지 하계 미술대회 출품작을 받습니다.** 화가 지망생들에게는 작품을 선보일 멋진 기회가 될 것입니다. 자세한 내용은 안내데스크를 방문해 주세요. 박스터즈 미술용품점을 찾아 주셔서 감사합니다.

어휘 art supply 미술용품 accept 받다, 수락하다 submission 제출 aspiring 장차 ~가 되려는

71

Where is the announcement being made?

(A) At an art supply store

(B) At a public library

(C) At a school

(D) At a hardware store

안내방송이 이루어진 곳은?

(A) 미술용품점

(B) 공공 도서관

(C) 학교

(D) 하드웨어 매장

어휘 announcement 안내

해설 전체 내용 관련 – 공지 장소

지문 초반부에서 쇼핑객 여러분께 알려드린다(Attention, shoppers)며 미술용품 일체를 할인해 드린다(All art supplies are now on sale)고 했으므로 공지가 나오고 있는 장소는 미술용품을 판매하는 곳임을 알 수 있다. 따라서 정답은 (A)이다.

72

What can listeners find on the first floor?

(A) A product demonstration

(B) A discussion-group meeting

(C) Refreshments

(D) Items on sale

청자들이 1층에서 볼 수 있는 것은?

(A) 제품 시연

(B) 집단 토론

(C) 다과

(D) 할인 판매되는 제품

어휘 demonstration 시연 refreshments 다과

해설 세부사항 관련 – 1층에서 볼 수 있는 것

지문 초반부에서 오늘은 봄 할인행사 첫날로, 1층에서 행사가 열리고 있다(Today is the first day of our spring sales event. This is being held on the first floor)고 했으므로 정답은 (D)이다.

73

What are listeners encouraged to do by August 30?

(A) Activate a rewards card

(B) Enter a contest

(C) Register for a class

(D) Fill out surveys

청자들은 8월 30일까지 무엇을 하도록 장려되는가?

(A) 적립카드 활성화하기

(B) 대회 참가하기

(C) 수업 등록하기

(D) 설문에 응하기

어휘 activate 활성화하다 rewards card 적립카드 register for ~에 등록하다 fill out a survey 설문에 응하다

해설 세부사항 관련 – 청자들이 8월 30일까지 하도록 장려 받는 사항

지문 중반부에서 지금부터 8월 30일까지 하계 미술대회 출품작을 받는다 (from now until August thirtieth, we're accepting submissions for our summer art contest)고 했으므로 정답은 (B)이다.

▶▶ Paraphrasing 담화의 **accepting submissions for our summer art contest**
→ 정답의 **Enter a contest**

74-76 전화 메시지

W-Am Hi, Armand, **74this is Linda from the management office of Redfox Apartments.** **75I received your message about your dishwasher not working properly, so I've called a repair person to come and fix it on Monday morning at eleven o'clock.** Since you'll probably be at work at that time, **76could you please stop by the management office before then?** You'll need to leave a letter giving permission for the repair person to enter in your absence.

안녕하세요, 아맨드 씨. 저는 레드폭스 아파트 관리실의 린다입니다. 식기세척기가 정상 작동하지 않는다는 귀하의 메시지를 받고 수리공에게 전화해 월요일 오전 11시 정각에 와서 고치도록 조치했습니다. 아마도 그 시간에 근무 중이실 테니 그 전에 관리실에 들러 주시겠어요? 부재 시 수리공이 들어갈 수 있도록 허가하는 글을 남기셔야 합니다.

어휘 management office 관리실 properly 제대로 fix 수리하다 stop by ~에 잠시 들르다 give permission 허가하다 in one's absence 부재 시에

74

Who most likely is the speaker?
(A) An appliance salesperson
(B) A repair technician
(C) An apartment manager
(D) A hotel receptionist

화자는 누구이겠는가?
(A) 가전제품 판매원
(B) 수리공
(C) 아파트 관리인
(D) 호텔 리셉셔니스트

어휘 appliance 가전제품 technician 기술자

해설 전체 내용 관련 – 화자의 직업

지문 초반부에서 화자가 저는 레드폭스 아파트 관리실의 린다입니다(this is Linda from the management office of Redfox Apartments)라고 했으므로 정답은 (C)이다.

75

What is the speaker calling about?
(A) An advertised rebate
(B) An expired warranty
(C) An inaccessible parking space
(D) A broken appliance

화자는 무엇에 대해 전화했는가?
(A) 광고된 할인
(B) 만료된 보증기간
(C) 접근하기 어려운 주차공간
(D) 고장난 가전제품

어휘 rebate 할인 expired 만료된, 기한이 지난 warranty 품질보증기간 inaccessible 접근이 어려운 appliance 가전제품

해설 전체 내용 관련 – 전화의 목적

지문의 중반부에서 식기세척기가 정상 작동하지 않는다는 메시지를 받고 수리공에게 전화해 월요일 오전 11시 정각에 와서 고치도록 조치했다(I received your message about your dishwasher not working properly, so I've called a repair person to come and fix it on Monday morning at eleven o'clock)라고 했으므로 정답은 (D)이다.

> ▸▸ Paraphrasing 담화의 your dishwasher not working properly → 정답의 A broken appliance

76

Why is the listener asked to stop by an office?
(A) To return a key
(B) To collect a package
(C) To drop off a letter
(D) To make a payment

청자는 왜 사무실에 들러 달라는 요청을 받는가?
(A) 열쇠를 반납하기 위해
(B) 소포를 찾기 위해
(C) 글을 남기기 위해
(D) 지불하기 위해

어휘 package 소포 make a payment 지불하다

해설 세부사항 관련 – 청자가 사무실 방문을 요청 받은 이유

지문 후반부에서 화자가 관리실에 들러 줄 수 있느냐(could you please stop by the management office)고 요청하면서 부재 시 수리공이 들어갈 수 있도록 허가하는 글을 남겨야 한다(You'll need to leave a letter giving permission for the repair person to enter in your absence)고 했으므로 정답은 (C)이다.

> ▸▸ Paraphrasing 담화의 leave a letter → 정답의 drop off a letter

77-79 뉴스 보도

W-Br This is Maria Santos, your technology reporter for RMT News, reporting live this week from the Global Technologies Trade Show. Throughout the week, I'll be showing you some of the latest products on display here. **77Right now I have in my hand the newest mobile phone from Helios Wireless—the Helios Ten.** **78What's really unique about this phone is its revolutionary screen.** Helios has developed a glare-proof material for the screen that's easy to read outdoors even on the sunniest days. I've tried it and it works! **79If you're coming to the trade show this week, be sure to check out this product at the Helios booth in aisle six.**

저는 RMT 뉴스 기술 부문 기자 마리아 산토스입니다. 이번주에는 글로벌 테크놀로지 무역박람회에서 생방송으로 소식을 전해드립니다. 한 주 내내 이곳에 전시된 최신 제품들을 보여드릴 예정입니다. **지금은 헬리오스 와이어리스의 최신 휴대전화인 헬리오스 텐을 손에 들고 있는데요. 획기적인 화면이 매우 독특한 휴대전화입니다.** 헬리오스는 화면에 쓰일 눈부심 방지 소재를 개발했는데, 해가 쨍쨍한 날에도 야외에서 보기에 편리합니다. 제가 실제로 써 봤는데 효과가 있더군요! **이번 주에 무역박람회에 오시면 6번 통로에 위치한 헬리오스 부스에서 이 제품을 꼭 살펴보시기 바랍니다.**

어휘 throughout the week 한 주 내내   on display 전시된 revolutionary 혁명적인, 획기적인   glare 눈부심 -proof -를 막는   aisle 통로

77

What product is the speaker discussing?

(A) A tablet computer

(B) A mobile phone

(C) A radio

(D) A clock

화자는 무엇에 대해 이야기하고 있는가?

(A) 태블릿 컴퓨터

(B) 휴대전화

(C) 라디오

(D) 시계

해설 전체 내용 관련 – 화자가 말하고 있는 제품

지문 중반부에서 화자가 지금 헬리오스 와이어리스의 최신 휴대전화인 헬리오스 텐을 손에 들고 있다(Right now I have in my hand the newest mobile phone from Helios Wireless—the Helios Ten)면서 휴대전화에 대한 소개를 이어나가고 있으므로 정답은 (B)이다.

78

What is unique about the product?

(A) Its screen

(B) Its low price

(C) Its range of options

(D) Its size

제품의 특징은 무엇인가?

(A) 화면

(B) 저렴한 가격

(C) 다양한 선택 범위

(D) 크기

어휘 range 범위

해설 세부사항 관련 – 제품의 특징

지문 중반부에서 화자가 획기적인 화면이 매우 독특한 휴대전화(What's really unique about this phone is its revolutionary screen)라고 했으므로 정답은 (A)이다.

79

What does the speaker suggest some listeners do?

(A) Call a customer service number

(B) Recycle older products

(C) Visit a sales booth

(D) Log on to a Web site

화자가 청자들에게 제안하는 것은?

(A) 고객 서비스 센터에 전화하기

(B) 기존 제품을 재활용하기

(C) 판매 부스 방문하기

(D) 웹사이트에 접속하기

어휘 recycle 재활용하다   log on to ~에 접속하다

해설 세부사항 관련 – 화자가 청자들에게 제안하는 것

지문 마지막에서 화자가 이번 주에 무역박람회에 오시면 6번 통로에 위치한 헬리오스 부스에서 이 제품을 꼭 살펴보시기 바란다(If you're coming to the trade show this week, be sure to check out this product at the Helios booth in aisle six)고 했으므로 정답은 (C)이다.

80-82 회의 발췌

M-Au Hi, everyone. Thanks for coming to this last-minute meeting. **80, 81Remember the large order of glassware we shipped to the client in California? It's been a week. 80So, I called the shipping company this morning and apparently we put the wrong address on the labels.** They've located the boxes and are reshipping them immediately to the correct address. But since we could have lost one of our biggest clients over this mistake, I want to make sure this never happens again. **82Masaki, I'd like you to go through our address list and double-check all of our clients' addresses.**

여러분, 안녕하십니까? 급하게 소집한 회의에 참석해 주셔서 감사합니다. **캘리포니아의 고객에게 배송한 유리 그릇 대량 주문 건을 기억하십니까? 일주일 된 일인데요, 제가 오늘 아침 배송업체에 전화를 했는데 라벨에 주소를 잘못 기재한 것으로 보입니다.** 업체에서 물건의 위치를 파악해 즉시 맞는 주소로 다시 배송할 예정입니다. 하지만 이번 실수로 최대 고객을 잃을 수도 있었기에, 이런 일이 재발하지 않도록 하고자 합니다. **마사키 씨, 주소록을 살펴보고 고객 주소 일체를 재확인하시기 바랍니다.**

어휘 last-minute 막바지의, 마지막 순간의   glassware 유리 그릇   shipping company 배송업체   apparently 듣자 하니, 보아하니   locate 위치를 찾아내다   immediately 즉시   go through 살펴보다   double-check 재확인하다

80

Why has the meeting been called?

(A) To explain a manufacturing process

(B) To announce a merger

(C) To provide details on a contract

(D) To inform employees of an error

회의가 소집된 이유는?

(A) 제조 공정을 설명하기 위해
(B) 합병을 알리기 위해
(C) 계약서 세부사항을 전달하기 위해
(D) 직원들에게 실수를 알리기 위해

어휘 manufacturing process 제조 공정 merger 합병 contract 계약, 계약서

해설 전체 내용 관련 - 회의의 목적
지문 초반부에서 캘리포니아의 고객에게 배송한 유리 그릇 대량 주문 건을 기억하느냐(Remember the large order of glassware we shipped to the client in California)고 물으며, 오늘 아침 배송업체에 전화를 했는데 라벨에 주소를 잘못 기재한 것으로 보인다(I called the shipping company this morning and apparently we put the wrong address on the labels)고 했으므로 정답은 (D)이다.

81

Why does the speaker say, "It's been a week"?

(A) To express concern about a delay
(B) To praise a team's performance
(C) To remind employees about a rule
(D) To agree with a business strategy

화자가 "일주일 된 일인데요"라고 말한 이유는?

(A) 지연에 대한 우려를 표하기 위해
(B) 팀 실적을 칭찬하기 위해
(C) 직원들에게 규칙을 상기시키기 위해
(D) 사업 전략에 동의하기 위해

어휘 express concern about ~에 대해 우려를 표하다 performance 실적 strategy 전략

해설 화자의 의도 파악 - 일주일 된 일이라고 말한 의도
인용문 앞에서 캘리포니아의 고객에게 배송한 유리 그릇 대량 주문 건을 기억하느냐(Remember the large order of glassware we shipped to the client in California)고 물은 다음 인용문을 언급하며 배송이 일주일이 지나도록 완료되지 않았음을 말한 것이므로 정답은 (A)이다.

82

What does the speaker ask Masaki to do?

(A) Call a shipping company
(B) Verify some addresses
(C) E-mail staff members
(D) Give a speech

화자는 마사키 씨에게 무엇을 하라고 말하는가?

(A) 배송업체에 전화
(B) 주소 확인
(C) 직원들에게 이메일 전송
(D) 연설

어휘 verify 확인하다 give a speech 연설하다

해설 세부사항 관련 - 화자가 마사키 씨에게 요청한 일
지문 후반부에 화자가 마사키 씨, 주소록을 살펴보고 고객 주소 일체를 재확인하시기 바랍니다(Masaki, I'd like you to go through our

address list and double-check all of our clients' addresses)고 말했으므로 정답은 (B)이다.

> ▸▸ **Paraphrasing** 담화의 go through our address list and double-check all of our clients' addresses
> → 정답의 Verify some addresses

83-85 전화 메시지

> W-Am Hi, [83]it's Soon-Hee from Payroll. [84]I'm looking over some paperwork for your new employee, um... a Mr. Kyle Ellis. He didn't fill out one of the tax forms he received at yesterday's new-hire orientation. I can't finish entering him into our system until I have that information. It's important we take care of this today, so he can get paid on time. [84, 85]Can you send Mr. Ellis to my office as soon as possible? [85]I realize this may interrupt his training. This form is only one page, though. Um... thanks.

> 안녕하세요. 저는 급여 부서의 순희입니다. 귀사의 신입 직원, 음… 카일 엘리스 씨 관련 서류를 훑어보고 있는데요. 어제 신규 채용자 오리엔테이션에서 받은 세금신고서 중 하나를 작성하지 않았군요. 해당 정보를 받을 때까지 저희 시스템에 등록을 완료할 수가 없습니다. 해당 직원이 제때 급여를 받을 수 있도록 오늘 이 일을 처리해야 합니다. 엘리스 씨를 최대한 빨리 저희 사무실로 보내주실 수 있나요? 교육에 방해는 되겠지만 서식은 한 장 밖에 안 됩니다. 음… 감사합니다.

어휘 payroll 급여 look over 훑어보다, 살펴보다 fill out a form 서식을 작성하다 new-hire 신규 채용자 on time 제시간에 interrupt 방해하다, 가로막다

83

Which department does the speaker work for?

(A) Building Security
(B) Public Relations
(C) Technology
(D) Payroll

화자는 어느 부서에서 일하는가?

(A) 건물 보안관리
(B) 홍보
(C) 기술
(D) 급여

어휘 public relations 홍보

해설 전체 내용 관련 - 화자의 근무 부서
지문 초반부에서 화자가 본인이 급여 부서의 순희이다(it's Soon-Hee from Payroll)라고 했으므로 정답은 (D)이다.

84

What does the speaker ask the listener to do?

(A) Train her on some software
(B) Send an employee to her office
(C) Check some payment information
(D) Attend an orientation

화자는 청자에게 무엇을 요청하는가?

(A) 소프트웨어 관련 교육 제공하기
(B) 직원을 사무실로 보내기
(C) 지급 정보 확인하기
(D) 오리엔테이션 참석하기

어휘 attend 참석하다

해설 세부사항 관련 – 화자의 요청 사항

지문 초반부에서 화자가 귀사의 신입 직원인 카일 엘리스 씨 관련 서류를 훑어보고 있다(I'm looking over some paperwork for your new employee, um... a Mr. Kyle Ellis)고 했고, 후반부에서 엘리스 씨를 최대한 빨리 사무실로 보내줄 수 있는지(Can you send Mr. Ellis to my office as soon as possible)를 묻고 있으므로 정답은 (B)이다.

85

What does the speaker mean when she says, "This form is only one page, though"?

(A) A policy has been changed.
(B) A task should not take long.
(C) The wrong document was given out.
(D) Some instructions are unclear.

화자가 "서식은 한 장 밖에 안 됩니다"라고 말할 때, 그 의도는 무엇인가?

(A) 정책이 바뀌었다.
(B) 용무를 보는 데 오래 걸리지 않는다.
(C) 문서를 잘못 나눠줬다.
(D) 설명이 명확하지 않다.

어휘 give out 나눠주다 instruction 설명, 지시

해설 화자의 의도 파악 – 서식은 한 장 밖에 안 된다고 말한 의도

인용문 앞에서 엘리스 씨를 최대한 빨리 저희 사무실로 보내주실 수 있느냐(Can you send Mr. Ellis to my office as soon as possible)고 요청하면서 엘리스 씨의 교육에 방해는 될 수 있다(I realize this may interrupt his training)고 말한 뒤 인용문을 언급한 것이므로 서식이 길지 않아 교육 시간을 오래 뺏지는 않을 거라는 의도로 한 말임을 알 수 있다. 따라서 정답은 (B)이다.

86-88 견학 정보

M-Cn **86During this special tour of Longmark Batteries' manufacturing plant, I'll show you exactly how our scientists and engineers develop our Longmark Batteries, as well as how our production team manufactures the final products.** Longmark has become one of the leading companies in the energy industry, and we strive to create innovative and cutting-edge products. At the end of the tour, **87you'll have the opportunity to hear from Laura Shen, one of our leading scientists here at Longmark. Dr. Shen will discuss some of our newest research and products. 88Please note that photography is not allowed during the tour as it is distracting to our workers.** Now, follow me!

이번 롱마크 배터리 제조공장 특별 견학 동안, 저희 제품팀이 최종 제품을 어떻게 제조하는지, 그리고 과학자들과 기술자들이 롱마크 배터리를 어떻게 개발하는지 정확히 보여드릴 예정입니다. 롱마크는 에너지 업계 선도 기업 중 하나로서, 혁신적인 최첨단 제품을 생산하는 데 매진하고 있습니다. 견학 말미에는 롱마크의 대표 과학자 중 한 분인 로라 쉔 박사의 이야기를 듣는 기회도 있을 것입니다. 쉔 박사께서 저희 최신 연구 및 제품에 대해 설명하시겠습니다. 작업자들을 방해할 수 있는 관계로, 견학 중 촬영은 금지됨을 알려드립니다. 이제 절 따라오세요!

어휘 manufacturing plant 제조공장 leading 선도하는, 가장 중요한 strive to ~하는 데 매진하다 innovative 혁신적인 cutting-edge 최첨단의 allow 허락하다 distracting 주의를 산만케 하는, 방해하는

86

What product will listeners learn about on the tour?

(A) Watches
(B) Computers
(C) Knives
(D) Batteries

청자들은 견학 중 어떤 제품을 접하는가?

(A) 시계
(B) 컴퓨터
(C) 칼
(D) 배터리

해설 세부사항 관련 – 청자들이 견학 중 접하게 될 제품

지문 초반부에서 이번 롱마크 배터리 제조공장 특별 견학 동안, 저희 제품팀이 최종 제품을 어떻게 제조하는지, 그리고 과학자들과 기술자들이 롱마크 배터리를 어떻게 개발하는지 정확히 보여드릴 예정(During this special tour of Longmark Batteries' manufacturing plant, I'll show you exactly how our scientists and engineers develop our Longmark Batteries, as well as how our production team manufactures the final products)이라고 했으므로 정답은 (D)이다.

87

Who is Laura Shen?

(A) A company president
(B) A news journalist
(C) A scientist
(D) A client

로라 쉔은 누구인가?

(A) 회사 대표
(B) 기자
(C) 과학자
(D) 고객

해설 세부사항 관련 – 로라 쉔의 직업

지문 중반부에서 롱마크의 대표 과학자 중 한 사람인 로라 쉔 박사의 이야기를 듣는 기회도 있을 것(you'll have the opportunity to hear from Laura Shen, one of our leading scientists here at Longmark)이라고 했으므로 정답은 (C)이다.

88

What does the speaker mention about the tour?

(A) Large bags are not allowed.
(B) Photography is not permitted.
(C) The size of a group is limited.
(D) Registration is required.

화자가 견학에 대해 언급한 것은?

(A) 큰 가방은 소지할 수 없다.
(B) 촬영이 금지된다.
(C) 단체의 규모가 제한된다.
(D) 등록이 필요하다.

어휘 permit 허가하다 limit 제한시키다 registration 등록 be required 요구되다, 필요하다

해설 세부사항 관련 – 화자가 견학에 대해 언급한 사항

지문 후반부에서 작업자들을 방해할 수 있는 관계로, 견학 중 촬영은 금지됨을 알려드린다(Please note that photography is not allowed during the tour as it is distracting to our workers)고 했으므로 정답은 (B)이다.

> ▸▸ Paraphrasing   담화의 **photography is not allowed**
> → 정답의 **Photography is not permitted.**

89-91 공지

> M-Au Hello, everyone. **89Thanks again for attending this screening of my film documentary, *Cultural Cuisines*. 90I apologize again for starting a little late—the projector wasn't working properly.** Before I show the film, I'd like to tell you a bit about it. A few years ago I traveled to Bolivia and fell in love with its food and its food culture. In the movie, a group of people from a small Bolivian village show you how problems can be resolved while everyone's enjoying a delicious meal. **91At two hours long, it is a long film...but I'll be answering questions when it's over.**
>
> 여러분, 안녕하세요? 제 다큐멘터리 영화 '문화가 깃든 요리' 상영회에 참석해 주셔서 다시 한 번 감사드립니다. 프로젝터가 제대로 작동하지 않아 조금 늦게 시작한 점, 양해 부탁드립니다. 영화를 보여 드리기에 앞서 설명을 좀 하고 싶습니다. 몇 년 전, 저는 볼리비아로 여행을 떠났다가 그 지역 음식과 식문화에 매료됐습니다. 영화에서는 볼리비아의 어느 작은 마을 사람들이 함께 맛있는 식사를 즐기며 문제를 풀어가는 방식을 보여드릴 것입니다. **두 시간 분량으로 긴 영화입니다만, 끝나면 질문을 받겠습니다.**

어휘 screening 상영 cuisine 요리, 요리법 apologize 사과하다 properly 제대로 resolve 해결하다

89

Who most likely is the speaker?

(A) A travel agent
(B) A chef
(C) A farmer
(D) A filmmaker

화자는 누구이겠는가?

(A) 여행사 직원
(B) 요리사
(C) 농부
(D) 영화제작자

해설 전체 내용 관련 – 화자의 직업

지문 초반부에서 화자가 본인의 다큐멘터리 영화 '문화가 깃든 요리' 상영회에 참석해 주셔서 다시 한 번 감사 드린다(Thanks again for attending this screening of my film documentary, *Cultural Cuisines*)고 했으므로 정답은 (D)이다.

90

What caused a delay?

(A) Equipment problems
(B) Poor weather conditions
(C) Heavy traffic
(D) Lost luggage

지연이 발생한 이유는?

(A) 장비 문제
(B) 악천후
(C) 교통체증
(D) 짐 분실

어휘 delay 지연 equipment 장비 luggage 짐, 수하물

해설 세부사항 관련 – 지연 발생 이유

지문 중반부에서 프로젝터가 제대로 작동하지 않아 조금 늦게 시작한 점, 양해 부탁 드린다(I apologize again for starting a little late—the projector wasn't working properly)고 했으므로 정답은 (A)이다.

> ▸▸ Paraphrasing   담화의 **projector wasn't working properly**
> → 정답의 **Equipment problems**

91

Why does the speaker say, "I'll be answering questions when it's over"?

(A) To explain that he will be busy
(B) To ask listeners not to interrupt him now
(C) To encourage people to stay afterward
(D) To correct a scheduling mistake

화자가 "끝나면 질문을 받겠습니다"라고 말한 이유는?
(A) 바쁠 것임을 알리기 위해
(B) 청자들에게 끼어들지 않도록 요청하기 위해
(C) 사람들이 끝까지 남아 있도록 하기 위해
(D) 일정상의 실수를 바로잡기 위해

어휘 interrupt 방해하다, 가로막다 afterward 후에, 나중에

해설 화자의 의도 파악 – 끝나면 질문을 받겠다고 말한 의도

인용문 앞에서 두 시간 분량으로 긴 영화입니다만(At two hours long, it is a long film...but)이라고 말한 뒤 인용문을 언급한 것이므로 영화가 길지만 상영이 끝난 뒤 질문을 받음으로써 사람들이 계속 남아 있도록 하려는 의도로 한 말임을 알 수 있다. 따라서 정답은 (C)이다.

92-94 회의 발췌

> **W-Br** ⁹²**Good morning, team. Congratulations on creating such a successful marketing campaign for our Heritage Mill cookies.** We've already seen a dramatic increase in this product's sales since the launch of the television commercial, so I'd like you to expand this marketing campaign to our other products as well. ⁹³**According to a recent survey, our customers really liked the images of the families eating together that they saw in our commercials.** So let's keep this concept in mind as we think of ideas for our other products. ⁹⁴**We'll discuss those ideas at our meeting next week.**
>
> 안녕하세요, 여러분. 당사 헤리티지 밀 쿠키를 위해 제작한 마케팅 캠페인의 큰 성공을 축하합니다! TV 광고를 시작한 이후 제품 판매량이 크게 늘어났습니다. 따라서 이 마케팅 캠페인을 다른 제품에도 확대해 주셨으면 합니다. 최근 설문조사에 따르면 저희 고객들은 광고에 등장한 함께 식사하는 가족의 영상을 매우 마음에 들어 합니다. 그러니 타 제품에 대한 아이디어를 낼 때 이 컨셉을 염두에 둡시다. 다음 주에 있을 회의에서 아이디어를 논의하겠습니다.
>
> 어휘 successful 성공적인 dramatic 극적인 increase 증가 launch 시작, 개시 commercial 광고 expand 확대하다 recent 최근의 survey 설문조사 keep ~ in mind 명심하다

92

Who is the speaker congratulating?
(A) Executive board members
(B) A new business partner
(C) Marketing staff
(D) Food scientists

화자는 누구에게 축하를 건네는가?
(A) 이사회
(B) 새 동업자
(C) 마케팅 담당직원
(D) 식품학자

어휘 executive board 이사회

해설 세부사항 관련 – 화자가 축하를 건넨 사람

지문 초반부에서 화자가 팀원들에게 인사를 건네며(Good morning, team), 헤리티지 밀 쿠키를 위해 제작한 마케팅 캠페인의 큰 성공을 축하한다(Congratulations on creating such a successful marketing campaign for our Heritage Mill cookies)고 했으므로 정답은 (C)이다.

93

According to the speaker, what do customers like about the commercial?
(A) The images of families
(B) The video quality
(C) The professional actors
(D) The background music

화자에 따르면 고객들이 광고에서 마음에 들어 한 것은 무엇인가?
(A) 가족의 모습
(B) 화질
(C) 전문 배우
(D) 배경음악

어휘 background music 배경음악

해설 세부사항 관련 – 고객들이 광고에서 마음에 들어 한 점

지문 중반부에서 최근 설문조사에 따르면 고객들은 광고에 등장한 함께 식사하는 가족의 영상을 매우 마음에 들어 한다(According to a recent survey, our customers really liked the images of the families eating together that they saw in our commercials)고 했으므로 정답은 (A)이다.

94

What most likely will listeners do next week?
(A) Interview candidates
(B) Share ideas
(C) Check some statistics
(D) Develop a recipe

청자들은 다음 주에 무엇을 하겠는가?
(A) 지원자 면접
(B) 아이디어 공유
(C) 통계 확인
(D) 조리법 개발

어휘 candidate 후보자, 지원자 statistics 통계 recipe 조리법

해설 세부사항 관련 – 청자들이 다음 주에 할 일

지문 마지막에서 다음 주에 있을 회의에서 아이디어를 논의하겠다(We'll discuss those ideas at our meeting next week)고 했으므로 정답은 (B)이다.

> ▸▸ **Paraphrasing** 담화의 **discuss those ideas**
> → 정답의 **Share ideas**

M-Au Attention all passengers on Flight WA15. ⁹⁵**Due to inclement weather, this flight has been canceled.** We're very sorry for the inconvenience. In order to assist you in making alternative travel arrangements, ⁹⁶**we'll be calling passengers up to the counter according to your boarding zone numbers. Please take out your boarding passes and look at the zone number you have been assigned.** Approach the counter only when we call the group with your zone number. In just a few moments, we will begin unloading your luggage. ⁹⁷**Please listen for a separate announcement about where to retrieve your bags.** Thank you for your patience and cooperation.

WA15 항공편을 이용하시는 승객 여러분께 알려드립니다. **본 항공편은 악천후로 결항됐습니다.** 불편을 드려 대단히 죄송합니다. 대신 제공되는 여행을 도와 드리기 위해 **탑승구역 번호에 따라 승객 여러분을 카운터로 호출할 예정입니다. 탑승권을 꺼내 배정된 구역 번호를 살펴보시기 바랍니다.** 구역 번호에 따라 단체로 호출할 때만 카운터로 와 주십시오. 잠시 후 수하물을 내리기 시작합니다. **짐을 찾는 장소는 별도의 안내방송을 들으시기 바랍니다.** 협조해 주셔서 감사합니다.

어휘 due to ∼ 때문에   inclement weather 험한 날씨, 악천후   inconvenience 불편   alternative 대안이 되는   boarding pass 탑승권   assign 배정하다   unload 짐을 내리다   separate 별도의   retrieve 회수하다, 되찾아오다

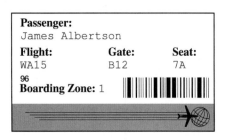

Passenger:
James Albertson

Flight:	Gate:	Seat:
WA15	B12	7A

⁹⁶**Boarding Zone: 1**

승객:
제임스 앨버슨

항공편:	게이트:	좌석:
WA15	B12	7A

⁹⁶탑승구역: 1

95

What is the announcement about?

(A) Connecting flight information
(B) A lost item
(C) A flight cancellation
(D) A gate change

안내방송은 무엇에 관한 것인가?

(A) 연결항공편 정보
(B) 분실물
(C) 결항
(D) 게이트 변경

어휘 connecting flight 연결항공편   lost item 분실물   cancellation 취소

해설 전체 내용 관련 – 안내방송의 주제
지문 초반부에서 본 항공편은 악천후로 결항되었다(Due to inclement weather, this flight has been canceled)고 했으므로 정답은 (C)이다.

96

Look at the graphic. Which number should James Albertson pay attention to now?

(A) WA15
(B) B12
(C) 7A
(D) 1

시각 정보에 의하면, 제임스 앨버슨 씨는 어떤 번호에 주목해야 하는가?

(A) WA15
(B) B12
(C) 7A
(D) 1

어휘 pay attention to ∼에 주목하다, ∼에 유의하다

해설 시각 정보 연계 – 제임스 앨버슨 씨가 주목해야 할 번호
지문 중반부에서 탑승구역 번호에 따라 승객 여러분을 카운터로 호출할 예정(we'll be calling passengers up to the counter according to your boarding zone numbers)이라며 탑승권을 꺼내 배정된 구역 번호를 살펴보시기 바란다(Please take out your boarding passes and look at the zone number you have been assigned)고 했다. 시각 정보를 보면 탑승구역은 1이므로 정답은 (D)이다.

97

What will the speaker announce later?

(A) Where to find luggage
(B) How to select a new seat
(C) Whom to contact for a refund
(D) When repairs will be finished

화자는 다음에 무엇을 알리겠는가?

(A) 수하물 찾는 장소
(B) 새 좌석 선택하는 법
(C) 환불을 받기 위해 연락할 사람
(D) 수리 완료 시점

어휘 refund 환불   repair 수리

해설 세부사항 관련 – 화자가 나중에 공지할 사항
지문 후반부에서 짐을 찾는 장소는 별도의 안내방송을 들으시기 바란다(Please listen for a separate announcement about where to retrieve your bags)고 했으므로 정답은 (A)이다.

> ▸ **Paraphrasing**   담화의 **retrieve your bags**
> → 정답의 **find luggage**

> W-Br ⁹⁸**Last week I went to the yearly retreat for Kierson Bookstore managers.** ⁹⁹**The good news coming out of that meeting concerns money. Each store in the chain will have an increased budget next year to spend on expanding one of the sections in their store.** After I returned, ¹⁰⁰**I took an informal survey about what kind of books customers would like us to carry more of. As you can see from the chart, it's clear which one they like the best.** And the art section will need to be reduced, unfortunately. That inventory has become too expensive to stock.
>
> 저는 지난주에 키어슨 서점 관리자를 위한 연례 수련회에 갔습니다. 회의에서 들은 희소식은 돈에 관한 내용인데요. 내년에는 체인 매장마다 구획 하나를 확장하는 데 쓸 예산이 늘어날 예정입니다. 돌아온 후, 고객들이 우리 서점에 더 갖췄으면 하고 바라는 책에 대해 비공식 설문조사를 해 봤습니다. 도표에서 보이는 것처럼 고객들이 어떤 책을 가장 좋아하는지는 명확합니다. 안타깝지만 미술 구획은 축소해야 할 겁니다. 재고품들은 갖춰 두기엔 너무 고가입니다.

> 어휘 yearly 연례의 retreat 피정, 수련회 concern ~에 관련된 것이다 budget 예산 informal 비공식적인 reduce 줄이다 inventory 물품 목록 stock 갖추다

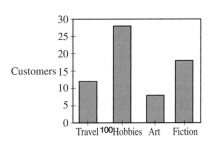

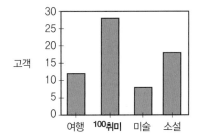

98

What event did the speaker recently attend?

(A) An advertising seminar

(B) An awards ceremony

(C) A managers' meeting

(D) A writing workshop

화자는 최근 어떤 행사에 참석하는가?

(A) 광고 세미나   (B) 시상식

(C) 관리자 회의   (D) 작문 워크숍

어휘 awards ceremony 시상식

해설 세부사항 관련 – 화자가 최근에 참석한 행사

지문 초반부에서 화자가 지난주에 키어슨 서점 관리자를 위한 연례 수련회에 갔다(Last week I went to the yearly retreat for Kierson Bookstore managers)고 했으므로 정답은 (C)이다.

> ▶▶ Paraphrasing   담화의 **retreat for Kierson Bookstore managers** → 정답의 **managers' meeting**

99

What topic does the speaker report on?

(A) Company finances

(B) Human resources

(C) Advertising

(D) Competitors

화자는 어떤 주제에 대해 보고하는가?

(A) 회사 자금

(B) 인적자원

(C) 광고

(D) 경쟁업체

어휘 finance 자금, 재정 human resources 인적자원 competitor 경쟁업체

해설 세부사항 관련 – 화자가 보고하는 사항

지문의 초반부에서 회의에서 들은 희소식은 돈에 관한 내용(The good news coming out of that meeting concerns money)이라면서 내년에는 체인 매장마다 구획 하나를 확장하는 데 쓸 예산이 늘어날 예정(Each store in the chain will have an increased budget next year to spend on expanding one of the sections in their store)이라고 했으므로 정답은 (A)이다.

> ▶▶ Paraphrasing   담화의 **money** → 정답의 **finances**

100

Look at the graphic. Which store section will be expanded?

(A) Travel

(B) Hobbies

(C) Art

(D) Fiction

시각 정보에 의하면, 매장의 어떤 구획이 확장될 것인가?

(A) 여행

(B) 취미

(C) 미술

(D) 소설

해설 시각 정보 연계 – 확장될 매장 구획

지문 후반부에서 고객들이 우리 서점에 더 갖췄으면 하고 바라는 책에 대해 비공식 설문조사를 해 봤다(I took an informal survey about what kind of books customers would like us to carry more of)고 했다. 시각 정보를 보면 취미 분야가 가장 선호도가 높으므로 정답은 (B)이다.

기출 TEST 3

1 (A)	**2** (B)	**3** (A)	**4** (B)	**5** (C)
6 (D)	**7** (A)	**8** (B)	**9** (B)	**10** (C)
11 (A)	**12** (B)	**13** (C)	**14** (A)	**15** (A)
16 (C)	**17** (A)	**18** (A)	**19** (A)	**20** (B)
21 (B)	**22** (C)	**23** (B)	**24** (A)	**25** (C)
26 (B)	**27** (C)	**28** (B)	**29** (A)	**30** (B)
31 (A)	**32** (B)	**33** (A)	**34** (C)	**35** (A)
36 (C)	**37** (D)	**38** (D)	**39** (C)	**40** (B)
41 (D)	**42** (B)	**43** (A)	**44** (C)	**45** (D)
46 (A)	**47** (C)	**48** (B)	**49** (C)	**50** (B)
51 (A)	**52** (D)	**53** (A)	**54** (D)	**55** (B)
56 (C)	**57** (D)	**58** (B)	**59** (A)	**60** (C)
61 (D)	**62** (A)	**63** (D)	**64** (C)	**65** (C)
66 (A)	**67** (D)	**68** (C)	**69** (B)	**70** (C)
71 (C)	**72** (A)	**73** (B)	**74** (B)	**75** (D)
76 (A)	**77** (D)	**78** (C)	**79** (A)	**80** (B)
81 (A)	**82** (D)	**83** (B)	**84** (A)	**85** (D)
86 (B)	**87** (C)	**88** (D)	**89** (B)	**90** (C)
91 (D)	**92** (A)	**93** (C)	**94** (B)	**95** (C)
96 (A)	**97** (C)	**98** (A)	**99** (D)	**100** (B)

PART 1

1 M-Cn

(A) He's looking in a file drawer.
(B) He's printing some documents.
(C) He's stacking some folders.
(D) He's putting on his glasses.

(A) 그는 서류 서랍을 들여다보고 있다.
(B) 그는 문서를 인쇄하고 있다.
(C) 그는 폴더를 포개어 놓고 있다.
(D) 그는 안경을 착용하고 있다.

어휘 file drawer 서류 서랍 document 문서, 서류 stack 포개다,
쌓다 put on ~을 착용하다 glasses 안경

해설 1인 등장 사진 – 사람의 동작/상태 묘사

(A) 정답. 남자가 서류 서랍을 들여다보고 있는(looking in a file
drawer) 모습을 잘 묘사했으므로 정답.
(B) 동사 오답. 남자가 문서를 인쇄하고 있는(printing some
documents) 모습이 아니므로 오답.
(C) 동사 오답. 남자가 폴더를 포개어 놓고 있는(stacking some
folders) 모습이 아니므로 오답.

(D) 동사 오답. 남자가 안경을 착용하고 있는(putting on his glasses)
모습이 아니므로 오답. 참고로 putting on은 무언가를 착용하는 동작
을 가리키는 말로 이미 착용 중인 상태를 나타내는 wearing과 혼동
하지 않도록 주의한다.

2 W-Br

(A) Some people are sitting in a car.
(B) Some people are facing each other.
(C) A woman is opening her handbag.
(D) A man is removing his jacket.

(A) 사람들이 자동차 안에 앉아 있다.
(B) 사람들이 서로 마주보고 있다.
(C) 여자가 핸드백을 열고 있다.
(D) 남자가 재킷을 벗고 있다.

어휘 face each other 서로 마주보다   remove (옷을) 벗다

해설 2인 이상 등장 사진 – 사람의 동작/상태 묘사

(A) 동사 오답. 사람들이 벤치에 앉아 있고(sitting on a bench) 자동차
안에 앉아 있는(sitting in a car) 모습이 아니므로 오답.
(B) 정답. 사람들이 서로 마주보고 있는(facing each other) 모습이므로
정답.
(C) 동사 오답. 여자가 핸드백을 열고 있는(opening her handbag) 모습
이 아니므로 오답.
(D) 동사 오답. 남자가 재킷을 벗고 있는(removing his jacket) 모습이
아니므로 오답. 참고로 be removing은 벗고 있는 동작을 가리키는
말로 이미 벗고 있는 상태를 나타낼 수 없다.

3 W-Am

(A) Clothing is hanging on racks.
(B) Lights have been turned off in the store.
(C) A woman is folding a coat.
(D) A woman is opening a garment bag.

(A) 옷들이 옷걸이에 걸려 있다.
(B) 상점 안에 전등이 꺼졌다.
(C) 여자가 외투를 개고 있다.
(D) 여자가 옷가방을 열고 있다.

어휘 rack 걸이, 선반 turn off 끄다 fold 접다, 개다 garment 옷,
의복

해설 1인 등장 사진 – 사람 또는 사물 중심 묘사

(A) 정답. 옷들이 옷걸이에 걸려 있는(hanging on racks) 모습을 잘 묘사했으므로 정답.

(B) 동사 오답. 전등이 꺼져 있는(have been turned off) 상태가 아니라 켜져 있는(have been turned on) 상태이므로 오답.

(C) 동사 오답. 여자가 외투를 개고 있는(folding a coat) 모습이 아니므로 오답.

(D) 동사 오답. 여자가 옷가방을 열고 있는(opening a garment bag) 모습이 아니므로 오답.

---

4 M-Au

(A) Some armchairs are occupied.

(B) Books and magazines have been arranged on shelves.

(C) A gate has been placed at the bottom of a stairway.

(D) A painting has been left on the floor.

(A) 팔걸이 의자들에 사람이 앉아 있다.
(B) 책과 잡지가 서가에 배열되었다.
(C) 계단 밑에 문이 있다.
(D) 그림이 바닥에 남겨졌다.

어휘 armchair 팔걸이 의자 occupy (자리를) 차지하다 arrange 배열하다, 정돈하다 shelf 서가 stairway 계단, 층계

해설 사물 사진 – 실내 사물의 상태 묘사

(A) 동사 오답. 팔걸이 의자들(armchairs)에 사람이 앉아 있는(occupied) 모습이 아니므로 오답.

(B) 정답. 책과 잡지(books and magazines)들이 서가에 배열되어 있는(have been arranged on shelves) 모습이므로 정답.

(C) 사진에 없는 명사를 이용한 오답. 계단 밑에(at the bottom of a stairway) 문(a gate)의 모습이 보이지 않으므로 오답.

(D) 동사 오답. 그림이 바닥에 남겨진(has been left on the floor) 모습이 아니라 벽에 걸린(is hanging on the wall) 모습이므로 오답.

---

5 W-Br

(A) A flag is being raised on a pole.
(B) A ship is approaching a pier.
(C) Some people are walking toward a boat.
(D) Some workers are sweeping a dock.

(A) 깃발이 깃대에 게양되고 있다.
(B) 배가 부두에 접근하고 있다.
(C) 사람들이 배를 향해 걸어가고 있다.
(D) 일꾼들이 부두를 쓸고 있다.

어휘 pole 깃대, 기둥 approach 접근하다 pier 부두, 잔교 sweep (빗자루로) 쓸다 dock 부두, 선창

해설 2인 이상 등장 사진 – 사람 또는 사물 중심 묘사

(A) 동사 오답. 깃발(a flag)이 깃대에 게양되고 있는(is being raised on a pole) 모습이 아니라 이미 게양된(has been raised) 상태이므로 오답.

(B) 동사 오답. 배(a ship)가 접근하고 있는(is approaching) 모습이 아니라 이미 정박한(is docked) 상태이므로 오답.

(C) 정답. 사람들이 배를 향해 걸어가고 있는(walking toward a boat) 모습이므로 정답.

(D) 동사 오답. 부두를 쓸고 있는(sweeping a dock) 일꾼들의 모습이 보이지 않으므로 오답.

---

6 M-Au

(A) A man is putting up a metal barrier.
(B) Some people are boarding a bus.
(C) A cart is being loaded with bricks.
(D) A wheelbarrow is being pushed at a work site.

(A) 남자가 금속 장벽을 세우고 있다.
(B) 사람들이 버스에 올라타고 있다.
(C) 카트에 벽돌이 실리고 있다.
(D) 공사장에서 손수레를 밀고 있다.

어휘 put up a barrier 장벽을 세우다 metal 금속의 board (차에) 타다 be loaded with ~가 실리다 wheelbarrow 손수레 work site 공사장, 일터

해설 2인 이상 등장 사진 – 사람의 동작 묘사

(A) 동사 오답. 남자가 금속 장벽을 세우고 있는(putting up a metal barrier) 모습이 아니므로 오답.

(B) 동사 오답. 버스에 탑승하고 있는(boarding a bus) 사람들의 모습이 보이지 않으므로 오답.

(C) 동사 오답. 카트(a cart)에 벽돌을 싣고 있는(is being loaded with bricks) 사람이 보이지 않으므로 오답.

(D) 정답. 남자가 공사장에서(at a work site) 손수레를 밀고 있는(a wheelbarrow is being pushed) 모습이므로 정답.

PART 2

7

M-Au What floor is the seminar on?
W-Am **(A) The fifth.**
     (B) About marketing.
     (C) At nine thirty tomorrow.

세미나를 몇 층에서 하나요?
(A) 5층이오.
(B) 마케팅에 관한 거예요.
(C) 내일 9시 30분예요.

어휘 floor 층

해설 층 수를 묻는 What 의문문
(A) 정답. 세미나가 몇 층인지를 묻는 질문에 5층이라고 응답했으므로 정답.
(B) 연상 단어 오답. 질문의 seminar에서 연상 가능한 세미나 주제인 marketing을 이용한 오답.
(C) 질문과 상관없는 오답. When 의문문에 대한 응답이므로 오답.

8

W-Br Where are the new printers being made?
M-Cn (A) Mr. Cruz printed them already.
     (B) In Toronto.
     (C) Eight hundred dollars.

새 프린터들이 어디에서 제조되고 있나요?
(A) 크루즈 씨가 그것들을 이미 인쇄했어요.
(B) 토론토에서요.
(C) 800달러입니다.

어휘 print 인쇄하다

해설 새 프린터의 제조 장소를 묻는 Where 의문문
(A) 유사 발음 오답. 질문의 printers와 부분적으로 발음이 유사한 printed를 이용한 오답.
(B) 정답. 새 프린터가 제조되는 곳을 묻는 질문에 토론토라고 응답하고 있으므로 정답.
(C) 질문과 상관없는 오답. How much 의문문에 대한 응답이므로 오답.

9

W-Am Isn't Takeshi coming to the concert with us?
M-Au (A) In the front row.
     (B) No, he's too busy.
     (C) I have your ticket right here.

타케시는 우리와 함께 연주회에 가지 않나요?
(A) 앞줄에 있어요.
(B) 안 가요, 그는 너무 바빠요.
(C) 여기 제게 당신의 입장권이 있어요.

어휘 front row 앞줄   right here 바로 여기에

해설 타케시가 가는지 여부를 확인하는 부정 의문문
(A) 연상 단어 오답. 질문의 concert에서 연상 가능한 좌석 위치인 front row를 이용한 오답.

(B) 정답. 타케시가 연주회에 오는지 여부를 묻는 질문에 안 간다(No)고 대답한 후, 너무 바쁘다며 구체적인 이유까지 알려주었으므로 정답.
(C) 연상 단어 오답. 질문의 concert에서 연상 가능한 ticket을 이용한 오답.

10

W-Am When should we ship this order?
M-Cn (A) Shipping is free.
     (B) That's a really short time.
     (C) The customer just canceled it.

이 주문품을 언제 배송해야 할까요?
(A) 배송은 무료예요.
(B) 그건 정말 짧은 시간이군요.
(C) 고객이 방금 취소했어요.

어휘 ship 배송하다, 발송하다   customer 고객, 손님   cancel 취소하다

해설 주문품의 배송 시점을 묻는 When 의문문
(A) 질문과 상관없는 오답. 배송비를 묻는 How much 의문문에 대한 응답이므로 오답.
(B) 연상 단어 오답. 질문의 When에서 연상 가능한 short time을 이용한 오답. 시점을 묻는 When 의문문에 기간을 뜻하는 짧은 시간(short time)이라는 응답은 적절하지 않다.
(C) 정답. 주문품을 배송해야 하는 시점을 묻는 질문에 고객이 방금 취소했다며 배송할 필요가 없음을 우회적으로 응답하고 있으므로 정답.

11

M-Au The storage closet is locked, isn't it?
W-Br **(A) Yes, but I'll give you the key.**
     (B) There should be more in there.
     (C) Please close it.

비품 벽장이 잠겨 있죠, 그렇죠?
(A) 네, 하지만 제가 열쇠를 드릴게요.
(B) 아마 그 안에 더 있을 거예요.
(C) 그것을 닫아 주세요.

어휘 storage closet 비품 벽장   lock 잠그다   should 아마 ~일 것이다   close 닫다

해설 벽장이 잠겨 있는지를 확인하는 부가 의문문
(A) 정답. 비품 벽장이 잠겨 있는지를 묻는 질문에 그렇다(Yes)고 대답한 후, 열쇠를 준다고 덧붙였으므로 정답.
(B) 연상 단어 오답. 질문의 storage closet에서 연상 가능한 in there를 이용한 오답.
(C) 유사 발음 오답. 질문의 closet과 부분적으로 발음이 유사한 close를 이용한 오답.

12

W-Am Do I need to use a microphone to give my speech?
M-Cn (A) Right after lunch is served.
     (B) The room is quite small.
     (C) It was really well written.

제가 연설하는 데 마이크를 써야 하나요?

(A) 점심식사가 제공된 직후에요.

(B) 방이 매우 작아요.

(C) 그건 정말 잘 작성됐어요.

어휘 microphone 마이크　give one's speech 연설하다　serve (음식을) 제공하다, 내다

해설 마이크를 써야 하는지를 묻는 조동사(do) 의문문

(A) 질문과 상관없는 오답. When 의문문에 대한 응답이므로 오답.

(B) 정답. 마이크를 써야 하는지를 묻는 질문에 No를 생략한 채 사용할 필요 없다는 말 대신 방이 매우 작다고 우회적으로 표현했으므로 정답.

(C) 질문과 상관없는 오답. 질문에 어울리지 않는 응답을 하고 있으므로 오답.

13

W-Br　Why did Marie leave early yesterday?

M-Cn　(A) Can you read it again?

　　　(B) Around four P.M.

　　　(C) She had a dentist appointment.

마리가 어제 왜 일찍 갔나요?

(A) 그걸 다시 읽어 주시겠어요?

(B) 오후 4시경에요.

(C) 치과 진료 약속이 있어서요.

어휘 dentist 치과의사　appointment 진료 약속

해설 마리가 일찍 간 이유를 묻는 Why 의문문

(A) 유사 발음 오답. 질문의 leave와 부분적으로 발음이 유사한 read를 이용한 오답.

(B) 질문과 상관없는 오답. When 의문문에 대한 응답이므로 오답.

(C) 정답. 마리가 어제 일찍 간 이유를 묻는 질문에 because(~ 때문에) 를 생략한 채 치과 진료 약속이 있었다며 구체적인 이유를 알려주었으므로 정답.

14

W-Am　Would you like me to write up the contract now?

W-Br　**(A) Yes, that'd be great.**

　　　(B) She's probably right.

　　　(C) An e-mail address.

계약서를 지금 작성할까요?

(A) 네, 그러면 좋지요.

(B) 아마 그녀가 맞을 거예요.

(C) 이메일 주소예요.

어휘 write up a contract 계약서를 작성하다　probably 아마, 십중팔구

해설 제안/권유의 의문문

(A) 정답. 계약서를 지금 작성하기 원하는지를 묻는 질문에 그러면 좋겠다고 제안에 응하고 있으므로 정답.

(B) 유사 발음 오답. 질문의 write와 부분적으로 발음이 유사한 right을 이용한 오답.

(C) 유사 발음·연상 단어 오답. 질문의 contract와 발음이 비슷한 contact(연락처)에서 연상 가능한 e-mail address를 이용한 오답.

15

M-Au　Can I borrow that book after you're finished with it?

M-Cn　**(A) Louise asked me first.**

　　　(B) At the public library.

　　　(C) I checked it twice.

당신이 그 책을 다 읽고 나서 제가 빌려도 될까요?

(A) 루이스가 먼저 부탁했어요.

(B) 공공 도서관에서요.

(C) 제가 재차 확인했어요.

어휘 borrow 빌리다　public library 공공 도서관　check 확인하다

해설 부탁/요청 의문문

(A) 정답. 책을 빌릴 수 있느냐는 요청에 대해 루이지가 먼저 부탁했다며 거절의 의사를 우회적으로 표현하고 있으므로 정답.

(B) 연상 단어 오답. 질문의 book에서 연상 가능한 library를 이용한 오답.

(C) 질문과 상관없는 오답. 질문에 어울리지 않는 응답을 하고 있으므로 오답.

16

W-Am　Who's responsible for booking Mr. Chung's flights?

M-Cn　(A) Next Monday.

　　　(B) Yes, it's on the calendar.

　　　(C) Sasha will make the arrangements.

누가 청 씨의 항공편 예약 담당인가요?

(A) 다음 주 월요일이에요.

(B) 네, 달력에 나와 있어요.

(C) 사샤가 준비할 거예요.

어휘 be responsible for ~을 책임지다, 담당하다　book 예약하다　make (the) arrangements 준비하다

해설 청 씨의 항공편 예약 담당자를 묻는 Who 의문문

(A) 질문과 상관없는 오답. When 의문문에 대한 응답이므로 오답.

(B) Yes/No 불가 오답. Who 의문문에는 Yes/No 응답이 불가능하므로 오답.

(C) 정답. 청 씨의 항공편 예약 담당자를 묻는 질문에 사샤가 준비할 것이라며 구체적으로 담당자를 제시하고 있으므로 정답.

17

W-Br　Have we been selling more orange juice or apple juice?

W-Am　**(A) About the same of both.**

　　　(B) I'll have a glass with breakfast.

　　　(C) Next to the milk.

우리가 오렌지 주스를 더 많이 팔았나요, 사과 주스를 더 많이 팔았
나요?

(A) 둘 다 거의 비슷해요.
(B) 나는 아침식사에 한 잔 곁들일래요.
(C) 우유 옆에 있어요.

어휘 have a glass 한 잔 하다 next to ~ 옆에

해설 더 많이 팔린 주스의 종류를 묻는 선택 의문문

(A) 정답. 더 많이 팔린 주스의 종류를 묻는 선택 의문문에 두 개의 주스가
비슷하게 팔렸다며 구체적으로 응답하고 있으므로 정답.
(B) 연상 단어 오답. 질문의 juice에서 연상 가능한 a glass를 이용한
오답.
(C) 질문과 상관없는 오답. 주스의 위치를 묻는 Where 의문문에 대한 응
답이므로 오답.

18

W-Br When is the new intern's first day?

M-Au **(A) I'm not in charge of the interns this year.**
(B) She was the first to submit her
application.
(C) Six o'clock each night.

새로 온 인턴의 첫 출근일이 언제인가요?

(A) 올해는 제가 인턴 담당이 아니에요.
(B) 그녀는 첫 번째로 지원서를 냈어요.
(C) 매일 밤 6시에요.

어휘 in charge of ~ 담당인 submit 내다, 제출하다 application
지원서, 신청서

해설 인턴의 첫 출근 날짜를 묻는 When 의문문

(A) 정답. 새로운 인턴의 첫 출근일을 묻는 질문에 자신은 인턴 담당이 아
니라며 출근일에 대해 모른다는 것을 우회적으로 응답하고 있으므로
정답.
(B) 연상 단어 오답. 질문의 new intern에서 연상 가능한 application을
이용한 오답.
(C) 질문과 상관없는 오답. When 의문문에 대한 응답이므로 오답.

19

M-Cn Has Ms. Medrano been to the doctor's office
yet?

W-Am **(A) No, her appointment isn't until noon.**
(B) Thanks, I'm feeling much better.
(C) I'll probably wait in the lobby.

메드라노 씨가 진료실에 왔다 갔나요?

(A) 아뇨, 그녀의 진료 약속은 정오는 지나야 해요.
(B) 고마워요, 한결 나아요.
(C) 저는 아마 로비에서 기다릴 거예요.

어휘 doctor's office 진료실 appointment 진료 약속 not until
~ 이후에야 비로소 probably 아마, 십중팔구

해설 진료실에 다녀왔는지를 묻는 조동사(Have) 의문문

(A) 정답. 메드라노 씨가 진료실에 다녀왔는지를 묻는 질문에 아뇨(No)라
고 대답한 후, 진료 약속이 정오 이후라며 구체적인 이유까지 알려주
고 있으므로 정답.

(B) 연상 단어 오답. 질문의 doctor's office에서 연상 가능한 feeling
much better를 이용한 오답.
(C) 질문과 상관없는 오답. Where 의문문에 대한 응답이므로 오답.

20

M-Cn Would you like indoor or outdoor seating?

W-Br (A) It's a very comfortable chair.
(B) Isn't it supposed to rain?
(C) The doors are opening.

실내 좌석을 원하세요, 아니면 실외 좌석을 원하세요?

(A) 아주 편안한 의자로군요.
(B) 비가 온다고 하지 않았나요?
(C) 문이 열리고 있어요.

어휘 indoor seating 실내 좌석 outdoor 실외의, 야외의 be
supposed to + 동사원형 ~하기로 되어 있다

해설 원하는 좌석의 위치를 묻는 선택 의문문

(A) 연상 단어 오답. 질문의 seating에서 연상 가능한 chair를 이용한
오답.
(B) 정답. 원하는 좌석의 위치를 묻는 선택 의문문에 비가 올 것 같지 않느
냐며 실외 좌석은 피하겠다는 의사를 우회적으로 응답하고 있으므로 정답.
(C) 유사 발음 오답. 질문의 indoor, outdoor와 부분적으로 발음이 유사
한 doors를 이용한 오답.

21

W-Am Ms. Balani has the copies of the annual
report, doesn't she?

M-Au (A) A yearly salary increase.
(B) Let's look on her desk.
(C) It was a good offer.

발라니 씨가 연례 보고서 사본들을 가지고 있어요, 그렇죠?

(A) 연례적인 봉급 인상이에요.
(B) 그녀의 책상 위를 봅시다.
(C) 좋은 제안이었어요.

어휘 annual report 연례 보고서 yearly 연례적인(= annual)
salary increase 봉급 인상

해설 발라니 씨가 보고서 사본을 가지고 있는지 확인하는 부가 의문문

(A) 연상 단어 오답. 질문의 annual report에서 연상 가능한 yearly
salary increase를 이용한 오답.
(B) 정답. 발라니 씨가 보고서 사본을 가지고 있는지 여부를 확인하는 질
문에 그녀의 책상 위를 살펴보자며 우회적으로 응답했으므로 정답.
(C) 질문과 상관없는 오답. 질문에 어울리지 않는 응답을 하고 있으므로
오답.

22

M-Cn What do you think of the updated vacation
policy?

M-Au (A) I have one, too.
(B) Three weeks in July.
(C) I like how flexible it is.

새로 바뀐 휴가 방침을 어떻게 생각하세요?

　(A) 제게도 하나 있어요.

　(B) 7월 3주간이에요.

　(C) 아주 유연해서 좋아요.

어휘　updated 새로 바뀐　vacation policy 휴가 방침　flexible
유연한, 융통성 있는

해설　바뀐 휴가 방침에 대한 의견을 묻는 What 의문문

(A) 질문과 상관없는 오답. 질문에 어울리지 않는 응답을 하고 있으므로
오답.

(B) 질문과 상관없는 오답. 휴가 기간을 묻는 How long 의문문에 대한
응답이므로 오답.

(C) 정답. 바뀐 휴가 방침에 대해 어떻게 생각하는지 의견을 묻는 질문에
아주 유연해서 좋다고 찬성의 뜻을 구체적으로 밝혔으므로 정답.

23

M-Cn　Didn't Emir move to the corner office?

W-Am　**(A)** The bakery is around the corner.

　　　　(B) Yes, I saw him in there this morning.

　　　　(C) I know a good moving company.

에미르가 모퉁이에 있는 사무실로 옮기지 않았나요?

　(A) 그 빵집은 모퉁이를 돌면 있어요.

　(B) 맞아요, 제가 오늘 아침 그곳에서 그를 봤어요.

　(C) 제가 괜찮은 이사업체를 알아요.

어휘　corner office (전망 좋은) 모퉁이 사무실　moving company
이사업체

해설　에미르가 모퉁이쪽 사무실로 옮겼는지 여부를 묻는 부정 의문문

(A) 단어 반복 오답. 질문의 corner를 반복 이용한 오답.

(B) 정답. 에미르가 모퉁이쪽 사무실로 옮겼는지를 묻는 질문에 그렇다
(Yes)고 대답한 후, 그(Emir)를 거기서 봤다고 부연하였으므로 정답.

(C) 유사 발음 오답. 질문의 move와 부분적으로 발음이 유사한 moving
을 이용한 오답.

24

W-Br　Can we hire more staff?

M-Au　**(A) No, it's not in the budget this quarter.**

　　　　(B) I think it's on the lower shelf.

　　　　(C) Several new résumés.

우리가 직원을 더 채용할 수 있나요?

　(A) 아뇨, 이번 분기 예산에는 포함되어 있지 않아요.

　(B) 제 생각엔 선반 하단에 있는 것 같아요.

　(C) 새 이력서 몇 통이오.

어휘　hire 채용하다　budget 예산　on the lower shelf 선반 하단에
résumé 이력서

해설　부탁/요청 의문문

(A) 정답. 직원을 추가 채용할 수 있는지를 묻는 질문에 안 된다(No)고 대
답한 후, 이번 분기 예산에 포함되지 않았다며 구체적인 이유를 제시
하고 있으므로 정답.

(B) 유사 발음 오답. 질문의 more staff와 부분적으로 발음이 유사한
lower shelf를 이용한 오답.

(C) 연상 단어 오답. 질문의 hire more staff에서 연상 가능한 résumés
를 이용한 오답.

25

M-Cn　How do you turn on the air-conditioning in
this office?

W-Br　**(A)** Yes, I believe so.

　　　　(B) Just about eighteen degrees.

　　　　(C) Oh, I can open a window for you.

이 사무실의 에어컨을 어떻게 켜나요?

　(A) 네, 그런 것 같아요.

　(B) 딱 18도 정도로요.

　(C) 아, 제가 창문을 열어 드릴게요.

어휘　turn on 켜다　degree (온도 단위) 도

해설　에어컨을 켜는 방법을 묻는 How 의문문

(A) Yes/No 불가 오답. How 의문문에는 Yes/No 응답이 불가능하므로
오답.

(B) 연상 단어 오답. 질문의 에어컨에서 연상 가능한 온도를 이용한 오답.

(C) 정답. 에어컨을 어떻게 켜는지를 묻는 질문에 창문을 열어 드리겠다며
에어컨을 켜는 방법 대신 다른 대안을 우회적으로 제시하였으므로 정답.

26

M-Au　This e-mail from Mr. Robertson is rather
unclear.

W-Br　**(A)** Yesterday afternoon.

　　　　(B) I didn't understand it either.

　　　　(C) At the post office downtown.

로버트슨 씨에게서 온 이 이메일이 좀 명료하지 않네요.

　(A) 어제 오후에요.

　(B) 저도 이해하지 못했어요.

　(C) 시내 우체국에서요.

어휘　unclear 불분명한, 명료하지 않은　either (부정문에서) 또한, 역시
downtown 시내에

해설　의견 제시의 평서문

(A) 질문과 상관없는 오답. When 의문문에 대한 응답이므로 오답.

(B) 정답. 로버트슨 씨에게서 온 이메일이 명료하지 않다는 의견의 평서문
에 본인도 이해하지 못했다며 호응하고 있으므로 정답.

(C) 질문과 상관없는 오답. Where 의문문에 대한 응답이므로 오답.

27

M-Au　What was the topic of yesterday's workshop?

W-Am　**(A)** In the main room of the conference
center.

　　　　(B) A lot of people attended.

　　　　(C) I was meeting with clients all day.

어제 워크숍 주제가 무엇이었나요?

(A) 회의장의 대회의실에서요.

(B) 많은 사람이 참석했어요.

(C) 저는 하루 종일 고객들을 만났어요.

어휘 conference center 회의장 attend 참석하다 client 고객

해설 워크숍의 주제를 묻는 What 의문문

(A) 질문과 상관없는 오답. 워크숍 장소를 묻는 Where 의문문에 대한 응답이므로 오답.

(B) 연상 단어 오답. 질문의 workshop에서 연상 가능한 attended를 이용한 오답.

(C) 정답. 어제 워크숍의 주제를 묻는 질문에 모른다는 대답 대신 하루 종일 고객들을 만났다며 우회적으로 응답하고 있으므로 정답.

28

W-Br Why don't we finish discussing this after lunch?

M-Au (A) They're on the third floor.

(B) Sure, I'll come back then.

(C) No, just a chicken sandwich.

점심식사 후에 이것을 마저 논의하는 게 어때요?

(A) 그들은 3층에 있어요.

(B) 좋아요, 그때 돌아올게요.

(C) 아뇨, 치킨 샌드위치만 주세요.

어휘 discuss 논의하다

해설 제안/권유 의문문

(A) 질문과 상관없는 오답. We로 묻는 질문에 They로 응답하고 있으므로 오답.

(B) 정답. 점심 식사 이후에 논의를 마무리하자고 제안하는 질문에 좋다(Sure)며 그때(then=after lunch) 돌아오겠다고 했으므로 정답.

(C) 연상 단어 오답. 질문의 lunch에서 연상 가능한 chicken sandwich를 이용한 오답.

29

M-Cn Could you work my shift on Monday night?

W-Br **(A) Did you ask the manager first?**

(B) It's working fine now.

(C) Last week, I think.

월요일 밤에 저 대신 근무해줄 수 있어요?

(A) 먼저 부장님께 여쭤 봤어요?

(B) 그건 이제 잘 작동해요.

(C) 제 생각엔 지난주인 것 같아요.

어휘 work one's shift 교대 근무하다 work fine 잘 작동하다, 제대로 돌아가다

해설 부탁/요청 의문문

(A) 정답. 월요일 밤에 근무를 대신해 줄 수 있는지를 묻는 질문에 먼저 부장님께 여쭤 봤느냐며 질문과 관련된 정보를 확인하기 위해 되묻고 있으므로 정답.

(B) 유사 발음 오답. 질문의 work와 부분적으로 발음이 유사한 working을 이용한 오답.

(C) 질문과 상관없는 오답. When 의문문에 대한 응답이므로 오답.

30

M-Au I just received the weekly marketing report.

W-Br (A) I prefer the supermarket on North Street.

(B) The market data was quite surprising.

(C) He's away on business.

내가 방금 주간 마케팅 보고서를 받았어요.

(A) 저는 노스 스트리트에 있는 슈퍼마켓이 더 좋아요.

(B) 그 시장 자료는 아주 놀라웠어요.

(C) 그는 출장 중이에요.

어휘 weekly 주간의, 매주의 marketing report 마케팅 보고서 prefer 선호하다 away on business 출장 중인

해설 사실/정보 전달의 평서문

(A) 유사 발음 오답. 질문의 marketing과 부분적으로 발음이 유사한 supermarket을 이용한 오답.

(B) 정답. 방금 마케팅 보고서를 받았다고 말하는 평서문에 시장 자료가 놀라웠다면서 마케팅 보고서를 보고 난 소견을 밝히고 있으므로 정답.

(C) 연상 단어 오답. 질문의 marketing에서 연상 가능한 business를 이용한 오답. away on business는 출장 중이라는 뜻이므로 질문에 전혀 어울리지 않는 표현이다.

31

M-Cn Have the maintenance workers fixed the water leak in apartment 7B?

W-Am **(A) The call came from apartment 9A.**

(B) Some new tools.

(C) How long did that take?

정비반원들이 아파트 7B호의 누수를 고쳤나요?

(A) 그 요청은 아파트 9A호에서 온 것이었어요.

(B) 몇 가지 새로운 도구예요.

(C) 그게 얼마나 걸렸나요?

어휘 maintenance 정비, 유지보수 fix 고치다, 수리하다 water leak 누수 call 호출, 요청

해설 수리 여부를 묻는 조동사(have) 의문문

(A) 정답. 아파트 7B호의 누수를 고쳤냐고 묻는 질문에 그 정비 요청은 9A호에서 온 것이라며 잘못된 정보를 수정해 주고 있으므로 정답.

(B) 연상 단어 오답. 질문의 fix에서 연상 가능한 tools(연장, 도구)를 이용한 오답.

(C) 질문과 상관없는 오답. 누수를 고쳤냐고 묻는 질문에 기간이 얼마나 걸렸냐는 질문은 전혀 어울리지 않는 응답이므로 오답.

PART 3

32-34

W-Am Welcome to Metropolitan TV! **32My name's Naomi and I'm in charge of your new employee orientation here at the television studio.** I'll show you around and then introduce you to your manager.

M-Cn Thanks. I'm excited to work in the entertainment industry. **33This is a whole new aspect of accounting for me.**

W-Am Great! Now, **33this is where you'll be working. All of the other accountants work in offices in this hall,** too, as do the directors of the shows.

M-Cn **34I like this area. It's not noisy at all.**

W-Am Yes, we try to keep this part of the building quiet so the people with offices here can focus on their work.

여 메트로폴리탄 TV에 오신 것을 환영합니다! **제 이름은 나오미이고 이곳 텔레비전 스튜디오에서 신입직원 오리엔테이션을 담당하고 있습니다.** 한 바퀴 구경시켜 드린 다음 관리자에게 당신을 소개해 드릴 겁니다.

남 고맙습니다. 연예계에서 일하게 되어 마음이 들뜨네요. **제게는 이것이 회계의 완전히 새로운 면입니다.**

여 잘됐네요! 자, **이곳에서 근무하게 되실 거예요. 다른 회계사들도 모두 이 복도에 있는 여러 사무실에서 일합니다.** 프로그램 감독들도 마찬가지고요.

남 **이 구역이 마음에 드는군요. 전혀 시끄럽지 않아요.**

여 네, 우리는 이곳의 여러 사무실에 있는 사람들이 일에 집중할 수 있도록 건물에서 이 구역의 정숙을 유지하려고 노력합니다.

어휘 be charge of ~을 담당하다, 책임지다 new employee orientation 신입사원 오리엔테이션 show around 구경시켜 주다 entertainment industry 연예계 aspect 면, 양상 accounting 회계 accountant 회계사 focus on ~에 집중하다, 초점을 맞추다

32

What does the company most likely produce?

(A) Print advertisements

(B) Television shows

(C) Computer parts

(D) Musical instruments

회사는 무엇을 생산하겠는가?

(A) 지면 광고

(B) 텔레비전 쇼

(C) 컴퓨터 부품

(D) 악기

어휘 musical instrument 악기

해설 세부사항 관련 - 회사가 생산하는 것

대화 초반부에 여자가 자신의 이름은 나오미이고 이곳 텔레비전 스튜디오에서 신입직원 오리엔테이션을 담당하고 있다(My name's Naomi and I'm in charge of your new employee orientation here at the television studio)며 본인과 회사에 대해 소개하고 있으므로 정답은 (B)이다.

33

What department will the man work in?

(A) Accounting

(B) Legal

(C) Human resources

(D) Security

남자는 무슨 부서에 근무하게 될 것인가?

(A) 경리부

(B) 법무팀

(C) 인사부

(D) 경비실

해설 세부사항 관련 - 남자가 근무할 부서

남자가 첫 번째 대사에서 이것은 자신에게 회계의 완전히 새로운 면이다(This is a whole new aspect of accounting for me)라고 한 것으로 보아 남자의 업무 분야는 회계임을 알 수 있고, 여자가 두 번째 대사에서 남자에게 이곳에서 근무하게 될 것(this is where you'll be working)이라면서 다른 회계사들도 모두 이 복도에 있는 사무실에서 일한다(All of the other accountants work in offices in this hall)고 했으므로 정답은 (A)이다.

34

What does the man like about his work area?

(A) It is conveniently located.

(B) It has a good view.

(C) It is quiet.

(D) It is nicely decorated.

남자는 자신의 근무 지역에서 무엇을 마음에 들어 하는가?

(A) 위치가 편리하다.

(B) 전망이 좋다.

(C) 조용하다.

(D) 잘 꾸며져 있다.

어휘 conveniently 편리하게 located 위치한 view 전망 decorate 장식하다

해설 세부사항 관련 - 남자가 근무장소에 대해 좋아하는 점

남자가 마지막 대사에서 이 구역이 마음에 든다(I like this area)면서 전혀 시끄럽지 않다(It's not noisy at all)고 이유를 말했으므로 정답은 (C)이다.

> ▸▸ Paraphrasing   대화의 **not noisy at all** → 정답의 **quiet**

W-Br Hello, ³⁵**welcome to the Klineston Hotel. How can I help you?**

M-Au Hi, I'm Kris Wattana from Trouville Development Corporation. ³⁵**I reserved your large meeting room for this afternoon. My colleague and I want to get everything in order before the three o'clock start time.**

W-Br Ah yes. I see your name right here. ³⁶**I'll just need to see some identification, please.**

M-Au All right... here's my ID. Is that all?

W-Am Wait, Kris. ³⁷**Don't forget that we reserved fifty chairs, but we're going to need more.**

M-Au Thanks for the reminder. ³⁷**Would it be possible to have fifteen more chairs brought to the meeting room?**

W-Br Absolutely. I'll call maintenance and ask them to deliver the chairs right away.

여1 안녕하십니까. **클라인스톤 호텔에 오신 것을 환영합니다.** 무엇을 도와 드릴까요?

남 안녕하세요. 저는 트루빌개발회사의 크리스 와타나입니다. **제가 오늘 오후에 쓸 대회의실을 예약했는데요. 제 동료와 제가 시작 시간인 3시 전에 만반의 준비를 하고 싶습니다.**

여1 아, 네. 바로 여기에 성함이 보이네요. **제게 신분증을 보여주시기 바랍니다.**

남 자… 여기에 제 신분증이 있습니다. 다 된 건가요?

여2 잠시만요, 크리스. **우리가 의자를 50개 예약했지만 더 필요할 거라는 사실을 잊지 마세요.**

남 **상기시켜줘서 고마워요. 혹시 회의실에 의자를 15개 더 가져다 주실 수 있을까요?**

여1 물론입니다. 정비과에 전화해 즉시 의자를 배달해 달라고 요청하겠습니다.

어휘 development corporation 개발회사 reserve 예약하다; 보유하다 colleague 동료 get everything in order 만반의 준비를 하다 identification 신분증(= ID) reminder 상기시키는 것 Would it be possible to + 동사원형 ~? 혹시 ~할 수 있을까요? Absolutely. 물론이죠. 그럼요. maintenance 정비(과) deliver 배달하다

35

What is the conversation mainly about?

(A) A room reservation
(B) A canceled event
(C) A restaurant recommendation
(D) A misplaced item

대화의 주제는 무엇인가?

(A) 방 예약
(B) 취소된 행사
(C) 식당 추천
(D) 잘못 둔 물건

어휘 reservation 예약 cancel 취소하다 recommendation 추천 misplaced 잘못 둔, 잘못 된

해설 전체 내용 관련 – 대화의 주제

여자1이 대화 초반부에서 클라인스톤 호텔에 오신 것을 환영한다 (welcome to the Klineston Hotel)고 했고, 남자가 오늘 오후에 쓸 대회의실을 예약했다(I reserved your large meeting room for this afternoon)며 시작 시간인 3시 전에 만반의 준비를 하고 싶다(My colleague and I want to get everything in order before the three o'clock start time)고 한 것으로 보아 호텔에서 방 예약에 관한 이야기를 하고 있으므로 정답은 (A)이다.

36

What does the man need to provide?

(A) A security deposit
(B) A revised schedule
(C) A form of identification
(D) A business address

남자는 무엇을 제공해야 하는가?

(A) 보증금
(B) 수정된 일정
(C) 신분증
(D) 회사 주소

해설 세부사항 관련 – 남자가 제공해야 하는 것

여자1이 두 번째 대사에서 남자에게 신분증을 보여달라(I'll just need to see some identification, please)고 했으므로 정답은 (C)이다.

37

What do the visitors ask for?

(A) A refund
(B) Better lighting
(C) Menu options
(D) More chairs

방문객들은 무엇을 요구하는가?

(A) 환불
(B) 더 나은 조명
(C) 선택할 수 있는 식단
(D) 더 많은 의자

해설 세부사항 관련 – 방문객들의 요구 사항

대화 후반부에서 여자2가 의자를 50개 예약했지만 더 필요할 거라는 사실을 잊지 마라(Don't forget that we reserved fifty chairs, but we're going to need more)고 했고 뒤이어 남자가 회의실에 의자를 15개 더 가져다 주실 수 있는지(Would it be possible to have fifteen more chairs brought to the meeting room?)를 묻고 있으므로 정답은 (D)이다.

38-40

M-Cn	Wow, **38, 39look at all these people! Is this train always so crowded?**
W-Br	**39Not usually.** The football championship is this afternoon... Let's walk to the back of the train... should be a lot of empty seats there.
M-Cn	Thanks for coming with me, by the way. **40I need to buy a new suit and shirt for a lecture I'm giving** and I'm not very good at shopping for clothes... especially in the city.
W-Br	Don't worry, I know some great stores downtown.
남	우와, 이 사람들 좀 봐요! 이 열차가 항상 이렇게 붐비나요?
여	평소에는 안 그래요. 축구 선수권 대회가 오늘 오후에 있어요... 열차 뒤쪽으로 걸어 갑시다...거기에는 빈 자리가 많이 있을 거예요.
남	그나저나 저와 함께 와 주셔서 고마워요. 제가 할 강의에 입고 갈 새 정장 한 벌과 셔츠를 사야 하는데 옷을 사는 데 썩 능숙하질 않아서요... 특히 도시에서는 말이죠.
여	염려 마세요. 제가 시내에 아주 좋은 가게들을 몇 곳 알아요.

어휘	crowded 붐비는 championship 선수권 대회 empty 빈 suit 정장 give a lecture 강의를 하다 be good at ~에 능숙하다, ~을 잘하다

38

Where does the conversation most likely take place?
(A) At a shopping mall
(B) At a theater
(C) In a sports stadium
(D) On a train

대화 장소는 어디이겠는가?
(A) 쇼핑몰
(B) 극장
(C) 운동 경기장
(D) 열차

해설 전체 내용 관련 – 대화 장소
대화 초반부에 남자가 이 사람들 좀 보라(look at all these people!)면서 이 열차가 항상 이렇게 붐비는지(Is this train always so crowded?)를 묻고 있으므로 정답은 (D)이다.

39

Why does the woman say, "The football championship is this afternoon"?
(A) To extend an invitation
(B) To offer encouragement
(C) To give an explanation
(D) To request a schedule change

여자가 "축구 선수권 대회가 오늘 오후에 있어요"라고 말한 의도는 무엇인가?
(A) 초대하려고
(B) 격려하려고
(C) 설명하려고
(D) 일정 변경을 요청하려고

어휘 extend (환영·초대 등을) 하다 encouragement 격려 explanation 설명 request 요청하다

해설 화자의 의도 파악 – 축구 선수권 대회가 오늘 오후에 있다는 말의 의도
대화 초반부에 남자가 이 사람들 좀 보라(look at all these people!)면서 이 열차가 항상 이렇게 붐비는지(Is this train always so crowded?)를 묻자 여자가 평소에는 안 그렇다(Not usually)라면서 덧붙인 말이므로 평소와 달리 열차에 사람이 붐비는 이유를 설명하려는 의도로 한 말임을 알 수 있다. 따라서 정답은 (C)이다.

40

What does the man say he needs to purchase?
(A) Tickets
(B) Clothes
(C) Food
(D) Furniture

남자는 무엇을 사야 한다고 말하는가?
(A) 입장권
(B) 옷
(C) 음식
(D) 가구

해설 세부사항 관련 – 남자가 구입해야 한다고 말하는 것
남자는 마지막 대사에서 본인이 할 강의에 입고 갈 새 정장 한 벌과 셔츠를 사야 한다(I need to buy a new suit and shirt for a lecture I'm giving)고 했으므로 정답은 (B)이다.

▸▸ Paraphrasing 대화의 a new suit and shirt → 정답의 Clothes

41-43

M-Au	Hi, Ms. Chen. **43I'm calling** from Industry Ovens Incorporated. **41I apologize, but the oven you had ordered was accidentally left off of this morning's delivery schedule.** We caught the oversight after the trucks had departed on their routes.
W-Am	This is not good news. Two days from now, **42on Friday, my bakery's going to be visited by a safety inspector.** The new oven must be installed in time, so that the bakery can pass inspection.
M-Au	Hmmm ... That doesn't leave us with much time. Please give me a second— **43I'm going to connect you with my supervisor.** I'm sure she'll be able to help you meet your deadline.

남	안녕하세요, 첸 씨. 인더스트리 오븐스 주식회사입니다. **죄송하지만 고객님께서 주문하신 오븐이 실수로 오늘 오전 배달 일정에서 빠졌습니다.** 트럭들이 배달을 떠난 다음에야 저희가 실수를 알아챘습니다.
여	좋은 소식이 아니로군요. 지금부터 이틀 후인 **금요일에 저의 제과점에 안전 검사관이 방문할 예정이에요.** 새 오븐이 제때 설치되어야만 제과점이 검사를 통과할 수 있어요.
남	음… 그렇다면 저희에게 시간이 많지 않군요. 잠시만 기다려 주십시오. **저의 상사를 연결해 드리겠습니다.** 고객님께서 마감일을 맞추시도록 분명히 그녀가 도와줄 수 있을 겁니다.

어휘	incorporated 주식회사의, 법인화된 apologize 사과하다 accidentally 실수로, 뜻하지 않게 leave A off B A를 B에서 빼다[제외하다] delivery 배달 oversight (잊거나 못 보고 지나쳐서 생긴) 실수 depart 떠나다, 출발하다 safety inspector 안전 검사관 install 설치하다 in time 제때, 시간 맞춰 connect A with B A를 B와 연결하다 supervisor 상사, 상관

41

What problem does the man mention?

(A) Some products are damaged.
(B) Some equipment is out of stock.
(C) A vehicle has broken down.
(D) A delivery error has occurred.

남자는 무슨 문제를 언급하는가?
(A) 일부 제품이 손상되었다.
(B) 일부 장비의 재고가 없다.
(C) 자동차가 고장 났다.
(D) 배달 실수가 발생했다.

어휘 damaged 손상된 equipment 장비 out of stock 재고가 없는 vehicle 차량 broken down 고장 난

해설 세부사항 관련 – 남자가 언급하는 문제
대화 초반부에 남자는 죄송하지만 고객님께서 주문하신 오븐이 실수로 오늘 오전 배달 일정에서 빠졌다(I apologize, but the oven you had ordered was accidentally left off of this morning's delivery schedule)고 했으므로 정답은 (D)이다.

▸▸ Paraphrasing 대화의 accidentally left off of this morning's delivery schedule
→ 정답의 A delivery error has occurred.

42

What does the woman say is planned for Friday?

(A) A product launch
(B) An inspection
(C) A cooking class
(D) An interview

여자는 금요일에 무엇이 계획되어 있다고 말하는가?
(A) 제품 출시
(B) 검사
(C) 요리 수업
(D) 면접

해설 세부사항 관련 – 여자가 말하는 금요일 계획
여자가 대화 중반부에서 금요일에 제과점에 안전 검사관이 방문할 예정(on Friday, my bakery's going to be visited by a safety inspector)이라고 했으므로 정답은 (B)이다.

▸▸ Paraphrasing 대화의 be visited by a safety inspector
→ 정답의 An inspection

43

What does the man say he will do?

(A) Transfer a call
(B) Issue a refund
(C) Provide a warranty
(D) Visit a business

남자는 무엇을 하겠다고 말하는가?
(A) 전화를 돌린다.
(B) 환불해 준다.
(C) 보증서를 제공한다.
(D) 업체를 방문한다.

어휘 transfer 옮기다, 이전시키다 issue 발부(발급)하다 refund 환불 warranty (품질) 보증서

해설 세부사항 관련 – 남자가 하겠다고 언급하는 사항
대화 초반부에서 남자가 전화를 드렸다(I'm calling)고 했는데, 마지막 대사에서 남자가 상사를 연결해 주겠다(I'm going to connect you with my supervisor)고 한 것으로 보아 전화 중에 상사를 바꿔 주는 상황임을 알 수 있다. 따라서 정답은 (A)이다.

▸▸ Paraphrasing 대화의 connect → 정답의 transfer

44-46

M-Cn	Fatima, ⁴⁴, ⁴⁵do you remember the survey our health clinic sent out last month?
W-Am	Oh, yes, ⁴⁵the one asking patients to rate their experiences here? What were the results?
M-Cn	Well, almost everyone wanted more time to talk to the doctors and nurses during their visits. ⁴⁶Right now, doctors and nurses spend about ten minutes with each patient. Do you think we can increase it to fifteen minutes per patient?
W-Am	That would require significant revisions to our scheduling process. ⁴⁶It'll be up to the members of the board to decide.

남　파티마, **우리 병원이 지난달에 발송한 설문조사** 기억하죠?

여　아, 네. 환자들에게 이곳에서의 경험을 평가해 달라고 요청하는 설문조사 말이죠? **결과가 어땠나요?**

남　뭐, 거의 모든 사람이 내원하는 동안 의사, 간호사와 이야기할 시간이 더 있으면 하더라고요. **지금은 의사와 간호사가 환자마다 10분 정도를 쓰고 있어요. 당신은 우리가 시간을 환자당 15분으로 늘릴 수 있다고 생각해요?**

여　그러면 우리 일정 관리 과정을 크게 바꿔야 할 텐데요. 결정은 이사회가 할 거예요.

어휘　survey 설문조사　health clinic 개인병원, 진료소 send out 발송하다　patient 환자　rate 평가하다 experience 체험, 경험　result 결과　require 필요하다, 요구하다　significant 상당한, 커다란　revision 변경 scheduling 일정 관리　process 과정　be up to ~가 할 일이다, ~에게 달려 있다

44

Where do the speakers most likely work?

(A) At a law office
(B) At a supermarket
(C) At a medical clinic
(D) At a recreation center

대화자들은 어디에서 근무하겠는가?

(A) 법률 사무소
(B) 슈퍼마켓
(C) 병원
(D) 레크리에이션 센터

해설　전체 내용 관련 – 화자들의 근무지
대화 초반부에 남자가 여자에게 우리 병원이 지난달에 발송한 설문조사 기억하느냐(do you remember the survey our health clinic sent out last month?)고 묻는 것으로 보아 정답은 (C)이다.

45

What are the speakers mainly discussing?

(A) A marketing campaign
(B) A new product
(C) Some budget cuts
(D) Some survey results

대화자들은 주로 무엇을 논의하는가?

(A) 마케팅 캠페인
(B) 신제품
(C) 예산 삭감
(D) 설문 결과

해설　전체 내용 관련 – 대화의 주제
대화 초반부에 남자가 우리 병원이 지난달에 발송한 설문조사 기억하느냐(do you remember the survey our health clinic sent out last month?)고 묻자 여자가 뒤이어 환자들에게 이곳에서의 경험을 평가해 달라고 요청하는 설문조사인지(the one asking patients to rate their experiences here?) 확인하고는 결과가 어땠는지(What were the results?)를 되묻고 있으므로 정답은 (D)이다.

46

What does the woman imply when she says, "That would require significant revisions to our scheduling process"?

(A) She doubts a change will be implemented.
(B) She thinks more staff should be hired.
(C) She needs more time to make a decision.
(D) She believes some data is incorrect.

여자가 "그러면 우리 일정관리 과정을 크게 바꿔야 할 텐데요."라고 말한 의도는 무엇인가?

(A) 변화가 시행될지 의심스럽다.
(B) 직원을 더 채용해야 한다고 생각한다.
(C) 결정하려면 시간이 더 필요하다.
(D) 일부 자료가 부정확하다고 생각한다.

어휘　implement 시행하다　hire 고용하다　decision 결정 incorrect 부정확한

해설　화자의 의도 파악 – 그러면 우리 일정관리 과정을 크게 바꿔야 할 것이라는 말의 의도
남자가 두 번째 대사에서 지금은 의사와 간호사가 환자마다 10분 정도를 쓰고 있다(Right now, doctors and nurses spend about ten minutes with each patient)며 우리가 시간을 환자당 15분으로 늘릴 수 있다고 생각하는지(Do you think we can increase it to fifteen minutes per patient?)를 묻자 여자가 일정관리 과정을 크게 바꿔야 할 것이라고 인용문을 말한 뒤 이사회가 결정할 일(It'll be up to the members of the board to decide)이라고 한 것으로 보아 변화가 이루어질지에 대한 의구심을 표현하기 위해 한 말임을 알 수 있다. 따라서 정답은 (A)이다.

47-49

W-Br　Antonio, **[47]were you at yesterday's all-staff meeting? It was during, uh, I was on the phone with an important client and couldn't make it.**

M-Cn　Mhm. You got a copy of the meeting minutes?

W-Br　Yeah, but **[48]the part about how to get reimbursed for travel expenses was really confusing.** Do you know if there's more documentation on that?

M-Cn　Oh, you printed out the minutes? **[49]If you look at them electronically, you'll see there's a, there's a link to our internal Web site where you can find more details on reimbursement procedures.**

여　앤토니오, **어제 전직원회의에 참석했어요?** 그게, 어, 저는 중요한 고객과 전화를 하고 있어서 참석하지 못했어요.

남　음. 회의록을 한 부 받았죠?

여　네, 하지만 **출장비를 어떻게 환급받는지에 관한 부분이 정말 헷갈렸어요.** 그것에 관해 혹시 추가 문서가 있는지 알고 있나요?

남 아, 회의록을 프린터로 출력했군요? **전자 문서로 보면 거기에, 환급 절차에 관해 더 자세한 정보를 찾을 수 있는 사내 웹사이트로 링크가 되어 있어요.**

어휘 client 고객 make it (모임에) 참석하다, 가다 meeting minutes 회의록 get reimbursed 환급받다 travel expenses 출장비 confusing 헷갈리는 documentation 서류, 서면 기록 electronically 전자식으로 internal 내부의 details 세부사항 reimbursement procedures 환급 절차

47

Why did the woman miss a meeting?
(A) She was not feeling well.
(B) She was on a business trip.
(C) She was speaking with a client.
(D) She did not receive the invitation.

여자가 회의에 참석하지 못한 이유는?
(A) 몸이 좋지 않았다.
(B) 출장 중이었다.
(C) 고객과 얘기를 나누고 있었다.
(D) 그녀는 초대받지 못했다.

어휘 client 고객 receive 받다

해설 세부사항 관련 – 여자가 회의에 빠진 이유
여자가 첫 번째 대사에서 남자에게 어제 전직원회의에 참석했는지(were you at yesterday's all-staff meeting?) 물으며, 본인은 중요한 고객과 전화를 하고 있어서 참석하지 못했다(I was on the phone with an important client and couldn't make it)고 했으므로 정답은 (C)이다.

48

What is the woman confused about?
(A) The details of an assignment
(B) A reimbursement process
(C) The terms of a contract
(D) A travel itinerary

여자는 무엇이 헷갈렸는가?
(A) 과제의 세부사항
(B) 환급 과정
(C) 계약 조건
(D) 여행 일정

어휘 assignment 과제, 임무 terms 조건 contract 계약 itinerary 일정(표)

해설 세부사항 관련 – 여자가 혼돈한 사항
여자가 두 번째 대사에서 출장비를 어떻게 환급 받는지에 관한 부분이 정말 헷갈렸다(the part about how to get reimbursed for travel expenses was really confusing)고 했으므로 정답은 (B)이다.

49

According to the man, what should the woman do?
(A) Reset the password for her computer
(B) Talk to the organizer of the meeting
(C) Consult the electronic version of a document
(D) Research the history of an account

남자에 따르면, 여자는 무엇을 해야 하는가?
(A) 컴퓨터 비밀번호를 재설정한다.
(B) 회의 조직자에게 이야기한다.
(C) 전자 문서를 참조한다.
(D) 거래 이력을 조사한다.

어휘 organizer 조직자 consult 참조하다 electronic 전자의 account 거래 장부, 계좌

해설 세부사항 관련 – 남자가 여자에게 제안하는 사항
남자가 마지막 대사에서 전자 문서로 보면 거기에, 환급 절차에 관해 더 자세한 정보를 찾을 수 있는 사내 웹사이트로 링크가 되어 있다(If you look at them electronically, you'll see there's a, there's a link to our internal Web site where you can find more details on reimbursement procedures)고 했으므로 정답은 (C)이다.

> ▶▶ Paraphrasing 대화의 look at them electronically
> → 정답의 Consult the electronic version

50-52

M-Au Our next guest on today's show is part of our Healthy Cooking series. **50I'd like to welcome nutritionist Emelia Vigo. Emelia, what have you got for us today?**

W-Br **51I'd like to tell you about some simple tricks for making nutritious meals at home by substituting healthier ingredients for less healthy ones in your favorite recipes.**

M-Au Now, you said this was simple. I'm no cook—do you think I can do it?

W-Br Absolutely! Let's take an old classic like potato soup, for example. You can use sweet potatoes as a more nutritious substitute for white potatoes. **52That recipe, and more, are in my new book, *Healthy Family Cooking*.**

남 다음에 나올 오늘 방송 손님은 건강 요리 시리즈의 일환입니다. **영양학자 에밀리아 비고를 환영합니다. 에밀리아, 오늘은 우리에게 무슨 말씀을 들려주실 건가요?**

여 **여러분이 가장 좋아하는 조리법에서 덜 건강한 재료를 더 건강한 재료로 대체함으로써 집에서 영양가 있는 식사를 준비하는 간단한 요령 몇 가지를 알려드리고 싶습니다.**

남 자, 이게 간단하다고 하셨습니다. 저는 요리사가 아닌데, 저도 할 수 있는 거라고 생각하시나요?

여　물론이죠! 감자수프 같은 대표적인 음식을 예로 들어 보죠. 감자 대신 더 영양가 있는 고구마를 대체해 쓸 수 있습니다. **그 조리법을 비롯해 더 많은 조리법이 저의 새 책 〈건강 가족 요리〉에 수록되어 있습니다.**

어휘　be part of ~의 일환이다　nutritionist 영양학자, 영양사　nutritious 영양가 있는　trick 요령, 비법　substitute A for B B를 A로 대체하다　ingredient 재료　recipe 조리법　Absolutely! 물론이죠!　old classic 고전　sweet potato 고구마　white potato 감자　substitute 대체물

50

What is the woman an expert in?

(A) Gardening
(B) Nutrition
(C) Appliance repair
(D) Fitness training

여자는 무엇의 전문가인가?

(A) 정원 가꾸기
(B) 영양
(C) 가전제품 수리
(D) 체력 단련

어휘　gardening 정원 가꾸기　appliance 가전제품　repair 수리, 수선

해설　세부사항 관련 - 여자의 전문 분야

대화 초반부에 남자가 영양학자 에밀리아 비고를 환영한다(I'd like to welcome nutritionist Emelia Vigo)면서 여자의 이름(Emelia)을 부르며 오늘은 우리에게 무슨 말씀을 들려주실 것인지(what have you got for us today?)를 묻고 있으므로 정답은 (B)이다.

51

What does the woman recommend?

(A) Substituting ingredients
(B) Using appropriate tools
(C) Changing an exercise routine
(D) Scheduling regular maintenance

여자는 무엇을 추천하는가?

(A) 재료 대체
(B) 적절한 도구 사용
(C) 운동 일과 변경
(D) 정기 점검 일정 관리

어휘　substitute 대체(대신)하다　ingredient 재료　appropriate 적절한　tool 도구　routine 일과　maintenance 유지, 관리

해설　세부사항 관련 - 여자의 추천 사항

여자가 첫 번째 대사에서 여러분이 가장 좋아하는 조리법에서 덜 건강한 재료를 더 건강한 재료로 대체함으로써 집에서 영양이 있는 식사를 준비하는 간단한 요령 몇 가지를 알려드리고 싶다(I'd like to tell you about some simple tricks for making nutritious meals at home by substituting healthier ingredients for less healthy ones in your favorite recipes)고 했으므로 정답은 (A)이다.

52

According to the woman, where can listeners find more information?

(A) On a television show
(B) On a Web site
(C) In a magazine
(D) In a book

여자에 따르면, 청자들이 더 많은 정보를 찾을 수 있는 곳은 어디인가?

(A) 텔레비전 프로그램
(B) 웹사이트
(C) 잡지
(D) 책

해설　세부사항 관련 - 여자가 말하는 더 많은 정보를 찾을 수 있는 곳

여자가 마지막 대사에서 그 조리법을 비롯해 더 많은 조리법이 저의 새 책 〈건강 가족 요리〉에 수록되어 있다(That recipe, and more, are in my new book, *Healthy Family Cooking*)고 했으므로 정답은 (D)이다.

53-55

W-Am　To sum up, Jamal, you've had another very good year here with us. **[53]You're a valuable member of the team, which is why you consistently receive outstanding performance reviews from other staff members.**

M-Cn　I've certainly enjoyed the opportunities that I've had while working here.

W-Am　Which is great to hear, because we'd like you to take on more responsibility. **[54]We're opening an office in Denver in a few months, and we'd like you to manage it.**

M-Cn　Wow, that's exciting! But ... can I have some time to consider it?

W-Am　Of course. **[55]Why don't we get together next week to discuss your decision?**

여　요컨대, 자말, 당신은 이곳에서 또 한 해 동안 우리와 아주 잘 지냈어요. **당신이 소중한 부서원이라 다른 직원들로부터 꾸준히 뛰어난 실적 평가를 받는 거예요.**

남　이곳에서 일하며 제가 누린 기회들은 확실히 즐거웠습니다.

여　그 말을 들으니 매우 기쁘군요. 우리는 당신이 더 많은 책임을 맡아 주었으면 하거든요. **우리가 몇 달 후에 덴버에 사무실을 열 예정인데, 당신이 그곳을 관리해 줬으면 해요.**

남　우와, 그것 흥미롭군요! 하지만… 시간을 좀 두고 생각해 봐도 될까요?

여　물론이죠. **우리 다음 주에 만나 당신의 결정에 관해 논의해 볼까요?**

53

What does the woman say about the man's job performance?

(A) He is respected by his colleagues.
(B) He always meets his deadlines.
(C) He has good ideas for new projects.
(D) He has increased company profits.

여자는 남자의 업무 성과에 대해 무엇이라고 말하는가?

(A) 그는 동료들로부터 존중 받고 있다.
(B) 그는 언제나 마감일을 지킨다.
(C) 그는 새로운 프로젝트에 좋은 아이디어를 낸다.
(D) 그는 회사 수익을 증가시켜왔다.

어휘 respect 존경하다 colleague 동료 increase 증가시키다

해설 세부사항 관련 - 여자가 남자의 업무 성과에 대해 말하는 것
대화 초반부에 여자가 당신이 소중한 부서원이라 다른 직원들로부터 꾸준히 뛰어난 실적 평가를 받는 것(You're a valuable member of the team, which is why you consistently receive outstanding performance reviews from other staff members)이라고 했으므로 정답은 (A)이다.

> ▸▸ Paraphrasing   대화의 **receive outstanding performance reviews from other staff members** → 정답의 **is respected by his colleagues**

54

What does the woman ask the man to do?

(A) Attend a trade show
(B) Join a leadership council
(C) Mentor a colleague
(D) Accept a new position

여자는 남자에게 무엇을 하라고 요청하는가?

(A) 무역전시회 참가
(B) 지도위원회 합류
(C) 동료에게 조언
(D) 새로운 자리 수락

어휘 council 위원회, 의회 accept 수락하다

해설 세부사항 관련 - 여자의 요청 사항
여자가 두 번째 대사에서 남자에게 우리가 몇 달 후에 덴버에 사무실을 열 예정인데, 그곳을 관리해 줬으면 한다(We're opening an office in Denver in a few months, and we'd like you to manage it)고 요청하고 있으므로 정답은 (D)이다.

55

When will the speakers meet again?

(A) Tomorrow
(B) Next week
(C) Next month
(D) Next quarter

대화자들은 언제 다시 만날 것인가?

(A) 내일
(B) 다음 주
(C) 다음 달
(D) 다음 분기

해설 세부사항 관련 - 화자들이 다시 만날 시점
여자가 마지막 대사에서 다음 주에 만나 당신의 결정에 관해 논의해 보자(Why don't we get together next week to discuss your decision?)고 제안하고 있으므로 정답은 (B)이다.

> ▸▸ Paraphrasing   대화의 **get together** → 질문의 **meet**

56-58 3인 대화

M-Au Hi, Tricia. Hi, Allison. **56How are the training materials for the summer interns coming along?** They'll be starting in two weeks, so I'd like to see the materials by Friday.

W-Am Sure, no problem. By the way, Allison revised the section about the interns' work hours so it's easier for the interns to understand.

M-Au Thanks, Allison. **57There were some questions last year about interns' schedules. It'll be good to have everything stated clearly this time.**

W-Br Yes, and I also added more information explaining the kinds of software products the interns will be working on.

M-Au Terrific. **58We've got some great projects planned, and I'm glad you prepared everything so carefully.**

남 안녕하세요, 트리샤. 안녕하세요, 앨리슨. **하계 인턴 사원들을 위한 교육 자료가 어떻게 되어가고 있나요?** 그들이 2주 후면 근무를 시작할 예정이라 금요일까지는 제가 자료를 봤으면 하는데요.

여1 물론이죠. 문제없습니다. 그런데 앨리슨이 인턴 근무시간에 관한 부분을 수정해서 인턴들이 이해하기가 더 쉬워요.

남 고마워요, 앨리슨. **지난해에는 인턴 근무일정을 두고 질문이 좀 있었어요. 이번에는 모든 걸 명확히 밝혀 두는 게 좋을 거예요.**

여2 네, 그리고 제가 또한 인턴들이 작업하게 될 소프트웨어 제품들의 종류를 설명하는 정보를 더 추가했습니다.

남 훌륭해요. **큰 프로젝트를 몇 개 기획했는데, 두 사람이 세심하게 만반의 준비를 해줘서 기쁩니다.**

어휘	training materials 교육 자료 come along (원하는 대로) 되어가다, 순조롭게 진행되다 by the way 그런데, 그나저나 section 부분 state 분명히 밝히다 add 추가하다 work on ~작업을 하다 terrific 훌륭한, 대단한 prepare everything 만반의 준비를 하다 carefully 세심하게, 꼼꼼하게

56

What does the man ask the women about?

(A) The types of projects assigned
(B) The backgrounds of the applicants
(C) The status of training materials
(D) The location of an orientation

남자는 여자들에게 무엇에 관해 질문하는가?

(A) 배정된 프로젝트의 종류
(B) 지원자들의 배경
(C) 교육 자료 현황
(D) 오리엔테이션 장소

어휘 assign 배정하다   applicant 지원자   status 상황

해설 세부사항 관련 – 남자의 질문 사항

대화 초반부에서 남자가 하계 인턴 사원들을 위한 교육 자료가 어떻게 되어가고 있는지(How are the training materials for the summer interns coming along?)를 묻고 있으므로 정답은 (C)이다.

57

What does the man say about last year's internship program?

(A) Some new products were developed.
(B) Some information was unclear.
(C) There were not enough supplies.
(D) There were a large number of applicants.

남자는 지난해 인턴십 프로그램에 관해 무슨 말을 하는가?

(A) 신제품 몇 가지가 개발되었다.
(B) 일부 정보가 불분명했다.
(C) 물품이 충분하지 않았다.
(D) 지원자 수가 많았다.

어휘 supplies 물품, 공급품   a large number of 많은   applicant 지원자

해설 세부사항 관련 – 남자가 지난해 인턴십에 관해 말하는 사항

남자가 두 번째 대사에서 지난해에는 인턴 근무일정을 두고 질문이 좀 있었다(There were some questions last year about interns' schedules)면서, 이번에는 모든 걸 명확히 밝혀 두는 게 좋을 것(It'll be good to have everything stated clearly this time)이라고 했으므로 정답은 (B)이다.

58

What does the man say he is pleased about?

(A) The summer schedule
(B) The careful planning
(C) The deadline extension
(D) The approval process

남자는 무엇이 기쁘다고 말하는가?

(A) 하계 근무일정
(B) 꼼꼼한 기획
(C) 마감일 연장
(D) 승인 과정

어휘 extension 연장   approval 승인   process 과정

해설 세부사항 관련 – 남자가 기뻐하는 일

남자가 마지막 대사에서 큰 프로젝트를 몇 개 기획했는데, 두 사람이 세심하게 만반의 준비를 해줘서 기쁘다(We've got some great projects planned, and I'm glad you prepared everything so carefully)고 했으므로 정답은 (B)이다.

59-61

M-Cn	Hello, Ms. Lee. **⁵⁹I understand you'd like my agency to design a new advertising campaign for your moving company.**
W-Br	Yes. **⁶⁰We're concerned because another moving company just opened nearby, and we're starting to feel the effects of the competition.** Business hasn't been as good since then.
M-Cn	I see. It would help if I got a better sense of what customers like about your company. That's something we can emphasize throughout the campaign.
W-Br	Well, **⁶¹people say they appreciate our top-notch customer service and the effort we make to meet customers' expectations.** I'm sure no other moving service in the area can claim that.
남	안녕하세요, 리 씨. **제 대행사가 귀하의 이사업체를 위해 새로운 광고 캠페인을 기획해 주기를 원하신다고 알고 있는데요.**
여	맞아요. **또 다른 이사업체가 근처에 개업해서 우려스러운 데다 경쟁의 영향이 느껴지기 시작하거든요.** 그 이후로 영업이 예전만큼 잘되지 않고 있어요.
남	그렇군요. 귀하의 회사에 관해 고객들이 좋아하는 점이 무엇인지 제가 더 잘 이해한다면 도움이 될 것 같습니다. 그 점을 저희가 캠페인 내내 강조할 수 있거든요.
여	음, **사람들이 저희의 아주 뛰어난 고객 서비스와 고객의 기대에 부응하기 위한 노력을 인정한다고들 하더군요.** 이 지역의 어떤 다른 이사업체도 그렇게 주장할 순 없다고 저는 확신해요.

어휘	agency 대행사 advertising campaign 광고 캠페인 moving company 이사업체 be concerned 우려하다 nearby 근처에 effect 영향 competition 경쟁 get a better sense of ~을 더 잘 이해하다 emphasize 강조하다 throughout ~ 내내 appreciate 인정하다, 평가하다 top-notch 아주 뛰어난, 최고의 customer service 고객 서비스 effort 노력 expectations 기대 claim 주장하다

59

What type of business does the woman work for?

(A) A moving company
(B) A real estate agency
(C) An insurance firm
(D) An equipment rental service

여자는 어떤 종류의 업체에서 일하는가?

(A) 이사업체
(B) 부동산 중개업소
(C) 보험회사
(D) 장비 임대업체

해설 전체 내용 관련 – 여자의 근무지

대화 초반부에 남자가 여자에게 자신의 대행사가 여자의 이사업체를 위해 새로운 광고 캠페인을 기획해 주기를 원한다고 알고 있다(I understand you'd like my agency to design a new advertising campaign for your moving company)고 말하고 있으므로 정답은 (A)이다.

60

What is the woman concerned about?

(A) Shipping delays
(B) New regulations
(C) An increase in competition
(D) A shortage of staff

여자는 무엇을 우려하는가?

(A) 배송 지연
(B) 새로운 규제
(C) 경쟁 증가
(D) 직원 부족

어휘 shipping 배송 regulation 규제 increase 증가 competition 경쟁 shortage 부족

해설 세부사항 관련 – 여자가 우려하는 사항

여자가 첫 번째 대사에서 또 다른 이사업체가 근처에 개업해서 우려스러운 데다 경쟁의 영향이 느껴지기 시작한다(We're concerned because another moving company just opened nearby, and we're starting to feel the effects of the competition)고 했으므로 정답은 (C)이다.

61

What does the woman emphasize about her company?

(A) The affordable prices
(B) The number of branch offices
(C) The user-friendly Web site
(D) The customer service

여자는 자신의 회사에 관해 무엇을 강조하는가?

(A) 저렴한 가격
(B) 지점 수
(C) 사용자 친화적 웹사이트
(D) 고객 서비스

해설 세부사항 관련 – 여자가 회사에 대해 강조하는 사항

여자가 마지막 대사에서 사람들이 저희의 아주 뛰어난 고객 서비스와 고객의 기대에 부응하기 위한 노력을 인정한다고들 말한다(people say they appreciate our top-notch customer service and the effort we make to meet customers' expectations)고 했으므로 정답은 (D)이다.

62-64 대화 + 목록

W-Am Hi, Haruto, ⁶²have you picked the caterer for the shareholders' meeting? We want everything to go smoothly.

M-Cn I haven't decided yet, but I've got quotes from a few local caterers. Our budget's pretty tight so I'm leaning toward Star Restaurant. They have the least expensive lunch service.

W-Am You know... ⁶³I've had problems with Star Restaurant. I hired them to cater a meal for a management meeting last month, and they delivered the food an hour late. I just don't want a delay like that to happen during this meeting. You can spend a little more money if you need to.

M-Cn Oh, I'm so glad you told me. ⁶⁴Then let's go with Golden Eagle.

여 안녕하세요, 하루토. 주주총회에 출장 요리를 제공할 업체를 선정했나요? 모든 게 순조롭게 진행되었으면 하네요.

남 아직 정하지 않았지만 지역 출장 요리업체 몇 군데에서 견적을 받았어요. 우리 예산이 매우 빠듯해서 저는 스타 레스토랑 쪽으로 마음이 기울고 있어요. 거기가 점심식사가 가장 싸거든요.

여 있잖아요… 제가 스타 레스토랑과 문제가 있었어요. 지난달 경영진 회의에 식사를 제공하도록 그곳을 고용했는데 음식을 한 시간이나 늦게 배달했거든요. 이번 총회에는 그런 지연 사태가 발생하지 않으면 좋겠어요. 필요하다면 돈을 약간 더 써도 돼요.

남 오, 그렇게 말씀하시니 좋군요. 그럼 골든 이글로 하시죠.

어휘 pick 선정하다 caterer 출장 요리업체 shareholders' meeting 주주총회 go smoothly 순조롭게 진행되다 get a quote 견적을 받다 local 지역의 budget 예산 tight 빠듯한 lean toward (마음이) ~쪽으로 기울다 the least expensive 가장 저렴한 hire 고용하다 cater 출장 요리를 제공하다 management meeting 경영 회의, 임원 회의 deliver 배달하다 happen 발생하다 go with ~로 하다, ~를 택하다

Catering Company	Cost
Café Delight	$1,250
Corner Deli	$1,400
64Golden Eagle	$950
Star Restaurant	$850

출장 요리업체	가격
카페 딜라이트	1,250달러
코너 델리	1,400달러
64골든 이글	950달러
스타 레스토랑	850달러

62

What type of event are the speakers discussing?

(A) A shareholders' meeting
(B) A press conference
(C) A job fair
(D) A product demonstration

대화자들은 어떤 종류의 행사를 논의하고 있는가?

(A) 주주총회
(B) 기자 회견
(C) 취업 박람회
(D) 제품 시연회

어휘 shareholder 주주 press 기자들, 언론 fair 박람회 demonstration 시연, 설명

해설 세부사항 관련 – 화자들이 논의 중인 행사

여자가 첫 번째 대사에서 남자에게 주주총회에 출장 요리를 제공할 업체를 선정했느냐(have you picked the caterer for the shareholders' meeting?)고 물으며, 모든 게 순조롭게 진행되기를 원한다(We want everything to go smoothly)고 했고 뒤이어 남자도 주주총회에 부를 출장 요리 업체에 대해 이야기를 이어나가고 있으므로 정답은 (A)이다.

63

What problem did the woman experience with one of the restaurants?

(A) An unhelpful staff member
(B) A poorly cooked meal
(C) A billing error
(D) A delivery delay

여자는 식당들 중 한 곳과 어떤 문제를 겪었는가?

(A) 도움이 되지 않는 직원
(B) 형편없이 조리된 음식
(C) 계산서 오류
(D) 배달 지연

해설 세부사항 관련 – 여자가 식당에서 겪은 문제

여자가 두 번째 대사에서 스타 레스토랑과 문제가 있었다(I've had problems with Star Restaurant)며 지난달 경영진 회의에 식사를 제공하도록 그곳을 고용했는데 음식을 한 시간이나 늦게 배달했다(I hired them to cater a meal for a management meeting last month, and they delivered the food an hour late)고 했으므로 정답은 (D)이다.

▸▸ Paraphrasing 대화의 delivered the food an hour late → 정답의 A delivery delay

64

Look at the graphic. How much will the lunch most likely cost?

(A) $1,250
(B) $1,400
(C) $950
(D) $850

시각 정보에 따르면, 점심식사 가격은 얼마가 되겠는가?

(A) 1,250달러
(B) 1,400달러
(C) 950달러
(D) 850달러

해설 시각 정보 연계 – 점심식사의 가격

남자가 마지막 대사에서 식당을 골든 이글로 하자(Then let's go with Golden Eagle)고 했고 시각 정보를 보면 골든 이글의 가격은 950달러이므로 정답은 (C)이다.

65-67 대화 + 지도

W-Br Welcome to the Peterson Art Museum. Can I help you?

M-Au 65I'm supposed to meet some friends in the nineteenth-century painting gallery. Can you tell me where it's located?

W-Br Here— this pamphlet will help. There's a map of the museum in it, with details for finding our painting exhibits. Anything else?

M-Au Yes. 66I heard there's a workshop on watercolor painting this summer.

W-Br Yes— you can register for the workshop right here if you'd like.

M-Au I'd better come back to do that—my friends are waiting for me.

W-Br Of course. Oh, and ⁶⁷**I'd recommend taking the stairs at the back of the museum. There are always so many people using the main stairs by the front entrance.**

여 피터슨 미술관에 오신 것을 환영합니다. 도와드릴까요?

남 **19세기 회화 전시실에서 친구를 몇 명 만나기로 했는데요.** 전시실이 어디에 있는지 알려주시겠어요?

여 여기, 이 안내책자가 도움이 될 겁니다. 그 안에 미술관 지도와 함께 회화 전시품을 찾기 위한 상세한 내용이 담겨 있습니다. 더 필요하신 것이 있나요?

남 **네, 올 여름에 수채화 워크숍이 있다고 들었습니다.**

여 네, 원하시면 바로 이곳에서 워크숍에 등록하실 수 있습니다.

남 그건 돌아와서 하는 게 좋겠군요. 친구들이 기다리고 있어서요.

여 그렇게 하십시오. 아, 그리고 **미술관 뒤편에 있는 계단을 이용하실 것을 권해 드립니다. 정문에 있는 주 계단은 이용하시는 분들이 항상 아주 많습니다.**

어휘 art museum 미술관 be supposed to + 동사원형 ~하기로 되어 있다 be located 위치하다 details 자세한 내용, 세부사항 exhibit 전시품, 전시회 watercolor painting 수채화 register for ~에 등록하다 had better + 동사원형 ~하는 게 낫다 recommend 추천하다, 권하다 stairs 계단 front entrance 정문

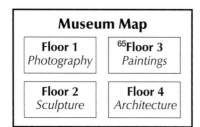

65

Look at the graphic. On which floor will the man meet his friends?

(A) Floor 1
(B) Floor 2
(C) Floor 3
(D) Floor 4

시각 정보에 따르면, 남자는 몇 층에서 친구들과 만날 것인가?

(A) 1층
(B) 2층
(C) 3층
(D) 4층

해설 시각 정보 연계 – 남자가 친구들을 만날 층 수

남자가 첫 번째 대사에서 19세기 회화 전시실에서 친구를 몇 명 만나기로 되어 있다(I'm supposed to meet some friends in the nineteenth-century painting gallery)고 했다. 시각 정보를 보면 회화 전시실은 3층이므로 정답은 (C)이다.

66

What will happen at the museum this summer?

(A) A workshop will be offered.
(B) A special exhibit will open.
(C) Concerts will be held in the garden.
(D) Some galleries will be renovated.

올 여름에 미술관에서 무슨 일이 있을 것인가?

(A) 워크숍이 제공될 것이다.
(B) 특별 전시회가 열릴 것이다.
(C) 정원에서 연주회가 개최될 것이다.
(D) 일부 전시실을 개조할 것이다.

어휘 exhibit 전시회 renovate 개조(보수)하다

해설 세부사항 관련 – 올 여름 미술관에서 일어날 일

남자가 두 번째 대사에서 올 여름에 수채화 워크숍이 있다고 들었다(I heard there's a workshop on watercolor painting this summer)고 했으므로 정답은 (A)이다.

67

Why does the woman suggest using the stairs at the back of the museum?

(A) They are nearby.
(B) They offer a good view.
(C) They were recently added.
(D) They are not crowded.

여자는 왜 미술관 뒤편에 있는 계단을 사용하라고 제안하는가?

(A) 가까이 있다.
(B) 전망이 좋다.
(C) 최근에 추가되었다.
(D) 붐비지 않는다.

어휘 nearby 가까운 recently 최근에 add 추가하다 crowded 붐비는

해설 세부사항 관련 – 여자가 미술관 뒤편 계단 사용을 제안한 이유

여자는 마지막 대사에서 미술관 뒤편에 있는 계단을 이용하실 것을 권해 드린다(I'd recommend taking the stairs at the back of the museum)며 정문에 있는 주 계단은 이용하시는 분들이 항상 아주 많다(There are always so many people using the main stairs by the front entrance)고 했으므로 정답은 (D)이다.

▸▸ Paraphrasing 대화의 **there are so many people** → 정답의 **crowded**

우리는 어떻게 직원을 찾는가?

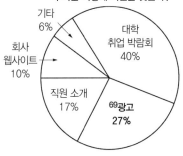

기타 6%
회사 웹사이트 10%
대학 취업 박람회 40%
직원 소개 17%
69광고 27%

W-Am Next, 68**let's discuss our spring hiring plan. In the past we've been successful by recruiting at university career fairs. But, I'd like to do something different this time.**

M-Au Really? Why's that?

W-Am Well, our employees spend so much time traveling to different universities that they fall behind on other important projects.

M-Au Good point. 69**We could put more of our resources into our second most effective recruiting method.** Actually, more than a quarter of our employees were recruited that way.

W-Am That's exactly what I was thinking. 70**Would you set up a meeting with Yukiko in public relations and explore possibilities for expanding last year's campaign?**

여 다음으로, 봄철 채용 계획을 논의합시다. 과거에는 대학교 취업 박람회에서 인원을 모집해 성공을 거두었습니다. 그러나 저는 이번에 뭔가 다른 것을 해보고 싶습니다.

남 정말요? 왜 그러시는 건가요?

여 음, 우리 직원들이 여러 다른 대학으로 여행하느라 시간을 너무 많이 써서 다른 중요한 프로젝트들이 늦어지고 있어요.

남 좋은 지적입니다. 우리가 두 번째로 효과적인 모집 방법에 자원을 더 투입할 수 있겠지요. 실은, 직원 중 4분의 1 이상이 그런 식으로 모집되었습니다.

여 그게 바로 제가 생각하던 바입니다. 홍보부의 유키코와 회의를 잡아 작년도 캠페인을 확대할 수 있는지 가능성을 알아봐 주시겠어요?

어휘 hiring plan 채용 계획 recruit 모집하다 career fair 취업 박람회 employee 직원, 사원 fall behind on ~에 뒤처지다, 늦어지다 resource 자원 effective 효과적인, 가성비가 좋은 recruiting method 모집 방법 a quarter 4분의 1 set up a meeting 회의를 잡다 public relations 홍보 explore 알아보다, 조사하다 possibility 가능성 expand 확대하다

How Do We Find Employees?

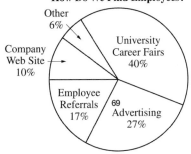

Other 6%
Company Web Site 10%
University Career Fairs 40%
Employee Referrals 17%
69 Advertising 27%

68

What does the woman want to do?

(A) Make travel arrangements
(B) Revise a budget
(C) Change recruiting tactics
(D) Give a lecture

여자는 무엇을 하고 싶어 하는가?

(A) 여행 준비
(B) 예산 수정
(C) **모집 방법 변경**
(D) 강의

해설 세부사항 관련 - 여자가 하길 원하는 것

대화 초반부에서 여자가 봄철 채용 계획을 논의하자(let's discuss our spring hiring plan)면서 과거에는 대학교 취업 박람회에서 인원을 모집해 성공했지만 이번에 뭔가 다른 것을 해보고 싶다(In the past we've been successful by recruiting at university career fairs. But, I'd like to do something different this time)고 했으므로 정답은 (C)이다.

▸▸ Paraphrasing   대화의 hiring plan → 정답의 recruiting tactic

69

Look at the graphic. Which method does the man suggest using?

(A) University career fairs
(B) **Advertising**
(C) Employee referrals
(D) Company Web site

시각 정보에 따르면, 남자는 어떤 방법을 사용하자고 제안하는가?

(A) 대학 취업 박람회
(B) **광고**
(C) 직원 소개
(D) 회사 웹사이트

해설 시각 정보 연계 - 남자가 사용하자고 제안하는 방법

남자가 두 번째 대사에서 두 번째로 효과적인 모집 방법에 자원을 더 투입할 수 있다(We could put more of our resources into our second most effective recruiting method)고 했으므로 정답은 (B)이다.

70

What does the woman suggest the man do?

(A) Design a questionnaire
(B) Renew a contract
(C) Work with a colleague
(D) Interview a job candidate

여자는 남자에게 무엇을 하라고 제안하는가?

(A) 설문조사서 작성
(B) 계약 갱신
(C) 동료와 작업
(D) 구직자 면접

어휘 questionnaire 설문지 renew 갱신하다 contract 계약
colleague 동료 candidate 후보자

해설 세부사항 관련 – 여자가 남자에게 제안하는 사항

여자는 마지막 대사에서 홍보부의 유키코와 회의를 잡아 작년도 캠페인을 확대할 수 있는지 가능성을 알아봐 주겠느냐(Would you set up a meeting with Yukiko in public relations and explore possibilities for expanding last year's campaign?)고 했으므로 정답은 (C)이다.

PART 4

71-73 공지

W-Br **71Good morning, everyone! We hope you've been enjoying the conference on educational technology this week. 72Tomorrow, in addition to our workshops and presentations, you'll have the option of leaving the convention center to go on one of the site visits we've arranged.** There are two choices. **72You can tour either a local high school or the public library's computer laboratory.** These tours are free, and we expect them to be very popular. We have limited seats on the buses, so **73please make sure to sign up early at the desk by the entrance.**

좋은 아침입니다, 여러분! 이번 주 교육공학 학회가 즐거우시기를 바랍니다. 내일, 여러 워크숍과 발표 외에도 여러분께서는 회의장을 떠나서 저희가 준비한 현장들 중 한 곳을 방문하실 수도 있습니다. 두 가지 선택이 있습니다. 현지의 고등학교나 공공도서관의 컴퓨터실, 이 둘 중 한 곳을 둘러보실 수 있습니다. 견학은 무료이며 매우 인기가 많을 것으로 저희는 예상하고 있습니다. 버스에 좌석이 제한되어 있으니 입구 옆에 있는 책상에서 반드시 일찌감치 신청해 주시기 바랍니다.

어휘 conference 학회 educational technology 교육공학 in addition to ～ 외에도, ～에 더해 have the option of ～을 선택할 수 있다 site visit 현장 방문 arrange 준비하다, 마련하다 tour 둘러보다, 견학하다 either A or B A와 B 둘 중 하나 local 현지의, 지역의 public library 공공도서관 computer laboratory 컴퓨터실 popular 인기 있는 limited 제한된, 한정된 make sure to + 동사원형 반드시 ～하다 sign up 신청하다, 등록하다 entrance 입구

71

At which event is the announcement being made?

(A) A book fair
(B) A product launch
(C) A technology conference
(D) A charity fundraiser

이 공지는 어떤 행사에서 발표되고 있는가?

(A) 도서 박람회
(B) 제품 출시 행사
(C) 기술 학회
(D) 자선 모금 행사

어휘 book fair 도서 박람회 product launch 제품 출시 행사
charity fundraiser 자선 모금 행사

해설 전체 내용 관련 – 공지 장소

지문 초반부에서 화자가 청자들을 환영하면서 이번 주 교육공학 학회가 즐거우시기를 바란다(We hope you've been enjoying the conference on educational technology this week)고 했으므로 정답은 (C)이다.

72

According to the speaker, what can some listeners do tomorrow?

(A) Go on a tour
(B) Attend an opening ceremony
(C) Participate in a focus group
(D) Win a prize

화자에 따르면, 일부 청자들은 내일 무엇을 할 수 있는가?

(A) 견학을 간다.
(B) 개막식에 참석한다.
(C) 표적 집단에 참여한다.
(D) 상을 받는다.

어휘 opening ceremony 개막식 participate in ～에 참여(참가)하다
focus group 표적 집단 prize 상, 상품

해설 세부사항 관련 – 일부 청자들이 내일 할 수 있는 일

지문 중반부에서 내일, 여러 워크숍과 발표 외에도 회의장을 떠나서 저희가 준비한 현장들 중 한 곳을 방문하실 수도 있다(Tomorrow, in addition to our workshops and presentations, you'll have the option of leaving the convention center to go on one of the site visits we've arranged)며, 현지의 고등학교나 공공도서관의 컴퓨터실, 이 둘 중 한 곳을 둘러보실 수 있다(You can tour either a local high school or the public library's computer laboratory)라고 언급했으므로 정답은 (A)이다.

73

What are the listeners instructed to do?

(A) Use an alternate entrance
(B) Register in advance
(C) Complete a survey
(D) Meet at a designated location

청자들은 무엇을 하라고 지시 받는가?

(A) 대체 출입구 이용

(B) 사전 등록

(C) 설문지 작성

(D) 지정 장소에 집합

어휘 alternate 대체의 entrance (출)입구 register 등록하다 in advance 미리, 사전에 complete 작성하다, 완료하다 survey 설문조사 designated 지정된 location 장소, 위치

해설 세부사항 관련 – 청자들이 지시 받은 사항

지문 마지막에 화자가 입구 옆에 있는 책상에서 반드시 일찌감치 신청해 주시기 바란다(please make sure to sign up early at the desk by the entrance)고 했으므로 정답은 (B)이다.

> ▸▸ Paraphrasing   담화의 sign up early
> → 정답의 Register in advance

74-76 회의 발췌

> M-Au **74Today I want to focus our discussion on Castillo, a clothing brand we will start selling in our stores next month.** As you know, our stores attract mainly younger shoppers. In thinking about fashion trends we want to feature, **75the marketing department has found that customers aged twelve to eighteen prefer styles that come in a lot of different colors. We chose Castillo as a new vendor for this very reason.** Just look at the color selection in these samples! Now, the finances of carrying Castillo's line. **76Hae-Rim will go over the anticipated costs and profit estimates.**
>
> 오늘 저는 다음 달 우리 점포에서 판매를 시작하게 될 의류 브랜드 카스티요에 우리의 논의를 집중하고 싶습니다. 여러분도 아시다시피, 우리 점포에는 주로 더 어린 쇼핑객들이 옵니다. 우리가 특징으로 삼고 싶은 패션 동향을 생각하다가 마케팅부가 발견한 내용은 12세부터 18세 연령의 고객이 여러 가지 다른 색상으로 나오는 스타일을 선호한다는 것입니다. 바로 이런 이유 때문에 우리는 카스티요를 새로운 판매처로 택했습니다. 이 견본들의 색상 선택을 보십시오! 이제, 카스티요 제품군을 취급하는 재정에 관한 내용입니다. 해림이 예상 비용과 수익 추정치를 살펴보겠습니다.
>
> **어휘** focus on ~에 집중하다, 초점을 맞추다 attract 끌어들이다, 유치하다 mainly 주로 feature 특징으로 삼다 prefer 선호하다 come in different colors 서로 다른 색상으로 나오다 vendor 판매처 selection 선택 carry 취급하다 line 제품군 go over 잘 살펴보다, 검토하다 anticipated 예상된 profit 수익 estimate 추정치, 추산

74

What product does Castillo manufacture?

(A) Jewelry

(B) Clothing

(C) Art supplies

(D) Backpacks

카스티요는 무슨 제품을 제조하는가?

(A) 보석류

(B) 의류

(C) 미술용품

(D) 배낭 가방

해설 세부사항 관련 – 카스티요가 제조하는 제품

지문 초반부에서 화자가 다음 달 우리 점포에서 판매를 시작하게 될 의류 브랜드 카스티요에 우리의 논의를 집중하고 싶다(Today I want to focus our discussion on Castillo, a clothing brand we will start selling in our stores next month)고 했으므로 정답은 (B)이다.

75

Why does the speaker say, "Just look at the color selection in these samples"?

(A) To introduce a new manufacturing technique

(B) To assign a task

(C) To express disappointment

(D) To support a decision

화자가 "이 견본들의 색상 선택을 보십시오."라고 말한 의도는 무엇인가?

(A) 새로운 제조 공법을 도입하려고

(B) 업무를 배정하려고

(C) 실망을 표현하려고

(D) 결정을 지지하려고

어휘 manufacturing 제조 assign 배정하다 task 업무 express 표현하다 disappointment 실망

해설 화자의 의도 파악 – 이 견본들의 색상 선택을 보라고 말한 의도

인용문의 앞 문장에서 마케팅부가 발견한 내용은 12세부터 18세 연령의 고객들이 여러 가지 다른 색상으로 나오는 스타일을 선호한다는 것(the marketing department has found that customers aged twelve to eighteen prefer styles that come in a lot of different colors)이고 바로 이런 이유 때문에 카스티요를 새로운 판매처로 택했다(We chose Castillo as a new vendor for this very reason)고 하면서 인용문을 언급한 것으로 보아 카스티요를 택한 결정을 뒷받침하려는 의도로 한 말이므로 정답은 (D)이다.

76

What will Hae-Rim do?

(A) Present financial information

(B) Share competitor data

(C) Analyze survey results

(D) Introduce advertising layouts

해림이 무엇을 할 것인가?

(A) 재무 정보 설명

(B) 경쟁사 자료 공유

(C) 설문 결과 분석

(D) 광고 지면 배치 소개

어휘 share 공유하다 competitor 경쟁자 analyze 분석하다

해설 세부사항 관련 – 해림이 할 일

지문 후반부에서 화자가 해림이 예상 비용과 수익 추정치를 검토해 주겠다(Hae-Rim will go over the anticipated costs and profit estimates)고 했으므로 정답은 (A)이다.

77-79 공지

M-Cn **77Before we open the café today, I want to tell you about some seasonal menu changes. 78I just got word from corporate headquarters that new coffee beverages will be on the menu starting next week.** One of the new drinks is called Winter Delight. I've got some samples of it here for everyone to try. Now, a number of different syrup flavors, such as vanilla or hazelnut, can be added to this drink. **79So please be extra careful when you're preparing customers' orders.** We want to make sure they get exactly what they want.

오늘 카페를 열기 전에 저는 여러분께 몇 가지 계절 메뉴 변동에 관해 말씀 드리고 싶습니다. 방금 본사로부터 새로운 커피 음료들이 다음 주부터 메뉴에 오르게 된다는 기별을 받았습니다. 새로운 음료수 중 하나는 윈터 딜라이트라고 불립니다. 여러분이 모두 한번 시음해 보도록 제가 여기에 샘플 몇 개를 가지고 있습니다. 자, 바닐라나 헤이즐넛 같은 서로 다른 맛의 시럽을 이 음료에 첨가할 수 있습니다. 그러니 고객이 주문한 음료를 준비할 때 각별히 주의해 주세요. 반드시 정확히 고객이 원하는 것을 얻도록 해야 하니까요.

어휘 seasonal 계절에 따라 다른 get word from ~로부터 기별을 받다 corporate headquarters 본사 beverage 음료수 a number of 많은 flavor 풍미, 맛 add 첨가하다 extra careful 각별히 주의하는 make sure that 반드시 ~하다

77

Who most likely is the speaker?
(A) An investment banker
(B) A city official
(C) A food scientist
(D) A restaurant manager

화자는 누구이겠는가?
(A) 투자 상담사
(B) 시 공무원
(C) 식품 과학자
(D) 식당 지배인

해설 전체 내용 관련 – 화자의 직업
지문 초반부에서 화자가 오늘 카페를 열기 전에 청자들에게 몇 가지 계절 메뉴 변동에 관해 말하고 싶다(Before we open the café today, I want to tell you about some seasonal menu changes)고 했으므로 정답은 (D)이다.

78

According to the speaker, what will happen next week?
(A) Some new equipment will be installed.
(B) A corporate office will relocate.
(C) New menu items will be available.
(D) Seasonal employees will begin work.

화자에 따르면, 다음 주에 무슨 일이 있는가?
(A) 새로운 장비가 설치될 것이다.
(B) 회사 사무실이 이전될 것이다.
(C) 새로운 메뉴 품목을 이용할 수 있게 될 것이다.
(D) 계절사원들이 근무를 시작할 것이다.

어휘 equipment 장비 install 설치하다 corporate 회사(기업)의 relocate 이전하다 available 이용(구입) 가능한 seasonal 계절적인 employee 직원

해설 세부사항 관련 – 다음 주에 일어날 일
지문 중반부에서 화자가 방금 본사로부터 새로운 커피 음료들이 다음 주부터 메뉴에 오르게 된다는 기별을 받았다(I just got word from corporate headquarters that new coffee beverages will be on the menu starting next week)라고 했으므로 정답은 (C)이다.

▶ Paraphrasing 담화의 new coffee beverages will be on the menu → 정답의 New menu items will be available.

79

What does the speaker warn listeners about?
(A) Preparing orders carefully
(B) Wearing proper attire
(C) Recording hours accurately
(D) Taking inventory daily

화자는 청자들에게 무엇을 경고하는가?
(A) 주문품을 주의 깊게 준비할 것
(B) 적절한 복장을 착용할 것
(C) 근무시간을 정확히 기록할 것
(D) 날마다 재고조사를 할 것

어휘 proper 적절한 attire 복장 accurately 정확하게 take inventory 재고조사하다

해설 세부사항 관련 – 화자가 청자들에게 경고하는 것
지문 후반부에서 고객이 주문한 음료를 준비할 때 각별히 주의해달라(So please be extra careful when you're preparing customers' orders)고 했으므로 정답은 (A)이다.

80-82 전화 메시지

W-Br Hi Roberto, it's Amanda. **80The company president wants J-1 Electronics to have a booth at the trade fair in New York in June, and he wants us to make the arrangements and come up with a display. 81I know I said we really need to focus on updating the client database this week, but this trip just came up—it wasn't my idea.** Anyway, I'll get the rest of the sales team together today, so we can brainstorm some ideas for the display. But in the meantime, **80, 82could you contact the fair organizers about getting a booth?** Thanks. And let me know if you have any questions.

안녕하세요, 로베르토. 어맨다예요. **사장님께서 6월에 뉴욕에서 열리는 무역박람회에 J-1 전자가 부스를 마련하고, 우리가 준비해서 전시 방안을 마련하기를 원하세요.** 우리가 이번 주에는 고객 데이터베이스를 갱신하는 데 정말 집중해야 한다고 제가 말씀 드린 건 알지만, 이 출장 건이 방금 생겼네요. 제 생각은 아니었어요. 여하튼, 오늘 제가 나머지 영업부원들을 소집할 테니 전시 아이디어를 짜낼 수 있을 거예요. 하지만 그 사이에 **당신이 부스를 마련하는 것에 관해 박람회 주최측에 연락해 보시겠어요?** 고마워요. 그리고 질문이 있으면 제게 알려 주세요.

> **어휘** electronics 전자기기, 전자 기술 trade fair 무역 박람회 make the arrangements 준비하다 come up with ~을 생각해내다, 마련하다 come up 생기다 get ~ together ~을 모으다, 소집하다 brainstorm (아이디어를) 짜내다 in the meantime 그 사이에 contact 연락하다 fair organizers 박람회 주최측

80
Why is the speaker calling?
(A) To register for a training session
(B) To request help with a project
(C) To book a meeting room
(D) To get updated customer information

화자가 전화하는 이유는?
(A) 교육 활동에 등록하려고
(B) 프로젝트에 도움을 요청하려고
(C) 회의실을 예약하려고
(D) 최신 고객 정보를 얻으려고

어휘 register for ~에 등록하다 request 요청하다 book 예약하다

해설 전체 내용 관련 – 전화의 목적
지문 초반부에서 사장님이 6월에 뉴욕에서 열리는 무역박람회에 J-1 전자가 부스를 마련하고, 우리가 준비해서 전시 방안을 마련하기를 원한다(The company president wants J-1 Electronics to have a booth at the trade fair in New York in June, and he wants us to make the arrangements and come up with a display)고 했고, 지문 후반부에서 부스를 마련하는 것에 관해 박람회 주최측에 연락해 줄 수 있느냐(could you contact the fair organizers about getting a booth?)고 부탁하고 있으므로 정답은 (B)이다.

81
What does the speaker imply when she says, "it wasn't my idea"?
(A) She knows a change is inconvenient.
(B) She thinks a colleague deserves credit.
(C) She would like the listener's opinion.
(D) She is going to explain a new procedure.

화자가 "제 생각은 아니었어요."라고 말한 의도는 무엇인가?
(A) 변동이 불편하다는 것을 알고 있다.
(B) 동료가 공로를 인정받을 만하다고 생각한다.
(C) 청자의 의견을 듣고 싶다.
(D) 새로운 절차를 설명할 것이다.

어휘 inconvenient 불편한 colleague 동료 deserve ~을 누릴 자격이 있다 credit 공로 procedure 절차

해설 화자의 의도 파악 – 제 생각은 아니었다고 말한 의도
인용문 앞에서 우리가 이번 주에는 고객 데이터베이스를 갱신하는 데 정말 집중해야 한다고 제가 말씀 드린 건 알지만, 이 출장 건이 방금 생겼다(I know I said we really need to focus on updating the client database this week, but this trip just came up)면서 어쩔 수 없다는 말투로 이야기한 뒤 인용문을 언급했으므로 정답은 (A)이다.

82
What does the speaker ask the listener to do?
(A) Order business cards
(B) Check a mailbox
(C) Revise a report
(D) Reserve a booth

화자는 청자에게 무엇을 하라고 요청하는가?
(A) 명함 주문
(B) 메일함 확인
(C) 보고서 수정
(D) 부스 예약

어휘 revise 수정하다 reserve 예약하다

해설 세부사항 관련 – 화자의 요청 사항
지문 후반부에 당신이 부스를 마련하는 것에 관해 박람회 주최측에 연락해 줄 수 있느냐(could you contact the fair organizers about getting a booth?)고 묻고 있으므로 정답은 (D)이다.

> ▸▸ **Paraphrasing** 담화의 getting a booth
> → 정답의 Reserve a booth

83-85 녹음 메시지

W-Am You have reached customer service at Ocean Shipping— a leader in international shipping services. We're happy to announce that **83starting June first, we'll begin offering shipping services to Brazil.** Note that **84if you are planning to ship a vehicle to any location overseas, you must provide proof of ownership.** **85Your call may be recorded, and the recording could be used for quality control or training purposes.** Thank you for calling Ocean Shipping.

국제 운송 서비스의 선두 오션 시핑의 고객 서비스 센터입니다. 저희가 **6월 1일부터 브라질 운송 서비스를 제공하게 된다**는 것을 기쁘게 알려 드립니다. **해외 지역에 자동차를 부치실 계획이시라면 소유권 증빙을 제공하셔야 한다**는 점을 유의하시기 바랍니다. **고객님의 통화 내용은 녹음될 수 있으며, 녹음 내용은 품질 관리나 교육용으로 사용될 수 있습니다.** 오션 시핑에 전화해 주셔서 감사합니다.

83

What will the company do beginning on June 1?

(A) Accept reservations online
(B) Provide service to a new location
(C) Offer a customer loyalty program
(D) Lower its express shipping rates

회사는 6월 1일부터 무엇을 할 것인가?

(A) 온라인으로 예약을 받는다.
(B) 신규 지역에 서비스를 제공한다.
(C) 우수고객 보상제도를 실시한다.
(D) 특급 운송료를 인하한다.

어휘 accept 받아 들이다 reservation 예약 provide 제공하다 lower 낮추다 express 속달의, 급행의 shipping rate 운송료

해설 세부사항 관련 – 회사가 6월 1일부터 할 일
지문 초반부에서 6월 1일부터 브라질 운송 서비스를 제공하게 된다(starting June first, we'll begin offering shipping services to Brazil)고 했으므로 정답은 (B)이다.

84

According to the speaker, what must customers do in order to ship a vehicle?

(A) Show proof of ownership
(B) Provide an extra set of keys
(C) Purchase additional insurance
(D) Get a mechanical inspection

화자에 따르면, 고객들은 자동차를 부치기 위해 무엇을 해야만 하는가?

(A) 소유권 증빙을 제시한다.
(B) 열쇠를 여벌로 제공한다.
(C) 보험을 추가로 구입한다.
(D) 기계 점검을 받는다.

어휘 purchase 구입하다 additional 추가의 insurance 보험 mechanical 기계와 관련된 inspection 점검

해설 세부사항 관련 – 자동차 운송을 위해 고객이 해야 할 일
지문 중반부에서 해외 지역에 자동차를 부칠 계획이라면 소유권 증빙을 제공해야 한다(if you are planning to ship a vehicle to any location overseas, you must provide proof of ownership)고 했으므로 정답은 (A)이다.

▸▸ Paraphrasing   담화의 **provide** → 정답의 **show**

85

What does the speaker indicate about the call?

(A) It will be redirected to a different department.
(B) It will be answered in the order in which it was received.
(C) It may be several minutes until a representative answers.
(D) It may be recorded for future use.

화자는 전화에 대해 무엇을 명시하는가?

(A) 전화가 다른 부서로 돌아갈 것이다.
(B) 전화가 접수된 순서대로 응답받을 것이다.
(C) 직원이 응답하기까지 몇 분이 걸릴 것이다.
(D) 추후 사용하기 위해 통화가 녹음될 것이다.

어휘 redirect (다른 주소·방향으로) 다시 보내다, 전송하다 order 순서 receive 받다 representative 직원, 대리인

해설 세부사항 관련 – 화자가 전화에 대해 언급한 사항
지문 후반부에서 통화 내용은 녹음될 수 있으며, 녹음 내용은 품질 관리나 교육용으로 사용될 수 있다(Your call may be recorded, and the recording could be used for quality control or training purposes)고 했으므로 정답은 (D)이다.

86-88 담화

M-Cn Hello everyone and **86welcome to Markell County Playhouse. Thank you for volunteering to help make costumes for our next production** *Changing Time*. Because **87this play has so many characters,** we'll have to work hard to get ready for opening night on April twelfth. Each character has about three different outfits, so that's a lot of sewing for all of us. **88The dress rehearsal, in complete costume, is only five weeks away,** so we'll need everything done by then.

안녕하세요 여러분. 마컬 카운티 극장에 오신 것을 환영합니다. 저희의 차기작 〈체인징 타임〉의 의상 제작을 돕기 위해 자원봉사자로 나서 주셔서 감사합니다. 이 연극에는 등장인물이 아주 많기 때문에 4월 12일 첫날 밤 공연을 준비하려면 열심히 작업해야 할 겁니다. 등장인물마다 옷이 약 세 벌이니까 우리 모두 바느질을 많이 해야 합니다. **의상을 완전히 갖추고 하는 최종 무대 연습이 5주밖에 남지 않았으니 우리는 그때까지 모든 일을 끝내야 할 겁니다.**

어휘 playhouse 연극 극장 volunteer 자원 봉사하다 costume 의상 production 작품 character 등장인물 get ready for ~을 준비하다 opening night 첫날 밤 공연 outfit 옷, 의상 sewing 바느질 dress rehearsal 최종 무대 연습 in complete costume 의상을 완전히 갖추고

86

Who is the intended audience for the talk?

(A) Theater patrons
(B) Costume makers
(C) Ticket sellers
(D) Stage musicians

담화가 목표로 하는 청중은 누구인가?
(A) 극장 이용객
(B) 의상 제작자
(C) 관람권 판매인
(D) 무대 음악가

해설 전체 내용 관련 - 청중의 직업
지문 초반부에서 마컬 카운티 극장에 오신 것을 환영한다(welcome to Markell County Playhouse)고 했고 차기작 〈체인징 타임〉의 의상 제작을 돕기 위해 자원봉사자로 나서 준 것에 감사한다(Thank you for volunteering to help make costumes for our next production *Changing Time*)고 했으므로 연극 의상을 만드는 사람들에게 말하고 있음을 알 수 있다. 따라서 정답은 (B)이다.

87

What does the speaker mention about the play?

(A) It is very long.
(B) It is set in the past.
(C) There are many characters.
(D) There is a waiting list for tickets.

화자는 연극에 관해 무엇을 언급하는가?
(A) 매우 길다.
(B) 배경이 과거이다.
(C) 등장인물이 많다.
(D) 관람권을 사려는 대기자 명단이 있다.

어휘 set 배경(무대)을 설정하다   past 과거   character 등장인물

해설 세부사항 관련 - 연극에 관해 화자가 언급한 사항
지문 중반부에서 이 연극에는 등장인물이 아주 많다(this play has so many characters)고 했으므로 정답은 (C)이다.

88

What will take place in five weeks?

(A) A photography session
(B) A dinner reception
(C) A fashion show
(D) A dress rehearsal

5주 후에 무슨 일이 있는가?
(A) 사진 촬영
(B) 환영 만찬
(C) 패션쇼
(D) 최종 무대 연습

해설 세부사항 관련 - 5주 후에 일어날 일
지문 후반부에서 의상을 완전히 갖추고 하는 최종 무대 연습이 5주밖에 남지 않았다(The dress rehearsal, in complete costume, is only five weeks away)고 했으므로 정답은 (D)이다.

89-91 전화 메시지

W-Am Hi Pierre, this is Emma. **89I know we were supposed to meet in the conference room at nine this morning to begin discussing the renovations to the lobby**, but **90I'm calling to let you know I'm having a problem with transportation.** I was at the train station when train service was suspended. Now I'm going to find a taxi but it may take a while before I get to the office. **91Why don't we go out to lunch today instead?** I hope this will work for you, because I have some ideas for the project that I'd like to talk about.

안녕하세요, 피에르. 저 에마예요. **우리가 오늘 오전 9시에 회의실에서 만나 로비 개조작업을 논의해야 한다는 것을 알지만, 제가 교통 때문에 문제를 겪고 있다는 것을 알려드리려고 전화했어요.** 열차 서비스가 일시 중단될 때 제가 마침 기차역에 있었지 뭐예요. 지금 택시를 잡으러 가고 있지만 사무실에 도착하기까지 좀 걸릴지도 몰라요. **오늘은 대신에 나가서 점심식사를 하면 어떨까요?** 이것이 당신에게 괜찮기를 바라요. 제가 말하고 싶은 프로젝트를 위한 아이디어가 제게 몇 가지 있거든요.

어휘 be supposed to + 동사원형 ~하기로 되어 있다
conference room 회의실   discuss 논의하다   renovation 개조   transportation 교통   suspend 일시 중단[정지]하다
take a while 시간이 좀 걸리다   work 유효하다, 괜찮다

89

What was the speaker supposed to do this morning?

(A) Interview a job applicant
(B) Attend a meeting
(C) Pick up a client
(D) Lead a tour group

화자는 오늘 오전에 무엇을 하기로 되어 있었는가?
(A) 구직자 면접
(B) 회의 참석
(C) 고객 마중
(D) 견학단 인솔

어휘 applicant 지원자

해설 세부사항 관련 - 화자가 오늘 오전에 하기로 했던 일
지문 초반부에서 오늘 오전 9시에 회의실에서 만나 로비 개조작업을 논의해야 한다는 것을 알고 있다(I know we were supposed to meet in the conference room at nine this morning to begin discussing the renovations to the lobby)고 했으므로 정답은 (B)이다.

90

What transportation problem does the speaker mention?

(A) A road has been closed.

(B) A bridge is under construction.

(C) A train service is unavailable.

(D) A flight has been delayed.

화자는 무슨 교통 문제를 언급하는가?

(A) 도로가 폐쇄되었다.

(B) 다리를 건설 중이다.

(C) 열차 서비스를 이용할 수 없다.

(D) 항공편이 지연되었다.

어휘 under construction 건설 중인 unavailable 이용할 수 없는 flight 항공편 delay 연기하다

해설 세부사항 관련 – 화자가 언급하는 교통 문제

지문 중반부에서 교통 때문에 문제를 겪고 있다는 것을 알려드리려고 전화했다(I'm calling to let you know I'm having a problem with transportation)면서 열차 서비스가 일시 중단될 때 제가 마침 기차역에 있었다(I was at the train station when train service was suspended)고 했으므로 정답은 (C)이다.

> ▸▸ Paraphrasing 담화의 **train service was suspended**
> → 정답의 **A train service is unavailable.**

91

What does the speaker suggest?

(A) Inviting other colleagues

(B) Posting a notice

(C) Holding a phone conference

(D) Having lunch together

화자는 무엇을 제안하는가?

(A) 다른 동료들을 초대한다.

(B) 안내문을 붙인다.

(C) 전화 회의를 연다.

(D) 함께 점심을 먹는다.

어휘 colleague 동료 post (안내문 등을) 게시(공고)하다 notice 안내문 conference 회의

해설 세부사항 관련 – 화자의 제안 사항

지문 후반부에서 오늘은 대신에 나가서 점심식사를 하면 어떨지(Why don't we go out to lunch today instead?)를 묻고 있으므로 정답은 (D)이다.

92-94 회의 발췌

M-Au Thanks for inviting me to your annual planning meeting. We're glad that you're considering us to meet the energy needs of your factory. **92My company, Stillman Technology, is committed to providing renewable energy to** businesses like yours. **93By choosing to install our solar panels, you can power all your facilities with affordable clean energy.** And, hundreds of businesses have signed up. I'm sure you have a lot of questions. But first, **94I'd like to show a video of a speech our president gave when we received the Eco-Industry award at a conference last year.**

귀사의 연례 기획회의에 저를 초대해 주셔서 감사합니다. 귀사가 공장의 에너지 필요를 채우기 위해 저희를 고려하고 계시다니 저희는 기쁩니다. 저희 회사 스틸먼 테크놀로지는 귀사와 같은 업체들에 신재생 에너지를 공급하는 데 전념하고 있습니다. 저희의 태양광 패널을 설치하기로 함으로써 귀사는 저렴한 청정 에너지로 모든 시설에 전력을 공급하실 수 있습니다. 수백 개의 회사가 신청했습니다. 저는 귀사가 질문하고 싶은 내용이 많을 것이라고 확신합니다. 그러나 먼저, 저희가 지난해 한 회의에서 환경친화상 수상 당시 저희 사장님이 하신 연설을 동영상으로 보여드리고 싶습니다.

어휘 annual 연례의 planning meeting 기획회의 consider 고려하다 be committed to ~에 전념하다 renewable energy 신재생 에너지 install 설치하다 solar panel 태양광 패널 power 전력을 공급하다 facility 시설 affordable 저렴한 sign up 신청하다, 등록하다 eco-friendly 환경 친화적인 award 상 conference (대규모) 회의, 학회

92

What industry does the speaker work in?

(A) Renewable energy

(B) Computer technology

(C) Publishing

(D) Real estate

화자는 어떤 업계에서 일하는가?

(A) 신재생 에너지

(B) 컴퓨터 기술

(C) 출판

(D) 부동산

해설 전체 내용 관련 – 화자의 근무 분야

지문 초반부에서 저희 회사 스틸먼 테크놀로지는 귀사와 같은 업체들에 신재생 에너지를 공급하는 데 전념하고 있다(My company, Stillman Technology, is committed to providing renewable energy to businesses like yours)고 했으므로 정답은 (A)이다.

93

What does the speaker imply when he says, "hundreds of businesses have signed up"?

(A) He is worried about meeting client demands.

(B) He expects an industry to start changing.

(C) The listeners should choose his company.

(D) The listeners will receive a list of contacts.

화자가 "수백 개의 회사가 신청했습니다."라고 말한 의도는 무엇인가?

(A) 고객의 요구를 충족하는 것에 대해 염려스럽다.

(B) 업계가 변화하기 시작할 것으로 기대한다.

(C) 청자들이 그의 회사를 선택해야 한다.

(D) 청자들이 연락처 목록을 받을 것이다.

어휘 demand 요구 expect 기대하다 receive 받다 contact 연락(처)

해설 화자의 의도 파악 – 수백 개의 회사가 신청했다고 말한 의도
인용문의 바로 앞 문장에서 저희의 태양광 패널을 설치하기로 함으로써 귀사는 저렴한 청정 에너지로 모든 시설에 전력을 공급할 수 있다(By choosing to install our solar panels, you can power all your facilities with affordable clean energy)며 장점을 언급한 뒤 인용문에서 수백 개의 회사가 신청했다고 한 것으로 보아 청자들이 화자의 회사를 선택하도록 확신을 주기 위한 의도로 한 말임을 알 수 있다. 따라서 정답은 (C)이다.

94

What will the listeners see in the video?

(A) A virtual tour

(B) An award-acceptance speech

(C) Product features

(D) Installation instructions

청자들은 동영상에서 무엇을 보게 될 것인가?

(A) 가상 여행

(B) 수상 수락 연설

(C) 제품 사양

(D) 설치 안내

어휘 virtual 가상의 acceptance 수락 feature 특징 installation 설치 instruction 설명, 지시

해설 세부사항 관련 – 청자들이 보게 될 비디오
지문 마지막에서 저희가 지난해 한 회의에서 환경친화상을 수상했을 때 저희 사장님이 했던 연설을 동영상으로 보여드리고 싶다(I'd like to show a video of a speech our president gave when we received the Eco-Industry award at a conference last year)고 했으므로 정답은 (B)이다.

▸▸ Paraphrasing 담화의 received the Eco-Industry award
→ 정답의 award-acceptance

95-97 전화 메시지 + 설문지

M-Cn Hello, **95this is Fred Capo, from Member Relations at Greenwood Gym. I just wanted to thank you for participating in our member survey. 96Everyone who completed a survey will receive a five dollar voucher, which can be used for any class fees or in our café. I've already sent it to your e-mail.** Also, looking at your feedback, I see that you've given very high ratings overall for our gym.

Thank you! **97For the category that you gave five stars to, I'd like to ask you a few more questions.** If you have time, please give me a call back at 555-0184.

안녕하세요. 저는 그린우드 체육관 회원관리과 소속 프레드 카포입니다. 회원님께서 저희 회원 설문조사에 참여해 주셔서 감사 드리고 싶었습니다. 설문지를 작성해 주신 모든 분께서는 5달러짜리 쿠폰을 받게 되시며, 수강료로 쓰시거나 저희 카페에서 사용하실 수 있습니다. 제가 이미 상품권을 회원님의 이메일로 보내 드렸습니다. 또한, 회원님의 의견을 보니 저희 체육관에 전반적으로 아주 높은 평점을 주셨더군요. 감사합니다! 회원님께서 별점 다섯 개를 주신 항목에 대해 몇 가지 더 질문 드리고 싶습니다. 시간이 나시면 555-0184번으로 제게 전화해 주십시오.

어휘 Member Relations 회원관리과 gym 체육관 participate in ～에 참여하다 complete a survey 설문지를 작성하다 voucher 쿠폰, 상품권 class fees 수강료 feedback 의견 give very high ratings 아주 높은 평점을 주다 give a call back (전화 건 상대방에게) 다시 전화하다

Feedback Survey	
Cleanliness	★★★★ 4 stars
Location	★★★★ 4 stars
97Staff friendliness	★★★★★ 5 stars
Cost	★★★ 3 stars

의견 설문조사	
청결	★★★★ 별 4개
위치	★★★★ 별 4개
97직원 친절	★★★★★ 별 5개
가격	★★★ 별 3개

95

Who is the message most likely for?

(A) A fitness instructor

(B) A data analyst

(C) A gym member

(D) A marketing expert

이 메시지의 대상은 누구이겠는가?

(A) 운동 강사

(B) 자료 분석가

(C) 체육관 회원

(D) 마케팅 전문가

해설 전체 내용 관련 - 청자의 신분

지문 초반부에서 화자가 그린우드 체육관 회원관리과에서 전화하는 프레드 카포(this is Fred Capo, from Member Relations at Greenwood Gym)라면서 회원님께서 저희의 회원 설문조사에 참여해 주셔서 감사 드리고 싶었다(I just wanted to thank you for participating in our member survey)고 했으므로 정답은 (C)이다.

96

What does the speaker say he has e-mailed the listener?

(A) A discount voucher
(B) Driving directions
(C) A fitness magazine
(D) Class schedules

화자는 청자에게 무엇을 이메일로 보냈다고 말하는가?

(A) 할인 쿠폰
(B) 운전 경로 안내
(C) 운동 잡지
(D) 수업 시간표

해설 세부사항 관련 - 화자가 청자들에게 이메일로 보낸 것

지문 중반부에서 설문지를 작성해 주신 모든 분께서는 5달러짜리 쿠폰을 받게 되시며, 수강료로 쓰시거나 저희 카페에서 사용하실 수 있다(Everyone who completed a survey will receive a five dollar voucher, which can be used for any class fees or in our café)며 이미 상품권을 회원님의 이메일로 보내 드렸다(I've already sent it to your e-mail)고 했으므로 정답은 (A)이다.

97

Look at the graphic. Which category does the speaker request more information about?

(A) Cleanliness
(B) Location
(C) Staff friendliness
(D) Cost

시각 정보에 따르면, 화자는 어떤 항목에서 정보를 더 요청하는가?

(A) 청결
(B) 위치
(C) 직원 친절
(D) 가격

해설 시각 정보 연계 - 화자가 정보를 추가 요청하는 항목

지문 후반부에서 회원님께서 별점 다섯 개를 주신 항목에 대해 몇 가지 더 질문 드리고 싶다(For the category that you gave five stars to, I'd like to ask you a few more questions)고 했으므로 정답은 (C)이다.

98-100 담화 + 도표

M-Au **98Welcome to today's class on small business start-ups.** We'll be talking about designing a logo that represents the company you're creating. It's how customers will identify you, so the first thing you should do is consider the message you want to communicate. Please take a look at the handout in front of you. We'll talk about each of the features, but **99let's begin by looking at the phrase, "Creative advertising at your fingertips".** The function of this part of the logo is to tell customers what the company is all about. Now, **100try to come up with phrases that might work for your own business**—you'll find some paper and pens in your packets.

오늘 소규모 창업 수업에 오신 것을 환영합니다. 우리는 여러분이 창업하는 회사의 로고 디자인에 관해 이야기할 것입니다. 로고는 고객들이 여러분을 알아보는 방법입니다. 그러니까 여러분이 맨 먼저 할 일은 여러분이 소통하고 싶은 메시지에 대해 숙고해 보는 것입니다. 여러분 앞에 있는 인쇄물을 봐주시기 바랍니다. 우리가 특징들을 하나씩 이야기하겠지만, 우선 "창의적 광고를 손쉽게"라는 어구를 살펴봅시다. 로고에서 이 부분의 기능은 고객들에게 회사가 무슨 일을 하는 회사인지 알려주는 것입니다. 자, 여러분 자신의 회사에 효과가 있을 만한 구절을 생각해 보십시오. 여러분의 수업 자료 봉투 안에 종이와 연필이 있을 겁니다.

어휘 start-up 신생기업 represent 대표하다 identify 알아보다, 확인하다 consider 숙고하다 communicate 소통하다 handout 인쇄물, 수업 자료 feature 특징 phrase 구절 creative 창의적인 advertising 광고 at one's fingertips 손쉽게 이용할 수 있는 function 기능 be all about ～이 핵심이다 come up with ～을 생각해내다 work 효과가 있다 packet 자료 봉투

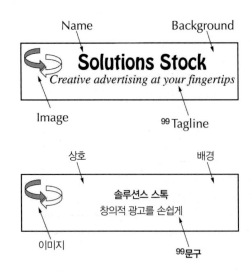

98

Where is the talk most likely taking place?

(A) At a business class
(B) At a software training session
(C) At a department meeting
(D) At a client presentation

담화가 일어나는 장소는 어디인가?

(A) 경영 수업
(B) 소프트웨어 교육 수업
(C) 부서 회의
(D) 고객 발표회

해설 전체 내용 관련 – 담화의 장소
지문 초반부에서 오늘 소규모 창업 수업에 오신 것을 환영한다(Welcome to today's class on small business start-ups)고 했으므로 정답은 (A)이다.

99

Look at the graphic. Which part of the logo does the speaker discuss first?

(A) The name
(B) The background
(C) The image
(D) The tagline

시각 정보에 따르면, 화자는 로고의 어떤 부분을 가장 먼저 논의하는가?

(A) 상호
(B) 배경
(C) 이미지
(D) 문구

해설 시각 정보 연계 – 화자가 가장 먼저 논의한 로고의 부분
지문 중반부에서 우선 "창의적 광고를 손쉽게"라는 어구를 살펴보자(let's begin by looking at the phrase, "Creative advertising at your fingertips")고 했으므로 정답은 (D)이다.

100

What will the listeners do next?

(A) Break into small groups
(B) Write down some ideas
(C) Read an article
(D) Check a Web site

청자들은 다음에 무엇을 할 것인가?

(A) 소그룹으로 갈라진다.
(B) 아이디어를 기록한다.
(C) 기사를 읽는다.
(D) 웹사이트를 확인한다.

해설 세부사항 관련 – 청자들이 다음에 할 일
지문의 마지막 문장에서 여러분 자신의 회사에 효과가 있을 만한 구절을 생각해 보라(try to come up with phrases that might work for your own business)면서 수업 자료 봉투 안에 종이와 연필이 있을 것 (you'll find some paper and pens in your packets)이라고 했으므로 정답은 (B)이다.

기출 TEST 4

1 (C)	2 (C)	3 (A)	4 (A)	5 (B)
6 (D)	7 (A)	8 (A)	9 (C)	10 (C)
11 (B)	12 (A)	13 (A)	14 (B)	15 (A)
16 (C)	17 (C)	18 (C)	19 (A)	20 (B)
21 (C)	22 (A)	23 (C)	24 (C)	25 (B)
26 (B)	27 (A)	28 (C)	29 (B)	30 (B)
31 (A)	32 (B)	33 (C)	34 (B)	35 (B)
36 (C)	37 (A)	38 (C)	39 (B)	40 (D)
41 (B)	42 (A)	43 (D)	44 (A)	45 (A)
46 (D)	47 (C)	48 (A)	49 (B)	50 (C)
51 (B)	52 (D)	53 (D)	54 (C)	55 (A)
56 (D)	57 (C)	58 (B)	59 (A)	60 (B)
61 (B)	62 (C)	63 (B)	64 (A)	65 (C)
66 (C)	67 (D)	68 (C)	69 (A)	70 (B)
71 (D)	72 (C)	73 (B)	74 (D)	75 (C)
76 (A)	77 (B)	78 (D)	79 (B)	80 (C)
81 (D)	82 (C)	83 (B)	84 (A)	85 (B)
86 (C)	87 (A)	88 (D)	89 (C)	90 (A)
91 (D)	92 (B)	93 (A)	94 (C)	95 (A)
96 (C)	97 (B)	98 (A)	99 (D)	100 (C)

PART 1

1　M-Au

(A) He's talking on a phone.
(B) He's folding a newspaper.
(C) He's writing on a form.
(D) He's leaving an office.

(A) 그는 통화를 하고 있다.
(B) 그는 신문을 접고 있다.
(C) 그는 양식을 작성하고 있다.
(D) 그는 사무실을 나서고 있다.

어휘　talk on a phone 통화하다　fold 접다　form 양식

해설　1인 등장 사진 - 사람의 동작/상태 묘사
(A) 동사 오답. 남자가 통화를 하고 있는(talking on the phone) 모습이 아니므로 오답.
(B) 동사 오답. 남자가 신문을 접고 있는(folding a newspaper) 모습이 아니므로 오답.
(C) 정답. 남자가 양식을 작성하고 있는(writing on a form) 모습을 잘 묘사했으므로 정답.
(D) 동사 오답. 남자가 사무실을 나가고 있는(leaving an office) 모습이 아니므로 오답.

2　W-Br

(A) One of the men is placing branches into a container.
(B) One of the men is planting a tree.
(C) The men are working near each other.
(D) The men are carrying a ladder.

(A) 남자들 중 한 명이 통에 나뭇가지를 담고 있다.
(B) 남자들 중 한 명이 나무를 심고 있다.
(C) 남자들이 서로 가까이에서 작업하고 있다.
(D) 남자들이 사다리를 옮기고 있다.

어휘　place A into B A를 B에 넣다[담다]　container 통, 용기　plant 심다　carry 나르다, 옮기다

해설　2인 이상 등장 사진 - 사람의 동작/상태 묘사
(A) 동사 오답. 나뭇가지를 통에 담고 있는(placing branches into a container) 남자의 모습이 보이지 않으므로 오답.
(B) 동사 오답. 나무를 심고 있는(planting a tree) 남자의 모습이 보이지 않으므로 오답.
(C) 정답. 남자들이 서로 가까이에서 일을 하고 있는(working near each other) 모습이므로 정답.
(D) 동사 오답. 남자들이 사다리를 옮기고 있는(carrying a ladder) 모습이 아니므로 오답.

3　M-Cn

(A) They're looking into a copy machine.
(B) They're posting notices on a board.
(C) They're putting some papers in a file.
(D) They're moving equipment out of a room.

(A) 그들은 복사기를 살펴보고 있다.
(B) 그들은 게시판에 안내문을 붙이고 있다.
(C) 그들은 서류를 파일에 철하고 있다.
(D) 그들은 방 밖으로 장비를 옮기고 있다.

어휘　post 게시하다, 공고하다　notice 안내문　board 판자, 게시판　papers 서류　equipment 장비, 설비

해설　2인 이상 등장 사진 - 사람의 동작/상태 묘사
(A) 정답. 사람들이 복사기를 살펴보고 있는(looking into a copy machine) 모습이므로 정답.

(B) 동사 오답. 사람들이 안내문을 붙이고 있는(posting notices) 모습이 아니므로 오답.

(C) 동사 오답. 사람들이 서류를 파일에 철하는(putting some papers in a file) 모습이 아니므로 오답.

(D) 동사 오답. 사람들이 장비를 옮기고 있는(moving equipment) 모습이 아니므로 오답.

---

4 W-Am

(A) Bags of merchandise are on display.
(B) A shopping cart is being filled.
(C) The woman is putting on an apron.
(D) The woman is handing a bag to a customer.

(A) 상품이 담긴 봉지들이 진열되어 있다.
(B) 쇼핑 카트를 채우고 있다.
(C) 여자는 앞치마를 착용하고 있다.
(D) 여자는 봉지 하나를 고객에게 건네고 있다.

어휘 merchandise 상품, 물품 on display 진열되어 있는 put on (동작) ~을 착용하다[입다] (*cf.* wear 착용한 상태) hand 건네다

해설 1인 등장 사진 – 사람 또는 사물 중심 묘사

(A) 정답. 상품이 담긴 봉지들(bags of merchandise)이 진열되어 있는 (on display) 모습이므로 정답.

(B) 사진에 없는 명사를 이용한 오답. 사진에 쇼핑 카트(a shopping cart)가 보이지 않으므로 오답.

(C) 동사 오답. 여자가 앞치마를 착용하고 있는(putting on an apron) 모습이 아니라 이미 착용 중인(wearing an apron) 상태이므로 오답. 참고로 putting on은 무언가를 착용하는 동작을 가리키는 말로 이미 착용 중인 상태를 나타내는 wearing과 혼동하지 않도록 주의한다.

(D) 동사 오답. 여자가 봉지를 건네고 있는(handing a bag) 모습이 아니므로 오답.

---

5 M-Au

(A) A man is unpacking a suitcase.
(B) A musician is playing outdoors.
(C) Some park benches are empty.
(D) Some people are setting up a tent.

(A) 남자가 여행 가방을 풀고 있다.
(B) 음악가가 야외에서 연주하고 있다.
(C) 공원 벤치 몇 개가 비어 있다.
(D) 몇몇 사람이 천막을 설치하고 있다.

어휘 unpack 짐을 풀다 suitcase 여행 가방 outdoors 야외[옥외]에서 set up a tent 천막을 치다

해설 2인 이상 등장 사진 – 사람 또는 사물 중심 묘사

(A) 동사 오답. 사진에 여행 가방을 풀고 있는(unpacking a suitcase) 남자의 모습이 보이지 않으므로 오답.

(B) 정답. 한 음악가(a musician)가 야외에서 악기를 연주하고 있는 (playing outdoors) 모습이므로 정답.

(C) 상태 오답. 공원 벤치(park benches)가 비어 있는(empty) 상태가 아니라 사람들이 앉아 있는(occupied) 상태이므로 오답.

(D) 동사 오답. 사람들이 천막을 설치하고 있는(setting up a tent) 모습이 아니라 이미 천막이 설치되어 있는(has been set up) 상태이므로 오답.

---

6 W-Am

(A) Some artwork is being framed.
(B) A plant is hanging from the ceiling.
(C) Some chairs have been stacked against a wall.
(D) A lamp has been set on top of a counter.

(A) 미술 작품이 액자에 끼워지고 있다.
(B) 식물이 천장에 매달려 있다.
(C) 의자 몇 개가 벽에 기대어 포개어져 있다.
(D) 전등이 카운터 위에 놓여 있다.

어휘 artwork 미술 작품 frame 액자에 끼우다 hang 매달리다 stack 포개다, 쌓다 on top of ~ 위에

해설 사물 사진 – 실내 사물의 상태 묘사

(A) 동사 오답. 미술 작품(artwork)이 사람에 의해 액자에 끼워지고 있는(are being framed) 모습이 아니라 이미 끼워진(has been framed) 상태이므로 오답.

(B) 동사 오답. 식물이 천장에 매달려 있는(hanging from the ceiling) 상태가 아니므로 오답.

(C) 상태 오답. 의자가 벽에 기대어 차곡차곡 포개어진(have been stacked against a wall) 상태가 아니므로 오답.

(D) 정답. 전등(a lamp)이 카운터 위에 놓여 있는(has been set on top of a counter) 상태이므로 정답.

PART 2

7

W-Am Who was hired to be the manager's new assistant?

M-Au **(A) Jacob got the job.**
(B) OK, I'll give them a quick tour.
(C) At this afternoon's staff meeting.

누가 부장님의 새 비서로 채용되었나요?
(A) 제이콥이 그 일자리를 얻었어요.
(B) 좋아요, 제가 그들을 데리고 빨리 둘러볼게요.
(C) 오늘 오후 직원회의에서요.

어휘 hire 채용하다 assistant 비서 give a quick tour 빨리 둘러보게 하다

해설 새로 채용된 비서를 묻는 Who 의문문
(A) 정답. 새로 채용된 비서가 누구인지를 묻는 질문에 제이콥이라는 구체적인 인물로 응답했으므로 정답.
(B) Yes/No 불가 오답. Who 의문문에는 Yes/No 응답이 불가능한데, OK도 일종의 Yes 응답이라고 볼 수 있으므로 오답.
(C) 질문과 상관없는 오답. When 의문문에 대한 응답이므로 오답.

8

M-Cn When is the final budget due?

W-Br **(A) Tomorrow at five o'clock.**
(B) For the advertising department.
(C) Mr. Tong's office.

최종 예산안 제출 마감이 언제인가요?
(A) 내일 다섯 시예요.
(B) 홍보부를 위한 거예요.
(C) 통 씨의 사무실이에요.

어휘 budget 예산안 due 마감인, 기한인 advertising department 홍보부

해설 예산안 마감 시점을 묻는 When 의문문
(A) 정답. 예산안 마감 시점을 묻는 질문에 내일 다섯 시라며 구체적인 시점으로 응답하고 있으므로 정답.
(B) 질문과 상관없는 오답. 누구를 위한 것인지를 묻는 Who 의문문에 어울리는 응답이므로 오답.
(C) 질문과 상관없는 오답. 질문에 어울리지 않는 응답을 하고 있으므로 오답.

9

W-Br The store has another location in Brentwood, doesn't it?

M-Au (A) It's on the top shelf.
(B) A twenty percent discount.
(C) Yes, there's one in the historic district.

그 상점은 브렌트우드에도 지점이 있어요, 그렇죠?
(A) 맨 위 선반에 있어요.
(B) 20퍼센트 할인됩니다.
(C) 네, 역사지구에 하나 있어요.

어휘 location 지점 top shelf 맨 위 선반 historic district 역사지구

해설 지점의 위치를 확인하는 부가 의문문
(A) 질문과 상관없는 오답. 물건의 위치를 묻는 Where 의문문에 대한 응답이므로 오답.
(B) 연상 단어 오답. 질문의 store에서 연상 가능한 discount를 이용한 오답.
(C) 정답. 지점이 브렌트우드에 있는지 여부를 묻는 질문에 맞다(Yes)고 대답한 후, 구체적인 위치까지 알려주었으므로 정답.

10

W-Am Would you care to join us for dinner?

W-Br (A) She was late for work.
(B) Please be careful.
(C) Sorry, I have other plans.

저희와 함께 저녁을 드시겠어요?
(A) 그녀는 일터에 지각했어요.
(B) 조심하세요.
(C) 미안하지만 다른 일정이 있어요.

어휘 Would you care to + 동사원형 ~? ~하시겠어요?

해설 제안/권유 의문문
(A) 질문과 상관없는 오답. 질문에 어울리지 않는 응답을 하고 있으므로 오답.
(B) 유사 발음 오답. 질문의 care와 부분적으로 발음이 유사한 careful을 이용한 오답.
(C) 정답. 저녁을 함께 먹자는 제안에 미안하지만 다른 일정이 있다며 우회적으로 거절하고 있으므로 정답.

11

M-Cn Did Lisa pick up the invitations from the printers?

W-Am (A) On letterhead stationery, please.
(B) No, she hasn't gotten to it yet.
(C) The annual fund-raising banquet.

리사가 인쇄소에서 초대장들을 찾아왔나요?
(A) 편지지에 써주세요.
(B) 아뇨, 아직 찾아오지 않았어요.
(C) 해마다 열리는 모금 연회예요.

어휘 invitation 초대장 letterhead stationery 편지지 get to it 착수하다, 시작하다 fund-raising 모금 banquet 연회

해설 리사가 초대장을 찾아왔는지 여부를 묻는 조동사(do) 의문문
(A) 연상 단어 오답. 질문의 invitations에서 연상 가능한 letterhead stationery를 이용한 오답.
(B) 정답. 리사가 인쇄소에서 초대장을 찾아왔는지를 묻는 질문에 아니요(No)라고 대답한 후, 아직 그 일에 착수하지 않았다고 덧붙였으므로 정답.
(C) 연상 단어 오답. 질문의 invitations에서 연상 가능한 banquet을 이용한 오답.

12

M-Cn Which dance performance did you like the best?

W-Br (A) They were all so good.
(B) Our seats are near the stage.
(C) It should be very entertaining.

어떤 무용 공연이 제일 마음에 들었어요?

(A) 모두 아주 좋았어요.
(B) 우리 자리는 무대 근처예요.
(C) 그건 아주 재미있을 거예요.

어휘 performance 공연 entertaining 재미있는, 즐거운

해설 마음에 드는 공연을 묻는 Which 의문문

(A) 정답. 제일 마음에 드는 공연을 묻는 질문에 모두 좋았다고 응답했으므로 정답.
(B) 질문과 상관없는 오답. 좌석의 위치를 묻는 Where 의문문에 대한 응답이므로 오답.
(C) 연상 단어 오답. 질문의 dance performance에서 연상 가능한 entertaining을 이용한 오답.

13

W-Br You're going to Melbourne soon, aren't you?

M-Au (A) Yes, I leave at 3:00 P.M.
(B) Because it's too expensive.
(C) No, they weren't.

곧 멜버른에 가시죠, 그렇죠?

(A) 네, 오후 3시에 떠나요.
(B) 너무 비싸서요.
(C) 아뇨, 그들은 아니었어요.

어휘 expensive 비싼

해설 곧 멜버른에 가는지를 확인하는 부가 의문문

(A) 정답. 곧 멜버른에 가는지를 묻는 질문에 맞다(Yes)고 대답한 후, 3시에 떠난다며 구체적인 시점까지 알려주었으므로 정답.
(B) 질문과 상관없는 오답. Why 의문문에 대한 응답이므로 오답.
(C) 질문과 상관없는 오답. You로 묻는 질문에 They로 응답하고 있으므로 오답.

14

M-Au When can we expect the shipment?

W-Am (A) A large number of tables and chairs.
(B) Not until next Tuesday afternoon.
(C) At the post office on Main Street.

택배 물품을 언제 받아볼 수 있을까요?

(A) 탁자와 의자가 많아요.
(B) 다음 주 화요일 오후는 되어야 해요.
(C) 메인 스트리트에 있는 우체국에서요.

어휘 expect (오기로 되어 있는 대상이) 오기를 기대하다 shipment 택배 물품, 선적물 a large number of 많은 수의 not until ~이 되어야 비로소

해설 배송 시점을 묻는 When 의문문

(A) 질문과 상관없는 오답. 배송품이 무엇인지를 묻는 What 의문문에 대한 응답이므로 오답.
(B) 정답. 배송 시점을 묻는 질문에 다음 주 화요일 오후쯤이라며 구체적인 시점으로 응답하고 있으므로 정답.
(C) 질문과 상관없는 오답. 위치를 묻는 Where 의문문에 대한 응답이므로 오답.

15

M-Au Can you handle this client's complaint?

W-Br (A) Yes, of course.
(B) The accounts manager.
(C) No, I didn't.

이 고객의 불만을 처리해 줄 수 있나요?

(A) 네, 물론이죠.
(B) 거래 담당자입니다.
(C) 아뇨, 제가 하지 않았어요.

어휘 handle 처리하다 client 고객 complaint 불만 accounts manager 거래 담당자

해설 부탁/요청 의문문

(A) 정답. 고객 불만을 처리해 달라는 요청에 대해 Yes라며 수락하고 있으므로 정답.
(B) 질문과 상관없는 오답. Who 의문문에 대한 응답이므로 오답.
(C) 질문과 상관없는 오답. 고객 불만을 처리해 달라는 요청에 대해 제가 하지 않았다며 과거 시제로 응답해 상황에 어울리지 않으므로 오답.

16

W-Br How much will it cost to fix this computer?

M-Cn (A) It'll be ready next week.
(B) Replace the hard drive.
(C) Is it still under warranty?

이 컴퓨터를 고치는 데 비용이 얼마나 들까요?

(A) 다음 주면 준비될 겁니다.
(B) 하드 드라이브를 교체하세요.
(C) 보증 기간이 아직 끝나지 않았죠?

어휘 cost 비용이 들다 fix 고치다 replace 교체하다 under warranty 보증 기간 중인

해설 컴퓨터 수리 비용을 묻는 How much 의문문

(A) 질문과 상관없는 오답. 수리 완료 시점을 묻는 When 의문문에 대한 응답이므로 오답.
(B) 연상 단어 오답. 질문의 fix에서 연상 가능한 replace, 질문의 computer에서 연상 가능한 hard drive를 이용한 오답.
(C) 정답. 컴퓨터를 고치는 데 드는 비용을 묻는 질문에 아직 보증 기간이 남았는지 즉, 수리 비용과 관련된 추가 정보를 되물어 대답에 필요한 정보를 구하고 있으므로 정답.

17

W-Br　Won't Ellen be organizing the conference this year?

M-Au　(A) A well-organized event.
　　　(B) We've decided what to bring.
　　　(C) No, she's taking a year off.

엘런이 올해 대회를 조직할 예정 아닌가요?
(A) 잘 조직된 행사예요.
(B) 우리는 무엇을 가져올지 결정했어요.
(C) 아뇨, 그녀는 1년 동안 쉬고 있어요.

어휘　organize 조직하다　conference 대규모 회의, 학회　well-organized 잘 조직된　take a year off 1년 휴가를 보내다

해설　대회 조직 담당자를 확인하는 부정 의문문
(A) 단어 반복 오답. 질문의 organize를 반복 이용한 오답.
(B) 질문과 상관없는 오답. 질문과 전혀 어울리지 않는 응답을 하고 있으므로 오답.
(C) 정답. 엘런이 대회 조직 담당자가 맞는지를 확인하는 질문에 아니요(No)라고 대답한 후, 그녀가 휴직 중이라며 이유를 구체적으로 제시했으므로 정답.

18

W-Am　Where are the half-price shoes?

M-Cn　(A) A missing price tag.
　　　(B) Sure, we'll buy those.
　　　(C) That sale ended yesterday.

반값 신발이 어디에 있지요?
(A) 누락된 가격표예요.
(B) 그럼요, 우린 그것들을 살 거예요.
(C) 그 할인 판매는 어제 끝났어요.

어휘　half-price 반값의　missing 누락된, 사라진　price tag 가격표

해설　할인 품목의 위치를 묻는 Where 의문문
(A) 질문과 상관없는 오답. What 의문문에 대한 응답이므로 오답.
(B) Yes/No 불가 오답. Where 의문문에는 Yes/No 응답이 불가능한데, Sure도 일종의 Yes 응답이라고 볼 수 있으므로 오답.
(C) 정답. 반값 신발이 있는 위치를 묻는 질문에 해당 할인 판매는 이미 끝났다며 우회적으로 응답하고 있으므로 정답.

19

W-Br　Does the apartment building have a parking area?

M-Au　(A) There's a public garage close by.
　　　(B) Many trees and flowers are in bloom now.
　　　(C) A two-bedroom apartment.

아파트 건물에 주차장이 있나요?
(A) 근처에 공용 주차장이 있어요.
(B) 많은 나무와 꽃이 지금 활짝 피었어요.
(C) 침실 2개짜리 아파트예요.

어휘　parking area 주차장　public garage 공용 주차장　close by 인근에, 근처에　in bloom 만개한, 활짝 핀

해설　주차장이 있는지 여부를 묻는 조동사(do) 의문문
(A) 정답. 아파트에 주차장이 있는지를 묻는 질문에 근처에 공용 주차장이 있다며 아파트 내에 주차할 수 없음을 우회적으로 응답하고 있으므로 정답.
(B) 연상 단어 오답. 질문의 park에서 연상 가능한 trees and flowers를 이용한 오답.
(C) 단어 반복 오답. 질문의 apartment를 반복 이용한 오답.

20

M-Au　When were these forms authorized?

W-Am　(A) He's written several books.
　　　(B) Our supervisor will know.
　　　(C) Another batch next Tuesday.

이 양식들은 언제 인가 받았나요?
(A) 그는 책을 여러 권 썼어요.
(B) 우리 상사가 알 거예요.
(C) 다음 주 화요일에 한 회분 더 올 거예요.

어휘　authorize 인가하다, 권한을 부여하다　supervisor 상사　batch 한 회분

해설　양식의 인가 시점을 묻는 When 의문문
(A) 연상 단어 오답. authorized와 발음이 비슷한 author(작가)에서 연상 가능한 books를 이용한 오답.
(B) 정답. 양식이 인가 받은 시점을 묻는 질문에 상사가 알 거라며 자신은 알지 못함을 우회적으로 응답하고 있으므로 정답.
(C) 연상 단어 오답. when에서 연상 가능한 next Tuesday를 이용한 오답. 추가 한 회분이 온다는 것은 질문과 관계 없는 내용이므로 답이 될 수 없다.

21

W-Am　The table should be set before the guests arrive.

W-Br　(A) No, twelve people at seven o'clock.
　　　(B) How was the party?
　　　(C) I'll do it right now.

손님들이 오기 전에 식탁을 차려야 해요.
(A) 아뇨, 7시에 열두 명이에요.
(B) 파티는 어땠어요?
(C) 제가 지금 즉시 차릴게요.

어휘　set the table 식탁[밥상]을 차리다　right now 지금 즉시

해설　제안/요청 평서문
(A) 연상 단어 오답. 평서문의 guests에서 연상 가능한 twelve people을 이용한 오답.
(B) 연상 단어 오답. 질문의 table, set, guests에서 연상 가능한 party를 이용한 오답.
(C) 정답. 손님이 오기 전에 식탁을 차려야 함을 요구하는 평서문에 자기가 즉시 하겠다며 요구에 응하고 있으므로 정답.

22

M-Au Today's all-staff meeting wasn't well attended, was it?

W-Br (A) Many employees are out of the office.
(B) It's in room five on the second floor.
(C) Ten o'clock every day.

오늘의 전직원회의는 참석이 저조했죠?
(A) 많은 직원이 자리를 비웠어요.
(B) 그것은 2층 5번 방에 있어요.
(C) 매일 10시에요.

어휘 all-staff meeting 전직원회의 attend 참석하다 employee 직원, 사원 be out of the office 사무실 자리를 비우다

해설 회의 참석률이 저조했는지를 확인하는 부가 의문문
(A) 정답. 회의 참석률이 저조했는지를 묻는 질문에 Yes를 생략한 채 많은 직원들이 자리를 비웠다며 우회적으로 응답하고 있으므로 정답.
(B) 질문과 상관없는 오답. Where 의문문에 대한 응답이므로 오답.
(C) 질문과 상관없는 오답. When 의문문에 대한 응답이므로 오답.

23

M-Cn Didn't you reschedule your vacation for August?

W-Am (A) From Thailand and Vietnam.
(B) A new travel agent.
(C) No, I booked a trip in July.

8월로 휴가 일정을 변경하지 않았나요?
(A) 태국과 베트남에서요.
(B) 새로 온 여행사 직원이에요.
(C) 아뇨, 7월에 여행을 예약했어요.

어휘 reschedule 일정을 변경하다 travel agent 여행사 직원 book 예약하다

해설 휴가 일정 변경 여부를 묻는 부정 의문문
(A) 질문과 상관없는 오답. Where 의문문에 대한 응답이므로 오답.
(B) 연상 단어 오답. 질문의 vacation에서 연상 가능한 travel agent를 이용한 오답.
(C) 정답. 휴가 일정을 변경했는지 확인하는 질문에 아니오(No)라고 대답한 후, 7월에 여행을 예약했다며 그에 상응하는 내용을 구체적으로 제시했으므로 정답.

24

M-Au Which of this week's training sessions should I sign up for?

M-Cn (A) It'll last about four hours.
(B) Attendance was fairly low.
(C) They've been postponed until next month.

이번 주 교육 활동들 중 어떤 것에 등록해야 할까요?
(A) 약 4시간 동안 계속될 거예요.
(B) 출석률이 아주 낮았어요.
(C) 그것들은 다음 달까지 연기되었어요.

어휘 training session 교육[연수] 활동 sign up for ~에 등록하다 attendance 출석률 postpone 연기하다

해설 등록해야 할 교육 과정의 종류를 묻는 Which 의문문
(A) 질문과 상관없는 오답. How long 의문문에 대한 응답이므로 오답.
(B) 연상 단어 오답. 질문의 training sessions에서 연상 가능한 attendance를 이용한 오답.
(C) 정답. 어떤 교육 과정에 등록해야 하는지를 묻는 질문에 교육 과정이 다음 달까지 연기되었다며 이번 주 과정에 등록할 필요가 없음을 우회적으로 응답하고 있으므로 정답.

25

W-Br I'd like you to present your proposal at the next council meeting.

M-Au (A) Thank you for the nice present.
(B) Sure, I'd be happy to.
(C) Yes, it was an interesting meeting.

다음 번 위원회의에서 당신이 제안서를 발표해 주었으면 합니다.
(A) 좋은 선물을 주셔서 감사합니다.
(B) 그럼요, 기꺼이 하겠습니다.
(C) 네, 흥미로운 회의였습니다.

어휘 present 발표하다; 선물 council meeting 위원회의

해설 제안/요청 평서문
(A) 단어 반복 오답. 평서문의 present를 반복 이용한 오답.
(B) 정답. 제안서를 발표해 달라고 요청하는 평서문에 기꺼이 그렇게 하겠다며 수락하고 있으므로 정답.
(C) 단어 반복 오답. 평서문의 meeting을 반복 이용한 오답.

26

M-Au Should we make copies of the budget for the team or e-mail it to them?

W-Am (A) A yearly statement.
(B) Not everyone needs a copy.
(C) They did well in the competition.

팀 예산안을 복사해야 하나요, 이메일로 보내야 하나요?
(A) 연말 결산서예요.
(B) 모든 사람에게 사본이 필요하진 않아요.
(C) 그들은 시합에서 잘 했어요.

어휘 make copies of ~을 복사하다 budget 예산안 yearly statement 연말 결산서 competition 시합, 경쟁

해설 예산안 전달 방법을 묻는 선택 의문문
(A) 연상 단어 오답. 질문의 budget에서 연상 가능한 statement를 이용한 오답.
(B) 정답. 예산안을 전달할 방법을 묻는 선택 의문문에 모두가 복사본이 필요한 건 아니라며 이메일로 보내면 됨을 우회적으로 응답하고 있으므로 정답.
(C) 질문과 상관없는 오답. 질문과 전혀 어울리지 않는 응답을 하고 있으므로 오답.

TEST

27

W-Br I'll pick you up at the bus terminal at eight-thirty in the evening.

M-Cn (A) Great, I'll be there waiting.
(B) I think Soo-Hee has them.
(C) It's sold out.

저녁 8시 30분에 버스 터미널에서 당신을 태울게요.
(A) 잘됐네요. 거기서 기다리고 있을게요.
(B) 내 생각엔 그것들을 수희가 가지고 있는 것 같아요.
(C) 매진됐어요.

어휘 pick up 태우러 가다   be sold out 매진되다

해설 제안/권유 평서문
(A) 정답. 터미널로 태우러 오겠다고 제안하는 평서문에 좋다(Great)고 대답한 후, 기다리고 있겠다고 호응하고 있으므로 정답.
(B) 질문과 상관없는 오답. 물건이 있는 장소를 묻는 Where 의문문이나 물건을 갖고 있는 사람을 묻는 Who 의문문에 대한 응답이므로 오답.
(C) 질문과 상관없는 오답. 질문의 내용에 어울리지 않는 응답이므로 오답.

28

W-Am Will we hire one delivery driver or two?

M-Cn (A) Where's the license bureau?
(B) His brother works here.
(C) We really need two.

우리가 배달 기사를 한 명 채용할 건가요, 두 명 채용할 건가요?
(A) 면허 발급부서가 어디죠?
(B) 그의 형이 이곳에서 일해요.
(C) 우리에겐 정말 두 명이 필요해요.

어휘 hire 채용하다   delivery driver 배달 기사   license bureau 면허 발급 부서

해설 배달 기사의 채용 인원 수를 묻는 선택 의문문
(A) 연상 단어 오답. 질문의 driver에서 연상 가능한 license를 이용한 오답.
(B) 연상 단어 오답. 질문의 hire에서 연상 가능한 works를 이용한 오답.
(C) 정답. 채용할 배달 기사의 인원 수를 묻는 선택 의문문에 두 명이 필요하다며 두 가지 선택 사항 중 하나를 택해 응답하고 있으므로 정답.

29

M-Cn Has the new software been installed on your computer yet?

W-Br (A) He's from the Information Technology department.
(B) I just got back from vacation today.
(C) Several hundred dollars.

당신의 컴퓨터에 새 소프트웨어가 설치되었나요?
(A) 그는 정보기술부에서 나왔어요.
(B) 제가 휴가를 마치고 오늘 돌아왔어요.
(C) 수백 달러예요.

어휘 install 설치하다   Information Technology department 정보기술부   get back from ~에서 돌아오다   vacation 휴가

해설 새 소프트웨어의 설치 여부를 묻는 조동사(have) 의문문
(A) 연상 단어 오답. 질문의 new software에서 연상 가능한 Information Technology department를 이용한 오답.
(B) 정답. 새 소프트웨어가 설치되었는지를 묻는 질문에 휴가를 마치고 오늘 돌아왔다며 아직 설치하지 않았음을 우회적으로 응답하고 있으므로 정답.
(C) 질문과 상관없는 오답. How much 의문문에 대한 응답이므로 오답.

30

M-Cn Why are they cleaning the carpets now?

W-Am (A) I'll see if one's available.
(B) Is the noise bothering you?
(C) No thanks, it's already been done.

왜 그들이 지금 카펫을 청소하고 있나요?
(A) 하나를 사용할 수 있는지 제가 알아볼게요.
(B) 소음 때문에 불편하신가요?
(C) 고맙지만 벌써 다 끝났어요.

어휘 available 사용할 수 있는, 입수할 수 있는   bother 괴롭히다   be done 끝나다

해설 카펫을 청소하는 이유를 묻는 Why 의문문
(A) 질문과 상관없는 오답. 질문의 내용에 전혀 어울리지 않는 응답이므로 오답.
(B) 정답. 지금 카펫을 청소하고 있는 이유를 묻는 질문에 청소로 인한 소음 때문에 불편한지를 되물으며 우회적으로 응답하고 있으므로 정답.
(C) Yes/No 불가 오답. Why 의문문에는 Yes/No 응답이 불가능한데, No thanks도 일종의 No 응답이라고 볼 수 있으므로 오답.

31

W-Br I thought we were moving to the new office next week.

M-Au (A) There was an e-mail update about that.
(B) Next to the break room.
(C) To buy the packing supplies.

저는 다음 주에 우리가 새 사무실로 이사할 거라고 생각했어요.
(A) 그것에 관해 최신 소식을 알리는 이메일이 있었어요.
(B) 휴게실 옆이에요.
(C) 포장용품을 사려고요.

어휘 update 최신 소식   break room 휴게실   packing supplies 포장용품

해설 사실/정보 전달 평서문
(A) 정답. 다음 주에 이사할 줄 알았다며 이사 시점을 잘못 알았음을 전달하는 평서문에 이사 관련 최신 소식을 알리는 이메일이 있었다며 잘못 안 것이 맞음을 우회적으로 표현했으므로 정답.
(B) 질문과 상관없는 오답. Where 의문문에 대한 응답이므로 오답.
(C) 질문과 상관없는 오답. Why 의문문에 대한 응답이므로 오답.

PART 3

32-34

> W-Am Excuse me, sir, but ³²**I think you're in my seat, 14-A?**
>
> M-Au Let me take a look at my ticket...hmm, ³²**no, it seems I'm in the right place.** My ticket says 14-A as well.
>
> W-Am Well... ³³**this is train car five. Are you sure you're in the right car?**
>
> M-Au Oh, pardon me! I'm 14-A in car six. ³⁴**I've put my bags on the overhead rack, so just give me a moment to get my things together.**

> 여   실례합니다, 선생님. 제 자리인 14-A에 앉아 계신 것 같은데요.
>
> 남   제 승차권을 한번 보겠습니다… 흠, **아뇨, 제가 정확한 자리에 앉아 있는 것 같은데요.** 제 승차권에도 14-A라고 적혀 있어요.
>
> 여   저기요… **여기는 5번 객차입니다. 정확한 객차에 계신 것이 확실한가요?**
>
> 남   아, 미안합니다! 제 자리가 6호차 14-A로군요. **상단 선반에 제 가방들을 얹어 놨으니, 잠시 시간을 주시면 제 물건을 모두 가져가겠습니다.**

> 어휘   take a look at ~을 보다   as well 또한   train car 객차   Pardon me. 미안합니다.   overhead rack 상단 선반, 머리 위 짐칸

32

What are the speakers discussing?

(A) An arrival time
(B) A seat assignment
(C) A ticket price
(D) A travel policy

대화자들은 무엇을 논의하고 있는가?
(A) 도착 시간
(B) 자리 배정
(C) 승차권 가격
(D) 여행 방침

어휘 assignment 배정   policy 정책, 방침

해설 전체 내용 관련 – 대화의 주제
대화 초반부에 여자가 남자에게 자기 자리인 14-A에 앉아 있는 것 같다(I think you're in my seat, 14-A)고 했고 뒤이어 남자도 승차권을 확인하며 본인이 정확한 자리에 앉아 있는 것 같다(it seems I'm in the right place)며 각자의 자리에 대해 확인하고 있는 내용이 이어지므로 정답은 (B)이다.

33

Where is the conversation taking place?

(A) In a parking garage
(B) At a car rental agency
(C) On a train
(D) In a baggage claim area

대화가 진행되는 곳은 어디인가?
(A) 주차장
(B) 자동차 대여점
(C) 기차
(D) 수화물 찾는 곳

어휘 baggage claim area 수화물[짐] 찾는 곳

해설 전체 내용 관련 – 대화의 장소
여자는 두 번째 대사에서 여기는 5번 객차(this is train car five)라며 남자에게 정확한 객차에 있는 것이 맞느냐(Are you sure you're in the right car?)라고 묻고 있으므로 기차에서 이루어진 대화임을 알 수 있다. 따라서 정답은 (C)이다.

34

What does the man say he will do?

(A) Show his identification card
(B) Gather his luggage
(C) Ask for a refund
(D) Speak with a supervisor

남자는 무엇을 하겠다고 말하는가?
(A) 신분증을 보여준다.
(B) 자신의 짐을 챙긴다.
(C) 환불을 요청한다.
(D) 차장과 대화한다.

어휘 luggage 짐, 수화물

해설 세부사항 관련 – 남자가 다음에 할 행동
남자가 마지막 대사에서 상단 선반에 제 가방들을 얹어 놨으니, 잠시 시간을 주시면 제 물건을 모두 가져가겠다(I've put my bags on the overhead rack, so just give me a moment to get my things together)고 했으므로 정답은 (B)이다.

> ▸▸ Paraphrasing   대화의 **get my things together**
> → 정답의 **Gather his luggage**

35-37

> W-Br Hi, Mr. Lin, ³⁵**I'm calling from Central Dentistry. You have an appointment with Dr. Sumner on June eighth at two P.M.** ³⁶**I was wondering if we'd be able to move your appointment to three o'clock.**
>
> M-Cn Well, I have a sales call scheduled that morning, but I think three o'clock would be all right.

W-Br Wonderful, we really appreciate it. Most of our staff will be attending a dental workshop earlier in the day, and they are concerned about getting back in time.

M-Cn No problem at all. ³⁷**I'll mark down that change in my calendar right now.**

여 안녕하세요, 린 씨. **센트럴 치과입니다. 6월 8일 오후 2시에 섬너 선생님과 진료 약속이 잡혀 있는데요. 약속을 3시로 옮기실 수 있는지 궁금해서요.**

남 뭐, 그날 오전에 고객을 방문해야 하지만, 제 생각엔 3시도 괜찮을 것 같군요.

여 잘됐네요. 정말 감사합니다. 직원 대다수가 그날 일찌기 치과 연수회에 참석할 예정인데, 제시간에 돌아올지 우려하고 있거든요.

남 아무 문제 없습니다. **바뀐 내용을 제 일정에 즉시 표시해 둘게요.**

어휘 dentistry 치과 appointment 진료 약속 sales call 방문 영업이나 전화 영업 appreciate 감사하다 dental workshop 치과 연수회 be concerned about ~을 우려하다 get back in time 제시간에 돌아오다 mark down 표시해두다

35

What most likely is the woman's job?

(A) Lab technician
(B) Receptionist
(C) Pharmacist
(D) Doctor

여자의 직업은 무엇이겠는가?

(A) 실험실 기술자
(B) 접수 담당자
(C) 약사
(D) 의사

해설 전체 내용 관련 - 여자의 직업

여자가 대화 초반부에서 센트럴 치과에서 전화한다(I'm calling from Central Dentistry)면서 6월 8일 오후 2시에 섬너 선생님과 진료 약속이 잡혀 있다(You have an appointment with Dr. Sumner on June eighth at two P.M.)며 진료 예약을 확인하고 있으므로 정답은 (B)이다.

36

What does the woman want to change?

(A) The quantity of items in an order
(B) The location of a seminar
(C) The time of an appointment
(D) A payment schedule

여자는 무엇을 변경하고 싶어 하는가?

(A) 주문한 물품의 양
(B) 세미나 장소
(C) **진료 약속 시간**
(D) 지급 일정

어휘 quantity 양

해설 세부사항 관련 - 여자가 변경을 원하는 것

여자가 대화 초반부에서 남자에게 약속을 3시로 옮길 수 있는지 궁금하다(I was wondering if we'd be able to move your appointment to three o'clock)고 했으므로 정답은 (C)이다.

37

What will the man do next?

(A) Update his calendar
(B) Submit his medical records
(C) Review an invoice
(D) Prepare an agenda

남자는 다음에 무엇을 할 것인가?

(A) **달력 일정 변경**
(B) 의료기록 제출
(C) 청구서 검토
(D) 회의 안건 준비

어휘 submit 제출하다 medical 의료의 invoice 청구서, 송장 agenda 의제, 안건

해설 세부사항 관련 - 남자가 다음에 할 행동

남자가 마지막 대사에서 바뀐 내용을 자신의 일정표에 즉시 표시하겠다(I'll mark down that change in my calendar right now)고 했으므로 정답은 (A)이다.

▸▸ Paraphrasing 대화의 mark down that change in my calendar → 정답의 Update his calendar

38-40

M-Cn Jackie, ³⁸**some of our hotel guests would like to see the symphony orchestra perform tomorrow night.** I've called the box office a couple of times to book tickets for them, but I just get a recording.

W-Am Well, ³⁹**I've got a brochure about another classical music performance happening tomorrow night at a different venue.** Why don't you ask our guests if they'd be interested in seeing that show instead?

M-Cn Great! ⁴⁰**I'll stop by your office when I get back from lunch.** I'll get the details then.

남 재키, **우리 호텔 고객 중 일부가 내일 밤 교향악단 연주회를 보고 싶어 해요.** 제가 입장권을 예매하려고 매표소에 몇 차례 전화했지만 녹음 안내만 들리는군요.

여 음, **내일 밤 다른 곳에서 하는 또 다른 클래식 음악 연주회의 안내책자가 제게 있어요.** 고객들에게 대신 그 연주회에 관심이 있는지 물어보시겠어요?

남 잘됐네요! **제가 점심식사를 하고 돌아올 때 당신 사무실에 들를게요.** 자세한 내용은 그때 알아보죠.

어휘   symphony 교향곡   performance 연주, 공연   box
      office 매표소   book 예약하다   recording 녹음 안내
      brochure 안내책자   venue 장소   stop by 들르다   get
      the details 자세한 내용을 알아보다

38

Where do the speakers work?

(A) At a phone company

(B) At a retail store

(C) At a hotel

(D) At a theater

화자들은 어디에서 근무하는가?

(A) 전화회사

(B) 소매점

(C) 호텔

(D) 극장

해설 전체 내용 관련 – 화자들의 근무지

대화 초반부에 남자가 우리 호텔 고객 중 일부가 내일 밤 교향악단 연주회를 보고 싶어 한다(some of our hotel guests would like to see the symphony orchestra perform tomorrow night)고 했으므로 정답은 (C)이다.

39

What does the woman tell the man about?

(A) A new restaurant

(B) A music performance

(C) A group discount

(D) A maintenance request

여자는 남자에게 무엇에 관해 말하는가?

(A) 새로 생긴 식당

(B) 음악 공연

(C) 단체 할인

(D) 보수 요청

해설 세부사항 관련 – 여자가 말하는 사항

대화 중반부에 여자가 내일 밤 다른 곳에서 하는 또 다른 클래식 음악 연주회의 안내책자를 갖고 있다(I've got a brochure about another classical music performance happening tomorrow night at a different venue)고 했으므로 정답은 (B)이다.

40

What will the man do after lunch?

(A) Listen to his phone messages

(B) Send a confirmation e-mail

(C) Return some tickets

(D) Go to the woman's office

남자는 점심식사 후 무엇을 할 것인가?

(A) 전화 메시지를 듣는다.

(B) 확인 이메일을 보낸다.

(C) 입장권을 일부 반납한다.

(D) 여자의 사무실에 간다.

어휘 confirmation 확인

해설 세부사항 관련 – 남자가 점심식사 이후에 할 행동

남자는 마지막 대사에서 여자에게 점심식사를 하고 돌아올 때 여자의 사무실에 들르겠다(I'll stop by your office when I get back from lunch)고 했으므로 정답은 (D)이다.

> ▸▸ Paraphrasing   대화의 **stop by your office**
> → 정답의 **Go to the woman's office**

41-43

M-Cn Excuse me. **41I'm looking for a video camera. I've never bought one before, and I'm wondering if you could make some suggestions.**

W-Br Sure. It'll help, though, to know what your specific needs are and how much you'd like to spend.

M-Cn Well, I plan to use it most when I go on vacation. **42I have a couple of trips coming up, and I'd like to record my experiences.** I've never operated video equipment, though, so I'd like something that's basic.

W-Br In that case, **43I'd recommend the Sepler 83. I personally like this one the best because it's very easy to operate.** Since this is your first video camera purchase, I'd probably get that one.

남 실례합니다. 비디오 카메라를 찾고 있는데요. 전에 구입해 본 적이 없어서 그러는데, 몇 가지 제안해 주실 수 있는지요.

여 물론이죠. 하지만 고객님의 구체적인 필요와 지출하시고 싶은 비용이 얼마인지 알면 도움이 되겠습니다.

남 음, 휴가 때 가장 많이 사용할 계획이에요. 곧 여행을 두 차례 갈 건데 제 경험을 녹화해 두고 싶습니다. 하지만 동영상 장비를 작동해 본 적이 없어서 기본적인 걸 원합니다.

여 그러시다면 세플러 83을 권해 드립니다. 작동이 매우 쉽기 때문에 제가 개인적으로 가장 좋아하죠. 이번이 비디오 카메라를 처음 구입하시는 거니까 저라면 아마 저걸 구입할 거예요.

어휘 make suggestions 제안하다   specific 구체적인
      spend 쓰다, 지출하다   operate 작동하다   equipment
      장비   though 하지만(= however)   recommend
      추천하다, 권하다   personally 개인적으로   purchase
      구입, 구매   probably 아마, 십중팔구

41

What does the man ask the woman to do?

(A) Place an order

(B) Recommend a product

(C) Explain a feature

(D) Reduce a price

남자는 여자에게 무엇을 해 달라고 요청하는가?

(A) 주문 신청
(B) 제품 추천
(C) 기능 설명
(D) 가격 할인

어휘 place an order 주문하다 feature 특징 reduce 줄이다, 낮추다

해설 세부사항 관련 – 남자의 요청 사항

대화 초반부에 남자는 비디오 카메라를 찾고 있다(I'm looking for a video camera)며 전에 구입해 본 적이 없어서 그러는데, 몇 가지 제안해 달라(I've never bought one before, and I'm wondering if you could make some suggestions)고 했으므로 정답은 (B)이다.

> ▸▸ Paraphrasing   대화의 **make some suggestions**
>   → 정답의 **Recommend**

42

What does the man say he will do with a video camera?

(A) Document his travels
(B) Use it for a class
(C) Record staff meetings
(D) Make a commercial

남자는 비디오 카메라로 무엇을 하겠다고 말하는가?

(A) 여행을 기록한다.
(B) 수업에서 사용한다.
(C) 직원회의를 녹화한다.
(D) 광고를 제작한다.

어휘 document 기록하다; 서류 commercial 광고

해설 세부사항 관련 – 남자가 비디오 카메라로 할 일

남자가 두 번째 대사에서 곧 여행을 두 차례 갈 건데 자신의 경험을 녹화해 두고 싶다(I have a couple of trips coming up, and I'd like to record my experiences)고 했으므로 정답은 (A)이다.

> ▸▸ Paraphrasing   대화의 **record** → 정답의 **Document**

43

What does the woman say about the Sepler 83?

(A) It has a rechargeable battery.
(B) It has positive customer reviews.
(C) It is a new model.
(D) It is easy to use.

여자는 세플러 83에 관해 무슨 말을 하는가?

(A) 재충전 배터리가 있다.
(B) 고객 평가가 좋다.
(C) 새로 나온 모델이다.
(D) 사용하기 쉽다.

어휘 rechargeable 재충전되는 positive 긍정적인

해설 세부사항 관련 – 여자가 세플러 83에 대해 말하는 사항

여자는 마지막 대사에서 세플러 83을 권한다(I'd recommend the Sepler 83)며, 작동이 매우 쉽기 때문에 자신이 개인적으로 가장 좋아한다(I personally like this one the best because it's very easy to operate)고 했으므로 정답은 (D)이다.

> ▸▸ Paraphrasing   대화의 **easy to operate** → 정답의 **easy to use**

44-46

M-Au	Hey, Sunisa. **⁴⁴We're about to leave to cater the event at Kimball Medical Foundation, but ⁴⁵there aren't enough cups. Do you know where I can find some?**
W-Am	Oh no. **⁴⁵I ordered some from our supplier two days ago, but they still haven't delivered them.** This isn't the first time this has happened.
M-Au	Well, we're supposed to start setting up our tables at Kimball Medical by nine-thirty, so what do you suggest? **⁴⁶I don't have time to stop by a store on the way.**
W-Am	OK, **⁴⁶I can help out. I'll go buy more and bring them to you.**
M-Au	Thanks. I'll text you when we get there, so you know where to find us.

남	안녕하세요, 수니사. 킴볼 의료재단 행사에 출장 요리를 제공하러 나가려는 참인데, 컵이 충분하지 않아요. 어디에서 찾을 수 있는지 알고 있나요?
여	오, 아뇨. 제가 이틀 전에 공급업체에 얼마간 주문했지만, 아직까지 배달하지 않았어요. 이런 일이 생긴 게 이번이 처음이 아니에요.
남	음, 9시 30분까지는 킴볼 의료재단에서 식탁을 차리기 시작해야 하는데, 어떻게 하면 좋겠어요? 가는 길에 상점에 들를 시간이 없어요.
여	알겠어요. 제가 도울 수 있어요. 제가 가서 컵을 더 사서 갖다 드릴게요.
남	고마워요. 우리가 그곳에 도착하면 문자를 보낼 테니, 우리가 어디 있는지 찾을 수 있을 거예요.

어휘 be about to + 동사원형 막 ~하려는 참이다 cater 출장 요리를 제공하다 medical foundation 의료재단 supplier 공급업자, 공급업체 deliver 배달하다 be supposed to + 동사원형 ~해야 한다, ~하기로 되어 있다 set up one's / the table 식탁을 차리다 stop by 들르다 on the way 도중에, 가는 길에

44

Where do the speakers most likely work?

(A) At a medical clinic
(B) At a catering company
(C) At a convenience store
(D) At a manufacturing plant

화자들이 일하는 곳은 어디이겠는가?

(A) 병원

(B) 출장 요리업체

(C) 편의점

(D) 제조 공장

어휘 convenience store 편의점 manufacturing plant 제조 공장

해설 전체 내용 관련 – 화자들의 근무지

대화 초반부에 남자가 여자에게 킴볼 의료재단 행사에 출장 요리를 제공하러 나가려는 참(We're about to leave to cater the event at Kimball Medical Foundation)이라고 했으므로 정답은 (B)이다.

45

Why does the woman say, "This isn't the first time this has happened"?

(A) She is frustrated with a vendor.

(B) She does not agree with an idea.

(C) She knows how to solve a problem.

(D) She wants the listener to be more cautious.

여자가 "이런 일이 생긴 게 이번이 처음이 아니에요."라고 말한 의도는 무엇인가?

(A) 판매업체 때문에 실망스럽다.

(B) 생각에 동의하지 않는다.

(C) 문제를 어떻게 해결할지 안다.

(D) 청자가 더 주의하기를 바란다.

어휘 frustrated 불만스러워 하는 vendor 판매업체 solve 해결하다 cautious 주의하는

해설 화자의 의도 파악 – 이런 일이 생긴 게 이번이 처음이 아니라는 말의 의도

대화 초반부에 남자가 컵이 충분하지 않다(there aren't enough cups)며 어디 있는지 아는지(do you know where I can find some?) 묻자 여자가 이틀 전에 공급업체에 주문을 했는데 아직 배달이 안 되었다(I ordered some from our supplier two days ago, but they still haven't delivered them)고 하면서 뒤이어 한 말이므로, 인용문은 배송이 제때 안 된 일이 처음이 아니라며 판매업체에 대해 불만을 표현하기 위해 한 말임을 알 수 있다. 따라서 정답은 (A)이다.

46

What will the woman most likely do next?

(A) Check some equipment

(B) Speak with a manager

(C) Load a vehicle

(D) Go to a store

여자는 다음에 무엇을 하겠는가?

(A) 장비를 점검한다.

(B) 관리자와 이야기한다.

(C) 차에 짐을 싣는다.

(D) 가게에 간다.

어휘 load (짐 등을) 싣다; 짐 vehicle 차량

해설 세부사항 관련 – 여자가 다음에 할 행동

남자가 두 번째 대사에서 가는 길에 상점에 들를 시간이 없다(I don't have time to stop by a store on the way)고 한 말에 여자가 도울 수 있다(I can help out)면서 가서 컵을 더 사서 갖다 주겠다(I'll go buy more and bring them to you)고 했으므로 정답은 (D)이다.

47-49 3인 대화

W-Am ⁴⁷**Hi, Dorota. Markus and I wanted to stop by to welcome you to Emmerson BioTech. We interviewed a lot of chemistry majors for this summer internship, and you were our top pick.**

M-Au And while we're here, ⁴⁸**I can show you how to fill out the time sheets that you'll have to turn in to Payroll at the end of every week. Do you have time to go over that now?**

W-Br Well, I'm supposed to go to the main laboratory in a few minutes for an overview of the experiments that I'll be working on this summer.

W-Am Oh, sorry. We should have mentioned this sooner. ⁴⁹**The lab is closed for cleaning today, so your lab orientation has been postponed until tomorrow.**

여1 안녕하세요, 도로타. 당신이 에머슨 바이오테크에 오신 걸 환영하려고 마커스와 내가 잠깐 들르고 싶었어요. 우리가 올 여름 인턴십에 지원한 화학 전공자를 많이 면접했는데, 당신이 최우수 선발자였어요.

남 그리고 우리가 여기 온 김에 **당신이 주말마다 경리부에 제출해야 할 근무시간 기록표를 어떻게 작성하는지 내가 알려줄 수 있어요. 지금 그걸 검토할 시간이 있나요?**

여2 글쎄요, 몇 분 후에 제가 올 여름에 작업하게 될 실험들에 관해 개략적으로 설명을 듣기 위해 주실험실에 가야 해요.

여1 아, 미안해요. 우리가 진작에 말했어야 하는데. **오늘은 청소를 하기 위해 실험실이 닫혀 있어서 실험실 오리엔테이션이 내일로 연기되었어요.**

어휘 stop by 들르다 chemistry major 화학 전공자 top pick 최우수 선발자 fill out 작성하다, 기입하다 time sheet 근무시간 기록표 turn in 제출하다 Payroll (Department) 경리부 go over 검토하다 be supposed to + 동사원형 ~하기로 되어 있다, ~해야 한다 main laboratory 주실험실 overview 개관, 개요 experiment 실험 mention 언급하다 postpone 연기하다

47

What is Dorota's field of study?

(A) Economics
(B) Marketing
(C) Chemistry
(D) Accounting

도로터의 연구 분야는 무엇인가?

(A) 경제학
(B) 마케팅
(C) 화학
(D) 회계

해설 세부사항 관련 - 도로터의 연구 분야

여자 1이 첫 번째 대사에서 도로터에게 인사를 건네면서(Hi, Dorota) 에 머슨 바이오테크에 온 걸 환영하려고 마커스와 자신이 잠깐 들르고 싶었다 (Markus and I wanted to stop by to welcome you to Emmerson BioTech)며 올 여름 인턴십에 지원한 화학 전공자를 많이 면접했는데, 당신(Dorota)이 최우수 선발자였다(We interviewed a lot of chemistry majors for this summer internship, and you were our top pick) 고 했으므로 정답은 (C)이다.

48

What does the man want to review with Dorota?

(A) Payroll procedures
(B) Safety precautions
(C) Admission requirements
(D) A building directory

남자는 도로터와 무엇을 검토하고 싶어 하는가?

(A) 급여 지급 절차
(B) 안전 수칙
(C) 입학 요건
(D) 건물 안내도

해설 세부사항 관련 - 남자가 도로터와 검토하길 원하는 것

남자가 첫 번째 대사에서 도로터에게 주말마다 경리부에 제출해야 할 근무 시간 기록표를 어떻게 작성하는지 알려줄 수 있다(I can show you how to fill out the time sheets that you'll have to turn in to Payroll at the end of every week)며 지금 그걸 검토할 시간이 있는지(Do you have time to go over that now)를 묻고 있으므로 정답은 (A)이다.

49

Why has a training been postponed?

(A) A computer server is down.
(B) A facility has been closed.
(C) Some materials are missing.
(D) Transportation is unavailable.

왜 교육이 연기되었는가?

(A) 컴퓨터 서버가 중단되었다.
(B) 시설이 폐쇄되었다.
(C) 일부 자료가 사라졌다.
(D) 교통편을 이용할 수 없다.

어휘 facility 시설 transportation 교통 수단, 운송 unavailable 이용(획득)할 수 없는

해설 세부사항 관련 - 교육이 연기된 이유

여자1이 마지막 대사에서 오늘은 청소를 하기 위해 실험실이 닫혀 있어서 실험실 오리엔테이션이 내일로 연기되었다(The lab is closed for cleaning today, so your lab orientation has been postponed until tomorrow)고 했으므로 정답은 (B)이다.

> ▸▸ **Paraphrasing**　대화의 lab → 정답의 facility

50-52

W-Am	Thanks for this follow-up visit, Mr. Kessler. Your team did a nice job installing the parking area for my office building. It's smooth and even. However, as you can see, **50behind the building, the work was never finished. Only a few of the white stripes that mark the individual parking spots have been painted.**
M-Cn	Hmm...Yes, I see. My team was supposed to paint that final section on Tuesday, but **51all the rain last week put us behind schedule.**
W-Am	I hope you'll be able to take care of this soon.
M-Cn	Sure, that won't be a problem. **52I'll put you on the schedule right away, and we'll come by first thing tomorrow and get this all done for you.**
여	이렇게 후속 방문해 주셔서 감사합니다, 케슬러 씨. 귀하의 작업 팀이 제 사무 빌딩의 주차장 설치 작업을 잘 해 주셨어요. 매끄럽고 평평합니다. 하지만 보시다시피, **건물 뒤편은 작업이 전혀 끝나지 않았습니다. 개별 주차 공간을 표시하는 흰색 띠 몇 개만 칠해진 상태입니다.**
남	음… 네, 그렇군요. 저희 작업 팀이 그 마지막 구간을 화요일에 칠하기로 되어 있었지만, **지난주에 비가 와서 일정에 뒤처졌습니다.**
여	곧 이것을 처리해 주실 수 있으면 좋겠습니다.
남	물론이죠. 그건 문제가 되지 않을 겁니다. 제가 즉시 작업 일정에 넣고, 저희가 내일 맨 먼저 들러 이 일을 모두 끝내겠습니다.

어휘 follow-up visit 후속 방문 install 설치하다 office building 사무용 빌딩 stripe 띠, 줄무늬 mark 표시하다 individual 개별적인, 개인적인 parking spot 주차 공간 be supposed to + 동사원형 ~하기로 되어 있다, ~해야 한다 section 구간, 구역 put ~ behind schedule ~이 일정에 뒤처지게 하다 take care of ~을 처리하다 put ~ on the schedule ~을 일정에 넣다 come by 들르다 first thing 맨 먼저

50

What problem does the woman mention?

(A) An invoice is incorrect.
(B) A window is broken.
(C) A job is incomplete.
(D) A water pipe is leaking.

여자는 무슨 문제를 언급하는가?

(A) 청구서가 부정확하다.
(B) 창문이 깨졌다.
(C) 작업이 불완전하다.
(D) 수도관이 샌다.

어휘 invoice 송장, 청구서 incorrect 부정확한 incomplete 불완전한 leak 새다

해설 세부사항 관련 – 여자가 언급한 문제

대화 초반부에 여자가 건물 뒤편은 작업이 전혀 끝나지 않았다(behind the building, the work was never finished)면서 개별 주차 공간을 표시하는 흰색 띠 몇 개만 칠해진 상태(Only a few of the white stripes that mark the individual parking spots have been painted)라고 했으므로 정답은 (C)이다.

▸▸ Paraphrasing 대화의 the work was never finished
→ 정답의 A job is incomplete.

51

According to the man, what caused the problem?

(A) Poor maintenance
(B) Weather conditions
(C) Low-quality products
(D) Inexperienced workers

남자에 따르면, 무엇 때문에 문제가 생겼는가?

(A) 부실한 유지보수
(B) 기상 상태
(C) 질 낮은 제품
(D) 미숙련 작업자들

어휘 maintenance 유지(보수) inexperienced 경험이 부족한

해설 세부사항 관련 – 남자가 말하는 문제의 원인

남자가 첫 번째 대사에서 지난주에 비가 와서 일정에 뒤처졌다(all the rain last week put us behind schedule)고 했으므로 정답은 (B)이다.

▸▸ Paraphrasing 대화의 all the rain
→ 정답의 Weather conditions

52

What does the man say he will do right away?

(A) Send a warranty
(B) Contact a supervisor
(C) Pick up some supplies
(D) Adjust a schedule

남자는 즉시 무엇을 하겠다고 말하는가?

(A) 보증서를 발송한다.
(B) 상사와 연락한다.
(C) 일부 물품을 찾아온다.
(D) 일정을 조정한다.

어휘 warranty 품질 보증서 supervisor 상사, 관리자 supplies 보급품, 물품 adjust 조정하다

해설 세부사항 관련 – 남자가 다음에 할 행동

남자가 마지막 대사에서 즉시 작업 일정에 넣고, 내일 맨 먼저 들러 이 일을 모두 끝내겠다(I'll put you on the schedule right away, and we'll come by first thing tomorrow and get this all done for you)고 했으므로 정답은 (D)이다.

▸▸ Paraphrasing 대화의 put you on the schedule
→ 정답의 Adjust a schedule

53-55

W-Br Hello. ⁵³I'm calling about my subscription to *TV Trivia Magazine*. I moved a few months ago, and I called to give you my new address at that time. But I've only received one issue since then. I'm wondering what the problem is. The name is Fernandez.

M-Au OK, let me check ... Oh yes, I see. Your subscription expired last month. ⁵⁴Why don't you sign up for our online version of the magazine? We're running a promotional sale for 20 percent off digital subscriptions right now.

W-Br Actually, ⁵⁵I prefer to read the paper version. Can you provide the same discount for that? If you can, I'll renew right away.

여 안녕하세요. 〈TV 트리비아 매거진〉 구독 건으로 전화합니다. 제가 몇 개월 전에 이사를 했고 그때 전화로 새 주소를 알려드렸어요. 하지만 그 이후로 잡지를 한 권밖에 받지 못했어요. 무슨 문제가 있는지 궁금합니다. 제 이름은 페르난데스예요.

남 그러시군요. 확인해 보겠습니다… 아 네, 알았습니다. 고객님의 구독이 지난달에 만료됐군요. 잡지를 온라인 판으로 신청하시는 게 어떨까요? 저희가 지금 디지털 구독 20퍼센트 판촉 할인 행사를 하고 있습니다.

여 실은 제가 종이 잡지를 읽는 것을 더 좋아해요. 그것에 대해서도 똑같이 할인해 주실 수 있나요? 그래 주실 수 있으면 즉시 갱신할게요.

어휘 subscription 구독 trivia 사소한 정보, 일반 상식 issue (잡지) 호 expire 만료되다, 만기가 되다 sign up for ~을 신청하다, ~에 등록하다 promotional sale 판촉 할인 prefer 선호하다 provide 제공하다 renew (구독을) 갱신하다, 연장하다

53

What type of business is the woman calling?

(A) A library

(B) A computer store

(C) A fitness center

(D) A magazine company

여자는 어떤 종류의 업체에 전화하고 있는가?

(A) 도서관

(B) 컴퓨터 판매점

(C) 피트니스 센터

(D) 잡지사

해설 세부사항 관련 - 여자가 전화하는 업체

대화 초반부에 여자가 〈TV 트리비아 매거진〉 구독 건으로 전화한다(I'm calling about my subscription to *TV Trivia Magazine*)고 했으므로 정답은 (D)이다.

54

What does the man suggest?

(A) Replacing a membership card

(B) Calling back later

(C) Purchasing an online subscription

(D) Updating contact information

남자는 무엇을 하라고 제안하는가?

(A) 회원증을 교체한다.

(B) 나중에 다시 전화한다.

(C) 온라인 구독권을 구입한다.

(D) 연락 정보를 갱신한다.

어휘 replace 교체하다 purchase 구입하다 subscription 구독(권), 구독료

해설 세부사항 관련 - 남자의 제안 사항

남자가 첫 번째 대사에서 잡지를 온라인 판으로 신청하시는 게 어떨지(Why don't you sign up for our online version of the magazine?) 제안했으므로 정답은 (C)이다.

> ▸▸ Paraphrasing 대화의 sign up for our online version of the magazine → 정답의 Purchasing an online subscription

55

What does the woman ask about?

(A) A discount

(B) A refund policy

(C) Overnight delivery

(D) Hours of operation

여자는 무엇에 관해 문의하는가?

(A) 할인

(B) 환불 정책

(C) 익일 배송

(D) 영업 시간

해설 세부사항 관련 - 여자의 문의 사항

여자가 마지막 대사에서 종이 잡지를 읽는 것을 더 좋아한다(I prefer to read the paper version)면서 종이 잡지에 대해서도 똑같이 할인해 주실 수 있는지(Can you provide the same discount for that?)를 묻고 있으므로 정답은 (A)이다.

56-58 3인 대화

M-Au	Susan, **56, 57thanks for watching us practice our presentation about this new marketing campaign.**
M-Cn	Yes, we really appreciate it. Now that we've finished, do you have any comments? **57We're showing it to our client next week,** so your feedback will be really helpful.
W-Br	**58I'd emphasize more how you intend to reach a larger and more diverse customer base with this marketing campaign.**
M-Au	Well, we are planning to use social media to reach younger people. Do you think that should be included in the presentation?
W-Br	Absolutely. The client will like that.
M-Cn	We'll get back to work then. But if you are free tomorrow, I'd like us to meet one more time to go over our revisions.

남1	수잔, 이번 신규 마케팅 캠페인에 관해 우리가 발표 연습하는 것을 지켜봐 줘서 고마워요.
남2	그래요, 정말 감사해요. 이제 끝마쳤으니 무슨 의견이 있나요? **우리가 그것을 다음 주에 고객에게 보여줄 거라** 당신의 의견이 정말 도움이 될 거예요.
여	**저라면 당신들이 어떻게 이 마케팅 캠페인으로 더 크고 더 다양한 고객층에 다가갈 생각인지를 더 강조하겠어요.**
남1	음, 우리는 소셜 미디어를 사용해 더 젊은 사람들에게 다가갈 계획이에요. 그것이 이 발표에 포함되어야 한다고 생각하세요?
여	물론이죠. 고객이 좋아할 거예요.
남2	그럼 다시 작업할게요. 하지만 당신이 내일 한가하면 우리가 수정한 내용을 만나서 한 번 더 검토해 줬으면 해요.

어휘	presentation 발표(회) appreciate 감사하다 now that ~이니까(= since) client 고객 emphasize 강조하다 intend to + 동사원형 ~할 생각이다 reach 도달하다, 영향을 주다 diverse 다양한 customer base 고객층 include 포함하다 get back to work 업무에 복귀하다 go over ~을 검토하다 revision 수정, 변경

56

What are the speakers discussing?

(A) A budget

(B) A client survey

(C) A new employee

(D) A presentation

대화자들은 무엇을 의논하고 있는가?

(A) 예산안

(B) 고객 설문조사

(C) 신입사원

(D) 발표회

해설 전체 내용 관련 – 대화의 주제

대화 초반부에서 남자1이 이번 신규 마케팅 캠페인에 관해 우리가 발표 연습하는 것을 지켜봐 줘서 고맙다(thanks for watching us practice our presentation about this new marketing campaign)며 대화를 시작했고 뒤를 이은 화자들도 발표에 관해 이야기하고 있으므로 정답은 (D)이다.

57

What type of company do the speakers work for?

(A) A financial-planning business

(B) An insurance company

(C) A marketing firm

(D) A law office

화자들은 어떤 종류의 회사에서 근무하는가?

(A) 재무설계 회사

(B) 보험회사

(C) 마케팅 회사

(D) 법률회사

해설 전체 내용 관련 – 화자들의 근무지

대화 초반부에서 남자1이 이번 신규 마케팅 캠페인에 관해 우리가 발표 연습하는 것을 지켜봐 줘서 고맙다(thanks for watching us practice our presentation about this new marketing campaign)고 했고, 뒤이어 남자2는 우리가 마케팅 캠페인에 관한 발표를 다음 주에 고객에게 보여줄 것(We're showing it to our client next week)이라고 했으므로 화자들은 마케팅 캠페인을 다루는 업무를 하고 있음을 알 수 있다. 따라서 정답은 (C)이다.

58

What does the woman say should be emphasized?

(A) Creating innovative products

(B) Expanding the customer base

(C) Building an effective team

(D) Reducing expenses

여자는 무엇을 강조해야 한다고 말하는가?

(A) 혁신 제품 창출

(B) 고객층 확장

(C) 효과적인 팀 구성

(D) 비용 절감

어휘 innovative 혁신적인 expand 확장하다 effective 효과적인 reduce 낮추다, 줄이다 expense 비용

해설 세부사항 관련 – 여자가 말하는 강조해야 할 사항

여자가 첫 번째 대사에서 본인이라면 어떻게 이 마케팅 캠페인으로 더 크고 더 다양한 고객층에 다가갈 생각인지를 더 강조하겠다(I'd emphasize more how you intend to reach a larger and more diverse customer base with this marketing campaign)고 했으므로 정답은 (B)이다.

> ▸▸ **Paraphrasing** 대화의 **reach a larger and more diverse customer base** → 정답의 **Expanding the customer base**

59-61

M-Cn	Hi, Nadia. ⁵⁹**Our department manager mentioned you're training our new hires.**
W-Am	⁵⁹**Yeah, I still have a lot to do, and the training starts Monday.** ⁶⁰**I've been so busy updating the training documents, I haven't had time to do anything else.**
M-Cn	Well... I finished my project early.... ⁶⁰**What do you need?**
W-Am	Thank you so much. ⁶¹**Could you check with the Security Office about the badges for the new employees? I sent them a request last week, but I haven't heard back yet.**
M-Cn	⁶¹**No problem, I'll take care of that right away.**

남	안녕하세요, 나디아. 당신이 신입사원들을 교육할 거라고 우리 부장님께서 말씀하시더군요.
여	네, 제가 여전히 할 일이 많은데, 교육이 월요일에 시작돼요. 교육용 문서들을 새로 바꾸느라 아주 바빠서 다른 일은 할 시간도 없었다니까요.
남	음… 제가 프로젝트를 일찍 끝냈는데… 무엇이 필요하세요?
여	너무 고마워요. 신입사원들의 직원 배지를 경비실에 확인해 주시겠어요? 지난주에 요청했는데 아직 회신이 없네요.
남	문제 없어요. 제가 즉시 처리할게요.

어휘 department manager 부장 new hire 신입사원 check with A about B B에 관해 A에 확인하다 request 요청 take care of 처리하다

59

What is the woman preparing for?

(A) A training session

(B) A job interview

(C) A safety inspection

(D) A product review

여자는 무엇을 준비하고 있는가?

(A) 교육 과정
(B) 구직 면접
(C) 안전 점검
(D) 제품 평가

해설 세부사항 관련 – 여자가 준비하고 있는 것

대화 초반부에 남자가 여자에게 당신이 신입사원들을 교육할 거라고 부장님이 말씀하셨다(Our department manager mentioned you're training our new hires)고 했고 여자도 맞다(Yeah)며 여전히 할 일이 많은데, 교육이 월요일에 시작된다(I still have a lot to do, and the training starts Monday)고 대답했으므로 정답은 (A)이다.

60

What does the man imply when he says, "I finished my project early"?

(A) He wants feedback on a task.
(B) He has time to offer assistance.
(C) He would like to leave for the day.
(D) He thinks he deserves a promotion.

남자가 "제가 프로젝트를 일찍 끝냈는데"라고 말한 의도는 무엇인가?
(A) 업무에 관해 의견을 얻고 싶다.
(B) 도와줄 시간이 있다.
(C) 퇴근하고 싶다.
(D) 자신이 승진할 자격이 있다고 생각한다.

어휘 task 업무 assistance 도움 leave for the day 퇴근하다
deserve ~할 자격이 있다 promotion 승진

해설 화자의 의도 파악 – 제가 프로젝트를 일찍 끝냈다고 한 말의 의도

대화 초반부에 여자가 교육용 문서들을 새로 바꾸느라 아주 바빠서 다른 일은 할 시간도 없었다(I've been so busy updating the training documents, I haven't had time to do anything else)고 한 말을 듣고 남자가 자신의 프로젝트가 일찍 끝났다며 무엇이 필요하느냐(What do you need?)고 묻는 것으로 보아, 인용문은 여자를 도울 의도로 한 말임을 알 수 있다. 따라서 정답은 (B)이다.

61

What will the man most likely do next?

(A) Postpone a meeting
(B) Follow up on a request
(C) Check a piece of equipment
(D) Review a policy

남자는 다음에 무엇을 하겠는가?
(A) 회의를 연기한다.
(B) 요청 사항에 관해 더 알아본다.
(C) 장비를 점검한다.
(D) 정책을 검토한다.

어휘 postpone 연기하다 follow up on ~의 후속 조치를 하다
equipment 장비 policy 방침, 정책

해설 세부사항 관련 – 남자가 다음에 할 행동

여자가 두 번째 대사에서 신입사원들의 직원 배지를 경비실에 확인해 줄 수 있느냐(Could you check with the Security Office about the badges for the new employees?)고 물으며 지난주에 요청했는데 아직 회신이 없다(I sent them a request last week, but I haven't heard back yet)고 한 데 대해 남자가 마지막 대사에서 문제 없다(No problem)며 즉시 처리하겠다(I'll take care of that right away)며 여자의 요청을 수락했으므로 정답은 (B)이다.

▶▶ Paraphrasing 대화의 take care of that(A request)
→ 정답의 Follow up on a request

62-64 대화 + 지도

M-Cn	**62We're getting close to the airport, so we'd better stop to put gas in the car. The rental company will charge us an extra fee for fuel if they have to do it.**
W-Br	Good idea. **62We don't want to pay more than we have to.**
M-Cn	OK, **63should I take this exit then?**
W-Br	**63No, that's a rest area. Keep going, we want the next exit.**
M-Cn	Oh good, and **64I hope they also sell food. Then we can pick up some snacks** for the plane while we're there.

남	공항에 가까워지고 있으니 멈춰서 차에 휘발유를 넣는 게 좋겠어요. 대여업체가 넣게 되면 우리에게 연료비를 추가로 청구할 거예요.
여	좋은 생각이에요. 우리가 지불해야 하는 돈보다 더 지불하고 싶지는 않아요.
남	좋아요, 그럼 이 출구로 나갈까요?
여	아뇨, 거긴 휴게소예요. 계속 가서 다음 출구로 나가요.
남	아, 잘됐네요. 거기서 음식도 팔면 좋겠어요. 그러면 우리가 그곳에 있는 동안 비행기에 가지고 탈 간식을 살 수 있잖아요.

어휘 had better + 동사원형 ~하는 게 낫다 rental company (자동차) 대여업체 charge 청구하다 extra fee 추가 요금(= additional charge) fuel 연료 exit 출구 rest area 휴게 구역 pick up 사다

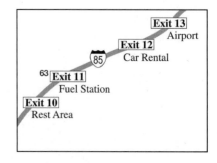

104

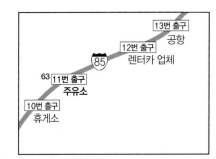

62

What are the speakers concerned about?

(A) Finding a parking space
(B) Missing a flight
(C) Paying an additional charge
(D) Avoiding heavy traffic

대화자들은 무엇을 우려하는가?

(A) 주차 공간 찾기
(B) 비행기를 놓치는 것
(C) 추가 요금 지불
(D) 교통 혼잡 피하기

어휘 additional 추가의 charge 요금 avoid 피하다 heavy traffic
교통 혼잡

해설 세부사항 관련 – 화자들의 우려 사항

남자가 첫 번째 대사에서 공항에 가까워지고 있으니 멈춰서 차에 휘발유를
넣는 게 좋겠다(We're getting close to the airport, so we'd better
stop to put gas in the car)며 대여업체가 넣게 되면 우리에게 연료비를
추가로 청구할 것(The rental company will charge us an extra fee
for fuel if they have to do it)이라고 했고, 뒤이어 여자도 우리가 지불
해야 하는 돈보다 더 지불하고 싶지 않다(We don't want to pay more
than we have to)고 했으므로 정답은 (C)이다.

> ▶▶ Paraphrasing 대화의 charge us an extra fee
> → 정답의 Paying an additional charge

63

Look at the graphic. Which exit does the woman
tell the man to take?

(A) Exit 10
(B) Exit 11
(C) Exit 12
(D) Exit 13

시각 정보에 따르면, 여자는 남자에게 어떤 출구로 나가라고 말하는가?

(A) 10번 출구
(B) 11번 출구
(C) 12번 출구
(D) 13번 출구

해설 시각 정보 연계 – 여자가 남자에게 나가라고 한 출구

남자가 두 번째 대사에서 이번 출구에서 나갈지(should I take this exit
then?)를 묻자 여자가 이번 출구는 휴게소(that's a rest area)라서 안
된다(No)며 계속 가서 다음 출구로 나가라(Keep going, we want the
next exit)고 했으므로 정답은 (B)이다.

64

What does the man say he hopes to do?

(A) Buy some food
(B) Pick up a map
(C) Make a phone call
(D) Purchase souvenirs

남자는 무엇을 하고 싶다고 말하는가?

(A) 음식을 산다.
(B) 지도를 구한다.
(C) 전화를 건다.
(D) 기념품을 구입한다.

어휘 purchase 구입하다 souvenir 기념품

해설 세부사항 관련 – 남자가 하길 바라는 사항

남자가 마지막 대사에서 거기서 음식도 팔면 좋겠다(I hope they also
sell food)며 그럼 간식을 좀 살 수 있겠다(Then we can pick up some
snacks)고 했으므로 정답은 (A)이다.

> ▶▶ Paraphrasing 대화의 pick up some snacks
> → 정답의 Buy some food

65-67 대화 + 평가

> M-Au Anita, take a look at this travel Web site.
> Our hotel received some bad reviews—
> here's one of them.
>
> W-Br Wow, there are definitely areas we
> need to work on. With a review like that,
> [65]I'm worried we won't attract as many
> customers.
>
> M-Au Well, at least [66]we're renovating the
> rooms soon, so their appearance will
> improve.
>
> W-Br True. But [66]let's discuss the other low
> rating at our next staff meeting.
>
> M-Au You know, maybe [67]we should bring in a
> consultant to give us advice on how to
> deal with this—we certainly don't want
> any more bad reviews.

> 남 애니타, 이 여행 웹사이트 좀 보세요. 우리 호텔이 안 좋은
> 평가를 받았어요. 여기에 그중 하나가 있어요.
>
> 여 우와, 분명히 우리가 작업해야 할 부분들이 있어요. 저런 후기
> 때문에 우리가 예전만큼 많이 고객을 유치하지 못할까 봐
> 염려스러워요.
>
> 남 음, 적어도 우리가 곧 객실을 개조할 거니까 외관이 나아질
> 거예요.
>
> 여 맞아요. 하지만 다음 직원회의에서 다른 저평가 항목에 대해
> 논의해 봅시다.
>
> 남 있잖아요. 어쩌면 우리가 컨설턴트를 참여시켜 이것을 어떻게
> 처리할지 조언을 얻어야 할지도 몰라요. 우리가 분명히 더 많은
> 악평을 원하지는 않잖아요.

<table>
<tr><td>어휘</td><td>take a look at ~을 보다 review 평가, 사용 후기 definitely 분명히 attract 끌어 모으다, 유치하다 at least 적어도 renovate 개조하다 appearance 외관, 모습 improve 나아지다, 향상되다 low rating 낮은 평가[등급]</td></tr>
</table>

65

What does the woman say she is worried about?

(A) Exceeding a budget

(B) Hosting a conference

(C) Losing customers

(D) Passing an inspection

여자는 무엇이 염려스럽다고 말하는가?

(A) 예산 초과

(B) 대회 개최

(C) 고객 감소

(D) 검사 통과

어휘 exceed 초과하다 budget 예산 host 주최하다 inspection 검사

해설 세부사항 관련 – 여자의 우려 사항

여자가 첫 번째 대사에서 우리가 예전만큼 많이 고객을 유치하지 못할까 봐 염려스럽다(I'm worried we won't attract as many customers)고 했으므로 정답은 (C)이다.

66

Look at the graphic. Which category will be discussed in the next staff meeting?

(A) Location

(B) Hotel facilities

(C) Guest services

(D) Room appearance

각 정보에 따르면, 다음 직원회의에서 어떤 항목이 논의되겠는가?

(A) 위치

(B) 호텔 시설

(C) 투숙객 서비스

(D) 객실 외관

해설 시각 정보 연계 – 다음 회의에서 논의될 항목

남자가 두 번째 대사에서 곧 객실을 개조할 거니까 외관이 나아질 것 (we're renovating the rooms soon, so their appearance will improve)이라고 하자 여자가 다음 직원회의에서 다른 저평가 항목에 대해 논의하자(let's discuss the other low rating at our next staff meeting)고 했다. 시각 정보에서 두 가지 저평가 항목 중 객실 외관을 제외한 나머지 항목은 투숙객 서비스이므로 정답은 (C)이다.

67

What does the man suggest doing?

(A) Buying new equipment

(B) Changing a reservation

(C) Providing a discount

(D) Hiring a consultant

남자는 무엇을 하겠다고 제안하는가?

(A) 새로운 장비 구입

(B) 예약 변경

(C) 할인 제공

(D) 컨설턴트 고용

해설 세부사항 관련 – 남자의 제안 사항

남자가 마지막 대사에서 컨설턴트를 참여시켜 이것을 어떻게 처리할지 조언을 얻어야 한다(we should bring in a consultant to give us advice on how to deal with this)고 했으므로 정답은 (D)이다.

> ▸▸ Paraphrasing 대화의 **bring in a consultant**
> → 정답의 **Hiring a consultant**

68-70 대화 + 도표

M-Cn Good afternoon, Ms. Dembo. I have some concerns—**68can I show you the report on our pasta production this week?**

W-Am Sure. What's the problem exactly?

M-Cn Well, **69according to page two of the report, the pasta-cutting machine in our production line was working at less than 50 percent capacity yesterday.** We were not getting as much output as we usually do.

W-Am I see. Let's shut down that machine right away. And **70I'll have a technician look at the motor and blade immediately.** We have to fill a large order of pasta this week—that machine must be working well so that we can produce the order on time.

남 안녕하세요, 뎀보 씨. 제가 좀 우려되는 게 있습니다. **이번 주 우리의 파스타 생산 보고서를 보여드려도 될까요?**

여 그럼요. 문제가 정확히 뭐지요?

남 음, **보고서 2페이지에 따르면, 우리 생산 라인에 있는 파스타 절단기가 어제 생산 능력의 50퍼센트도 안 되게 작동하고 있었어요.** 생산량이 평소만큼도 되지 않았습니다.

여 알았어요. 그 기계를 당장 멈춥시다. 그리고 **제가 기술자에게 즉시 모터와 칼날을 살펴보게 할게요.** 우리는 이번 주에 많은 파스타 주문량을 채워야 해요. 주문량을 제때 생산하려면 그 기계가 잘 돌아가야 해요.

어휘 concerns 우려, 염려 report 보고서 exactly 정확히 according to ~에 따르면 pasta-cutting machine 파스타 절단기 production line 생산 라인 capacity 생산 능력 output 생산량, 산출량 shut down 끄다, 중단하다 technician 기술자 blade 칼날 immediately 즉시 fill an order 주문량을 채우다 on time 정시에, 제때

Production Levels

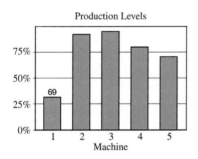

생산 정도

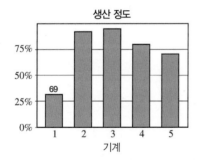

68

What industry do the speakers work in?

(A) Car repair
(B) Appliance sales
(C) Food manufacturing
(D) Packaging design

대화자들은 어떤 업계에서 일하는가?

(A) 자동차 수리
(B) 가전제품 판매
(C) 식품 제조
(D) 포장 디자인

해설 전체 내용 관련 – 화자들의 근무 업종

대화 초반부에서 남자가 이번 주 우리의 파스타 생산 보고서를 보여드리겠다(can I show you the report on our pasta production this week?)고 제안하는 것으로 보아 화자들은 파스타 생산 업체에서 근무하고 있음을 알 수 있다. 따라서 정답은 (C)이다.

69

Look at the graphic. Which machine is being discussed?

(A) Machine 1
(B) Machine 2
(C) Machine 3
(D) Machine 4

시각 자료에 따르면, 어떤 기계가 논의 대상인가?

(A) 기계 1
(B) 기계 2
(C) 기계 3
(D) 기계 4

해설 시각 정보 연계 – 논의되고 있는 기계

남자가 두 번째 대사에서 보고서 2페이지에 따르면, 생산 라인에 있는 파스타 절단기가 어제 생산 능력의 50퍼센트도 안 되게 작동하고 있다(according to page two of the report, the pasta-cutting machine in our production line was working at less than 50 percent capacity yesterday)고 했다. 시각 자료에 따르면 생산 정도가 50% 이하인 기계는 1번뿐이므로 정답은 (A)이다.

70

What does the woman say she will do next?

(A) Taste some samples
(B) Request some maintenance
(C) Print another report
(D) Check some specifications

여자는 다음에 무엇을 하겠다고 말하는가?

(A) 견본 시식
(B) 보수 요청
(C) 또 다른 보고서 출력
(D) 사양 확인

어휘 taste 맛 보다 sample 견본 maintenance 유지(보수) specification 사양, 설명서

해설 세부사항 관련 – 여자가 다음에 할 행동

여자는 마지막 대사에서 기술자에게 즉시 모터와 칼날을 살펴보게 하겠다(I'll have a technician look at the motor and blade immediately)고 했으므로 정답은 (B)이다.

> ▸▸ Paraphrasing 대화의 **have a technician look at**
> → 정답의 **Request some maintenance**

PART 4

71-73 회의 발췌

> M-Au I'd like to start the meeting with some good news. **71We've been awarded a contract from Skycloud Aviation to design seats for their new aircraft. 72The contract calls for seats that can rotate, so travelers can face one another during the flight.** Skycloud has given us a list of other specifications they'd like us to incorporate, based on feedback from their customers. **73I'll pass around the full specifications list now. Let's take a look at it and determine the best way to plan this project.**
>
> 좋은 소식으로 회의를 시작하고 싶습니다. 우리가 스카이클라우드 항공의 신형 항공기 좌석을 디자인하는 계약을 따냈습니다. 여행객들이 비행하는 동안 서로 마주볼 수 있게 회전할 수 있는 좌석이 계약 요구 사항입니다. 스카이클라우드 사가 자사 고객들로부터 받은 의견을 토대로 우리에게 포함시켜 주기를 바라는 다른 사양들도 목록으로 주었습니다. 지금 전체 사양 목록을 돌리겠습니다. 살펴보시고 이 프로젝트를 기획하는 가장 좋은 방법을 정해 봅시다.

> 어휘 award 주다, 수여하다 contract 계약 aviation 항공 aircraft 항공기 call for 요구하다 rotate 회전하다 face one another 서로 마주보다 specifications 사양 incorporate 포함시키다, 통합하다 based on ~을 토대로 feedback 의견 pass around 돌려 보다 take a look at ~을 살펴보다 determine 결정하다

71
What does the speaker announce?
(A) A company merger
(B) A schedule change
(C) A revised travel policy
(D) A new contract

화자는 무엇을 공지하는가?
(A) 회사 합병
(B) 일정 변동
(C) 개정된 출장 방침
(D) **신규 계약**

어휘 merger 합병 revised 개정된 travel policy 출장 방침

해설 전체 내용 관련 – 공지의 주제
지문 초반부에서 화자가 스카이클라우드 항공의 신형 항공기 좌석을 디자인하는 계약을 따냈다(We've been awarded a contract from Skycloud Aviation to design seats for their new aircraft)면서 계약 관련 사항에 대해 공지를 이어나가고 있으므로 정답은 (D)이다.

72
According to the speaker, what has Skycloud Aviation requested?
(A) Extra luggage space
(B) In-flight entertainment
(C) Movable seats
(D) Wireless Internet technology

화자에 따르면, 스카이클라우드 항공이 무엇을 요청했는가?
(A) 추가 수화물 수납 공간
(B) 기내 오락
(C) **움직일 수 있는 좌석**
(D) 무선 인터넷 기술

어휘 luggage 짐(수하물) in-flight 기내의 movable 움직일 수 있는

해설 세부사항 관련 – 항공사의 요청 사항
지문 중반부에서 여행객들이 비행하는 동안 서로 마주볼 수 있게 회전할 수 있는 좌석이 계약 요구 사항(The contract calls for seats that can rotate, so travelers can face one another during the flight)이라고 언급했으므로 정답은 (C)이다.

> ▶ Paraphrasing 담화의 **seats that can rotate**
> → 정답의 **Movable seats**

73
What are listeners asked to do?
(A) Update their calendars
(B) Discuss a project plan
(C) Submit expense reports
(D) Contact some clients

청자들은 무엇을 하라고 요청 받는가?
(A) 일정 변경
(B) **프로젝트 기획 논의**
(C) 비용 보고서 제출
(D) 일부 고객 연락

어휘 submit 제출하다 expense 비용

해설 세부사항 관련 – 청자들이 요청 받은 사항
지문 후반부에서 화자가 지금 전체 사양 목록을 돌리겠다(I'll pass around the full specifications list now)며 그 목록을 살펴보고 이 프로젝트를 기획하는 가장 좋은 방법을 정해 보자(Let's take a look at it and determine the best way to plan this project)고 했으므로 정답은 (B)이다.

> ▶ Paraphrasing 담화의 **determine the best way to plan this project** → 정답의 **Discuss a project plan**

74-76 전화 메시지

> W-Am Hi, Ms. Lee. **74I'm calling to give you some information about the staffing transition plan since today is Angelo's last day in the office. As you suggested, Mariko will be taking over his job responsibilities. 74, 75I had asked Angelo to train**

her to create invoices, but there's a team meeting this afternoon. 75, 76**So I decided to meet with her tomorrow and review the invoice process with her myself.** Let me know if you or the other department managers have any questions. Bye.

안녕하세요, 리 씨. 오늘이 앤젤로가 사무실에 나오는 마지막 날이라 당신에게 인력 변동 계획에 관한 정보를 알려주려고 전화했어요. 당신이 제안한 대로 마리코가 그의 업무를 인계 받을 예정이에요. 그녀가 송장을 작성할 수 있게 교육시키라고 제가 앤젤로에게 요청했는데, 오늘 오후에 부서 회의가 있네요. 그래서 제가 내일 그녀를 만나 함께 송장 처리 과정을 살펴보기로 했어요. 당신이나 다른 부장들에게 질문이 있으면 제게 알려주세요. 안녕히 계세요.

어휘 staffing transition plan 인력 변동 계획 take over 인계받다, 맡다 invoice 송장, 청구서 review 살펴보다, 검토하다 invoice process 송장 처리 과정 department manager 부장

74

Why is the speaker calling?

(A) To schedule a meeting
(B) To ask for an e-mail address
(C) To provide an invoice number
(D) To review employee training plans

화자가 전화하는 이유는?
(A) 회의 일정을 잡으려고
(B) 이메일 주소를 요청하려고
(C) 송장 번호를 제공하려고
(D) 직원 교육 계획을 검토하려고

어휘 ask for 요청[요구]하다

해설 전체 내용 관련 – 화자가 전화한 목적
지문 초반부에서 화자가 오늘이 앤젤로가 사무실에 나오는 마지막 날이라 인력 변동 계획에 관한 정보를 알려주려고 전화했다(I'm calling to give you some information about the staffing transition plan since today is Angelo's last day in the office)며 마리코가 업무를 인계 받을 예정(Mariko will be taking over his job responsibilities)이고 그녀가 송장을 작성할 수 있게 교육시키라고 앤젤로에게 요청했다(I had asked Angelo to train her to create invoices)고 설명하는 것으로 보아 인력 변동에 따른 직원 교육에 관해 말하고 있으므로 정답은 (D)이다.

75

What does the speaker mean when she says, "there's a team meeting this afternoon"?

(A) She will be late to another meeting.
(B) Materials need to be prepared.
(C) A staff member is busy.
(D) A project has already been completed.

화자가 "오늘 오후에 부서 회의가 있네요."라고 말한 의도는 무엇인가?
(A) 또 다른 회의에 늦을 것이다.
(B) 자료가 준비되어야 한다.
(C) 직원 한 명이 바쁘다.
(D) 프로젝트가 이미 완료되었다.

어휘 material 자료, 재료 prepare 준비하다 complete 완료하다

해설 화자의 의도 파악 – 오늘 오후에 부서 회의가 있다고 말한 의도
인용문의 바로 앞 문장에서 그녀(Mariko)가 송장을 작성할 수 있게 교육시키라고 앤젤로에게 요청했다(I had asked Angelo to train her to create invoices)고 했는데, 인용문 뒤 문장에서는 화자 본인이 내일 그녀(Mariko)를 만나 함께 송장 처리 과정을 살펴보기로 했다(So I decided to meet with her tomorrow and review the invoice process with her myself)는 것으로 보아 인용문은 앤젤로가 회의로 인해 시간이 나지 않아 본인이 직접 하겠다는 의도로 한 말이므로 정답은 (C)이다.

76

What will the speaker do tomorrow?

(A) Meet with Mariko
(B) Attend a party for Angelo
(C) Finish a proposal
(D) Print a set of documents

화자는 내일 무엇을 할 것인가?
(A) 마리코와 만난다.
(B) 앤젤로를 위한 파티에 참석한다.
(C) 제안서를 끝마친다.
(D) 일단의 문서를 출력한다.

해설 세부사항 관련 – 화자가 내일 할 일
지문 후반부에서 화자가 본인이 내일 그녀(Mariko)를 만나 함께 송장 처리 과정을 살펴보기로 했다(I decided to meet with her tomorrow and review the invoice process with her myself)고 했으므로 정답은 (A)이다.

77-79 뉴스 보도

W-Br Good evening. I'm Michelle Yoon for Radio 101.6. In today's business news, we'll talk about innovation in the automobile industry. 77**The Kendris Company, a local manufacturer of automotive parts, has just invented a new type of brakes for cars.** 78**These brakes are made from a special lightweight material that cools down more quickly after use, which means these brakes will last much longer than ordinary brakes.** Kendris, which was founded just three years ago, will demonstrate their new brakes 79**at the Annual Innovation Trade Show in August** before offering them for sale the following month. From Radio 101.6, I'm Michelle Yoon.

안녕하세요. 라디오 101.6의 미셸 윤입니다. 오늘의 비즈니스 소식에서는 자동차 업계의 혁신에 관해 얘기해 보겠습니다. 지역의 자동차 부품 제조업체인 켄드리스 사가 새로운 종류의 자동차 브레이크를 발명했습니다. 이 브레이크들은 사용 후 더 빨리 식는 특수하고 가벼운 소재로 만들어졌으며, 이는 이 브레이크들이 보통 브레이크보다 훨씬 더 오래 간다는 뜻입니다. 켄드리스 사는 겨우 3년 전에 설립되었는데, 79 8월에 열리

는 연례혁신무역박람회에서 자사의 신형 브레이크들을 선보인 후 그 다음 달에 판매에 들어갈 예정입니다. 라디오 101.6, 미셸 윤이었습니다.

어휘 innovation 혁신 automobile industry 자동차 업계[산업] local 지역의, 현지의 manufacturer 제조업체 automotive parts 자동차 부품 invent 발명하다 be made from ~로 만들어지다 lightweight 가벼운, 경량의 material 소재, 재료 cool down 식다, 냉각되다 ordinary 보통의, 평범한 be founded 설립되다 demonstrate 보여주다, 설명하다 annual 연례적인 trade show 무역박람회 offer ~ for sale ~을 팔려고 내놓다

77

What type of business is Kendris?

(A) A new car dealership
(B) An auto parts manufacturer
(C) An electronics importer
(D) A local marketing firm

켄드리스는 어떤 종류의 업체인가?

(A) 새로운 자동차 판매업체
(B) 자동차 부품 제조업체
(C) 전자제품 수입업체
(D) 지역 마케팅 회사

어휘 dealership 대리점 part 부품 electronics 전자제품 importer 수입업체 firm 회사

해설 세부사항 관련 – 켄드리스 컴퍼니의 업종
지문 초반부에서 화자가 지역의 자동차 부품 제조업체인 켄드리스 컴퍼니(The Kendris Company, a local manufacturer of automotive parts)라고 했으므로 정답은 (B)이다.

78

According to the speaker, what is special about a new product?

(A) It is the least expensive on the market.
(B) It is endorsed by a celebrity.
(C) It can be customized.
(D) It is made to last longer than others.

화자에 따르면, 신제품은 무엇이 특별한가?

(A) 시중에서 가장 저렴하다.
(B) 유명인이 보증한다.
(C) 주문 제작할 수 있다.
(D) 다른 제품보다 더 오래 가도록 제조된다.

어휘 endorse (공개적으로) 지지하다, 보증하다 celebrity 유명인 customized 주문(맞춤) 제작된 last 오래 가다

해설 세부사항 관련 – 신제품의 특징
지문 중반부에서 이 브레이크들은 사용 후 더 빨리 식는 특수하고 가벼운 소재로 만들어졌으며, 이는 이 브레이크들이 보통 브레이크보다 훨씬 더 오래 간다는 뜻(These brakes are made from a special lightweight material that cools down more quickly after use, which means these brakes will last much longer than ordinary brakes)이라고 했으므로 정답은 (D)이다.

79

According to the speaker, what will take place in August?

(A) An industry trade show
(B) A company merger
(C) A radio interview
(D) A sporting event

화자에 따르면, 8월에 무슨 일이 있는가?

(A) 업계 무역박람회
(B) 회사 합병
(C) 라디오 인터뷰
(D) 스포츠 행사

해설 세부사항 관련 – 8월에 일어날 일
지문 중반부에서 8월에 열리는 연례혁신무역박람회(the Annual Innovation Trade Show in August)라고 했으므로 8월에 무역 박람회가 개최됨을 알 수 있다. 따라서 정답은 (A)이다.

80-82 설명

M-Au Good evening! I'm Mark and I'll be your instructor for tonight's beginning pottery class. It's easy to get your clothes dirty here, so 80**please make sure to wear an apron. You can find some at the back of the room.** 81**This introductory class runs for four weeks; then you can move on to an intermediate class, if you really enjoy pottery.** Space is limited, 81**so let me know if you think you might be interested.** OK, to get started, our first project is a basic bowl. 82**Let's take a look at some examples of previous student work** to get you inspired.

안녕하십니까! 저는 오늘밤의 초급 도예반 강사 마크입니다. 이곳에서는 여러분의 옷이 더러워지기 쉬우니 **반드시 앞치마를 착용하고 계시기 바랍니다. 교실 뒤쪽에서 몇 장 찾으실 수 있습니다.** 이 입문반은 4주 동안 진행되며, 그 후 여러분이 도예가 정말 즐거우시면 중급반으로 올라가실 수 있습니다. 자리가 한정되어 있으니 관심이 있다 싶으시면 제게 알려주시기 바랍니다. 자, 시작하자면, 우리의 첫 번째 프로젝트는 기본 사발입니다. 영감을 얻기 위해 **예전 수강생 작품을 몇 점 살펴봅시다.**

어휘 instructor 강사 pottery class 도예반 make sure to + 동사원형 반드시 ~하다 introductory class 입문반 move on to ~로 넘어가다, 옮기다 limited 한정된, 제한된 bowl 사발 previous 예전의 student work 학생 작품 inspire 영감을 불어넣다

80

What is available at the back of the room?

(A) A list of materials
(B) Refreshments
(C) Protective clothing
(D) Name tags

교실 뒤쪽에서 무엇을 구할 수 있는가?

(A) 재료 목록
(B) 다과
(C) **보호복**
(D) 이름표

해설 세부사항 관련 – 교실 뒤쪽에서 구할 수 있는 것

지문 초반부에서 반드시 앞치마를 착용해달라(please make sure to wear an apron)며 교실 뒤쪽에서 몇 장 찾으실 수 있다(You can find some at the back of the room)고 했으므로 정답은 (C)이다.

81

What does the speaker imply when he says, "Space is limited"?

(A) A class will meet in a bigger room.
(B) A building will be renovated.
(C) A mistake should be addressed.
(D) A decision should be made soon.

화자가 "자리가 한정되어 있으니"라고 말한 의도는 무엇인가?

(A) 더 큰 교실에서 수업할 것이다.
(B) 건물이 개조될 것이다.
(C) 실수를 바로잡을 것이다.
(D) **곧 결정해야 한다.**

어휘 renovate 개조(보수)하다 address (문제·상황 등을) 다루다 decision 결정

해설 화자의 의도 파악 – 자리가 한정되어 있다고 말한 의도

인용문 앞에서 이 입문반은 4주 동안 진행되며, 그 후 도예가 재미있으면 중급반으로 올라갈 수 있다(This introductory class runs for four weeks; then you can move on to an intermediate class, if you really enjoy pottery)고 했고, 인용문 바로 뒤로는 관심이 있다 싶으시면 알려달라(so let me know if you think you might be interested)고 했으므로 '자리가 한정되어 있다'라는 말은 중급반에 자리가 부족할 수 있으므로 어서 결정을 내리라는 의도로 한 말임을 알 수 있다. 따라서 정답은 (D)이다.

82

What will the listeners do next?

(A) Pay a materials fee
(B) Watch a demonstration
(C) View sample artwork
(D) Meet a famous artist

청자들은 다음에 무엇을 할 것인가?

(A) 재료비를 지불한다.
(B) 시범을 지켜본다.
(C) **견본 작품을 구경한다.**
(D) 유명한 예술가를 만난다.

해설 세부사항 관련 – 청자들이 다음에 할 행동

지문 끝에 예전 수강생 작품을 몇 점 살펴보자(Let's take a look at some examples of previous student work)고 했으므로 정답은 (C)이다.

▶▶ Paraphrasing 담화의 take a look at some examples
→ 정답의 View sample artwork

83-85 소개

M-Cn Thank you for attending tonight's Fredrickstown Business Seminar. **[83]I'm excited to introduce our first speaker, Ms. Janet Colthrup. She's the founder of Colthrup Accounting.** Her company specializes in international tax preparation and does business in more than twenty countries. **[84]Today she'll share some of the strategies she used when she started her firm ten years ago, working from her home.** As we've done in previous sessions, **[85]if you have questions for our speaker, please write them on the cards provided on your seat.** Seminar volunteers will collect these questions throughout the session and then give them to the speaker directly. Without further delay, please help me welcome Janet Colthrup!

오늘밤 프레드릭타운 비즈니스 세미나에 참석해 주셔서 감사합니다. **제가 첫 번째 연사인 재닛 콜스럽을 소개하게 되어 흥분됩니다. 그녀는 콜스럽 회계의 설립자입니다.** 그녀의 회사는 국제 세무 준비 전문이며 20여 개 국가에서 사업을 합니다. **오늘 그녀는 10년 전에 집에서 회사를 창업할 때 그녀가 사용한 전략들 중 몇 가지를 나눌 것입니다.** 우리가 이전 시간들에 했듯이, **연사에게 질문이 있으면 여러분의 좌석에 제공된 카드에 적어 주시기 바랍니다.** 세미나 자원봉사자들이 이 시간 내내 질문들을 모은 다음 연사에게 직접 건네 줄 것입니다. 더 이상 뜸들이지 말고, 저와 함께 재닛 콜스럽을 환영해 주시기 바랍니다!

어휘 attend 참석하다 founder 설립자 accounting 회계 specialize in ~을 전문으로 삼다 share 공유하다 strategy 전략 firm 회사 previous 이전의 provide 제공하다 volunteer 자원봉사자 collect 수집하다, 모으다 directly 직접 without further delay 더 뜸들이지 말고, 더 지체하지 않고

83

What industry does Janet Colthrup work in?

(A) Event planning
(B) **Accounting**
(C) Tourism
(D) Interior design

재닛 콜스럽은 어떤 업계에서 일하는가?

(A) 행사 기획
(B) **회계**
(C) 관광
(D) 인테리어 디자인

해설 세부사항 관련 - 재닛 콜스럽의 직업

지문 초반부에서 첫 번째 연사인 재닛 콜스럽을 소개하게 되어 흥분된다 (I'm excited to introduce our first speaker, Ms. Janet Colthrup) 며, 그녀는 콜스럽 회계의 설립자(She's the founder of Colthrup Accounting)라고 했으므로 정답은 (B)이다.

84

What will Janet Colthrup discuss?

(A) Tips for starting a business
(B) Strategies for international trade
(C) Modern home-decorating styles
(D) Effective speech-writing techniques

재닛 콜스럽은 무슨 이야기를 할 것인가?

(A) 창업을 위한 조언
(B) 국제 무역 전략
(C) 모던 스타일 집 꾸미기
(D) 효과적인 연설문 작성 기술

어휘 strategy 전략 trade 무역 effective 효과적인

해설 세부사항 관련 - 재닛 콜스럽의 강연 주제

지문 중반부에서 오늘 그녀는 10년 전에 집에서 회사를 창업할 때 그녀가 사용한 전략들 중 몇 가지를 나눌 것(Today she'll share some of the strategies she used when she started her firm ten years ago, working from her home)이라고 했으므로 정답은 (A)이다.

> ▸▸ Paraphrasing 담화의 **the strategies she used when she started her firm**
> → 정답의 **Tips for starting a business**

85

What does the speaker request that listeners do?

(A) Take a handout before they leave
(B) Submit their questions in writing
(C) Move to the empty seats in the front
(D) Split into small discussion groups

화자는 청자들에게 무엇을 하라고 요청하는가?

(A) 떠나기 전에 유인물을 챙긴다.
(B) **질문을 서면으로 제출한다.**
(C) 앞에 있는 빈 자리로 이동한다.
(D) 소규모 토론 집단으로 갈라진다.

어휘 handout 인쇄물(유인물) submit 제출하다

해설 세부사항 관련 - 화자의 요청 사항

지문 후반부에서 연사에게 질문이 있으면 좌석에 제공된 카드에 적어 달라 (if you have questions for our speaker, please write them on the cards provided on your seat)고 요청했으므로 정답은 (B)이다.

86-88 방송

W-Am You're listening to *News Around Town* from WXP Radio out of Riverdale. **86City officials have reported that last weekend's fund-raising concert at Riverdale Outdoor Theater was a huge success. 87More than $15,000 was raised to fund the creation of a new city park downtown.** Even though **88the original event was rescheduled due to rain,** attendance was higher than expected. The city still needs to raise another $30,000 before construction can begin on the new park. For more information or to make a donation, please visit the Parks Department Web site.

리버데일 WXP 라디오의 〈지역 소식〉을 듣고 계십니다. 지난 주말 리버데일 야외극장에서 진행된 기금 마련 콘서트가 큰 성공을 거두었다고 시 공무원들이 발표했습니다. 1만 5000달러 이상이 모금되어 새로운 도심 시민공원 설립 기금으로 적립되었습니다. 본래 행사 일정이 비 때문에 변경되었음에도 참석률이 예상보다 높았습니다. 시가 아직 3만 달러를 더 모금해야 신규 공원의 공사를 시작할 수 있습니다. 정보가 더 필요하시거나 기부금을 내고 싶으시면, 공원관리과 웹사이트를 방문하시기 바랍니다.

어휘 city official 시 공무원 fund-raising 모금 활동의 huge 엄청난, 큰 raise 모금하다, 걷다 original 본래의 reschedule 일정을 변경하다 due to ~ 때문에 attendance 참석률 비교급 + than expected 예상보다 ~한 construction 공사, 건설 make a donation 기부하다

86

What event took place last weekend?

(A) An art exhibit
(B) An opening ceremony
(C) An outdoor concert
(D) An awards dinner

지난 주말에 무슨 행사가 열렸는가?

(A) 미술 전시회
(B) 개막식
(C) **야외 음악회**
(D) 시상식 만찬

해설 세부사항 관련 - 지난 주말에 열린 행사

지문 초반부에서 지난 주말 리버데일 야외극장에서 진행된 기금 마련 콘서트가 큰 성공을 거두었다고 시 공무원들이 발표했다(City officials have reported that last weekend's fund-raising concert at Riverdale Outdoor Theater was a huge success)고 했으므로 주말에 야외 콘서트가 열렸음을 알 수 있다. 따라서 정답은 (C)이다.

87

Why is the city raising money?

(A) To build a park
(B) To improve roads
(C) To open a museum
(D) To create a monument

112

시가 모금을 하는 이유는?

(A) 공원을 지으려고

(B) 도로를 개량하려고

(C) 박물관을 개관하려고

(D) 기념비를 제작하려고

어휘 improve 개선하다 monument 기념비

해설 세부사항 관련 – 시의 모금 이유

지문 중반부에서 1만 5000달러 이상이 모금되어 새로운 도심 시민공원 설립 기금으로 적립되었다(More than $15,000 was raised to fund the creation of a new city park downtown)고 했으므로 정답은 (A)이다.

> ▸ **Paraphrasing** 담화의 the creation of a new city park
> → 정답의 **build a park**

88

Why was the event rescheduled?

(A) Ticket sales were low.

(B) A location was unavailable.

(C) A celebrity guest canceled.

(D) The weather was bad.

행사 일정이 바뀐 이유는?

(A) 입장권 판매가 저조해서

(B) 장소를 구할 수 없어서

(C) 유명 출연자가 취소해서

(D) 날씨가 나빠서

해설 세부사항 관련 – 행사 일정이 변경된 이유

지문 중반부에서 본래 행사 일정이 비 때문에 변경되었다(the original event was rescheduled due to rain)고 했으므로 정답은 (D)이다.

89-91 관광 정보

> **M-Cn** OK, [89]**the tour bus has stopped at this spot for a very special reason. The spectacular view from this side of the bridge is one of my favorites in the area. Across the river you can see the lovely town of Fremont.** Today, it's a town known for its delicious local cuisine, but [90]**Fremont used to be an important port town where many products were traded.** Merchants used to stop in Fremont to buy and sell their goods as they traveled along the river. [91]**Next we will stop for lunch at the Fremont Inn before continuing up the river.**
>
> 자, 관광버스가 이 지점에서 멈춘 데에는 특별한 이유가 있습니다. 다리 이쪽에서 보이는 절경은 이 지역에서 제가 가장 좋아하는 경치 중 하나입니다. 다리 건너편으로는 아름다운 프레몬트 시가 보입니다. 오늘날 프레몬트는 맛있는 향토 요리로 유명한 도시이지만 **과거에는 많은 제품을 교역하던 중요 항구도시였습니다.** 상인들이 강을 따라 이동하다 프레몬트에 들러 상품을 사고 팔았습니다. **다음으로, 계속 상류로 올라가기 전에 프레몬트 인에 들러 점심식사를 하겠습니다.**

어휘 tour bus 관광버스 spectacular view 절경, 장관 known for ~로 알려진 local cuisine 향토 요리 used to be ~였다 port town 항구도시 product 제품 goods 상품 up the river 상류로

89

Why has the tour bus stopped?

(A) To let the passengers out for shopping

(B) To purchase fuel

(C) To allow the guide to point out a view

(D) To pay a toll

관광버스가 멈춘 이유는?

(A) 승객들이 나가서 쇼핑하게 하려고

(B) 연료를 사려고

(C) 안내원이 경치를 가리켜 보일 수 있게 하려고

(D) 통행료를 내려고

어휘 passenger 승객 purchase 구입하다 fuel 연료

해설 세부사항 관련 – 관광버스가 멈춘 이유

지문 초반부에서 관광버스가 이 지점에서 멈춘 데에는 특별한 이유가 있다(the tour bus has stopped at this spot for a very special reason)며 다리 이쪽에서 보이는 절경은 이 지역에서 본인(화자=관광 안내원)이 가장 좋아하는 경치 중 하나(The spectacular view from this side of the bridge is one of my favorites in the area)이고 다리 건너편으로는 아름다운 프레몬트 시가 보인다(Across the river you can see the lovely town of Fremont)며 승객들에게 안내하고 있으므로 정답은 (C)이다.

90

According to the speaker, why is Fremont historically important?

(A) It used to be a center of trade.

(B) It is the oldest town along the river.

(C) An important battle took place there.

(D) A famous author was born there.

화자에 따르면, 프레몬트는 왜 역사적으로 중요한가?

(A) 교역 중심지였다.

(B) 강 주변에서 가장 오래된 도시이다.

(C) 중요한 전투가 벌어졌다.

(D) 유명 작가가 태어났다.

어휘 trade 교역, 무역 battle 전투 take place 일어나다 author 작가

해설 세부사항 관련 – 프레몬트가 역사적으로 중요한 이유

지문 중반부에서 프레몬트가 과거에는 많은 제품을 교역하던 중요 항구도시였다(Fremont used to be an important port town where many products were traded)고 했으므로 정답은 (A)이다.

> ▸ **Paraphrasing** 담화의 an important port town where many products were traded
> → 정답의 **a center of trade**

91

What will the tour group do next?

(A) Watch a documentary
(B) Take a group picture
(C) Board a boat
(D) Have lunch

관광단은 다음에 무엇을 할 것인가?

(A) 다큐멘터리를 본다.
(B) 단체사진을 찍는다.
(C) 보트를 탄다.
(D) 점심식사를 한다.

해설 세부사항 관련 – 관광단의 다음 일정

지문 후반부에서 다음으로, 계속 상류로 올라가기 전에 프레몬트 인에 들러 점심식사를 하겠다(Next we will stop for lunch at the Fremont Inn before continuing up the river)고 했으므로 정답은 (D)이다.

92-94 광고

> W-Br **92Does your fitness tracker take too much effort to use?** Well, not anymore with the Health Monitor, which is worn around your wrist like a watch. **93With most wearable devices, you have to push a button in the middle of your exercise routine to access your heart rate tracker or to see how many calories you've burned.** Who wants to do that? **93The Health Monitor will automatically display these features on its screen so you can see this information easily without interrupting your workout.** Plus, **94the price of the Health Monitor has been reduced by ten percent for the next month in honor of its debut on the market, so order one now!**

건강 추적기를 사용하기가 너무 힘들지 않은가요? 자, 시계처럼 손목에 두르는 헬스 모니터가 있으면 더 이상 힘들지 않습니다. 대부분의 웨어러블 기기는 심장박동 추적기에 접속하거나 칼로리를 얼마나 많이 태웠는지 보려면 운동하는 도중에 단추를 눌러야 합니다. 누가 그러고 싶겠습니까? 헬스 모니터는 이런 기능들을 자동으로 화면에 띄워 운동에 방해 받지 않고 이런 정보를 쉽게 볼 수 있도록 해 줍니다. 게다가, 헬스 모니터의 시중 첫 공개 기념으로 다음 달 동안 가격이 10퍼센트 인하되었으니, 지금 주문하세요!

어휘 fitness tracker 건강 추적기 effort 노력 wrist 손목 wearable device (신체에 착용할 수 있는) 웨어러블 기기 push a button 단추를 누르다 in the middle of ~ 도중에, 중간에 exercise routine 운동 일과 access 접근하다, 이용하다 feature 기능 interrupt 방해하다 workout 운동 reduce 인하하다, 낮추다 in honor of ~을 기념하여

92

What is the Health Monitor?

(A) A television program
(B) A wearable device
(C) A medical Web site
(D) A fitness center

헬스 모니터는 무엇인가?

(A) 텔레비전 프로그램
(B) 웨어러블 기기
(C) 의료 웹사이트
(D) 피트니스 센터

어휘 wearable 착용식의, 착용하기 적합한 device 장치, 기구

해설 세부사항 관련 – 헬스 모니터의 정체

지문 초반부에서 건강 추적기를 사용하기가 너무 힘들지 않은지(Does your fitness tracker take too much effort to use?) 물으면서, 시계처럼 손목에 두르는 헬스 모니터가 있으면 더 이상 힘들지 않다(not anymore with the Health Monitor, which is worn around your wrist like a watch)고 했으므로 헬스 모니터는 손목에 찰 수 있는 건강 추적기임을 알 수 있다. 따라서 정답은 (B)이다.

93

What does the speaker mean when she says, "Who wants to do that"?

(A) A task is inconvenient.
(B) A project requires more volunteers.
(C) An event is no longer popular.
(D) An application period has begun.

화자가 "누가 그러고 싶겠습니까?"라고 말한 의도는 무엇인가?

(A) 작업이 불편하다.
(B) 프로젝트에 자원봉사자가 더 많이 필요하다.
(C) 행사가 더 이상 인기가 없다.
(D) 신청 기간이 시작되었다.

어휘 inconvenient 불편한

해설 화자의 의도 파악 – 누가 그러고 싶겠냐고 말한 의도

인용문의 바로 앞 문장에서 대부분의 웨어러블 기기는 심장박동 추적기에 접속하거나 칼로리를 얼마나 많이 태웠는지 보려면 운동 도중에 단추를 눌러야 한다(With most wearable devices, you have to push a button in the middle of your exercise routine to access your heart rate tracker or to see how many calories you've burned)며 일반 기기를 사용하는 데 불편한 점을 이야기 했고, 인용문 뒤 문장에서는 헬스 모니터는 이런 기능들을 자동으로 화면에 띄워 운동에 방해 받지 않고 정보를 쉽게 볼 수 있도록 해 준다(The Health Monitor will automatically display these features on its screen so you can see this information easily without interrupting your workout)며 헬스 모니터의 편리성을 강조한 것으로 보아 인용문은 일반 기기 사용의 불편함을 부각시키기 위한 의도로 한 말이므로 정답은 (A)이다.

94

Why are listeners encouraged to act soon?
(A) Some stores are closing.
(B) Tickets are almost sold out.
(C) A product is temporarily discounted.
(D) A deadline has been changed.

청자들이 곧 행동하도록 격려 받은 이유는?
(A) 일부 상점이 문을 닫고 있다.
(B) 입장권이 거의 다 팔렸다.
(C) 제품이 일시적으로 할인된다.
(D) 마감 시한이 변경되었다.

어휘 temporarily 일시적으로

해설 세부사항 관련 - 청자들이 행동을 권장 받은 이유

지문 후반부에서 헬스 모니터의 시중 첫 공개 기념으로 다음 달 동안 가격이 10퍼센트 인하되었으니, 지금 주문하라(the price of the Health Monitor has been reduced by ten percent for the next month in honor of its debut on the market, so order one now!)고 했으므로 정답은 (C)이다.

> ▶▶ Paraphrasing   담화의 the price has been reduced for the next month → 정답의 temporarily discounted

95-97 공지 + 일정표

M-Cn Hello everyone, 95**I hope you've enjoyed the sessions so far at this year's convention on video-game development.** Our video-game association is proud to include many notable presenters today for amateur game developers like you. 96**I have one change to announce for this afternoon. Unfortunately, due to illness Ms. Naoko Ito can't join us today. So, Mr. Jun Lee will substitute for Ms. Ito.** He'll give a tutorial on designing platform software that can be used to create many different games. Also, 97**don't forget to submit your feedback forms by the end of the day. All those who turn in forms will automatically be entered in a contest for a tablet computer!**

안녕하십니까, 여러분. 올해 비디오 게임 개발 대회의 회의 일정이 지금까지 즐거우셨기를 바랍니다. 우리 비디오 게임 협회는 오늘 여러분 같은 아마추어 게임 개발자들을 위해 저명한 발표자를 많이 모시게 되어 자랑스럽습니다. 오늘 오후에 변경되는 사항을 한 가지 공지하겠습니다. 안타깝게도, 나오코 이토 씨가 질병 때문에 오늘 우리와 함께하지 못합니다. 그래서 준 리 씨가 이토 씨를 대신하게 됩니다. 그는 여러 다른 게임을 만드는 데 사용할 수 있는 플랫폼 소프트웨어를 설계하는 법을 실습 지도해 줄 것입니다. 또한, 잊지 마시고 오늘 중으로 여러분의 의견서를 제출해 주시기 바랍니다. 의견서를 제출하시는 분들은 모두 태블릿 컴퓨터가 걸린 경품 추첨에 자동으로 응모하게 됩니다.

어휘 session 활동, 수업, 교육   convention 대회, 컨벤션   association 협회   include 포함하다   notable 저명한   announce 공지하다   unfortunately 유감스럽게도, 안타깝게도   due to ~ 때문에   substitute 대체하다, 대신하다   tutorial 실습 교육, 개별 교육   submit 제출하다(= turn in)   feedback form 의견서

July 3–Afternoon	Speaker
Session 1	Maria Garcia
Session 2	Klaus Bauer
96Session 3	Naoko Ito
Session 4	Jeff Harper

7월 3일–오후	연사
회의 일정 1	마리아 가르시아
회의 일정 2	클라우스 바우어
96회의 일정 3	나오코 이토
회의 일정 4	제프 하퍼

95

Who is the conference intended for?
(A) Video-game developers
(B) Photojournalists
(C) Health-care professionals
(D) Automobile engineers

대회는 누구를 대상으로 하는가?
(A) 비디오 게임 개발자
(B) 사진기자
(C) 의료 전문가
(D) 자동차 기사

해설 전체 내용 관련 - 청자의 직업

지문 초반부에서 올해 비디오 게임 개발 대회의 회의 일정이 지금까지 즐거우셨기를 바란다(I hope you've enjoyed the sessions so far at this year's convention on video-game development)고 말하고 있으므로 화자가 비디오 게임 개발 대회의 참석자들을 대상으로 한 말 임을 알 수 있다. 따라서 정답은 (A)이다.

96

Look at the graphic. Which session has been changed?
(A) Session 1
(B) Session 2
(C) Session 3
(D) Session 4

시각 정보에 따르면, 어떤 모임이 변경되었는가?
(A) 회의 일정 1
(B) 회의 일정 2
(C) 회의 일정 3
(D) 회의 일정 4

지문 중반부에서 오늘 오후에 변경되는 사항을 한 가지 공지한다(I have one change to announce for this afternoon)며 안타깝게도 나오코 이토 씨가 질병 때문에 오늘 우리와 함께하지 못하고(Unfortunately, due to illness Ms. Naoko Ito can't join us today), 준 리 씨가 이토 씨를 대신한다(So, Mr. Jun Lee will substitute for Ms. Ito)고 했으므로 정답은 (C)이다.

97

How can listeners enter a contest?

(A) By submitting a work sample
(B) By providing some feedback
(C) By subscribing to a newsletter
(D) By moderating at a session

청자들은 어떻게 경연대회에 출전할 수 있나?

(A) 작업 샘플을 제출해서
(B) 의견을 제공해서
(C) 소식지를 구독해서
(D) 모임에서 사회를 봐서

해설 세부사항 관련 - 청자들의 대회 출전 방법

지문 후반부에서 잊지 마시고 오늘 중으로 여러분의 의견서를 제출해 주시기 바란다(don't forget to submit your feedback forms by the end of the day)며 의견서를 제출하시는 분들은 모두 태블릿 컴퓨터가 걸린 경품 추첨에 자동으로 응모하게 된다(All those who turn in forms will automatically be entered in a contest for a tablet computer!)고 했으므로 정답은 (B)이다.

> ▸▸ Paraphrasing　담화의 **submit your feedback forms**
> → 정답의 **providing some feedback**

98-100 설명 + 평면도

W-Am Good morning. **98I called this staff meeting to discuss the reorganization of our warehouse. On average, each of you spends five minutes finding the products you need to complete an order for shipment. But, I think we can get that number down by making the most popular items easier to find.** Here's a map of the warehouse. **99I've added some new shelving units between the order station and the employee lounge.** That's where we'll place our high-demand products. Now, I'll need some people to help rearrange the inventory. So, **100if you're willing to work a few extra hours, please add your name to the sign-up sheet in my office.**

안녕하세요. 제가 창고 재정리 문제를 논의하려고 이 직원회의를 소집했습니다. 평균적으로, 각자 필요한 제품을 찾아 주문품 선적을 완료하는 데 15분이 걸립니다. 그러나, 제가 생각할 때 가장 인기 있는 상품들을

더 찾기 쉽게 하면 그 수치를 낮출 수 있을 것 같습니다. 여기에 창고 지도가 있습니다. **무인 주문대와 직원 휴게실 사이에 선반을 새로 추가했습니다.** 그곳에다 수요가 많은 제품들을 놓을 겁니다. 자, 재고를 다시 정리하는 작업을 도울 사람 몇 명이 필요합니다. **몇 시간 더 근무할 의향이 있다면, 제 사무실에 있는 참가 신청서에 자신의 이름을 추가해 주시기 바랍니다.**

어휘 reorganization 재정리, 재조직　warehouse 창고　on average 평균적으로　complete 완료하다　shipment 선적, 배송　shelving unit 선반　order station 무인 주문대　employee lounge 직원 휴게실　high-demand 수요가 많은　rearrange 다시 정리하다, 재조직하다　inventory 재고　be willing to + 동사원형 ~할 의향이 있다　sign-up sheet 참가 신청서

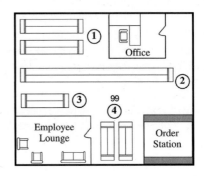

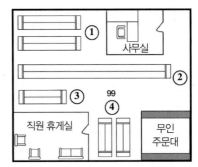

98

Why is a change being made?

(A) To improve efficiency
(B) To follow a safety procedure
(C) To make some repairs
(D) To prepare for new hires

변화가 이루어지는 이유는 무엇인가?

(A) 능률을 올리려고
(B) 안전 절차를 따르려고
(C) 몇 가지 수리를 하려고
(D) 신입사원들에 대비하려고

어휘 improve 개선하다　efficiency 능률, 효율성　safety procedure 안전 절차　repair 수리　new hire 신입사원

해설 세부사항 관련 – 변화의 이유

지문 초반부에서 창고 재정리 문제를 논의하려고 이 직원회의를 소집했
다(I called this staff meeting to discuss the reorganization of
our warehouse)며, 평균적으로 필요한 제품을 찾아 주문품 선적을 완
료하는 데 5분이 걸리지만(On average, each of you spends five
minutes finding the products you need to complete an order for
shipment) 우리가 가장 인기 있는 상품들을 더 찾기 쉽게 하면 그 수치를
낮출 수 있을 것 같다(But, I think we can get that number down by
making the most popular items easier to find)고 했다. 창고 재정
리, 즉 창고에 변화를 주려는 이유는 선적하는데 걸리는 시간을 낮추기 위
한 것이므로 정답은 (A)이다.

99

Look at the graphic. Where are the new shelves located?

(A) Area 1
(B) Area 2
(C) Area 3
(D) Area 4

시각 정보에 따르면, 새로운 선반은 어디에 놓여 있는가?
(A) 1구역
(B) 2구역
(C) 3구역
(D) 4구역

해설 시각 정보 연계 – 새로운 선반의 위치

지문 중반부에서 화자가 무인 주문대와 직원 휴게실 사이에 선반을 새로
추가했다(I've added some new shelving units between the order
station and the employee lounge)고 했으므로 정답은 (D)이다.

100

What does the speaker say listeners can find in the office?

(A) Some work badges
(B) Some equipment manuals
(C) A sign-up sheet
(D) An employee handbook

화자는 청자들에게 사무실에서 무엇을 찾을 수 있다고 말하는가?
(A) 직원 배지
(B) 장비 사용설명서
(C) 참가 신청서
(D) 직원 편람

어휘 equipment 장비 sign-up 신청, 등록 handbook 편람, 안내서

해설 세부사항 관련 – 청자들이 사무실에서 찾을 수 있는 것

지문의 마지막 문장에서 몇 시간 더 근무할 의향이 있다면, 화자의 사무실
에 있는 참가 신청서에 이름을 추가해 주기 바란다(if you're willing to
work a few extra hours, please add your name to the sign-up
sheet in my office)고 했으므로 정답은 (C)이다.

기출 TEST 5

1 (B)	2 (A)	3 (D)	4 (D)	5 (C)
6 (C)	7 (A)	8 (C)	9 (B)	10 (A)
11 (A)	12 (C)	13 (A)	14 (C)	15 (B)
16 (A)	17 (C)	18 (A)	19 (B)	20 (A)
21 (C)	22 (B)	23 (B)	24 (A)	25 (B)
26 (A)	27 (C)	28 (B)	29 (C)	30 (B)
31 (C)	32 (D)	33 (B)	34 (B)	35 (C)
36 (A)	37 (D)	38 (C)	39 (A)	40 (B)
41 (B)	42 (A)	43 (D)	44 (A)	45 (B)
46 (D)	47 (C)	48 (D)	49 (A)	50 (A)
51 (C)	52 (B)	53 (B)	54 (D)	55 (A)
56 (B)	57 (A)	58 (C)	59 (A)	60 (B)
61 (C)	62 (D)	63 (A)	64 (A)	65 (B)
66 (C)	67 (A)	68 (B)	69 (C)	70 (B)
71 (A)	72 (D)	73 (C)	74 (B)	75 (D)
76 (C)	77 (D)	78 (C)	79 (A)	80 (B)
81 (C)	82 (D)	83 (B)	84 (A)	85 (C)
86 (C)	87 (A)	88 (D)	89 (D)	90 (B)
91 (A)	92 (B)	93 (C)	94 (D)	95 (C)
96 (A)	97 (C)	98 (D)	99 (C)	100 (B)

PART 1

1 M-Au

(A) A man is opening a drawer.
(B) A man is wiping a counter.
(C) A man is ordering a meal.
(D) A man is pouring a beverage.

(A) 남자가 서랍을 열고 있다.
(B) 남자가 카운터를 닦고 있다.
(C) 남자가 식사를 주문하고 있다.
(D) 남자가 음료를 따르고 있다.

어휘 drawer 서랍 pour 붓다, 따르다 beverage 음료

해설 1인 등장 사진 – 사람의 동작/상태 묘사
(A) 동사 오답. 남자가 서랍을 열고 있는(opening a drawer) 모습이 아니므로 오답.
(B) 정답. 남자가 카운터를 닦고 있는(wiping a counter) 모습이므로 정답.
(C) 동사 오답. 남자가 식사를 주문하고 있는(ordering a meal) 모습이 아니므로 오답.
(D) 동사 오답. 남자가 음료를 따르고 있는(pouring a beverage) 모습이 아니므로 오답.

2 W-Am

(A) A bicycle has been loaded onto a truck.
(B) Cyclists are riding down a city street.
(C) Several cars are parked in a row.
(D) A driver is getting out of a vehicle.

(A) 자전거가 트럭에 실려 있다.
(B) 자전거 탄 사람들이 도심 거리를 달리고 있다.
(C) 차 여러 대가 일렬로 주차되어 있다.
(D) 운전자가 차에서 내리고 있다.

어휘 load 싣다 cyclist 자전거 타는 사람 in a row 일렬로, 줄지어

해설 사물 사진 – 실외 사물의 상태 묘사
(A) 정답. 자전거(a bicycle)가 트럭에 실려 있는(loaded onto a truck) 모습이므로 정답.
(B) 사진에 없는 명사를 이용한 오답. 자전거를 탄 사람들(cyclists)의 모습이 보이지 않으므로 오답.
(C) 사진에 없는 명사를 이용한 오답. 트럭 한 대를 제외하고는 일렬로 주차되어 있는(parked in a row) 여러 대의 차(several cars)의 모습이 보이지 않으므로 오답.
(D) 사진에 없는 명사를 이용한 오답. 운전자(a driver)의 모습이 보이지 않으므로 오답.

3 W-Br

(A) A woman is hanging up a sign.
(B) Some customers are waiting in line.
(C) Some customers are paying for some merchandise.
(D) A woman is wearing a jacket.

(A) 여자가 간판을 매달고 있다.
(B) 손님들이 줄을 서서 기다리고 있다.
(C) 손님들이 물건 값을 지불하고 있다.
(D) 여자는 재킷을 입고 있다.

어휘 hang up 걸다 wait in line 줄을 서서 기다리다 merchandise 상품

해설 1인 등장 사진 – 사람의 동작/상태 묘사
(A) 동사 오답. 여자가 간판을 매달고 있는(hanging up a sign)의 모습이 아니므로 오답.
(B) 동사 오답. 줄을 서서 기다리고 있는(waiting in line) 손님들(customers)의 모습이 보이지 않으므로 오답.
(C) 동사 오답. 물건 값을 지불하고 있는(paying for some merchandise) 손님들(customers)의 모습이 보이지 않으므로 오답.

(D) 정답. 여자가 재킷을 입고 있는(wearing a jacket) 모습이므로 정답. 참고로 이미 착용 중인 상태를 나타내는 wearing과 무언가를 착용하는 동작을 가리키는 putting on을 혼동하지 않도록 주의한다.

4 M-Cn

(A) Some people are entering a building.
(B) Some people are holding on to a railing.
(C) Some people are crossing a road.
(D) Some people are descending some stairs.

(A) 사람들이 건물로 들어가고 있다.
(B) 사람들이 난간을 붙잡고 있다.
(C) 사람들이 길을 건너고 있다.
(D) 사람들이 층계를 내려가고 있다.

어휘 hold on to ~를 붙잡다 railing 난간 descend 내려가다

해설 2인 이상 등장 사진 – 사람의 동작/상태 묘사
(A) 동사 오답. 사람들이 건물로 들어가고 있는(entering a building) 모습이 아니므로 오답.
(B) 동사 오답. 난간을 붙잡고 있는(holding onto a railing) 사람은 보이지 않으므로 오답.
(C) 동사 오답. 사람들이 길을 건너고 있는(crossing a road) 모습이 아니므로 오답.
(D) 정답. 사람들이 계단을 내려오고 있는(descending some stairs) 모습이므로 정답.

5 M-Au

(A) A projector is being repositioned on a desk.
(B) Some printed materials are being distributed to a class.
(C) An audience is listening to a lecturer.
(D) Some people are organizing a workplace.

(A) 프로젝터가 책상 위에 다시 놓이고 있다.
(B) 학생들에게 인쇄물이 배포되고 있다.
(C) 청중이 강연을 듣고 있다.
(D) 사람들이 업무 장소를 정리하고 있다.

어휘 reposition 위치를 바꾸다, 자리를 다시 잡다 printed material 인쇄물 distribute 분배하다, 나눠주다 lecturer 강연자, 강사

해설 2인 이상 등장 사진 – 사람 또는 사물 중심 묘사
(A) 동사 오답. 프로젝터(a projector)가 누군가에 의해 다시 놓이고 있는 (being repositioned) 모습이 아니므로 오답.

(B) 동사 오답. 인쇄물(printed materials)이 누군가에 의해 배포되고 있는(being distributed) 모습이 아니므로 오답.
(C) 정답. 청중(an audience)이 강연을 듣고 있는(listening to a lecturer) 모습이므로 정답.
(D) 동사 오답. 사람들이 업무 장소를 정리하고 있는(organizing a workplace) 모습이 아니므로 오답.

6 M-Cn

(A) A lamp has been attached to the wall.
(B) A door has been left open.
(C) An office is unoccupied.
(D) A keyboard is covered with file folders.

(A) 등이 벽에 붙어 있다.
(B) 문이 열려 있다.
(C) 사무실이 비어 있다.
(D) 키보드가 파일 폴더로 덮여 있다.

어휘 attach 부착하다 unoccupied 비어 있는 be covered with ~로 덮여 있다

해설 사물 사진 – 실내 사물의 상태 묘사
(A) 상태 오답. 등(a lamp)이 벽에 붙어 있는(attached to the wall) 상태가 아니므로 오답.
(B) 상태 오답. 문이 열려 있는(left open) 상태가 아니므로 오답.
(C) 정답. 사무실이 아무도 없이 비어 있는(unoccupied) 상태이므로 정답.
(D) 상태 오답. 키보드가 파일 폴더로 덮여 있는(covered with file folders) 모습이 아니므로 오답.

PART 2

7

W-Am Let's meet in front of the theater at five.
M-Cn (A) OK, I'll see you there.
(B) I thought it cost six dollars.
(C) It's nice to meet you.

5시에 극장 앞에서 만납시다.
(A) 좋아요, 거기서 봐요.
(B) 6달러라고 생각했는데요.
(C) 만나서 반가워요.

해설 제안/권유 평서문
(A) 정답. 5시에 극장 앞에서 만나자고 제안하는 평서문에 좋다(OK)며 제안을 받아들였으므로 정답.
(B) 연상 단어 오답. 질문의 five에서 연상 가능한 six를 이용한 오답.
(C) 단어 반복 오답. 질문의 meet를 반복 이용한 오답.

8

W-Am When will the sink be repaired?

W-Br (A) No, I don't think so.

(B) From the hardware store.

(C) By the end of the week.

개수대는 언제 수리될까요?

(A) 아니요, 그렇게 생각하지 않습니다.

(B) 하드웨어 매장에서요.

(C) 이번 주 말까지요.

어휘 repair 수리하다

해설 개수대가 수리되는 시점을 묻는 When 의문문

(A) Yes/No 불가 오답. When 의문문에는 Yes/No 응답이 불가능하므로 오답.

(B) 질문과 상관없는 오답. Where 의문문에 대한 응답이므로 오답.

(C) 정답. 개수대가 수리되는 시점을 묻는 질문에 이번 주 말까지라며 구체적으로 응답하고 있으므로 정답.

9

M-Au Have they painted this lobby?

M-Cn (A) On the last page.

(B) It is brighter in here now.

(C) There's one at the entrance.

그들은 이 로비를 페인트칠 했나요?

(A) 마지막 장에서요.

(B) 지금은 더 밝군요.

(C) 입구에 하나 있어요.

어휘 entrance 입구

해설 로비를 페인트칠 했는지 묻는 조동사(have) 의문문

(A) 유사 발음 오답. 질문의 painted와 부분적으로 발음이 유사한 page를 이용한 오답.

(B) 정답. 로비를 페인트칠 했는지를 묻는 질문에 로비가 지금은 더 밝다며 로비의 외관이 달라졌음을 우회적으로 응답하고 있으므로 정답.

(C) 연상 단어 오답. 질문의 lobby에서 연상 가능한 entrance를 이용한 오답.

10

W-Br Where did you put those budget estimates?

W-Am **(A) They're on my desk.**

(B) Yes, I did.

(C) He's at his attorney's office.

예산 견적서를 어디에 두었나요?

(A) 제 책상에 있어요.

(B) 네, 그랬죠.

(C) 그는 변호사 사무실에 있어요.

어휘 budget 예산 estimate 추산, 견적 attorney 변호사

해설 예산 견적서를 둔 장소를 묻는 Where 의문문

(A) 정답. 예산 견적서를 둔 장소를 묻는 질문에 자신의 책상에 있다며 구체적으로 응답하고 있으므로 정답.

(B) Yes/No 불가 오답. Where 의문문에는 Yes/No 응답이 불가능하므로 오답.

(C) 연상 단어 오답. 질문의 where에서 연상 가능한 장소를 나타내는 office를 이용한 오답.

11

W-Am Who's responsible for hiring decisions?

M-Au **(A) Ramon, the managing director.**

(B) The last week of each quarter.

(C) I was hired last August.

채용 결정 책임자는 누구입니까?

(A) 전무이사인 레이먼 씨요.

(B) 매 분기의 마지막 주입니다.

(C) 저는 지난 8월에 채용됐어요.

어휘 be responsible for ~에 책임이 있다 hiring 채용 managing director 전무이사 quarter 분기

해설 채용 결정 책임자를 묻는 Who 의문문

(A) 정답. 채용 결정 책임자를 묻는 질문에 전무이사인 레이먼 씨라고 구체적으로 응답하고 있으므로 정답.

(B) 질문과 상관없는 오답. When 의문문에 대한 응답이므로 오답.

(C) 유사 발음 오답. 질문의 hiring과 부분적으로 발음이 유사한 hired를 이용한 오답.

12

W-Br Isn't there a sporting event at the arena tonight?

M-Au (A) No, I prefer art exhibits.

(B) I guess he does.

(C) Let me check the schedule.

오늘밤 경기장에서 스포츠 경기가 있지 않나요?

(A) 아니요, 저는 미술 전시회가 더 좋습니다.

(B) 그는 그렇다고 생각해요.

(C) 일정을 확인해 볼게요.

어휘 arena 경기장 prefer 선호하다 exhibit 전시회

해설 스포츠 경기가 열리는지 여부를 확인하는 부정 의문문

(A) 연상 단어 오답. 질문의 event에서 연상 가능한 art exhibit을 이용한 오답.

(B) 질문과 상관없는 오답. 질문과는 전혀 상관없는 제3자인 he로 응답하고 있으므로 오답.

(C) 정답. 오늘 밤에 스포츠 경기가 있는지 여부를 묻는 질문에 일정을 확인해 보겠다며 모른다는 답변을 우회적으로 응답하고 있으므로 정답.

13

M-Cn Has your boss approved your transfer yet?

W-Am (A) I just put in the request.

(B) If you don't mind, thanks.

(C) Let's get off at the next stop.

상사가 전근을 이미 승인했나요?

(A) 방금 요청했습니다.

(B) 괜찮으시다면요. 감사합니다.

(C) 다음 정류장에서 내립시다.

어휘 approve 승인하다 transfer 전근, 이동 put in the request 요청하다

해설 상사가 전근을 승인했는지를 묻는 조동사(have) 의문문

(A) 정답. 상사가 전근을 승인했는지를 묻는 질문에 이제 막 요청했다며 아직 알 수 없음을 우회적으로 응답하고 있으므로 정답.

(B) 질문과 상관없는 오답. 질문에 어울리지 않는 응답을 하고 있으므로 오답.

(C) 연상 단어 오답. 질문의 transfer에서 연상 가능한 next stop을 이용한 오답.

14

W-Br Could you pick Mr. Peterson up from the airport?

M-Au **(A) I haven't picked one.**

(B) A long flight.

(C) Sure, at what time?

공항에서 피터슨 씨를 데려올 수 있나요?

(A) 고르지 않았어요.

(B) 장거리 비행입니다.

(C) 물론이죠. 몇 시예요?

해설 부탁/요청 의문문

(A) 단어 반복 오답. 질문의 pick을 반복 이용한 오답.

(B) 연상 단어 오답. 질문의 airport에서 연상 가능한 flight을 이용한 오답.

(C) 정답. 공항에서 피터슨 씨를 데려올 수 있는지를 요청하는 질문에 물론(Sure)이라고 수락하며 몇 시에 데리러 갈지 추가 정보를 묻고 있으므로 정답.

15

M-Cn How do you get to work every day?

M-Au **(A) We always start at nine.**

(B) I take the local train.

(C) It's very busy here.

매일 어떻게 출근하세요?

(A) 우리는 항상 9시에 출발해요.

(B) 완행열차를 타요.

(C) 여기는 매우 붐비네요.

어휘 get to work 출근하다 local train 완행열차

해설 출근 방법을 묻는 How 의문문

(A) 질문과 상관없는 오답. When 의문문에 어울리는 응답이므로 오답.

(B) 정답. 매일 어떻게 출근하는지를 묻는 질문에 기차를 탄다며 구체적으로 응답하고 있으므로 정답.

(C) 질문과 상관없는 오답. 질문에 어울리지 않는 응답을 하고 있으므로 오답.

16

W-Am I can't read the patient's handwriting on these forms.

W-Br **(A) Ask her to fill them out again.**

(B) It is a well-written film.

(C) That depends on which post office.

이 서류에 있는 환자의 글씨를 알아볼 수가 없어요.

(A) 다시 작성해 달라고 요청하세요.

(B) 내용이 잘 쓰여진 영화입니다.

(C) 어떤 우체국인지에 따라 다르죠.

어휘 handwriting 필적 fill out 작성하다, 기입하다 depend on ~에 달려 있다

해설 사실/정보 전달 평서문

(A) 정답. 서류에 있는 환자의 글씨를 알아보기 힘들다는 평서문에 다시 작성해 달라고 요청하며 해결책을 제시하였으므로 정답.

(B) 연상 단어 오답. 질문의 handwriting에서 연상 가능한 well-written을 이용한 오답.

(C) 질문과 상관없는 오답. 질문과 전혀 상관없는 응답을 하고 있으므로 오답.

17

M-Au When is my first appointment today?

W-Am **(A) Around fifteen percent.**

(B) Yes, that's what I meant.

(C) Not until after lunch.

오늘 첫 예약은 언제입니까?

(A) 약 15퍼센트입니다.

(B) 네, 제가 하고 싶은 말입니다.

(C) 점심이 지나서야 있어요.

어휘 appointment 약속

해설 첫 번째 예약 시간을 묻는 When 의문문

(A) 질문과 상관없는 오답. What percent 의문문에 어울리는 응답이므로 오답.

(B) Yes/No 불가 오답. When 의문문에는 Yes/No 응답이 불가능하므로 오답.

(C) 정답. 오늘 첫 예약이 언제인지를 묻는 질문에 점심이 지나서야 있다고 구체적으로 응답하고 있으므로 정답.

18

W-Br Why hasn't the real estate contract been signed yet?

M-Cn **(A) It's under review.**

(B) I'm not signed up.

(C) A few acres.

부동산 계약이 왜 아직 체결되지 않은 거죠?

(A) 검토 중입니다.

(B) 저는 등록하지 않았어요.

(C) 몇 에이커 정도입니다.

어휘 real estate 부동산 contract 계약 under review 검토 중인 sign up 등록하다, 가입하다

해설 부동산 계약이 체결되지 않은 이유를 묻는 Why 의문문

(A) 정답. 부동산 계약이 아직 체결되지 않은 이유를 묻는 질문에 검토 중인 상태라며 because를 생략한 채 이유를 제시하고 있으므로 정답.

(B) 단어 반복 오답. 질문의 signed를 반복 이용한 오답.

(C) 연상 단어 오답. 질문의 real estate에서 연상 가능한 acres를 이용한 오답.

19

W-Br　How many kitchen appliances have been sold this week?

M-Au　(A) It's easy to apply.
　　　　(B) Around thirty, I think.
　　　　(C) We sell refrigerators.

　　　　이번 주에 주방용 가전제품이 몇 개 팔렸습니까?
　　　　(A) 신청하기 쉽습니다.
　　　　(B) 30개 가량인 것 같아요.
　　　　(C) 저희는 냉장고를 팝니다.

어휘 appliance 가전제품　refrigerator 냉장고

해설 판매된 주방용 가전제품의 수량을 묻는 How many 의문문

(A) 유사 발음 오답. 질문의 appliances와 부분적으로 발음이 유사한 apply를 이용한 오답.

(B) 정답. 판매된 주방용 가전제품의 수량을 묻는 질문에 30개 가량인 것 같다며 구체적인 수량으로 응답하고 있으므로 정답.

(C) 연상 단어 오답. 질문의 sold에서 연상 가능한 sell, kitchen appliances에서 연상 가능한 refrigerators를 이용한 오답.

20

M-Cn　Would you mind if I kept the door open?

W-Br　(A) Isn't the hallway too noisy?
　　　　(B) In the second drawer.
　　　　(C) Yes, you can use it.

　　　　문을 열어둬도 될까요?
　　　　(A) 복도가 너무 시끄럽지 않나요?
　　　　(B) 두 번째 서랍이에요.
　　　　(C) 네, 사용하세요.

어휘 hallway 복도　drawer 서랍

해설 부탁/요청 의문문

(A) 정답. 문을 열어두어도 되는지를 묻는 질문에 복도가 너무 시끄럽지 않느냐고 되물으며 우회적으로 거절하고 있으므로 정답.

(B) 질문과 상관없는 오답. Where 의문문에 어울리는 응답이므로 오답.

(C) 질문과 상관없는 오답. 질문에 어울리지 않는 응답을 하고 있으므로 오답.

21

W-Am　When is the team from Konrad Company expected to arrive?

M-Au　(A) In the international terminal.
　　　　(B) All the way from Amsterdam.
　　　　(C) Ahmed made all those arrangements.

콘래드 사에서 오는 팀은 언제 도착할 예정인가요?
(A) 국제선 터미널이에요.
(B) 멀리 암스테르담에서 왔습니다.
(C) 모든 준비를 아흐메드 씨가 했어요.

어휘 be expected to ~할 것으로 예상되다　all the way from ~로부터 쭉　arrangement 준비, 마련

해설 도착 시간을 묻는 When 의문문

(A) 연상 단어 오답. 질문의 arrive에서 연상 가능한 terminal을 이용한 오답.

(B) 질문과 상관없는 오답. Where 의문문에 어울리는 응답이므로 오답.

(C) 정답. 콘래드 사에서 오는 팀의 도착 시간을 묻는 질문에 아흐메드 씨가 모든 준비를 했다며 답변을 줄 수 있는 사람을 알려주며 우회적으로 응답하고 있으므로 정답.

22

W-Am　This is the last interview scheduled for today, isn't it?

M-Cn　(A) It does have a lovely view.
　　　　(B) No, there's one more.
　　　　(C) They preferred the old schedule.

　　　　오늘로 예정된 마지막 인터뷰죠, 그렇죠?
　　　　(A) 경치가 정말 멋집니다.
　　　　(B) 아니요, 하나 더 있어요.
　　　　(C) 그들은 이전 일정을 더 좋아했어요.

어휘 scheduled for ~로 예정된　prefer 선호하다

해설 마지막 인터뷰인지 여부를 확인하는 부가 의문문

(A) 유사 발음 오답. 질문의 interview와 부분적으로 발음이 유사한 view를 이용한 오답.

(B) 정답. 본 인터뷰가 마지막 인터뷰인지 여부를 묻는 질문에 아니요(No)라고 답한 후, 하나 더 있다고 구체적으로 설명하고 있으므로 정답.

(C) 유사 발음 오답. 질문의 scheduled와 부분적으로 발음이 유사한 schedule을 이용한 오답.

23

M-Au　Which caterer is supplying food for the company picnic?

W-Am　(A) A large supply order.
　　　　(B) The same one we used last year.
　　　　(C) The orders have come in over the phone.

　　　　회사 야유회에 어떤 업체가 음식을 공급하죠?
　　　　(A) 대량 주문입니다.
　　　　(B) 작년과 똑같은 업체예요.
　　　　(C) 전화로 주문이 들어왔어요.

어휘 caterer 음식 공급자　supply 공급하다

해설 회사 야유회에 음식을 공급하는 업체를 묻는 Which 의문문

(A) 유사 발음 오답. 질문의 supplying과 부분적으로 발음이 유사한 supply를 이용한 오답.

(B) 정답. 회사 야유회에 어떤 업체가 음식을 공급하는지를 묻는 질문에 작년과 똑같은 업체라며 구체적으로 응답하고 있으므로 정답.

(C) 연상 단어 오답. 질문의 supplying에서 주문(order)하고 납품하는 절차를 연상하게 만든 오답.

24

M-Au Why don't we ask for two office assistants?

W-Br **(A) Yes, that's a good idea.**
(B) She works in human resources.
(C) No, just a few days.

사무 보조원을 두 명 요청하면 어때요?
(A) 네, 좋은 생각이네요.
(B) 그녀는 인사부서에서 일해요.
(C) 아니요, 며칠 정도입니다.

어휘 office assistant 사무 보조원 human resources 인적자원

해설 제안 의문문
(A) 정답. 두 명의 사무 보조원을 요청하자고 제안하는 질문에 네(Yes)라고 답한 후, 좋은 생각이라며 호응하고 있으므로 정답.
(B) 연상 단어 오답. 질문의 office assistants에서 연상 가능한 works와 부서 이름인 human resources를 이용한 오답.
(C) 질문과 상관없는 오답. 질문에 어울리지 않는 응답을 하고 있으므로 오답.

25

M-Cn Have we sold more tickets this year than last year?

W-Am (A) I thought I put them in your mailbox.
(B) I didn't organize the concert last year.
(C) It will be held on Tuesday.

올해는 작년보다 표를 더 많이 판매했나요?
(A) 당신의 우편함에 넣었다고 생각했어요.
(B) 저는 작년에 콘서트 준비를 맡지 않았어요.
(C) 화요일에 열릴 예정입니다.

어휘 organize 준비하다, 조직하다 be held 개최되다, 열리다

해설 올해 작년보다 더 많은 표를 판매했는지 여부를 묻는 조동사
 (have) 의문문
(A) 질문과 상관없는 오답. 질문에 어울리지 않는 응답을 하고 있으므로 오답.
(B) 정답. 올해 작년보다 표를 더 많이 판매했는지를 묻는 질문에 작년에는 콘서트 준비를 맡지 않았다며 정확한 답변을 줄 수 없음을 우회적으로 응답하고 있으므로 정답.
(C) 질문과 상관없는 오답. When 의문문에 어울리는 응답이므로 오답.

26

W-Am Should I present the sales figures at today's meeting or tomorrow's?

W-Br **(A) Tomorrow's has been canceled.**
(B) Only a slight increase.
(C) Are all purchases final?

매출액을 오늘 회의에서 발표해야 합니까, 아니면 내일 회의에서 해야 합니까?
(A) 내일 회의는 취소됐어요.
(B) 약간 증가했을 뿐입니다.
(C) 모든 매입은 최종인가요?

어휘 sales figures 매출액 cancel 취소하다 slight 약간의, 조금의 purchase 구입, 구매

해설 매출액을 발표할 시점을 묻는 선택 의문문
(A) 정답. 매출액을 언제 발표할지를 묻는 선택 의문문에 내일 회의는 취소되었다며 오늘 회의 때 발표해야 한다는 답변을 우회적으로 응답하고 있으므로 정답.
(B) 연상 단어 오답. 질문의 sales figures에서 판매액의 증가를 연상하게 한 increase를 이용한 오답.
(C) 연상 단어 오답. 질문의 sales에서 연상 가능한 purchases를 이용한 오답.

27

M-Cn This jacket isn't as warm as I thought it would be.

W-Am (A) With a matching scarf.
(B) According to the weather report.
(C) Would you like to go inside?

이 상의는 생각했던 것만큼 따뜻하지 않군요.
(A) 어울리는 스카프와 함께요.
(B) 일기예보에 따르면요.
(C) 안으로 들어가고 싶으세요?

어휘 matching 어울리는 according to ～에 따르면 weather report 일기예보

해설 사실/정보 전달 평서문
(A) 연상 단어 오답. 질문의 jacket에서 연상 가능한 scarf를 이용한 오답.
(B) 연상 단어 오답. 질문의 warm에서 연상 가능한 weather를 이용한 오답.
(C) 정답. 상의가 생각만큼 따뜻하지 않다고 말하는 평서문에 안으로 들어가고 싶은지를 물으며 해결책을 제시하고 있으므로 정답.

28

W-Br We can leave our bags at the reception desk, can't we?

M-Cn (A) It ends at ten o'clock.
(B) Of course we can.
(C) There are plenty of rooms.

안내데스크에 가방을 둘 수 있죠, 그렇죠?
(A) 10시에 끝납니다.
(B) 물론 가능합니다.
(C) 방이 많이 있어요.

어휘 plenty of 많은

해설 안내데스크에 가방을 둘 수 있는지 여부를 확인하는 부가 의문문

(A) 질문과 상관없는 오답. When 의문문에 대한 응답이므로 오답.

(B) 정답. 안내데스크에 가방을 둘 수 있는지를 묻는 질문에 물론 가능하다며 수락하고 있으므로 정답.

(C) 연상 단어 오답. 질문의 reception desk에서 호텔에서의 상황을 연상하게 하는 rooms를 이용한 오답.

29

M-Au Why is Shreya leaving the company?

W-Am (A) A leader in the business.

(B) I put it next to the window.

(C) She found a job in Chicago.

쉬리야 씨는 왜 회사를 그만두나요?

(A) 회사 대표입니다.

(B) 창문 곁에 두었어요.

(C) 시카고에 일자리를 얻었어요.

어휘 leave 떠나다   next to ~의 옆에

해설 쉬리야 씨가 회사를 그만두는 이유를 묻는 Why 의문문

(A) 연상 단어 오답. 질문의 company에서 연상 가능한 leader, business를 이용한 오답.

(B) 연상 단어 오답. 질문의 leaving에서 연상 가능한 put을 이용한 오답.

(C) 정답. 쉬리야 씨가 회사를 그만두는 이유를 묻는 질문에 시카고에 일자리를 얻었다면서 구체적인 이유를 제시하고 있으므로 정답.

30

M-Au Should we go straight to the office, or stop by the hotel first?

M-Cn (A) There's room in the taxi.

(B) Either is fine with me.

(C) Yes, you're right.

사무실로 바로 가야 합니까, 아니면 호텔부터 들러야 합니까?

(A) 택시에 자리가 있어요.

(B) 어느 쪽이든 괜찮습니다.

(C) 네, 맞아요.

어휘 go straight to ~로 곧장 가다   stop by 들르다

해설 다음으로 갈 곳을 묻는 선택 의문문

(A) 질문과 상관없는 오답. 다음으로 향할 곳을 묻는 질문에 택시에 자리가 있다는 대답은 질문의 맥락에서 벗어난 응답이므로 오답.

(B) 정답. 다음으로 향할 곳을 선택하게 하는 질문에 어느 쪽이든 괜찮다고 응답하고 있으므로 정답.

(C) 질문과 상관없는 오답. 다음으로 향할 곳을 선택하게 하는 선택 의문문에 네(Yes)는 어울리지 않는 응답이므로 오답.

31

M-Cn Does the security desk know that Mr. Ito is coming in today?

W-Br (A) Maybe later, thanks.

(B) It's in the top drawer.

(C) You'd better call them.

보안 창구에서 이토 씨가 오늘 올 거라는 사실을 알고 있나요?

(A) 나중에요. 감사합니다.

(B) 맨 위 서랍에 있어요.

(C) 전화를 하는 편이 좋겠어요.

어휘 security 보안   drawer 서랍

해설 이토 씨의 방문을 보안 창구에서 알고 있는지를 묻는 간접 의문문

(A) 질문과 상관없는 오답. 질문에 어울리지 않는 응답을 하고 있으므로 오답.

(B) 질문과 상관없는 오답. Where 의문문에 어울리는 응답이므로 오답.

(C) 정답. 이토 씨가 오늘 온다는 것을 보안 창구에서 알고 있는지를 묻는 질문에 전화하는 편이 좋겠다며 확실히 알지 못하는 상황에서 확인해 볼 것을 제안하고 있으므로 정답.

PART 3

32-34

M-Cn 32Crocker Sporting Goods, how may I help you?

W-Am Hello, 32, 33I have to change the delivery address of a package I ordered from your Web site. It's being sent to my new home in Chicago, but my move-in date got delayed, so I won't be there. Can my package be sent to my current address instead?

M-Cn Unfortunately, once the package has been shipped, it cannot be rerouted.

W-Am Well, no one will be there to receive it. I don't want anything to happen to it. Is there anything you can do?

M-Cn 34Let me call the shipping agent in Chicago and have them hold the package for you. That way your package will remain safe until you arrive.

남 크로커 스포츠 용품입니다. 어떻게 도와드릴까요?

여 안녕하세요. **웹사이트에서 주문한 물건의 배송 주소를 바꿔야 해요.** 시카고에 있는 제 새 주소로 배송되고 있는데, 입주날짜가 연기돼서 제가 그곳에 없거든요. 제 물건을 현재 주소로 대신 보내주실 수 있나요?

남 죄송하지만 소포가 일단 배송되면 변경이 어렵습니다.

여 음, 받을 사람이 아무도 없을 텐데요. 이상이 생기는 건 원치 않아요. 해 주실 수 있는 일은 없나요?

남 **시카고의 배송 대행업체에 전화해 소포를 맡아두도록 하겠습니다.** 그렇게 하면 도착하실 때까지 소포가 무사할 테니까요.

어휘 delivery 배송 get delayed 지연되다, 연기되다 current 현재의 instead 대신 ship 선적하다 reroute (경로를) 변경하다 receive 받다

32

Who most likely is the man?

(A) A Web-site designer
(B) A truck driver
(C) A factory worker
(D) A customer service representative

남자는 누구이겠는가?

(A) 웹사이트 디자이너
(B) 트럭 운전사
(C) 공장 근로자
(D) 고객서비스 상담원

어휘 customer service representative 고객서비스 상담원

해설 전체 내용 관련 – 남자의 직업

대화 초반부에 남자가 크로커 스포츠 용품(Crocker Sporting Goods)이라며 어떻게 도와드릴지(how may I help you)를 묻고 있고, 여자가 뒤이어 웹사이트에서 주문한 물건의 배송 주소를 바꿔야 한다(I have to change the delivery address of a package I ordered from your Web site)고 말한 것으로 보아 남녀는 온라인 스포츠 용품점의 상담원과 고객의 관계임을 알 수 있다. 따라서 정답은 (D)이다.

33

What is the woman trying to do?

(A) Add an item to an order
(B) Change a delivery location
(C) Return a damaged product
(D) Correct a billing error

여자가 하려고 하는 것은?

(A) 주문내역에 물품 추가하기
(B) 배송 장소 변경하기
(C) 손상된 제품 돌려보내기
(D) 청구상의 오류 정정하기

어휘 damaged 손상된 billing 청구서 발부 correct 고치다, 바로잡다

해설 세부사항 관련 – 여자가 하려는 일

여자가 첫 번째 대사에서 웹사이트에서 주문한 물건의 배송 주소를 바꿔야 한다(I have to change the delivery address of a package I ordered from your Web site)고 했으므로 정답은 (B)이다.

▸▸ Paraphrasing 대화의 **the delivery address**
→ 정답의 **a delivery location**

34

What does the man offer to do?

(A) Reimburse a purchase
(B) Contact a shipping agent
(C) Check a price
(D) Expedite a shipment

남자는 무엇을 해 주겠다고 하는가?

(A) 구매금액 변상
(B) 배송업체에 연락
(C) 가격 확인
(D) 빠른 운송 처리

어휘 reimburse 변제하다, 변상하다 expedite 더 신속히 처리하다, 촉진하다 shipment 수송

해설 세부사항 관련 – 남자가 제안하는 사항

남자가 마지막 대사에서 시카고의 배송 대행업체에 전화해 소포를 맡아두도록 하겠다(Let me call the shipping agent in Chicago and have them hold the package for you)고 했으므로 정답은 (B)이다.

▸▸ Paraphrasing 대화의 **call** → 정답의 **contact**

35-37

W-Br	Pablo, I heard about your promotion. That's great news! **35When do you start your new position?**
M-Cn	Thanks very much; **35I start on Monday.** **36Things are a little busy at the moment, though, because my new office is on a different floor, and I have to move all my personal belongings there.**
W-Br	**37I just took inventory of the office supplies, so if you need anything to help you pack, let me know.**
M-Cn	That would actually be very helpful. I can't believe how many things I've accumulated over the years! Do you think I can get some cardboard boxes and tape?
여	파블로 씨, 승진 소식 들었습니다. 좋은 소식이네요! **새 직책은 언제부터 맡게 됩니까?**
남	정말 감사합니다. **월요일에 일을 시작해요.** 그런데 지금은 좀 바쁘군요. 새 사무실이 다른 층에 있어서 개인 소지품을 모두 옮겨야 하거든요.
여	**사무용품 목록을 가져왔으니 짐을 꾸리는 데 도움이 필요하면 알려주세요.**
남	큰 도움이 될 것 같군요. 몇 년간 얼마나 많은 물건을 쌓아뒀는지 놀랍네요. 판지 상자와 테이프를 좀 얻을 수 있을까요?

어휘 promotion 승진 position 직책 personal belongings 개인 물품, 소지품 office supply 사무용품 actually 사실 accumulate 모으다 cardboard 판지

35

What will the man do on Monday?

(A) Attend a seminar
(B) Graduate from school
(C) Start a new position
(D) Receive an award

남자가 월요일에 할 일은?

(A) 세미나 참석

(B) 학교 졸업

(C) 새 직책에서 업무 시작

(D) 수상

어휘 attend 참석하다 graduate 졸업하다 receive an award 상을 받다

해설 세부사항 관련 – 남자가 월요일에 할 일

여자가 대화 초반부에서 남자에게 새 직책은 언제부터 맡게 되는지(When do you start your new position)를 묻자 남자가 월요일에 시작한다(I start on Monday)고 했으므로 정답은 (C)이다.

36

Why does the man say he is busy?

(A) He is moving into a different office.

(B) He is meeting with some clients.

(C) He has an upcoming business trip.

(D) He has a project deadline.

남자가 바쁘다고 말한 이유는?

(A) 다른 사무실로 짐을 옮기고 있다.

(B) 고객을 만나고 있다.

(C) 출장이 예정되어 있다.

(D) 프로젝트 마감이 있다.

어휘 upcoming 다가오는 business trip 출장 deadline 마감, 기한

해설 세부사항 관련 – 남자가 바쁜 이유

남자가 첫 번째 대사에서 새 사무실이 다른 층에 있어서 개인 소지품을 모두 옮겨야 하기 때문에 지금은 좀 바쁘다(Things are a little busy at the moment, though, because my new office is on a different floor, and I have to move all my personal belongings there)고 했으므로 정답은 (A)이다.

37

What does the woman offer to do?

(A) Review an expense report

(B) Arrange a company celebration

(C) Introduce the man to a colleague

(D) Provide the man with supplies

여자가 무엇을 해 주겠다고 하는가?

(A) 지출품의서 검토

(B) 회사 축하연 준비

(C) 남자를 동료에게 소개

(D) 남자에게 물품 제공

어휘 review 검토하다 expense report 지출품의서 arrange 준비하다, 주선하다 colleague 동료

해설 세부사항 관련 – 여자가 제안하는 사항

여자가 두 번째 대사에서 사무용품 목록을 가져왔으니 짐을 꾸리는 데 필요한 것이 있으면 알려달라(I just took inventory of the office supplies, so if you need anything to help you pack, let me know)고 했으므로 정답은 (D)이다.

38-40

M-Au Hi, Sunisa. **38I just finished the final cut of the TV commercial we produced for the Denton Company.** Do you have time to take a look at it? I'd love to know what you think.

W-Br To be honest, **39TV ads aren't really my specialty.** Now...I know he's only been at our company for a few months, but Rashid has worked in television for years. **39And I think he's in his office right now.**

M-Au Oh? Well, I'll check with him. **40We're presenting this to the Denton Company on Thursday and I really want to make sure they're not disappointed.**

남 수니사 씨, 안녕하세요? 덴튼 사를 위해 제작한 TV 광고의 마지막 장면을 방금 다 찍었습니다. 한번 보실 시간이 있나요? 당신의 의견을 듣고 싶습니다.

여 솔직히 TV 광고는 제 전문 분야가 아니에요. 음… 우리 회사에는 몇 달 밖에 있지 않았지만 라시드 씨는 몇 년간 TV 분야에 몸담았어요. 지금 사무실에 있을 것 같은데요.

남 그래요? 라시드 씨에게 확인해 볼게요. 목요일에 덴튼 사에 발표할 예정인데 실망시키고 싶지 않습니다.

어휘 commercial 광고 produce 제작하다 to be honest 솔직히 말하면 specialty 전문 분야, 전공 disappointed 실망한

38

What has the man just finished doing?

(A) Negotiating a contract

(B) Repairing a television

(C) Producing an advertisement

(D) Interviewing a job candidate

남자가 막 끝마친 것은?

(A) 계약 건으로 교섭하기

(B) TV 수리하기

(C) 광고 제작하기

(D) 구직자 면접하기

어휘 negotiate 교섭하다 advertisement 광고 job candidate 구직자

해설 세부사항 관련 – 남자가 막 끝마친 일

대화 초반부에 남자가 덴튼 사를 위해 제작한 TV 광고의 마지막 장면을 방금 다 찍었다(I just finished the final cut of the TV commercial we produced for the Denton Company)고 했으므로 정답은 (C)이다.

▶▶ Paraphrasing 대화의 commercial → 정답의 advertisement

39

What does the woman imply when she says, "Rashid has worked in television for years"?

(A) Rashid's opinion would be valuable.
(B) Rashid's résumé is out of date.
(C) Rashid should receive a promotion.
(D) Rashid wants to change careers.

여자가 "라시드 씨는 몇 년간 TV 분야에 몸담았어요"라고 말할 때 암시하는 것은?

(A) 라시드 씨의 의견은 들을 가치가 있다.
(B) 라시드 씨의 이력서는 유효기간이 지났다.
(C) 라시드 씨는 승진해야 한다.
(D) 라시드 씨는 직업을 바꾸고 싶어한다.

어휘 valuable 값진, 가치 있는 out of date 유효기간이 지난 receive a promotion 승진하다

해설 화자의 의도 파악 – 라시드 씨는 몇 년간 TV 분야에 몸담았다는 말의 의도

인용문 앞에서 여자가 TV 광고는 자신의 전문 분야가 아니다(TV ads aren't really my specialty)라고 했고 인용문에서 라시드 씨의 TV 분야 관련 경력을 언급한 뒤 그가 지금 사무실에 있을 것 같다(And I think he's in his office right now)고 말했으므로 정답은 (A)이다.

40

What does the man say he is concerned about?

(A) Staying under budget
(B) Impressing a client
(C) Arriving on time to a meeting
(D) Satisfying a technical requirement

남자가 우려한다고 말한 것은?

(A) 예산 내에서 지출하는 것
(B) 고객에게 감동을 주는 것
(C) 회의시간에 늦지 않게 도착하는 것
(D) 기술요구조건을 만족하는 것

어휘 be concerned about ~를 우려하다 budget 예산 impress 감동을 주다 on time 제시간에 requirement 요구사항

해설 세부사항 관련 – 남자의 우려 사항

남자는 마지막 대사에서 목요일에 덴튼 사에 발표할 예정인데 실망시키고 싶지 않다(We're presenting this to the Denton Company on Thursday and I really want to make sure they're not disappointed)고 했으므로 정답은 (B)이다.

41-43

W-Am Hi Richard, **41I just saw the catering order for Satoshi Kato's retirement party next week.**

M-Au Yeah, the restaurant said they'd deliver the food around 11:45. That should give us plenty of time to set up for lunch.

W-Am That's great, but um, have you ever met Mr. Kato?

M-Au Oh, right! Of course. **42How could I forget that Mr. Kato doesn't eat meat? I'll call the restaurant later today to change the order,** but I really have to finish this seating chart first.

W-Am **43I can call the restaurant for you, so you can finish up here.**

M-Au That'd be great, thank you so much!

여 리차드 씨, 안녕하세요? 다음 주에 있을 사토시 카토 씨의 은퇴 기념 파티를 위한 음식 주문 건을 봤는데요.

남 네, 식당에서는 음식을 11시 45분 정도에 가져오겠다고 합니다. 점심을 차릴 시간이 넉넉할 겁니다.

여 좋습니다. 그런데 카토 씨를 만나본 적이 있나요?

남 아, 그렇지! 물론입니다. 카토 씨가 고기를 먹지 않는다는 사실을 어떻게 깜박할 수가 있는지. 이따가 식당에 전화해 주문을 변경하겠습니다. 하지만 좌석 배치도를 먼저 끝내야 해요.

여 제가 식당에 전화할 테니 일을 끝마치세요.

남 좋습니다. 정말 감사합니다!

어휘 retirement 퇴직, 은퇴 seating chart 좌석 배치도

41

According to the woman, what is taking place next week?

(A) A career fair
(B) A retirement celebration
(C) A promotional event
(D) An anniversary party

여자에 따르면 다음 주에 일어날 일은?

(A) 취업박람회
(B) 은퇴 기념식
(C) 판촉행사
(D) 기념일 파티

어휘 take place 발생하다, 일어나다 career fair 취업박람회 promotional 홍보의, 판촉의 anniversary 기념일

해설 세부사항 관련 – 여자가 말하는 다음 주에 일어날 일

대화 초반부에 여자가 다음 주에 있을 사토시 카토 씨의 은퇴 기념 파티를 위한 음식 주문 건을 봤다(I just saw the catering order for Satoshi Kato's retirement party next week)고 했으므로 정답은 (B)이다.

▸▸ Paraphrasing 대화의 retirement party
→ 정답의 retirement celebration

42

Why does the woman say, "have you ever met Mr. Kato"?

(A) To point out a mistake
(B) To introduce a colleague
(C) To recommend a staff member
(D) To complain about a service

여자가 "카토 씨를 만나본 적이 있나요?"라고 말한 이유는?

(A) 실수를 지적하기 위해
(B) 동료를 소개하기 위해
(C) 직원을 추천하기 위해
(D) 서비스에 대한 불만을 제기하기 위해

어휘 point out 지적하다 colleague 동료 recommend 추천하다
complain 불평하다

해설 화자의 의도 파악 – 카토 씨를 만나본 적이 있느냐는 말의 의도
여자가 말한 인용문을 듣고 남자가 카토 씨가 고기를 먹지 않는다는 사실을 어떻게 깜박할 수가 있는지(How could I forget that Mr. Kato doesn't eat meat)라고 하면서 이따가 식당에 전화해 주문을 변경하겠다(I'll call the restaurant later today to change the order)라며 자신의 실수를 정정하겠다고 했으므로 정답은 (A)이다.

43

What does the woman offer to do?

(A) Review some slides
(B) Pay for a delivery
(C) Contact a client
(D) Call a restaurant

여자가 무엇을 해 주겠다고 하는가?

(A) 슬라이드 검토
(B) 배송비 지불
(C) 고객에게 연락
(D) 식당에 전화

어휘 pay for ~의 대금을 지불하다

해설 세부사항 관련 – 여자의 제안 사항
여자가 마지막 대사에서 남자에게 식당에 전화할 테니 일을 끝마치라(I can call the restaurant for you, so you can finish up here)고 했으므로 정답은 (D)이다.

44-46

M-Cn Hi, Ms. Santiago. It's Jim, your manager, calling. **44I just got an e-mail from Bergan Industries. Apparently the presentation you gave yesterday really impressed them, and now thanks to you they've decided to use us to supply all their paper products.**

W-Am That's great news! But I can't take all the credit. **45James Tanaka in our advertising department made the slides for my presentation. He's very creative.**

M-Cn I'm not surprised. **45Mr. Tanaka also did a wonderful job designing our catalog this year.** Be sure to let him know that we appreciate his abilities.

W-Am I'll do that. He's out of the office today, but **46I'll be sure to give him that feedback when I see him tomorrow.**

남 안녕하세요, 산티아고 씨. 관리자인 짐입니다. 버간 인더스트리즈로부터 이메일을 받았는데요. 어제 한 발표가 매우 인상적이었던 모양입니다. 산티아고 씨 덕분에 우리에게 종이제품 공급을 맡기로 결정했어요.

여 좋은 소식이군요! 하지만 저 혼자 모든 공을 차지할 순 없죠. 광고부서의 제임스 타나카 씨가 발표 슬라이드를 만들어 주었어요. 매우 창의적인 직원입니다.

남 그럴 법도 합니다. 타나카 씨가 올해 우리 카탈로그 디자인도 멋지게 해냈거든요. 역량에 감사한다고 꼭 전해주십시오.

여 그러겠습니다. 오늘 사무실에 없지만 내일 만나면 피드백을 꼭 전하겠습니다.

어휘 apparently 듣자 하니, 보아하니 presentation 발표 take credit 공을 차지하다 creative 창의적인 appreciate 감사하다

44

Why is the man calling the woman?

(A) To congratulate her
(B) To apologize to her
(C) To set up an interview
(D) To organize a client visit

남자가 여자에게 전화를 건 이유는?

(A) 축하하기 위해
(B) 사과하기 위해
(C) 면접 약속을 잡기 위해
(D) 고객 방문을 준비하기 위해

어휘 congratulate 축하하다 apologize 사과하다 organize 준비하다, 주선하다

해설 전체 내용 관련 – 전화를 건 목적
대화 초반부에 남자가 버간 인더스트리즈로부터 이메일을 받았다(I just got an e-mail from Bergan Industries)며 어제 여자가 한 발표가 매우 인상적이어서 여자 덕분에 버간 인더스트리즈에서 우리에게 종이 제품 공급을 맡기로 결정했다(Apparently the presentation you gave yesterday really impressed them, and now thanks to you they've decided to use us to supply all their paper products)고 했으므로 정답은 (A)이다

45

What do the speakers say about James Tanaka?

(A) He has worked overseas.

(B) He is very talented.

(C) He is familiar with the company policies.

(D) He is easy to work with.

화자들이 제임스 타나카 씨에 대해 말한 것은?

(A) 해외에서 일한다.

(B) 재능이 뛰어나다.

(C) 회사 정책을 잘 알고 있다.

(D) 함께 일하기가 좋다.

어휘 overseas 해외에 talented 재능이 있는 be familiar with ~에 익숙하다 policy 정책

해설 세부사항 관련 – 화자들이 제임스 타나카 씨에 대해 언급한 사항 대화 중반부에 여자가 광고부서의 제임스 타나카 씨가 발표 슬라이드를 만들어 주었다(James Tanaka in our advertising department made the slides for my presentation)면서 매우 창의적인 직원(He's very creative)이라며 칭찬했고, 뒤이어 남자도 타나카 씨가 올해 우리 카탈로그 디자인도 멋지게 해냈다(Mr. Tanaka also did a wonderful job designing our catalog this year)고 했으므로 정답은 (B)이다.

46

What does the woman promise to do tomorrow?

(A) Revise some documents

(B) E-mail some customers

(C) Create a training course

(D) Give feedback to a colleague

여자가 내일 하겠다고 약속한 것은?

(A) 문서 수정하기

(B) 고객에게 이메일 보내기

(C) 교육과정 수립하기

(D) 동료에게 피드백 전하기

어휘 revise 수정하다 training course 교육과정

해설 세부사항 관련 – 여자가 내일 하기로 약속한 사항

여자가 마지막 대사에서 내일 타나카 씨를 만나면 피드백을 꼭 전하겠다(I'll be sure to give him that feedback when I see him tomorrow)고 했으므로 정답은 (D)이다.

47-49

W-Br Mehdi, **⁴⁷I've been working on the design for the new library. I put the floor plans on your desk this morning. Did you have a chance to look at them?**

M-Cn Yes, I like what you did, but **⁴⁸there's one problem. In your plan, the computer lab is located on the second floor, and I thought it was supposed to be on the first floor next to the elevator.**

W-Br That was the original idea, but I believe the library director wanted that room moved upstairs so that we'd have space to make the lobby bigger.

M-Cn **⁴⁹We'd better check on that; I'll call the director this afternoon just to make sure.**

여 메디 씨, 저는 새 도서관 설계를 맡아 일하고 있습니다. 오늘 오전, 당신 책상에 평면도를 올려 두었는데요. 보셨나요?

남 네, 마음에 들었습니다만 한 가지 문제가 있습니다. 평면도에서는 컴퓨터실이 2층에 있습니다만 엘리베이터 옆 1층에 위치해야 하는 것 같은데요.

여 원래 계획은 그랬는데요. 도서관장님께서 컴퓨터실을 위층으로 옮겨 로비를 더 넓게 활용할 수 있는 공간을 원하셨어요.

남 확인해 보는 것이 좋겠습니다. 확인을 위해 오늘 오후 관장님께 전화하겠습니다.

어휘 floor plan 평면도 next to ~ 옆에 original 원래의 make sure 확인하다

47

What are the speakers discussing?

(A) Invitations for a library fund-raiser

(B) Applications for a construction permit

(C) Design plans for a new building

(D) Membership requirements for patrons

화자들은 무엇에 대해 이야기하고 있는가?

(A) 도서관 기금마련행사 초대

(B) 건설 허가 신청

(C) 새 건물의 설계 계획

(D) 고객 회원권 자격요건

어휘 fund-raiser 기금 모금 행사 application 신청, 지원 permit 허가 patron 고객

해설 전체 내용 관련 – 대화의 주제

여자가 첫 번째 대사에서 새 도서관 설계를 맡아 일하고 있다(I've been working on the design for the new library)고 했고, 오늘 오전에 책상에 평면도를 올려 두었다(I put the floor plans on your desk this morning)면서 평면도를 살펴볼 기회가 있었는지(Did you have a chance to look at them?)를 남자에게 묻자 남자도 그에 대한 답변으로 대화를 이어나가고 있으므로 정답은 (C)이다.

48

What is the man concerned about?

(A) How to lower costs

(B) When to hold an event

(C) Who will be in charge of training

(D) Where a room will be located

남자가 우려하는 것은?

(A) 비용 절감 방법
(B) 행사 개최 시기
(C) 교육 책임자
(D) 방의 위치

어휘 in charge of ~의 책임이 있는

해설 세부사항 관련 – 남자가 우려하는 사항

남자가 첫 번째 대사에서 한 가지 문제가 있다(there's one problem)면서 평면도에서는 컴퓨터실이 2층에 있는데 엘리베이터 옆 1층에 위치해야 하는 것 같다(In your plan, the computer lab is located on the second floor, and I thought it was supposed to be on the first floor next to the elevator)라고 했으므로 정답은 (D)이다.

49

What does the man say he will do this afternoon?

(A) Confirm some information
(B) Purchase some equipment
(C) Reserve a meeting space
(D) Write a book review

남자가 오늘 오후에 하겠다고 한 것은?

(A) 정보 확인
(B) 장비 구매
(C) 회의장소 예약
(D) 서평 작성

어휘 purchase 구매하다 reserve 예약하다 book review 서평

해설 세부사항 관련 – 남자가 오늘 오후에 할 일

남자가 마지막 대사에서 여자가 말한 사안에 대해 확인해 보는 것이 좋겠다(We'd better check on that)고 하면서 확인을 위해 오늘 오후 관장님께 전화하겠다(I'll call the director this afternoon just to make sure)라고 했으므로 정답은 (A)이다.

> ▶ Paraphrasing 대화의 check on that
> → 정답의 Confirm some information

50-52

W-Am Hello, I'm calling to follow up on a hotel stay I booked with your travel agency. I just came back from my trip to Prague, and ⁵⁰**I must say I'm disappointed. Your Web site said the Chester Hotel is in the heart of Prague, but it was actually a thirty-minute ride to the city center.**

M-Au Oh, I'm so sorry to hear that. ⁵¹**I will definitely take a look at the description in our advertisement of the Chester Hotel** and make sure it's not misleading.

W-Am Yes, I really think that information needs to be changed. ⁵²**I spent over two hundred dollars in taxi fare getting into the city. Would you be able to pay me back for the extra transportation costs?**

여 안녕하세요. 이 여행사에서 예약한 호텔 투숙 후기에 관해 전화 드립니다. 프라하 여행에서 돌아왔는데 **실망스러웠다는 얘기를 해야 할 것 같군요. 웹사이트에서는 체스터 호텔이 프라하 중심부에 있다고 했는데 실제로는 도심까지 가는 데 차로 30분이 걸렸어요.**

남 아, 죄송합니다. **체스터 호텔 광고에 있는 설명을 꼭 읽어보고** 오해의 소지가 없도록 하겠습니다.

여 네, 정보가 변경되어야 할 것 같아요. **도심으로 들어가는 데 택시비로 200달러 이상 썼어요. 추가 교통비를 환불해 주실 수 있나요?**

어휘 follow up on ~에 대한 후속조치를 취하다 book 예약하다 definitely 분명히, 틀림없이 description 설명 misleading 호도하는, 오해의 소지가 있는 transportation cost 교통비

50

Why was the woman disappointed with a hotel?

(A) It was far from the city center.
(B) It was crowded with guests.
(C) The staff were inattentive.
(D) The rooms were small.

여자는 왜 호텔에 실망했는가?

(A) 도심에서 멀었다.
(B) 손님이 많아서 붐볐다.
(C) 직원들이 신경을 쓰지 않았다.
(D) 객실이 좁았다.

어휘 inattentive 주의를 기울이지 않는

해설 세부사항 관련 – 여자가 호텔에 실망한 이유

대화 초반부에 여자가 실망스러웠다는 얘기를 해야 할 것 같다(I must say I'm disappointed)면서 웹사이트에서는 체스터 호텔이 프라하 중심부에 있다고 했는데 실제로는 도심까지 가는 데 차로 30분이 걸렸다(Your Web site said the Chester Hotel is in the heart of Prague, but it was actually a thirty-minute ride to the city center)고 했으므로 정답은 (A)이다.

51

What does the man say he will do?

(A) Call a taxi
(B) Print out a ticket
(C) Check an advertisement
(D) Contact a colleague

남자가 하겠다고 한 것은?

(A) 택시를 불러주겠다.
(B) 표를 출력해 주겠다.
(C) 광고를 확인하겠다.
(D) 동료에게 연락을 취하겠다.

어휘 colleague 동료

해설 세부사항 관련 – 남자가 하겠다고 말한 것

남자가 첫 번째 대사에서 체스터 호텔 광고에 있는 설명을 꼭 읽어보겠다(I will definitely take a look at the description in our advertisement of the Chester Hotel)고 했으므로 정답은 (C)이다.

▸▸ Paraphrasing 대화의 take a look at the description in our advertisement → 정답의 Check an advertisement

52

What does the woman request?
(A) An extra key
(B) A reimbursement
(C) A city map
(D) A room upgrade

여자가 요청한 것은?
(A) 여분의 열쇠
(B) 배상
(C) 도시 지도
(D) 객실 업그레이드

어휘 reimbursement 상환, 배상

해설 세부사항 관련 - 여자의 요청 사항

여자가 마지막 대사에서 도심으로 들어가는 데 택시비로 200달러 이상 썼다(I spent over two hundred dollars in taxi fare getting into the city)면서 추가 교통비를 환불해 줄 수 있는지(Would you be able to pay me back for the extra transportation costs)를 묻고 있으므로 정답은 (B)이다.

▸▸ Paraphrasing 대화의 pay me back → 정답의 reimbursement

53-55

W-Br	Hey Ben, ⁵³**will you be attending the regional directors' meeting in Paris next Monday?**
M-Au	⁵³**Yes, I will. You too?**
W-Br	⁵³**I am,** but...how do I board the train without a paper ticket? I just received the e-mail confirmation for my trip, but ⁵⁴**I'm not sure how to retrieve the ticket.**
M-Au	⁵⁴**When you get to the station, look for the self-serve kiosks.** Make sure you have the reservation number with you, and follow the instructions to print out the paper ticket.
W-Br	OK. I'm on the four o'clock train, so I'll make sure I leave the office a bit early to do that.
M-Au	⁵⁵**I'll actually be on the same train. We should share a taxi to the train station.**
여	벤 씨, **다음 월요일 파리에서 있을 지역 관리자 회의에 참석하세요?**
남	**네. 참석하시나요?**
여	네. 그런데… 종이 승차권 없이 어떻게 기차를 타죠? 출장 확정 메일을 받았는데 **표를 어떻게 받는지 모르겠어요.**
남	**역에 도착하면 무인단말기를 찾으세요.** 예약번호를 꼭 소지하시고 설명에 따라 종이 승차권을 출력하세요.
여	알겠습니다. 저는 4시 기차를 타니 표를 찾으려면 사무실에서 좀 일찍 출발해야겠군요.
남	**사실 저도 같은 기차를 타요. 함께 택시를 타고 기차역으로 가요.**

어휘 attend 참석하다 board 탑승하다 confirmation 확인, 확정 retrieve 회수하다 reservation 예약 instruction 설명

53

Why is the woman traveling to Paris?
(A) To visit a friend
(B) To attend a meeting
(C) To watch a performance
(D) To inspect a store

여자가 파리로 가는 이유는?
(A) 친구 방문
(B) 회의 참석
(C) 공연 관람
(D) 매장 시찰

어휘 performance 공연 inspect 시찰하다, 검사하다

해설 세부사항 관련 - 여자가 파리로 가는 이유

대화 초반부에 여자가 남자에게 다음 월요일 파리에서 있을 지역 관리자 회의에 참석하는지(will you be attending the regional directors' meeting in Paris next Monday)를 묻자 남자가 그렇다(Yes)면서 여자도 참석하는지(You too)를 되물었고, 여자도 참석한다(I am)고 했으므로 여자는 회의에 참석하기 위해 파리에 가는 것임을 알 수 있다. 따라서 정답은 (B)이다.

54

What does the man explain to the woman?
(A) How to avoid a delay
(B) How to reset an electronic device
(C) How to fill out some paperwork
(D) How to retrieve a ticket

남자가 여자에게 설명하는 것은?
(A) 지연되지 않는 방법
(B) 전자기기를 재설정하는 법
(C) 서류 작성하는 법
(D) 승차권을 찾는 방법

어휘 electronic device 전자기기 fill out 기입하다, 작성하다

해설 세부사항 관련 - 남자가 여자에게 설명하는 것

여자가 두 번째 대사에서 표를 어떻게 받는지 모르겠다(I'm not sure how to retrieve the ticket)고 하자 남자가 역에 도착하면 무인단말기를 찾으라(When you get to the station, look for the self-serve kiosks)며 설명하고 있으므로 정답은 (D)이다.

55

What does the man suggest?

(A) Going to the train station together
(B) Searching online for an address
(C) Inviting another colleague
(D) Submitting some travel receipts

남자가 제안하는 것은?

(A) 함께 기차역으로 가기
(B) 온라인에서 주소 검색하기
(C) 다른 동료 초대하기
(D) 출장 영수증 제출하기

어휘 submit 제출하다   receipt 영수증

해설 세부사항 관련 – 남자의 제안 사항

남자가 마지막 대사에서 사실 자신도 같은 기차를 탄다(I'll actually be on the same train)면서 함께 택시를 타고 기차역으로 가자(We should share a taxi to the train station)고 했으므로 정답은 (A)이다.

56-58

M-Cn	Hi Thuli, **56what did you think about the new e-mail policy they announced at the staff meeting?**
W-Br	**56I wasn't really surprised. 57I think a lot of companies ask employees not to use personal e-mail accounts at work.**
M-Cn	Yes, **57but I'm sure everyone has to send personal e-mails during office hours occasionally.** What if I need to contact my bank?
W-Br	Oh, something like that shouldn't be a problem. The company is just concerned because **58there have been complaints about some employees spending too much time on non-work activities.**
남	안녕하세요, 툴리 씨. 직원회의에서 발표한 새 이메일 정책에 대해 어떻게 생각하세요?
여	별로 놀랍지는 않았어요. 직원에게 업무 시 개인 이메일 계정을 사용하지 않도록 하는 회사가 많은 것 같아요.
남	네, 하지만 누구나 업무 시간에 가끔 개인 이메일을 보내야 하잖아요. 은행에 연락해야 하면 어쩌죠?
여	아, 그런 일은 문제없을 겁니다. 회사에서는 일부 직원이 업무 이외의 일에 시간을 너무 많이 소비한다는 불만이 제기되어 우려하는 것이니까요.
어휘	policy 정책 account 계정 occasionally 가끔 concerned 우려하는

56

What are the speakers mainly discussing?

(A) A computer malfunction
(B) A company policy
(C) A financial report
(D) A recent holiday

화자들은 무엇에 대해 이야기하고 있는가?

(A) 컴퓨터 오작동
(B) 회사 정책
(C) 재무보고서
(D) 최근 휴일

어휘 malfunction 오작동, 고장   financial report 재무보고서

해설 전체 내용 관련 – 대화의 주제

대화 초반부에서 남자가 직원회의에서 발표한 새 이메일 정책에 대해 어떻게 생각하는지(what did you think about the new e-mail policy they announced at the staff meeting)를 묻자 여자가 별로 놀랍지는 않았다(I wasn't really surprised)며 회사의 새 이메일 정책에 대해 대화를 이어가고 있으므로 정답은 (B)이다.

57

Why does the man say, "What if I need to contact my bank"?

(A) To explain why he is concerned
(B) To suggest revising a budget
(C) To request some contact information
(D) To ask for a deadline extension

남자가 "은행에 연락해야 하면 어쩌죠?"라고 말한 이유는?

(A) 우려하는 점을 설명하기 위해
(B) 예산 변경을 제안하기 위해
(C) 연락처를 요청하기 위해
(D) 마감기한 연장을 요청하기 위해

어휘 revise 변경하다, 수정하다   deadline 마감기한   extension 연장

해설 화자의 의도 파악 – 은행에 연락해야 하면 어쩌냐는 말의 의도

인용문 앞에서 여자가 직원에게 업무 시 개인 이메일 계정을 사용하지 않도록 하는 회사가 많은 것 같다(I think a lot of companies ask employees not to use personal e-mail accounts at work)고 하자 남자가 누구나 업무 시간에 가끔 개인 이메일을 보내야 하잖느냐(I'm sure everyone has to send personal e-mails during office hours occasionally)면서 인용문을 언급했으므로 만일의 경우에 발생할 수 있는 상황을 우려하는 의도로 볼 수 있다. 따라서 정답은 (A)이다.

58

According to the woman, what complaint has been made about some employees?

(A) They need technical training.
(B) They work inconsistent hours.
(C) They waste work time.
(D) They are disorganized.

여자에 따르면 일부 직원에 대해 제기된 불만사항은?

(A) 기술 교육을 받아야 한다.

(B) 업무시간에 일관성이 없다.

(C) 근무시간을 낭비한다.

(D) 체계적이지 못하다.

어휘 inconsistent 일관성이 없는 disorganized 체계적이지 않은

해설 세부사항 관련 - 일부 직원에 대해 제기된 불만 사항

여자가 마지막 대사에서 일부 직원이 업무 이외의 일에 시간을 너무 많이 소비한다는 불만이 제기되었다(there have been complaints about some employees spending too much time on non-work activities)고 했으므로 정답은 (C)이다.

> ➤ **Paraphrasing** 대화의 spending too much time on non-work activities → 정답의 waste work time

59-61 3인 대화

M-Au	Hey Sue. ⁵⁹**Hector and I are going to lunch at Antonio's Restaurant. Would you like to join us?**
M-Cn	A few others from the office are coming as well. It'll be a good chance for you to socialize with your new colleagues.
W-Am	Thanks for inviting me, but isn't that a bit far away to go for lunch? ⁶⁰**It would take us twenty minutes just to get there, so we wouldn't have enough time to eat.**
M-Au	Oh, you're thinking of the original Antonio's, by the town hall. They just opened a second place much closer to here.
M-Cn	Right. And we plan to go a little early, to beat the lunch rush.
W-Am	In that case, sure. ⁶¹**Let me just tell my manager that I'll be going to lunch early.**

남1	수 씨, 헥터 씨와 저는 안토니오 레스토랑에서 점심을 먹으려고 해요. 함께 가실래요?
남2	다른 직원 몇 명도 같이 갈 거예요. 새 동료들과 사귈 수 있는 좋은 기회가 될 텐데요.
여	초대해 주셔서 감사하지만 점심을 먹으러 가기엔 좀 멀지 않아요? 가는 데만 20분이 걸리니 점심 먹을 시간이 충분치 않을 거예요.
남1	아, 시청 옆에 있는 안토니오 본점을 생각하시는군요. 여기에서 훨씬 가까운 곳에 2호점을 열었어요.
남2	맞아요. 그리고 조금 일찍 출발해서 혼잡한 점심시간을 피하려고 해요.
여	그렇다면 좋아요. 상사에게 점심 먹으러 일찍 간다고 얘기할게요.

어휘 socialize with ~와 사귀다, 교제하다 town hall 시청 beat the rush 혼잡한 시간대를 피하다

59
What is the woman invited to do?

(A) Join coworkers for lunch

(B) Travel to a conference

(C) Lead a seminar

(D) Interview for a job

여자가 초대받은 것은?

(A) 동료들과 점심식사

(B) 회의 참차석 출장

(C) 세미나 진행

(D) 구직 면접

어휘 coworker 동료 conference 회의

해설 세부사항 관련 - 여자가 초대받은 것

대화 초반부에 남자가 여자에게 헥터 씨와 저는 안토니오 레스토랑에서 점심을 먹으려고 한다(Hector and I are going to lunch at Antonio's Restaurant)며 함께 갈지(Would you like to join us)를 묻고 있으므로 정답은 (A)이다.

60
What does the woman say she is concerned about?

(A) Not being qualified

(B) Not having enough time

(C) Losing a reserved seat

(D) Missing a call

여자가 우려한다고 말한 것은?

(A) 자격을 갖추지 못한 것

(B) 충분한 시간이 없는 것

(C) 예약석을 놓치는 것

(D) 전화를 못 받는 것

어휘 qualified 자격이 있는 reserved 예약된

해설 세부사항 관련 - 여자의 우려 사항

여자가 첫 번째 대사에서 가는 데만 20분이 걸리니 점심 먹을 시간이 충분치 않을 것이다(It would take us twenty minutes just to get there, so we wouldn't have enough time to eat)라고 했으므로 정답은 (B)이다.

61
What will the woman most likely do next?

(A) Request a refund

(B) Open an account

(C) Speak with a manager

(D) Ask for a menu

여자는 다음에 무엇을 하겠는가?

(A) 환불 요청

(B) 구좌 개설

(C) 상사와 대화

(D) 메뉴 요청

어휘 request 요청하다 refund 환불 open an account 구좌를 개설하다

해설 세부사항 관련 – 여자가 다음에 할 행동

여자가 마지막 대사에서 상사에게 점심 먹으러 일찍 간다고 얘기하겠다 (Let me just tell my manager that I'll be going to lunch early)고 했으므로 정답은 (C)이다.

> ⇢ Paraphrasing   대화의 **tell my manager**
> → 정답의 **Speak with a manager**

62-64

> **W-Br** Hello. **⁶²I'd like to purchase some tables and chairs for a new restaurant I'll be opening.** I saw the prices on your Web site, but I was wondering if you have any discounts for large orders.
>
> **M-Cn** **⁶³We do offer discounts, as long as you're ordering at least twenty sets of tables and chairs. Do you already know how many you'll need?**
>
> **W-Br** I don't have the exact number yet, but **⁶³I'm sure it'll be more than twenty.** I was also wondering how quickly you'd be able to deliver the furniture. **⁶⁴The restaurant is set to open next month,** so I'd like everything delivered within the next two weeks.
>
> 여 안녕하세요. 새로 열 식당에 쓸 탁자와 의자를 구입하고 싶은데요. 웹사이트에서 가격을 확인했는데 대량 주문 할인이 되는지 궁금해요.
>
> 남 탁자와 의자 세트를 20개 이상 주문하시면 할인해 드립니다. 몇 개가 필요한지 결정하셨습니까?
>
> 여 아직 확실한 숫자는 모르겠지만 **20개는 넘을 겁니다.** 가구를 얼마나 빨리 배송해 주실 수 있는지도 알고 싶어요. **식당이 다음 달에 개업할 예정이라** 앞으로 2주 안에 모두 배송됐으면 합니다.
>
> 어휘 discount 할인 large order 대량 주문 as long as ~하는 한 at least 최소한 exact 정확한 deliver 배송하다 be set to ~할 예정이다

62

What does the woman want to buy?

(A) Kitchen appliances
(B) Cooking supplies
(C) Wall decorations
(D) Dining furniture

여자가 사려고 하는 것은?

(A) 주방 기기
(B) 조리 기구
(C) 벽 장식
(D) 식당용 가구

어휘 appliance 가전제품 decoration 장식품 dining 식사

해설 세부사항 관련 – 여자가 사려는 것

여자가 첫 번째 대사에서 새로 열 식당에 쓸 탁자와 의자를 구입하고 싶다(I'd like to purchase some tables and chairs for a new restaurant I'll be opening)고 했으므로 정답은 (D)이다.

> ⇢ Paraphrasing   대화의 **tables and chairs for a new restaurant** → 정답의 **Dining furniture**

63

Why will the woman receive a discount?

(A) She is purchasing a large quantity.
(B) She lives close to the store.
(C) Some of the products are damaged.
(D) The store is having a sale.

여자가 할인을 받는 이유는?

(A) 물품을 대량 구매한다.
(B) 매장 인근에 산다.
(C) 일부 제품이 손상됐다.
(D) 매장이 할인을 하고 있다.

어휘 receive a discount 할인을 받다 quantity 양 damaged 손상된

해설 세부사항 관련 – 여자가 할인 받는 이유

대화 중반부에서 남자가 탁자와 의자 세트를 20개 이상 주문하시면 할인해 준다(We do offer discounts, as long as you're ordering at least twenty sets of tables and chairs)면서 몇 개가 필요한지 아는지 (Do you already know how many you'll need)를 묻자 여자가 20개는 넘을 것(I'm sure it'll be more than twenty)이라고 했으므로 정답은 (A)이다.

64

What does the woman say will happen next month?

(A) A business will open.
(B) An inspection will begin.
(C) An invoice will be sent.
(D) A road will be closed.

여자가 다음 달 예정이라고 말한 것은?

(A) 매장이 문을 연다.
(B) 시찰이 시작된다.
(C) 송장이 발송된다.
(D) 도로가 폐쇄된다.

어휘 inspection 검사, 시찰 invoice 송장, 청구서

해설 세부사항 관련 – 여자가 말하는 다음 달에 일어날 일

여자가 마지막 대사에서 식당이 다음 달에 개업할 예정(The restaurant is set to open next month)이라고 했으므로 정답은 (A)이다.

> ⇢ Paraphrasing   대화의 **the restaurant is set to open** → 정답의 **A business will open.**

W-Am ⁶⁵**Welcome to Woodford Electronics! How may I help you?**

M-Au Well, ⁶⁵**I purchased this digital camera yesterday from your store**—but when I try to preview the photos I've taken, an error code displays on the screen.

W-Am Really? Let me take a look. I have a chart here of all the codes, perhaps it'll tell us what's going on...ah, I see. ⁶⁶**According to the chart, the camera doesn't have enough battery power to preview the photos.**

M-Au Oh. ⁶⁷**Do I need to buy a new battery?**

W-Am Well, ⁶⁷**let me give you a new one for free,** since you just bought the camera from us yesterday.

여 우드포드 일렉트로닉스에 오신 것을 환영합니다. 어떻게 도와드릴까요?

남 어제 매장에서 디지털 카메라를 구입했는데요. 찍은 사진 미리보기를 하면 오류 코드가 화면에 뜹니다.

여 그래요? 한번 볼게요. 코드가 모두 나온 표가 여기 있으니 아마 무슨 오류인지 나올 겁니다. 아… 알겠군요. 표에 따르면 카메라에 사진 미리보기를 할 만큼 배터리 전력이 충분치 않네요.

남 아, 새 배터리를 구입해야 하나요?

여 무료로 새 배터리를 드리겠습니다. 어제 카메라를 구입하셨으니까요.

어휘 preview 미리보기하다 display 보여주다 according to ~에 따르면

Error Code	Problem
☐ E-1	Dirty lens
☐ E-2	No flash
⁶⁶☐ E-3	Low battery
☐ E-4	Memory card full

오류 코드	문제점
☐ E-1	렌즈 오염
☐ E-2	플래시 미작동
⁶⁶☐ E-3	**저전력**
☐ E-4	메모리카드 용량 초과

65

Who most likely is the woman?

(A) A workshop instructor
(B) A store clerk
(C) An electrician
(D) A product designer

여자는 누구이겠는가?

(A) 워크숍 강사
(B) 매장 직원
(C) 전기 기사
(D) 제품 디자이너

어휘 electrician 전기 기술자

해설 전체 내용 관련 – 여자의 직업

여자가 첫 번째 대사에서 우드포드 일렉트로닉스에 오신 것을 환영한다(Welcome to Woodford Electronics)며 어떻게 도와드릴지(How may I help you) 묻자 남자가 어제 여자가 일하는 매장에서 디지털 카메라를 구입했다(I purchased this digital camera yesterday from your store)고 한 것으로 보아 여자는 전자제품 매장에서 일하는 직원임을 알 수 있다. 따라서 정답은 (B)이다.

66

Look at the graphic. Which error code is the camera displaying?

(A) E-1
(B) E-2
(C) E-3
(D) E-4

시각 정보에 의하면 카메라에 뜬 오류 코드는?

(A) E-1
(B) E-2
(C) E-3
(D) E-4

해설 시각 정보 연계 – 카메라에 뜬 오류 코드

여자가 두 번째 대사에서 표에 따르면 카메라에 사진 미리보기를 할 만큼 배터리 전력이 충분치 않다(According to the chart, the camera doesn't have enough battery power to preview the photos)고 했으므로 정답은 (C)이다.

67

What will the woman most likely do next?

(A) Replace an item
(B) Take a photograph
(C) Read a manual
(D) Show some slides

여자는 다음에 무엇을 하겠는가?

(A) 물품 교체하기
(B) 촬영하기
(C) 사용설명서 읽기
(D) 슬라이드 보여주기

어휘 replace 교체하다 manual 사용설명서

해설 세부사항 관련 – 여자가 다음에 할 행동

남자가 마지막 대사에서 새 배터리를 구입해야 하는지(Do I need to buy a new battery)를 묻자 여자가 무료로 새 배터리를 주겠다(let me give you a new one for free)고 했으므로 정답은 (A)이다.

M-Au	Jin-Hee, **68the company's closing the parking area in front of our research lab for construction next month.** Can you send an e-mail to tell the rest of the team?
W-Br	Yeah, sure. Did they decide where everyone should park in the meantime?
M-Au	We're supposed to use the west parking area—'till the construction's finished.
W-Br	That's quite a long walk from our lab. **69When the weather's bad, the roads around here can get really icy.**
M-Au	Don't worry. **70The company's providing shuttles from the parking area to our lab.** Could you add that to the e-mail as well?
남	진희 씨, **다음 달 공사 때문에 우리 연구소 앞에 있는 주차장이 폐쇄됩니다.** 다른 팀원들에게 이메일을 보내줄 수 있나요?
여	네, 물론이죠. 당분간 어디에 주차해야 하는지 결정됐나요?
남	공사가 끝날 때까지 서쪽 주차장을 이용해야 합니다.
여	연구실에서 걷기엔 꽤 먼 거리네요. **날씨가 안 좋을 때는 근처 도로가 얼어붙을 수 있을 텐데요.**
남	걱정 마세요. **주차장에서 우리 연구실까지 회사에서 셔틀을 제공해 줄 예정이니까요.** 이메일에 그 내용도 추가해 주시겠어요?

어휘	research lab 연구소 construction 공사 in the meantime 당분간 be supposed to ~하기로 되어 있다 provide 제공하다

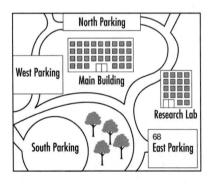

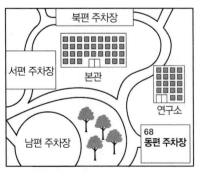

68

Look at the graphic. Which parking area will be closed?

(A) North
(B) East
(C) South
(D) West

시각 정보에 의하면 폐쇄될 주차장은?

(A) 북편
(B) 동편
(C) 남편
(D) 서편

해설 시각 정보 연계 – 폐쇄될 주차장

남자가 첫 번째 대사에서 다음 달 공사 때문에 우리 연구소 앞에 있는 주차장이 폐쇄된다(the company's closing the parking area in front of our research lab for construction next month)고 했으므로 정답은 (B)이다.

69

What is the woman concerned about?

(A) Building security access
(B) Parking fees
(C) Road conditions
(D) Heavy traffic

여자가 우려하는 것은?

(A) 건물 보안 출입
(B) 주차요금
(C) 도로 상태
(D) 교통체증

어휘 security 보안 access 입장, 접근

해설 세부사항 관련 – 여자의 우려 사항

여자가 두 번째 대사에서 날씨가 안 좋을 때는 근처 도로가 얼어붙을 수 있다(I When the weather's bad, the roads around here can get really icy)고 했으므로 정답은 (C)이다.

70

What does the man say the company will do?

(A) Reimburse employees
(B) Offer a shuttle service
(C) Provide maps
(D) Distribute electronic badges

남자가 회사에서 할 예정이라고 말한 것은?

(A) 직원들에게 배상
(B) 셔틀 서비스 제공
(C) 약도 제공
(D) 전자 배지 배포

어휘 reimburse 변상하다, 배상하다 distribute 나눠주다, 배포하다

해설 세부사항 관련 - 남자가 말하는 회사가 할 일

남자가 마지막 대사에서 주차장에서 우리 연구실까지 회사에서 셔틀을 제공해 줄 예정(The company's providing shuttles from the parking area to our lab)이라고 했으므로 정답은 (B)이다.

PART 4

71-73 전화 메시지

> **W-Am** Hello, Mr. Ortega. **71This is Helen from Super Office Furnishings. I'm calling about the new desk that you ordered for your office**—the black one with the glass top? Well, **72we've run into a problem. That model is out of stock and the manufacturer isn't sure when more will be available.** But we do have a few other desks within your price range that you might consider purchasing instead. I'd be happy to e-mail you some photos of these other desks. **73Just give me a call and let me know what e-mail address I can reach you at.** I'm sure we can find one you'll be happy with.
>
> 안녕하세요, 오르테가 씨. 저는 슈퍼오피스 퍼니싱의 헬렌입니다. 사무용으로 주문하신 책상 관련하여 전화 드립니다. 유리 덮개가 있는 검은 책상이죠? 음… 차질이 생겼는데요. 해당 모델이 품절됐고, 제조업체에서 물량이 언제 가능할지 알 수 없다고 합니다. 하지만 원하시는 가격대 내에서 대신 고려하실 수 있는 다른 책상들이 있습니다. 다른 책상 사진을 이메일로 보내 드렸으면 하는데요. 저에게 전화해 주시고 연락 가능한 이메일 주소를 알려 주십시오. 만족하실 만한 제품이 있으리라 생각합니다.
>
> 어휘 furnishing 가구, 비품   run into a problem 차질이 생기다 out of stock 품절인, 재고가 없는   manufacturer 제조업체 available 사용 가능한   price range 가격대

71

Where does the woman work?

(A) At a furniture store
(B) At a bank
(C) At a law office
(D) At a construction company

여자는 어디에서 일하는가?

(A) 가구점
(B) 은행
(C) 법률사무소
(D) 건설회사

해설 전체 내용 관련 - 여자의 근무 장소

지문 초반부에서 여자가 자신은 슈퍼오피스 퍼니싱의 헬렌(This is Helen from Super Office Furnishings)이라며 사무용으로 주문하신 책상 관련하여 전화 드린다(I'm calling about the new desk that you ordered for your office)고 했으므로 여자가 일하는 장소는 가구를 취급하는 곳임을 알 수 있다. 따라서 정답은 (A)이다.

72

What problem does the woman mention?

(A) A machine is broken.
(B) A contract has not been signed.
(C) A price list is incorrect.
(D) An item is out of stock.

여자가 언급한 문제는 무엇인가?

(A) 기계가 고장 났다.
(B) 계약이 체결되지 않았다.
(C) 가격표가 틀렸다.
(D) 물건이 품절됐다.

어휘 contract 계약, 계약서   incorrect 부정확한

해설 세부사항 관련 - 여자가 언급한 문제

지문 중반부에서 차질이 생겼다(we've run into a problem)면서 해당 모델이 품절됐고, 제조업체에서 물량이 언제 가능할지 알 수 없다고 한다(That model is out of stock and the manufacturer isn't sure when more will be available)고 했으므로 정답은 (D)이다.

73

Why does the woman ask the man to call her back?

(A) To verify his credit card number
(B) To confirm a color choice
(C) To provide his e-mail address
(D) To get directions to a building site

여자가 남자에게 전화해 달라고 부탁한 이유는?

(A) 신용카드 번호를 확인하기 위해
(B) 선택한 색상을 확인하기 위해
(C) 이메일 주소를 제공하기 위해
(D) 건축 부지로 가는 길을 안내받기 위해

어휘 verify 확인하다   confirm 확인하다   directions 길 안내 building site 건축 부지

해설 세부사항 관련 - 여자가 남자에게 전화하라고 부탁한 이유

지문 후반부에서 여자가 자신에게 전화해 연락 가능한 이메일 주소를 알려 달라(Just give me a call and let me know what e-mail address I can reach you at)고 했으므로 정답은 (C)이다.

74-76 회의 발췌

> **M-Cn** **74Thank you all for coming into the clinic early today, before our patients start arriving. 75I wanted to give everyone an update on the transition to the new electronic patient records software. We're scheduled to move to the new system on October tenth.** I know that you've already been trained in the new software. **76What I'd like to do for the next half an hour or so is discuss your experience with the system** and identify any issues we still need to address.

오늘 환자들이 도착하기 전, 일찍 병원에 와 주셔서 감사합니다. 새로운 환자 전자 기록부 소프트웨어로의 이행에 관해 여러분께 최신 정보를 드리고자 합니다. 10월 10일 신규 시스템으로 전환할 예정인데요. 이미 새로운 소프트웨어에 관한 교육을 받으신 것으로 알고 있습니다. **앞으로 30분 가량, 새로운 시스템에 관한 여러분의 경험을 나누고** 아직 해결해야 할 문제를 파악해 보았으면 합니다.

> 어휘 give an update on ~에 대한 최신 정보를 제공하다 be scheduled to ~할 예정이다 identify 파악하다, 확인하다 address an issue 문제를 해결하다

74

Where is the talk most likely taking place?

(A) At a software development company

(B) At a medical office

(C) At a moving company

(D) At a training institute

대화는 어디에서 이루어지겠는가?

(A) 소프트웨어 개발업체

(B) 진료소

(C) 이사업체

(D) 연수원

어휘 development 개발 training institute 연수원

해설 전체 내용 관련 – 담화가 이루어진 장소

지문 초반부에서 화자가 오늘 환자들이 도착하기 전, 일찍 병원에 와 주셔서 감사하다(Thank you all for coming into the clinic early today, before our patients start arriving)고 했으므로 정답은 (B)이다.

> ➤➤ Paraphrasing 담화의 **the clinic** → 정답의 **a medical office**

75

What will happen on October tenth?

(A) A new manager will join the team.

(B) A staff member will be out of the office.

(C) A business will move to a new location.

(D) A new computer system will be put in place.

10월 10일에 무슨 일이 있는가?

(A) 새로운 관리자가 팀에 합류한다.

(B) 직원이 사무실을 비운다.

(C) 업체가 새로운 곳으로 이전한다.

(D) 신규 컴퓨터 시스템이 실행된다.

어휘 be put in place 실행되다, 실시되다

해설 세부사항 관련 – 10월 10일에 일어날 일

지문의 중반부에서 새로운 환자 전자 기록부 소프트웨어로의 이행에 관해 여러분께 최신 정보를 드리고자 한다(I wanted to give everyone an update on the transition to the new electronic patient records software)면서 10월 10일 신규 시스템으로 전환할 예정(We're scheduled to move to the new system on October tenth)이라고 했으므로 정답은 (D)이다.

> ➤➤ Paraphrasing 담화의 move to the new system → 정답의 A new computer system will be put in place.

76

What will the listeners do next?

(A) Schedule appointments

(B) View a product demonstration

(C) Have a discussion

(D) Relocate some file

청자들이 다음에 할 일은?

(A) 예약 일정 잡기

(B) 제품 시연 보기

(C) 논의하기

(D) 파일 이동하기

어휘 appointment 약속 demonstration 시연 relocate 이전시키다, 이동시키다

해설 세부사항 관련 – 청자들이 다음에 할 행동

지문 후반부에서 화자가 앞으로 30분 가량, 새로운 시스템에 관한 여러분의 경험을 이야기해보자(What I'd like to do for the next half an hour or so is discuss your experience with the system)고 했으므로 정답은 (C)이다.

77-79 설명

M-Au Good morning. **[77]I want to go over what you'll be doing during registration for the IT Strategy conference.** We've set up two tables in the lobby with conference materials, and you'll be handing out registration packets. Each packet contains a schedule, a map of the building, and a name tag. **[78]Remember to ask for photo identification, like a passport or a driver's license, before you give these out.** Attendees have until noon to check in, and then **[79]in the afternoon you'll be free to go to any presentations you want.**

안녕하세요. **IT 전략 회의 등록 중 여러분이 할 일을 검토해 보겠습니다.** 로비에 회의 자료가 있는 탁자 두 개를 설치해 뒀고, 여러분이 등록 안내서 묶음을 나눠줄 것입니다. 안내서에는 일정표, 건물 약도, 이름표가 들어있습니다. **배부에 앞서 여권이나 운전면허증처럼 사진이 부착된 신분증을 꼭 요청하십시오.** 참석자들은 정오까지 등록해야 합니다. 이후 **오후 시간에는 자유롭게 원하는 발표를 들으러 가십시오.**

어휘 registration 등록 strategy 전략 material 자료 hand out 나눠주다 contain ~이 들어 있다 photo identification 사진이 부착된 신분증 presentation 발표

77

What event is being discussed?

(A) A city tour
(B) A hotel renovation
(C) A company anniversary
(D) A professional conference

어떤 행사에 대해 이야기하고 있는가?

(A) 시내 관광
(B) 호텔 개조
(C) 회사 기념일
(D) 전문 회의

어휘 renovation 개조

해설 전체 내용 관련 – 논의 주제

지문 초반부에서 화자가 IT 전략 회의 등록 중 여러분(청자들)이 할 일을 검토해 보겠다(I want to go over what you'll be doing during registration for the IT Strategy conference)며 회의와 관련된 이야기를 이어가고 있으므로 정답은 (D)이다.

78

What are listeners reminded to do?

(A) Sign up early
(B) Bring a camera
(C) Check identification
(D) Read a manual

청자들에게 상기시킨 일은 무엇인가?

(A) 일찍 등록하기
(B) 카메라 가져오기
(C) 신분증 확인하기
(D) 안내책자 읽기

어휘 sign up 등록하다

해설 세부사항 관련 – 화자가 청자들에게 상기시킨 사항

지문 중반부에서 화자가 청자들에게 배부에 앞서 여권이나 운전면허증처럼 사진이 부착된 신분증을 꼭 요청하라(Remember to ask for photo identification, like a passport or a driver's license, before you give these out)고 했으므로 정답은 (C)이다.

> ▸▸ Paraphrasing 담화의 **ask for photo identification**
> → 정답의 **Check identification**

79

What can listeners do in the afternoon?

(A) Attend presentations
(B) Watch a video
(C) Meet city officials
(D) Visit museums

청자들이 오후에 할 수 있는 일은?

(A) 발표 참석하기
(B) 비디오 시청하기
(C) 시 공무원 만나기
(D) 박물관에 가기

어휘 city official 시 공무원

해설 세부사항 관련 – 청자들이 오후에 할 수 있는 일

지문 마지막에서 오후 시간에는 자유롭게 원하는 발표를 들으러 가도 된다(in the afternoon you'll be free to go to any presentations you want)고 했으므로 정답은 (A)이다.

> ▸▸ Paraphrasing 담화의 **go to any presentations**
> → 정답의 **Attend presentations**

80-82 전화 메시지

W-Am Hi Pedro, this is Margaret. **80Thanks again for helping me plan the reception to welcome Professor Edmunson to our university.** I know we decided to reserve a private dining room at the Willow Lane Restaurant so we can all meet our new colleague. But, **81now we have a problem.** Thirty-five people have accepted the invitation! **81I wasn't expecting so many.** It's probably not too late to book a different place, but we have to hurry. **82Would you have time to call some other restaurants this morning to see what space they have available?** Then we can decide what to do.

안녕하세요, 페드로 씨. 마가렛입니다. **에드먼슨 교수의 환영 연회를 기획하는 데 도움을 주셔서 다시 한 번 감사드립니다.** 윌로우 레인 레스토랑에 개인실을 예약하여 모두들 새 동료를 만날 수 있도록 결정했는데, **문제가 생겼습니다.** 35명이 초대에 응했거든요. 그렇게 많은 인원은 예상치 못했어요. 다른 장소를 예약하기에 늦지는 않겠지만 서둘러야겠습니다. 오늘 오전에 다른 식당에 전화해 어떤 자리가 있는지 확인해 주실 수 있나요? 그리고 나면 어떻게 할지 결정할 수 있을 것 같아요.

어휘 reception 환영 연회 reserve 예약하다 accept 수락하다 book 예약하다

80

What is the speaker planning?

(A) A fund-raising party
(B) A welcome reception
(C) An award ceremony
(D) An annual picnic

화자가 기획하고 있는 것은?

(A) 기금 마련 파티   (B) 환영 연회
(C) 시상식   (D) 연례 야유회

어휘 fund-raising 자금 조달의 award ceremony 시상식 annual 연례의

해설 세부사항 관련 – 화자가 기획하고 있는 일

지문 초반부에서 화자가 청자에게 에드먼슨 교수의 환영 연회를 기획하는 데 도움을 주셔서 다시 한 번 감사 드린다(Thanks again for helping me plan the reception to welcome Professor Edmunson to our university)고 했으므로 정답은 (B)이다.

81

What does the speaker imply when she says, "35 people have accepted the invitation"?

(A) She thinks changing a date would be difficult.
(B) She forgot to notify some people about an event.
(C) The current venue is too small.
(D) A ticket price is too high.

화자가 "35명이 초대에 응했거든요"라고 말할 때 암시하는 것은?

(A) 날짜 변경이 어려울 것이라고 생각한다.
(B) 사람들에게 행사를 고지하는 것을 잊었다.
(C) **현재 장소는 너무 협소하다.**
(D) 입장권 가격이 너무 높다.

어휘 notify 알리다   current 현재의   venue 장소

해설 화자의 의도 파악 – 35명이 초대에 응했다라고 말한 의도
인용문 앞에서 문제가 생겼다(now we have a problem)고 말한 다음 인용문을 언급하며 그렇게 많은 인원은 예상치 못했다(I wasn't expecting so many)고 했으므로 인원에 비해 장소가 좁다는 의도로 말한 것임을 알 수 있다. 따라서 정답은 (C)이다.

82

What does the speaker ask the listener to do?

(A) Update a database
(B) Prepare some name tags
(C) Help select a speaker
(D) Make some phone calls

화자가 청자에게 해 달라고 부탁한 것은?

(A) 데이터베이스 업데이트하기
(B) 이름표 준비하기
(C) 연사 선정 돕기
(D) **전화하기**

어휘 prepare 준비하다   select 선택하다

해설 세부사항 관련 – 화자가 청자에게 부탁한 사항
지문 후반부에 화자가 청자에게 오늘 오전에 다른 식당에 전화해 어떤 자리가 있는지 확인해 줄 수 있는지(Would you have time to call some other restaurants this morning to see what space they have available)를 묻고 있으므로 정답은 (D)이다.

83-85 회의 발췌

> **W-Br** Good morning. As you know, [83]**we're going to carry a different brand of exercise machines at our store starting next month.** The selection will include equipment such as treadmills and stationary bikes. It's very important that you, as sales associates, become familiar with the products, and know how to use each machine. So, [84]**I'll be giving each of you a brochure with pictures and descriptions of all the machines to look over. Please read through this information.** [85]Next week

---

a representative from the manufacturer will come to the store and train us on the new equipment.

안녕하세요. 아시다시피 다음 달부터 매장에 다른 상표의 운동기구를 들일 예정입니다. 러닝머신, 고정형 자전거 등의 장비가 포함될 텐데요. 여러분은 영업사원으로서 제품에 익숙해지고 각 기구 사용법을 숙지해야 합니다. 그래서 여러분이 살펴볼 수 있도록 모든 기구의 사진과 설명이 담긴 안내책자를 지급하려고 합니다. 정보를 잘 읽으십시오. 다음 주에 제조업체 판매사원이 우리 매장에 와서 새 장비에 대해 교육할 예정입니다.

어휘 equipment 장비   treadmill 러닝머신   stationary 고정된, 움직이지 않는   sales associate 영업사원   familiar with ~에 익숙한   brochure 안내책자   description 설명   representative 외판원

83

What is the speaker mainly discussing?

(A) A revised work schedule
(B) New fitness equipment
(C) Opportunities for promotion
(D) Free exercise classes

화자는 주로 무엇에 대해 이야기하고 있는가?

(A) 변경된 업무 일정
(B) **새 운동장비**
(C) 승진 기회
(D) 무료 운동 강좌

어휘 fitness 신체 단련   opportunity 기회   promotion 승진

해설 전체 내용 관련 – 담화의 주제
지문 초반부에서 화자가 다음 달부터 매장에 다른 상표의 운동기구를 들일 예정(we're going to carry a different brand of exercise machines at our store starting next month)이라며 운동기구에 대한 이야기를 이어나가고 있으므로 정답은 (B)이다.

84

What are the listeners asked to do?

(A) Read about some products
(B) Submit hours of availability
(C) Contact a supplier
(D) Fill out an application

청자들은 무엇을 하라고 요청받는가?

(A) **제품에 대한 설명 읽기**
(B) 근무 가능한 시간 제출하기
(C) 공급업체에 연락하기
(D) 신청서 작성하기

어휘 submit 제출하다   application 지원서, 신청서

해설 세부사항 관련 – 청자들이 요청 받은 사항
지문 중반부에서 화자가 여러분이 살펴볼 수 있도록 모든 기구의 사진과 설명이 담긴 안내책자를 지급한다(I'll be giving each of you a brochure with pictures and descriptions of all the machines to look over)면서 정보를 잘 읽으라(Please read through this information)고 요청하고 있으므로 정답은 (A)이다.

85

According to the speaker, what will occur next week?

(A) A holiday sale

(B) A store opening

(C) A training session

(D) A trade show

화자에 따르면 다음 주에 무슨 일이 일어나는가?

(A) 휴가철 할인

(B) 매장 개업

(C) 교육

(D) 무역박람회

어휘 trade show 무역박람회

해설 세부사항 관련 – 다음 주에 일어날 일

지문 후반부에서 다음 주에 제조업체 판매사원이 우리 매장에 와서 새 장비에 대해 교육할 예정(Next week a representative from the manufacturer will come to the store and train us on the new equipment)이라고 말했으므로 정답은 (C)이다.

86-88 전화 메시지

> M-Au Hi, Alan, it's Clarence. **86I'd like to talk to you about moving your work station to our new office space on the second floor. 87I know you're used to the space where you work now, but** you are right next to the break room. **87It's much quieter on the second floor.** Plus, the other software developers are already in the new space, and it'd be convenient to have our entire team close together. Please begin packing your belongings this week, and **88on Monday, I'll arrange for someone to come and set up your computer in the new location.**

안녕하세요, 앨런 씨. 저는 클라렌스입니다. **앨런 씨의 사무공간을 2층에 있는 새 사무실로 이전하는 문제에 대해 말씀드리고 싶습니다. 현재 근무 공간에 익숙하신 것은 잘 알지만** 휴게실 바로 옆이라서, **2층이 훨씬 더 조용합니다.** 아울러 다른 소프트웨어 개발자들은 이미 새 사무실에서 일하고 있어서 팀 전체가 모여 있도록 하는 것이 편할 것 같습니다. 이번 주에 소지품을 챙겨 주십시오. **월요일에 새 자리에 컴퓨터를 설치하도록 하겠습니다.**

어휘 work station (사무실 내) 개인 업무 장소 break room 휴게실 entire 전체의 belongings 소지품, 소유물 arrange 마련하다, 주선하다

86

What does the speaker want to talk about?

(A) Working on a different project

(B) Modifying an agenda

(C) Moving to a new office space

(D) Arranging a client visit

화자가 말하고 싶어하는 것은?

(A) 다른 프로젝트 작업하기

(B) 회의 안건 수정하기

(C) 새 사무공간으로 이전하기

(D) 고객 방문 준비하기

어휘 modify 수정하다, 변경하다

해설 전체 내용 관련 – 담화의 주제

지문 초반부에서 앨런 씨의 사무공간을 2층에 있는 새 사무실로 이전하는 문제에 대해 말씀 드리고 싶다(I'd like to talk to you about moving your work station to our new office space on the second floor)고 했으므로 정답은 (C)이다.

87

Why does the speaker say, "you are right next to the break room"?

(A) To suggest that a location is undesirable

(B) To propose taking a break

(C) To turn down a colleague's invitation

(D) To ask about a convenient place to meet

화자가 "휴게실 바로 옆이라서"라고 말한 이유는?

(A) 자리가 마땅치 않다는 사실을 말하기 위해

(B) 휴식을 취하라고 제안하기 위해

(C) 동료의 초대를 거절하기 위해

(D) 회의하기에 편안한 장소를 묻기 위해

어휘 undesirable 바람직하지 않은 take a break 휴식을 취하다 turn down 거절하다

해설 화자의 의도 파악 – 휴게실 바로 옆이라고 말한 의도

인용문 앞에서 현재 근무 공간에 익숙한 것은 알지만(I know you're used to the space where you work now, but)이라고 말한 다음 인용문을 언급하며 2층이 훨씬 더 조용하다(It's much quieter on the second floor)고 했으므로 현재의 휴게실 옆자리는 그다지 바람직하지 않고 2층의 자리가 더 조용하고 좋다는 의도로 말한 것임을 알 수 있다. 따라서 정답은 (A)이다.

88

What does the speaker say will take place on Monday?

(A) A sales presentation

(B) A department orientation

(C) A facility tour

(D) A computer installation

화자는 월요일에 무슨 일이 있다고 말하는가?

(A) 제품 소개

(B) 부서 오리엔테이션

(C) 시설 견학

(D) 컴퓨터 설치

어휘 sales presentation 제품 소개 department 부서 facility 시설, 기관 installation 설치

해설 세부사항 관련 - 월요일에 일어날 일

지문 마지막에서 월요일에 새 자리에 컴퓨터를 설치하도록 하겠다(on Monday, I'll arrange for someone to come and set up your computer in the new location)고 했으므로 정답은 (D)이다.

> ▸▸ **Paraphrasing** 담화의 **set up your computer**
> → 정답의 **A computer installation**

89-91 소개

> M-Cn **89I'd like to introduce to you Jacqueline Porter, who's here today to lead customer service training for all our City Heights Shoe store employees. 90Jacqueline has been educating staff on customer service strategies for several years.** She has a lot of insight into dealing with client interactions in the retail environment. Today's focus will be how to best build customer loyalty, so that our customers will continue to come back to our stores. **91Before I let Jacqueline start, just a quick reminder to please switch off your mobile phones to minimize distractions during her presentation.**
>
> 재클린 포터 씨를 소개합니다. 오늘 저희 시티 하이츠 신발 매장 직원들에게 고객 서비스 교육을 하러 오셨습니다. 재클린 씨는 수 년간 고객 서비스 전략에 관한 직원 교육을 진행했습니다. 소매 환경에서의 고객 서비스 처리에 대한 통찰력이 뛰어난 분입니다. 오늘의 주제는 고객 충성도를 구축하여 고객들이 우리 매장을 다시 찾도록 하는 법입니다. **재클린 씨가 시작하기에 앞서, 교육시간 방해를 최소화하기 위해 휴대전화를 꺼 주실 것을 말씀드립니다.**
>
> 어휘 strategy 전략 insight 통찰력 deal with ~를 다루다 interaction 상호작용 retail 소매 environment 환경 customer loyalty 고객 충성도 reminder 상기시키는 것 minimize 최소화하다 distraction 집중을 방해하는 것

89

Where do the listeners most likely work?

(A) At a clothing factory
(B) At an electronics shop
(C) At an art museum
(D) At a shoe store

청자들은 어디서 일하겠는가?

(A) 의류 공장
(B) 전자제품 매장
(C) 미술관
(D) 신발 매장

어휘 electronics 전자제품

해설 전체 내용 관련 - 청자들의 직업

지문 초반부에서 화자가 청자들에게 오늘 우리 시티 하이츠 신발 매장 직원들에게 고객 서비스 교육을 하러 온 재클린 포터 씨를 소개한다(I'd like to introduce to you Jacqueline Porter, who's here today to lead customer service training for all our City Heights Shoe store employees)고 했으므로 정답은 (D)이다.

90

Who is Jacqueline Porter?

(A) A store clerk
(B) A corporate trainer
(C) A clothing designer
(D) An advertising executive

재클린 포터는 누구인가?

(A) 매장 직원
(B) 회사 강사
(C) 의류 디자이너
(D) 광고 책임자

어휘 corporate 회사의 executive 간부, 운영진

해설 세부사항 관련 - 재클린 포터 씨의 직업

지문 중반부에서 재클린 씨는 수 년간 고객 서비스 전략에 관한 직원 교육을 진행했다(Jacqueline has been educating staff on customer service strategies for several years)고 했으므로 정답은 (B)이다.

> ▸▸ **Paraphrasing** 담화의 **educating staff**
> → 정답의 **A corporate trainer**

91

What does the speaker remind listeners to do?

(A) Turn off mobile phones
(B) Sign a receipt
(C) Complete a survey
(D) Put up a display

화자가 청자들에게 하라고 상기시키는 것은?

(A) 휴대전화 전원 끄기
(B) 영수증에 서명하기
(C) 설문 작성하기
(D) 진열품 내놓기

어휘 receipt 영수증 complete a survey 설문을 작성하다, 기입하다

해설 세부사항 관련 - 화자가 청자들에게 상기시킨 사항

지문 마지막에서 재클린 씨가 시작하기에 앞서, 교육시간 방해를 최소화하기 위해 휴대전화를 꺼 주실 것을 말씀드린다(Before I let Jacqueline start, just a quick reminder to please switch off your mobile phones to minimize distractions during her presentation)고 했으므로 정답은 (A)이다.

> ▸▸ **Paraphrasing** 담화의 **switch off** → 정답의 **turn off**

92-94 설명 + 일정

W-Br　Good morning everyone. **⁹²We're going to have a busy day because of the power failure last night.** The electricity was down for about an hour and several departments are reporting trouble connecting to the Internet. They'll need our help getting their servers back online. However, **⁹³the head of the Product Development team said that they can't reschedule the videoconference they've got this morning, so I'm going to head over now to make sure that everything is operational in the room that they've booked. ⁹⁴I've asked Li Wei to answer the helpdesk phone as requests come in.** The rest of you can get started on the work orders that we already have.

안녕하세요, 여러분. 어젯밤 정전으로 오늘 하루가 바쁠 것 같습니다. 한 시간 가량 전기가 끊겨 여러 부서에서 인터넷 연결에 문제가 생겼다고 합니다. 서버를 되살리는 데 우리 도움이 필요할 겁니다. 그런데 제품개발팀장께서 오늘 오전에 있는 화상회의 일정을 조정할 수 없다고 하셔서, 예약한 회의실에 모든 것이 정상 작동하는지 확인 차 제가 지금 그쪽으로 갈 겁니다. 요청이 들어올 때 업무지원센터 전화를 받아 달라고 리 웨이 씨에게 요청했습니다. 여러분은 이미 받은 업무 명령을 맡아 일을 시작하십시오.

어휘 power failure 정전 electricity 전기 videoconference 화상 회의 operational 사용(가동) 준비가 갖춰진

Tuesday Schedule		
9:00	Board meeting	Room 223
9:30	Marketing meeting	Auditorium
⁹³9:30	Product development videoconference	Room 407
11:00	All-staff meeting	Cafeteria

화요일 일정		
9:00	이사회	223 회의실
9:30	마케팅 회의	강당
⁹³9:30	**제품 개발 화상회의**	**407 회의실**
11:00	직원 전체 회의	카페테리아

92

What happened last night?

(A) Some servers were delivered.
(B) The electricity went out.
(C) A Web site was launched.
(D) Some keys were lost.

어젯밤에 무슨 일이 일어났는가?

(A) 서버가 배송됐다.
(B) 전기가 끊겼다.
(C) 웹사이트를 열었다.
(D) 열쇠가 분실됐다.

어휘 launch 개시하다

해설 세부사항 관련 – 어젯밤에 일어난 일

지문 초반부에서 화자가 어젯밤 정전으로 오늘 하루가 바쁠 것 같다(We're going to have a busy day because of the power failure last night)고 했으므로 정답은 (B)이다.

▶▶ Paraphrasing　담화의 the power failure
→ 정답의 The electricity went out.

93

Look at the graphic. Which room will the speaker go to next?

(A) Room 223
(B) Auditorium
(C) Room 407
(D) Cafeteria

시각 정보에 의하면, 화자가 다음에 갈 회의실은?

(A) 223 회의실　　　(B) 강당
(C) 407 회의실　　　(D) 카페테리아

어휘 auditorium 강당

해설 시각 정보 연계 – 화자가 다음에 갈 회의실

지문 중반부에서 제품개발팀장께서 오늘 오전에 있는 화상회의 일정을 조정할 수 없다고 해서, 예약한 회의실에 모든 것이 정상 작동하는지 확인 차 지금 그쪽으로 갈 것(the head of the Product Development team said that they can't reschedule the videoconference they've got this morning, so I'm going to head over now to make sure that everything is operational in the room that they've booked)이라고 했으므로 정답은 (C)이다.

94

According to the speaker, what will Li Wei do?

(A) Lead a repair crew
(B) Test out some products
(C) Install some software
(D) Answer a telephone

화자에 따르면 리 웨이 씨가 할 일은?

(A) 보수 담당 직원 지휘하기
(B) 제품 시험하기
(C) 소프트웨어 설치하기
(D) 전화 응대하기

어휘 repair 수리 install 설치하다

해설 세부사항 관련 – 리 웨이 씨가 할 일

지문 후반부에서 요청이 들어올 때 업무지원센터 전화를 받아 달라고 리 웨이 씨에게 요청했다(I've asked Li Wei to answer the helpdesk phone as requests come in)고 했으므로 정답은 (D)이다.

W-Am Good evening, this is Channel 11 News. ⁹⁵**Today, Mayor Goldberg held a press conference to announce plans** to repair damaged roads in the city. ⁹⁶**The mayor said the project will begin next month, and Smith Road will be the first road closed.** There will be detour signs posted, but please be aware that no one will be able to access Smith Road for at least two weeks. The mayor also announced that at least 100 new workers would be hired to complete the roadwork. ⁹⁷**You can visit the Channel 11 Web site for a link to descriptions of these new jobs.**

안녕하십니까, 채널 11 뉴스입니다. **오늘 골드버그 시장이 기자회견을 갖고 시의 손상된 도로 보수 계획을 발표했습니다. 골드버그 시장은 해당 프로젝트가 다음 달 시작될 예정이며, 스미스 로드가 제일 먼저 폐쇄될 것이라고 밝혔습니다.** 우회 표지판이 설치될 예정이지만 최소 2주간 스미스 로드를 이용할 수 없다는 점을 알려드립니다. 또한 적어도 100명의 인부가 고용되어 도로공사를 할 것이라고 밝혔는데요. **채널 11 웹사이트에서 링크를 통해 해당 일자리에 대한 설명을 확인하실 수 있습니다.**

어휘 mayor 시장 press conference 기자회견 detour 우회 post 게시하다 be aware 알다 at least 최소한 hire 고용하다 description 설명

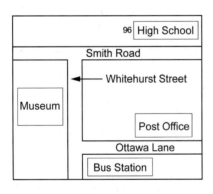

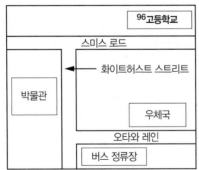

95

Who gave a press conference today?

(A) A civil engineer
(B) A local student
(C) The city mayor
(D) The company president

오늘 기자회견을 한 사람은?

(A) 토목 기사
(B) 지역 학생
(C) 시장
(D) 회사 대표

어휘 civil engineer 토목 기사

해설 세부사항 관련 – 오늘 기자회견을 한 사람

지문 초반부에서 오늘 골드버그 시장이 기자회견을 열었다(Today, Mayor Goldberg held a press conference to announce plans)고 했으므로 정답은 (C)이다.

96

Look at the graphic. Which building will be affected by the first road closure?

(A) The high school
(B) The post office
(C) The bus station
(D) The museum

시각 정보에 의하면 최초 도로 폐쇄로 영향을 받을 건물은?

(A) 고등학교   (B) 우체국
(C) 버스 정류장   (D) 박물관

어휘 affect 영향을 주다 closure 폐쇄

해설 시각 정보 연계 – 최초 도로 폐쇄로 영향을 받을 건물

지문 중반부에서 골드버그 시장은 해당 프로젝트가 다음 달 시작될 예정이며, 스미스 로드가 제일 먼저 폐쇄될 것이라고 밝혔다(The mayor said the project will begin next month, and Smith Road will be the first road closed)라고 했다. 시각 정보를 보면 스미스 로드에 있는 건물은 고등학교이므로 정답은 (A)이다.

97

What information does the speaker say can be found on a Web site?

(A) The location of a bus stop
(B) The schedule for a construction project
(C) Information about job openings
(D) Steps for filing a complaint

화자는 웹사이트에서 어떤 정보를 찾을 수 있다고 말하는가?

(A) 버스 정류장의 위치
(B) 공사 프로젝트의 일정
(C) 구인 정보
(D) 단계별 불만 제기 방법

어휘 job openings 구인 file a complaint 불만을 제기하다

해설 세부사항 관련 – 웹사이트에서 찾을 수 있는 정보

지문 후반부에서 채널 11 웹사이트에서 링크를 통해 해당 일자리에 대한 설명을 확인하실 수 있다(You can visit the Channel 11 Web site for a link to descriptions of these new jobs)고 했으므로 정답은 (C)이다.

▸▸ Paraphrasing   담화의 descriptions of these new jobs
              → 정답의 Information about job openings

98-100 공지 + 탑승권

M-Au Attention, passengers of Flight B 1205 to Los Angeles: ⁹⁸this flight is overbooked. **If you're available to take a later flight today, please come to the customer service desk right away** and you'll receive a voucher for a free, round-trip, domestic flight. Additionally, ⁹⁹**we are now scheduled to board at Gate 24C.** We apologize for the late notice, but ¹⁰⁰**the door to the jet bridge is not working, so we're being moved to a different gate.** Thank you for your patience. We'll begin boarding shortly.

로스앤젤레스로 가는 B 1205 항공편 승객 여러분께 알려드립니다. 본 항공편은 초과 예약되었습니다. 오늘 중에 이후 항공편을 이용하실 수 있는 분은 바로 고객 서비스 데스크로 와 주십시오. 무료 왕복 국내 항공 상품권을 받으실 수 있습니다. 아울러 게이트 24C에서 탑승권 예정임을 알려드립니다. 늦게 알려드려 죄송합니다만, 탑승교로 나가는 문이 고장인 관계로 다른 게이트로 옮기게 되었습니다. 양해해 주셔서 감사합니다. 곧 탑승을 시작하겠습니다.

어휘 overbooked 초과 예약된 voucher 상품권, 쿠폰 round-trip 왕복 domestic flight 국내 항공편 additionally 추가로 be scheduled to ~할 예정이다 notice 공지 jet bridge 탑승교 board 탑승하다 shortly 곧

98

According to the speaker, why should listeners visit the customer service desk?

(A) To claim a lost item
(B) To check extra baggage
(C) To request a special meal
(D) To volunteer for a later flight

화자에 따르면 청자들이 고객 서비스 데스크에 와야 하는 이유는?

(A) 분실물을 찾기 위해
(B) 추가 수하물을 확인하기 위해
(C) 특별식을 신청하기 위해
(D) 자원해서 이후 항공편에 탑승하기 위해

어휘 lost item 분실물 baggage 짐, 수하물

해설 세부사항 관련 – 청자들이 고객 서비스 데스크를 방문해야 하는 이유
지문 초반부에서 항공편이 초과 예약되었다(this flight is overbooked)면서 오늘 중에 이후 항공편을 이용하실 수 있는 분은 바로 고객 서비스 데스크로 와 달라(If you're available to take a later flight today, please come to the customer service desk right away)고 했으므로 정답은 (D)이다.

99

Look at the graphic. Which information has changed?

(A) Los Angeles
(B) B1205
(C) 22C
(D) 8D

시각 정보에 의하면, 변경된 정보는?

(A) 로스앤젤레스
(B) B1205
(C) 22C
(D) 8D

해설 시각 정보 연계 – 변경된 정보
탑승권에는 게이트 번호가 22C인데 지문 중반부에서 게이트 24C에서 탑승할 예정임을 알려드린다(we are now scheduled to board at Gate 24C)고 했으므로 정답은 (C)이다.

100

According to the speaker, what is the reason for the change?

(A) Some workers are late.
(B) A door is broken.
(C) The weather is bad.
(D) A computer is malfunctioning.

화자에 따르면 변경 이유는 무엇인가?

(A) 인부들이 늦었다.
(B) 문이 고장이다.
(C) 날씨가 좋지 않다.
(D) 컴퓨터가 고장이다.

어휘 broken 고장 난 malfunction 오작동하다

해설 세부사항 관련 – 변경의 이유
지문의 후반부에서 탑승교로 나가는 문이 고장인 관계로 다른 게이트로 옮기게 되었다(the door to the jet bridge is not working, so we're being moved to a different gate)고 했으므로 정답은 (B)이다.

1 (A)	2 (D)	3 (B)	4 (C)	5 (B)
6 (B)	7 (A)	8 (C)	9 (C)	10 (C)
11 (A)	12 (C)	13 (A)	14 (B)	15 (C)
16 (C)	17 (B)	18 (C)	19 (A)	20 (A)
21 (A)	22 (B)	23 (A)	24 (A)	25 (C)
26 (C)	27 (B)	28 (C)	29 (A)	30 (A)
31 (B)	32 (C)	33 (A)	34 (D)	35 (B)
36 (D)	37 (C)	38 (A)	39 (B)	40 (B)
41 (C)	42 (B)	43 (A)	44 (D)	45 (B)
46 (B)	47 (D)	48 (A)	49 (D)	50 (B)
51 (B)	52 (D)	53 (A)	54 (B)	55 (B)
56 (C)	57 (D)	58 (A)	59 (A)	60 (C)
61 (B)	62 (D)	63 (A)	64 (C)	65 (B)
66 (A)	67 (A)	68 (C)	69 (A)	70 (B)
71 (B)	72 (D)	73 (A)	74 (B)	75 (D)
76 (C)	77 (D)	78 (A)	79 (C)	80 (D)
81 (A)	82 (C)	83 (A)	84 (C)	85 (B)
86 (D)	87 (C)	88 (D)	89 (D)	90 (C)
91 (A)	92 (C)	93 (D)	94 (A)	95 (C)
96 (D)	97 (A)	98 (B)	99 (D)	100 (D)

PART 1

1 M-Au

(A) Some people are carrying bags.
(B) Some people are seated next to a fence.
(C) A woman is opening a window.
(D) A man is planting a tree.

(A) 사람들 몇 명이 가방을 들고 있다.
(B) 사람들 몇 명이 울타리 옆에 앉아 있다.
(C) 한 여자가 창문을 열고 있다.
(D) 한 남자가 나무를 심고 있다.

어휘 carry 들고 있다, 나르다   be seated 앉아 있다   fence 울타리
     plant 심다

해설 2인 이상 등장 사진 – 사람의 동작/상태 묘사
(A) 정답. 두 사람이 가방을 메고 있는(carrying bags) 모습이므로 정답.
(B) 동사 오답. 두 사람이 계단을 오르고(going up the stairs) 있고 앉아
    있는(be seated) 모습은 아니므로 오답.
(C) 동사 오답. 사진에 창문은 보이지만 여자가 창문을 열고 있는
    (opening a window) 모습이 아니므로 오답.

(D) 동사 오답. 사진에 나무는 보이지만 남자가 나무를 심고 있는
    (planting a tree) 모습이 아니므로 오답.

2 W-Am

(A) She's fixing some broken tiles with a tool.
(B) She's installing a door in an entryway.
(C) Benches have been placed in a row.
(D) Reading material is on display in a hallway.

(A) 여자가 연장을 가지고 깨진 타일을 고치고 있다.
(B) 여자가 입구에 문을 설치하고 있다.
(C) 벤치가 일렬로 놓여 있다.
(D) 읽을거리가 복도에 진열되어 있다.

어휘 fix 고치다   tool 연장, 도구   install 설치하다   entryway 입구
     place 놓다   in a row 일렬로   hallway 복도

해설 1인 등장 사진 – 사람 또는 사물 중심 묘사
(A) 동사 오답. 여자가 무언가를 고치고 있는(fixing) 모습이 아니므로 오답.
(B) 동사 오답. 여자가 문을 설치하고 있는(installing a door) 모습이 아
    니므로 오답.
(C) 사진에 없는 명사를 이용한 오답. 사진에 벤치들(benches)이 보이지
    않으므로 오답.
(D) 정답. 복도에 읽을거리가 진열되어 있는(reading material is on
    display) 모습을 잘 묘사했으므로 정답.

3 M-Au

(A) The man is plugging in a computer.
(B) The man is drinking from a cup.
(C) The man is opening a window.
(D) The man is adjusting a chair.

(A) 남자가 컴퓨터를 전원에 연결하고 있다.
(B) 남자가 컵에 든 무언가를 마시고 있다.
(C) 남자가 창문을 열고 있다.
(D) 남자가 의자를 조절하고 있다.

어휘 plug in 스위치를 꽂다   adjust 조정(조절)하다

해설 1인 등장 사진 - 사람의 동작/상태 묘사

(A) 동사 오답. 남자가 컴퓨터 앞에 앉아 있고 전원을 꽂는(plugging in) 모습이 아니므로 오답.

(B) 정답. 남자가 컵을 들고 무언가를 마시고 있는(drinking from a cup) 모습이므로 정답.

(C) 동사 오답. 남자가 창문을 열고 있는(opening a window) 모습이 아니므로 오답.

(D) 동사 오답. 남자가 의자에 앉아 있지 조절하고 있는(adjusting a chair) 모습이 아니므로 오답.

---

4 W-Br

(A) A man is writing on a chart.
(B) A woman is replacing a lightbulb.
(C) Some people are looking at a screen.
(D) Some people are painting a wall.

(A) 한 남자가 차트에 무언가를 쓰고 있다.
(B) 한 여자가 전구를 교체하고 있다.
(C) 사람들 몇 명이 화면을 보고 있다.
(D) 사람들 몇 명이 벽에 페인트 칠을 하고 있다.

어휘 chart 차트 replace 교체하다 lightbulb 전구 screen 화면

해설 2인 이상 등장 사진 - 사람의 동작/상태 묘사

(A) 동사 오답. 차트에 무언가를 쓰고 있는(writing on a chart) 남자가 보이지 않으므로 오답.

(B) 동사 오답. 전구를 교체하고 있는(replacing a lightbulb) 여자가 보이지 않으므로 오답.

(C) 정답. 사람들이 화면을 보고 있는(looking at a screen) 모습을 잘 묘사했으므로 정답.

(D) 동사 오답. 벽에 페인트 칠을 하고 있는(painting a wall) 사람의 모습은 보이지 않으므로 오답.

---

5 M-Cn

(A) Cars are lined up at a tollbooth.
(B) Some road signs are hanging from the ceiling.
(C) A tunnel has been closed for construction.
(D) Some people are standing on the side of a street.

(A) 차들이 톨게이트에 줄지어 있다.
(B) 도로 표지판 몇 개가 천장에 매달려 있다.
(C) 터널이 건설 공사로 폐쇄되었다.
(D) 사람들 몇 명이 길가에 서 있다.

어휘 tollbooth 톨게이트(통행료 받는 곳) line up 줄 서다 road sign 도로 표지판 hang 걸리다, 매달리다 ceiling 천장 construction 건설

해설 사물/배경 사진 - 사람 또는 사물 중심 묘사

(A) 사진에 없는 명사를 이용한 오답. 사진에 톨게이트(tollbooth)는 보이지 않으므로 오답.

(B) 정답. 터널 천장에 도로 표지판들이 매달려 있는(road signs are hanging) 모습이므로 정답.

(C) 동사 오답. 터널에 차들이 통행 중이고 폐쇄된(closed) 상태가 아니므로 오답.

(D) 사진에 없는 명사를 이용한 오답. 사진에 사람들(some people)은 보이지 않으므로 오답.

---

6 W-Am

(A) He's walking on a path.
(B) He's wearing sunglasses.
(C) He's lifting some pipes.
(D) He's cutting the grass.

(A) 남자가 길을 걷고 있다.
(B) 남자가 선글라스를 착용하고 있다.
(C) 남자가 파이프 몇 개를 들어 올리고 있다.
(D) 남자가 잔디를 깎고 있다.

어휘 path 길 wear 입고 있다 lift 들어 올리다 grass 잔디

해설 1인 등장 사진 - 사람의 동작/상태 묘사

(A) 동사 오답. 남자가 길을 걷고 있는(walking on a path) 모습이 아니므로 오답.

(B) 정답. 남자가 선글라스를 착용하고 있는(wearing sunglasses) 상태이므로 정답. 참고로 putting on은 무언가를 착용하는 동작을 가리키는 말로 이미 착용 중인 상태를 나타내는 wearing과 혼동하지 않도록 주의한다.

(C) 동사 오답. 남자가 파이프를 들어 올리는(lifting some pipes) 모습이 아니므로 오답.

(D) 동사 오답. 남자가 잔디를 깎고 있는(cutting the grass) 모습이 아니므로 오답.

PART 2

7

M-Au   Who's the new accountant?

W-Br   (A) Her name is Jee-Soo.
        (B) We're behind schedule.
        (C) Yes, they're from last month.

새로 온 회계사는 누구인가요?
(A) 그녀의 이름은 지수입니다.
(B) 우리는 예정보다 뒤처진 상태예요.
(C) 네, 그것들은 지난달 거예요.

어휘 accountant 회계사 behind schedule 예정보다 뒤처진

해설 새로 온 회계사를 묻는 Who 의문문
(A) 정답. 새로 온 회계사가 누구인지를 묻는 질문에 Jee-Soo라는 구체적인 인물로 응답했으므로 정답.
(B) 질문과 상관없는 오답. 새로 온 회계사를 묻는 질문에 예정보다 늦었다는 대답은 질문의 맥락에서 벗어난 응답이므로 오답.
(C) Yes/No 불가 오답. Who 의문문에는 Yes/No 응답이 불가능하므로 오답.

8

M-Au Did you find musicians for the charity concert yet?
M-Cn (A) Four or five tickets.
(B) She made a large donation.
(C) I'm not in charge of the music.

자선 음악회에 참여할 음악가들은 구했나요?
(A) 입장권 네다섯 장이요.
(B) 그녀는 크게 기부했어요.
(C) 저는 음악 담당이 아니에요.

어휘 charity 자선 donation 기부 in charge of ~을 담당하는

해설 음악가를 구했는지를 묻는 조동사(do) 의문문
(A) 질문과 상관없는 오답. How many 의문문에 대한 응답이므로 오답.
(B) 연상 단어 오답. 질문의 charity에서 연상 가능한 donation을 이용한 오답.
(C) 정답. 음악가를 구했는지를 묻는 질문에 본인은 음악 담당이 아니라서 적절한 답변을 할 수 없음을 우회적으로 표현했으므로 정답.

9

W-Am What still needs to be done before the grand opening?
W-Br (A) Outside the store.
(B) Yes, it's still on Friday.
(C) I have a checklist.

개점 전에 아직 해야 할 일이 무엇인가요?
(A) 가게 바깥이요.
(B) 네, 여전히 금요일이에요.
(C) 제게 점검 목록이 있어요.

어휘 outside 밖 checklist 점검표, 확인 사항

해설 해야 할 일이 무엇인지를 묻는 What 의문문
(A) 질문과 상관없는 오답. Where 의문문에 대한 응답이므로 오답.
(B) Yes/No 불가 오답. What 의문문에는 Yes/No 응답이 불가능하므로 오답.
(C) 정답. 해야 할 일이 무엇인지를 묻는 질문에 해야 할 일이 나와 있는 점검 목록을 갖고 있다며 우회적으로 표현했으므로 정답.

10

M-Cn Where is the picnic being held this year?
W-Br (A) I've made a list of supplies.
(B) Try this gear.
(C) In Madison Park.

올해 야유회는 어디에서 하나요?
(A) 제가 물품 목록을 만들었어요.
(B) 이 장비를 사용해 보세요.
(C) 매디슨 파크에서요.

어휘 supplies 물품, 용품 gear 장비, 기어

해설 야유회 장소를 묻는 Where 의문문
(A) 질문과 상관없는 오답. 야유회 장소를 묻는 질문에 물품 목록을 만들었다는 대답은 질문의 맥락에서 벗어난 응답이므로 오답.
(B) 질문과 상관없는 오답. 야유회 장소를 묻는 질문에 장비 사용을 권하는 대답은 질문의 맥락에서 벗어난 응답이므로 오답.
(C) 정답. 야유회 장소를 묻는 질문에 Madison Park라는 구체적인 장소로 응답했으므로 정답.

11

M-Au Do you want to walk in the park or at the indoor track?
W-Am (A) It's a bit hot today.
(B) I'll keep track of it.
(C) My favorite pair of shoes.

공원에서 걸으시겠어요 아니면 실내 트랙에서 걸으시겠어요?
(A) 오늘 좀 덥네요.
(B) 제가 계속 기록하고 있을게요.
(C) 제가 제일 아끼는 신발이에요.

어휘 keep track of ~을 기록하다, ~에 대해 파악하고 있다

해설 걸을 장소를 묻는 선택 의문문
(A) 정답. 공원에서 걸을지 아니면 실내에서 걸을지를 묻는 질문에, 오늘 날씨가 더우므로 실내에서 걷는 게 낫겠다는 의사를 우회적으로 표현했으므로 정답.
(B) 단어 반복 오답. 질문의 track을 반복 이용한 오답.
(C) 연상 단어 오답. 질문의 walk, indoor track에서 연상 가능한 shoes를 이용한 오답.

12

M-Au The report says our sales for this quarter are low.
M-Cn (A) She's sitting in row fifteen.
(B) A marketing request.
(C) I'll look at the results again.

보고서에 따르면 이번 분기 판매가 저조하네요.
(A) 그녀는 15번 열에 앉아 있습니다.
(B) 마케팅 요구사항입니다.
(C) 판매 결과를 다시 확인할게요.

어휘 quarter 분기 row 열(줄) request 요청(요구) result 결과

해설 사실/정보 전달의 평서문

(A) 유사 발음 오답. 평서문의 low와 발음이 유사한 row를 이용한 오답.

(B) 연상 단어 오답. 평서문의 report, sales에서 연상 가능한 marketing을 이용한 오답.

(C) 정답. 판매가 저조하다는 보고서 내용을 알려주는 말에 판매 결과를 다시 확인하겠다며 상대의 말에 응하는 조치를 취하겠다는 응답을 하고 있으므로 정답.

13

M-Au When are you going to submit the monthly report?

W-Br **(A) It'll be ready by the end of the day.**
(B) That's more money than expected.
(C) He's a reporter for the local paper.

언제 월례 보고서를 제출하실 건가요?

(A) 오늘 안으로 준비될 겁니다.
(B) 예상보다 더 많은 돈이네요.
(C) 그는 지역 신문 기자입니다.

어휘 submit 제출하다 monthly 매월의 expect 예상하다 local 지역의 paper 신문

해설 보고서의 제출 시점을 묻는 When 의문문

(A) 정답. 보고서의 제출 시점을 묻는 질문에 오늘 안으로는 준비될 거라며 구체적인 시점으로 응답하고 있으므로 정답.

(B) 질문과 상관없는 오답. 보고서의 제출 시점을 묻는 질문에 금액에 대한 대답은 질문의 맥락에서 벗어난 응답이므로 오답.

(C) 유사 발음 오답. 질문의 report와 발음이 유사한 reporter를 이용한 오답.

14

W-Br Would you care to try a sample of our new fruit juice?

M-Cn (A) That's a good point.
(B) Is there pineapple in it?
(C) I never knew that.

새로 나온 과일 주스 맛 좀 보시겠어요?

(A) 좋은 지적이네요.
(B) 주스에 파인애플이 들어 있나요?
(C) 전혀 몰랐어요.

어휘 care to ～하기를 좋아하다

해설 제안/권유 의문문

(A) 질문과 상관없는 오답. 상대방의 의견에 찬성할 때 어울리는 응답이므로 오답.

(B) 정답. 새로 나온 과일 주스를 시음해 보라는 제안에 주스에 들어간 재료에 대해 물으며 질문의 내용과 관련된 추가 정보를 언급하고 있으므로 정답.

(C) 질문과 상관없는 오답. '몰랐다'는 새로운 정보를 접했을 때 어울리는 응답이므로 오답.

15

W-Br Could you revise this budget?

M-Au (A) A reservation, please.
(B) Ming, James, and Ana.
(C) I may have time tomorrow.

이 예산안 좀 수정해 주시겠어요?

(A) 예약 부탁 드립니다.
(B) 밍, 제임스 그리고 아나입니다.
(C) 내일 시간이 날 것 같아요.

어휘 revise 수정하다 budget 예산(안) reservation 예약

해설 부탁/요청 의문문

(A) 유사 발음 오답. 질문의 revise와 발음이 일부 유사한 reservation을 이용한 오답.

(B) 질문과 상관없는 오답. Who 의문문에 대한 응답이므로 오답.

(C) 정답. 예산안을 수정해 달라는 요청에 대해 Yes를 생략한 채 내일 시간이 날 것 같다며 우회적으로 수락하고 있으므로 정답.

16

W-Am This stapler is Fernando's, isn't it?

W-Br (A) Would you mind doing that?
(B) In the newsletter.
(C) Yes—you can leave it on his desk.

이 스테이플러는 페르난도의 것이에요, 그렇지 않나요?

(A) 그렇게 해주시겠어요?
(B) 소식지에서요.
(C) 네, 그의 책상에 두시면 돼요.

어휘 stapler 스테이플러 newsletter 소식지(회보) leave 두다

해설 물건의 주인을 확인하는 부가 의문문

(A) 질문과 상관없는 오답. 부탁/요청 의문문은 물건의 주인을 확인하는 질문에 어울리는 응답이 아니므로 오답.

(B) 질문과 상관없는 오답. 정보의 출처를 묻는 Where 의문문에 대한 응답이므로 오답.

(C) 정답. 물건의 주인이 페르난도가 맞는지를 확인하는 질문에 Yes라고 대답한 후에 그의 책상에 두면 된다며 그에 상응하는 추가 정보를 주었으므로 정답.

17

M-Au Should we ask the waiter to bring us some water?

W-Am (A) For about an hour.
(B) Sure, when he comes back.
(C) No, I haven't.

웨이터에게 물 좀 가져다 달라고 요청할까요?

(A) 약 한 시간 동안이요.
(B) 그러죠, 웨이터가 이리로 오면요.
(C) 아니요, 제가 하지 않았어요.

TEST 6

해설 제안/권유 의문문

(A) 질문과 상관없는 오답. How long 의문문에 대한 응답이므로 오답.

(B) 정답. 물을 달라고 요청할지를 제안하는 질문에 Sure라고 호응했고 웨이터가 올 때라며 긍정 답변과 일관된 내용을 덧붙였으므로 정답.

(C) 질문과 상관없는 오답. 물을 달라고 할지 여부를 제안하는 질문에 내가 하지 않았다는 대답은 맥락에서 벗어난 응답이므로 오답.

18

W-Br Why did you rearrange the tables in the boardroom?

M-Au (A) Eighteen chairs.
(B) I'll have some coffee, thanks.
(C) **Because I had to make more space.**

왜 이사회실에 있는 테이블을 재배치했나요?
(A) 의자 18개요.
(B) 전 커피로 주세요, 감사합니다.
(C) **추가 공간이 필요했거든요.**

어휘 rearrange 재배치하다 boardroom 이사회실 space 공간

해설 테이블을 재배치한 이유를 묻는 Why 의문문

(A) 질문과 상관없는 오답. 의자의 수량을 묻는 How many 의문문에 대한 응답이므로 오답.

(B) 질문과 상관없는 오답. 마실 음료의 종류를 묻는 What 의문문에 대한 응답이므로 오답.

(C) 정답. 테이블을 재배치한 이유를 묻는 질문에 추가 공간이 필요했다며 적절한 이유를 댔으므로 정답.

19

M-Cn Excuse me, do you have this shirt in red?

W-Am (A) **What size do you wear?**
(B) She went to that store, too.
(C) A thirty-day return policy.

실례지만, 이 셔츠가 빨간 색으로도 있나요?
(A) **무슨 사이즈를 입으시나요?**
(B) 그녀도 그 가게에 갔어요.
(C) 30일 이내 반품 규정입니다.

어휘 return policy 반품 규정

해설 다른 색상의 상품이 있는지를 묻는 조동사(do) 의문문

(A) 정답. 셔츠가 빨간 색으로도 있는지를 묻는 질문에 Yes를 생략하고 곧바로 무슨 사이즈를 원하는지에 대해 추가 정보를 되물었으므로 정답.

(B) 연상 단어 오답. shirt를 구매하는 상황에서 연상 가능한 store를 이용한 오답.

(C) 연상 단어 오답. shirt를 구매하는 상황에서 연상 가능한 return policy를 이용한 오답.

20

M-Cn What did you think of Ms. Delgado's job application?

W-Br (A) **She seems highly qualified.**
(B) At the job fair in Singapore.
(C) Yes, I met him last week.

델가도 씨의 입사 지원서에 대해 어떻게 생각하시나요?
(A) **그녀가 적임자인 것 같아요.**
(B) 싱가포르의 채용 박람회에서요.
(C) 네, 지난주에 그를 만났습니다.

어휘 job application 입사 지원서 job fair 채용 박람회

해설 의견을 묻는 What 의문문

(A) 정답. 입사 후보자에 대한 의견을 묻는 질문에 적임자인 것 같다고 응답했으므로 정답.

(B) 연상 단어 오답. job application에서 연상 가능한 job fair를 이용한 오답.

(C) Yes/No 불가 오답. What 의문문에는 Yes/No 응답이 불가능하므로 오답.

21

M-Au How far along are you on the quarterly report?

W-Am (A) **I'm almost finished with it.**
(B) That's a good idea.
(C) It's not very far from here.

분기 보고서는 어느 정도 진행되고 있나요?
(A) **거의 끝냈습니다.**
(B) 좋은 생각이네요.
(C) 여기서 그다지 멀지 않아요.

어휘 quarterly 분기별의

해설 일의 진행 정도를 묻는 How 의문문

(A) 정답. 보고서가 어느 정도 진행되고 있는지를 묻는 질문에 거의 끝냈다고 응답했으므로 정답.

(B) 질문과 상관없는 오답. 상대방이 제시한 의견에 찬성을 뜻하는 응답이므로 오답.

(C) 단어 반복 오답. 질문의 far를 반복 이용한 오답.

22

W-Am Don't we have enough supplies to finish painting the house?

M-Cn (A) I prefer to live by the train station.
(B) **Mary is checking the inventory now.**
(C) It pays twenty dollars an hour.

집을 페인트칠 할 물품이 충분히 있지 않나요?
(A) 저는 기차역 가까이 사는 게 좋아요.
(B) **메리가 지금 재고를 확인 중입니다.**
(C) 시간 당 20달러가 지급됩니다.

어휘 supplies 물품 prefer 선호하다 inventory 재고, 물품 목록

해설 물품이 충분히 있는지를 묻는 부정 의문문

(A) 연상 단어 오답. house에서 연상 가능한 live를 이용한 오답.

(B) 정답. 집을 페인트칠 할 만큼 물품이 충분히 있는지를 묻는 질문에 재고를 확인 중이라며 우회적으로 응답하고 있으므로 정답.

(C) 질문과 상관없는 오답. 물품이 충분히 있는지를 묻는 질문에 시간당 수당에 대한 대답은 맥락에서 벗어난 응답이므로 오답.

23

M-Cn You already booked your flight, didn't you?

M-Au (A) No, I'll do it tonight.
      (B) I read that.
      (C) Just a suitcase.

비행 예약은 이미 하셨죠, 그렇지 않나요?
(A) 아니요, 오늘 밤에 할 겁니다.
(B) 저 그거 읽었어요.
(C) 그냥 여행 가방입니다.

어휘 book 예약하다 flight 비행 suitcase 여행 가방

해설 비행 예약 여부를 확인하는 부가 의문문
(A) 정답. 비행 예약을 했는지 여부를 확인하는 질문에 아직 안 했으며 오늘 밤에 할 계획이라고 응답했으므로 정답.
(B) 유사 발음 오답. 질문의 already와 부분적으로 발음이 유사한 read를 이용한 오답.
(C) 연상 단어 오답. book, flight에서 연상 가능한 여행 관련 단어인 suitcase를 이용한 오답.

24

W-Am Where can I find the first-aid kit?

W-Br (A) Isn't it in the cabinet?
      (B) Usually every evening.
      (C) It's very fast.

구급 상자는 어디에 있나요?
(A) 캐비닛에 있지 않나요?
(B) 보통 매일 저녁이에요.
(C) 매우 빠르네요.

어휘 first-aid kit 구급 상자 usually 보통

해설 물건의 보관 장소를 묻는 Where 의문문
(A) 정답. 구급 상자의 보관 장소를 묻는 질문에 캐비닛에 없느냐며 우회적으로 응답했으므로 정답.
(B) 질문과 상관없는 오답. 시점을 묻는 When 의문문이나 빈도를 묻는 How often 의문문에 대한 응답이므로 오답.
(C) 유사 발음 오답. 질문의 first와 부분적으로 발음이 유사한 fast를 이용한 오답.

25

M-Cn Don't we have to review Joshua's presentation?

M-Au (A) Yes, we were introduced.
      (B) It's a fantastic view.
      (C) He's given that presentation before.

조슈아의 발표를 검토해 봐야 하지 않을까요?
(A) 네, 우리 인사했어요.
(B) 멋진 전망이네요.
(C) 그는 전에 그 발표를 해 본 적이 있어요.

어휘 review 검토하다 presentation 발표 view 전망

해설 검토를 해야 할지 여부를 묻는 부정 의문문
(A) 질문과 상관없는 오답. 발표를 점검해야 할지 여부를 확인하는 질문에 우리는 이미 소개를 받아 인사를 나눴다는 대답은 맥락에서 벗어나므로 오답.
(B) 유사 발음 오답. 질문의 review와 부분적으로 발음이 유사한 view를 이용한 오답.
(C) 정답. 동료의 발표를 검토해야 하지 않느냐는 질문에 No를 생략한 채 이미 그가 발표해 본 적이 있다며 검토할 필요가 없음을 우회적으로 답했으므로 정답.

26

M-Cn Do you want Mike or Hyun-Jung to be at the product launch tomorrow?

W-Am (A) That lunch was delicious.
      (B) Sure, it was quite exciting.
      (C) Aren't you going?

마이크나 현정 씨가 내일 제품 출시 행사에 참석하길 원하시나요?
(A) 점심이 맛있었어요.
(B) 물론이죠, 꽤 흥미진진했어요.
(C) 당신은 참석 안 하세요?

어휘 product 제품 launch 출시 (행사)

해설 특정인의 행사 참석을 원하는지를 묻는 조동사(do) 의문문
(A) 유사 발음 오답. 질문의 launch와 발음이 유사한 lunch를 이용한 오답.
(B) 연상 단어 오답. product launch라는 행사에 대한 평가로 연상 가능한 단어인 exciting을 이용한 오답. 행사는 내일이므로 미래 내용인데 과거 시제로 답했으므로 답이 될 수 없다.
(C) 정답. 특정인의 행사 참석을 원하는지를 묻는 질문에 직접적인 답변은 하지 않았으나 상대는 참석하지 않는지를 되물으며 상황과 연관된 사항을 언급하고 있으므로 정답.

27

W-Br How do you change your password on the new system?

M-Cn (A) Unfortunately, they didn't pass.
      (B) I haven't used the new system yet.
      (C) Let's change the ink in the printer.

새 시스템에서 비밀번호는 어떻게 변경하나요?
(A) 유감스럽게도, 그들은 통과하지 못했습니다.
(B) 아직 새 시스템을 사용해 보지 않았어요.
(C) 프린터에 잉크를 교체합시다.

어휘 unfortunately 유감스럽게도

해설 비밀번호 변경 방법을 묻는 How 의문문
(A) 유사 발음 오답. 질문의 password와 발음이 부분적으로 유사한 pass를 이용한 오답.
(B) 정답. 비밀번호를 변경하는 방법을 묻는 질문에 아직 사용해 보지 않아 잘 모르겠다며 우회적으로 응답하고 있으므로 정답.
(C) 단어 반복 오답. 질문의 change를 반복 이용한 오답.

28

M-Au Who was the keynote speaker at today's conference?

W-Br (A) It's held every March.
(B) About innovation.
(C) Here's the conference schedule.

오늘 학회에서 기조 연설자는 누구였나요?
(A) 3월마다 열립니다.
(B) 혁신에 관한 내용이었어요.
(C) 여기 학회 일정표가 있습니다.

어휘 conference 학회, 대회　keynote speaker 기조 연설자
innovation 혁신

해설 기조 연설자를 묻는 Who 의문문

(A) 질문과 상관없는 오답. 행사의 시점을 묻는 When이나 개최 빈도를 묻는 How often 의문문에 대한 응답이므로 오답.
(B) 연상 단어 오답. conference, keynote speaker에서 연상 가능한 학회의 주제와 관련된 단어인 innovation을 이용한 오답.
(C) 정답. 학회의 기조 연설자를 묻는 질문에 학회 일정표를 건네며 우회적으로 응답하고 있으므로 정답.

29

M-Cn Didn't we select an image for the newsletter already?

W-Br **(A) We did, but I don't like it.**
(B) A few pages long.
(C) What type of computer?

소식지에 삽입할 이미지를 이미 선택하지 않았나요?
(A) 그렇긴 한데, 맘에 들지가 않네요.
(B) 몇 페이지 분량입니다.
(C) 어떤 유형의 컴퓨터인가요?

어휘 select 선택하다　newsletter 소식지

해설 소식지의 이미지를 선택했는지 여부를 확인하는 부정 의문문

(A) 정답. 소식지에 삽입할 이미지를 이미 선택하지 않았느냐는 질문에 선택은 했으나 마음에 들지 않는다며 구체적으로 응답하고 있으므로 정답.
(B) 연상 단어 오답. image, newsletter에서 연상 가능한 pages를 이용한 오답.
(C) 연상 단어 오답. select에서 연상 가능한 what type을 이용한 오답.

30

M-Au I don't know how to download mobile phone applications.

W-Am **(A) It isn't difficult.**
(B) A printed copy.
(C) The road is closed.

휴대폰 앱을 다운로드 하는 방법을 모르겠어요.
(A) 어렵지 않아요.
(B) 복사본이에요.
(C) 길이 폐쇄되었어요.

어휘 how to ~하는 방법

해설 도움을 요청하는 평서문

(A) 정답. 응용 프로그램을 다운로드 받는 방법을 모르겠다며 도움을 요청하려는 의도의 평서문에 어렵지 않다며 안심시켜 주고 있으므로 정답.
(B) 질문과 상관없는 오답. 다운로드 방법을 모른다는 평서문에 복사본은 상황에 어울리지 않는 응답이므로 오답.
(C) 유사 발음 오답. 질문의 download와 발음이 부분적으로 유사한 road를 이용한 오답.

31

W-Br Are you going to the lawyer's office for a meeting, or for something else?

M-Cn (A) Yes, the door on your right.
(B) Just dropping off some forms.
(C) It's a good law firm.

법률 사무소에 회의 때문에 가시나요, 아니면 다른 업무로 가시나요?
(A) 네, 오른편에 있는 문입니다.
(B) 단순히 서류 몇 장을 가져다 주는 거예요.
(C) 그곳은 좋은 법률 사무소입니다.

어휘 lawyer 변호사　drop off (가는 길에) 내려(갖다) 주다　law firm 법률 사무소

해설 법률 사무소의 방문 목적을 묻는 선택 의문문

(A) Yes/No 불가 오답. 선택사항이 단어나 구인 선택 의문문에는 Yes/No 응답이 불가능하므로 오답.
(B) 정답. 법률 사무소의 방문 목적을 묻는 선택 의문문에 단순히 서류를 가져다 주기 위한 것이라며 구체적으로 응답하고 있으므로 정답.
(C) 연상 단어 오답. lawyer's office에서 연상 가능한 law firm을 이용한 오답.

PART 3

32-34 3인 대화

M-Cn Ms. Chin, Ms. Frankel, **32, 33I'm sorry that the gallery hasn't been looking very tidy lately. I've been so busy with all the artwork that we've been receiving that I haven't had time to focus on cleaning.**

W-Br Oh, I know. **33The gallery's been so busy that it's hard to keep up with sweeping and dusting the main display area.**

W-Am Why don't we hire a cleaning service?

M-Cn Sure. **34I can call a few local cleaning services to get some prices.**

W-Am That'd be great. Thanks for bringing this up.

남 친 씨, 프랭클 씨, **최근 들어 미술관이 정갈해 보이지 못해서 죄송합니다. 작품들을 계속 받고 있는 터라 너무 바빠서 청소에 신경 쓸 시간이 없었어요.**

여1 오, 알고 있어요. **미술관이 너무 분주하다 보니 주요 전시 구역에서 쓸고 닦는 작업을 계속하기가 힘들죠.**

여2 청소 업체를 고용하는 게 어떨까요?

남 좋아요. **제가 지역 청소 서비스 업체 몇 군데에 전화해서 가격을 알아볼게요.**

여2 그러면 좋겠네요. 이 얘기를 꺼내줘서 고마워요.

어휘 tidy 깔끔한 artwork 예술작품 receive 받다 focus on ~에 주력하다 keep up 계속하다 sweep 쓸다 dust 먼지를 털다, 닦다 local 지역의 bring up (화제를) 꺼내다

32

Where do the speakers most likely work?

(A) At a movie theater
(B) At a construction firm
(C) At an art gallery
(D) At a furniture store

화자들은 어디서 일하겠는가?
(A) 영화관
(B) 건설회사
(C) 미술관
(D) 가구점

해설 전체 내용 관련 - 화자들의 근무지

대화 초반부에 남자가 미술관이 정갈해 보이지 못해 죄송하다(I'm sorry that the gallery hasn't been looking very tidy lately)며 작품들을 계속 받고 있어서 너무 바빠 청소에 신경 쓸 시간이 없었다(I've been so busy with all the artwork that we've been receiving that I haven't had time to focus on cleaning)고 했으며, 이어지는 대화에서도 계속 미술관 청소 작업에 대해 이야기하고 있다. 따라서 화자들이 미술관에서 근무한다는 것을 알 수 있으므로 정답은 (C)이다.

33

What problem are the speakers discussing?

(A) A display area is not clean.
(B) An appliance is broken.
(C) Some bills are not paid.
(D) Some materials are missing.

화자들이 논하고 있는 문제는 무엇인가?
(A) 전시 구역이 깨끗하지 않다.
(B) 기기가 고장 났다.
(C) 계산서 일부가 지불되지 않았다.
(D) 재료 일부가 분실되었다.

어휘 appliance 기기, 가전제품 material 재료, 자료

해설 세부사항 관련 - 문제점

남자는 첫 번째 대사에서 미술관이 정갈해 보이지 못해 죄송하고(I'm sorry that the gallery hasn't been looking very tidy lately) 작품들을 계속 받고 있어서 너무 바빠 청소에 신경 쓸 시간이 없었다(I've been so busy ~ I haven't had time to focus on cleaning)고 했으며, 뒤이어 여자도 미술관이 너무 분주해 주요 전시 구역에서 쓸고 닦는 작업을 계속하기가 힘들다(The gallery's been so busy that it's hard to keep

up with sweeping and dusting the main display area)고 했으므로 정답은 (A)이다.

34

What will the man most likely do next?

(A) Request a recommendation
(B) Reserve a rental car
(C) Look for some replacement parts
(D) Contact some local companies

남자가 다음에 할 일은 무엇이겠는가?
(A) 추천서 요청하기
(B) 렌터카 예약하기
(C) 교체 부품 찾기
(D) 지역 회사에 연락하기

어휘 recommendation 추천서 reserve 예약하다 replacement 교체 part 부품

해설 세부사항 관련 - 남자가 다음에 할 행동

남자는 마지막 대사에서 지역 청소 업체 몇 군데에 전화해서 가격을 알아보겠다(I can call a few local cleaning services to get some prices)고 했으므로 정답은 (D)이다.

> ▸▸ Paraphrasing 대화의 **call a few local cleaning services**
> → 정답의 **Contact some local companies**

35-37

W-Am Excuse me. **35I don't live in the city, but I'm here for a conference.** Can you tell me which bus goes to the conference center at forty-first and Stockton Street?

M-Au That's the number eight bus. The conference center is just two stops down.

W-Am Oh good, thanks. **36I'm a little concerned about arriving late for the opening ceremony.**

M-Au Oh, it shouldn't take long at all to get there. **37And if you're going to be here for a few days, I suggest buying a weekly pass.** It's good for unlimited travel around the city.

여 실례합니다. **저는 이 도시에 살지는 않지만 학회 때문에 여기 왔어요.** 41번가와 스탁턴 거리에 있는 콘퍼런스 센터로 가는 버스를 알려주시겠어요?

남 8번 버스를 타세요. 콘퍼런스 센터는 두 정거장만 가시면 됩니다.

여 오 잘됐네요, 감사합니다. **개회식에 늦게 도착할까 봐 조금 걱정되거든요.**

남 오, 거기 가는데 전혀 오래 걸리지 않을 겁니다. **그리고 여기에 며칠 묵으실 거면, 주간 통행권을 구입하시길 권해 드려요.** 도시를 무제한으로 여행하기에 좋거든요.

| 어휘 | conference 학회 concerned 걱정하는 opening ceremony 개회식 suggest 제안하다 weekly 주간의 unlimited 무제한의 |

35

Why does the woman say she is visiting the city?

(A) To see a museum exhibit

(B) To attend a conference

(C) To receive an award

(D) To look at some real estate

여자는 왜 도시를 방문 중이라고 말하는가?

(A) 박물관 전시회를 보려고

(B) 학회에 참석하려고

(C) 상을 받으려고

(D) 부동산을 둘러 보려고

해설 세부사항 관련 - 여자가 도시를 방문한 이유

여자가 대화 초반부에 이 도시에 살지는 않지만 학회 때문에 왔다(I don't live in the city, but I'm here for a conference)고 했으므로 정답은 (B)이다.

36

What does the woman say she is concerned about?

(A) Being unable to get a ticket

(B) Booking a hotel room

(C) Having a wrong address

(D) Arriving late for an event

여자는 무엇이 걱정된다고 말하는가?

(A) 입장권을 구하지 못하는 것

(B) 호텔 객실을 예약하는 것

(C) 잘못된 주소를 알고 있는 것

(D) 행사에 늦게 도착하는 것

해설 세부사항 관련 - 여자의 걱정거리

여자는 두 번째 대사에서 개회식에 늦게 도착할까 봐 조금 걱정된다(I'm a little concerned about arriving late for the opening ceremony)고 했으므로 정답은 (D)이다.

> Paraphrasing 대화의 arriving late for the opening ceremony
> → 정답의 Arriving late for an event

37

What does the man recommend doing?

(A) Looking at a map

(B) Checking an online site

(C) Buying a weekly pass

(D) Calling a friend

남자는 무엇을 하라고 추천하는가?

(A) 지도 보기

(B) 온라인 사이트 확인하기

(C) 주간 통행권 구입하기

(D) 친구에게 전화하기

해설 세부사항 관련 - 남자의 제안 사항

남자는 마지막 대사에서 여기에 며칠 있을 계획이면, 주간 통행권을 구입하길 권한다(if you're going to be here for a few days, I suggest buying a weekly pass)고 했으므로 정답은 (C)이다.

38-40

M-Au	Excuse me, **38I'm ready to check out of the hotel.**
W-Br	I can help you with that. How was your stay?
M-Au	The room was very nice, **39but the parking garage is so small. There were never any available parking spots,** so I ended up having to pay to park on the street.
W-Br	I'm sorry about that. The good news is, **40we're scheduled to begin construction next week to expand the parking garage.** Next time you won't have that problem.
남	실례합니다. 호텔에서 체크아웃을 하려는 데요.
여	제가 도와 드리겠습니다. 숙박은 어떠셨어요?
남	객실은 정말 훌륭했지만, **주차장이 너무 좁더군요. 이용 가능한 주차 공간이 전혀 없어서** 결국 돈을 내고 노상에 주차해야 했어요.
여	죄송합니다. 다행인 소식은 **주차장을 확장하기 위해 다음 주에 공사를 시작할 예정**이라는 거예요. 다음 번에는 이런 문제가 없으실 겁니다.

| 어휘 | stay 숙박 garage 차고, 주차장 available 이용 가능한 spot 자리, 장소 end up 결국 ~하게 되다 scheduled 예정된 construction 공사 expand 확장하다 |

38

Where does the woman work?

(A) At a hotel

(B) At a cafe

(C) At an airport

(D) At a car rental agency

여자는 어디에서 일하는가?

(A) 호텔

(B) 카페

(C) 공항

(D) 렌터카 대리점

해설 전체 내용 관련 – 여자의 근무지

대화 초반부에 남자는 호텔에서 체크아웃을 하겠다(I'm ready to check out of the hotel)고 했고 여자는 이에 응해 도와 드리겠다(I can help you with that)며 남자에게 숙박은 어땠는지(How was your stay?)를 묻고 있으므로 여자는 호텔 직원임을 알 수 있다. 따라서 정답은 (A)이다.

39

What is the man's complaint?

(A) An Internet connection is slow.

(B) A garage does not have enough parking.

(C) There is a billing error on a receipt.

(D) There are too few choices on a menu.

남자의 불만은 무엇인가?

(A) 인터넷 연결이 느리다.

(B) 주차장에 충분한 주차 공간이 없다.

(C) 영수증에 청구상의 오류가 있다.

(D) 선택할 수 있는 메뉴가 너무 적다.

어휘 receipt 영수증

해설 세부사항 관련 – 남자의 불만 사항

남자는 두 번째 대사에서 주차장이 너무 좁고(the parking garage is so small), 주차 공간이 없었다(There were never any available parking spots)고 했으므로 정답은 (B)이다.

40

What does the woman say will happen next week?

(A) A price will increase.

(B) A construction project will begin.

(C) A shipment will arrive.

(D) A celebration will take place.

여자는 다음 주에 무슨 일이 일어날 거라고 말하는가?

(A) 가격이 인상된다.

(B) 공사가 시작된다.

(C) 배송물이 도착한다.

(D) 기념행사가 열린다.

어휘 shipment 배송(물)

해설 세부사항 관련 – 다음 주에 일어날 일

여자는 마지막 대사에서 주차장을 확장하기 위해 다음 주에 공사를 시작할 예정(we're scheduled to begin construction next week to expand the parking garage)이라고 했으므로 정답은 (B)이다.

41-43

M-Cn   Hi, ⁴¹welcome to Gold Pyramid Clothing.

W-Br   **Hi, I bought a shirt here for my son,** but unfortunately, he doesn't like the color. What's your return policy?

M-Cn   ⁴²As long as it hasn't been more than 30 days since you purchased the item, and you have a receipt, you can receive a full refund.

W-Br   Hmm, actually, I seem to have lost my receipt.

M-Cn   Well, then I can't give you a refund. ⁴³But, you can exchange it for a different color.

W-Br   OK, I'll do that then.

M-Cn   Sure! I think we have that shirt in stock in black and green.

남   안녕하세요, **골드 피라미드 클로딩에 오신 걸 환영합니다.**

여   **안녕하세요, 여기에서 제 아들을 주려고 셔츠를 한 장 샀는데,** 유감스럽게도 아들이 색이 맘에 들지 않는대서요. 반품 규정이 어떻게 되나요?

남   제품을 구매 하신 지 30일 이상이 지나지 않고 영수증이 있으시면, 전액 환불 받을 수 있습니다.

여   흠, 실은 제가 영수증을 잃어버린 것 같아서요.

남   글쎄요, 그러면 제가 환불해 드릴 수 없는데요. 하지만 다른 색상으로 교환은 가능합니다.

여   좋아요. 그럼 그렇게 할게요.

남   좋습니다! 그 셔츠는 검정과 녹색이 재고로 남아 있는 것 같네요.

어휘   unfortunately 유감스럽게도   return policy 반품 규정   as long as ~하는 한   receipt 영수증   receive 받다   refund 환불   exchange 교환하다   in stock 재고로

41

Where most likely are the speakers?

(A) At a bookstore

(B) At an art supply store

(C) At a clothing retailer

(D) At a supermarket

화자들은 어디에 있겠는가?

(A) 서점

(B) 미술용품점

(C) 옷 가게

(D) 슈퍼마켓

어휘 retailer 소매업체

해설 전체 내용 관련 – 화자들이 있는 장소

대화 초반부에 남자는 골드 피라미드 클로딩에 오신 걸 환영한다(welcome to Gold Pyramid Clothing)고 했고 여자는 여기에서 아들을 주려고 셔츠를 한 장 샀다(I bought a shirt here for my son)고 했으므로 정답은 (C)이다.

42

Why is the woman unable to receive a refund?

(A) She purchased a discounted item.
(B) She has lost a receipt.
(C) A store has changed a policy.
(D) A product has been damaged.

여자가 환불을 받을 수 없는 이유는?
(A) 할인된 제품을 구매했다.
(B) 영수증을 잃어버렸다.
(C) 가게가 규정을 바꿨다.
(D) 제품이 손상되었다.

해설 세부사항 관련 – 여자가 환불 못 받는 이유

남자는 두 번째 대사에서 제품을 구매한 지 30일 이상이 지나지 않고 영수증이 있으면, 전액 환불 받을 수 있다(As long as it hasn't been more than 30 days since you purchased the item, and you have a receipt, you can receive a full refund)고 했는데, 여자가 영수증을 잃어버린 것 같다(I seem to have lost my receipt)고 하자 남자가 환불해 드릴 수 없다(I can't give you a refund)고 했으므로 정답은 (B)이다.

43

What does the man suggest?

(A) Exchanging an item
(B) Speaking with a manager
(C) Returning at a later time
(D) Applying for a rewards program

남자는 무엇을 제안하는가?
(A) 제품 교환하기
(B) 매니저와 대화하기
(C) 나중에 돌아오기
(D) 보상 프로그램에 신청하기

어휘 rewards 보상, 사례

해설 세부사항 관련 – 남자의 제안 사항

남자는 세 번째 대사에서 다른 색상으로 교환은 할 수 있다(you can exchange it for a different color)고 했으므로 정답은 (A)이다.

44-46

W-Br	[44]**I just heard about the company's plan to open a second housewares store.** [45]**They want to put it in the Centerville Mall, but I don't think we'd get enough business selling household items there.**
M-Au	Well, the marketing team has done the research.
W-Br	I thought people mostly shopped for electronics at that mall, not decorative items for the home.
M-Au	[45]**That's a good point. But we'll just have to wait and see** [46]**what the board of directors decides at their meeting in January.**

여	방금 회사가 두 번째 가정용품점을 개점할 거라는 계획을 들었어요. 센터빌 몰에 입점하고 싶어 한다는데, 제 생각에 거기는 가정용품을 팔기에 충분한 상권이 되지 않는 것 같아요.
남	글쎄요, 마케팅 팀이 조사를 했어요.
여	전 그 몰에서 사람들이 가정용 장식품이 아니라, 전자제품을 주로 쇼핑할 거라고 생각했어요.
남	좋은 지적이네요. 하지만 이사회가 1월에 있을 회의에서 어떤 결정을 내릴지 두고 봐야겠어요.

어휘 housewares 가정용품 household 가정 research 연구, 조사 electronics 전자제품 decorative 장식하는 board of directors 이사회

44

What plan is the company considering?

(A) Expanding its inventory
(B) Updating its filing system
(C) Hiring a new marketing director
(D) Opening another location

회사가 고려 중인 계획은 무엇인가?
(A) 물품 확장
(B) 서류 처리 시스템 업그레이드
(C) 새 마케팅 이사 채용
(D) 추가 지점 개점

어휘 expand 확장하다 inventory 물품 목록, 재고

해설 세부사항 관련 – 회사의 계획

대화 초반부에 여자가 방금 회사가 두 번째 가정용품점을 개점할 거라는 계획을 들었다(I just heard about the company's plan to open a second housewares store)고 했으므로 정답은 (D)이다.

▸▸ Paraphrasing 대화의 open a second store
→ 정답의 Opening another location

45

What does the man imply when he says, "the marketing team has done the research"?

(A) He is happy to not be assigned a task.
(B) He disagrees with a colleague.
(C) He does not want to hire more staff members.
(D) He hopes an advertising campaign will begin soon.

남자가 "마케팅 팀이 조사를 했어요"라고 말할 때 의도하는 바는?
(A) 그는 업무를 배정받지 않아 기쁘다.
(B) 그는 동료의 의견에 동의하지 않는다.
(C) 그는 추가 직원을 고용하기를 원하지 않는다.
(D) 그는 광고 캠페인이 곧 시작되길 바란다.

어휘 assign 배정하다 disagree 동의하지 않다 colleague 동료

해설 **화자의 의도 파악 – 마케팅 팀이 조사를 했다는 말의 의도**
여자의 첫 번째 대사에서 센터빌 몰은 가정용품을 팔기에 충분한 상권이 아닌 것 같다(They want to put it in the Centerville Mall, but I don't think we'd get enough business selling household items there)는 의견에 대해 한 말이고, 남자가 두 번째 대사에서 좋은 지적이지만 이사회의 결정을 두고 봐야겠다(That's a good point. But we'll just have to wait and see what the board of directors decides)고 한 것으로 보아 마케팅 팀이 이미 조사를 했다는 말은 여자의 의견에 동의하지 못하는 근거로 내세운 정보임을 알 수 있다. 따라서 정답은 (B)이다.

46

What will take place in January?
(A) A job interview
(B) A board of directors meeting
(C) A storewide sale
(D) A focus group test

1월에 일어날 일은 무엇인가?
(A) 면접
(B) 이사회 회의
(C) 전매장 할인
(D) 포커스그룹 실험

어휘 storewide 점포 전체 focus group 관심 집단(표적 집단)

해설 **세부사항 관련 – 1월에 일어날 일**
남자가 마지막 대사에서 1월에 있을 회의에서 이사회가 내릴 결정(what the board of directors decides at their meeting in January)에 대해 언급했으므로 정답은 (B)이다.

47-49

W-Br Hello Jun-Young, this is Sandra. I wanted to let you know that although I have the raw numbers needed to generate the quarterly sales reports, I'm having a problem with the software program.

M-Cn What's the problem? **⁴⁷We'd like to receive those reports here in Accounting by this afternoon.**

W-Br Well, we use a secure software program to create the reports, and… **⁴⁸my password isn't working. I'm completely locked out of the system. This problem may delay getting you the reports.**

M-Cn Thanks for letting me know. **⁴⁹I'm going to call my administrative assistant.** He used to work in technical support. I think he'll be able to help you.

여 안녕하세요 준용씨, 산드라예요. 저한테 분기별 판매 보고서 작성에 필요한 수치들이 있기는 한데, 소프트웨어 프로그램에 문제가 있어요.

남 무슨 문제인가요? 오늘 오후까지는 여기 회계부에서 그 보고서를 받아 봤으면 하는데요.

여 그게, 보고서를 작성하는 데 보안 소프트웨어 프로그램을 사용하잖아요, 근데… 제 비밀번호가 작동하질 않아요. 시스템에서 완전히 차단되었어요. 이 문제로 보고서를 받아 보시는 게 지체될 수도 있어요.

남 알려주셔서 감사합니다. 제 행정비서에게 전화해 볼게요. 그는 기술 지원부서에서 일한 적이 있거든요. 그가 당신을 도울 수 있을 것 같네요.

어휘 raw 원자재의, 가공하지 않은 generate 만들다 quarterly 분기별의 secure 안전한 delay 지연시키다 administrative 관리(행정)상의 support 지원

47

What department does the man work in?
(A) Product Development
(B) Maintenance
(C) Human Resources
(D) Accounting

남자는 어느 부서에서 근무하는가?
(A) 제품개발부
(B) 유지관리부
(C) 인사부
(D) 회계부

해설 **전체 내용 관련 – 남자의 근무 부서**
남자가 첫 번째 대사에서 여기 회계부에서 그 보고서를 받았으면 한다(We'd like to receive those reports here in Accounting)고 했으므로 정답은 (D)이다.

48

What problem does the woman mention?
(A) A password does not work.
(B) A calculation was incorrect.
(C) Some equipment is broken.
(D) Some interns are unavailable.

여자가 언급한 문제는 무엇인가?
(A) 비밀번호가 작동하지 않는다.
(B) 계산이 부정확하다.
(C) 일부 장비가 고장 났다.
(D) 인턴 몇 명이 참여할 수 없다.

어휘 calculation 계산 unavailable (어떤 사람과) 만날 수 없는

해설 **세부사항 관련 – 여자가 언급한 문제**
여자가 두 번째 대사에서 비밀번호가 작동하질 않아 시스템에서 완전히 차단되어 보고서를 받아 보는 게 지체될 수도 있다(my password isn't working. I'm completely locked out of the system. This problem may delay getting you the reports)고 했으므로 정답은 (A)이다.

49

What will the man most likely do next?

(A) Speak with a supplier
(B) Revise a document
(C) Prepare an invoice
(D) Call an assistant

남자가 다음에 할 일은 무엇이겠는가?

(A) 공급업체와 대화하기
(B) 서류 수정하기
(C) 송장 준비하기
(D) 비서에게 전화하기

어휘 revise 수정하다 invoice 송장

해설 세부사항 관련 - 남자가 다음에 할 행동

남자는 마지막 대사에서 행정비서에게 전화해 보겠다(I'm going to call my administrative assistant)고 했으므로 정답은 (D)이다.

50-52 3인 대화

W-Br	Hi, **50I'm Mary Smith. I had an appointment with Dr. Watanabe at two P.M., but I missed it because my bus was delayed.** Can she still see me?
M-Au	I'll check, but she's been busy this week. **51Her partner, Dr. García, is away on a business trip.** So she's been seeing all of Dr. García's patients as well as her own. Oh, **52here she is.** Dr. Watanabe?
W-Am	**52Yes, John?**
M-Au	Mary missed her earlier appointment. **52Is there any chance you could see her now?**
W-Am	**52Yes, just give me a few minutes to review her file.**
여1	안녕하세요, 저는 메리 스미스입니다. 와타나베 박사님과 오후 2시에 진료 예약이 되어 있었는데, 버스가 지연돼서 진료를 놓쳤어요. 아직 진료를 볼 수 있나요?
남	확인해 보겠습니다만, 박사님께서 이번 주에 바쁘세요. 파트너이신 가르시아 박사님이 출장을 가셨거든요. 그래서 와타나베 박사님께서 가르시아 박사님의 환자분들까지 모두 진료하고 계세요. 오, 박사님이 오셨네요. 와타나베 박사님?
여2	네, 존 씨?
남	메리 씨가 아까 예약 시간에 못 오셨어요. 혹시 지금 진료가 가능할까요?
여2	네, 환자분 파일 좀 검토하게 몇 분만 주세요.
어휘	appointment 약속 miss 놓치다 delay 지연시키다 patient 환자 chance 가능성 review 검토하다

50

Why did Mary miss her appointment?

(A) Her meeting ran late.
(B) Her bus was delayed.
(C) She misread her calendar.
(D) She overslept.

왜 메리는 약속을 지키지 못했는가?

(A) 회의가 길어졌다.
(B) 버스가 지연되었다.
(C) 달력을 잘못 봤다.
(D) 늦잠을 잤다.

해설 세부사항 관련 - 여자가 약속을 못 지킨 이유

대화 초반부에 여자가 메리 스미스라면서 와타나베 박사와 진료 예약이 있었는데, 버스가 지연돼서 진료를 놓쳤다(I'm Mary Smith. I had an appointment with Dr. Watanabe at two P.M., but I missed it because my bus was delayed)고 했으므로 정답은 (B)이다.

51

What is mentioned about Dr. García?

(A) He recently won an award.
(B) He is traveling for his job.
(C) He writes for a medical journal.
(D) He is an experienced surgeon.

가르시아 박사에 대해 언급된 것은 무엇인가?

(A) 최근에 상을 수상했다.
(B) 출장 중이다.
(C) 의학 잡지에 기고한다.
(D) 경험이 많은 외과의사이다.

어휘 award 상 experienced 경험이 많은 surgeon 외과의

해설 세부사항 관련 - 가르시아 박사에 대해 언급된 사항

남자는 첫 번째 대사에서 가르시아 박사가 출장을 갔다(Dr. García, is away on a business trip)고 했으므로 정답은 (B)이다.

> ▶▶ Paraphrasing 대화의 away on a business trip
> → 정답의 traveling for his job

52

What will Dr. Watanabe do next?

(A) Sign a contract
(B) Write a prescription
(C) Order some lab supplies
(D) Read a patient file

와타나베 박사가 다음에 할 일은 무엇인가?

(A) 계약서에 서명하기
(B) 처방전 쓰기
(C) 실험실 물품 주문하기
(D) 환자 파일 읽기

어휘 prescription 처방전 lab 실험실 supplies 물품, 보급품

해설 세부사항 관련 – 남자가 다음에 할 행동

남자가 첫 번째 대사 후반부에서 박사님이 오셨다며 와타나베 박사를 부르자(here she is. Dr. Watanabe?) 여자가 대답(Yes, John?)을 했으므로 여자2가 와타나베 박사임을 알 수 있다. 또한 남자가 두 번째 대사에서 여자2에게 혹시 지금 환자의 진료가 가능한지(Is there any chance you could see her now?)를 묻자 환자분 파일 좀 검토하게 몇 분을 달라(Yes, just give me a few minutes to review her file)고 했으므로 정답은 (D)이다.

> ▸▸ Paraphrasing 대화의 **review her file**
> → 정답의 **Read a patient file**

53-55

M-Au	Kondo Landscaping, how can I help you?
W-Br	Hi. **53I'm calling because my company wants to have a patio area built behind our office. Could you build a space where about 25 employees could sit outside during their lunch break?**
M-Au	Yes, we build patios. We usually start outdoor projects in the spring. **54We don't build patios in the winter because the cold weather can damage the materials we use.**
W-Br	OK, **55let me go over this with my manager.** Thanks.
남	콘도 조경입니다, 어떻게 도와 드릴까요?
여	안녕하세요. 저희 회사에서 사무실 뒤 편에 파티오 구역을 짓고 싶어서 전화 드렸는데요. 점심 시간 동안 직원 25명 정도가 밖에 앉을 수 있는 공간을 지으실 수 있을까요?
남	네, 저희는 파티오를 짓습니다. 야외 프로젝트는 보통 봄에 시작해요. 추운 날씨가 저희가 사용하는 자재에 손상을 가할 수 있기 때문에 겨울에는 파티오를 짓지 않습니다.
여	알겠습니다. 제 매니저와 그 점에 대해 검토해 볼게요. 감사합니다.
어휘	landscaping 조경 patio 파티오(보통 집 뒤 쪽에 있는 테라스) employee 직원 damage 손상시키다 material 자재 go over 검토하다

53

What does the woman ask the man about?

(A) Building a patio
(B) Renovating a lobby
(C) Installing a light fixture
(D) Constructing a parking garage

여자는 남자에게 무엇에 대해 질문하는가?
(A) 파티오를 짓는 것
(B) 로비를 개조하는 것
(C) 조명을 설치하는 것
(D) 주차장을 건설하는 것

어휘 renovate 개조(보수)하다 install 설치하다 light fixture 조명

해설 세부사항 관련 – 여자가 질문한 내용

여자가 첫 번째 대사에서 회사에서 사무실 뒤 편에 파티오 구역을 짓길 원해서 전화한다(I'm calling because my company wants to have a patio area built behind our office)며 점심 시간에 직원 25명 정도가 밖에 앉을 수 있는 공간을 지으실 수 있는지(Could you build a space where about 25 employees could sit outside during their lunch break?)를 문의했으므로 정답은 (A)이다.

54

Why does the man recommend delaying a project?

(A) His company is very busy.
(B) Materials could be damaged.
(C) Equipment costs may decrease.
(D) A building permit is needed.

왜 남자는 프로젝트를 연기할 것을 권고하는가?
(A) 그의 회사가 몹시 바쁘다.
(B) 자재가 손상될 수 있다.
(C) 장비 비용이 감소할 수도 있다.
(D) 건축 허가가 필요하다.

어휘 equipment 장비 cost 비용 decrease 감소하다 building permit 건축 허가

해설 세부사항 관련 – 남자가 프로젝트 연기를 권고한 이유

남자가 두 번째 대사에서 추운 날씨가 자재에 손상을 가할 수 있기 때문에 겨울에는 파티오를 짓지 않는다(We don't build patios in the winter because the cold weather can damage the materials we use)고 했으므로 정답은 (B)이다.

55

What will the woman most likely do next?

(A) Call another company
(B) Consult with a manager
(C) Read some online reviews
(D) Send photographs

여자가 다음에 할 일은 무엇이겠는가?
(A) 다른 회사에 전화하기
(B) 매니저와 상의하기
(C) 온라인 후기 읽기
(D) 사진 보내기

어휘 consult 상의하다 review 후기, 논평

해설 세부사항 관련 – 여자가 다음에 할 행동

여자가 마지막 대사에서 매니저와 검토해 보겠다(let me go over this with my manager)고 했으므로 정답은 (B)이다.

> ▸▸ Paraphrasing 대화의 **go over this with my manager**
> → 정답의 **Consult with a manager**

W-Br	Lian, **56since we're going to start making our own line of organic shampoo, I wanted to discuss something with you.**
W-Am	Sure. What is it?
W-Br	**57It's about this company called B Thompson International. They help small companies like ours do market research.** They'll give our shampoo to some people and then ask their opinions about the product.
W-Am	Hmm… With such early feedback on our shampoo, we'd know more about what potential customers really want.
W-Br	Exactly. And this could save us time and money at later development stages.
W-Am	OK. **58Why don't we call B Thompson International to ask how much they'd charge for something like this?**
여1	리안, 우리도 이제 우리 오가닉 샴푸 라인을 만들기 시작할 거라서 상의하고 싶은 게 있는데요.
여2	그래요. 뭐죠?
여1	비 톰슨 인터내셔널이라는 회사에 관한 건데요. 우리처럼 소규모 회사가 시장 조사 하는 것을 돕는 회사예요. 그 회사에서 우리 샴푸를 몇몇 사람들에게 주고 제품에 대한 그들의 의견을 물을 거예요.
여2	흠… 우리 샴푸에 대해 그런 초기 피드백이 있으면, 잠재 고객이 정말로 원하는 게 무엇인지에 대해 더 알 수 있겠네요.
여1	그러니까요. 그리고 추후 개발 단계에서 시간과 돈도 아껴줄 수 있을 거예요.
여2	좋아요. 비 톰슨 인터내셔널에 전화해서 이런 일에 비용을 얼마나 청구하는지 문의하는 게 어떨까요?

어휘　line (상품의) 종류　market research 시장 조사　feedback 피드백　potential 잠재적인　development 개발　stage 단계　charge (요금을) 청구하다

56

What are the speakers mainly discussing?
(A) Updating a Web site
(B) Upgrading some machinery
(C) Developing a new product
(D) Planning a sales display

화자들이 주로 논의하는 것은 무엇인가?
(A) 웹사이트 업데이트하기
(B) 일부 기계를 업그레이드하기
(C) 신제품 개발하기
(D) 판매 진열 계획하기

해설　전체 내용 관련 – 대화의 주제
첫 번째 대사에서 여자가 오가닉 샴푸 라인을 만들기 시작할 거라서 상의하고 싶은 게 있다(since we're going to start making our own line of organic shampoo, I wanted to discuss something with you)고 했고 그와 관련된 대화를 이어나가고 있으므로 정답은 (C)이다.

57

What does B Thompson International do?
(A) Provide vendor references
(B) Analyze online advertisements
(C) Deliver packages
(D) Conduct market research

비 톰슨 인터내셔널이 하는 일은 무엇인가?
(A) 판매사 추천서 제공
(B) 온라인 광고 분석
(C) 물품 배송
(D) 시장 조사 수행

어휘　vendor 판매 회사　reference 추천서　analyze 분석하다　conduct (특정 활동을) 하다

해설　세부사항 관련 – 비 톰슨 인터내셔널 회사가 하는 일
여자1이 두 번째 대사에서 비 톰슨 인터내셔널이라는 회사에서 우리처럼 소규모 회사가 시장 조사 하는 것을 돕는다(It's about this company called B Thompson International. They help small companies like ours do market research)고 했으므로 정답은 (D)이다.

> ▶▶ Paraphrasing　대화의 **do market research**
> → 정답의 **Conduct market research**

58

What will the speakers probably do next?
(A) Get a cost estimate
(B) Interview some job candidates
(C) Organize a team meeting
(D) Finalize some designs

화자들이 다음에 할 일은 무엇인가?
(A) 비용 견적서 받기
(B) 입사 후보자 면접하기
(C) 팀 회의 준비하기
(D) 디자인 마무리하기

어휘　estimate 견적서　candidate 후보자　organize 준비(조직)하다　finalize 마무리 짓다

해설　세부사항 관련 – 화자들이 다음에 할 행동
여자2가 마지막 대사에서 비 톰슨 인터내셔널에 전화해서 이런 일에 비용을 얼마나 청구하는지 문의하자(Why don't we call B Thompson International to ask how much they'd charge for something like this?)고 제안했으므로 정답은 (A)이다.

> ▶▶ Paraphrasing　대화의 **ask how much they'd charge**
> → 정답의 **Get a cost estimate**

59-61

M-Au Hi, Jasmine. [59]**Our new client from Brazil will be here next week.** [60]**Could you give a tour of our facilities Monday morning?**

W-Br Oh, I'm attending the all-day software training on Monday.

M-Au [60]**Um, OK... Maybe Hiroto's free?**

W-Br I think so. Want me to ask him?

M-Au Yes, and if he is, tell him to call me for the details.

W-Br OK. By the way—I have noticed that we've signed contracts with several new international clients over the last six months. That's great!

M-Au Yes, and if we continue to attract clients like this, [61]**we may be able to accomplish our goal of opening a second office by early next year.**

남 안녕하세요 재스민 씨. **다음 주에 브라질에서 새 고객이 오는데요. 월요일 아침에 우리 시설을 견학시켜 주실 수 있나요?**

여 오, 월요일에 하루 종일 소프트웨어 교육에 참가할 거예요.

남 **음, 그래요… 히로토는 시간이 될까요?**

여 그럴걸요. 제가 물어봐 드릴까요?

남 네, 그리고 만약 그가 된다고 하면, 세부 사항을 알려줄 테니 제게 전화 좀 해 달라고 전해 주세요.

여 알겠어요. 그런데 알고 보니 지난 6개월 동안 해외 고객 몇 분과 새로 계약을 맺었던데요. 잘됐어요!

남 네, 만약 이런 식으로 계속 고객들을 끈다면, **내년 초까지는 두 번째 사무실을 연다는 우리 목표를 달성할 수도 있겠어요.**

어휘 client 고객 tour 견학, 순방 facility 시설 details 세부 사항 notice (보거나 듣고) 알다 contract 계약 attract 끌어들이다 accomplish 성취하다

59

Who will be visiting the company?

(A) An international client
(B) A building superintendent
(C) A local politician
(D) A news reporter

누가 회사를 방문할 것인가?

(A) 해외 고객
(B) 건물 관리자
(C) 지역 정치인
(D) 뉴스 리포터

어휘 superintendent 관리자 politician 정치인

해설 세부사항 관련 - 회사 방문객의 신분

대화 초반부에 남자가 다음 주에 브라질에서 새 고객이 온다(Our new client from Brazil will be here next week)고 했으므로 정답은 (A)이다.

60

Why does the woman say, "I'm attending the all-day software training on Monday"?

(A) She needs help with a technical problem.
(B) She is concerned about an expense.
(C) She is unable to fulfill a request.
(D) She is excited about an opportunity.

여자가 "월요일에 하루 종일 소프트웨어 교육에 참가할 거예요"라고 말할 때 의도하는 바는?

(A) 그녀는 기술상의 문제에 도움이 필요하다.
(B) 그녀는 비용에 대해 걱정한다.
(C) 그녀는 요청을 들어줄 수 없다.
(D) 그녀는 기회에 대해 들떠 있다.

어휘 fulfill 이행하다

해설 화자의 의도 파악 - 월요일에 하루 종일 소프트웨어 교육에 참가할 거라는 말의 의도

남자의 첫 번째 대사에서 월요일 아침에 우리 시설을 견학시켜 주실 수 있느냐(Could you give a tour of our facilities Monday morning?)는 질문에 대한 대답이고, 남자가 두 번째 대사에서 히로토는 시간이 되는지(Maybe Hiroto's free?)를 물으며 여자를 대체할 사람을 찾고 있으므로 인용문은 여자가 남자의 요청에 응할 수 없다는 의도로 한 말임을 알 수 있다. 정답은 (C)이다.

61

According to the man, what does the company hope to do next year?

(A) Promote some employees
(B) Open another office
(C) Improve public relations
(D) Publish an updated handbook

남자에 따르면, 회사는 내년에 무엇을 하길 바라는가?

(A) 몇몇 직원의 승진
(B) 추가 사무실 개설
(C) 홍보 활동 개선
(D) 업데이트된 안내서 출판

어휘 public relations 홍보 (활동) handbook 안내서

해설 세부사항 관련 - 회사가 내년에 희망하는 일

남자가 마지막 대사에서 내년 초까지는 두 번째 사무실을 연다는 우리 목표를 달성할 수도 있겠다(we may be able to accomplish our goal of opening a second office by early next year)고 언급했으므로 정답은 (B)이다.

▸▸ Paraphrasing 대화의 opening a second office
→ 정답의 Open another office

TEST 6

W-Am Welcome to the Department of Motor Vehicles. How can I help you?

M-Cn Hi, I want to sign up to take a driver's license test.

W-Am ^{62}To register is 30 dollars.

M-Cn **Wow, that much? I thought it'd be less expensive...** Uh... when can I take it?

W-Am We give the driver's license tests every week, but they're all booked until... July twelfth.

M-Cn Oh, ^{63}I'll be on vacation in July.

W-Am We have an opening on August third.

M-Cn Good. I'll register for that.

W-Am OK, ^{64}I'll just take your information for your driver's license, but you'll need to go pay at the next window.

여 운수국에 오신 걸 환영합니다. 무엇을 도와드릴까요?

남 안녕하세요, 운전 면허 시험에 등록하고 싶습니다.

여 **등록비는 30달러 입니다.**

남 **와우, 그렇게 비싸요? 더 쌀 거라고 생각했어요.** 어... 언제 시험을 치를 수 있나요?

여 운전 면허 시험은 매주 있지만, 7월 12일... 까지 예약이 모두 끝났어요.

남 오, **7월에는 제가 휴가예요.**

여 8월 3일에 빈자리가 있네요.

남 좋아요. 그날로 등록하겠습니다.

여 알겠습니다. **저한테는 운전 면허에 필요한 정보만 알려주시고, 지불은 다음 창구에서 하시면 됩니다.**

어휘 department of motor vehicles 운수국 sign up 등록하다 driver's license 운전 면허 register 등록하다

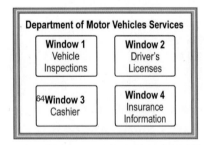

62

What is the man surprised about?

(A) The size of an office

(B) The length of a line

(C) A course requirement

(D) A registration fee

남자가 놀란 것은 무엇인가?

(A) 사무실의 규모

(B) 줄의 길이

(C) 강좌의 요건

(D) 등록비

해설 세부사항 관련 – 남자를 놀라게 한 것

여자가 두 번째 대사에서 등록비가 30달러(To register is 30 dolloars)라고 한 말에 남자가 놀라 그렇게 비싸냐며 덜 비쌀 것으로 생각했다(Wow, that much? I thought it'd be less expensive…)고 대답했으므로 정답은 (D)이다.

63

What does the man say he will do in July?

(A) Take a vacation

(B) Start a training course

(C) Buy a new car

(D) Move to another city

남자는 7월에 무엇을 할 거라고 말하는가?

(A) 휴가 가기

(B) 교육 시작하기

(C) 신차 구입하기

(D) 다른 도시로 이사하기

해설 세부사항 관련 – 남자가 7월에 할 일

남자가 세 번째 대사에서 7월에는 휴가(I'll be on vacation in July)라고 했으므로 정답은 (A)이다.

64

Look at the graphic. Which window does the woman send the man to?

(A) Window 1

(B) Window 2

(C) Window 3

(D) Window 4

시각 정보에 따르면 여자는 남자를 어느 창구로 보내는가?

(A) 창구 1

(B) 창구 2

(C) 창구 3

(D) 창구 4

해설 시각 정보 연계 – 남자가 가야 할 창구 번호

대화 내용으로 미루어 보아 남자가 현재 2번 창구에 있음을 알 수 있다. 마지막 대사에서 여자가 자신에게는 운전 면허에 필요한 정보만 알려주고, 지불은 다음 창구에서 하면 된다(you'll need to go pay at the next window)며 남자를 3번 창구로 안내했으므로, 정답은 (C)이다.

W-Am ⁶⁵**Bangalore Designs**, can I help you?

M-Au Hi, I'm from Hanson's Lumber Store. ⁶⁵**I'm calling because I'm trying to deliver a load of wood at your business.**

W-Am Right— ⁶⁵**we need that order to build some special tables and chairs.**

M-Au Well, I tried to go to the loading dock on Elm Drive, but that road's closed for repairs. Can I leave the wood near the entrance by the parking area?

W-Am That door leads to our furniture showroom. ⁶⁶**Could you come to the Spruce Avenue entrance instead?**

M-Au ⁶⁶**Spruce Avenue? Sure.**

W-Am ⁶⁷**In case you have trouble finding it, I'll come out to the street to guide you.** You can recognize me by my yellow coat.

여 **방갈로르 디자인입니다**, 무엇을 도와드릴까요?

남 안녕하세요, 한슨의 목재 가게인데요. 그쪽 가게에 목재를 배송하는 것 때문에 전화 드렸습니다.

여 맞아요. **특별한 식탁과 의자를 만드는 데 목재가 필요해요.**

남 그게, 엘름 드라이브에 있는 하역장으로 가려는데 보수 공사로 그 도로가 폐쇄되었어요. 주차 구역 옆에 있는 입구 근처에 목재를 둬도 될까요?

여 그 출입구는 우리 가구 전시실로 이어져요. **대신에 스프루스 가 쪽 입구로 오실 수 있을까요?**

남 **스프루스 가요? 물론이죠.**

여 **찾기 힘드실 경우에 대비해서, 제가 길로 나가서 안내해 드릴게요.** 저는 노란 코트로 알아보실 수 있으실 거예요.

어휘 lumber 목재 load 짐, 화물 loading dock 하역장 repair 수리, 보수 entrance 입구 lead to ~로 이어지다 showroom 전시실

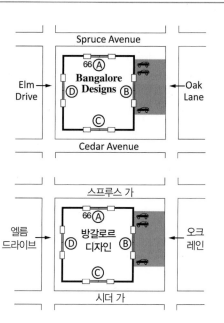

65

What does Bangalore Designs make?

(A) Household appliances
(B) Wooden furniture
(C) Construction equipment
(D) Paper products

방갈로르 디자인은 무엇을 만드는가?

(A) 가전 제품   (B) **목재 가구**
(C) 건설 장비   (D) 종이 제품

어휘 household appliances 가전 제품 wooden 나무로 된

해설 세부사항 관련 – 방갈로르 디자인의 생산품

여자가 첫 번째 대사에서 방갈로르 디자인(Bangalore Designs)이라며 전화를 받았으므로 여자는 방갈로르 디자인의 직원임을 알 수 있다. 뒤이어 남자가 목재 배송 건으로 전화를 드렸다(I'm calling because I'm trying to deliver a load of wood at your business)는 말에 여자가 식탁과 의자를 만드는 데 그 주문품이 필요하다(we need that order to build some special tables and chairs)고 했으므로 정답은 (B)이다.

66

Look at the graphic. Where will the man deliver some materials?

(A) At door A
(B) At door B
(C) At door C
(D) At door D

시각 정보에 따르면 남자는 어디로 자재를 배송할 것인가?

(A) **출입구 A**   (B) 출입구 B
(C) 출입구 C   (D) 출입구 D

해설 시각 정보 연계 – 남자가 자재를 배송할 장소

여자가 세 번째 대사에서 남자에게 스프루스 가 쪽 입구로 올 수 있느냐(Could you come to the Spruce Avenue entrance instead?)고 요청했고 남자가 물론이다(Spruce Avenue? Sure)라며 수락했으므로 정답은 (A)이다.

67

What will the woman do next?

(A) Go outside
(B) Send a text message
(C) Call a supervisor
(D) Prepare a payment

여자가 다음에 할 일은 무엇인가?

(A) **밖으로 나가기**
(B) 문자 보내기
(C) 관리자에게 전화하기
(D) 대금 준비하기

해설 세부사항 관련 – 여자가 다음에 할 행동

여자는 마지막 대사에서 찾기 힘들 경우에 대비해서, 길로 나가서 안내해 드리겠다(In case you have trouble finding it, I'll come out to the street to guide you)고 했으므로 정답은 (A)이다.

M-Cn Hi, Caroline. Did you see the chart that was posted in the break room? ⁶⁸**I really like the nutritional program that Human Resources is promoting.**

W-Br ⁶⁸**Me too.** I think eating certain foods is important not just for our health; it also makes us more productive.

M-Cn I agree. For example, ⁶⁹**I've been told that I need more vitamin A, and the chart shows me one fruit that is rich in vitamin A.**

W-Br Of course, it would also help if the cafeteria offered healthier options...

M-Cn ⁷⁰**Isn't there a suggestion box at the cafeteria? Maybe we could submit some ideas.**

남 안녕하세요, 캐롤라인 씨. 휴게실에 게시된 도표를 보셨나요? **인사과에서 장려하고 있는 영양 프로그램이 정말 맘에 들어요.**

여 **저도요.** 특정 음식을 먹는 것이 중요하다고 생각해요. 우리 건강을 위해서만이 아니라 우리를 좀 더 생산적으로 만들어 주니까요.

남 동의해요. 예를 들어, **저는 비타민 A가 좀 더 필요하다고 들었는데, 도표에 비타민 A가 풍부한 과일이 나와 있네요.**

여 물론, 구내식당에서 좀 더 건강한 선택사항을 제공하면 더욱 도움이 될 텐데요.

남 **구내식당에 의견함이 있지 않나요? 아이디어를 제출해 보죠.**

어휘 post 게시하다 nutritional 영양상의 Human Resources 인사과 promote 촉진(장려)하다 productive 생산적인 rich 풍부한 cafeteria 구내식당 suggestion 제안 submit 제출하다

⁶⁹Vitamin A	Vitamin B6
watermelon	banana
Vitamin E	Vitamin C
papaya	orange

⁶⁹비타민 A	비타민 B6
수박	바나나
비타민 E	비타민 C
파파야	오렌지

68

What do the speakers mainly discuss?

(A) Break-room renovations
(B) Updated cafeteria hours
(C) A healthy-eating program
(D) Results of an employee survey

화자들이 주로 논의하는 것은 무엇인가?

(A) 휴게실 보수공사
(B) 업데이트된 구내식당 시간
(C) 건강한 식사 프로그램
(D) 직원 설문조사 결과

어휘 renovation 보수, 개조   survey (설문) 조사

해설 전체 내용 관련 – 대화의 주제

대화 초반부에서 남자는 인사과에서 장려하고 있는 영양 프로그램이 정말 맘에 든다(I really like the nutritional program that Human Resources is promoting)고 했고 뒤이어 여자도 동감한다(Me too)며 대화를 이어가고 있다. 따라서 정답은 (C)이다.

69

Look at the graphic. Which fruit will the man most likely add to his diet?

(A) Watermelon
(B) Banana
(C) Orange
(D) Papaya

시각 정보에 따르면 남자가 자신의 식단에 추가할 것 같은 과일은 무엇인가?

(A) 수박   (B) 바나나
(C) 오렌지   (D) 파파야

해설 시각 정보 연계 – 남자가 식단에 추가할 과일

남자가 두 번째 대사에서 자신은 비타민 A가 더 필요하다고 들었는데, 도표에 비타민 A가 풍부한 과일이 나와 있다(I've been told that I need more vitamin A, and the chart shows me one fruit that is rich in vitamin A)고 했으므로 정답은 (A)이다.

70

What does the man suggest doing?

(A) Ordering some lunch
(B) Providing feedback
(C) Attending a seminar
(D) Seeing a health-care provider

남자는 무엇을 하자고 제안하는가?

(A) 점심 주문하기
(B) 피드백 제공하기
(C) 세미나 참석하기
(D) 의료인 만나보기

해설 세부사항 관련 – 남자의 제안 사항

남자는 마지막 대사에서 구내식당에 의견함이 있다며 아이디어를 제출해 보자(Isn't there a suggestion box at the cafeteria? Maybe we could submit some ideas)고 여자에게 제안했으므로 정답은 (B)이다.

PART 4

71-73 회의 발췌

W-Am Now, ^{71,72}**I'd like to discuss the next issue of our travel magazine, which will focus on traveling on a budget.** ⁷²**One of the articles will be about free mobile applications that make vacationing easier and cheaper. So, your first research assignment is to look into the latest free apps that provide travel information**—things like local accommodations or public transportation. Please send me the names of the apps you find by the end of the day. ⁷³**Tomorrow morning I'll be assigning each of you at least two apps, and I expect you to spend the morning writing a short report on them.**

이제, 우리 여행 잡지의 다음 호에 대해 논의할 텐데, 한정된 예산으로 여행하기에 중점을 둘 겁니다. 기사 중 하나는 휴가를 좀 더 쉽고 저렴하게 만들어 줄 무료 휴대폰 애플리케이션에 대해 다룰 것입니다. 그래서 여러분의 첫 조사 임무는 현지 숙소나 대중교통 같은 여행 정보를 제공하는 최신 무료 앱을 조사하는 것입니다. 오늘까지 조사한 앱의 목록을 제게 보내 주세요. 내일 아침에 제가 여러분 각각에게 최소 두 개의 앱을 배정해 드릴 테니, 아침 시간은 그에 대해 짧은 보고서를 작성하는 데 쓰시기 바랍니다.

어휘 issue (정기 간행물의) 호 on a budget 한정된 예산으로 assignment 과제, 임무 application 응용 프로그램(= app) latest 최신의 accommodation 숙소 public transportation 대중교통 assign 배정하다 at least 최소한

71

Who most likely is the speaker?

(A) A software developer
(B) A magazine editor
(C) A hotel manager
(D) A travel agent

화자는 누구이겠는가?
(A) 소프트웨어 개발자
(B) 잡지 편집장
(C) 호텔 매니저
(D) 여행사 직원

해설 전체 내용 관련 – 화자의 직업
지문 초반부에서 화자가 우리 여행 잡지의 다음 호에 대해 논의하겠다(I'd like to discuss the next issue of our travel magazine)고 했으므로 화자는 잡지 관련 일을 하는 사람임을 알 수 있다. 따라서 정답은 (B)이다.

72

What is the talk mainly about?

(A) A travel itinerary
(B) A corporate merger
(C) Computer upgrades
(D) Work assignments

담화는 주로 무엇에 관한 것인가?
(A) 여행 일정표
(B) 기업 합병
(C) 컴퓨터 업그레이드
(D) 업무 배정

어휘 itinerary 여행 일정표 corporate 기업의 merger 합병 assignment 배정

해설 전체 내용 관련 – 담화의 주제
지문 초반부에서 우리 여행 잡지의 다음 호에 대해 논의하겠다(I'd like to discuss the next issue of our travel magazine)며 잡지가 주로 다룰 내용(which will focus on traveling on a budget)과 기사 중 하나의 내용(One of the articles will be about free mobile applications that make vacationing easier and cheaper)을 공유하고 있고, 담화 중반부에서 여러분의 첫 조사 임무는 여행 정보를 제공하는 최신 무료 앱을 조사하는 것(your first research assignment is to look into the latest free apps that provide travel information)이라며 청자들이 할 일에 대해 언급하고 있으므로 정답은 (D)이다.

73

What does the speaker want the listeners to do tomorrow morning?

(A) Write some reports
(B) Buy airline tickets
(C) Fill out some time sheets
(D) Visit some local attractions

화자는 청자들이 내일 아침에 무엇을 하길 원하는가?
(A) 보고서 작성
(B) 항공권 구입
(C) 근무 시간 기록표 작성
(D) 지역 명소 방문

어휘 time sheet 근무 시간 기록표 attraction 명소

해설 세부사항 관련 – 다음 주에 일어날 일
지문 후반부에서 화자가 내일 아침에 청자 각각에게 최소 두 개의 앱을 배정할 테니, 아침 시간은 그에 대해 짧은 보고서를 작성하는 데 쓰기 바란다(Tomorrow morning I'll be assigning each of you at least two apps, and I expect you to spend the morning writing a short report on them)고 했으므로 정답은 (A)이다.

74-76 전화 메시지

M-Cn Hi, Katrina! ⁷⁴**It's Steven, the coach of the Greentown Lions basketball team.** Listen, I just took a look at the schedule for basketball court

TEST 6

reservations for next month. We're scheduled to use the courts from four to five P.M. The thing is... **75,76many of my players work in the afternoon, so they can't get to the courts until quarter to five.** You've got the courts reserved from five to six... **76Could you call me back** when you have the chance? Thanks!

안녕하세요, 카트리나! **그린타운 라이언스 농구팀 코치, 스티븐이에요.** 들어보세요, 제가 방금 다음 달 농구 코트 예약 일정표를 봤는데요. 오후 4시에서 5시에 농구 코트를 사용하기로 되어 있더라고요. 실은… **저희 선수들 다수가 오후에 일을 해서 5시 15분 전까지는 코트에 올 수가 없어요. 5시부터 6시까지 농구 코트를 예약하셨던대요…** 시간 되실 때 전화 좀 주시겠어요? 감사합니다!

어휘 basketball court 농구 코트   reservation 예약
quarter 15분   chance 기회

74

What kind of team does the speaker coach?

(A) Tennis
(B) Basketball
(C) Volleyball
(D) Badminton

화자는 무슨 종류의 팀을 지도하는가?
(A) 테니스   **(B) 농구**
(C) 배구   (D) 배드민턴

해설 세부사항 관련 – 화자가 지도하는 팀의 종류
지문 초반부에서 화자가 그린타운 라이언스 농구팀 코치, 스티븐(It's Steven, the coach of the Greentown Lions basketball team)이라고 밝혔으므로 정답은 (B)이다.

75

What does the speaker say about his players?

(A) They practice every day.
(B) They will play in a competition.
(C) Most of them live far away.
(D) Many of them have jobs.

화자는 그의 선수들에 대해 무엇을 말하는가?
(A) 그들은 매일 연습한다.
(B) 그들은 대회에 출전할 것이다.
(C) 그들 대부분이 먼 곳에 산다.
(D) 선수들 다수가 직업이 있다.

어휘 practice 연습하다   competition 대회

해설 세부사항 관련 – 화자가 선수들에 대해 말하는 것
지문 중반부에서 내 선수들 다수가 오후에 일을 한다(many of my players work in the afternoon)고 했으므로 정답은 (D)이다.

▸▸ Paraphrasing   담화의 **many of my players work**
→ 정답의 **Many of them have jobs.**

76

Why does the speaker say, "You've got the courts reserved from five to six"?

(A) To confirm an appointment
(B) To express surprise
(C) To request a change
(D) To congratulate a colleague

화자는 왜 "5시부터 6시까지 농구 코트를 예약하셨던대요"라고 말하는가?
(A) 약속을 확인하기 위해
(B) 놀라움을 표현하기 위해
(C) 변경을 요청하기 위해
(D) 동료를 축하하기 위해

어휘 confirm 확인하다   appointment 약속   colleague 동료

해설 화자의 의도 파악 – 상대에게 5~6시에 농구 코트를 예약했더라고 말한 의도

인용문 바로 앞에서 선수들이 오후에 일을 해서 5시 15분 전까지는 코트에 올 수 없다(many of my players work in the afternoon, so they can't get to the courts until quarter to five)고 했고, 인용문 뒤에서는 전화해 달라(Could you call me back)고 했다. 따라서 '5시부터 6시까지 농구 코트를 예약하셨던대요'라는 인용문은 상대에게 시간을 바꿀 수 있는지를 묻기 위한 것이므로 정답은 (C)이다.

77-79 회의 발췌

M-Au OK, everyone. That was a productive staff meeting. **77Thanks for all of your suggestions for a team-building event. 78I'm glad we all decided to organize an office soccer game next month. I'm really looking forward to it.** Oh, I just remembered one more thing. Some of you have been complaining about the noise coming from the construction work on the roof. **79I'm happy to report that the contractors are finishing the project this afternoon.**

좋습니다, 여러분. 생산적인 직원 회의였습니다. **단합 대회를 위해 내주신 모든 제안에 감사 드립니다. 다음 달에 우리 모두가 사무실 축구 게임을 준비하기로 결정하게 되어 좋습니다. 무척 기대가 됩니다.** 오, 지금 막 한 가지 더 떠올랐는데요. 몇몇 분들께서 지붕 공사 작업으로 인한 소음에 대해 불평하셨는데요. **계약업체가 오늘 오후에 공사를 끝낸다는 점을 알려 드리게 되어 기쁩니다.**

어휘 productive 생산적인   suggestion 제안   team-building 단합   organize 준비하다   look forward to ~을 기대하다   complain 불평하다   contractor 계약자

77

What does the speaker thank the listeners for?

(A) Making donations
(B) Packing some boxes
(C) Looking for some missing files
(D) Providing some suggestions

화자는 무엇에 대해 청자에게 감사하는가?

(A) 기부를 한 일
(B) 상자를 포장한 일
(C) 분실된 파일을 찾은 일
(D) 제안을 한 일

어휘 donation 기부 missing 분실된

해설 세부사항 관련 – 화자가 청자에게 감사한 일
지문 초반부에서 단합 대회를 위해 내주신 모든 제안에 감사한다(Thanks for all of your suggestions for a team-building event)고 했으므로 정답은 (D)이다.

78

What is the speaker looking forward to?

(A) A sports activity
(B) A special performance
(C) A dinner
(D) A holiday

화자는 무엇을 기대하는가?

(A) 스포츠 활동
(B) 특별 공연
(C) 식사
(D) 휴가

해설 세부사항 관련 – 화자가 기대하는 일
지문 중반부에서 다음 달에 우리 모두가 사무실 축구 게임을 준비하기로 결정하게 되어 좋다(I'm glad we all decided to organize an office soccer game next month)며 무척 기대된다(I'm really looking forward to it)고 했으므로 정답은 (A)이다.

> ▸▸ Paraphrasing 담화의 **an office soccer game**
> → 정답의 **A sports activity**

79

What will happen this afternoon?

(A) A client will visit.
(B) An office will close early.
(C) A construction project will end.
(D) A contract will be signed.

오늘 오후에 무슨 일이 일어날 것인가?

(A) 고객이 방문할 것이다.
(B) 사무실이 일찍 닫을 것이다.
(C) 공사가 끝날 것이다.
(D) 계약이 성사될 것이다.

해설 세부사항 관련 – 오늘 오후에 일어날 일
지문 후반부에서 계약업체가 오늘 오후에 공사를 끝낸다는 점을 알리게 되어 기쁘다(I'm happy to report that the contractors are finishing the project this afternoon)고 했으므로 정답은 (C)이다.

80-82 뉴스 보도

W-Am Good evening. **80Tonight I'll be talking about a new initiative by GS Incorporated, a leading manufacturer of mobile phones and electronic accessories.** As part of its commitment to sustainability, **81GS Incorporated announced today that it has started to package its products in a more environmentally friendly way.** Now, they come in boxes made entirely of recycled materials. **82After a short commercial break, I'll be interviewing a representative from GS Incorporated about what inspired these changes.**

안녕하세요. 오늘 밤 저는 휴대폰 및 전자 부속품의 선두 제조업체인 GS 주식회사의 새로운 계획에 대해 이야기할 것입니다. 지속 가능성에 대한 약속의 일환으로, GS 주식회사는 좀 더 환경친화적인 방식으로 자사 제품을 포장하기 시작했다고 오늘 발표했습니다. 이제, 그 제품들은 전적으로 재활용지로 만든 상자에 담겨 나옵니다. 짧은 광고 후에, 저는 무엇이 이 변화를 촉발시켰는지에 대해 GS 주식회사의 직원 분을 모시고 인터뷰를 하겠습니다.

어휘 initiative 계획 incorporated 주식회사 leading 선두의 manufacturer 제조업체 accessories 부속품 commitment 약속, 전념 sustainability 지속 가능성 package 포장하다 environmentally friendly 환경친화적인 entirely 완전히 recycled material 재활용지 commercial break 광고 시간 representative 직원, 대표 inspire 영감을 주다, 고무시키다

80

What does GS Incorporated manufacture?

(A) Commercial vehicles
(B) Cleaning supplies
(C) Fashion accessories
(D) Electronic devices

GS 주식회사는 무엇을 제조하는가?

(A) 상용차
(B) 청소 용품
(C) 패션 장신구
(D) 전자 장치

어휘 commercial vehicle 상용차 supplies 용품 device 장치, 기구

해설 세부사항 관련 – GS 주식회사가 제조하는 것
지문 초반부에서 휴대폰 및 전자 부속품의 선두 제조업체인 GS 주식회사의 새로운 계획에 대해 말한다(Tonight I'll be talking about a new initiative by GS Incorporated, a leading manufacturer of mobile phones and electronic accessories)고 했으므로 정답은 (D)이다.

81

What has GS Incorporated recently started to do?

(A) Use environmentally friendly packaging
(B) Sell some products internationally
(C) Collaborate with another company
(D) Donate to charitable organizations

GS 주식회사는 최근에 무엇을 하기 시작했는가?

(A) 환경친화적인 포장재 사용하기
(B) 몇 가지 제품을 해외에 판매하기
(C) 다른 회사와 협업하기
(D) 자선 단체에 기부하기

어휘 collaborate 협력하다 donate 기부하다 charitable 자선의
organization 단체

해설 세부사항 관련 – GS 주식회사가 최근에 시작한 일
지문 중반부에서 GS 주식회사는 좀 더 환경친화적인 방식으로 자사 제품
을 포장하기 시작했다고 오늘 발표했다(GS Incorporated announced
today that it has started to package its products in a more
environmentally friendly way)고 했으므로 정답은 (A)이다.

> ▸▸ Paraphrasing   담화의 package its products in a more
> environmentally friendly way
> → 정답의 Use environmentally friendly
> packaging

82

What will the listeners hear after the commercial break?

(A) A song
(B) A weather forecast
(C) An interview
(D) A traffic update

청자들이 광고 후에 듣게 될 것은 무엇인가?

(A) 노래
(B) 일기 예보
(C) 인터뷰
(D) 교통 정보

해설 세부사항 관련 – 청자들이 듣게 될 것
지문 끝에 짧은 광고 후에, 무엇이 이 변화를 촉발시켰는지에 대
해 GS 주식회사의 직원 분을 모시고 인터뷰를 한다(After a short
commercial break, I'll be interviewing a representative from GS
Incorporated about what inspired these changes)고 했으므로 정
답은 (C)이다.

83-85 방송

> W-Am Thanks for tuning in to today's health show.
> I have a question for my listeners. Have you been
> wanting to lower your sugar intake but just can't
> resist that sweet snack at the local café? **83Today,
> I'll teach you about an eating program that will
> stop your cravings permanently.** I used this
> program to lower my sugar intake, and it worked!
> **84In fact, this program could help you change any
> eating behavior in one month.** That's not a lot of
> time! **85The first step is setting goals. So take out a
> piece of paper and write down three eating habits
> you'd like to change.**

오늘의 건강 쇼를 청취해 주셔서 감사합니다. 저희 청취자 분들께 질문
이 하나 있습니다. 설탕 섭취를 줄이고 싶은데 동네 카페에 있는 달콤한
간식을 거부할 수 없으셨나요? 오늘, 제가 여러분의 식욕을 영원히 멈
출 식습관 프로그램에 대해 알려드리겠습니다. 저도 설탕 섭취를 줄이기
위해 이 프로그램을 활용했는데, 효과가 있었습니다! 사실, 이 프로그램
은 한 달 안에 어떠한 식습관도 바꿀 수 있도록 도움을 줄 수 있습니다.
그리 긴 시간은 아니지요! 첫 단계는 목표를 정하는 것입니다. 종이를 한
장 꺼내시고 바꾸고 싶으신 식습관 세 가지를 적으세요.

> 어휘 tune in 청취(시청)하다 lower 낮추다 intake 섭취(량)
> resist 저항하다 craving 욕구 permanently 영구적으로
> behavior 행동

83

What is the main topic of the broadcast?

(A) Eating habits
(B) Stress management
(C) Exercise routines
(D) Sleep issues

방송의 주제는 무엇인가?

(A) 식습관
(B) 스트레스 관리
(C) 운동 습관
(D) 수면 문제

해설 전체 내용 관련 – 방송 주제
지문 초반부에서 화자가 여러분의 식욕을 영원히 멈출 식습관 프로그램
에 대해 알려준다(I'll teach you about an eating program that will
stop your cravings permanently)고 했으므로 정답은 (A)이다.

84

Why does the speaker say, "That's not a lot of time"?

(A) To express concern about a deadline
(B) To complain that a broadcast is too short
(C) To emphasize the benefit of a program
(D) To compliment some coworkers

화자는 왜 "그리 긴 시간은 아니지요"라고 말하는가?

(A) 마감시한에 대해 우려를 표현하려고
(B) 방송이 너무 짧다고 불평하려고
(C) 프로그램의 혜택을 강조하려고
(D) 일부 동료들을 칭찬하려고

어휘 emphasize 강조하다 compliment 칭찬하다 coworker 동료

해설 화자의 의도 파악 – 그리 긴 시간은 아니라고 말한 의도

인용문 바로 앞에서 이 프로그램은 한 달 안에 어떠한 식습관도 바꿀 수 있도록 도와준다(In fact, this program could help you change any eating behavior in one month)면서 '그리 긴 시간은 아니지요'라고 했다. 따라서 인용문은 한 달이라는 길지 않은 시간 안에 식습관을 바꿀 수 있음을 강조하기 위한 것이므로 정답은 (C)이다.

85

According to the speaker, what should the listeners do first?

(A) Ask a friend for help
(B) Make a list of goals
(C) Create a timeline
(D) Purchase a handbook

화자에 따르면, 청자들은 무엇을 먼저 해야 하는가?
(A) 친구에게 도움 요청
(B) 목표 목록 작성
(C) 시간표 작성
(D) 안내서 구매

어휘 confirm 확인하다 appointment 약속 express 표현하다
congratulate 축하하다 colleague 동료

해설 세부사항 관련 – 청자가 할 일

지문 후반부에서 첫 단계는 목표를 정하는 것(The first step is setting goals)이라면서, 종이를 꺼내 바꾸고 싶은 식습관 세 가지를 적으라(take out a piece of paper and write down three eating habits you'd like to change)고 했으므로 정답은 (B)이다.

86-88 소개

M-Cn Welcome to Newport News at Seven. **86Don't forget that next Saturday, the Newport Technology Museum will open its new interactive Robotics exhibit.** This exhibit will feature many different robots, and visitors will be able to talk to them, play with them, and even learn from them. **87Students from the Robotics department at nearby Newport University will be at the museum on Saturday to show you how to interact with robots and explain how they work.** **88But make sure to buy your tickets in advance from the museum's Web site. This event will be packed!**

7시 뉴포트 뉴스 입니다. **다음 주 토요일에 뉴포트 기술 박물관이 새로운 쌍방향 로봇 공학 전시회를 개최한다는 점 잊지 마십시오.** 이 전시회는 다양하고 많은 로봇들로 구성될 것이고, 방문객들은 로봇에게 말을 걸고, 함께 놀고, 심지어 로봇에게서 배울 수도 있을 것입니다. **근처 뉴포트 대학의 로봇 공학과 학생들이 토요일에 박물관에서 로봇과 상호작용 하는 방법과 로봇이 작동하는 방법을 보여드릴 것입니다.** 하지만 박물관의 웹사이트에서 미리 입장권을 꼭 구입하십시오. 이 행사는 사람들로 발 디딜 틈이 없을 것입니다!

어휘 interactive 상호적인 robotics 로봇 공학 exhibit 전시(회) feature 포함하다, ~을 특색으로 하다 in advance 미리 packed 가득 찬

86

What will happen at the Newport Museum on Saturday?

(A) A parking area will be unavailable.
(B) An award will be presented.
(C) A gift shop will give discounts.
(D) An interactive exhibit will open.

토요일에 뉴포트 박물관에서 일어날 일은?
(A) 주차 공간을 이용할 수 없다.
(B) 상이 수여될 것이다.
(C) 선물가게가 할인을 한다.
(D) 쌍방향 전시회가 열린다.

어휘 unavailable 이용할 수 없는 present 주다

해설 세부사항 관련 – 토요일에 박물관에서 일어날 일

지문 초반부에서 다음 주 토요일에 뉴포트 기술 박물관이 새로운 쌍방향 로봇 공학 전시회를 개최한다(Don't forget that next Saturday, the Newport Technology Museum will open its new interactive Robotics exhibit)고 했으므로 정답은 (D)이다.

87

What does the speaker say about some Newport University students?

(A) They raised money for some equipment.
(B) They published a research paper.
(C) They will give demonstrations at the museum.
(D) They should submit job applications to the museum.

뉴포트 대학 학생들에 대해 화자가 말하는 것은?
(A) 일부 장비를 위해 돈을 마련했다.
(B) 연구논문을 출판했다.
(C) 박물관에서 시범 설명을 할 것이다.
(D) 박물관에 입사 지원서를 제출해야 한다.

어휘 raise (자금을) 모으다 demonstration 시연, 시범 job application 입사 지원서

해설 세부사항 관련 – 뉴포트 대학 학생들에 대한 사항

지문 중반부에서 뉴포트 대학의 로봇 공학과 학생들이 토요일에 박물관에서 로봇과 상호작용 하는 방법과 로봇이 작동하는 방법을 보여준다(Students from the Robotics department at nearby Newport University will be at the museum on Saturday to show you how to interact with robots and explain how they work)고 했으므로 정답은 (C)이다.

▸▸ Paraphrasing 담화의 show you how to interact with robots and explain how they work
→ 정답의 give demonstrations

TEST 6

88

According to the speaker, what should the listeners do in advance?

(A) Read about robots
(B) Download a mobile app
(C) Register for a class
(D) Buy tickets

화자에 따르면, 청자들이 미리 해야 할 일은 무엇인가?

(A) 로봇에 대해 읽기
(B) 모바일 앱을 다운로드 받기
(C) 강좌에 등록하기
(D) 입장권 구매하기

해설 세부사항 관련 – 청자들이 할 일

지문 후반부에서 박물관의 웹사이트에서 미리 입장권을 꼭 구입하라 (make sure to buy your tickets in advance from the museum's Web site)고 했으므로 정답은 (D)이다.

89-91 회의 발췌

> **W-Br** Alright. Next on the agenda for today's sales meeting is our quarterly report. [89]**I'm sorry to say we only contracted ten new clients in the past three months. Of course,** most of our sales team is new. **Still... we can do better.** [90]**Now, if you look up on the screen, you'll see a list of twenty organizations that we should consider targeting this next quarter.** [91]**I'd like each of you to go on the Internet to the organizations' Web pages to find out more about these potential clients. We'll discuss this at our next department meeting on Friday.**
>
> 좋아요. 오늘 판매 회의의 다음 의제는 우리의 분기 보고서입니다. 지난 3개월 동안 고작 10명의 고객과 신규 계약을 맺었다는 점을 알려 드리게 되어 유감입니다. 물론, 우리 영업팀 대부분이 새로운 직원입니다. 그래도… 우리는 더 잘할 수 있습니다. 자, 위쪽 화면을 보시면 다음 분기에 우리가 목표로 삼아야 할 단체 20곳의 목록이 보이실 겁니다. 여러분 각자가 이 단체들의 웹페이지에 들어가셔서 잠재 고객들에 대해 정보를 좀 더 캐내시길 바랍니다. 다음 번 금요일 부서 회의에서 이 사안에 대해 논의할 것입니다.
>
> 어휘 agenda 의제 quarterly 분기별의 contract 계약하다 organization 단체, 조직 potential 잠재적인

89

Why does the speaker say, "most of our sales team is new"?

(A) To make a complaint
(B) To decline a request
(C) To extend an invitation
(D) To give an explanation

화자는 왜 "우리 영업팀 대부분이 새로운 직원입니다"라고 말하는가?

(A) 불평을 하려고
(B) 요청을 거절하려고
(C) 초대를 하려고
(D) 설명을 하려고

해설 화자의 의도 파악 – 영업팀 대부분이 새로운 직원이라고 말한 의도 인용문 바로 앞에서 지난 3개월간 고작 10명의 고객과 신규 계약을 맺었다는 점(I'm sorry to say we only contracted ten new clients in the past three months)을 이야기하면서 '우리 영업팀 대부분이 새로운 직원이다'라고 했다. 따라서 인용문은 판매 실적이 저조한 이유를 설명하기 위해 한 말이므로 정답은 (D)이다.

90

What does the speaker show the listeners?

(A) A company vacation policy
(B) A sample time sheet
(C) A list of organizations
(D) A flow chart

화자가 청자들에게 무엇을 보여주는가?

(A) 회사 휴가 방침
(B) 근무 시간 기록표 예시
(C) 단체 목록
(D) 업무 순서도

어휘 time sheet 근무 시간 기록표 flowchart 순서도

해설 세부사항 관련 – 화자가 보여준 것

지문 중반부에서 위쪽 화면을 보면 다음 분기에 목표로 삼아야 할 단체 20곳의 목록이 보일 것(if you look up on the screen, you'll see a list of twenty organizations that we should consider targeting this next quarter)이라고 했으므로 정답은 (C)이다.

91

What are the listeners expected to do by Friday?

(A) Look at Internet sites
(B) Obtain an identification badge
(C) Provide an estimate
(D) Respond to some questions

청자들이 금요일까지 할 일은 무엇인가?

(A) 인터넷 사이트 보기
(B) 신분확인 배지 받기
(C) 견적서 제공하기
(D) 질문에 응답하기

어휘 obtain 얻다 identification 신분확인 estimate 견적서

해설 세부사항 관련 – 청자들이 금요일까지 할 일

지문 후반부에서 여러분 각자 이 단체들의 웹페이지에 들어가셔서 잠재 고객에 대해 정보를 캐내라(I'd like each of you to go on the Internet to the organizations' Web pages to find out more about these potential clients)면서, 금요일 부서 회의에서 이 사안에 대해 논의할 것(We'll discuss this at our next department meeting on Friday)이라고 했으므로 정답은 (A)이다.

▸▸ **Paraphrasing** 담화의 go on the Internet to the organizations' Web pages
→ 정답의 Look at Internet sites

92-94 전화 메시지

M-Au Hello, Mr. Kanno. This is Scott Jansen calling from KR Investors Group. Thanks for coming in last week for an interview for the market analyst position. **⁹²We were very impressed with your past work experience, and we'd like to offer you the job.** Now, as I'd mentioned, **⁹³you'll have to relocate from Chicago to Vancouver.** I'm confident you'll like living there. It's a great city, with a lot to do and see. So congratulations, I'm looking forward to speaking with you again. **⁹⁴Oh, and please keep in mind that KR Investors Group won't be open next week.**

안녕하세요, 카노 씨. KR 투자자 그룹에서 전화 드리는 스콧 얀센입니다. 지난주 시장 분석가 면접에 와 주셔서 감사 드립니다. **당신의 지난 경력에 몹시 감탄하여, 일자리를 제안하고 싶습니다.** 자, 제가 말씀 드렸다시피, **당신은 시카고에서 밴쿠버로 이사를 오셔야 할 겁니다.** 그곳에 사시는 게 맘에 드실 거라 확신합니다. 밴쿠버는 할 것도 볼 것도 많은 멋진 도시입니다. 축하 드리고, 다시 대화를 나눌 기회를 기대하겠습니다. **오, 그리고 KR 투자자 그룹은 다음 주에는 휴무임을 기억하세요.**

어휘 analyst 분석가 impressed 감명을 받은 relocate 이전(이동)하다 congratulations 축하한다

92

Why is the speaker calling?

(A) To set up an interview
(B) To finalize travel arrangements
(C) To offer employment
(D) To discuss an upcoming workshop

화자가 전화를 건 이유는?
(A) 면접 일정을 잡으려고
(B) 여행 준비를 마무리하려고
(C) 고용을 제안하려고
(D) 다가오는 워크숍에 대해 논의하려고

어휘 finalize 마무리하다 arrangement 준비 employment 고용 upcoming 다가오는

해설 전체 내용 관련 - 화자가 전화한 목적
지문 초반부에서 청자의 지난 경력에 몹시 감탄하여, 일자리를 제안하길 원한다(We were very impressed with your past work experience, and we'd like to offer you the job)고 했으므로 정답은 (C)이다.

▸▸ **Paraphrasing** 담화의 offer you the job
→ 정답의 offer employment

93

What does the speaker say the listener will be required to do?

(A) Apply for a passport
(B) Revise a document
(C) Provide letters of recommendation
(D) Move to another city

화자는 청자가 무엇을 해야 한다고 말하는가?
(A) 여권 신청
(B) 서류 수정
(C) 추천서 제공
(D) 다른 도시로 이사

어휘 revise 수정하다

해설 세부사항 관련 - 청자가 해야 할 일
지문 중반부에서 당신은 시카고에서 밴쿠버로 이사를 오셔야 할 것(you'll have to relocate from Chicago to Vancouver)이라고 했으므로 정답은 (D)이다.

▸▸ **Paraphrasing** 담화의 relocate from Chicago to Vancouver
→ 정답의 Move to another city

94

What does the speaker say will happen next week?

(A) His company will be closed.
(B) A holiday party will be held.
(C) Registration will begin.
(D) Some prices will be lowered.

화자는 다음 주에 무슨 일이 일어날 것이라고 말하는가?
(A) 그의 회사가 문을 닫는다.
(B) 휴가 파티가 개최될 것이다.
(C) 등록이 시작될 것이다.
(D) 일부 가격이 낮아질 것이다.

해설 세부사항 관련 - 다음 주에 일어날 일
지문 후반부에서 KR 투자자 그룹은 다음 주에는 문을 열지 않는다(KR Investors Group won't be open next week)고 했으므로 정답은 (A)이다.

▸▸ **Paraphrasing** 담화의 won't be open
→ 정답의 will be closed

95-97 회의 발췌 + 지도

W-Am OK, listen up everyone. **⁹⁵Business has been great at every one of our restaurant locations in Mercer City.** And we've received a lot of inquiries about food delivery. **⁹⁶Since we've never offered delivery before, I'd like to try it at just one location first. Although our uptown restaurant is the most central, I think it's best we start in the smallest neighborhood** because that's the most residential location. Plus, we've gotten a lot of requests from that area. We need to get the word out, though, **97so let's take some time now to discuss how we can advertise this new service.**

자, 모두 들어 주세요. 머서 시에 있는 우리 레스토랑의 모든 지점에서 장사가 잘되어 왔습니다. 그리고 음식 배달에 대해서 많은 문의를 받아 왔어요. 예전에 전혀 배달을 제공해 보지 않았기 때문에, 저는 우선 한 지점에서만 배달을 시도해 보고 싶습니다. 비록 업타운 식당이 가장 중요하긴 하지만, 가장 규모가 작은 동네부터 시작하는 게 최선이라고 생각합니다. 그곳이 가장 주거 밀집 지역이니까요. 게다가, 그 지역으로부터 많은 요청을 받아 왔고요. 어쨌든, 입소문을 내야 합니다. **그러니 시간을 내서 이 새로운 서비스를 광고할 방법을 논의해 봅시다.**

> 어휘 location 위치, 장소 inquiry 문의 central 중요한, 중심부의 neighborhood 이웃, 인근 residential 주택지의 get the word out 말을 퍼트리다 advertise 광고하다

Neighborhood Map

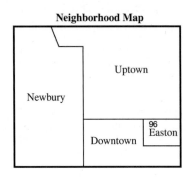

인근 지도

95
What type of business does the speaker own?
(A) A taxi service
(B) A local grocery store
(C) A chain of restaurants
(D) A flower shop

화자는 어떤 종류의 사업체를 소유하고 있는가?
(A) 택시 서비스 　　(B) 지역 식료품점
(C) 레스토랑 체인 　(D) 꽃가게

어휘 own 소유하다 grocery 식료품

해설 전체 내용 관련 – 화자가 소유한 사업체의 종류
지문 초반부에서 화자가 머서 시에 있는 우리 레스토랑의 모든 지점에서 장사가 잘되어 왔다(Business has been great at every one of our restaurant locations in Mercer City)고 했으므로 정답은 (C)이다.

96
Look at the graphic. In which neighborhood does the speaker want to offer a new service?
(A) Newbury
(B) Uptown
(C) Downtown
(D) Easton

시각 정보에 따르면 화자는 어느 동네에서 새로운 서비스를 제공하길 원하는가?
(A) 뉴베리
(B) 업타운
(C) 다운타운
(D) 이스턴

해설 시각 정보 연계 – 화자가 새로운 서비스를 제공하길 원하는 장소
지문 중반부에서 예전에 배달 서비스를 해 보지 않았기 때문에, 우선 한 지점에서만 배달을 시도해 보고 싶다(Since we've never offered delivery before, I'd like to try it at just one location first)면서 가장 규모가 작은 동네부터 시작하는 게 최선이라고 생각한다(I think it's best we start in the smallest neighborhood)고 했으므로 정답은 (D)이다.

97
What does the speaker want to discuss next?
(A) Advertising strategies
(B) Hiring procedures
(C) An updated vacation policy
(D) A renovation project

화자는 다음에 무엇을 논의하길 원하는가?
(A) 광고 전략
(B) 고용 절차
(C) 업데이트된 휴가 방침
(D) 보수 공사

어휘 strategy 전략 procedure 절차

해설 세부사항 관련 – 화자가 다음에 논의할 사항
지문 마지막에서 시간을 내서 이 새로운 서비스를 광고할 방법을 논의하자(so let's take some time now to discuss how we can advertise this new service)고 했으므로 정답은 (A)이다.

> ▶ Paraphrasing 　담화의 how we can advertise
> 　　　　　　　　→ 정답의 Advertising strategies

98-100 전화 메시지 + 일정표

> **W-Br** Hi, Boris, this is Lucy from Human Resources. **98I'm calling to ask you a big favor—we have job candidates coming in for interviews tomorrow, and it turns out I have to step out of the office at one o'clock to go to a doctor's appointment. 99Would you be able to cover for me and interview the**

candidate at one o'clock? [100]**I'll be sure to forward you her CV, cover letter, and letters of reference so that you can prepare for the interview.** Thanks so much for your help.

안녕하세요, 보리스, 인사과의 루시예요. 부탁을 좀 드리려고 전화 드렸어요. 내일 입사 지원자들이 면접을 보러 오는데, 알고 보니 제가 진료 예약이 있어서 한 시에 사무실에서 나가봐야 하더라고요. 저 대신 1시에 후보자 면접을 진행하실 수 있으실까요? 물론 면접을 준비하실 수 있도록 그녀의 이력서와 자기 소개서, 추천서를 보내 드릴게요. 도와 주셔서 정말 감사 드려요.

어휘 human resources 인사과 favor 호의, 친절 candidate 후보자 turn out 나타나다 cover for ~을 대신하다 forward 전달하다 CV(= curriculum vitae) 이력서 cover letter 자기 소개서 a letter of reference 추천서

Interview Schedule for May 16	
Time	Candidate
10:00 A.M.	Bob Heilig
11:00 A.M.	Jihoon Lee
12:00 Noon	Susan Petersen
[96]1:00 P.M.	Maya Gomez

5월 16일 면접 일정	
시간	후보자
오전 10시	밥 하일리그
오전 11시	이지훈
정오 12시	수잔 피터슨
[99]오후 1시	마야 고메즈

98

Why is the speaker unable to participate in one of the interviews?

(A) She is leaving for a business trip.
(B) She has a medical appointment.
(C) She is stuck in traffic.
(D) She has to finish an urgent assignment.

왜 화자는 면접들 중 하나에 참석할 수 없는가?
(A) 출장을 떠난다.
(B) 병원에 예약이 되어 있다.
(C) 차가 막힌다.
(D) 급한 업무를 끝내야 한다.

어휘 urgent 긴급한 assignment 업무, 과제

해설 세부사항 관련 – 화자가 면접 중 하나에 참석할 수 없는 이유
지문 초반부에서 화자가 부탁이 있어서 전화했다(I'm calling to ask you a big favor)면서 내일 입사 지원자들이 면접을 보러 오는데, 진료 예약이 있어서 한 시에 사무실에서 나가야 한다(we have job candidates coming in for interviews tomorrow, and it turns out I have to step out of the office at one o'clock to go to a doctor's appointment)고 했으므로 정답은 (B)이다.

▸▸ Paraphrasing 담화의 a doctor's appointment
→ 정답의 a medical appointment

99

Look at the graphic. Who is the listener asked to interview?

(A) Bob Heilig
(B) Jihoon Lee
(C) Susan Petersen
(D) Maya Gomez

시각 정보에 따르면 청자는 누구를 면접 봐야 하는가?
(A) 밥 하일리그   (B) 이지훈
(C) 수잔 피터슨   **(D) 마야 고메즈**

해설 시각 정보 연계 – 청자가 면접을 봐야 할 사람
지문 중반부에서 화자가 본인 대신 1시에 후보자 면접을 진행하실 수 있느냐(Since we've never offered delivery before, I'd like to try it at just one location first)고 물었으므로 정답은 (D)이다.

100

What does the speaker say she will do?

(A) Set up a training schedule
(B) Organize a teleconference
(C) Revise a job description
(D) E-mail some materials

화자는 무엇을 하겠다고 말하는가?
(A) 교육 일정 짜기
(B) 화상회의 준비하기
(C) 직무 설명서 수정하기
(D) 자료를 이메일 보내주기

어휘 organize 준비하다 teleconference 화상회의 job description 직무 설명서

해설 세부사항 관련 – 화자가 할 일
지문 후반부에서 청자가 면접을 준비할 수 있도록 지원자의 이력서와 자기 소개서, 추천서를 보낸다(I'll be sure to forward you her CV, cover letter, and letters of reference so that you can prepare for the interview)고 했으므로 정답은 (D)이다.

기출 TEST 7

1 (B)	2 (D)	3 (B)	4 (D)	5 (A)
6 (D)	7 (A)	8 (C)	9 (C)	10 (B)
11 (B)	12 (B)	13 (A)	14 (A)	15 (C)
16 (A)	17 (B)	18 (C)	19 (B)	20 (A)
21 (A)	22 (A)	23 (C)	24 (C)	25 (B)
26 (C)	27 (A)	28 (B)	29 (B)	30 (B)
31 (C)	32 (C)	33 (B)	34 (C)	35 (B)
36 (D)	37 (A)	38 (D)	39 (B)	40 (C)
41 (B)	42 (A)	43 (A)	44 (A)	45 (D)
46 (B)	47 (D)	48 (B)	49 (C)	50 (A)
51 (D)	52 (B)	53 (A)	54 (A)	55 (C)
56 (D)	57 (C)	58 (A)	59 (D)	60 (B)
61 (A)	62 (C)	63 (D)	64 (B)	65 (D)
66 (D)	67 (C)	68 (B)	69 (B)	70 (A)
71 (C)	72 (B)	73 (B)	74 (C)	75 (B)
76 (C)	77 (B)	78 (B)	79 (D)	80 (C)
81 (A)	82 (B)	83 (B)	84 (A)	85 (C)
86 (D)	87 (A)	88 (A)	89 (D)	90 (A)
91 (C)	92 (C)	93 (A)	94 (B)	95 (A)
96 (A)	97 (D)	98 (D)	99 (C)	100 (B)

PART 1

1   W-Am

(A) He's watering some flowers.
(B) He's talking on a phone.
(C) He's drinking from a coffee mug.
(D) He's tying his shoe.

(A) 남자가 꽃에 물을 주고 있다.
(B) 남자가 통화를 하고 있다.
(C) 남자가 커피잔으로 음료를 마시고 있다.
(D) 남자가 신발끈을 묶고 있다.

어휘 tie 묶다

해설 1인 등장 사진 - 사람의 동작/상태 묘사

(A) 동사 오답. 남자가 꽃에 물을 주고 있는(watering some flowers) 모습이 아니므로 오답.
(B) 정답. 남자가 통화를 하고 있는(talking on a phone) 모습이므로 정답.
(C) 동사 오답. 남자가 커피잔으로 음료를 마시고 있는(drinking from a coffee mug) 모습이 아니므로 오답.

(D) 동사 오답. 남자가 신발끈을 묶고 있는(tying his shoe) 모습이 아니므로 오답.

2   W-Br

(A) They're installing a photocopier.
(B) They're replacing a window.
(C) One of the men is hanging a sign.
(D) One of the men is reaching for a telephone.

(A) 사람들이 복사기를 설치하고 있다.
(B) 사람들이 창문을 교체하고 있다.
(C) 남자들 중 한 명이 표지판을 걸고 있다.
(D) 남자들 중 한 명이 전화기에 손을 뻗고 있다.

어휘 install 설치하다 replace 교체하다 reach for ~을 향해 손을 뻗다

해설 2인 이상 등장 사진 - 사람의 동작/상태 묘사

(A) 동사 오답. 사람들이 복사기를 설치하고 있는(installing a photocopier) 모습이 아니므로 오답.
(B) 동사 오답. 사람들이 창문을 교체하고 있는(replacing a window) 모습이 아니므로 오답.
(C) 동사 오답. 표지판을 걸고 있는(hanging a sign) 남자의 모습이 보이지 않으므로 오답.
(D) 정답. 남자들 중 한 명이 전화기에 손을 뻗고 있는(reaching for a telephone) 모습이므로 정답.

3   M-Au

(A) The woman is using a broom.
(B) The woman is trying on a helmet.
(C) The man is measuring a cabinet.
(D) The man is painting a wall.

(A) 여자가 빗자루를 사용하고 있다.
(B) 여자가 헬멧을 써보고 있다.
(C) 남자가 캐비닛 치수를 재고 있다.
(D) 남자가 벽에 페인트를 칠하고 있다.

어휘 broom 빗자루 try on (옷 등을) 입어보다, 신어보다 measure (치수 등을) 측정하다

해설 2인 이상 등장 사진 - 사람의 동작/상태 묘사

(A) 동사 오답. 여자가 빗자루를 사용하고 있는(using a broom) 모습이 아니므로 오답.
(B) 정답. 여자가 헬멧을 써보고 있는(trying on a helmet) 모습이므로 정답.

(C) 동사 오답. 남자가 캐비닛 치수를 재고 있는(measuring a cabinet) 모습이 아니므로 오답.

(D) 동사 오답. 남자가 벽에 페인트를 칠하고 있는(painting a wall) 모습이 아니므로 오답.

4 W-Br

(A) She's drying her hands with a paper towel.
(B) She's plugging in an appliance.
(C) She's wiping off a countertop.
(D) She's washing a cup in the sink.

(A) 여자가 종이 타월에 손을 닦고 있다.
(B) 여자가 가전제품의 전원을 연결하고 있다.
(C) 여자가 조리대를 닦고 있다.
(D) 여자가 개수대에 있는 컵을 씻고 있다.

어휘 plug in 전원을 연결하다 appliance 가전제품 wipe off 닦다

해설 1인 등장 사진 - 사람의 동작/상태 묘사

(A) 동사 오답. 여자가 종이 타월에 손을 닦고 있는(drying her hands with a paper towel) 모습이 아니므로 오답.

(B) 동사 오답. 여자가 가전제품의 전원을 연결하고 있는(plugging in an appliance) 모습이 아니므로 오답.

(C) 동사 오답. 여자가 조리대를 닦고 있는(wiping off a countertop) 모습이 아니므로 오답.

(D) 정답. 여자가 개수대에 있는 컵을 씻고 있는(washing a cup in the sink) 모습이므로 정답.

5 M-Cn

(A) One of the men is holding a briefcase.
(B) One of the men is taking off his sunglasses.
(C) They're handing out some flyers.
(D) They're replacing bricks on a pathway.

(A) 남자들 중 한 명이 서류가방을 들고 있다.
(B) 남자들 중 한 명이 선글라스를 벗고 있다.
(C) 사람들이 전단지를 나눠주고 있다.
(D) 사람들이 길에서 보도블럭을 교체하고 있다.

어휘 hand out 나눠주다 flyer 광고 전단지

해설 2인 이상 등장 사진 - 사람의 동작/상태 묘사

(A) 정답. 남자들 중 한 명이 서류가방을 들고 있는(holding a briefcase) 모습이므로 정답.

(B) 동사 오답. 남자들 중 한 명이 선글라스를 벗고 있는(taking off his sunglasses) 모습이 아니므로 오답.

(C) 동사 오답. 사람들이 전단지를 나눠주고 있는(handing out some flyers) 모습이 아니므로 오답.

(D) 동사 오답. 사람들이 길에서 보도블럭을 교체하고 있는(replacing bricks on a pathway) 모습이 아니므로 오답.

6 W-Am

(A) A kayak is being paddled down a river.
(B) A pile of bricks has been left on a walkway.
(C) Some roofs are being repaired.
(D) Some chairs have been placed along a canal.

(A) 강에서 카약을 타고 있다.
(B) 보도에 벽돌이 쌓여 있다.
(C) 지붕 수리를 하고 있다.
(D) 수로를 따라 의자가 놓여 있다.

어휘 paddle 노를 젓다 repair 수리하다 canal 운하, 수로

해설 사물 사진 - 실외 사물의 상태 묘사

(A) 동사 오답. 누군가 카약(a kayak)의 노를 젓고 있는(being paddled) 모습이 아니므로 오답.

(B) 사진에 없는 명사를 이용한 오답. 벽돌이 쌓여 있는(A pile of bricks has been left) 모습이 보이지 않으므로 오답.

(C) 동사 오답. 누군가 지붕(roofs)을 수리하고 있는(being repaired) 상태가 아니므로 오답.

(D) 정답. 의자가 수로를 따라 놓여 있는(placed along a canal) 모습이므로 정답.

PART 2

7

W-Br Where can I find the vice president's office?
M-Cn (A) It's on the second floor.
       (B) The filing cabinet on the left.
       (C) We have to use official stationery.

부사장님 사무실은 어디인가요?
(A) 2층에 있어요.
(B) 왼쪽 서류 캐비닛이요.
(C) 우리는 공인된 문구류를 사용해야 해요.

어휘 vice president 부사장 filing cabinet 서류 캐비닛 stationery 문구류

해설 부사장님 사무실의 위치를 묻는 Where 의문문

(A) 정답. 부사장님 사무실의 위치를 묻는 질문에 2층에 있다고 적절하게 응답하고 있으므로 정답.

(B) 연상 단어 오답. 위치를 묻는 Where 의문문에서 연상 가능한 on the left를 이용한 오답.

(C) 유사 발음 오답. 질문의 office와 부분적으로 발음이 유사한 official을 이용한 오답.

8

W-Br Which desk is mine?

M-Au (A) At noon on Wednesday.
(B) My computer works.
(C) The one next to the printer.

어떤 것이 제 책상인가요?
(A) 수요일 정오예요.
(B) 제 컴퓨터는 제대로 작동해요.
(C) 프린터 옆에 있는 책상이요.

어휘 next to ~의 옆에

해설 어떤 책상이 자신의 것인지를 묻는 Which 의문문

(A) 질문과 상관없는 오답. When 의문문에 어울리는 응답이므로 오답.

(B) 질문과 상관없는 오답. 컴퓨터가 작동한다는 것은 질문과 전혀 관계없는 내용이므로 오답.

(C) 정답. 어떤 책상이 자신의 것인지를 묻는 질문에 프린터 옆에 있는 책상이라며 구체적으로 응답하고 있으므로 정답.

9

M-Cn Who ordered the side salad?

M-Au (A) A fork and knife.
(B) By credit card.
(C) That was me.

곁들임 샐러드는 누가 주문했죠?
(A) 포크와 나이프요.
(B) 신용카드로요.
(C) 제가 했어요.

해설 샐러드를 주문한 사람을 묻는 Who 의문문

(A) 연상 단어 오답. 질문의 salad에서 연상 가능한 fork와 knife를 이용한 오답.

(B) 연상 단어 오답. 질문의 ordered에서 연상 가능한 credit card를 이용한 오답.

(C) 정답. 샐러드를 주문한 사람을 묻는 질문에 내가 했다고 적절히 응답하고 있으므로 정답.

10

W-Am Wasn't Mr. Keller supposed to come to this business dinner?

M-Au (A) Recruiting strategies.
(B) Yes, he'll be here in ten minutes.
(C) Would you prefer chicken?

켈러 씨가 이번 회식에 오기로 되어 있지 않았나요?
(A) 채용 정책이요.
(B) 네, 10분 후에 올 겁니다.
(C) 닭고기로 하시겠어요?

어휘 be suppose to ~하기로 되어 있다, ~할 예정이다 recruiting 채용 strategy 정책

해설 켈러 씨의 회식 참여 여부를 확인하는 부정 의문문

(A) 연상 단어 오답. 질문의 business에서 연상 가능한 strategies를 이용한 오답.

(B) 정답. 켈러 씨가 회식에 오기로 되어 있는지를 묻는 질문에 그렇다(Yes)고 답한 뒤 10분 뒤에 도착할 거라고 구체적으로 응답하고 있으므로 정답.

(C) 연상 단어 오답. 질문의 dinner에서 연상 가능한 chicken을 이용한 오답.

11

W-Br When did they announce Barbara's promotion to vice president?

M-Cn (A) A hard worker.
(B) On Monday.
(C) Yes, she is.

바바라 씨의 부사장 승진이 언제 발표되었나요?
(A) 열심히 일하는 분입니다.
(B) 월요일이에요.
(C) 네, 그래요.

어휘 announce 알리다 promotion 승진

해설 바바라 씨의 승진 공지 시점을 묻는 When 의문문

(A) 연상 단어 오답. 질문의 promotion에서 연상 가능한 hard worker를 이용한 오답.

(B) 정답. 바바라 씨의 승진 공지 시점을 묻는 질문에 월요일이라고 적절히 응답하고 있으므로 정답.

(C) Yes/No 불가 오답. When 의문문에는 Yes/No 응답이 불가능하므로 오답.

12

W-Br This is your first visit to this location, right?

M-Au (A) Check the parking area.
(B) No, I've been here before.
(C) We won first prize!

이곳은 처음 방문하는 거죠, 그렇죠?
(A) 주차구역을 확인하세요.
(B) 아니요, 전에 와 본 적이 있어요.
(C) 우리가 우승했어요!

어휘 win first price 1등으로 입상하다

해설 첫 방문임을 확인하는 부가 의문문

(A) 연상 단어 오답. 질문의 visit에서 연상 가능한 parking area를 이용한 오답.

(B) 정답. 해당 장소에 처음 방문하는 것인지를 확인하는 질문에 아니요(No)라고 답한 뒤 전에 와 본 적이 있다는 말로 뒷받침하고 있으므로 정답.

(C) 단어 반복 오답. 질문의 first를 반복 이용한 오답.

13

W-Am Have you seen the new film at the cinema yet?

M-Cn (A) No, I'm going to go see it tomorrow.
(B) An award-winning movie director.
(C) To visit my friend.

극장에서 새로 개봉한 영화를 봤나요?
(A) 아니요. 내일 볼 겁니다.
(B) 상을 받은 영화 감독입니다.
(C) 친구를 방문하기 위해서요.

어휘 award-winning 상을 받은

해설 새로 개봉한 영화를 봤는지 묻는 조동사(Have) 의문문
(A) 정답. 새로 개봉한 영화를 봤는지 묻는 질문에 아니요(No)라고 답한 뒤 내일 볼 예정이라고 구체적으로 응답하고 있으므로 정답.
(B) 연상 단어 오답. 평서문의 film에서 연상 가능한 movie director를 이용한 오답.
(C) 질문과 상관없는 오답. 방문 목적을 묻는 Why 의문문에 어울리는 응답이므로 오답.

14

W-Am Would you like to come to dinner with us later tonight?

M-Au (A) I'm leading a workshop early tomorrow morning.
(B) The farmers market sells them.
(C) We'll find you a table in the back.

오늘밤 이따가 우리와 저녁식사 하러 오실래요?
(A) 내일 아침 일찍 워크숍을 진행할 예정입니다.
(B) 농산물 직판장에서 팔아요.
(C) 저희가 안쪽에 테이블을 구해 드릴게요.

어휘 farmers market 농산물 직판장

해설 제안/권유 의문문
(A) 정답. 저녁식사에 올 것을 제안하는 질문에 No를 생략한 채 내일 아침 일찍 워크숍을 진행할 예정이라며 우회적으로 거절하고 있으므로 정답.
(B) 연상 단어 오답. 질문의 dinner에서 먹거리를 연상하게 하여 farmers market을 이용한 오답.
(C) 연상 단어 오답. 질문의 dinner에서 레스토랑을 연상하게 하여 table을 이용한 오답.

15

M-Cn Where did the accounting department move to?

W-Br (A) I work in that department, too.
(B) The company's bank account.
(C) Right across the hall.

회계부서는 어디로 이동하나요?
(A) 저도 그 부서에서 일합니다.
(B) 회사 계좌요.
(C) 복도 건너편으로요.

어휘 accounting 회계 department 부서 bank account 계좌

해설 회계부서가 이동한 위치를 묻는 Where 의문문
(A) 단어 반복 오답. 질문의 department를 반복 이용한 오답.
(B) 유사 발음 오답. 질문의 accounting과 발음이 유사한 account를 이용한 오답.
(C) 정답. 회계부서가 이동한 위치를 묻는 질문에 복도 건너편이라며 구체적인 위치를 알려주고 있으므로 정답.

16

W-Am How did the focus group respond to our new logo?

M-Cn (A) They liked it.
(B) How can I focus this camera?
(C) It's about four thirty.

포커스 그룹은 우리 새 로고에 어떤 반응을 보였나요?
(A) 마음에 들어 했어요.
(B) 이 카메라 초점은 어떻게 맞추죠?
(C) 4시 30분쯤 됐어요.

어휘 focus group 포커스 그룹 (시장 조사 등을 위해 각계각층을 대표하도록 뽑은 소수의 집단) respond 반응하다

해설 새 로고에 대한 포커스 그룹의 반응을 묻는 How 의문문
(A) 정답. 새 로고에 대한 포커스 그룹의 반응을 묻는 질문에 그들이 마음에 들어 했다고 적절히 응답하고 있으므로 정답.
(B) 단어 반복 오답. 질문의 focus를 반복 이용한 오답.
(C) 질문과 상관없는 오답. 시간을 묻는 What time 의문문에 어울리는 응답이므로 오답.

17

M-Au When does the reception start?

W-Br (A) On Barton Avenue.
(B) I didn't receive an invitation.
(C) Seventy guests.

축하 연회는 언제 시작해요?
(A) 바튼 애비뉴에서요.
(B) 저는 초대받지 못했는데요.
(C) 손님 70명이요.

어휘 reception 환영(축하) 연회 invitation 초대

해설 연회 시작 시간을 묻는 When 의문문
(A) 질문과 상관없는 오답. Where 의문문에 어울리는 응답이므로 오답.
(B) 정답. 연회가 시작하는 시점을 묻는 질문에 저는 초대받지 못했다면서 모른다는 말을 우회적으로 응답하고 있으므로 정답.
(C) 연상 단어 오답. 질문의 reception에서 연상 가능한 손님 수인 seventy guests를 이용한 오답.

18

W-Br   Did you arrange to have the door repaired?
M-Cn   (A) I bought a pair of scissors.
         (B) A range of quarterly data.
         (C) Yes, I put in a request yesterday.

문을 고칠 수 있도록 조치했습니까?
(A) 저는 가위를 샀습니다.
(B) 다양한 분기별 자료입니다.
(C) 네, 어제 요청서를 넣었어요.

어휘   arrange 처리하다, 주선하다   quarterly 분기별의   request
요청, 요청서

해설   문이 수리되도록 조치했는지를 묻는 조동사(do) 의문문
(A) 유사 발음 오답. 질문의 repaired와 부분적으로 발음이 유사한 pair
를 이용한 오답.
(B) 유사 발음 오답. 질문의 arrange와 부분적으로 발음이 유사한 a
range를 이용한 오답.
(C) 정답. 문을 수리 하도록 조치했는지를 묻는 질문에 네(Yes)라고 답한
후 어제 요청서를 넣었다고 구체적으로 응답하고 있으므로 정답.

19

M-Cn   Why are production numbers so low this
         month?
W-Am   (A) One meter high.
         (B) Because some machines were down for
            repairs.
         (C) A few hundred units.

이번 달은 생산량이 왜 이렇게 적은 겁니까?
(A) 1미터 높이입니다.
(B) 수리하느라 일부 기계를 가동하지 않았거든요.
(C) 몇 백 개입니다.

어휘   production 생산

해설   생산량이 적은 이유를 묻는 Why 의문문
(A) 연상 단어 오답. 질문의 numbers와 low에서 연상 가능한 one
meter high를 이용한 오답.
(B) 정답. 이번 달 생산량이 적은 이유를 묻는 질문에 일부 기계가 수리를
받느라 가동하지 않았다고 구체적인 이유를 밝혔으므로 정답.
(C) 연상 단어 오답. 질문의 numbers에서 연상 가능한 a few hundred
를 이용한 오답.

20

M-Cn   Do you mind if I leave early today?
W-Br   (A) Has your report been submitted?
         (B) Twelve staff members attended.
         (C) A 50-dollar discount.

저 오늘 일찍 퇴근해도 될까요?
(A) 보고서를 제출했습니까?
(B) 직원 12명이 참석했습니다.
(C) 50달러 할인됩니다.

어휘   submit 제출하다   attend 참석하다   discount 할인

해설   일찍 퇴근해도 되는지를 묻는 간접 의문문
(A) 정답. 일찍 퇴근해도 되는지를 묻는 질문에 보고서를 제출했는지 되물
으며 퇴근 전에 해야 할 업무를 완수했는지 확인하고 있으므로 정답.
(B) 질문과 상관없는 오답. 참석자 수를 묻는 How many 의문문에 어울
리는 응답이므로 오답.
(C) 질문과 상관없는 오답. 할인율을 묻는 How much 의문문에 어울리는
응답이므로 오답.

21

M-Au   Which software programs does Allison know
         how to use?
W-Am   (A) Here's a copy of her résumé.
         (B) That's my computer.
         (C) Some technical consultants.

앨리슨 씨는 어떤 소프트웨어 프로그램의 사용법을 알고 있습니까?
(A) 앨리슨 씨 이력서 여기 있습니다.
(B) 제 컴퓨터입니다.
(C) 기술 고문들입니다.

어휘   résumé 이력서   technical 기술적인   consultant 상담가,
자문위원

해설   어떤 소프트웨어 프로그램의 사용법을 아는지를 묻는 Which 의
문문
(A) 정답. 앨리슨 씨가 어떤 소프트웨어 프로그램의 사용법을 아는지를 묻
는 질문에 그녀의 이력서가 여기 있다며 확인할 수 있는 자료를 주며
우회적으로 응답하고 있으므로 정답.
(B) 연상 단어 오답. 질문의 software programs에서 연상 가능한
computer를 이용한 오답.
(C) 연상 단어 오답. 질문의 software programs와 how to use에서 연
상 가능한 technical consultants를 이용한 오답.

22

M-Au   What does the conference registration fee
         include?
M-Cn   (A) All sessions plus lunch.
         (B) In Ballrooms 1 and 2.
         (C) That's a reasonable rate.

회의 등록비에는 어떤 것이 포함되어 있나요?
(A) 전 세션 및 점심식사요.
(B) 1, 2 연회장에서요.
(C) 적정한 요금이군요.

어휘   conference 회의   registration 등록   reasonable 합리적인,
적정한   rate 요금

해설   회의 등록비에 포함된 항목을 묻는 What 의문문
(A) 정답. 회의 등록비에 포함된 항목을 묻는 질문에 전 세션과 점심식사
라고 구체적으로 응답하고 있으므로 정답.
(B) 질문과 상관없는 오답. Where 의문문에 어울리는 응답을 하고 있으
므로 오답.
(C) 연상 단어 오답. 질문의 fee에서 연상 가능한 rate를 이용한 오답.

23

W-Br Twenty people signed up for the team-building seminar.

M-Cn (A) The building was renovated.
(B) My favorite sports team.
(C) Great, that's more than last year.

20명이 팀워크 세미나에 등록했어요.
(A) 그 건물은 개조됐어요.
(B) 제가 가장 좋아하는 스포츠 팀입니다.
(C) 좋습니다. 작년보다 많은 인원이군요.

어휘 sign up for ~에 등록하다, 신청하다   renovate 개조하다, 보수하다

해설 정보 전달의 평서문
(A) 단어 반복 오답. 질문의 building을 반복 이용한 오답.
(B) 단어 반복 오답. 질문의 team을 반복 이용한 오답.
(C) 정답. 20명이 팀워크 세미나에 등록했다는 평서문에 좋다면서 작년보다 많은 인원이라며 구체적으로 호응하고 있으므로 정답.

24

M-Au Can we begin production this week, or should we revise the timeline?

W-Br (A) Improving efficiency.
(B) I've seen that performance.
(C) You can start this Thursday.

이번 주에 생산을 시작할 수 있나요, 아니면 일정을 변경해야 하나요?
(A) 효율성 증진이요.
(B) 그 공연은 본 적이 있어요.
(C) 이번 주 목요일에 시작하실 수 있습니다.

어휘 revise 변경하다, 수정하다   timeline 시각표   efficiency 효율성   performance 공연

해설 생산 일정을 확인하는 선택 의문문
(A) 연상 단어 오답. 질문의 production에서 연상 가능한 efficiency를 이용한 오답.
(B) 연상 단어 오답. 질문의 production에서 연상 가능한 performance를 이용한 오답.
(C) 정답. 이번 주에 생산을 시작할 수 있는지 아니면 일정을 변경해야 하는지를 묻는 질문에 이번 주 목요일에 시작할 수 있다고 구체적으로 응답하고 있으므로 정답.

25

M-Cn How are we marketing our new beverage to young people?

M-Au (A) Some pencils and notebooks, please.
(B) Robert's in charge of that product.
(C) Thanks, I'll just have water.

신규 음료를 젊은이들에게 어떻게 광고하고 있나요?
(A) 연필과 공책 주세요.
(B) 로버트 씨가 그 제품을 담당하고 있어요.
(C) 감사합니다. 물이면 됩니다.

어휘 beverage 음료   in charge of ~를 맡아, 담당하여

해설 신규 음료의 마케팅 방법을 묻는 How 의문문
(A) 질문과 상관없는 오답. 질문에 어울리지 않는 응답을 하고 있으므로 오답.
(B) 정답. 신규 음료를 젊은이들에게 마케팅하는 방법을 묻는 질문에 로버트 씨가 그 제품을 담당하고 있다며 답변해 줄 수 있는 사람을 알려주고 있으므로 정답.
(C) 연상 단어 오답. 질문의 beverage에서 연상 가능한 water를 이용한 오답.

26

W-Br You really should join that new fitness club.

W-Am (A) Basketball and tennis.
(B) Sorry I can't join you for dinner.
(C) Yes, I'd like to get more exercise.

새 피트니스 클럽에 꼭 들어와야 해요.
(A) 농구와 테니스요.
(B) 죄송하지만 함께 저녁식사는 못하겠네요.
(C) 네, 운동을 더하고 싶어요.

해설 제안/권유 평서문
(A) 연상 단어 오답. 평서문의 fitness에서 스포츠를 연상하게 하여 basketball과 tennis를 이용한 오답.
(B) 단어 반복 오답. 평서문의 join을 반복 이용한 오답.
(C) 정답. 새 피트니스 클럽에 들어와야 한다고 권유하는 평서문에 네(Yes)라고 답한 뒤 운동을 더 하고 싶다고 호응하고 있으므로 정답.

27

W-Br Where can I get a laptop for our meeting?

M-Au (A) The conference room has computers.
(B) Yes, they're doing internships.
(C) We meet once a week.

회의에 쓸 노트북을 어디에서 가져올 수 있나요?
(A) 회의실에 컴퓨터가 있어요.
(B) 네, 그들은 인턴사원으로 근무하고 있어요.
(C) 우리는 주 1회 만나요.

어휘 conference 회의

해설 노트북을 구할 수 있는 장소를 묻는 Where 의문문
(A) 정답. 회의에 쓸 노트북을 구할 수 있는 장소를 묻는 질문에 회의실에 컴퓨터가 있다고 장소를 알려주고 있으므로 정답.
(B) Yes/No 불가 오답. Where 의문문에는 Yes/No 응답이 불가능하므로 오답.
(C) 유사 발음 오답. 질문의 meeting과 부분적으로 발음이 유사한 meet를 이용한 오답.

TEST 7

28

M-Au Why do you want to sell your house?

W-Br (A) We provide home delivery.

(B) My new job's in London.

(C) A real estate agency.

집을 팔려는 이유가 무엇인가요?

(A) 집으로 배송해 드립니다.

(B) 런던에 새 일자리를 구했어요.

(C) 부동산 중개업체요.

어휘 delivery 배송 real estate 부동산

해설 집을 팔려는 이유를 묻는 Why 의문문

(A) 연상 단어 오답. 질문의 house에서 연상 가능한 home을 이용한 오답.

(B) 정답. 집을 팔려는 이유를 묻는 질문에 런던에 새 일자리를 구했다며 because(때문에)를 생략한 채 이유를 말하고 있으므로 정답.

(C) 연상 단어 오답. 질문의 sell your house에서 연상 가능한 real estate agency를 이용한 오답.

29

W-Br I'm going to pick up the printing order now.

W-Am (A) Yes, it was really fun.

(B) Don't forget the receipt.

(C) No, in alphabetical order.

주문한 인쇄물 찾으러 갑니다.

(A) 네, 정말 재미있었어요.

(B) 영수증 챙기세요.

(C) 아니요, 알파벳 순서대로요.

어휘 receipt 영수증 in alphabetical order 알파벳 순서대로

해설 정보 전달 평서문

(A) 질문과 상관없는 오답. 평서문에 어울리지 않는 응답을 하고 있으므로 오답.

(B) 정답. 주문한 인쇄물을 찾으러 간다고 알리는 평서문에 영수증을 챙기라며 인쇄물을 찾을 때 필요한 물건을 챙겨주고 있으므로 정답.

(C) 단어 반복 오답. 평서문의 order를 반복 이용한 오답.

30

M-Cn When is the new amusement park scheduled to open?

W-Am (A) Probably in the city center.

(B) There's an announcement in the newspaper.

(C) Ten cents a copy.

새 놀이공원은 언제 문을 열 예정이죠?

(A) 아마 도심에 열 겁니다.

(B) 신문에 공지가 실렸어요.

(C) 한 부에 10센트입니다.

어휘 amusement park 놀이공원 be scheduled to ~할 예정이다 announcement 공지

해설 새 놀이공원의 개장 시점을 묻는 When 의문문

(A) 질문과 상관없는 오답. Where 의문문에 어울리는 응답이므로 오답.

(B) 정답. 새 놀이공원이 언제 문을 열 예정인지를 묻는 질문에 신문에 공지가 실렸다면서 답변을 직접 알아낼 수 있는 정보를 주며 우회적으로 응답하고 있으므로 정답.

(C) 질문과 상관없는 오답. How much 의문문에 어울리는 응답이므로 오답.

31

M-Cn Do we have to submit our budget report on Friday, or is Monday OK?

W-Br (A) It was pretty expensive.

(B) He was here a few days ago.

(C) Maria was firm about the deadline.

예산보고서를 금요일에 제출해야 합니까, 아니면 월요일에 내도 됩니까?

(A) 꽤 비쌌어요.

(B) 그는 며칠 전에 여기 왔어요.

(C) 마리아는 기한에 대해 철저해요.

어휘 submit 제출하다 budget 예산 firm 확고한, 확실한 deadline 기한

해설 보고서 제출 시점을 묻는 선택 의문문

(A) 질문과 상관없는 오답. 질문에 어울리지 않는 응답을 하고 있으므로 오답.

(B) 질문과 상관없는 오답. We로 묻는 질문에 대해 질문과는 전혀 상관없는 제3자인 He로 응답하고 있으므로 오답.

(C) 정답. 예산보고서를 제출하는 날이 금요일인지 아니면 월요일에 내도 되는지를 묻는 질문에 마리아는 기한에 대해 철저하다며 마감일이 연장될 수 없음을 우회적으로 응답하고 있으므로 정답.

PART 3

32-34

W-Br Hi, Jorge. 32**How's preparation coming along for the new sculpture exhibit?**

M-Au Well, we're a little bit behind actually... 33**the Museum of Plastic Arts is loaning us several sculptures, but the shipment's been delayed.**

W-Br Oh, no. Is there any way I can help?

M-Au Well... the rest of the sculptures should be here this afternoon, and this is the list of things that still need to get done.

W-Br Hmm... how about you finish setting up the final pieces, and 34**I'll upload photographs of the completed displays to our Web site?**

M-Au That'd be great—thanks!

여	안녕하세요, 호르헤 씨. **신규 조각 전시회 준비는 어떻게 되어갑니까?**
남	사실 조금 늦어지고 있어요. **플라스틱 아트 박물관에서 조각품을 여러 점 대여해 주는데 배송이 지연됐어요.**
여	저런, 제가 도와드릴 방법이 있나요?
남	글쎄요… 나머지 조각품들이 오늘 오후에 도착할 겁니다. 그리고 이건 완료해야 하는 작업 목록입니다.
여	음… 가서 마지막 조각품들 설치를 마치시면 어때요? **저는 완료된 전시품 사진을 웹사이트에 올릴게요.**
남	좋습니다. 감사합니다!

어휘	preparation 준비 sculpture 조각 exhibit 전시회 actually 사실상 loan (미술품 등) 대여하다 shipment 배송 be delayed 지연되다 set up 설치하다 complete 완료하다

32

Where does the conversation most likely take place?

(A) At a library
(B) At a theater
(C) At a museum
(D) At a restaurant

대화는 어디에서 이루어질 것 같은가?

(A) 도서관
(B) 극장
(C) 박물관
(D) 식당

해설 전체 내용 관련 – 대화의 장소

여자가 첫 번째 대사에서 신규 조각 전시회 준비는 어떻게 되어 가는지(How's preparation coming along for the new sculpture exhibit)를 물었고 남자도 전시회 준비와 관련된 내용으로 대화를 이어가고 있으므로 정답은 (C)이다.

33

What problem does the man mention?

(A) A brochure contains an error.
(B) A shipment is late.
(C) A guest list has been misplaced.
(D) A computer is not working.

남자는 어떤 문제를 언급하는가?

(A) 안내책자에 오류가 있다.
(B) 배송이 늦어지고 있다.
(C) 관람객 명단이 제자리에 없다.
(D) 컴퓨터가 작동하지 않는다.

어휘 contain ~이 들어 있다 misplace 제자리에 두지 않다

해설 세부사항 관련 – 남자가 언급하는 문제

남자가 첫 번째 대사에서 플라스틱 아트 박물관에서 조각품을 여러 점 대여해 주는데 배송이 지연됐다(the Museum of Plastic Arts is loaning us several sculptures, but the shipment's been delayed)고 했으므로 정답은 (B)이다.

▸▸ Paraphrasing 대화의 delayed → 정답의 late

34

What will the woman most likely do next?

(A) Contact a coordinator
(B) Submit a work order
(C) Upload some images
(D) Purchase some supplies

여자는 다음에 무엇을 하겠는가?

(A) 진행자에게 연락하기
(B) 작업지시서 제출하기
(C) 사진 올리기
(D) 물품 구매하기

어휘 submit 제출하다 purchase 구매하다 supplies 용품, 물품

해설 세부사항 관련 – 여자가 다음에 할 행동

여자가 마지막 대사에서 완료된 전시품 사진을 웹사이트에 올리겠다(I'll upload photographs of the completed displays to our Web site)고 했으므로 정답은 (C)이다.

▸▸ Paraphrasing 대화의 photographs → 정답의 images

35-37

W-Am	Oh, Jason—**[35]the people at table two asked for an order of French fries. They said they forgot to tell you when you took their order.**
M-Cn	Is that a small or large order of fries?
W-Am	Small.
M-Cn	Thanks for letting me know. **[36]I'll go tell the cooks to add it to their order.**
W-Am	Great. Oh, by the way, **[37]do you think you could take my shift this Thursday from twelve to five?** I forgot I have a dentist appointment.
M-Cn	Uh... I have tickets to a baseball game on Thursday.
W-Am	OK, no problem.

여	제이슨 씨, 2번 테이블 손님들이 감자튀김을 주문했어요. 제이슨 씨가 주문을 받을 때 말하는 걸 깜빡했대요.
남	작은 건가요, 큰 건가요?
여	작은 거요.
남	알려주셔서 고마워요. **그쪽 주문 건에 추가하라고 조리사에게 얘기할게요.**
여	그래요. 그런데 혹시 **이번 주 목요일 12시부터 5시까지 제 근무를 대신해 주실 수 있나요?** 치과 예약이 되어 있는 걸 잊었어요.
남	음… 목요일에 하는 야구경기 입장권이 있는데요.
여	괜찮아요.

35

Who most likely are the speakers?

(A) Cleaners

(B) Servers

(C) Nutritionists

(D) Food critics

화자들은 누구이겠는가?

(A) 청소부

(B) 식당 종업원

(C) 영양사

(D) 음식 비평가

어휘 nutritionist 영양사   critic 비평가

해설 전체 내용 관련 – 화자들의 직업

여자가 대화 초반부에서 2번 테이블 손님들이 감자튀김을 주문했다(the people at table two asked for an order of French fries)고 했고 남자가 주문을 받을 때 말하는 걸 깜빡했다(They said they forgot to tell you when you took their order)고 한 것으로 보아 정답은 (B)이다.

36

Why will the man talk to some cooks?

(A) To compliment their work

(B) To ask for some advice

(C) To change an assignment

(D) To update an order

남자는 왜 조리사에게 이야기를 하겠는가?

(A) 업무에 대해 칭찬하기 위해

(B) 조언을 구하기 위해

(C) 배정을 바꾸기 위해

(D) 주문을 수정하기 위해

어휘 compliment 칭찬하다   assignment 배정, 배치

해설 세부사항 관련 – 남자가 조리사들에게 이야기하겠다는 이유

대화 중반부에서 남자가 조리사들에게 이야기해 주문을 추가하겠다(I'll go tell the cooks to add it to their order)고 했으므로 정답은 (D)이다.

> ▸▸ Paraphrasing   대화의 **add it to their order** → 정답의 **update an order**

37

What does the man mean when he says, "I have tickets to a baseball game on Thursday"?

(A) He cannot help the woman.

(B) He has similar interests as the woman.

(C) He wants to invite the woman to an event.

(D) He is concerned that tickets will sell out.

남자가 "목요일에 하는 야구경기 입장권이 있는데요"라고 말할 때, 그 의도는 무엇인가?

(A) 여자를 도와줄 수 없다.

(B) 여자와 관심사가 비슷하다.

(C) 여자를 행사에 초청하고 싶어한다.

(D) 입장권이 매진될까 우려한다.

어휘 similar 유사한, 비슷한   sell out 다 팔리다

해설 화자의 의도 파악 – 목요일에 하는 야구경기 입장권이 있다는 말의 의도

인용문 앞에서 여자가 이번 주 목요일 12시부터 5시까지 자신의 근무를 대신해 줄 수 있는지(do you think you could take my shift this Thursday from twelve to five)를 묻자 인용문을 언급한 것이므로 야구경기를 보러 가야 해서 여자의 부탁을 들어줄 수 없다는 의도로 한 말임을 알 수 있다. 따라서 정답은 (A)이다.

38-40

M-Au	Hello, this is Don Simons. **38I have an appointment with Dr. Ramirez on Wednesday, but I'm afraid I have to reschedule.**
W-Br	OK. When would you be able to come in?
M-Au	How about on Thursday?
W-Br	**39Dr. Ramirez works at Brookside Medical Clinic on Thursdays. She's only in this office on Mondays and Wednesdays.** You'll have to call them to schedule an appointment.
M-Au	Oh, I see. **40Do you have their telephone number?**
W-Br	Yes, **40it's 555-0102.** Be sure to let them know that you usually see Dr. Ramirez at this location.
남	안녕하세요. 저는 돈 시몬스입니다. **수요일에 라미레즈 박사님께 예약이 되어 있는데요. 일정을 변경해야 할 것 같아요.**
여	네. 언제 오실 수 있나요?
남	목요일 괜찮나요?
여	**라미레즈 박사님은 매주 목요일엔 브룩사이드 병원에 계십니다. 여기엔 월요일, 수요일에만 계세요.** 예약을 잡으려면 그 병원으로 전화해야 합니다.
남	알겠습니다. **그쪽 전화번호 아세요?**
여	네. **555-0102입니다.** 보통은 이 병원에서 라미레즈 박사님께 진료를 받는다고 꼭 알려주세요.

어휘	appointment 약속 reschedule 일정을 변경하다

38

Why is the man calling?

(A) To inquire about a job

(B) To request a prescription

(C) To ask about business hours

(D) To reschedule an appointment

남자가 전화를 건 목적은?

(A) 일자리에 관해 문의하기 위해

(B) 처방전을 요청하기 위해

(C) 진료시간을 물어보기 위해

(D) **예약일정을 변경하기 위해**

어휘 inquire 문의하다 request 요청하다 prescription 처방전
business hours 영업시간

해설 전체 내용 관련 - 남자가 전화한 이유

대화 초반부에 남자가 수요일에 라미레즈 박사님께 예약이 되어 있는데 일정을 변경해야 할 것 같다(I have an appointment with Dr. Ramirez on Wednesday, but I'm afraid I have to reschedule)고 했으므로 정답은 (D)이다.

39

What does the woman say about Dr. Ramirez?

(A) She is presenting at a conference next week.

(B) She works at two different locations.

(C) She teaches at a medical school.

(D) She usually does not work on Wednesdays.

여자가 라미레즈 박사에 대해 말한 것은?

(A) 다음 주에 회의에 참석할 예정이다.

(B) **병원 두 곳에서 일한다.**

(C) 의과대학에서 강의한다.

(D) 보통 수요일에는 진료를 하지 않는다.

어휘 present 참석하다 conference 회의 medical school
의과대학

해설 세부사항 관련 - 여자가 라미레즈 박사에 대해 말한 것

대화 중반부에서 여자가 라미레즈 박사님은 매주 목요일엔 브룩사이드 병원에 계신다(Dr. Ramirez works at Brookside Medical Clinic on Thursdays)면서 여기엔 월요일, 수요일에만 계신다(She's only in this office on Mondays and Wednesdays)고 했으므로 정답은 (B)이다.

40

What does the woman give to the man?

(A) Directions to a medical center

(B) A Web site address

(C) A phone number

(D) A cost estimate

여자는 남자에게 무엇을 주는가?

(A) 병원으로 가는 길

(B) 웹사이트 주소

(C) **전화번호**

(D) 비용 견적

어휘 direction 방향, 길 안내 estimate 견적

해설 세부사항 관련 - 여자가 남자에게 준 것

남자가 마지막 대사에서 전화번호를 알려달라(Do you have their telephone number)고 하자 555-0102(it's 555-0102)라고 알려주었으므로 정답은 (C)이다.

41-43 3인 대화

> M-Cn Hi, **41welcome to Springton Furniture.** I'm Tom. How can I help you?
>
> M-Au Hi. I'd like to return a lamp I bought here a couple of weeks ago.
>
> M-Cn OK. Do you have your receipt with you?
>
> M-Au Uh, no, actually. I must have lost it.
>
> M-Cn Hmm. Usually we can only take returns with a receipt. **42Let me ask my manager. Excuse me, Sarah?**
>
> W-Am Yes, Tom?
>
> M-Cn **42This gentleman wants to return a lamp, but doesn't have his receipt.**
>
> W-Am OK. Sir, I'm afraid **43all I can do is offer you in-store credit.** You can use it at any of our locations.
>
> 남1 안녕하세요. **스프링턴 퍼니처에 오신 것을 환영합니다.** 저는 톰이라고 합니다. 어떻게 도와드릴까요?
>
> 남2 안녕하세요. 여기서 2주 전에 구입한 전등을 환불하고 싶습니다.
>
> 남1 네. 영수증 갖고 계십니까?
>
> 남2 아니요. 사실 잊어버린 것 같아요.
>
> 남1 음… 보통은 영수증을 지참한 건만 환불해 드릴 수 있거든요. **관리자에게 물어보겠습니다. 여기 좀 보세요, 사라 씨.**
>
> 여 네, 톰 씨.
>
> 남1 **이 손님께서 전등을 환불하고 싶어하는데 영수증이 없어요.**
>
> 여 네. 손님, 죄송하지만 **제가 해드릴 수 있는 건 매장에서 사용 가능한 적립금을 드리는 것뿐입니다.** 저희 매장 어느 곳에서나 사용하실 수 있어요.
>
> 어휘 a couple of 둘의 receipt 영수증 offer 제공하다
> in-store 매장 내의

41

Where are the speakers?

(A) At a supermarket

(B) At a furniture store

(C) At a clothing retailer

(D) At an automobile repair shop

화자들은 어디에 있는가?

(A) 슈퍼마켓

(B) **가구점**

(C) 의류 소매점

(D) 자동차 수리점

어휘 clothing 의류 automobile 자동차

해설 전체 내용 관련 – 화자들의 대화 장소
대화 초반부에 남자1이 스프링턴 퍼니처에 오신 것을 환영한다(welcome to Springton Furniture)고 한 것으로 보아 가구를 취급하는 곳임을 알 수 있다. 따라서 정답은 (B)이다.

42

Why does Tom ask the woman for help?

(A) A receipt is missing.
(B) A computer is broken.
(C) A warranty is expired.
(D) An item is out of stock.

톰 씨는 여자에게 왜 도움을 요청하는가?

(A) 영수증이 없다.
(B) 컴퓨터가 고장 났다.
(C) 품질보증기한이 만료됐다.
(D) 물품의 재고가 없다.

어휘 warranty 품질보증서 be expired 만료되다 be out of stock 재고가 없다

해설 세부사항 관련 – 톰 씨가 여자에게 도움을 요청한 이유
대화 중반부에서 남자1이 관리자에게 물어보겠다(Let me ask my manager)며 여자를 부른 뒤(Excuse me, Sarah), 손님께서 전등을 환불하고 싶어하는데 영수증이 없다(This gentleman wants to return a lamp, but doesn't have his receipt)고 했으므로 정답은 (A)이다.

▸▸ Paraphrasing 대화의 doesn't have his receipt
→ 정답의 A receipt is missing.

43

What does the woman offer to do for the customer?

(A) Give him in-store credit
(B) Check a storage room
(C) Call another store
(D) Provide express delivery service

여자는 손님에게 무엇을 해 주겠다고 하는가?

(A) 매장에서 사용 가능한 적립금 지급하기
(B) 창고 확인하기
(C) 다른 매장에 전화하기
(D) 빠른 배송 서비스 제공하기

어휘 storage room 보관실, 창고

해설 세부사항 관련 – 여자가 손님에게 제안한 일
여자가 마지막 대사에서 제가 해드릴 수 있는 건 매장에서 사용 가능한 적립금을 드리는 것뿐(all I can do is offer you in-store credit)이라고 했으므로 정답은 (A)이다.

▸▸ Paraphrasing 대화의 offer → 정답의 give

44-46

M-Cn	Hi, Leticia. I wanted to update you about the discussion I had yesterday with our legal team about the company merger.
W-Am	OK. 44I heard we're still on track to complete the merger by the end of the year.
M-Cn	Right. Well, 45there's a problem. We're having trouble agreeing on what the logo for the new company should be when we merge. They rejected the designs that you and your marketing team proposed.
W-Am	Hmm. OK. 46I'll schedule a meeting with my team so we can come up with something else. Let me set that up right now.
남	안녕하세요, 레티샤 씨. 회사 합병에 관해 어제 법무팀과 논의한 내용을 알려드리려고요.
여	좋아요. 올해 연말까지 합병 건을 완료하기 위해 진행 중이라고 들었는데요.
남	맞습니다. 그런데 문제가 있어요. 합병 시, 새 회사의 로고로 어떤 것이 좋을지 의견을 모으지 못하고 있습니다. 레티샤 씨를 비롯한 마케팅팀이 제안한 디자인을 거절했거든요.
여	음… 알겠습니다. 저희 팀과 회의를 잡아서 다른 로고를 제시할 수 있도록 할게요. 지금 바로 회의를 잡겠습니다.

어휘 discussion 토의 legal 법률과 관련된 merger 합병 be on track 진행 중이다 complete 완료하다 by the end of the year 연말까지 reject 거절하다, 거부하다 propose 제안하다 come up with ～를 제안하다, 제시하다

44

What will take place this year?

(A) A corporate merger
(B) A software update
(C) A research study
(D) An office relocation

올해 무슨 일이 있을 것인가?

(A) 회사 합병
(B) 소프트웨어 업데이트
(C) 연구
(D) 사무실 이전

어휘 corporate 회사의 relocation 이전, 재배치

해설 세부사항 관련 – 올해 일어날 일
대화 초반부에 여자가 올해 연말까지 합병 건을 완료하기 위해 진행 중이라고 들었다(I heard we're still on track to complete the merger by the end of the year)고 했으므로 정답은 (A)이다.

45

What problem does the man mention?

(A) Some paperwork has been lost.
(B) Some equipment is broken.
(C) Some funding was not approved.
(D) Some designs were rejected.

남자는 어떤 문제를 언급하는가?

(A) 서류가 분실됐다.
(B) 장비가 고장 났다.
(C) 자금 승인이 이뤄지지 않았다.
(D) 디자인이 거절당했다.

어휘 paperwork 문서작업, 서류 equipment 장비 funding 자금
approve 승인하다

해설 세부사항 관련 – 남자가 언급한 문제

남자가 두 번째 대사에서 문제가 있다(there's a problem)면서 합병 시,
새 회사의 로고로 어떤 것이 좋을지 의견을 모으지 못하고 있다(We're
having trouble agreeing on what the logo for the new company
should be when we merge)고 했고 레티샤 씨를 비롯한 마케팅팀이
제안한 디자인을 거절했다(They rejected the designs that you and
your marketing team proposed)고 했으므로 정답은 (D)이다.

46

What will the woman do next?

(A) Revise a budget
(B) Schedule a meeting
(C) Find some contact information
(D) Hire a consultant

여자는 다음에 무엇을 하겠는가?

(A) 예산 수정하기
(B) 회의 일정 잡기
(C) 연락처 찾기
(D) 자문위원 채용하기

어휘 revise 수정하다, 변경하다 budget 예산 hire 채용하다
consultant 자문위원, 상담가

해설 세부사항 관련 – 여자가 다음에 할 행동

대화 후반부에서 여자가 자신의 팀과 회의를 잡겠다(I'll schedule a
meeting with my team)고 했으므로 정답은 (B)이다.

47-49

M-Au Hello. I'm Ron Wells, the hiring manager
here at Douglas Fashions. Thank you
for coming in to interview for the sales
associate position.

W-Br Of course. **⁴⁷I'm excited about the
possibility of working here. This is my
favorite clothing shop.**

M-Au Great. So, tell me about your previous
sales experience.

W-Br Well, **⁴⁸for the last six months I worked at
a store in Fountain Mall. I really enjoyed it,
but I quit because it took me over an hour
to commute there.**

M-Au I understand. Now, although you've
already worked in sales, **⁴⁹you'd still have
to go through a monthlong training.**

W-Br OK. No problem.

남 안녕하세요. 저는 더글라스 패션 채용 담당자 론 웰스입니다.
영업직 면접에 응해 주셔서 감사합니다.

여 네. 이 회사에서 일할 수도 있다고 생각하니 설렙니다. 제가
가장 좋아하는 의류 매장이거든요.

남 좋아요. 이전 영업 경력에 대해서 말씀해 보세요.

여 지난 6개월간 파운틴 몰에 있는 매장에서 일했습니다.
무척 즐거웠습니다만 통근하는 데 한 시간이 넘게 걸려
그만두었습니다.

남 그렇죠. 자, 이미 영업직에서 일해 보셨지만 한 달간 교육을
받아야 합니다.

여 네, 괜찮습니다.

어휘 hiring 채용 sales associate 영업사원 possibility
가능성 previous 이전의 quit 그만두다 commute
통근하다 monthlong 한 달 동안의

47

Where does the woman want to work?

(A) At a factory
(B) At a restaurant
(C) At a fitness center
(D) At a clothing store

여자는 어디에서 일하고 싶어하는가?

(A) 공장
(B) 식당
(C) 피트니스 센터
(D) 의류 매장

어휘 factory 공장

해설 세부사항 관련 – 여자가 일하고 싶어하는 곳

여자가 첫 번째 대사에서 이 회사에서 일할 수도 있다고 생각하니 설렌다
(I'm excited about the possibility of working here)면서 자신이 가
장 좋아하는 의류 매장(This is my favorite clothing shop)이라고 했으
므로 정답은 (D)이다.

48

Why did the woman leave her previous job?

(A) She began university studies.
(B) Her commute was too long.
(C) The company closed.
(D) The pay was low.

여자는 왜 이전 직장을 그만두었는가?

(A) 대학 공부를 시작했다.

(B) 통근하는 데 시간이 너무 많이 걸렸다.

(C) 회사가 폐업했다.

(D) 급여가 적었다.

해설 세부사항 관련 – 여자가 이전 직장을 그만둔 이유

대화 중반부에서 여자가 지난 6개월간 파운틴 몰에 있는 매장에서 일했다 (I really enjoyed it, but I quit because it took me over an hour to commute there)면서 무척 즐거웠지만 통근하는 데 한 시간이 넘게 걸려 그만두었다(Right)고 답했으므로 정답은 (B)이다.

49

What does the man explain to the woman?

(A) There are evening shifts.

(B) A uniform will be provided.

(C) Training will be necessary.

(D) The company is very small.

남자가 여자에게 설명한 것은?

(A) 저녁 근무가 있다.

(B) 유니폼이 제공된다.

(C) 교육을 받아야 한다.

(D) 회사 규모가 매우 작다.

어휘 provide 제공하다

해설 세부사항 관련 – 남자가 여자에게 설명한 것

남자가 마지막 대사에서 한 달간 교육을 받아야 한다(you'd still have to go through a monthlong training)고 했으므로 정답은 (C)이다.

50-52

W-Am	⁵⁰**Welcome to Jackson Pharmacy.** Can I help you?
M-Cn	Hi. ⁵¹**I'm here to pick up some allergy medication.** My doctor recommended that I take the kind called Valgone.
W-Am	Sure, let me check if we have any. Oh… unfortunately ⁵¹**we don't have any available at the moment.** That's a popular medication.
M-Cn	I guess I should've called first.
W-Am	We should get that medication in soon, if you'd like to come back in a couple of days. Why don't you write your name here, and we'll put some aside for you.
M-Cn	OK, thanks. ⁵²**I'll come back later in the week.**
여	**어서 오세요, 잭슨 약국입니다.** 도와드릴까요?
남	안녕하세요. **알레르기 약을 사러 왔습니다.** 의사가 밸건이란 종류의 약을 먹으라고 추천했거든요.
여	네. 있는지 확인해 드릴게요. 아… 안타깝게도 **지금은 없습니다.** 인기가 많은 약이라서요.

남	전화 먼저 할 걸 그랬네요.
여	이틀 뒤에 다시 오시면 그 약이 들어와 있을 겁니다. 여기에 성함을 적어주세요. 따로 빼놓겠습니다.
남	좋아요. 감사합니다. **주중에 다시 올게요.**

어휘	medication 약 recommend 추천하다 available 이용 가능한, 구할 수 있는 at the moment 현재 put ~ aside ~를 따로 떼어 두다

50

Where are the speakers?

(A) At a pharmacy

(B) At a clothing store

(C) At a dental clinic

(D) At a fitness center

화자들은 어디에 있는가?

(A) 약국

(B) 의류 매장

(C) 치과

(D) 피트니스 센터

어휘 pharmacy 약국 dental clinic 치과

해설 전체 내용 관련 – 화자들의 대화 장소

여자가 첫 번째 대사에서 남자에게 잭슨 약국에 온 것을 환영한다 (Welcome to Jackson Pharmacy)라고 했으므로 정답은 (A)이다.

51

What does the woman explain to the man?

(A) He has missed an appointment.

(B) A price has changed.

(C) A business is closing soon.

(D) An item is not available.

여자가 남자에게 설명한 것은?

(A) 약속을 못 지켰다.

(B) 가격이 변동됐다.

(C) 업체가 곧 폐업할 예정이다.

(D) 물품이 없다.

어휘 miss an appointment 약속을 지키지 못하다

해설 세부사항 관련 – 여자가 남자에게 설명한 것

남자가 첫 번째 대사에서 알레르기 약을 사러 왔다(I'm here to pick up some allergy medication)고 하자 여자가 지금은 없다(we don't have any available at the moment)고 했으므로 정답은 (D)이다.

52

What does the man say he will do?

(A) Complete a customer survey

(B) Return another day

(C) Look up some data

(D) Pay with a credit card

남자는 무엇을 하겠다고 말하는가?

(A) 고객 설문 작성하기
(B) 다른 날 다시 오기
(C) 자료 찾아보기
(D) 신용카드로 지불하기

어휘 complete a survey 설문을 작성하다　look up 찾아보다

해설 세부사항 관련 – 남자가 하겠다는 일

남자가 마지막 대사에서 주중에 다시 오겠다(I'll come back later in the week)고 했으므로 정답은 (B)이다.

> **Paraphrasing**　대화의 **come back** → 정답의 **return**

53-55

W-Am	Hi, Ricardo. ⁵³**I'm calling because I'm working on the office supply order. Would you be able to look it over before I submit it?**
M-Au	Sure, but before I do, did you know that the supplier has sent out a new catalog? Some of the prices might have changed.
W-Am	Oh, I didn't realize that. ⁵⁴**How can I get a copy of the new catalog?**
M-Au	⁵⁴**I'll bring it over to you now.**
W-Am	OK, thank you. I'll check the prices right away. I'd like to submit this order before ⁵⁵**I leave for my business trip next week.**
여	안녕하세요, 리카르도 씨. **사무용품 주문서를 작성 중이라 전화했어요. 제출하기 전에 살펴봐 주실 수 있나요?**
남	물론이죠. 하지만 그에 앞서, 공급업체에서 새 상품 안내책자를 보낸 걸 알고 계세요? 일부 가격이 변동됐을 거예요.
여	아, 몰랐어요. **새 책자는 어디서 구하죠?**
남	**지금 갖다 드릴게요.**
여	감사합니다. 바로 가격을 확인할게요. **다음 주 출장 가기** 전에 이 주문서를 제출하려고요.

어휘 office supply 사무용품　look over 훑어보다, 살펴보다 submit 제출하다　supplier 공급업체, 공급자　realize 깨닫다　business trip 출장

53

What does the woman ask the man to do?

(A) Review an order
(B) Set up a computer
(C) Organize a conference
(D) Contact a client

여자는 남자에게 무엇을 하라고 요청하는가?

(A) 주문서 검토하기
(B) 컴퓨터 설치하기
(C) 회의 준비하기
(D) 고객에게 연락하기

어휘 review 검토하다　set up 설치하다　organize 준비하다, 조직하다 conference 회의

해설 세부사항 관련 – 여자가 남자에게 요청한 일

대화 초반부에 여자가 사무용품 주문서를 작성 중이라 전화했다(I'm calling because I'm working on the office supply order)면서 제출하기 전에 살펴봐 줄 수 있는지(Would you be able to look it over before I submit it)를 묻고 있으므로 정답은 (A)이다.

> **Paraphrasing**　대화의 **look it over** → 정답의 **review**

54

What will the man bring to the woman?

(A) A catalog
(B) A calendar
(C) A list of suppliers
(D) A building directory

남자는 여자에게 무엇을 갖다 줄 것인가?

(A) 상품 안내책자
(B) 달력
(C) 공급업체 목록
(D) 건물 안내도

어휘 directory 안내 책자

해설 세부사항 관련 – 남자가 여자에게 가져다 줄 것

여자가 두 번째 대사에서 새 상품 안내책자를 어떻게 구할 수 있는지(How can I get a copy of the new catalog)를 묻자 남자가 지금 갖다 주겠다(I'll bring it over to you now)고 했으므로 정답은 (A)이다.

55

What does the woman plan to do next week?

(A) Send out a newsletter
(B) Sign a contract
(C) Go on a trip
(D) Submit some slides

여자는 다음 주에 무엇을 하려고 계획하는가?

(A) 소식지 발송하기
(B) 계약 체결하기
(C) 출장 가기
(D) 슬라이드 제출하기

어휘 send out 보내다, 발송하다　newsletter 소식지　sign a contract 계약을 체결하다　submit 제출하다

해설 세부사항 관련 – 여자의 다음 주 계획

여자가 마지막 대사에서 다음 주에 출장 간다(I leave for my business trip next week)고 했으므로 정답은 (C)이다.

56-58

W-Am	Hi, Jeremy. **56My sales department wants to start an employee incentive program. I know that your department uses one, so I wanted your advice.**
M-Cn	Sure. What would you like to know?
W-Am	Employees will definitely be more eager to hit their sales goals if there's some sort of reward involved. But... **57what do you think the compensation should be?**
M-Cn	Hmm... You spend more time with your team than I do.
W-Am	Right—I think they'd really enjoy earning additional vacation time.
M-Cn	That's a great idea. **58Why don't you speak with Louis in Human Resources**—he'd be able to give you more guidance about making extra vacation time an incentive.
여	안녕하세요, 제레미 씨. **저희 영업부서에서 직원 장려 프로그램을 시작하고 싶은데요. 제레미 씨의 부서에서 하고 있는 걸로 압니다.** 그래서 조언을 듣고 싶어요.
남	네. 어떤 점이 궁금하세요?
여	관련된 보상이 있다면 분명 직원들이 영업 목표 달성에 더 열의를 가질 겁니다. 그런데… **어떤 보상을 줘야 한다고 생각하세요?**
남	음… 저보다 팀원들과 더 많은 시간을 보내시잖아요.
여	맞아요. 팀원들은 추가로 휴일을 얻는 것을 무척 좋아하는 것 같아요.
남	좋은 생각이네요. **인사부서의 루이스 씨와 얘기해 보시면 어때요?** 루이스 씨는 추가 휴가를 장려책으로 삼는 데 관해 지침을 더 주실 수 있을 테니까요.

어휘	department 부서 employee 직원 incentive 장려책 definitely 분명히, 틀림없이 be eager to ~하는 데 열의를 갖다 reward 보상 involved 관련된 compensation 보상 additional 추가의 guidance 지침

56

What are the speakers mainly discussing?

(A) A focus group
(B) Computer-use policies
(C) An upcoming merger
(D) Employee rewards

화자들은 주로 무엇에 대해 이야기하는가?
(A) 포커스 그룹
(B) 컴퓨터 이용 정책
(C) 곧 있을 합병
(D) **직원 보상**

어휘 focus group 포커스 그룹 (시장 조사 등을 위해 각계각층을 대표하도록 뽑은 소수의 집단) policy 정책 upcoming 다가오는, 곧 있을 merger 합병

해설 전체 내용 관련 – 대화의 주제
대화 초반부에서 여자가 영업부서에서 직원 장려 프로그램을 시작하길 원한다(My sales department wants to start an employee incentive program)면서 제레미 씨의 부서에서 하고 있는 걸로 알고 있어서 조언을 듣고 싶다(I know that your department uses one, so I wanted your advice)고 했고 남자도 이에 대한 답변으로 대화를 이어가고 있으므로 정답은 (D)이다.

▸▸ Paraphrasing	대화의 employee incentive → 정답의 Employee rewards

57

What does the man imply when he says, "You spend more time with your team than I do"?

(A) The woman's team requires more staff.
(B) The woman should schedule fewer meetings.
(C) The woman is the best person to decide.
(D) The woman should have noticed a mistake.

남자가 "저보다 팀원들과 더 많은 시간을 보내시잖아요"라고 말할 때, 그 의도는 무엇인가?
(A) 여자의 팀에 직원이 더 필요하다.
(B) 여자는 회의 일정을 더 적게 잡아야 한다.
(C) **여자는 결정을 내리기에 가장 적합한 사람이다.**
(D) 여자는 실수를 알아차렸어야 했다.

어휘 require 필요로 하다 decide 결정하다 notice 알아채다

해설 화자의 의도 파악 – 저보다 당신이 팀원들과 더 많은 시간을 보낸다는 말의 의도
인용문 바로 앞에서 여자가 어떤 보상을 줘야 한다고 생각하느냐(what do you think the compensation should be)고 남자의 의견을 묻자 남자가 인용문을 언급한 것이므로 여자가 팀원들에 대해 더 잘 알고 있으므로 여자가 결정을 내리는 게 낫다는 의도로 한 말임을 알 수 있다. 따라서 정답은 (C)이다.

58

What does the man advise the woman to do next?

(A) Speak with a colleague
(B) Research a competitor
(C) Download an application
(D) Attend a seminar

남자는 여자에게 다음에 무엇을 하라고 충고하는가?
(A) **동료와 이야기하기**
(B) 경쟁업체 조사하기
(C) 어플리케이션 다운로드하기
(D) 세미나 참석하기

어휘 colleague 동료 research 연구하다, 조사하다 competitor 경쟁자 attend 참석하다

해설 세부사항 관련 – 남자가 여자에게 충고한 일
남자가 마지막 대사에서 인사부서의 루이스 씨와 얘기해 보라(Why don't you speak with Louis in Human Resources)고 제안했으므로 정답은 (A)이다.

M-Au	Good morning, everyone. ⁵⁹**I've scheduled this conference call to discuss the advertising campaign we're developing for Denson Hotels—more specifically, the television commercial.** Holly will be sharing some preliminary ideas for that. And Carter is joining us by video call from our Tokyo office. Carter, are you there?
M-Cn	Hello. Yes, I'm here.
M-Au	Great. Holly, you can begin.
W-Am	OK, so I've been working on developing ideas for the commercial—you know, the concept, the setting, and—
M-Cn	Hey guys, this is Carter again. Sorry to interrupt, but ⁶⁰**the audio suddenly went quiet.** Were you saying something?
M-Au	Uh-oh. My laptop's microphone must be malfunctioning again.
W-Am	⁶¹**Let's switch to my laptop.** It works well for video calls.

남1	안녕하세요, 여러분. **덴슨 호텔을 위해 만들고 있는 광고 캠페인, 더 구체적으로는 TV 광고에 대해 논의하려고 이 화상 회의를 마련했습니다.** 홀리 씨가 여기에 관한 사전 아이디어를 공유할 겁니다. 그리고 카터 씨가 도쿄 지사에서 영상통화로 참여하고 있습니다. 카터 씨, 참석하셨나요?
남2	안녕하세요. 여기 참석했습니다.
남1	좋습니다. 홀리 씨, 시작하세요.
여	네. 광고에 관한 아이디어 개발을 했습니다. 컨셉, 배경, 그리고 …
남2	여러분, 카터입니다. 끼어들어서 죄송하지만 **갑자기 소리가 나지 않아요.** 무슨 얘기를 하고 있었나요?
남1	이런… 제 노트북의 마이크가 또 오작동인가 봅니다.
여	**제 노트북으로 옮기도록 해요.** 영상통화가 잘 됩니다.

어휘	conference call 화상 회의 advertising 광고 develop 개발하다 specifically 구체적으로 말하면 commercial 광고 preliminary 예비의 interrupt 방해하다, 가로막다 suddenly 갑자기 malfunction 제대로 작동하지 않다 switch 바꾸다

59

What field do the speakers most likely work in?

(A) Engineering
(B) Accounting
(C) Education
(D) Advertising

화자들은 어떤 분야에서 일하겠는가?

(A) 공학
(B) 회계
(C) 교육
(D) 광고

어휘 accounting 회계

해설 전체 내용 관련 – 화자들의 직업

남자가 첫 번째 대사에서 덴슨 호텔을 위해 만들고 있는 광고 캠페인, 더 구체적으로는 TV 광고에 대해 논의하려고 이 화상 회의를 마련했다(I've scheduled this conference call to discuss the advertising campaign we're developing for Denson Hotels—more specifi-cally, the television commercial)고 했으므로 정답은 (D)이다.

60

What problem is mentioned?

(A) A power cord is missing.
(B) A microphone is not functioning properly.
(C) A screen is not displaying an image.
(D) A battery is not charging.

어떤 문제가 언급되었는가?

(A) 전선이 없어졌다.
(B) 마이크가 제대로 작동하지 않는다.
(C) 스크린에 사진이 뜨지 않는다.
(D) 배터리 충전이 되지 않는다.

어휘 power cord 전선 properly 제대로

해설 세부사항 관련 – 언급된 문제

남자2가 대화 중반부에서 갑자기 소리가 나지 않았다(the audio suddenly went quiet)고 했으므로 정답은 (B)이다.

> ▸▸ Paraphrasing 대화의 the audio went quiet → 정답의 A microphone is not functioning properly.

61

What does the woman suggest doing?

(A) Using a different computer
(B) Moving to another room
(C) Postponing a demonstration
(D) Contacting technical support

여자는 무엇을 하자고 제안하는가?

(A) 다른 컴퓨터 사용하기
(B) 다른 회의실로 옮기기
(C) 설명 연기하기
(D) 기술 지원팀에 연락하기

어휘 postpone 연기하다 demonstration 설명, 시연 technical support 기술 지원

해설 세부사항 관련 – 여자가 제안한 일

여자가 마지막 대사에서 자신의 노트북으로 옮기도록 하자(Let's switch to my laptop)고 말했으므로 정답은 (A)이다.

> ▸▸ Paraphrasing 대화의 switch to my laptop → 정답의 Using a different computer

M-Au **62Bella's Cakes. May I help you?**

W-Br I'd like to order a large chocolate cake.

M-Au Certainly. Would you like anything special on the cake?

W-Br Well, it's for an office event. We're a publishing house and we're celebrating the release of a new book. **63It's important that the cake is book themed. Can you decorate it to look like a book?**

M-Au Sure, we can do that.

W-Br Great. So can I pick it up at six tomorrow evening?

M-Au **64We're only open until five.** But, I can take your order, and then you can pick it up from one of our other locations. They're listed on our Web site.

남 벨라즈 케이크입니다. 어떻게 도와드릴까요?

여 대형 초콜릿 케이크를 주문하려고요.

남 네. 케이크에 특별히 원하는 사항이 있으신가요?

여 사무실 행사용입니다. 출판사인데, 신규 도서 발간을 축하하는 자리예요. **중요한 것은, 책을 주제로 한 케이크여야 합니다. 책처럼 보이도록 장식해 주실 수 있나요?**

남 물론입니다. 가능해요.

여 좋아요. 내일 저녁 6시에 찾을 수 있나요?

남 **저희는 5시까지만 문을 엽니다.** 하지만 제가 주문을 받고 저희 다른 매장에서 찾으실 수 있어요. 매장 목록은 웹사이트에 있습니다.

어휘 publishing house 출판사 release 발간, 발매 -themed -를 주제로 한 decorate 장식하다

Locations and Hours

Hannesville Avenue	7 A.M.–7 P.M.
64Greensboro Road	7 A.M.–5 P.M.
Anderson Street	7 A.M.–7 P.M.
Norrington Boulevard	7 A.M.–6 P.M.

매장 및 영업시간

하네스빌 애비뉴	오전 7시 – 오후 7시
64그린스보로 로드	오전 7시 – 오후 5시
앤더슨 스트리트	오전 7시 – 오후 7시
노링턴 불러바드	오전 7시 – 오후 6시

62

Where does the man work?

(A) At a furniture store

(B) At a painting company

(C) At a bakery

(D) At a gym

남자는 어디에서 일하는가?

(A) 가구점

(B) 페인트 업체

(C) 제과점

(D) 체육관

해설 전체 내용 관련 – 남자의 근무 장소

대화 초반부에서 남자가 벨라즈 케이크(Bella's Cakes)라면서 어떻게 도와드릴까요(May I help you)라고 했으므로 남자는 제과점 직원임을 알 수 있다. 따라서 정답은 (C)이다.

63

What does the woman say is important?

(A) A healthy option

(B) A low price

(C) A fast delivery

(D) A specific decoration

여자가 중요하다고 말한 것은?

(A) 건강에 좋은 것

(B) 낮은 가격

(C) 빠른 배송

(D) 특정 장식

어휘 delivery 배송 specific 특정한 decoration 장식

해설 세부사항 관련 – 여자가 중요하다고 말한 것

여자가 대화 중반부에서 중요한 것은, 책을 주제로 한 케이크여야 한다 (It's important that the cake is book themed)고 했고 책처럼 보이도록 장식해 줄 수 있는지(Can you decorate it to look like a book)를 물었으므로 정답은 (D)이다.

64

Look at the graphic. Which location did the woman call?

(A) Hannesville Avenue

(B) Greensboro Road

(C) Anderson Street

(D) Norrington Boulevard

시각 정보에 따르면 여자는 어느 매장에 전화했는가?

(A) 하네스빌 애비뉴

(B) 그린스보로 로드

(C) 앤더슨 스트리트

(D) 노링턴 불러바드

해설 시각 정보 연계 – 여자가 전화한 매장

남자가 마지막 대사에서 저희는 5시까지만 문을 연다(We're only open until five)고 했으므로 정답은 (B)이다.

W-Am 65, 66**I'm very excited to write about the annual restaurant festival—it's my favorite event in the city.**

M-Au Me too. 65, 66**I'm glad our magazine editor sent us to cover this.** According to the map on my phone, we should be there in a half hour.

W-Am That'll give me plenty of time to set up for my interviews with some of the local chefs.

M-Au Great. Oh—on the map it looks like we'll be approaching a roundabout soon. 67**We're on Cedar Lane right now, and you'll need to take Exit 3.**

W-Am All right.

여 연례 음식점 축제에 대한 기사를 쓰게 되어 무척 설레요. 이 도시에서 가장 좋아하는 행사거든요.

남 저도 그래요. 잡지 편집자께서 취재하라고 저희를 보내셔서 좋아요. 제 전화상의 지도에 따르면 30분 후에 도착해요.

여 지역 요리사들과의 인터뷰를 위해 준비할 시간이 넉넉하겠어요.

남 좋네요. 아, 지도를 보면 곧 로터리에 가까워질 것 같아요. 지금은 시더 레인에 있고, 3번 출구로 나가야 해요.

여 알겠어요.

어휘 annual 연례의 editor 편집자 according to ~에 따르면 plenty of 많은 local 지역의 approach 다가오다 roundabout 로터리

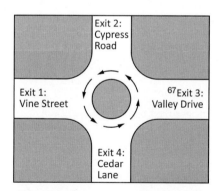

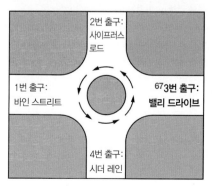

65

What event are the speakers going to attend?

(A) A concert
(B) A marathon
(C) An art show
(D) A restaurant festival

화자들은 어떤 행사에 참석하는가?
(A) 음악회
(B) 마라톤
(C) 미술전
(D) 음식점 축제

어휘 art show 미술전시회

해설 세부사항 관련 – 화자들이 참석할 행사

대화 초반부에서 여자가 연례 음식점 축제에 대한 기사를 쓰게 되어 무척 설레고 이 도시에서 가장 좋아하는 행사(I'm very excited to write about the annual restaurant festival—it's my favorite event in the city)라고 하자 뒤이어 남자도 잡지 편집자께서 취재하라고 저희를 보내셔서 좋다(I'm glad our magazine editor sent us to cover this)고 했으므로 정답은 (D)이다.

66

Who most likely are the speakers?

(A) Chefs
(B) Musicians
(C) Investors
(D) Journalists

화자들은 누구이겠는가?
(A) 요리사
(B) 음악가
(C) 투자자
(D) 기자

어휘 investor 투자자 journalist 언론인, 기자

해설 전체 내용 관련 – 화자들의 직업

대화 초반부에서 여자가 연례 음식점 축제에 대한 기사를 쓰게 되어 무척 설렌다(I'm very excited to write about the annual restaurant festival)고 하자 뒤이어 남자도 잡지 편집자께서 취재하라고 저희를 보내셔서 좋다(I'm glad our magazine editor sent us to cover this)고 했으므로 정답은 (D)이다.

67

Look at the graphic. Which road will the speakers take next?

(A) Vine Street
(B) Cypress Road
(C) Valley Drive
(D) Cedar Lane

시각 정보에 따르면 화자들은 다음에 어떤 길로 갈 것인가?
(A) 바인 스트리트
(B) 사이프러스 로드
(C) 밸리 드라이브
(D) 시더 레인

해설 시각 정보 연계 – 화자들이 택할 경로

남자가 마지막 대사에서 지금은 시더 레인에 있고, 3번 출구로 나가야 한다(We're on Cedar Lane right now, and you'll need to take Exit 3)고 했으므로 정답은 (C)이다.

68-70 대화 + 건물 배치도

W-Br	Good afternoon, **68I'm from Star Locksmiths. I'm here about a door that isn't locking properly.**
M-Au	Thank you for coming so quickly. It's a major security concern that one of our doors doesn't lock.
W-Br	Yes, I understand. I know which door it is, so I'll just head over there.
M-Au	Thanks. And it'd be great if this could be fixed before noon. **69Employees who work in the other buildings will need to use that door to enter the cafeteria.**
W-Br	OK, I'll get started right away.
M-Au	Thank you. **70Just remember to keep your visitor's badge visible at all times.**
여	안녕하세요. **스타 록스미스에서 나왔습니다. 제대로 잠기지 않는 문 때문에 왔습니다.**
남	빨리 와 주셔서 감사합니다. 문 하나가 잠기지 않는다는 건 보안상 중요한 사항이니까요.
여	네, 압니다. 어떤 문인지 알고 있으니 바로 그쪽으로 갈게요.
남	감사합니다. 정오 전에 수리해 주시면 좋겠습니다. **다른 건물에서 일하는 직원들이 카페테리아로 들어가려면 그 문을 사용해야 하거든요.**
여	네. 바로 시작하겠습니다.
남	감사합니다. **방문객 명찰을 항시 잘 보이도록 걸어주십시오.**

어휘 properly 제대로 security 보안 concern 우려, 중요한 것 head 향하다 fix 수리하다 employee 직원 right away 바로, 즉시 visible 눈에 보이는 at all times 항상

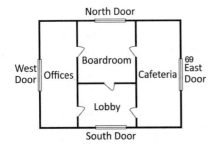

North Door
West Door | Offices | Boardroom | Cafeteria | 69 East Door
Lobby
South Door

북문
서문 | 사무실 | 이사회실 | 카페테리아 | 69 동문
로비
남문

어휘 boardroom 이사회실, 중역 회의실

68

What most likely is the woman's job title?
(A) Custodian
(B) Locksmith
(C) Landscaper
(D) Parking attendant

여자의 직책은 무엇이겠는가?
(A) 관리인
(B) 열쇠공
(C) 조경사
(D) 주차 단속 요원

어휘 custodian 관리인 locksmith 열쇠공 landscaper 조경사, 정원사 parking attendant 주차 단속 요원

해설 전체 내용 관련 – 여자의 직업

여자가 첫 번째 대사에서 스타 록스미스에서 나왔다(I'm from Star Locksmiths)고 했고 제대로 잠기지 않는 문 때문에 왔다(I'm here about a door that isn't locking properly)고 했으므로 정답은 (B)이다.

69

Look at the graphic. Which door are the speakers discussing?
(A) The North Door
(B) The East Door
(C) The South Door
(D) The West Door

시각 정보에 따르면 화자들은 어떤 문에 대해 이야기하는가?
(A) 북문
(B) 동문
(C) 남문
(D) 서문

해설 시각 정보 연계 – 화자들이 이야기하고 있는 문

대화 중반부에서 남자가 다른 건물에서 일하는 직원들이 카페테리아로 들어가려면 그 문을 사용해야 한다(Employees who work in the other buildings will need to use that door to enter the cafeteria)고 했으므로 정답은 (B)이다.

70

What does the man remind the woman to do?

(A) Display her badge
(B) Store her belongings
(C) Submit her time sheet
(D) Validate her parking pass

남자는 여자에게 무엇을 하라고 알려 주는가?

(A) 명찰 내보이기
(B) 소지품 보관하기
(C) 근무일지 제출하기
(D) 주차권 인증하기

어휘 display 내보이다, 전시하다   store 보관하다   belonging 소지품
   time sheet 근무일지   validate 인증하다   parking pass 주차권

해설 세부사항 관련 – 남자가 여자에게 상기시킨 사항

남자가 마지막 대사에서 방문객 명찰을 항시 잘 보이도록 걸어 달라(Just remember to keep your visitor's badge visible at all times)고 했으므로 정답은 (A)이다.

> ▸▸ Paraphrasing   대화의 **keep your visitor's badge visible**
>   → 정답의 **Display her badge**

PART 4

71-73 뉴스

> W-Am And now for local news. **71Renovations began today on the Northridge Town Hall. 72All new additions to the Town Hall were designed by Byron Lang.** Mr. Lang is famous for using dramatic columns and arches in his architectural work, features that he will also incorporate into this building. **73Officials are expecting the building to reopen next year. Once that happens, tours will be given every weekend,** so that town residents can come and see the changes.
>
> 지역 소식입니다. **오늘 노스리지 시청 개조공사가 시작됐습니다. 시청 증축 일체는 바이런 랭이 디자인한 것인데요.** 랭 씨는 자신의 건축 작품에서 인상적인 기둥과 아치를 활용하는 것으로 잘 알려져 있으며 이러한 특징들을 시청 건물에 포함시킬 계획입니다. **관계자들은 시청이 내년에 재개관할 것으로 예상합니다. 다시 개관하면 주말마다 견학이 이뤄져** 주민들이 변한 모습을 찾아볼 수 있게 됩니다.
>
> 어휘 addition 부가물, 추가   dramatic 인상적인, 극적인
> column 기둥   architectural 건축의   feature 특징
> incorporate into ~에 통합시키다   resident 주민

71

What is the news report mainly about?

(A) A museum exhibit
(B) A holiday parade
(C) A building renovation
(D) A sports competition

뉴스는 주로 무엇에 관한 것인가?

(A) 박물관 전시회
(B) 휴일 기념 퍼레이드
(C) 건물 개조
(D) 스포츠 대회

어휘 parade 행렬   competition 대회, 경기

해설 전체 내용 관련 – 뉴스의 주제

지문 초반부에서 오늘 노스리지 시청 개조공사가 시작됐다(Renovations began today on the Northridge Town Hall)고 했고 개조공사에 대한 내용으로 뉴스를 이어가고 있으므로 정답은 (C)이다.

72

Who is Byron Lang?

(A) A travel agent
(B) An architect
(C) A city official
(D) An athlete

바이런 랭 씨는 누구인가?

(A) 여행사 직원
(B) 건축가
(C) 시 공무원
(D) 운동선수

어휘 travel agent 여행사 직원   architect 건축가   official 공무원
   athlete 운동선수

해설 세부사항 관련 – 바이런 랭 씨의 직업

지문 초반부에서 시청 증축 일체는 바이런 랭이 디자인한 것(All new additions to the Town Hall were designed by Byron Lang)이라고 했으므로 정답은 (B)이다.

73

What does the speaker say will be provided next year?

(A) Extra parking
(B) Weekend tours
(C) Souvenirs
(D) Job opportunities

화자는 내년에 무엇이 제공된다고 말하는가?

(A) 추가 주차
(B) 주말 견학
(C) 기념품
(D) 취업 기회

어휘 souvenir 기념품   opportunity 기회

지문 후반부에서 관계자들은 시청이 내년에 재개관할 것으로 예상한다(Officials are expecting the building to reopen next year)고 했고 다시 개관하면 주말마다 견학이 이뤄질 것(Once that happens, tours will be given every weekend)이라고 했으므로 정답은 (B)이다.

74-76 공지

W-Br Before we end our meeting, ⁷⁴I'd like to announce that we're going to have a central air-conditioning system installed. ⁷⁵It's a big investment for a small company like ours, but ultimately it'll make everyone in the office much more comfortable. Anyway, installation is scheduled for this weekend. It'll require drilling into the ceiling, which will make a bit of a mess. So, the company that's doing the installation has given us enough plastic sheets to cover everyone's work space. You can pick yours up in the mail room anytime. Just ⁷⁶please remember to cover your desk with it before you leave on Friday.

회의를 마치기 전에 중앙 에어컨 시스템이 설치된다는 것을 알려드리고 자 합니다. 우리처럼 작은 회사로선 큰 투자이지만 궁극적으로 사무실 전원이 훨씬 더 편안해질 겁니다. 어쨌든 설치는 이번 주말로 예정되어 있는데요. 천장에 구멍을 뚫어야 하는데 많이 어질러질 겁니다. 그래서 설치업체에서 모두의 업무 공간을 덮을 비닐을 넉넉히 주셨어요. 문서 수발실에서 언제든 가져가실 수 있습니다. 금요일 퇴근 전에 비닐로 책상을 덮어야 한다는 걸 꼭 기억하세요.

어휘 announce 알리다 central 중앙의 install 설치하다 investment 투자 ultimately 궁극적으로 be scheduled for ~로 예정되다 require 요구하다, 필요로 하다 drill 구멍을 뚫다

74

What will be installed this weekend?
(A) Drinking fountains
(B) Videoconferencing equipment
(C) An air-conditioning system
(D) An alarm system

이번 주말에 무엇이 설치될 것인가?
(A) 음수대
(B) 화상회의 장비
(C) 에어컨 시스템
(D) 경보 시스템

어휘 drinking fountain 음수대 videoconference 화상회의 equipment 장비

해설 세부사항 관련 - 이번 주말에 설치될 것

지문 초반부에서 중앙 에어컨 시스템이 설치된다는 것을 알려드리고 자 한다(I'd like to announce that we're going to have a central air-conditioning system installed)고 했으므로 정답은 (C)이다.

75

According to the speaker, why is the change being made?
(A) To reduce costs
(B) To increase comfort
(C) To boost productivity
(D) To comply with guidelines

화자에 따르면 왜 변경이 이루어지는가?
(A) 비용 절감을 위해
(B) 편안함을 증대시키기 위해
(C) 생산성을 높이기 위해
(D) 지침을 따르기 위해

어휘 reduce 줄이다 comfort 편안함 boost 북돋우다 productivity 생산성 comply with ~를 지키다, 준수하다

해설 세부사항 관련 - 변경이 이루어지는 이유

지문의 중반부에서 우리처럼 작은 회사로선 큰 투자이지만 궁극적으로 사무실 전원이 훨씬 더 편안해질 것(It's a big investment for a small company like ours, but ultimately it'll make everyone in the office much more comfortable)이라고 했으므로 정답은 (B)이다.

76

What should the listeners do before they leave work on Friday?
(A) Talk to their managers
(B) Move their cars
(C) Cover their desks
(D) Complete a questionnaire

청자들은 금요일 퇴근 전 무엇을 해야 하는가?
(A) 관리자에게 이야기하기
(B) 차량 이동시키기
(C) 책상 덮어놓기
(D) 설문 작성하기

어휘 complete a questionnaire 설문지를 작성하다

해설 세부사항 관련 - 청자들이 금요일 퇴근 전에 해야 할 일

지문의 마지막에서 화자가 금요일 퇴근 전에 비닐로 책상을 덮어야 한다는 걸 꼭 기억하라(please remember to cover your desk with it before you leave on Friday)고 했으므로 정답은 (C)이다.

77-79 담화

W-Am ⁷⁷I called this meeting to demonstrate the new software program we'll be using to manage client contracts. With this software, you'll be able to create new client accounts, update information quickly, and send contracts by e-mail to be signed electronically. However, ⁷⁸some clients may still request a paper copy of their contract, so please assure them that they'll also receive an official copy in the mail. We want to switch over to this new software next week. So ⁷⁹**please pay close attention during the demonstration. I had to read through the manual twice.** Let's get started.

고객 계약서 관리에 사용할 **신규 소프트웨어 프로그램 시연을 위해 이 회의를 소집했습니다.** 이 소프트웨어를 사용하면 고객 계정을 새로 만들고 정보를 빠르게 업데이트하며 전자서명이 이뤄져야 할 계약서를 이메일로 전송할 수 있습니다. 하지만 **일부 고객들은 계약서의 문서 사본을 요구할 수도 있으니 우편으로 공식 사본도 받을 수 있다고 확실히 말씀해 주십시오.** 다음 주에 새 소프트웨어로 이전하려고 합니다. 따라서 시연이 이뤄지는 동안 주의 깊게 봐 주십시오. 저도 설명서를 두 번 읽어야 했으니까요. 그럼 시작합시다.

어휘 demonstrate 시연하다 contract 계약서 account 계정 sign electronically 전자 서명하다 request 요청하다 assure 확약하다 official 공식적인, 공무상의 switch 바꾸다 pay close attention 세심한 주의를 기울이다

77

Why has the speaker arranged the meeting?

(A) To go over sales data
(B) To distribute client information
(C) **To give a demonstration**
(D) To assign special projects

화자는 왜 회의를 마련했는가?

(A) 영업 자료를 검토하기 위해
(B) 고객 정보를 배포하기 위해
(C) **시연을 하기 위해**
(D) 특별 프로젝트를 배정하기 위해

어휘 go over 검토하다 distribute 배부하다, 나누어 주다 demonstration 시연 assign 배정하다, 할당하다

해설 세부사항 관련 – 회의를 소집한 이유
지문 초반부에서 고객 계약서 관리에 사용할 신규 소프트웨어 프로그램 시연을 위해 이 회의를 소집했다(I called this meeting to demonstrate the new software program we'll be using to manage client contracts)고 했으므로 정답은 (C)이다.

78

What should the listeners assure clients about?

(A) Orders will be processed on time.
(B) **Contracts will be mailed.**
(C) Discounts will be applied.
(D) Factory tours will be available.

청자들은 고객에게 무엇에 대해 확실히 이야기해야 하는가?

(A) 주문 건은 늦지 않게 처리될 것이다.
(B) **계약서가 우편으로 발송될 것이다.**
(C) 할인이 적용될 것이다.
(D) 공장 견학을 할 수 있을 것이다.

어휘 process 처리하다 on time 늦지 않게, 정시에 apply 적용시키다

해설 세부사항 관련 – 청자들이 고객에게 확실히 이야기해야 할 것
지문 중반부에서 일부 고객들은 계약서의 문서 사본을 요구할 수도 있으니 우편으로 공식 사본도 받을 수 있다고 확실히 이야기하라(some clients may still request a paper copy of their contract, so please assure them that they'll also receive an official copy in the mail)고 했으므로 정답은 (B)이다.

79

What does the speaker imply when she says, "I had to read through the manual twice"?

(A) A company policy is surprising.
(B) A publication may contain some errors.
(C) A manual was updated.
(D) **A software program may be difficult to learn.**

화자가 "저도 설명서를 두 번 읽어야 했으니까요"라고 말할 때, 그 의도는 무엇인가?

(A) 회사 정책이 놀랍다.
(B) 출판물에 오류가 있을 수 있다.
(C) 설명서가 업데이트됐다.
(D) **소프트웨어 프로그램은 익히기에 어려울지도 모른다.**

어휘 policy 정책 publication 출판, 출판물 contain ~이 들어 있다

해설 화자의 의도 파악 – 저도 설명서를 두 번 읽어야 했다고 말한 의도
인용문 앞에서 시연이 이뤄지는 동안 주의 깊게 보라(please pay close attention during the demonstration)고 말한 다음 인용문을 언급했으므로 시연에 집중하지 않으면 배우기 까다로울 수 있다는 의도로 한 말임을 알 수 있다. 따라서 정답은 (D)이다.

80-82 설명

M-Cn ⁸⁰**This online tutorial is created by PRG Electronics Company to help you understand how to discard the hard drive from your old computer.** The first step is to remove the hard drive from inside your laptop computer. Next, ⁸¹**print a shipping label from our Web site.** Then, affix the label you printed on a padded envelope and place the hard drive in it. Finally, take the package to your local post office. ⁸²**For every hard drive returned, we offer a ten percent discount on your next purchase from us.**

본 온라인 사용지침서는 여러분의 **구형 컴퓨터에서 하드 드라이브를 폐기하는 방법에 대한 이해를 돕기 위해 PRG 일렉트로닉스 사에서 제작하였습니다.** 첫 번째 단계는 여러분의 노트북 컴퓨터에 있는 하드 드라이브를 제거하는 것입니다. 다음으로 **저희 웹사이트에서 배송 라벨을 출력하십시오.** 완충재를 덧댄 봉투에 출력한 라벨을 붙이고 하드 드라이브를 넣으십시오. 마지막으로 소포를 지역 우체국으로 가져가시면 됩니다. **추후 저희 제품 구매 시, 보내주시는 하드 드라이브 당 10퍼센트 할인해 드립니다.**

TEST 7

80

What type of business created the tutorial?

(A) A post office
(B) A community college
(C) An electronics company
(D) A paper goods manufacturer

어떤 종류의 업체에서 사용지침서를 제작했는가?
(A) 우체국
(B) 지역 전문대학
(C) 전자 회사
(D) 종이 제품 제조업체

해설 세부사항 관련 – 사용지침서를 제작한 업체의 종류
지문 초반부에서 본 온라인 사용지침서는 여러분의 구형 컴퓨터에서 하드 드라이브를 폐기하는 방법에 대한 이해를 돕기 위해 PRG 일렉트로닉스 사에서 제작했다(This online tutorial is created by PRG Electronics Company to help you understand how to discard the hard drive from your old computer)고 했으므로 정답은 (C)이다.

81

According to the speaker, what should the listeners print out?

(A) A shipping label
(B) A manual
(C) An invoice
(D) Installation directions

화자에 따르면 청자들은 무엇을 출력해야 하는가?
(A) 배송 라벨
(B) 설명서
(C) 송장
(D) 설치 안내서

어휘 invoice 송장, 청구서 installation 설치

해설 세부사항 관련 – 청자들이 출력해야 하는 것
지문 중반부에서 저희 웹사이트에서 배송 라벨을 출력하시라(print a shipping label from our Web site)고 했으므로 정답은 (A)이다.

82

What does the speaker offer to the listeners?

(A) A warranty
(B) A discount
(C) Free accessories
(D) Express delivery

화자는 청자들에게 무엇을 제공하는가?
(A) 품질보증서
(B) 할인
(C) 무료 부대용품
(D) 특급 배송

어휘 warranty 품질보증서 accessory 부대용품

해설 세부사항 관련 – 화자가 청자들에게 제공하는 것
지문 마지막에 추후 저희 제품 구매 시, 보내주시는 하드 드라이브 당 10 퍼센트 할인해 드린다(For every hard drive returned, we offer a ten percent discount on your next purchase from us)고 했으므로 정답은 (B)이다.

83-85 회의 발췌

W-Am Good afternoon, everyone. We're here to discuss plans for a new product. **83We've decided to branch out from our successful line of organic juices and add an organic sports drink.** The drink will have all-natural ingredients and will come in different fruit flavors. **84We conducted a survey and found that 80 percent of our customers prefer beverages made with all-natural ingredients,** so we feel confident that they'll buy a new organic drink from us. We haven't decided on a name for the new product yet. **85If you have any ideas, please submit them by Friday.**

안녕하세요, 여러분. 신제품에 대한 계획을 논의하고자 모였습니다. 성공을 거둔 유기농 주스 제품을 확장해 유기농 스포츠 음료를 추가하기로 결정했습니다. 스포츠 음료에는 완전한 천연 성분이 들어가며 다양한 과일 맛으로 나올 예정입니다. 저희는 조사를 실시해 고객 80%가 완전 천연 성분으로 만든 음료를 선호한다는 사실을 알게 됐습니다. 그래서 고객들이 저희 신제품 유기농 음료를 구매할 것으로 확신해요. 아직 신제품 이름을 결정하지 못했습니다. 좋은 생각이 있으시면 금요일까지 제출해 주세요.

83

What has the company decided to do?

(A) Launch a Web site
(B) Create a new type of beverage
(C) Sell products in vending machines
(D) Advertise in sports magazines

회사는 무엇을 하기로 결정했는가?
(A) 웹사이트 시작하기
(B) 새로운 종류의 음료 만들기
(C) 자판기에서 제품 판매하기
(D) 스포츠 잡지에 광고하기

어휘 vending machine 자판기 advertise 광고하다

해설 세부사항 관련 - 회사가 결정한 일
지문 초반부에서 성공을 거둔 유기농 주스 제품을 확장해 유기농 스포츠 음료를 추가하기로 결정했다(We've decided to branch out from our successful line of organic juices and add an organic sports drink)고 했으므로 정답은 (B)이다.

> ▸▸ Paraphrasing 담화의 add an organic sports drink → 정답의 Create a new type of beverage

84

What did a survey indicate about customers?

(A) They prefer natural ingredients.
(B) They make online purchases.
(C) They like celebrity promotions.
(D) They want lower prices.

조사는 소비자에 대해 무엇을 알려주는가?

(A) 소비자는 천연 성분을 선호한다.
(B) 소비자는 온라인으로 구매한다.
(C) 소비자는 유명인사가 홍보하는 것을 좋아한다.
(D) 소비자는 더 저렴한 가격을 선호한다.

어휘 purchase 구매 celebrity 유명인사

해설 세부사항 관련 - 조사가 소비자에 대해 알려주는 것
지문 중반부에서 화자가 조사를 실시해 고객 80%가 완전 천연 성분으로 만든 음료를 선호한다는 사실을 알게 됐다(We conducted a survey and found that 80 percent of our customers prefer beverages made with all-natural ingredients)고 했으므로 정답은 (A)이다.

85

What are the listeners asked to do?

(A) Try a sample
(B) Review a proposal
(C) Submit suggestions
(D) Contact some customers

청자들은 무엇을 하라고 요청 받았는가?

(A) 시식해 보기
(B) 제안서 검토하기
(C) 제안 제출하기
(D) 소비자에게 연락하기

어휘 review 검토하다 proposal 제안, 제안서 suggestion 제안

해설 세부사항 관련 - 청자들이 요청 받은 일
지문 후반부에서 좋은 생각이 있으면 금요일까지 제출하라(If you have any ideas, please submit them by Friday)고 했으므로 정답은 (C)이다.

> ▸▸ Paraphrasing 담화의 ideas → 정답의 suggestions

86-88 전화 메시지

M-Au Hi, Noemie, I'm calling about some customer service issues. Paper production has been steadily increasing over the past year. **[86, 87]According to the most recent survey results, our customers do like the quality of our 100 percent recycled paper.** However, **[88]I've been receiving complaints from clients about late deliveries because YS Delivery Service cannot fulfill our orders on time. It may cost us more, but we should definitely resolve this issue.** You're familiar with Fox International Deliveries, aren't you? **[88]I've heard good things about them.**

안녕하세요, 노에미 씨. 고객 서비스 문제에 관해 전화 드렸습니다. 지난 1년간 종이 생산이 꾸준히 증가했는데요. 최근 조사 결과에 따르면 저희 고객들은 100% 재생지의 품질을 마음에 들어 했습니다. 하지만 배송이 늦다는 불만을 접수했는데요. YS 딜리버리 서비스가 저희 주문 건을 제때 완료하지 못해서입니다. 비용이 더 들겠지만 이 문제는 꼭 해결해야 합니다. 폭스 인터내셔널 딜리버리를 잘 아시죠, 그렇죠? 좋은 얘기를 많이 들었습니다.

어휘 steadily 꾸준히 increase 증가하다 over the past year 1년간 according to ~에 따르면 recent 최근의 survey 조사 recycled 재생된 complaint 불평, 불만 fulfill 완료하다, 완수하다 on time 늦지 않게, 제때에 definitely 반드시, 꼭 resolve 해결하다 be familiar with ~에 익숙하다, ~를 익히 알다

86

What type of business does the speaker work in?

(A) Automobile sales
(B) Interior design
(C) Food distribution
(D) Paper manufacturing

화자는 어떤 업종에 종사하는가?

(A) 자동차 판매
(B) 인테리어 디자인
(C) 식품 유통
(D) 종이 제조

어휘 automobile 자동차 distribution 유통 manufacturing 제조

해설 전체 내용 관련 - 화자의 근무 업종
지문 중반부에서 최근 조사 결과에 따르면 저희 고객들은 100% 재생지의 품질을 마음에 들어 했다(According to the most recent survey results, our customers do like the quality of our 100 percent recycled paper)고 했으므로 정답은 (D)이다.

87

According to the survey results, what do customers like about the speaker's company?

(A) The quality of its products

(B) The location of its branches

(C) Its dedication to customer satisfaction

(D) Its innovative advertisements

조사 결과에 따르면 소비자들은 화자의 회사에 대해 어떤 점을 좋아하는가?

(A) 제품 품질

(B) 지점 위치

(C) 고객 만족을 위한 헌신

(D) 혁신적인 광고

어휘 dedication 헌신 satisfaction 만족 innovative 혁신적인
advertisement 광고

해설 세부사항 관련 – 소비자들이 화자의 회사에 대해 좋아하는 점

지문 중반부에서 최근 조사 결과에 따르면 저희 고객들은 100% 재생지의 품질을 마음에 들어 했다(According to the most recent survey results, our customers do like the quality of our 100 percent recycled paper)고 했으므로 정답은 (A)이다.

88

What does the speaker imply when he says, "You're familiar with Fox International Deliveries, aren't you"?

(A) He wants to change service providers.

(B) He wants the listener to give a presentation.

(C) He wants to promote the listener to a new role.

(D) He wants to merge with another company.

화자가 "폭스 인터내셔널 딜리버리를 잘 아시죠, 그렇죠?"라고 말할 때, 그 의도는 무엇인가?

(A) 서비스 제공업체를 바꾸고 싶어한다.

(B) 청자가 발표하기를 원한다.

(C) 청자를 새 직책으로 승진시키고 싶어한다.

(D) 다른 회사와 합병하고 싶어한다.

어휘 give a presentation 발표하다 promote 승진시키다 merge
합병하다

해설 화자의 의도 파악 – 폭스 인터내셔널 딜리버리를 잘 아시죠 라는
말의 의도

지문 중반부에서 배송이 늦다는 불만을 접수했는데 YS 딜리버리 서비스가 주문 건을 제때 완료하지 못해서 그렇다(I've been receiving complaints from clients about late deliveries because YS Delivery Service cannot fulfill our orders on time)고 했고, 비용이 더 들겠지만 이 문제는 꼭 해결해야 한다(It may cost us more, but we should definitely resolve this issue)고 말한 뒤 인용문을 언급했으므로 문제가 있는 배송 업체를 교체하려는 의도임을 알 수 있다. 또한 인용문 바로 뒤에 폭스 인터내셔널 딜리버리에 대해 좋은 이야기를 많이 들었다(I've heard good things about them)며 변경할 업체를 추천하는 말을 하고 있으므로 정답은 (A)이다.

89-91 전화 메시지

M-Cn Hi, Stella. This is Marco. It's about five thirty, and **89I'm just leaving the office supply store on Tenth Street. They have the keyboards we're looking for, but, unfortunately, the computer cables we need are sold-out.** But they're available at their other store location across town. **90That store closes at six,** and it's pretty far from here. **90I don't think it will delay our work if I pick them up tomorrow.** By the way, **91I forgot to follow up with the job candidate we selected. Could you call and schedule her to interview next Monday?**

안녕하세요, 스텔라 씨. 마르코입니다. 5시 30분쯤 됐는데, 저는 지금 텐스 스트리트에 있는 사무용품점에서 나갑니다. 우리가 찾는 키보드가 있긴 했지만 안타깝게도 필요한 컴퓨터 케이블은 품절이에요. 하지만 시내 다른 매장에서 살 수 있습니다. 그 매장은 6시에 닫고, 여기서 꽤 멀어요. 내일 찾더라도 일이 지연될 것 같지는 않아요. 그런데 우리가 선택한 지원자에 대해 후속 조치하는 것을 잊었네요. 지원자에게 전화해서 다음 주 월요일로 면접 일정을 잡을 수 있나요?

어휘 office supply 사무용품 sold-out 다 팔린 delay
지연시키다 follow up 후속 조치하다 job candidate 입사
지원자

89

What is the speaker shopping for?

(A) Groceries

(B) Kitchen appliances

(C) Sporting goods

(D) Computer accessories

화자는 무엇을 사고 있는가?

(A) 식료품

(B) 주방기기

(C) 스포츠 용품

(D) 컴퓨터 액세서리

어휘 grocery 식료품 appliance 기기, 가전제품

해설 세부사항 관련 – 화자가 사고 있는 물건

지문 초반부에서 화자가 지금 텐스 스트리트에 있는 사무용품점에서 나간다(I'm just leaving the office supply store on Tenth Street)며 우리가 찾는 키보드가 있긴 했지만 안타깝게도 필요한 컴퓨터 케이블은 품절(They have the keyboards we're looking for, but, unfortunately, the computer cables we need are sold-out)이라고 했으므로 정답은 (D)이다.

▸▸ Paraphrasing 담화의 keyboards, computer cables
→ 정답의 Computer accessories

90

What does the speaker mean when he says, "it's pretty far from here"?

(A) He is unable to complete a task today.
(B) He will need to borrow a car.
(C) He may be late for an appointment.
(D) He needs driving directions.

화자가 "여기서 꽤 멀어요"라고 말할 때, 그 의도는 무엇인가?
(A) 오늘 그 일을 완료할 수 없다.
(B) 차를 빌려야 할 것이다.
(C) 약속에 늦을 지도 모른다.
(D) 운전경로로 안내가 필요하다.

어휘 complete 완수하다, 완료하다 appointment 약속

해설 화자의 의도 파악 – 여기서 꽤 멀다는 말의 의도
인용문 바로 앞에서 그 매장은 6시에 닫는다(That store closes at six)고 한 뒤 인용문을 언급했고, 뒤이어 내일 찾더라도 일이 지연될 것 같지는 않다(I don't think it will delay our work if I pick them up tomorrow)고 말한 것으로 보아 내일 물건을 사려는 의도로 한 말임을 알 수 있다. 따라서 정답은 (A)이다.

91

What does the speaker ask the listener to do?

(A) Print a document
(B) Address some letters
(C) Arrange an interview
(D) Process a refund

화자는 청자에게 무엇을 하라고 요청하는가?
(A) 문서 출력하기
(B) 편지 보내기
(C) 면접 주선하기
(D) 환불 처리하기

어휘 address a letter 편지를 보내다 arrange 마련하다, 주선하다
process 처리하다 refund 환불

해설 세부사항 관련 – 화자가 청자에게 요청한 일
지문 후반부에서 화자가 우리가 선택한 지원자에 대해 후속 조치하는 것을 잊었다(I forgot to follow up with the job candidate we selected)면서 지원자에게 전화해서 다음 주 월요일에 면접 일정을 잡아달라(Could you call and schedule her to interview next Monday)고 요청했으므로 정답은 (C)이다.

▸▸ Paraphrasing 담화의 schedule her to interview
→ 정답의 Arrange an interview

92-94 회의 발췌

W-Br Good afternoon. **92Your CEO here at Yorktown Department Store requested that my marketing firm make some recommendations based on current fashion trends.** This will help you make smart decisions about what clothes to sell and when. **93We get information about the latest fashion trends by following screen and music stars on social media,** just as your customers do. We noticed that you've been selling your line of winter clothes too early in the year. Most celebrities don't start wearing winter outfits until mid-October, but **94you've been displaying your winter collections beginning in September. I'd recommend holding the winter line until October.**

안녕하세요. 요크타운 백화점 CEO께서 저희 마케팅 회사에 현재 패션 동향을 바탕으로 권장사항을 전달해 달라고 요청하셨습니다. 이는 여러분이 어떤 옷을 언제 판매해야 하는지 현명한 결정을 내리는 데 도움이 될 것입니다. 저희는 여러분의 고객과 마찬가지로 소셜미디어에서 영화배우, 음악인 스타들을 지켜봄으로써 최근 패션 동향에 대한 정보를 얻습니다. 여러분이 겨울 옷들을 너무 일찍 판매해 왔다는 것을 알았습니다. 유명인들은 10월 중순까지는 겨울옷을 입지 않습니다. 하지만 여러분은 겨울 상품을 9월에 진열하셨어요. 겨울 제품은 10월까지 보류하실 것을 권합니다.

어휘 make a recommendation 권고하다, 추천하다 latest 최신의, 최근의 celebrity 유명인사 outfit 옷

92

What industry does the speaker work in?

(A) Electronics
(B) Finance
(C) Marketing
(D) Tourism

화자는 어떤 업계에서 일하는가?
(A) 전자제품
(B) 금융
(C) 마케팅
(D) 관광

어휘 finance 금융 tourism 관광

해설 전체 내용 관련 – 화자의 근무 업종
지문 초반부에서 요크타운 백화점 CEO께서 저희 마케팅 회사에 현재 패션 동향을 바탕으로 권장사항을 전달해 달라고 요청하셨다(Your CEO here at Yorktown Department Store requested that my marketing firm make some recommendations based on current fashion trends)고 했으므로 정답은 (C)이다.

93

How does the speaker say she stays informed about current trends?

(A) She follows social networking sites.
(B) She analyzes consumer reviews.
(C) She reads industry journals.
(D) She interviews movie stars.

TEST 7

화자가 현재 동향에 대한 정보를 어떻게 계속 얻는다고 말하는가?

(A) 소셜네트워킹 사이트를 팔로우한다.
(B) 고객평을 분석한다.
(C) 업계 잡지를 읽는다.
(D) 영화배우들을 인터뷰한다.

어휘 analyze 분석하다 customer review 고객평 journal 잡지, 저널

해설 세부사항 관련 – 화자가 현재 동향에 대한 정보를 계속 얻는 방법
지문 중반부에서 소셜미디어에서 영화배우, 음악인 스타들을 지켜봄으로써 최근 패션 동향에 대한 정보를 얻는다(We get information about the latest fashion trends by following screen and music stars on social media)고 했으므로 정답은 (A)이다.

> ▸▸ Paraphrasing 담화의 social media
> → 정답의 social networking sites

94

What does the speaker suggest changing?

(A) Where to open a new office
(B) When to sell certain products
(C) How to arrange a display
(D) What brands to carry

화자는 무엇을 바꾸라고 제안하는가?

(A) 새 지점을 여는 장소
(B) 특정 상품 판매 시기
(C) 진열하는 방식
(D) 취급하는 상표

어휘 certain 특정한 display 진열 carry (품목을) 취급하다

해설 세부사항 관련 – 화자가 바꾸라고 제안한 사항
지문 마지막에서 여러분은 겨울 상품을 9월에 진열하셨다(you've been displaying your winter collections beginning in September)면서 겨울 제품은 10월까지 보류하실 것을 권한다(I'd recommend holding the winter line until October)고 했으므로 정답은 (B)이다.

95-97 공지 & 광고

W-Am Hi, everyone. I just met with our financial advisers. **95It looks like the construction work on the park has run over budget. There were some unanticipated problems with the electrical work, and I had to pay the contractor for additional hours in order to meet our August twelfth opening date.** This means we can no longer afford to offer as many special events this summer. Since the park will likely be busier on weekends, **96I've decided to cancel the recurring Wednesday event.** We still need to let our advertising firm know so they can update our promotional materials. **97I plan to give them a call this afternoon.**

안녕하세요, 여러분. 저희 재정 자문가들을 만났는데요. **공원 공사가 예산을 초과한 것으로 보입니다. 전기 공사에 예상치 못한 문제들이 있었고 8월 12일 개장일을 맞추기 위한 추가 작업 시간에 대해 하도급업체에 비용을 지불해야 했습니다.** 이는 올 여름 그렇게 많은 특별행사를 열 수 없다는 뜻입니다. 공원이 주말에 붐빌 것이므로 **계속 열리는 수요일 행사를 취소하기로 결정했습니다.** 광고업체에도 알려서 홍보 자료를 업데이트해야 합니다. **오늘 오후 업체에 전화할 계획입니다.**

어휘 financial 재정의, 금융의 adviser 자문위원, 고문 budget 예산 unanticipated 예상치 못한 contractor 도급업체, 계약업체 afford to ~할 여유가 있다 recurring 계속 발생하는 promotional 홍보의

어휘 amusement park 놀이공원 grand opening 개장 performance 공연

95

Who most likely is the speaker?

(A) A park owner
(B) A journalist
(C) An electrician
(D) A graphic designer

화자는 누구이겠는가?

(A) 공원 소유주
(B) 기자
(C) 전기 기사
(D) 그래픽 디자이너

어휘 journalist 기자 electrician 전기 기사

해설 전체 내용 관련 – 화자의 직업

지문 초반부에서 화자가 공원 공사가 예산을 초과한 것으로 보인다 (It looks like the construction work on the park has run over budget)면서 전기 공사에 예상치 못한 문제들이 있었고 8월 12일 개장일을 맞추기 위한 추가 작업 시간에 대해 하도급업체에 화자가 비용을 지불해야 했다(There were some unanticipated problems with the electrical work, and I had to pay the contractor for additional hours in order to meet our August twelfth opening date)고 했으므로 정답은 (A)이다.

96

Look at the graphic. Which special event was canceled?

(A) The Comedy Special
(B) The Magic Show
(C) The Music Performance
(D) The Parade

시각 정보에 따르면 어떤 특별행사가 취소되었는가?

(A) 코미디 스페셜
(B) 매직 쇼
(C) 음악 공연
(D) 퍼레이드

해설 시각 정보 연계 – 취소된 특별행사

지문 중반부에서 계속 열리는 수요일 행사를 취소하기로 결정했다(I've decided to cancel the recurring Wednesday event)고 했으므로 정답은 (A)이다.

97

What will the speaker do this afternoon?

(A) Introduce a guest
(B) Show a video
(C) Describe a contest
(D) Make a phone call

화자는 오늘 오후 무엇을 할 것인가?

(A) 손님 소개하기
(B) 비디오 상영하기
(C) 대회 설명하기
(D) 전화하기

어휘 introduce 소개하다 describe 묘사하다, 서술하다

해설 세부사항 관련 – 화자가 오후에 할 일

지문 후반부에서 오늘 오후 업체에 전화할 계획(I plan to give them a call this afternoon)이라고 했으므로 정답은 (D)이다.

▸▸ Paraphrasing 담화의 **give them a call**
→ 정답의 **Make a phone call**

98-100 전화 메시지 & 일정

W-Br Hi, Louise. I met with the marketing manager at Kumar Construction this morning. Great news! They want our company to design their new Web site. **98I'm concerned, though, because we have so many new people on staff right now who have little experience.** This would be their first big Web-design project. Mr. Kumar, the owner, wants to discuss a design with us next week, but you and I should meet before then. **99Let's get together after the directors' strategy meeting, in the afternoon.** Also, could you do me a favor? **100Could you look at the budget for this project?** I need to submit it for approval by the end of the week. Thanks.

안녕하세요, 루이스 씨. 저는 오늘 아침 쿠마 컨스트럭션의 마케팅 관리자를 만났는데요. 기쁜 소식이 있어요! 우리 회사에게 새 웹사이트 디자인을 맡기고 싶어합니다. 그런데 **현재 경험이 거의 없는 새 직원들이 많아서 걱정입니다.** 그들에겐 최초의 대형 웹디자인 프로젝트가 될 겁니다. 사장인 쿠마 씨는 다음 주에 우리와 디자인에 관해 논의하고 싶어합니다만 우리는 그 전에 모여야 합니다. **오후에 중역 전략회의 이후 모입시다.** 아울러 도움을 좀 주실 수 있나요? **프로젝트 예산안을 살펴봐 주시겠어요?** 주말까지 승인을 위해 예산안을 제출해야 합니다. 감사합니다.

어휘 concerned 걱정하는, 염려하는 strategy 전략 budget 예산 submit 제출하다 approval 승인

	Mon.	Tues.	99Wed.	Thurs.
8:00	Planning meeting			
9:00		Work on budget report	Leadership training	Finish budget report
10:00	Presentation		Directors' strategy meeting	
1:00		Team meeting		

	월	화	99수	목
8:00	기획 회의			
9:00		예산보고서 작업	리더십 교육	예산보고서 완료
10:00	발표		**중역 전략 회의**	
1:00		팀 회의		

어휘 presentation 발표

98

What is the speaker concerned about?

(A) A short timeline
(B) An advertising campaign
(C) Technical issues
(D) Inexperienced staff

화자는 무엇에 대해 염려하는가?

(A) 짧은 일정
(B) 광고 캠페인
(C) 기술적인 문제
(D) 경험이 부족한 직원

어휘 timeline 시각표 advertising 광고 technical 기술의 inexperienced 경험이 부족한

해설 세부사항 관련 – 화자가 염려하는 사항

지문 초반부에서 현재 경험이 거의 없는 새 직원들이 많이 있어서 걱정 (I'm concerned, though, because we have so many new people on staff right now who have little experience)이라고 했으므로 정답은 (D)이다.

▸▸ Paraphrasing 담화의 **staff who have little experience** → 정답의 **Inexperienced staff**

99

Look at the graphic. When does the speaker suggest meeting?

(A) On Monday
(B) On Tuesday
(C) On Wednesday
(D) On Thursday

시각 정보에 따르면 화자는 언제 만날 것을 제안하는가?

(A) 월요일
(B) 화요일
(C) 수요일
(D) 목요일

해설 시각 정보 연계 – 화자가 만나기를 제안하는 시점

지문 중반부에서 화자가 오후에 중역 전략회의 이후 모이자(Let's get together after the directors' strategy meeting, in the afternoon) 고 했으므로 정답은 (C)이다.

▸▸ Paraphrasing 담화의 **get together** → 질문의 **meeting**

100

What does the speaker ask the listener to do?

(A) Finalize a construction schedule
(B) Review a budget
(C) Create a meeting agenda
(D) Call a potential client

화자는 청자에게 무엇을 하라고 요청하는가?

(A) 건설 일정 마무리 짓기
(B) 예산안 검토하기
(C) 회의 안건 작성하기
(D) 잠재고객에게 전화하기

어휘 finalize 마무리짓다, 완결하다 review 검토하다 budget 예산 agenda 안건 potential 잠재적인

해설 세부사항 관련 – 화자의 요청 사항

지문의 후반부에서 화자가 프로젝트 예산안을 살펴봐 줄 수 있는지(Could you look at the budget for this project)를 묻고 있으므로 정답은 (B) 이다.

▸▸ Paraphrasing 담화의 **look at** → 정답의 **review**

ETS TEST 8

1 (B)	**2** (C)	**3** (D)	**4** (B)	**5** (C)
6 (A)	**7** (C)	**8** (B)	**9** (A)	**10** (B)
11 (A)	**12** (B)	**13** (C)	**14** (B)	**15** (A)
16 (B)	**17** (B)	**18** (A)	**19** (C)	**20** (A)
21 (C)	**22** (B)	**23** (C)	**24** (A)	**25** (C)
26 (C)	**27** (B)	**28** (C)	**29** (B)	**30** (C)
31 (A)	**32** (C)	**33** (D)	**34** (D)	**35** (A)
36 (B)	**37** (D)	**38** (A)	**39** (C)	**40** (B)
41 (A)	**42** (D)	**43** (B)	**44** (C)	**45** (D)
46 (B)	**47** (C)	**48** (A)	**49** (D)	**50** (B)
51 (D)	**52** (A)	**53** (C)	**54** (A)	**55** (D)
56 (A)	**57** (C)	**58** (D)	**59** (A)	**60** (C)
61 (B)	**62** (C)	**63** (A)	**64** (B)	**65** (B)
66 (C)	**67** (A)	**68** (A)	**69** (D)	**70** (B)
71 (D)	**72** (C)	**73** (D)	**74** (C)	**75** (B)
76 (A)	**77** (B)	**78** (D)	**79** (B)	**80** (B)
81 (C)	**82** (A)	**83** (B)	**84** (A)	**85** (C)
86 (B)	**87** (A)	**88** (D)	**89** (B)	**90** (D)
91 (A)	**92** (A)	**93** (D)	**94** (C)	**95** (C)
96 (C)	**97** (A)	**98** (A)	**99** (B)	**100** (A)

PART 1

1   W-Am

(A) He's talking on a phone.
(B) He's looking in a drawer.
(C) He's using a microscope.
(D) He's opening a window.

(A) 남자가 통화를 하고 있다.
(B) 남자가 서랍을 들여다보고 있다.
(C) 남자가 현미경을 사용하고 있다.
(D) 남자가 창문을 열고 있다.

어휘   drawer 서랍   microscope 현미경

해설   1인 등장 사진 – 사람의 동작/상태 묘사

(A) 동사 오답. 남자가 통화를 하고 있는(talking on a phone) 모습이 아니므로 오답.
(B) 정답. 남자가 서랍을 들여다보고 있는(looking in a drawer) 모습이므로 정답.
(C) 동사 오답. 남자가 현미경을 사용하고 있는(using a microscope) 모습이 아니므로 오답.

(D) 동사 오답. 남자가 창문을 열고 있는(opening a window) 모습이 아니므로 오답.

---

2   M-Au

(A) They're swimming in a lake.
(B) They're fishing from a dock.
(C) They're walking along a path.
(D) They're cutting the grass.

(A) 사람들이 호수에서 수영을 하고 있다.
(B) 사람들이 부두에서 낚시를 하고 있다.
(C) 사람들이 길을 따라 걷고 있다.
(D) 사람들이 잔디를 깎고 있다.

어휘   dock 부두   walk along ~를 따라 걷다

해설   2인 이상 등장 사진 – 사람의 동작/상태 묘사

(A) 동사 오답. 사람들이 수영하고 있는(swimming) 모습이 아니므로 오답.
(B) 동사 오답. 사람들이 낚시를 하고 있는(fishing) 모습이 아니므로 오답.
(C) 정답. 사람들이 길을 따라 걷고 있는(walking along a path) 모습을 잘 묘사하였으므로 정답.
(D) 동사 오답. 사람들이 잔디를 깎고 있는(cutting the grass) 모습이 아니므로 오답.

---

3   M-Cn

(A) Some women are crossing the street.
(B) Some women are paying for some clothing.
(C) Some clothing is being folded.
(D) Some coats are being displayed.

(A) 여자들이 길을 건너고 있다.
(B) 여자들이 옷값을 지불하고 있다.
(C) 옷이 개켜지고 있다.
(D) 코트가 진열되어 있다.

어휘   fold 접다, 개키다   display 전시하다, 진열하다

해설   2인 이상 등장 사진 – 사람의 동작/상태 묘사

(A) 동사 오답. 여자들이 길을 건너고 있는(crossing the street) 모습이 아니므로 오답.
(B) 동사 오답. 여자들이 옷값을 지불하고 있는(paying for some clothing) 모습이 아니므로 오답.
(C) 동사 오답. 옷이 누군가에 의해 개켜지고 있는(being folded) 모습이 아니므로 오답.

TEST 8

(D) 정답. 코트가 진열되어 있는(being displayed) 상태이므로 정답. 참고로 display(진열·전시하다)는 상태를 나타내기도 하므로 물건을 진열하고 있는 사람이 보이지 않더라도 be being p.p.(되고 있다)로 묘사가 가능하다.

---

4 W-Br

(A) The man is building a fence.
(B) The woman is resting her arm on a railing.
(C) The people are selecting some photographs.
(D) The people are sweeping a balcony.

(A) 남자가 울타리를 세우고 있다.
(B) **여자가 난간에 팔을 얹고 있다.**
(C) 사람들이 사진을 고르고 있다.
(D) 사람들이 발코니를 쓸고 있다.

어휘 railing 난간 sweep 쓸다, 청소하다

해설 2인 이상 등장 사진 – 사람의 동작/상태 묘사
(A) 동사 오답. 남자가 울타리를 세우고 있는(building a fence) 모습이 아니므로 오답.
(B) 정답. 여자가 난간에 팔을 얹고 있는(resting her arm on a railing) 모습이므로 정답.
(C) 동사 오답. 사람들이 사진을 고르고 있는(selecting some photographs) 모습이 아니므로 오답.
(D) 동사 오답. 사람들이 발코니를 쓸고 있는(sweeping a balcony) 모습이 아니므로 오답.

---

5 W-Am

(A) The woman is closing the curtains.
(B) The woman is watering some plants.
(C) The man is handing a cup to the woman.
(D) The man is setting dishes on the counter.

(A) 여자가 커튼을 치고 있다.
(B) 여자가 나무에 물을 주고 있다.
(C) **남자가 여자에게 컵을 건네고 있다.**
(D) 남자가 카운터에 음식을 차리고 있다.

어휘 plant 식물, 나무

해설 2인 이상 등장 사진 – 사람의 동작/상태 묘사
(A) 동사 오답. 여자가 커튼을 치고 있는(closing the curtains) 모습이 아니므로 오답.

(B) 동사 오답. 여자가 나무에 물을 주고 있는(watering some plants) 모습이 아니므로 오답.
(C) 정답. 남자가 여자에게 컵을 건네고 있는(handing a cup to the woman) 모습이므로 정답.
(D) 동사 오답. 남자가 카운터에 음식을 차리고 있는(setting dishes on the counter) 모습이 아니므로 오답.

---

6 M-Cn

(A) Some tools have been left on a cart.
(B) Some bags are hanging from hooks on the wall.
(C) Some cleaning supplies are scattered on the floor.
(D) Some artwork is leaning against a filing cabinet.

(A) **연장이 수레에 남겨져 있다.**
(B) 가방이 벽걸이에 걸려 있다.
(C) 청소용품이 바닥에 흩어져 있다.
(D) 미술품이 문서 보관함에 기대어 있다.

어휘 tool 연장, 도구 cleaning supplies 청소용품 scatter 흩어지게 하다 lean against ~에 기대다 filing cabinet 문서 보관함

해설 사물 사진 – 실내 사물의 상태 묘사
(A) 정답. 연장(tools)이 수레에 남겨져 있는(left on a cart) 상태를 잘 묘사하였으므로 정답.
(B) 동사 오답. 가방이 벽걸이에 걸려 있는(hanging from hooks on the wall) 상태가 아니므로 오답.
(C) 사진에 없는 명사를 이용한 오답. 사진에 청소용품(cleaning supplies)의 모습이 보이지 않으므로 오답.
(D) 동사 오답. 미술품(artwork)이 문서 보관함에 기대어(leaning against a filing cabinet) 있지 않으므로 오답.

PART 2

7

W-Am Did you buy a monthly parking pass?
M-Cn (A) I've prepared a new list.
(B) I'm not very hungry.
(C) Yes, at the beginning of January.

월 주차권을 샀나요?
(A) 제가 새 목록을 준비했어요.
(B) 저는 그다지 배고프지 않아요.
(C) 네, 1월 초예요.

어휘 parking pass 주차권 at the beginning of ~의 초반에

해설 월 주차권을 구입했는지 묻는 조동사(do) 의문문

(A) 질문과 상관없는 오답. 질문에 어울리지 않는 응답을 하고 있으므로 오답.

(B) 질문과 상관없는 오답. 질문에 어울리지 않는 응답을 하고 있으므로 오답.

(C) 정답. 월 주차권을 구입했는지 묻는 질문에 네(Yes)라고 한 뒤, 1월 초에 샀다며 구체적으로 응답하고 있으므로 정답.

8

W-Br Where should we put the microwave oven?
W-Am (A) The food is very spicy.
     (B) On the back counter.
     (C) Very recently.

전자레인지를 어디에 둬야 하죠?
(A) 음식이 아주 맵습니다.
(B) 뒤편 카운터요.
(C) 아주 최근에요.

어휘 microwave oven 전자레인지   recently 최근에

해설 전자레인지를 둘 위치를 묻는 Where 의문문

(A) 연상 단어 오답. 질문의 microwave oven에서 연상 가능한 food를 이용한 오답.

(B) 정답. 전자레인지를 둘 위치를 묻는 질문에 뒤편 카운터라고 구체적으로 응답하고 있으므로 정답.

(C) 질문과 상관없는 오답. When 의문문에 대한 응답이므로 오답.

9

M-Cn Why can't the vice president attend the meeting?
W-Br **(A) Because he's on vacation this week.**
     (B) Conference room four.
     (C) Thank you for the present.

부사장님은 왜 회의에 참석 못하시나요?
(A) 이번 주 휴가라서요.
(B) 4번 회의실입니다.
(C) 선물 감사합니다.

어휘 vice president 부사장   attend 참석하다   conference 회의

해설 부사장님이 회의에 참석하지 못하는 이유를 묻는 Why 의문문

(A) 정답. 부사장님이 회의에 참석하지 못하는 이유를 묻는 질문에 이번 주에 휴가 중이라고 구체적인 이유를 제시하고 있으므로 정답.

(B) 질문과 상관없는 오답. Where 의문문에 대한 응답이므로 오답.

(C) 유사 발음 오답. 질문의 president와 부분적으로 발음이 유사한 present를 이용한 오답.

10

W-Br Isn't this the line for the theater's box office?
M-Au (A) They're heavy, aren't they?
     (B) Yes, you're in the right place.
     (C) A seat near the stage.

이 줄이 극장 매표소 줄 아닌가요?
(A) 그것은 무거워요, 그렇죠?
(B) 네, 맞습니다.
(C) 무대 가까운 자리요.

어휘 box office 매표소   stage 무대

해설 극장 매표소 줄을 확인하는 부정 의문문

(A) 질문과 상관없는 오답. this로 묻는 질문에 they로 답했고 질문과 상관없는 응답을 하고 있으므로 오답.

(B) 정답. 극장 매표소 줄이 맞는지 묻는 질문에 맞다(Yes)고 확인해 주고 있으므로 정답.

(C) 연상 단어 오답. 질문의 theater에서 연상 가능한 seat와 stage를 이용한 오답.

11

M-Au When can I update your computer software?
W-Br **(A) This afternoon would be best.**
     (B) Because the monitor broke.
     (C) Just behind the printer.

귀하의 컴퓨터 소프트웨어를 언제 업데이트할 수 있을까요?
(A) 오늘 오후가 가장 좋겠어요.
(B) 모니터가 고장 나서요.
(C) 프린터 바로 뒤에요.

해설 소프트웨어의 업데이트 시점을 묻는 When 의문문

(A) 정답. 소프트웨어를 업데이트할 시점을 묻는 질문에 오늘 오후가 최적이라며 구체적으로 응답하고 있으므로 정답.

(B) 연상 단어 오답. 질문의 computer에서 연상 가능한 monitor를 이용한 오답.

(C) 질문과 상관없는 오답. Where 의문문에 대한 응답이므로 오답.

12

W-Am Nadia's on a business trip in Germany, isn't she?
M-Cn (A) We're usually busy on Tuesdays.
     (B) No, she leaves tomorrow.
     (C) I took a guided tour.

나디아 씨는 독일 출장 중이죠, 그렇죠?
(A) 저희는 보통 화요일마다 바쁩니다.
(B) 아니요, 내일 떠납니다.
(C) 저는 가이드가 안내하는 여행을 했어요.

어휘 be on a business trip 출장 중이다   guided tour 가이드가 있는 여행

해설 나디아 씨가 독일 출장 중인지를 확인하는 부가 의문문
(A) 유사 발음 오답. 질문의 business와 부분적으로 발음이 유사한 busy를 이용한 오답.
(B) 정답. 나디아 씨가 현재 독일 출장 중인지를 묻는 질문에 아니요(No)라고 부정한 뒤, 그녀는 내일 떠난다고 구체적인 출발 시점까지 알려주고 있으므로 정답.
(C) 연상 단어 오답. 질문의 trip에서 연상 가능한 guided tour를 이용한 오답.

13

M-Au How long does the legal team need to review the contracts?

W-Br (A) Yes, the view's beautiful.
(B) Five hundred dollars.
(C) A few more days.

법률팀은 얼마나 오래 계약서를 검토해야 합니까?
(A) 네, 경치가 아름답군요.
(B) 500달러입니다.
(C) 며칠 더 걸립니다.

어휘 legal 법률의   review 검토하다   contract 계약서

해설 법률팀이 계약서를 검토하는 데 걸리는 기간을 묻는 How 의문문
(A) Yes/No 불가 오답. How 의문문에는 Yes/No 응답이 불가능하므로 오답.
(B) 질문과 상관없는 오답. How much 의문문에 대한 응답이므로 오답.
(C) 정답. 법률팀이 계약서를 검토하는 데 걸리는 기간을 묻는 질문에 며칠 더 걸린다며 구체적으로 응답하고 있으므로 정답.

14

M-Cn Why don't we hire another receptionist?

W-Am (A) Try restarting it.
(B) Let's suggest it to our manager.
(C) There's a reception at the gallery.

접수 담당자를 더 채용하는 게 어때요?
(A) 다시 한 번 시작해 보세요.
(B) 관리자에게 제안합시다.
(C) 미술관에 접수처가 있어요.

어휘 suggest 제안하다, 제의하다   reception 접수처, 프런트

해설 제안/권유 의문문
(A) 질문과 상관없는 오답. 다시 시작해 보라는 명령문은 상황에 어울리지 않는 응답이므로 오답.
(B) 정답. 접수 담당자를 채용하자고 제안하는 질문에 관리자에게 제안해 보자며 화자의 제안에 호응하는 답변을 하고 있으므로 정답.
(C) 유사 발음 오답. 질문의 receptionist와 부분적으로 발음이 유사한 reception을 이용한 오답.

15

M-Cn Have you finished the budget report, or are you still working on it?

M-Au (A) I'm almost done.
(B) No, it's plastic.
(C) Yes, I've eaten there.

예산보고서를 끝마쳤습니까, 아니면 아직 작성 중입니까?
(A) 거의 다 됐습니다.
(B) 아니요, 플라스틱입니다.
(C) 네, 거기서 식사해 본 적이 있어요.

어휘 budget 예산

해설 예산보고서를 끝냈는지 여부를 확인하는 선택 의문문
(A) 정답. 예산보고서를 끝냈는지 여부를 묻는 질문에 거의 다 되었다며 진행 상황을 말해주고 있으므로 정답.
(B) 질문과 상관없는 오답. 질문과 전혀 상관없는 응답을 하고 있으므로 오답.
(C) 질문과 상관없는 오답. 질문에 어울리지 않는 응답을 하고 있으므로 오답.

16

W-Am Are you training the new employees?

M-Cn (A) A one-way ticket.
(B) Not this time.
(C) All right, thanks.

신입사원들을 교육하고 있나요?
(A) 편도 승차권입니다.
(B) 이번엔 아닙니다.
(C) 좋아요, 감사합니다.

어휘 one-way ticket 편도 승차권

해설 신입사원들을 교육하고 있는지 묻는 Be동사 의문문
(A) 연상 단어 오답. 질문의 training과 발음이 비슷한 train에서 연상되는 ticket을 이용한 오답.
(B) 정답. 신입사원들을 교육하고 있는지 묻는 질문에 아니오(No)를 생략한 채 이번엔 하지 않는다며 부정 답변을 하고 있으므로 정답.
(C) 질문과 상관없는 오답. 질문에 어울리지 않는 응답을 하고 있으므로 오답.

17

W-Am Can you call our Singapore office to confirm the client's address?

M-Au (A) A short flight.
(B) I'm late for a meeting.
(C) Right, the cafeteria upstairs.

싱가포르 지사에 전화해 고객 주소를 확인해 줄 수 있나요?
(A) 단거리 비행입니다.
(B) 제가 회의에 늦었는데요.
(C) 네, 위층 카페테리아입니다.

어휘 confirm 확인해 주다, 확정하다   upstairs 위층에

해설 부탁/요청 의문문

(A) 연상 단어 오답. 질문의 Singapore office에서 출장을 연상하게 만드는 flight을 이용한 오답.

(B) 정답. 싱가포르 지사에 전화해 고객 주소를 확인해 달라고 요청하는 질문에 회의에 늦었다는 이유를 대며 우회적으로 거절하고 있으므로 정답.

(C) 질문과 상관없는 오답. 질문과 전혀 상관없는 응답을 하고 있으므로 오답.

18

W-Br Who still needs to submit their travel receipts?

W-Am (A) I have to submit mine.

(B) A rental property.

(C) The trip went well, thanks.

출장 영수증을 제출해야 하는 사람은 누구죠?

(A) 제 영수증을 제출해야 해요.

(B) 임대 부동산이요.

(C) 출장은 순조로웠어요. 감사합니다.

어휘 submit 제출하다　receipt 영수증　rental property 임대 부동산, 임대 자산

해설 출장 영수증을 제출해야 하는 사람을 묻는 Who 의문문

(A) 정답. 출장 영수증을 제출해야 하는 사람이 누구인지를 묻는 질문에 제가 제출해야 한다며 질문에 적절하게 응답하고 있으므로 정답.

(B) 질문과 상관없는 오답. 질문과 전혀 상관없는 응답을 하고 있으므로 오답.

(C) 연상 단어 오답. 질문의 travel에서 연상 가능한 trip을 이용한 오답.

19

M-Cn Why is our company Web site currently unavailable?

W-Am (A) No, none are in stock.

(B) I like that one too.

(C) It's working for me.

현재 우리 회사 웹사이트 이용이 안 되는 이유가 뭐죠?

(A) 아니요, 재고가 없습니다.

(B) 저도 그게 마음에 드네요.

(C) 저는 되는데요.

어휘 currently 현재　unavailable 이용할 수 없는　be in stock 재고가 있다

해설 회사 웹사이트를 이용할 수 없는 이유를 묻는 Why 의문문

(A) Yes/No 불가 오답. Why 의문문에는 Yes/No 응답이 불가능하므로 오답.

(B) 질문과 상관없는 오답. 질문에 어울리지 않는 응답을 하고 있으므로 오답.

(C) 정답. 현재 회사 웹사이트가 이용 불가 상태인 이유를 묻는 질문에 본인은 된다며 이용 불가 상태가 아니라고 말하고 있으므로 정답.

20

M-Au Where will the interns be seated?

W-Br (A) I'll ask Martha.

(B) A long internship.

(C) Maybe tomorrow.

인턴들은 어디에 앉을 예정인가요?

(A) 마사 씨에게 물어볼게요.

(B) 인턴 근무기간이 길군요.

(C) 아마 내일이요.

어휘 internship 인턴 근무 (기간)

해설 인턴들이 앉을 위치를 묻는 Where 의문문

(A) 정답. 인턴들이 앉을 위치를 묻는 질문에 마사 씨에게 물어본다며 본인은 모른다는 말을 우회적으로 응답하고 있으므로 정답.

(B) 유사 발음 오답. 질문의 interns와 부분적으로 발음이 유사한 internship을 이용한 오답.

(C) 질문과 상관없는 오답. When 의문문에 대한 응답이므로 오답.

21

W-Br What time does the train from Milan arrive?

M-Au (A) Yes, in the training manual.

(B) Two large suitcases.

(C) It should be here soon.

밀란에서 오는 기차는 몇 시에 도착합니까?

(A) 네, 교육책자예요.

(B) 큰 여행가방 두 개요.

(C) 곧 도착할 겁니다.

어휘 arrive 도착하다　suitcase 여행가방

해설 기차가 도착하는 시간을 묻는 What 의문문

(A) Yes/No 불가 오답. What 의문문에는 Yes/No 응답이 불가능하므로 오답.

(B) 연상 단어 오답. 질문의 train을 타고 여행하는 상황에서 연상 가능한 suitcases를 이용한 오답.

(C) 정답. 밀란에서 오는 기차가 몇 시에 도착하는지를 묻는 질문에 곧 도착한다고 응답하였으므로 정답.

22

M-Cn When can you complete the presentation?

W-Br (A) From another vendor.

(B) I have a lot of projects this week.

(C) They're offering a discount.

발표자료를 언제 완성할 수 있나요?

(A) 다른 판매처에서요.

(B) 이번 주에는 프로젝트가 많아요.

(C) 지금 할인 중입니다.

어휘 complete 완료하다, 완성하다　vendor 판매업체　offer a discount 할인을 해 주다

해설 발표자료를 완성할 수 있는 시점을 묻는 When 의문문

(A) 질문과 상관없는 오답. 출처를 묻는 Where 의문문에 대한 응답이므로 오답.

TEST 8

(B) 정답. 발표자료를 완성할 수 있는 시점을 묻는 질문에 이번 주에는 프로젝트가 많다며 완성하기 힘들다는 말을 우회적으로 응답하고 있으므로 정답.

(C) 질문과 상관없는 오답. 질문과는 전혀 상관없는 응답이므로 오답.

23

M-Au The elevator needs to be repaired.

M-Cn (A) We passed the park.

(B) A twelve-story building.

(C) The maintenance crew is on their way.

엘리베이터를 수리해야 해요.

(A) 우리는 공원을 지나왔어요.

(B) 12층짜리 건물입니다.

(C) 수리공이 오고 있어요.

어휘 repair 수리하다 maintenance 유지, 보수

해설 의견 제시 평서문

(A) 질문과 상관없는 오답. 질문과는 전혀 상관없는 응답이므로 오답.

(B) 연상 단어 오답. 질문의 elevator에서 연상 가능한 building을 이용한 오답.

(C) 정답. 엘리베이터를 수리해야 한다는 의견을 제시한 평서문에 수리공이 오고 있다며 곧 수리될 것이라고 호응하고 있으므로 정답.

24

W-Br Let's take our clients to the theater.

W-Am **(A) How about a restaurant instead?**

(B) Downstairs on the left.

(C) I brought my own.

고객들을 극장에 데려갑시다.

(A) 대신 식당은 어때요?

(B) 아래층 왼편에요.

(C) 저는 제 것을 가져왔어요.

어휘 instead 대신

해설 제안/권유 평서문

(A) 정답. 고객들을 극장에 데려가자고 제안하는 평서문에 대신 식당은 어떻겠느냐며 다른 의견을 제시하고 있으므로 정답.

(B) 질문과 상관없는 오답. Where 의문문에 대한 응답이므로 오답.

(C) 연상 단어 오답. 질문의 take에서 연상 가능한 brought을 이용한 오답.

25

W-Am Have you tried our grilled vegetable platter?

M-Au (A) Because I already tried to.

(B) She's at the supermarket.

(C) No, is that a new menu item?

저희 구운 채소 모듬 요리를 먹어 보셨나요?

(A) 이미 시도해 봐서요.

(B) 그녀는 슈퍼마켓에 있습니다.

(C) 아니요, 새로운 메뉴인가요?

해설 경험을 묻는 조동사(Have) 의문문

(A) 단어 반복 오답. 질문의 tried를 반복 이용한 오답.

(B) 연상 단어 오답. 질문의 vegetable에서 연상 가능한 supermarket을 이용한 오답.

(C) 정답. 구운 채소 모듬 요리를 먹어 보았느냐고 묻는 질문에 아니요(No)라고 부정한 뒤 새로 나온 메뉴인지를 묻고 있으므로 정답.

26

W-Am How was last night's dance performance?

M-Cn (A) Three tickets, please.

(B) That was our goal.

(C) I had to work late.

어젯밤 무용 공연은 어땠나요?

(A) 표 석 장 주세요.

(B) 그게 우리 목표였어요.

(C) 저는 늦게까지 일을 해야 했어요.

어휘 performance 공연

해설 공연이 어땠는지를 묻는 How 의문문

(A) 질문과 상관없는 오답. How many 의문문에 대한 응답이므로 오답.

(B) 연상 단어 오답. 질문의 performance에서 연상 가능한 goal을 이용한 오답.

(C) 정답. 어젯밤 무용 공연이 어땠는지를 묻는 질문에 늦게까지 일해야 했다며 공연을 보지 못해 답변할 수 없음을 우회적으로 응답하고 있으므로 정답.

27

M-Au Why don't we close the store early for the staff meeting?

W-Am (A) On the bottom shelf.

(B) That's what we were planning to do.

(C) The clothes are folded.

직원 회의 참석을 위해 매장을 일찍 닫으면 어때요?

(A) 맨 아래 선반에요.

(B) 그러려고 했어요.

(C) 옷이 개켜져 있어요.

어휘 staff meeting 직원 회의

해설 제안/권유 의문문

(A) 질문과 상관없는 오답. Where 의문문에 대한 응답이므로 오답.

(B) 정답. 직원 회의 참석을 위해 매장을 일찍 닫는 게 어떨지를 묻는 질문에 그러려고 했다며 호응하고 있으므로 정답.

(C) 유사 발음 오답. 질문의 close와 발음이 일부 유사한 clothes를 이용한 오답.

28

M-Au I need to find a new dentist.

W-Br (A) A morning appointment.

(B) No, she's a technician.

(C) Mine is excellent.

새로운 치과의사를 찾아야 해요.
(A) 오전 예약입니다.
(B) 아니요, 그녀는 기술자입니다.
(C) 제 담당의가 훌륭해요.

어휘 appointment 약속, 예약 technician 기술자, 기사

해설 정보 전달의 평서문

(A) 연상 단어 오답. 평서문의 dentist에서 연상 가능한 appointment를 이용한 오답.

(B) 질문과 상관없는 오답. 질문에 어울리지 않는 응답이므로 오답.

(C) 정답. 새로운 치과의사를 찾아야 한다는 평서문에 본인의 담당의가 훌륭하다면서 추천하고 있으므로 정답.

29

M-Cn Will your rent increase next year, or will it stay the same?

W-Am (A) The lease agreement.
(B) I'm getting a new apartment.
(C) I lent it to him a while ago.

내년에는 임대료가 오르나요, 아니면 그대로 유지되나요?
(A) 임대 계약이요.
(B) 저는 새 아파트를 구할 겁니다.
(C) 얼마 전 그에게 빌려줬어요.

어휘 increase 증가하다, 오르다 stay the same 유지되다 lease agreement 임대 계약

해설 임대료 인상 여부를 묻는 선택 의문문

(A) 연상 단어 오답. 질문의 rent에서 연상 가능한 lease agreement를 이용한 오답.

(B) 정답. 내년에 임대료가 오를지 유지될지를 묻는 질문에 새 아파트를 구한다고 새로운 상황을 제시하며 제3의 답변을 하고 있으므로 정답.

(C) 유사 발음 오답. 질문의 rent와 발음이 일부 유사한 lent를 이용한 오답.

30

W-Br Shouldn't we post the job opening online?

M-Au (A) The post office.
(B) Hang the painting on the north wall.
(C) We have enough applicants.

온라인에 채용공고를 내야 하지 않습니까?
(A) 우체국이요.
(B) 북쪽 벽에 그림을 거세요.
(C) 지원자들이 충분히 있어요.

어휘 job opening 구인 applicant 지원자

해설 제안/권유의 부정 의문문

(A) 단어 반복 오답. 질문의 post를 반복 이용한 오답.

(B) 연상 단어 오답. 질문의 post에서 연상 가능한 hang을 이용한 오답.

(C) 정답. 온라인에 채용공고를 내야 하지 않느냐고 제안하는 질문에 지원자들이 충분히 있다며 온라인에 채용공고를 낼 필요가 없음을 우회적으로 응답하고 있으므로 정답.

31

M-Au What does the timeline look like for the lobby renovations?

M-Cn **(A) The schedule was e-mailed yesterday.**
(B) No, that's all right.
(C) The six-thirty train.

로비 보수공사 일정은 어떻습니까?
(A) 일정은 어제 이메일로 발송됐어요.
(B) 아니요, 괜찮아요.
(C) 6시 30분 기차입니다.

어휘 renovation 개조, 수리, 보수 timeline 일정표

해설 로비 보수공사 일정에 대해 묻는 What 의문문

(A) 정답. 로비 보수공사 일정에 대해 묻는 질문에 일정이 어제 이메일로 발송되었다고 응답했으므로 정답.

(B) Yes/No 불가 오답. What 의문문에는 Yes/No 응답이 불가능하므로 오답.

(C) 연상 단어 오답. 질문의 timeline에서 시간을 연상하게 한 six-thirty를 이용한 오답.

PART 3

32-34

W-Am Hi, this is Megumi Sato. **[32]I'm waiting for a delivery of windows that I purchased from your company.** They were supposed to be here at nine o'clock. I'm at the house that's under construction on Tulane Road.

M-Au Yes, Ms. Sato. **[33]I'm sorry, but the truck that's delivering the windows got stuck in the mud at a different work site. It doesn't look like we'll make it out to your house today.** We can be there first thing tomorrow morning.

W-Am Oh, that's too bad. **[34]I won't be here tomorrow morning because I'm going to look at flooring samples for the kitchen.** My contractor will be here to sign for the delivery. Is that OK?

여 안녕하세요, 저는 메구미 사토입니다. **귀사에서 구매한 창문 배송을 기다리는 중인데요.** 9시에 도착했어야 해요. 툴레인 로드의 공사 중인 집입니다.

남 네, 사토 씨. **죄송합니다만 창문을 배송하는 트럭이 다른 작업 현장에서 진흙에 빠졌습니다. 오늘 댁으로 보내 드릴 수 있을 것 같지 않군요.** 내일 아침 맨 먼저 갈 수 있어요.

여 아, 안타깝군요. **제가 내일 아침엔 주방 바닥재 견본을 보러 가야 해서 집에 없을 텐데요.** 저희 도급업자가 있다가 배송 서명을 할 겁니다. 괜찮나요?

어휘   delivery 배송   purchase 구매하다   be supposed to
~하기로 되어 있다   be under construction 공사 중이다
get stuck 갇히다, 꼼짝 못하게 되다   first thing 맨 먼저
flooring 바닥재   contractor 도급업자, 하청업체

32

What did the woman purchase?

(A) A piano
(B) A refrigerator
(C) Some windows
(D) Some gardening tools

여자가 구매한 것은?

(A) 피아노
(B) 냉장고
(C) 창문
(D) 원예 도구

어휘 gardening tool 원예 도구

해설 세부사항 관련 – 여자가 구매한 것

대화 초반부에 여자가 귀사에서 구매한 창문 배송을 기다리는 중(I'm waiting for a delivery of windows that I purchased from your company)이라고 했으므로 정답은 (C)이다.

33

Why does the man apologize?

(A) He lost the woman's phone number.
(B) A coupon has expired.
(C) An item is out of stock.
(D) A delivery is delayed.

남자가 사과한 이유는?

(A) 여자의 전화번호를 잊어버렸다.
(B) 쿠폰이 만료됐다.
(C) 물품 재고가 없다.
(D) 배송이 지연되고 있다.

어휘 apologize 사과하다   expire 만료되다   be out of stock 재고가
없다   delay 지연시키다

해설 세부사항 관련 – 남자가 사과하는 이유

대화 중반부에서 죄송하지만 창문을 배송하는 트럭이 다른 작업 현장에서 진흙에 빠졌다(I'm sorry, but the truck that's delivering the windows got stuck in the mud at a different work site)고 오늘 보내 드릴 수 있을 것 같지 않다(It doesn't look like we'll make it out to your house today)고 했으므로 정답은 (D)이다.

34

What does the woman say she will do tomorrow morning?

(A) Mail a contract
(B) Tour a model home
(C) Leave for vacation
(D) Look at samples

여자가 내일 아침에 할 것이라고 말한 것은?

(A) 계약서 우편으로 발송하기
(B) 모델하우스 둘러보기
(C) 휴가 떠나기
(D) 견본 살펴보기

어휘 contract 계약(서)

해설 세부사항 관련 – 여자가 내일 아침에 할 일

여자가 마지막 대사에서 내일 아침엔 주방 바닥재 견본을 보러 가야 해서 집에 없을 것(I won't be here tomorrow morning because I'm going to look at flooring samples for the kitchen)이라고 했으므로 정답은 (D)이다.

35-37

M-Cn Eun-Mi, the new employees will be here in just a few minutes. 35**Is everything set up for their training?**

W-Am Mostly—all of the manuals and training binders are ready to go, and I have the presentation slides on my computer. But 36**there's one problem... I just tried to turn on the projector, but it isn't working.**

M-Cn Oh no—that's frustrating. Well, we don't have time to call tech support... 37**I'll just go downstairs to the photocopier and make copies of the slides for everyone.** I'll be right back.

남 은미 씨, 몇 분 후면 신입사원들이 도착할 겁니다. **교육 준비가 다 됐나요?**

여 거의 됐어요. 설명서와 교육자료 묶음은 준비됐고, 컴퓨터에 발표용 슬라이드가 준비되어 있습니다. **하지만 문제가 하나 있는데요. 방금 프로젝터를 켜 보았는데, 작동이 안 돼요.**

남 아, 저런… 난감하네요. 자, 기술지원을 요청할 시간이 없네요…. **제가 아래층 복사기에서 전원에게 줄 슬라이드를 복사해 올게요.** 곧 오겠습니다.

어휘   set up 마련하다   mostly 거의   presentation 발표
frustrating 난감한, 좌절감을 주는   photocopier 복사기
make copies of ~를 복사하다

35

What are the speakers preparing for?

(A) A training session
(B) A board meeting
(C) A press conference
(D) A product demonstration

화자들이 준비하는 것은?

(A) 교육 과정
(B) 이사회
(C) 기자회견
(D) 제품 시연

어휘 board meeting 이사회   press conference 기자회견
demonstration 시연

해설 세부사항 관련 – 화자들이 준비하는 것

남자가 대화 초반부에서 교육 준비가 다 됐는지(Is everything set up for their training) 묻고 있으므로 정답은 (A)이다.

36

What problem does the woman mention?

(A) Some presenters will be late.

(B) Some equipment is not working.

(C) An event schedule is incorrect.

(D) A meeting room is too small.

여자가 언급한 문제는 무엇인가?

(A) 연사들이 늦을 것이다.

(B) 장비가 제대로 작동하지 않는다.

(C) 행사 일정이 잘못됐다.

(D) 회의실이 너무 좁다.

어휘 equipment 장비 incorrect 부정확한

해설 세부사항 관련 – 여자가 언급한 문제

대화 중반부에서 여자가 문제가 있다(there's one problem)면서 방금 프로젝터를 켜 보았는데, 작동이 안 된다(I just tried to turn on the projector, but it isn't working)고 했으므로 정답은 (B)이다.

37

What does the man say he will do?

(A) E-mail a coworker

(B) Hang up some posters

(C) Make an announcement

(D) Copy some documents

남자가 하겠다고 말한 것은?

(A) 동료에게 이메일 보내기

(B) 포스터 게시하기

(C) 공지하기

(D) 문서 복사하기

어휘 coworker 동료 make an announcement 공지하다

해설 세부사항 관련 – 남자가 하겠다는 일

남자가 마지막 대사에서 아래층 복사기에서 전원에게 줄 슬라이드를 복사해 오겠다(I'll just go downstairs to the photocopier and make copies of the slides for everyone)고 했으므로 정답은 (D)이다.

38-40 3인 대화

W-Br	Good afternoon, Mr. Thompson. **38We at Pellman Advertising are excited to work on the ad campaign for your new wind-resistant umbrella.**
M-Cn	I'm looking forward to getting started. **39Our umbrella's made of high-quality materials.** And we want the commercial to highlight the quality of the umbrella to our customers.
W-Br	Well you've come to the right place. **40Let me introduce you to our scriptwriter, Helen.**
W-Am	Hi, it's nice to meet you. I have several ideas already, but before we get to that, **40I suggest we develop a timeline.** It'll keep us on schedule throughout the whole process.
여1	안녕하세요, 톰슨 씨. 저희 펠맨 광고에서 귀사의 신상품 바람막이 우산을 위한 광고 캠페인을 제작하게 되어 기쁩니다.
남	어서 시작하기를 고대하고 있습니다. 저희 우산은 고품질 소재로 제작됐어요. 광고에서 저희 우산의 품질을 고객들에게 강조해 줬으면 합니다.
여1	그렇다면 잘 찾아오신 겁니다. 저희 구성작가 헬렌 씨를 소개할게요.
여2	안녕하세요, 반갑습니다. 이미 몇 가지 아이디어가 있지만 착수하기 전 일정표부터 짰으면 합니다. 일정표가 있으면 제작과정 내내 일정에 맞춰 진행할 수 있으니까요.

어휘 wind-resistant 내풍의, 바람막이의 look forward to ~를 고대하다 material 재료, 소재 commercial 광고 highlight 강조하다 scriptwriter 구성작가 timeline 일정표 whole 전체의

38

Where do the women work?

(A) At an advertising firm

(B) At a music studio

(C) At a manufacturing plant

(D) At a department store

여자들은 어디에서 일하는가?

(A) 광고회사

(B) 음악 스튜디오

(C) 제조 공장

(D) 백화점

어휘 advertising 광고 firm 회사 manufacturing plant 제조 공장

해설 전체 내용 관련 – 여자들의 근무 장소

대화 초반부에 여자1이 저희 펠맨 광고에서 귀사의 신상품 바람막이 우산을 위한 광고 캠페인을 제작하게 되어 기쁘다(We at Pellman Advertising are excited to work on the ad campaign for your new wind-resistant umbrella)고 했으므로 정답은 (A)이다.

39

What does the man say about a product?

(A) It comes in many colors.

(B) It has a warranty.

(C) It is made of quality materials.

(D) It is only available online.

남자가 제품에 대해 말한 것은?

(A) 다양한 색상이 있다.
(B) 품질증명서가 있다.
(C) 품질 좋은 소재로 만들었다.
(D) 온라인에서만 판매한다.

어휘 warranty 품질보증서   available 이용 가능한

해설 세부사항 관련 – 남자가 제품에 대해 언급한 사항

대화 중반부에서 남자가 저희 우산은 고품질 소재로 제작되었다(Our umbrella's made of high-quality materials)고 말했으므로 정답은 (C)이다.

40

What does Helen recommend doing?

(A) Increasing a budget
(B) Developing a timeline
(C) Checking some customer reviews
(D) Contacting some local suppliers

헬렌 씨가 하자고 권하는 것은?

(A) 예산 증액하기
(B) 일정표 짜기
(C) 고객 평가 확인하기
(D) 지역 공급업체에 연락하기

어휘 budget 예산   supplier 공급업체

해설 세부사항 관련 – 헬렌 씨의 권고 사항

대화 후반부에서 여자1이 저희 구성작가인 헬렌 씨를 소개한다(Let me introduce you to our scriptwriter, Helen)고 하자 헬렌이 여자1의 말에 뒤이어 일정표를 짰으면 한다(I suggest we develop a timeline)고 했으므로 정답은 (B)이다.

41-43

M-Au	Hello. Welcome to Baldwin Fitness Club. How can I help you?
W-Am	Hi. I have a question. I'm not a member here, but [41]**I'm interested in taking some dance classes,** like jazz or hip-hop. Can I take dance classes without joining the club?
M-Au	Sure. Anyone can take our classes. But, [42]**if you plan to go to them regularly, it's actually cheaper to get a membership instead of paying for each class.**
W-Am	OK, that sounds like a good idea. And I'm currently a university student. [43]**Do I qualify for a student discount?**
M-Au	[43]**Yes, of course.** Our student discount membership is only 30 dollars a month.
남	안녕하세요. 볼드윈 피트니스 클럽에 오신 것을 환영합니다. 어떻게 도와드릴까요?

여 안녕하세요. 질문이 있는데요. 회원은 아니지만 재즈나 힙합 같은 **춤 강좌를 듣고 싶어요.** 클럽에 가입하지 않고도 춤 강좌를 들을 수 있나요?

남 물론입니다. 누구나 저희 강좌를 들을 수 있어요. 하지만 **정기적으로 수업을 듣고자 하시면 강좌별로 돈을 내는 대신 회원 가입을 하는 것이 더 저렴하죠.**

여 네, 그거 좋네요. 저는 대학생인데요. **학생 할인을 받을 자격이 되나요?**

남 네, 그렇습니다. 저희 학생 할인 회원권은 월 30달러밖에 안 돼요.

어휘 regularly 정기적으로   actually 사실상   instead of ～ 대신   currently 현재   qualify for ～의 자격을 얻다   discount 할인

41

What kind of class is the woman interested in?

(A) Dance
(B) Strength training
(C) Swimming
(D) Yoga

여자는 어떤 강좌에 관심이 있는가?

(A) 춤
(B) 근력운동
(C) 수영
(D) 요가

어휘 strength training 근력운동

해설 세부사항 관련 – 여자가 관심 있는 강좌

대화 초반부에 여자가 춤 강좌를 듣고 싶다(I'm interested in taking some dance classes)고 했으므로 정답은 (A)이다.

42

What does the man suggest the woman do?

(A) Invite a friend to join her
(B) Try a free class
(C) Return at a later time
(D) Sign up for a membership

남자가 여자에게 하라고 제안하는 것은?

(A) 함께 할 친구 불러오기
(B) 무료 강좌 들어보기
(C) 나중에 다시 오기
(D) 회원 가입하기

어휘 at a later time 나중에   sign up for ～에 신청하다

해설 세부사항 관련 – 남자의 제안 사항

대화 중반부에 남자가 정기적으로 수업을 듣고자 하시면 강좌별로 돈을 내는 대신 회원 가입을 하는 것이 더 저렴하다(if you plan to go to them regularly, it's actually cheaper to get a membership instead of paying for each class)고 했으므로 정답은 (D)이다.

43

What special offer does the woman qualify for?

(A) A guest pass
(B) A student discount
(C) A private lesson
(D) A free water bottle

여자가 특가로 받을 수 있는 것은?

(A) 손님용 입장권
(B) 학생 할인
(C) 개인 수업
(D) 무료 물병

어휘 special offer 특가 판매, 특별 제공

해설 세부사항 관련 – 여자가 특가로 받을 수 있는 것

대화 후반부에서 여자가 학생 할인을 받을 자격이 되는지(Do I qualify for a student discount)를 묻자 남자가 그렇다(Yes, of course)고 답했으므로 정답은 (B)이다.

44-46

W-Br	Good morning. **44I have a dental appointment with Dr. Tang at ten o'clock.**
M-Au	**44Let's see... Sameera Kapoor?** Welcome. As a new patient, **45you just need to fill out this form.**
W-Br	**45Actually, I filled that out last week.** I'm here today for a follow-up appointment. Do I need to fill out another one?
M-Au	Oh, I see it in your file now—sorry about that. You can go ahead and wait in Room Two. The dentist will be with you shortly.
W-Br	Great. I'm glad I could schedule an early appointment. **46I have to meet an important client for lunch later this afternoon.**
여	안녕하세요. 10시에 탱 선생님께 치과 진료 예약이 되어 있는데요.
남	한번 볼게요… 사미라 카푸어 씨인가요? 어서 오세요. 초진 환자로 이 서류를 작성하셔야 합니다.
여	지난주에 작성했는데요. 오늘은 후속 예약으로 온 겁니다. 다시 작성해야 하나요?
남	아, 이제 파일에서 봤습니다. 죄송합니다. 2번 방에서 기다리시면 됩니다. 선생님께서 곧 오실 겁니다.
여	좋아요. 이른 시간에 예약할 수 있어서 좋군요. **오늘 오후에 중요한 고객과 점심을 먹어야 하거든요.**
어휘	have an appointment with ~에게 약속이 되어 있다, 예약이 되어 있다 fill out a form 양식을 작성하다, 서류에 기입하다 follow-up 후속 shortly 곧

44

Where does the man work?

(A) At a hotel
(B) At a department store
(C) At a dentist's office
(D) At a bank

남자는 어디에서 일하는가?

(A) 호텔
(B) 백화점
(C) 치과
(D) 은행

해설 전체 내용 관련 – 남자의 근무 장소

대화 초반부에 여자가 10시에 탱 선생님께 치과 진료 예약이 되어 있다(I have a dental appointment with Dr. Tang at ten o'clock)고 하자 남자가 확인해 보겠다(Let's see)면서 치과 진료 예약을 확인해 주고 있으므로 정답은 (C)이다.

45

What does the woman say about a form?

(A) She would like her own copy.
(B) She would prefer to access it online.
(C) She needs it to be translated.
(D) She has already completed one.

여자가 서류에 대해 말한 것은?

(A) 자신의 서류를 원한다.
(B) 온라인으로 하고 싶다.
(C) 번역이 필요하다.
(D) 이미 작성했다.

어휘 prefer 선호하다 translate 번역하다 complete 작성하다, 기입하다

해설 세부사항 관련 – 여자가 서류에 대해 언급한 사항

남자가 첫 번째 대사에서 여자에게 서류를 작성하셔야 한다(you just need to fill out this form)고 하자 여자가 지난주에 작성했다(Actually, I filled that out last week)고 했으므로 정답은 (D)이다.

> ▸▸ Paraphrasing 대화의 fill out → 정답의 complete

46

What will the woman do this afternoon?

(A) Register for a workshop
(B) Meet a client for lunch
(C) Train some employees
(D) Tour a facility

여자는 오늘 오후에 무엇을 할 것인가?

(A) 워크숍 등록하기
(B) 고객과 점심 먹기
(C) 직원 교육하기
(D) 시설 견학하기

해설 세부사항 관련 – 여자가 오늘 오후에 할 일

여자가 마지막 대사에서 오늘 오후에 중요한 고객과 점심 약속이 있다(I have to meet an important client for lunch later this afternoon)고 했으므로 정답은 (B)이다.

47-49 3인 대화

> **W-Am** Hi, ⁴⁷**I'm Rebecca from Howard Property Management.** I'm glad both of you could make it today. ⁴⁷**Let me show you around the office space available for lease here.**
>
> **M-Cn** Wow, this office is really nice. What do you think, Brian?
>
> **M-Au** Well, it is nice, but most of our time is spent in meetings. ⁴⁸**I think we'd need more meeting rooms than this space has.**
>
> **M-Cn** ⁴⁸**You're right,** but we could renovate and add a few rooms.
>
> **W-Am** And ⁴⁹**this office has a great benefit— it comes with a large parking area right outside.**
>
> **M-Au** Most of our employees do drive to work, so that would be good.
>
> 여 안녕하세요. 저는 하워드 부동산 관리의 레베카입니다. 두 분 모두 오늘 오셔서 반갑습니다. 임대 가능한 이 사무실을 보여드리겠습니다.
>
> 남1 와, 이 사무실 정말 좋군요. 어때요, 브라이언 씨?
>
> 남2 음, 좋네요. 하지만 우리 일과 중 대부분이 회의일 텐데요. 여기보다 더 많은 회의실이 필요할 것 같아요.
>
> 남1 맞아요. 하지만 개조해서 방을 몇 개 더 만들 수 있겠죠.
>
> 여 그리고 이 사무실엔 큰 혜택이 있는데요. 바로 바깥에 큰 주차공간이 딸려 있어요.
>
> 남2 저희 직원 대부분이 차를 몰고 출근하니까 그거 좋겠네요.
>
> 어휘 property 부동산   show around ~를 안내하다   lease 임대   renovate 개조하다   benefit 혜택, 이득

47

Who most likely is the woman?

(A) An architect

(B) An interior decorator

(C) A property manager

(D) A city official

여자는 누구이겠는가?

(A) 건축가

(B) 실내 장식가

(C) 부동산 관리인

(D) 시 공무원

어휘 architect 건축가   interior decorator 실내 장식가   official 공무원

해설 전체 내용 관련 – 여자의 직업

여자가 첫 번째 대사에서 저는 하워드 부동산 관리의 레베카(I'm Rebecca from Howard Property Management)라고 본인을 소개하며, 임대 가능한 사무실을 보여주겠다(Let me show you around the office space available for lease here)고 했으므로 정답은 (C)이다.

48

What are the men concerned about?

(A) The number of meeting rooms

(B) The amount of storage space

(C) The date of a deadline

(D) The size of a budget

남자들이 우려하는 것은?

(A) 회의실 개수

(B) 보관 공간 면적

(C) 기한일자

(D) 예산 규모

어휘 be concerned about ~에 대해 우려하다   storage 보관, 저장   deadline 기한   budget 예산

해설 세부사항 관련 – 남자들이 우려하는 사항

대화 중반부에서 남자2가 여기보다 더 많은 회의실이 필요할 것 같다(I think we'd need more meeting rooms than this space has)고 하자 남자1도 맞다(You're right)고 동의하였으므로 정답은 (A)이다.

49

What benefit does the woman mention?

(A) Delivery service is available.

(B) Transportation is inexpensive.

(C) A building is in the city center.

(D) A parking area is nearby.

여자가 언급한 혜택은 무엇인가?

(A) 배송 서비스를 이용할 수 있다.

(B) 교통비가 저렴하다.

(C) 건물이 도심에 있다.

(D) 주차공간이 가깝다.

어휘 delivery 배송   transportation 교통   inexpensive 저렴한

해설 세부사항 관련 – 여자가 언급한 혜택

여자가 마지막 대사에서 이 사무실엔 큰 혜택이 있다(this office has a great benefit)면서 바로 바깥에 큰 주차공간이 딸려 있다(it comes with a large parking area right outside)고 했으므로 정답은 (D)이다.

> ▸▸ Paraphrasing 대화의 comes with a large parking area right outside → 정답의 A parking area is nearby.

50-52

M-Cn Ji-Min, ⁵⁰**look at these sales figures. They're especially good for the new line of dresses we released last month.**

W-Br That's great news, but... we're beginning to have trouble keeping up with all the orders coming in for summer clothing.

M-Cn I know... ⁵¹**How about hiring a couple of extra workers for the last stage of our sewing assembly line?** It's the finishing touches that take the most time and delay production.

W-Br Actually, ⁵²**I've received some e-mails recently from people asking about job openings. Let me go back through my messages and see whether there are any promising candidates.**

남 지민 씨, 매출액 좀 보세요. 지난달 출시한 신상품 의류 매출액이 특히 좋군요.

여 좋은 소식이네요. 하지만… 여름 의류 주문량을 모두 맞추는 데 문제가 생기기 시작했어요.

남 맞아요. 바느질 조립 라인 마지막 단계에 작업자를 두 명 추가 채용하면 어때요? 시간이 가장 많이 걸리고 생산을 지연시키는 건 바로 마감이니까요.

여 사실 최근 구인에 관해 문의하는 메일을 몇 통 받았어요. 메시지를 다시 확인해서 유망한 지원자가 있는지 볼게요.

어휘 sales figures 매출액 especially 특히 release 출시하다 keep up with ~에 뒤처지지 않게 하다 sewing 바느질 assembly 조립 finishing touch 마감, 마무리 delay 지연시키다 recently 최근 job opening 구인 promising 유망한 candidate 후보자, 지원자

50

What type of business do the speakers work for?

(A) A fashion magazine
(B) A clothing manufacturer
(C) An employment agency
(D) An advertising agency

화자들은 어떤 종류의 사업체에서 일하는가?

(A) 패션잡지
(B) 의류 제조업체
(C) 직업소개소
(D) 광고대행사

어휘 manufacturer 제조업체 employment agency 직업소개소

해설 전체 내용 관련 – 화자들의 근무 장소

대화 초반부에 남자가 여자에게 매출액을 보라(look at these sales figures)면서 지난달 출시한 신상품 의류 매출액이 특히 좋다(They're especially good for the new line of dresses we released last month)고 했으므로 정답은 (B)이다.

51

What does the man suggest doing?

(A) Modifying a blueprint
(B) Opening a retail location
(C) Purchasing new equipment
(D) Hiring additional staff

남자가 하겠다고 제안하는 것은?

(A) 계획 수정하기
(B) 소매점 개장하기
(C) 신규 장비 구매하기
(D) 직원 추가 채용하기

어휘 modify 수정하다 blueprint 청사진, 계획 retail location 소매점 additional 추가의

해설 세부사항 관련 – 남자의 제안 사항

남자가 두 번째 대사에서 바느질 조립 라인 마지막 단계에 작업자를 두 명 추가 채용하면 어떻겠느냐(How about hiring a couple of extra workers for the last stage of our sewing assembly line)고 했으므로 정답은 (D)이다.

> ▶ Paraphrasing 대화의 **extra workers**
>   → 정답의 **additional staff**

52

What does the woman say she will do?

(A) Read some e-mails
(B) Contact a supervisor
(C) Work overtime
(D) Increase prices

여자가 하겠다고 말한 것은?

(A) 이메일 읽기
(B) 관리자에게 연락하기
(C) 초과 근무하기
(D) 가격 올리기

어휘 supervisor 감독관, 관리자 overtime 초과 근무

해설 세부사항 관련 – 여자가 하겠다는 일

여자가 마지막 대사에서 최근 구인에 관해 문의하는 메일을 몇 통 받았다(I've received some e-mails recently from people asking about job openings)면서 메시지를 다시 확인해서 유망한 지원자가 있는지 보겠다(Let me go back through my messages and see whether there are any promising candidates)고 했으므로 정답은 (A)이다.

> ▶ Paraphrasing 대화의 **go through my messages**
>   → 정답의 **Read some e-mails**

53-55

W-Am Good morning, this is Human Resources. How can I help you?

TEST 8

M-Au Hi, this is Shinji Ito. I'm a delivery truck driver in the Shipping Department. ⁵³**I have some questions about our company's retirement program.**

W-Am Actually, ⁵⁴**today at noon we're having an informational session in the cafeteria. That'd be a good opportunity to learn about all our programs.**

M-Au I'm supposed to start my shift at noon.

W-Am Oh, OK... Well, have you been to the benefits section of the company's Web site?

M-Au Many times, but ⁵⁵**the page on retirement plans is confusing,** so I'd like to talk to someone about it.

여 안녕하세요, 인사부입니다. 어떻게 도와드릴까요?

남 안녕하세요, 신지 이토입니다. 배송부서에서 일하는 배송트럭 운전기사인데요. 회사 퇴직 프로그램에 대해 질문이 있어서요.

여 사실 오늘 정오에 카페테리아에서 안내 시간이 있을 예정입니다. 모든 프로그램에 대해 알 수 있는 좋은 기회가 될 거예요.

남 정오에 교대 근무를 시작해야 하는데요.

여 아, 알겠습니다. 음… 회사 웹사이트의 복리후생 란에 들어가 본 적이 있으세요?

남 여러 번 들어갔었는데 **퇴직 제도는 헷갈려서** 누군가와 얘기를 해 보고 싶어요.

어휘	retirement 은퇴, 퇴직 informational 정보를 제공하는 opportunity 기회 be supposed to ~하기로 되어 있다 shift 교대 근무 benefits 복리후생, 수당 confusing 헷갈리는, 혼동되는

53

Why is the man calling?

(A) To complain about a delay

(B) To interview for a job

(C) To ask about a company program

(D) To confirm a management decision

남자가 전화를 건 이유는?

(A) 지연되는 것에 불만을 제기하기 위해

(B) 면접을 보기 위해

(C) **회사 프로그램에 대해 문의하기 위해**

(D) 경영상의 결정을 확인하기 위해

어휘 complain 불평하다 confirm 확인하다, 확실히 하다 management 경영, 관리

해설 전체 내용 관련 – 남자가 전화를 건 이유

남자가 첫 번째 대사에서 회사 퇴직 프로그램에 대해 질문이 있다(I have some questions about our company's retirement program)고 했으므로 정답은 (C)이다.

54

What does the man imply when he says, "I'm supposed to start my shift at noon"?

(A) He cannot attend an event.

(B) He wants to end a conversation.

(C) He needs some supplies immediately.

(D) He was given the wrong assignment.

남자가 "정오에 교대 근무를 시작해야 하는데요"라고 말할 때 암시하는 것은?

(A) **행사에 참석할 수 없다.**

(B) 대화를 끝내고 싶다.

(C) 물품이 즉시 필요하다.

(D) 임무를 잘못 할당 받았다.

어휘 attend 참석하다 supplies 물품, 소모품 immediately 즉시 assignment 임무, 과제

해설 화자의 의도 파악 – 정오에 교대 근무를 시작해야 한다는 말의 의도

인용문 앞에서 여자가 오늘 정오에 카페테리아에서 안내 시간이 있을 예정(today at noon we're having an informational session in the cafeteria)이라 모든 프로그램에 대해 알 수 있는 좋은 기회가 될 것(I'll call the restaurant later today to change the order)이라며 남자에게 교육에 참석할 것을 권하자 남자가 인용문을 언급한 것이므로 근무 시간과 교육 시간이 겹쳐 참석할 수 없다는 의도로 한 말임을 알 수 있다. 따라서 정답은 (A)이다.

55

What does the man say about a company's Web site?

(A) It is under construction.

(B) It has a useful map.

(C) A password is required to view it.

(D) Some information on it is unclear.

남자가 회사 웹사이트에 대해 말한 것은?

(A) 구축 중이다.

(B) 유용한 지도가 있다.

(C) 보려면 비밀번호가 필요하다.

(D) **일부 정보가 잘 이해되지 않는다.**

어휘 be under construction 공사 중이다, 보수 중이다

해설 세부사항 관련 – 남자가 회사 웹사이트에 대해 언급한 사항

남자가 마지막 대사에서 퇴직 제도가 나와 있는 웹페이지는 헷갈린다(the page on retirement plans is confusing)고 했으므로 정답은 (D)이다.

▶ Paraphrasing 대화의 confusing → 정답의 unclear

56-58

M-Au Hi, Abigail. ⁵⁶**It's Jang-Ho from *Mo's Art Magazine*. I'm calling to let you know that we liked the article you submitted about the new sculpture exhibit at the city museum.** We'd like to purchase it for next month's issue.

W-Br That's great. Thanks for letting me know.

M-Au 57If you submit your invoice today, you can be paid in the next payment cycle. Just e-mail it to me as soon as you can.

W-Br OK, great. I'll do that. By the way, I'm already working on another article about urban street art for the next issue. 58It's really interesting to see the street art in different cities.

M-Au I look forward to reading it.

남 안녕하세요, 아비가일 씨. 모스 아트 매거진의 장호입니다. 시립 박물관에서 열리는 새 조각 전시품에 대해 보내주신 기사가 좋았다는 말씀을 드리려고 전화했습니다. 다음 달 호에 싣기 위해 기사를 사고 싶은데요.

여 잘됐군요. 알려주셔서 감사합니다.

남 오늘 청구서를 제출하시면 다음 번 지급 때 돈을 받으실 수 있습니다. 가능한 한 빨리 저에게 이메일을 보내주십시오.

여 네, 좋습니다. 그렇게 할게요. 그런데 다음 호를 위해 도시 거리미술에 관한 다른 기사를 이미 작성하고 있는데요. 다양한 도시들의 거리미술을 살펴보는 것은 정말 흥미로워요.

남 어서 읽어보고 싶군요.

어휘 submit 제출하다 sculpture 조각 exhibit 전시품 issue 호 invoice 청구서 payment 지급 urban 도시의 look forward to ~를 고대하다

56

Who most likely is the woman?

(A) A writer
(B) A musician
(C) A television show host
(D) A photographer

여자는 누구이겠는가?
(A) 작가
(B) 음악가
(C) TV 쇼 진행자
(D) 사진작가

어휘 host 진행자

해설 전체 내용 관련 – 여자의 직업
대화 초반부에서 남자가 자신을 모스 아트 매거진의 장호(It's Jang-Ho from Mo's Art Magazine)라고 소개하며 여자에게 시립 박물관에서 열리는 새 조각 전시품에 대해 보내주신 기사가 좋았다는 말씀을 드리려고 전화했다(I'm calling to let you know that we liked the article you submitted about the new sculpture exhibit at the city museum)고 했으므로 여자는 글을 쓰는 사람임을 알 수 있다. 따라서 정답은 (A)이다.

57

What does the man encourage the woman to do?

(A) Update some contact information
(B) Review a project proposal
(C) Submit an invoice
(D) Interview for a position

남자가 여자에게 하라고 권한 것은?
(A) 연락처 업데이트하기
(B) 프로젝트 제안서 검토하기
(C) 청구서 제출하기
(D) 일자리 면접 보기

어휘 encourage 격려하다 review 검토하다 proposal 제안, 제안서

해설 세부사항 관련 – 남자가 여자에게 권하는 일
대화 중반부에서 남자가 여자에게 오늘 청구서를 제출하시면 다음 번 지급 때 돈을 받으실 수 있다(If you submit your invoice today, you can be paid in the next payment cycle)고 안내하며 가능한 한 빨리 이메일로 보내달라(Just e-mail it to me as soon as you can)고 했으므로 정답은 (C)이다.

58

What topic does the woman say she is interested in?

(A) Landscape design
(B) Modern architecture
(C) Folk music
(D) Street artwork

여자는 어떤 주제에 관심이 있다고 말하는가?
(A) 조경 디자인
(B) 현대 건축
(C) 민속음악
(D) 거리미술

어휘 landscape 조경, 풍경 architecture 건축 folk music 민속음악, 민요

해설 세부사항 관련 – 여자가 관심을 밝힌 사항
여자가 마지막 대사에서 다양한 도시들의 거리미술을 살펴보는 것은 정말 흥미롭다(It's really interesting to see the street art in different cities)고 했으므로 정답은 (D)이다.

59-61

W-Am Hey Alonso, 59I'm finalizing the schedule for tomorrow's company picnic. The interdepartmental softball game is supposed to start at nine A.M., but it's raining right now.

M-Au Oh, then the ground'll probably be too wet to play softball in the morning.

W-Am Well, 60we could start the game later in the afternoon, except the president is supposed to make a speech right after the game.

M-Au ⁶⁰**Right, and I know he has a busy schedule. But... let me call his assistant.** And what about the catering order? We should probably still have them bring lunch at noon, right?

W-Am Yes. ⁶¹**I'll contact the caterer to confirm the delivery time for the food.**

여 알롱소 씨, 내일 회사 야유회 일정을 마무리하는 중인데요. 부서간 소프트볼 경기가 오전 9시에 시작될 예정인데 지금 비가 오고 있네요.

남 아, 그럼 땅이 너무 젖어서 오전에 소프트볼 경기를 할 수 없겠군요.

여 음, 회장님이 경기 직후 연설하시기로 예정된 것만 아니면 오후에 경기를 시작할 수 있어요.

남 네, 회장님은 일정이 바쁘시지만 비서에게 전화해 볼게요. 그리고 음식 주문은 어떻게 됐나요? 여전히 정오에 점심을 가져오게 해야겠죠, 그렇죠?

여 네. 제가 음식공급업체에 연락해 배달 시간을 확인할게요.

어휘 finalize 마무리하다 interdepartmental 부처간, 여러 부처가 관련된 be supposed to ~하기로 되어 있다, ~할 예정이다 probably 아마 except ~라는 점만 제외하면 make a speech 연설 assistant 조수, 비서 confirm 확실히 하다, 확인하다

59

What event is being discussed?

(A) A company picnic
(B) A professional conference
(C) A grand opening
(D) An investors meeting

어떤 행사에 대해 논의하는가?

(A) 회사 야유회
(B) 전문 학회
(C) 개업식
(D) 투자자 회의

어휘 grand opening 개업식 investor 투자자

해설 전체 내용 관련 – 논의 주제

대화 초반부에 여자가 남자에게 내일 회사 야유회 일정을 마무리하는 중(I'm finalizing the schedule for tomorrow's company picnic)이라며 야유회 일정에 대해 상의하고 있으므로 정답은 (A)이다.

60

What does the man imply when he says, "let me call his assistant"?

(A) He will volunteer to prepare a speech.
(B) He will find a new location.
(C) He will ask for a schedule change.
(D) He will make a complaint.

남자가 "비서에게 전화해 볼게요"라고 말할 때 암시하는 것은?

(A) 자진해서 연설을 준비할 것이다.
(B) 새 지점을 찾을 것이다.
(C) 일정 변경을 요청할 것이다.
(D) 불만을 제기할 것이다.

어휘 volunteer to 자진해서 ~ 하다 make a complaint 불만을 제기하다

해설 화자의 의도 파악 – 비서에게 전화해 보겠다는 말의 의도

인용문 앞에서 여자가 회장님이 경기 직후 연설하기로 예정된 것만 아니면 오후에 경기를 시작할 수 있다(we could start the game later in the afternoon, except the president is supposed to make a speech right after the game)고 하자, 남자가 회장님 일정이 바쁘긴 하지만(I know he has a busy schedule but) 전화해 보겠다(let me call his assistant)고 했다. 따라서 인용문은 경기를 오후로 미룰 수 있는지를 회장님의 비서에게 물어 보겠다는 의도로 한 말임을 알 수 있으므로 정답은 (C)이다.

61

What does the woman say she will do?

(A) Print out a map
(B) Confirm a catering order
(C) Clean some sports equipment
(D) Mail some invitations

여자가 하겠다고 말한 것은?

(A) 지도 출력하기
(B) 음식 주문 확인하기
(C) 스포츠용품 닦기
(D) 초청장 발송하기

어휘 print out 출력하다 sports equipment 스포츠용품 invitation 초청

해설 세부사항 관련 – 여자가 하겠다는 일

여자가 마지막 대사에서 음식공급업체에 연락해 배달 시간을 확인하겠다(I'll contact the caterer to confirm the delivery time for the food)고 했으므로 정답은 (B)이다.

62-64 대화 + 평면도

W-Br Hello, Mr. Oshiro? ⁶²**I'm the organizer of the Home and Garden Show. You called about your plant exhibit?**

M-Cn Yes, I'd prefer a different booth assignment. I can't be near the door because I'm exhibiting tropical plants. They shouldn't be exposed to the cold.

W-Br Let me see.... Yes, we can accommodate that request. ⁶³**You were originally assigned to Booth 5. We have one available booth at the other end of the exhibit area. It's in the corner by the food court.**

M-Cn OK, that would be fine.

W-Br Good. I'll make a note of that. And ⁶⁴**I'll be sending out the ID badges to exhibitors this week. You'll need identification to get in and out of the building.**

여 안녕하세요, 오시로 씨? **저는 홈앤가든 쇼 주최자입니다. 식물 전시에 대해 전화하셨나요?**

남 네, 저는 다른 부스를 배정받고 싶어요. 열대식물을 전시하기 때문에 문 근처에 있을 수가 없거든요. 추위에 노출되어서는 안 돼요.

여 한번 볼게요…. 네, 요청을 수락해 드릴 수 있겠네요. 원래 5번 부스에 배정받으셨는데요. 전시장 다른 쪽 끝에 사용 가능한 부스가 있습니다. 푸드코트 옆 모퉁이에 있어요.

남 네, 좋습니다.

여 네. 제가 적어둘게요. **이번 주에 출품자들에 신원 확인 명찰을 보낼 예정입니다. 건물 출입에 신원 확인이 필요하거든요.**

어휘 organizer 주최자 assignment 배정 tropical 열대의 accommodate 수용하다 request 요청 originally 원래 be assigned to ~에 배정되다 make a note of ~를 적다 identification 신원 확인

EXHIBITOR MAP

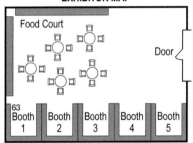

참가자 약도

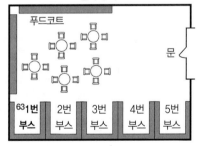

62

What business does the man most likely work in?

(A) Electronics
(B) Clothing
(C) Gardening
(D) Cookware

남자는 어떤 종류의 사업체에서 일하겠는가?

(A) 전자제품
(B) 의류
(C) 조경
(D) 조리기구

어휘 gardening 조경 cookware 조리기구

해설 전체 내용 관련 - 남자의 근무 업종

여자가 첫 번째 대사에서 본인이 홈앤가든 쇼 주최자(I'm the organizer of the Home and Garden Show)라며 남자에게 식물 전시 건으로 전화했는지(You called about your plant exhibit)를 묻고 있는 것으로 보아 남자는 주택 및 정원을 꾸미는 식물을 취급하는 일을 하는 사람임을 알 수 있다. 따라서 정답은 (C)이다.

63

Look at the graphic. Which booth will the man be assigned to?

(A) Booth 1
(B) Booth 2
(C) Booth 4
(D) Booth 5

시각 정보에 의하면 남자는 어떤 부스에 배정되겠는가?

(A) 1번 부스
(B) 2번 부스
(C) 4번 부스
(D) 5번 부스

해설 시각 정보 연계 - 남자가 배정 받을 부스

대화 중반부에서 여자가 남자에게 원래 5번 부스에 배정받았는데(You were originally assigned to Booth 5) 전시장 다른 쪽 끝에 사용 가능한 부스가 있다(We have one available booth at the other end of the exhibit area)고 했다. 그리고 그 부스는 푸드코트 옆 모퉁이에 있다(It's in the corner by the food court)고 했으므로 정답은 (A)이다.

64

What does the woman say she will send to the man?

(A) Admission tickets
(B) An identification badge
(C) A registration receipt
(D) A parking permit

여자가 남자에게 보내겠다고 말한 것은?

(A) 입장권
(B) 신원 확인 명찰
(C) 등록 영수증
(D) 주차증

어휘 admission ticket 입장권 registration 등록 parking permit 주차증

해설 세부사항 관련 - 여자가 남자에게 보낼 것

여자가 마지막 대사에서 이번 주에 출품자들에 신원 확인 명찰을 보낼 예정(I'll be sending out the ID badges to exhibitors this week)이라며 남자에게 건물 출입에 신원 확인이 필요할 것(You'll need identification to get in and out of the building)이라고 했으므로 정답은 (B)이다.

M-Au	Come on in, Susan. I wanted to thank you for submitting your proposal. You're right, ⁶⁵**we really do need to expand the variety of children's shoes that we sell in the store. It'll help us attract more customers.**
W-Am	That's right, and children's athletic shoes in particular are in high demand. ⁶⁶**We recently received some samples from a brand that's only a year old, but they've already claimed 22 percent of the market share.**
M-Au	⁶⁷**I'd like to take a look at those samples, if you have them handy.**
W-Am	⁶⁷**They're in my office. I'll be right back.**
남	들어오세요, 수잔 씨. 제안서를 제출해 주셔서 감사합니다. 맞아요, 저희는 매장에서 판매하는 아동용 신발을 더 다양하게 늘려야 해요. 더 많은 고객들을 유치할 수 있을 테니까요.
여	맞습니다. 특히 아동용 운동화는 수요가 많거든요. 최근 1년밖에 되지 않은 업체에서 견본을 몇 개 받았습니다만, 이미 시장점유율 22% 차지한 업체예요.
남	견본이 가까이 있다면 한번 보고 싶군요.
여	사무실에 있어요. 다시 오겠습니다.

어휘	proposal 제안, 제안서 expand 확장하다 variety 다양성 attract 끌어 모으다 athletic shoes 운동화 in particular 특히 be in high demand 수요가 높다 market share 시장점유율 handy 가까운 곳에 있는, 이용하기 편한 곳에 있는

Market Share

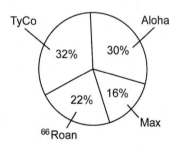

시장점유율

65

What product are the speakers discussing?

(A) Kitchen appliances
(B) **Children's shoes**
(C) Photo editing software
(D) Gardening tools

화자들은 어떤 제품에 대해 논의하는가?

(A) 주방용품
(B) **아동용 신발**
(C) 사진편집 소프트웨어
(D) 원예 도구

어휘 kitchen appliance 주방용품 editing 편집

해설 전체 내용 관련 – 대화의 주제

남자가 첫 번째 대사에서 매장에서 판매하는 아동용 신발을 더 다양하게 늘려야 하고(we really do need to expand the variety of children's shoes that we sell in the store), 그러면 더 많은 고객들을 유치할 수 있을 것(It'll help us attract more customers)이라고 했다. 여자도 이와 관련해 대화를 이어가고 있으므로 정답은 (B)이다.

66

Look at the graphic. Which brand does the woman mention?

(A) Aloha
(B) Max
(C) **Roan**
(D) TyCo

시각 정보에 의하면 여자가 언급한 업체는 어디인가?

(A) 알로하
(B) 맥스
(C) **론**
(D) 타이코

해설 시각 정보 연계 – 여자가 언급한 업체

대화 중반부에 여자가 최근 1년밖에 되지 않은 업체에서 견본을 몇 개 받았는데, 벌써 시장점유율을 22% 차지한 업체(We recently received some samples from a brand that's only a year old, but they've already claimed 22 percent of the market share)라고 했으므로 정답은 (C)이다.

67

What will the woman go get from her office?

(A) **Some samples**
(B) Some data reports
(C) A key
(D) A résumé

여자는 사무실에서 무엇을 가지고 올 것인가?

(A) **견본**
(B) 자료 보고서
(C) 열쇠
(D) 이력서

해설 세부사항 관련 - 여자가 사무실에서 가져올 것

대화 후반부에 남자가 견본이 가까이 있다면 한번 보고 싶다(I'd like to take a look at those samples, if you have them handy)고 하자 여자가 샘플이 사무실에 있다(They're in my office)며 금방 돌아오겠다(I'll right back)고 했으므로 정답은 (A)이다.

68-70 대화 + 면접 일정표

M-Cn	Hi, Xiaomei. ⁶⁸**Have you seen the final version of the interview schedule for the accountant position?**
W-Br	No, I haven't.
M-Cn	Well, we'll be interviewing four people—all with previous accounting experience—and two of those candidates will be interviewed by videoconference.
W-Br	In that case, ⁶⁹**is the equipment we'll need for that set up in Room 102?**
M-Cn	Yes, I even tested the webcam to make sure it's working. ⁷⁰**The person we're interviewing at eleven o'clock lives overseas, in Hong Kong,** so hopefully we'll have a good Internet connection for that one.
W-Br	Oh, I'm sure it will be fine.

남	안녕하세요, 샤오메이 씨. **회계사 면접 일정 최종본을 보셨습니까?**
여	아니요.
남	아, 네 사람을 면접할 텐데요. 모두 이전에 회계사 경력이 있고요. 지원자 중 두 명은 화상회의로 면접이 이뤄질 예정입니다.
여	그렇다면 **우리에게 필요한 장비는 102호에 설치하나요?**
남	네. 웹캠이 제대로 작동하는지 확인 차 테스트도 했습니다. **11시에 면접을 진행할 사람은 홍콩에 거주하는데요.** 인터넷 연결이 원활했으면 좋겠네요.
여	아, 괜찮을 겁니다.

어휘	accountant 회계사 previous 이전의 candidate 후보자, 지원자 videoconference 화상회의 overseas 해외에 connection 연결

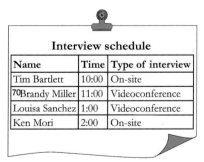

Interview schedule		
Name	**Time**	**Type of interview**
Tim Bartlett	10:00	On-site
⁷⁰Brandy Miller	11:00	Videoconference
Louisa Sanchez	1:00	Videoconference
Ken Mori	2:00	On-site

면접 일정		
이름	시간	면접 유형
팀 바렛	10:00	현장
⁷⁰브랜디 밀러	11:00	화상회의
루이자 산체스	1:00	화상회의
켄 모리	2:00	현장

68

What position is the company interviewing for?

(A) Accountant
(B) Graphic designer
(C) Computer programmer
(D) Screenwriter

회사는 어떤 직책의 면접을 진행하는가?

(A) 회계사
(B) 그래픽 디자이너
(C) 컴퓨터 프로그래머
(D) 대본 작가

어휘 screenwriter 대본 작가, 시나리오 작가

해설 세부사항 관련 - 회사가 면접을 진행하고 있는 직책

남자가 첫 번째 대사에서 회계사 면접 일정 최종본을 봤는지(Have you seen the final version of the interview schedule for the accountant position) 여자에게 묻고 있으므로 정답은 (A)이다.

69

What does the woman ask about?

(A) What the job requirements are
(B) How many people applied
(C) Whether references are necessary
(D) Whether some equipment is ready

여자는 무엇에 대해 물어보는가?

(A) 자격 요건이 무엇인지
(B) 몇 명이 지원했는지
(C) 추천인이 필요한지
(D) 장비가 준비되어 있는지

해설 세부사항 관련 - 여자의 문의 사항

여자가 두 번째 대사에서 필요한 장비는 102호에 설치되는 것인지(is the equipment we'll need for that set up in Room 102) 묻는 것으로 보아 정답은 (D)이다.

> ▸▸ Paraphrasing 대화의 **set up** → 정답의 **ready**

70

Look at the graphic. Which candidate is overseas?

(A) Tim Bartlett
(B) Brandy Miller
(C) Louisa Sanchez
(D) Ken Mori

시각 정보에 의하면 어떤 지원자가 해외에 거주하는가?

(A) 팀 바렛
(B) 브랜디 밀러
(C) 루이자 산체스
(D) 켄 모리

해설 시각 정보 연계 – 해외에 있는 지원자

남자가 마지막 대사에서 11시에 면접을 진행할 사람은 홍콩에 거주한다 (The person we're interviewing at eleven o'clock lives overseas, in Hong Kong)고 했으므로 정답은 (B)이다.

PART 4

71-73 전화 메시지

> **W-Br** Hi, Tony. **71I've just seen the latest sales reports for our bottled teas. 72I'm happy to see that bottled tea sales are up fifteen percent!** It appears that the summer advertising campaign was a success. You deserve some credit for that because you recommended the company that created it. **73I'm thinking that we should hire the same company to work on the winter campaign too. In fact, I'd like to sign a long-term contract with them.**
>
> 안녕하세요, 토니 씨. **병에 든 차의 최근 매출보고서를 확인했습니다. 병에 든 차 판매가 15퍼센트 상승하여 기쁩니다.** 하계 광고 캠페인이 성공적이었습니다. 광고 캠페인을 만든 회사를 추천했으니 칭찬받아 마땅합니다. 동계 캠페인에도 같은 회사를 써서 작업할 수 있도록 해야 할 것 같습니다. 사실 그 광고업체와 장기 계약을 체결하고 싶습니다.
>
> 어휘 latest 최근의 bottled 병에 담은, 병에 든 deserve credit for ~에 대해 칭찬을 받을 자격이 있다 long-term 장기간의 contract 계약

71

What type of product is the speaker mainly discussing?

(A) Refrigerators
(B) Laptops
(C) Swimsuits
(D) Teas

화자는 어떤 종류의 제품에 대해 주로 이야기하고 있는가?

(A) 냉장고
(B) 노트북
(C) 수영복
(D) 차

해설 전체 내용 관련 – 메시지의 주제

지문 초반부에서 여자가 병에 든 차의 최근 매출보고서를 확인했다(I've just seen the latest sales reports for our bottled teas)며 메시지를 이어나가고 있으므로 정답은 (D)이다.

72

Why is the speaker pleased?

(A) Packaging has been improved.
(B) A deadline has been extended.
(C) Sales have increased.
(D) A budget was approved.

화자는 왜 기뻐하는가?

(A) 포장이 더 나아져서
(B) 기한이 연장되어서
(C) 판매가 증가해서
(D) 예산이 승인을 얻어서

어휘 packaging 포장 improve 향상시키다 extend 연장하다 approve 승인하다

해설 세부사항 관련 – 화자가 기뻐하는 이유

지문 초반부에서 화자가 병에 든 차의 판매가 15퍼센트 상승하여 기쁘다(I'm happy to see that bottled tea sales are up fifteen percent)고 했으므로 정답은 (C)이다.

> ▸▸ Paraphrasing 담화의 sales are up
> → 정답의 Sales have increased.

73

What would the speaker like to do?

(A) Give the sales team a bonus
(B) Purchase new equipment
(C) Survey some consumers
(D) Enter into a long-term contract

화자는 무엇을 하고 싶어하는가?

(A) 영업팀에게 보너스 지급하기
(B) 새 장비 구입하기
(C) 소비자 설문조사 실시하기
(D) 장기계약 체결하기

어휘 survey (설문) 조사하다 enter into a contract 계약을 체결하다

해설 세부사항 관련 – 화자가 하고 싶은 일

지문 후반부에서 화자가 동계 캠페인에도 같은 회사를 써서 작업할 수 있도록 해야 할 것 같다(I'm thinking that we should hire the same company to work on the winter campaign too)며 그 광고업체와 장기 계약을 체결하고 싶다(I'd like to sign a long-term contract with them)고 했으므로 정답은 (D)이다.

74-76 여행정보

> **W-Am** Good afternoon, and thanks for joining the Rockland City art tour. Before we get started, **74please take an umbrella by the door as we leave.** It looks like it might rain soon. So here's the plan for today's tour. **75We'll start at the sculpture garden since it's only open for another hour.** That'll be plenty of time to see the sculptures before the garden closes. After that, we'll look at the murals

on Brookside Avenue, and then you'll have some time to find dinner in the Brookside neighborhood. ⁷⁶**Some of you have asked me about good restaurants in the area.** I'll be eating at the Spruce Road Café.

안녕하세요. 록랜드 시티 미술 견학에 와 주셔서 감사합니다. 시작하기 전 말씀드릴 것은, **나가실 때 문 옆에 있는 우산을 가져가십시오.** 곧 비가 올 것 같으니까요. 여기 견학 계획표가 있습니다. **한 시간 후면 닫을 조각상 정원에서부터 시작하겠습니다.** 그럼 정원이 문을 닫기 전 조각상들을 둘러볼 시간이 충분할 겁니다. 이후 브룩사이드 애비뉴의 벽화를 살펴본 다음 브룩사이드 인근에서 저녁을 먹을 시간이 있을 겁니다. **몇 분께서 이 지역의 괜찮은 식당을 물어보셨는데요.** 저는 스프루스 로드 카페에서 저녁을 먹을 예정입니다.

어휘 sculpture 조각   plenty of 많은   mural 벽화
neighborhood 인근

74

What does the speaker say are available by the door?

(A) Flowers
(B) Coupons
(C) Umbrellas
(D) Guidebooks

화자가 문 옆에 있다고 말한 것은?

(A) 꽃
(B) 쿠폰
(C) 우산
(D) 안내서

어휘 available 이용 가능한

해설 세부사항 관련 – 화자가 문 옆에 있다고 말한 것
지문 초반부에서 화자가 나갈 때 문 옆에 있는 우산을 가져가라(please take an umbrella by the door as we leave)고 했으므로 정답은 (C)이다.

75

Why will the listeners visit a sculpture garden first?

(A) It is nearby.
(B) It closes soon.
(C) It is hosting an activity.
(D) It is a popular attraction.

청자들은 왜 조각상 공원부터 방문하겠는가?

(A) 근처에 있어서
(B) 곧 문을 닫으므로
(C) 활동이 열리므로
(D) 인기 많은 명소이므로

어휘 nearby 근처에   attraction 명소

해설 세부사항 관련 – 청자들이 조각상 공원부터 방문하는 이유
지문의 중반부에서 한 시간 후면 닫기 때문에 조각상 정원에서부터 시작하겠다(We'll start at the sculpture garden since it's only open for

another hour)고 했으므로 정답은 (B)이다.

▸▸ Paraphrasing   담화의 only open for another hour
→ 정답의 closes soon

76

Why does the speaker say, "I'll be eating at the Spruce Road Café"?

(A) To make a recommendation
(B) To volunteer for a task
(C) To ask for directions
(D) To explain a delay

화자가 "저는 스프루스 로드 카페에서 저녁을 먹을 예정입니다"라고 말한 이유는?

(A) 추천하기 위해
(B) 자원해서 임무를 맡기 위해
(C) 길을 묻기 위해
(D) 지연에 관해 설명하기 위해

어휘 make a recommendation 추천하다   volunteer 자원하다

해설 화자의 의도 파악 – 스프루스 로드 카페에서 저녁을 먹을 예정이라고 말한 의도

인용문 앞에서 여러분 중 몇 분께서 이 지역의 괜찮은 식당을 물어보셨다(Some of you have asked me about good restaurants in the area)고 말한 다음 인용문을 언급하였으므로 괜찮은 식당을 추천하려는 의도로 한 말임을 알 수 있다. 따라서 정답은 (A)이다.

77-79 광고

M-Cn ⁷⁷**Thinking about launching your own business Web site? Why hire a graphic designer when you can do it yourself?** ^{77, 78}**With Zonhop's Web site builder, you'll be surprised at how simple it is to build and manage your own Web site.** We have hundreds of templates to choose from that have all been designed with first-time users in mind. Our templates include easy-to-follow instructions, so you can create exactly what you want with just a few simple clicks. Still unsure? ⁷⁹**Sign up for a free two-month trial** at www.Zonhop.com.

회사 웹사이트를 열려고 하십니까? 혼자 할 수 있는데 왜 그래픽 디자이너를 고용하십니까? 존홉의 웹사이트 구축기를 활용하면 자신만의 웹사이트를 구축하고 관리하는 일이 너무 쉬워서 깜짝 놀라실 겁니다. 모두 처음 해 보는 사용자를 염두에 두고 고안하여 선택만 하면 되는 수백 개의 템플릿이 있습니다. 템플릿에는 따라하기 쉬운 설명서가 함께 있어 클릭 몇 번만으로도 원하는 것을 정확히 만들어 낼 수 있습니다. 아직 잘 모르시겠다면, www.Zonhop.com에서 **2개월 무료 체험을 신청하세요.**

어휘 launch 열다, 시작하다   easy-to-follow 따라하기 쉬운
sign up for ~를 신청하다   free trial 무료 사용

77

What is the advertisement about?

(A) An art exhibition

(B) A Web site builder

(C) A smartphone

(D) A print shop

무엇에 관한 광고인가?

(A) 미술 전시회

(B) 웹사이트 구축기

(C) 스마트폰

(D) 인쇄소

어휘 exhibition 전시회　print shop 인쇄소

해설 전체 내용 관련 – 광고의 주제

지문 초반부에서 회사 웹사이트를 열려고 하는지(Thinking about launching your own business Web site)를 묻고 혼자 할 수 있는데 왜 그래픽 디자이너를 고용하느냐(Why hire a graphic designer when you can do it yourself)며 관심을 끈 뒤, 존홉의 웹사이트 구축기를 활용하면 자신만의 웹사이트를 구축하고 관리하는 일이 너무 쉬워서 깜짝 놀랄 것(With Zonhop's Web site builder, you'll be surprised at how simple it is to build and manage your own Web site)이라고 했으므로 정답은 (B)이다.

78

According to the speaker, why will the listeners be surprised?

(A) Shipping is free.

(B) Staff members are certified.

(C) A location is convenient.

(D) A product is easy to use.

화자에 따르면 청자들은 왜 놀랄 것인가?

(A) 배송이 무료라서

(B) 직원들이 자격증이 있어서

(C) 위치가 편리해서

(D) 제품 사용이 쉬워서

어휘 certified 자격증이 있는, 공인된

해설 세부사항 관련 – 청자들이 놀랄 만한 이유

지문 중반부에서 존홉의 웹사이트 구축기를 활용하면 자신만의 웹사이트를 구축하고 관리하는 일이 너무 쉬워서 깜짝 놀랄 것(With Zonhop's Web site builder, you'll be surprised at how simple it is to build and manage your own Web site)이라고 했으므로 정답은 (D)이다.

> ▸▸ Paraphrasing　담화의 **simple to build and manage**
> → 정답의 **easy to use**

79

What does the speaker encourage the listeners to do?

(A) Attend an event

(B) Sign up for a trial

(C) Make a phone call

(D) Read customer reviews

화자는 청자들에게 무엇을 하라고 권유하는가?

(A) 행사 참석하기

(B) 무료 사용 신청하기

(C) 전화하기

(D) 고객 평가 읽기

어휘 attend 참석하다

해설 세부사항 관련 – 화자가 청자들에게 권유하는 사항

지문 마지막에서 www.Zonhop.com에서 2개월 무료 체험을 신청하라 (Sign up for a free two-month trial at www.Zonhop.com)고 했으므로 정답은 (B)이다.

80-82 전화 메시지

> **M-Au** Hello, Ms. Adams. It's Robert. ⁸⁰**I'm calling about my visit to Klein Fabric Company's main factory next Tuesday.** You asked me to give you an update on my plans. Well, I'm scheduled to meet with one of their executives to evaluate the fabrics they produce and make sure they're appropriate for our winter jacket line. Oh, and ⁸¹**I'm bringing my laptop so we can connect with you by video to discuss the details.** ⁸²**As for transportation, I know you said the company would buy me a train ticket so I wouldn't have to drive, but I don't think the traffic will be that bad.**
>
> 안녕하세요, 아담스 씨. 저는 로버트입니다. **다음 주 화요일 클라인 패브릭 컴퍼니 주 공장 방문 건에 관해 전화 드립니다.** 계획에 관해 최신 정보를 알려 달라고 요청하셨는데요. 임원 중 한 분을 만나 생산된 직물을 평가하고 저희 겨울 재킷에 적합한지 확인할 예정입니다. 아, **제가 노트북을 지참하니 화상으로 연결하여 세부사항을 논의할 수 있습니다.** 교통편에 관해서는, 회사에서 기차표를 구매할 테니 제가 운전할 필요가 없다고 말씀하셨습니다만 교통 사정이 그리 나쁠 것 같지는 않습니다.
>
> 어휘 give an update on ~에 관한 최신 정보를 제공하다　be scheduled to ~할 예정이다　executive 임원　evaluate 평가하다　fabric 직물　appropriate 적합한　as for ~에 관해 말하자면

80

Where will the speaker go next Tuesday?

(A) To a store

(B) To a factory

(C) To a hotel

(D) To an airport

화자는 다음 화요일에 어디에 갈 것인가?

(A) 매장

(B) 공장

(C) 호텔

(D) 공항

해설 세부사항 관련 – 화자가 다음 주 화요일에 갈 곳

지문 초반부에서 화자가 다음 주 화요일 클라인 패브릭 컴퍼니 주 공장 방문 건에 관해 전화 드린다(I'm calling about my visit to Klein Fabric Company's main factory next Tuesday)고 했으므로 정답은 (B)이다.

81

Why will the speaker bring his laptop?

(A) To try out some new software
(B) To fix a technical problem
(C) To conduct a video conference
(D) To check competitors' prices

화자는 왜 노트북을 가져가는가?

(A) 신규 소프트웨어를 시험해 보려고
(B) 기술적인 문제를 해결하려고
(C) 화상회의를 하려고
(D) 경쟁사 가격을 확인하려고

어휘 fix 고치다 technical 기술적인 conduct 하다 video conference 화상회의 competitor 경쟁자

해설 세부사항 관련 – 화자가 노트북을 가져가려는 이유

지문 중반부에서 화자가 노트북을 지참하니 화상으로 연결하여 세부사항을 논의할 수 있다(I'm bringing my laptop so we can connect with you by video to discuss the details)고 말했으므로 정답은 (C)이다.

> ▸▸ Paraphrasing   담화의 connect with you by video to discuss the details
> → 정답의 conduct a video conference

82

What does the speaker mean when he says, "I don't think the traffic will be that bad"?

(A) He plans to drive.
(B) He expects to arrive early.
(C) He does not need a map.
(D) He wants to postpone a departure time.

화자가 "교통 사정이 그리 나쁠 것 같지는 않습니다"라고 말할 때 그 의미는 무엇인가?

(A) 운전을 해서 갈 계획이다.
(B) 일찍 도착할 것으로 예상한다.
(C) 지도가 필요하지 않다.
(D) 출발 시간을 미루고 싶다.

어휘 expect 예상하다, 기대하다 postpone 연기하다, 미루다 departure 출발

해설 화자의 의도 파악 – 교통 사정이 나쁠 것 같지 않다고 말한 의도

인용문 앞에서 교통편에 관해서는, 회사에서 기차표를 구매할 테니 제가 운전할 필요가 없을 거라고 말씀하셨습니다만(I know you're used to the space where you work now, but)이라고 말한 뒤 인용문을 말한 것이므로 교통 상황이 양호할 것 같아 직접 운전해서 가겠다는 의도로 한 말임을 알 수 있다. 따라서 정답은 (A)이다.

83-85 소개

> W-Br Thank you all for attending our annual restaurant expo. **83I'm excited to introduce our keynote speaker, Chef Soonja Lee.** Ms. Lee's the executive chef at the popular Buttermilk Restaurant in Springdale, and her passion is preparing nutritious, balanced food. **84Ms. Lee emphasizes that everyone should be eating healthy meals.** And at her restaurant, the entire menu reflects this belief. Before handing her the microphone, **85let me remind you to stay after her speech—Ms. Lee has agreed to give us a cooking demonstration.**

저희 연례 요식업 박람회를 찾아 주셔서 감사합니다. **기조연설자인 이순자 요리사를 소개하게 되어 기쁩니다.** 스프링데일의 이름난 버터밀크 레스토랑의 수석 요리사로서 영양가 높고 균형 잡힌 식사를 준비하는 데 열정을 쏟고 계신 분입니다. **모두가 건강한 식사를 해야 한다고 강조하죠.** 이 씨의 레스토랑 전체 메뉴에는 이러한 신념이 잘 반영되어 있습니다. 마이크를 넘기기 전, **이 씨께서 요리 시연을 보여주시기로 하였으니 연설이 끝난 후 자리에 남아주시기를 당부 드립니다.**

어휘 keynote speaker 기조연설자 executive chef 총주방장, 수석 요리사 passion 열정 nutritious 영양가 높은 balanced 균형 잡힌 emphasize 강조하다 entire 전체의 reflect 반영하다 demonstration 시연

83

What is Soonja Lee's profession?

(A) Doctor
(B) Chef
(C) Farmer
(D) Teacher

이순자 씨의 직업은 무엇인가?

(A) 의사
(B) 요리사
(C) 농부
(D) 교사

어휘 profession 직업

해설 세부사항 관련 – 이순자 씨의 직업

지문 초반부에서 화자가 기조연설자인 이순자 요리사를 소개하게 되어 기쁘다(I'm excited to introduce our keynote speaker, Chef Soonja Lee)고 했으므로 정답은 (B)이다.

84

According to the speaker, what does Soonja Lee emphasize?

(A) Eating healthy foods
(B) Practicing cooking skills
(C) Shopping locally
(D) Taking courses

화자에 따르면 이순자 씨는 무엇을 강조하는가?

(A) 건강한 식사하기
(B) 요리 기술 연마하기
(C) 지역 산물 사기
(D) 강습 받기

어휘 practice 연습하다, 연마하다

해설 세부사항 관련 - 이순자 씨가 강조하는 사항

지문 중반부에서 이순자 씨는 모두가 건강한 식사를 해야 한다고 강조한다(Ms. Lee emphasizes that everyone should be eating healthy meals)고 했으므로 정답은 (A)이다.

> ▸▸ Paraphrasing   담화의 **meals** → 정답의 **food**

85

Why should the listeners stay after the speech?

(A) To ask questions
(B) To enter a contest
(C) To see a demonstration
(D) To buy a book

청자들은 연설 이후 왜 남아야 하는가?
(A) 질문을 하기 위해
(B) 대회에 참가하기 위해
(C) 시연을 보기 위해
(D) 책을 사기 위해

어휘 enter a contest 대회에 참가하다

해설 세부사항 관련 - 청자들이 연설 후 남아야 하는 이유

지문 후반부에서 이 씨께서 요리 시연을 보여주시기로 하였으니 연설이 끝난 후 자리에 남아주시기를 당부 드린다(let me remind you to stay after her speech—Ms. Lee has agreed to give us a cooking demonstration)고 했으므로 정답은 (C)이다.

86-88 회의 발췌

> **M-Au** As you know, **86we'll be developing a new version of our voice recognition software. 87I know you're concerned about the deadline, but** we'll be hiring a new programmer to provide support. If everyone focuses on their individual tasks, I am positive that, as a team, we'll be able to complete the project on time. By the way, **88if you have plans to be out of the office over the coming months, please enter the information into our shared calendar so we can reassign tasks as needed.**
>
> 아시다시피 우리는 음성 인식 소프트웨어 신규 버전을 개발할 예정입니다. 기한에 대해 우려하시겠지만 지원해 줄 프로그래머를 새로 채용할 것입니다. 모두가 각자 맡은 일에 집중한다면 한 팀으로서 제때 프로젝트를 완료할 수 있을 것이라고 확신합니다. 그런데 앞으로 몇 달 간 사무실을 비울 계획이 있으신 분은 해당 정보를 공유 일정표에 기입하시어, 필요한 경우 업무를 다시 할당할 수 있도록 해 주십시오.
>
> 어휘 voice recognition 음성 인식 be concerned about ~에 대해 우려하다 deadline 마감기한 individual 각각의 complete 완료하다, 완수하다 over the coming months 향후 몇 달 간 reassign 재할당하다, 다시 맡기다 as needed 필요에 따라

86

What is the main topic of the talk?

(A) A vacation policy
(B) A new project
(C) A revised budget
(D) Some customer complaints

담화의 주요 주제는?
(A) 휴가 정책
(B) 신규 프로젝트
(C) 수정 예산안
(D) 고객 불만사항

어휘 policy 정책 revised 수정된 complaint 불평, 불만

해설 전체 내용 관련 - 담화의 주제

지문 초반부에서 음성 인식 소프트웨어 신규 버전을 개발할 예정(we'll be developing a new version of our voice recognition software)이라고 했으므로 정답은 (B)이다.

87

Why does the speaker say, "we'll be hiring a new programmer to provide support"?

(A) To reassure the listeners regarding a timeline
(B) To encourage the listeners to apply for a position
(C) To respond to customer feedback
(D) To suggest that more office space is needed

화자가 "지원해 줄 프로그래머를 새로 채용할 것입니다"라고 말한 이유는?
(A) 청자들이 기한에 대해 안심할 수 있도록 하기 위해
(B) 청자들이 구직 지원을 하도록 독려하기 위해
(C) 고객 의견에 응답하기 위해
(D) 사무공간이 더 필요하다고 제안하기 위해

어휘 regarding ~에 관해 apply for ~에 지원하다 respond 응답하다, 반응하다

해설 화자의 의도 파악 - 지원해 줄 프로그래머를 새로 채용할 예정이라고 말한 의도

인용문 앞에서 기한에 대해 우려하시겠지만(I know you're concerned about the deadline, but)이라고 말한 다음 인용문에서 인력 충원을 언급한 것은 기한을 맞추는 데 필요한 지원이 있을 것임을 알린 것이므로 정답은 (A)이다.

88

What does the speaker ask the listeners to do?

(A) Change their passwords
(B) Call Human Resources
(C) Talk with Technical Support
(D) Update a calendar

화자는 청자들에게 무엇을 해 달라고 부탁하는가?
(A) 비밀번호 변경하기
(B) 인사부서에 전화하기
(C) 기술지원부서와 이야기하기
(D) 일정표 업데이트하기

어휘 technical support 기술지원

해설 세부사항 관련 – 화자의 요청 사항

지문 마지막에서 앞으로 몇 달 간 사무실을 비울 계획이 있으신 분은 해당 정보를 공유 일정표에 기입하시어, 필요한 경우 업무를 다시 할당할 수 있도록 해 달라(if you have plans to be out of the office over the coming months, please enter the information into our shared calendar so we can reassign tasks as needed)고 했으므로 정답은 (D)이다.

> ▸▸ Paraphrasing 담화의 enter the information into our calendar → 정답의 Update a calendar

89-91 담화

M-Cn 89**Welcome to your first day at Straker Automotive Company! We're going to start your training with a tour of the assembly line so you can get an overview of our automobile manufacturing process.** Before we head downstairs, 90**everyone please put on a noise-canceling headset.** You'll find them in that container over there. The factory floor is extremely loud, and 90**these headsets will protect your ears.** 91**At ten, we'll head out to the patio where the company has arranged a new-employee breakfast for you.**

스트레이커 오토모티브 컴퍼니에 처음 오신 것을 환영합니다! 조립 라인 견학으로 시작하여 여러분이 저희 자동차 제조 공정의 개요를 이해할 수 있도록 하겠습니다. 아래층으로 가기 전, 모두 소음방지 헤드셋을 착용하시기 바랍니다. 헤드셋은 저쪽 컨테이너에 있습니다. 공장 층은 매우 시끄러우므로 이 헤드셋이 여러분의 귀를 보호해 줄 것입니다. 10시에 회사 측에서 신입사원을 위한 조식을 마련해 둔 테라스로 가겠습니다.

어휘 assembly 조립 get an overview of ~에 대한 개관을 얻다 automobile 자동차 manufacturing process 제조 공정 noise-canceling 소음방지 extremely 극도로 head out to ~로 향하다

89

Where does the speaker most likely work?

(A) At a construction site
(B) At a manufacturing plant
(C) At a landscaping company
(D) At a public transportation office

화자는 어디에서 일하겠는가?
(A) 건설 현장
(B) 제조 공장
(C) 조경업체
(D) 대중교통 기관 사무실

어휘 construction site 공사장 landscaping 조경 public transportation 대중교통

해설 전체 내용 관련 – 화자의 근무 장소

지문 초반부에서 화자가 청자들에게 스트레이커 오토모티브 컴퍼니에 처음 오신 것을 환영한다(Welcome to your first day at Straker Automotive Company)고 했고, 조립 라인 견학으로 시작하여 여러분이 저희 자동차 제조 공정의 개요를 이해할 수 있도록 하겠다(We're going to start your training with a tour of the assembly line so you can get an overview of our automobile manufacturing process)고 했으므로 정답은 (B)이다.

90

What are the listeners instructed to wear?

(A) Helmets
(B) Uniforms
(C) Safety glasses
(D) Ear protection

청자들은 무엇을 착용하라고 지시 받았는가?
(A) 헬멧
(B) 유니폼
(C) 보호안경
(D) 방음 보호구

어휘 instruct 지시하다 ear protection 귀마개, 방음 보호구

해설 세부사항 관련 – 청자들이 착용해야 하는 것

지문 중반부에서 모두 소음방지 헤드셋을 착용하시기 바란다(everyone please put on a noise-canceling headset)고 했고, 이 헤드셋이 여러분의 귀를 보호해 줄 것(these headsets will protect your ears)이라고 했으므로 정답은 (D)이다.

91

According to the speaker, what will the listeners do at ten o'clock?

(A) Have a meal
(B) Conduct an inspection
(C) Attend a workshop
(D) Meet a supervisor

화자에 따르면 청자들은 10시에 무엇을 하겠는가?
(A) 식사하기
(B) 검사 실시하기
(C) 워크숍 참석하기
(D) 관리자 면담하기

어휘 conduct 하다 inspection 검사 supervisor 관리자, 감독관

해설 세부사항 관련 – 청자들이 10시에 할 일

지문 마지막에서 10시에 회사 측에서 신입사원을 위한 조식을 마련해 둔 테라스로 가겠다(At ten, we'll head out to the patio where the company has arranged a new-employee breakfast for you)고 했으므로 정답은 (A)이다.

W-Br This is Joan Finley with Channel 8 News. ⁹²**I'm standing outside the gates of Beckford Energy's main power plant. The plant recently opened its doors to visitors interested in learning how the city's electricity is generated.** ⁹³**Guided tours will be offered every Saturday and will give visitors an exciting chance to visit the plant's main control room.** Visitors will see how the electricity is generated and distributed to buildings in the community. In addition to these tours, ⁹⁴**Beckford Energy is also sponsoring a series of lectures at the downtown library to educate the public about where their energy comes from and how they can conserve energy at home.**

채널 8 뉴스의 조안 핀리입니다. 저는 지금 벡포드 에너지의 주요 발전소 문 밖에 서 있습니다. 최근 이 발전소는 도시의 전력 발전에 대해 알고 싶어하는 방문객들에게 개방됐는데요. 토요일마다 가이드가 안내하는 견학이 제공되어 방문자들에게 발전소의 주 관제실에 가 볼 수 있는 멋진 기회를 선사할 것입니다. 방문객은 전력 발전이 어떻게 이뤄져 지역 사회 내 건물로 분배되는지 볼 수 있을 겁니다. 벡포드 에너지는 이러한 견학과 더불어 시내 도서관에서 열리는 강좌들을 후원하여, 에너지가 어디에서 오고 가정에서 어떻게 에너지를 아낄 수 있는지에 관해 일반인들을 교육합니다.

어휘 power plant 발전소 electricity 전기, 전력 generate 발생시키다 offer 제공하다 control room 관제실, 조종실 distribute 분배하다 sponsor 후원하다 lecture 강좌 conserve 아끼다, 보존하다

92
What type of business is the broadcast about?
(A) An energy company
(B) A real estate firm
(C) A travel agency
(D) A film studio

방송은 어떤 종류의 사업체에 관한 것인가?
(A) 에너지 회사
(B) 부동산 회사
(C) 여행사
(D) 영화 촬영소

어휘 real estate 부동산

해설 전체 내용 관련 – 방송의 주제
지문 초반부에서 화자가 지금 벡포드 에너지의 주요 발전소 문 밖에 서 있다(I'm standing outside the gates of Beckford Energy's main power plant)면서, 최근 이 발전소는 도시의 전력 발전에 대해 알고 싶어하는 방문객들에게 개방되었다(The plant recently opened its doors to visitors interested in learning how the city's electricity is generated)며 에너지 회사에 대해 소개하고 있으므로 정답은 (A)이다.

93
What will the business offer every Saturday?
(A) Trip discounts
(B) Free consultations
(C) Training sessions
(D) Facility tours

이 업체가 토요일마다 제공하는 것은?
(A) 여행 할인
(B) 무료 상담
(C) 교육시간
(D) 시설 견학

어휘 discount 할인 consultation 상담, 협의 facility 시설

해설 세부사항 관련 – 업체가 토요일마다 제공하는 것
지문 중반부에서 토요일마다 가이드가 안내하는 견학이 제공되어 방문자들에게 발전소의 주 관제실에 가 볼 수 있는 멋진 기회를 선사할 것(Guided tours will be offered every Saturday and will give visitors an exciting chance to visit the plant's main control room)이라고 했으므로 정답은 (D)이다.

94
According to the speaker, what can the listeners do at a library?
(A) Register for an event
(B) Pick up a map
(C) Hear a talk
(D) Board a shuttle bus

화자에 따르면 청자들은 도서관에서 무엇을 할 수 있는가?
(A) 행사에 신청하기
(B) 지도 가져가기
(C) 강연 듣기
(D) 셔틀버스에 타기

어휘 register for ~에 등록하다, 신청하다 board 탑승하다

해설 세부사항 관련 – 청자들이 도서관에서 할 수 있는 일
지문 후반부에서 벡포드 에너지는 시내 도서관에서 열리는 강좌들을 후원하여, 에너지가 어디에서 오고 가정에서 어떻게 에너지를 아낄 수 있는지에 관해 일반인들을 교육한다(Beckford Energy is also sponsoring a series of lectures at the downtown library to educate the public about where their energy comes from and how they can conserve energy at home)고 했으므로 정답은 (C)이다.

▸▸ Paraphrasing 담화의 lecture → 정답의 talk

95-97 전화 메시지 + 가격표

W-Am Hi, it's Samantha. I'm still coming to visit you in June, but I've had a little change of plans. ⁹⁵**My boss asked me to go to a trade show the first week of the month, so I can't take a vacation until later.** I'm looking at some airline tickets online, and

228

96the best day for me to travel to Los Angeles is Saturday, June eighteenth. I'm going to book that. I'd still like to go to that exhibit we talked about at the Delany Science Museum, though. **97Can you check if the exhibit will still be open after the eighteenth?**

안녕하세요, 사만다입니다. 여전히 6월에 방문할 예정이나 계획이 약간 변경됐습니다. 저희 사장님께서 6월 첫째 주에 무역박람회에 다녀오라고 말씀하셔서 그 후에야 휴가를 낼 수 있을 거 같아요. 온라인으로 항공권을 알아보고 있는데 로스앤젤레스로 가기에 가장 좋은 날은 6월 18일 토요일이라, 그 항공권을 예약할 예정입니다. 하지만 델라니 과학 박물관에서 얘기 나눴던 전시회에는 여전히 가고 싶습니다. 18일 이후에도 전시회가 계속 열리는지 확인해 주실 수 있나요?

어휘 trade show 무역박람회 book 예약하다 exhibit 전시

Flights to Los Angeles

Departs	Day	Price
9:00 A.M.	Thursday, June 16	$280
6:00 P.M.	Friday, June 17	$375
8:00 A.M.	Saturday, June 18	96$310
3:00 P.M.	Sunday, June 19	$345

로스앤젤레스행 항공편

출발	날짜	가격
오전 9시	6월 16일 목요일	280달러
오후 6시	6월 17일 금요일	375달러
오전 8시	6월 18일 토요일	96310달러
오후 3시	6월 19일 일요일	345달러

95

Why does the speaker have to delay a trip?

(A) She has to renew her passport.

(B) She wants to avoid bad weather.

(C) She has to attend a work event.

(D) She wants to get a cheaper ticket.

화자는 왜 여행을 미뤄야 하는가?

(A) 여권을 갱신해야 한다.

(B) 악천후를 피하고 싶다.

(C) 업무상의 행사에 참석해야 한다.

(D) 더 저렴한 항공권을 사고 싶다.

어휘 renew 갱신하다 passport 여권 avoid 피하다

해설 세부사항 관련 – 화자가 여행을 미뤄야 하는 이유

지문 초반부에서 사장님께서 6월 첫째 주에 무역박람회에 다녀오라고 말씀하셔서 그 후에야 휴가를 낼 수 있을 거 같다(My boss asked me to go to a trade show the first week of the month, so I can't take a vacation until later)고 했으므로 정답은 (C)이다.

▸▸ Paraphrasing   담화의 go to a trade show
→ 정답의 attend a work event

96

Look at the graphic. How much will the speaker pay for a flight?

(A) $280

(B) $375

(C) $310

(D) $345

시각 정보에 의하면 화자는 항공권에 얼마를 지불할 것인가?

(A) 280달러

(B) 375달러

(C) 310달러

(D) 345달러

해설 시각 정보 연계 – 화자가 항공권에 지불할 금액

지문 중반부에서 로스앤젤레스로 가기에 가장 좋은 날은 6월 18일 토요일(the best day for me to travel to Los Angeles is Saturday, June eighteenth)이라서 그 항공권을 예약할 예정(I'm going to book that)이라고 했으므로 정답은 (C)이다.

97

What does the speaker ask the listener to do?

(A) Check a schedule

(B) Recommend a hotel

(C) Send some documents

(D) Rent a car

화자는 청자에게 무엇을 해 달라고 부탁하는가?

(A) 일정 확인하기

(B) 호텔 추천하기

(C) 문서 보내기

(D) 차량 빌리기

어휘 recommend 추천하다 document 문서

해설 세부사항 관련 – 화자의 요청 사항

지문 후반부에서 18일 이후에도 전시회가 계속 열리는지 확인해 줄 수 있는지(Can you check if the exhibit will still be open after the eighteenth)를 묻고 있으므로 정답은 (A)이다.

98-100 회의 발췌 + 명찰 디자인

M-Cn As you know, **98the company recently updated the doors in all of its buildings. For your security, all employees will soon need to scan a bar code on their ID badges at the door to enter all our buildings.** We had a few options for the design of the new ID badges to choose from. **99I've chosen a design with the bar code on the right side of the photo. The name is really large, too, so it'll be easy** to see. [100]**Most of the employee photos we have in the database are outdated, so please stop by the security desk to have a new one taken by Friday so I can place the order.**

아시다시피 최근 회사에서 모든 건물의 문을 새롭게 바꿨습니다. 보안을 위해 전 직원은 모든 건물에 출입하려면 정문에서 명찰에 있는 바코드를 스캔해야 할 것입니다. 선택할 수 있는 새 명찰 디자인이 몇 가지 있었는데요. 저는 사진 오른쪽에 바코드가 있는 디자인을 선택했습니다. 이름은 아주 크게 적혀 있어서 알아보기 쉽습니다. 데이터베이스에 있는 직원 사진 대부분이 오래되었으니 금요일까지 보안 데스크에 들러 새로 촬영해 주시면 제가 주문할 수 있습니다.

어휘 recently 최근 security 보안 option 선택 outdated 오래된, 구식인 stop by 들르다 place an order 주문하다

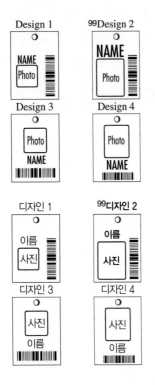

98
What has the speaker's company recently done?
(A) It increased building security.
(B) It started an internship program.
(C) It merged with another company.
(D) It introduced a new logo.

화자의 회사가 최근에 한 일은?
(A) 건물 보안을 강화했다.
(B) 인턴십 프로그램을 시작했다.
(C) 다른 회사와 합병했다.
(D) 새 로고를 도입했다.

어휘 increase 증가시키다 merge 합병하다

해설 세부사항 관련 – 화자의 회사가 최근 한 일
지문 초반부에서 최근 회사에서 모든 건물의 문을 새롭게 바꿨다(the

company recently updated the doors in all of its buildings)면서 보안을 위해 전 직원은 모든 건물에 출입하려면 정문에서 명찰에 있는 바코드를 스캔해야 할 것(For your security, all employees will soon need to scan a bar code on their ID badges at the door to enter all our buildings)이라고 했으므로 정답은 (A)이다.

99
Look at the graphic. Which badge design did the speaker choose?
(A) Design 1
(B) Design 2
(C) Design 3
(D) Design 4

시각 정보에 의하면 화자는 어떤 명찰 디자인을 선택했는가?
(A) 디자인 1
(B) 디자인 2
(C) 디자인 3
(D) 디자인 4

해설 시각 정보 연계 – 화자가 선택한 명찰 디자인
지문 중반부에서 화자가 사진 오른쪽에 바코드가 있는 디자인을 선택했다 (I've chosen a design with the bar code on the right side of the photo)고 했으므로 디자인 1과 2 중에서 선택해야 한다. 이어서 이름은 아주 크게 적혀 있어서 알아보기 쉽다(The name is really large, too, so it'll be easy to see)고 했으므로 정답은 (B)이다.

100
What should the listeners do by Friday?
(A) Have their photos taken
(B) Post their résumés
(C) Call a maintenance worker
(D) Submit a payment

청자들은 금요일까지 무엇을 해야 하는가?
(A) 사진 촬영하기
(B) 이력서 발송하기
(C) 유지보수 담당자에게 전화하기
(D) 납입금 내기

어휘 post 발송하다 maintenance 유지, 보수 submit 제출하다

해설 세부사항 관련 – 청자들이 금요일까지 해야 하는 일
지문의 후반부에서 데이터베이스에 있는 직원 사진 대부분이 오래되었으니 금요일까지 보안 데스크에 들러 새로 촬영해 주시면 주문하겠다(Most of the employee photos we have in the database are outdated, so please stop by the security desk to have a new one taken by Friday so I can place the order)고 했으므로 정답은 (A)이다.

ETS TEST 9

1 (C)	2 (A)	3 (B)	4 (D)	5 (C)
6 (B)	7 (B)	8 (A)	9 (A)	10 (B)
11 (A)	12 (C)	13 (A)	14 (C)	15 (A)
16 (B)	17 (A)	18 (C)	19 (B)	20 (A)
21 (B)	22 (A)	23 (C)	24 (A)	25 (B)
26 (C)	27 (C)	28 (B)	29 (A)	30 (A)
31 (C)	32 (A)	33 (A)	34 (D)	35 (C)
36 (A)	37 (B)	38 (A)	39 (A)	40 (C)
41 (C)	42 (B)	43 (D)	44 (A)	45 (D)
46 (A)	47 (A)	48 (B)	49 (A)	50 (A)
51 (D)	52 (B)	53 (D)	54 (A)	55 (A)
56 (C)	57 (A)	58 (D)	59 (B)	60 (A)
61 (C)	62 (B)	63 (B)	64 (C)	65 (B)
66 (C)	67 (D)	68 (B)	69 (A)	70 (C)
71 (B)	72 (C)	73 (A)	74 (A)	75 (B)
76 (A)	77 (D)	78 (A)	79 (C)	80 (B)
81 (C)	82 (C)	83 (D)	84 (A)	85 (C)
86 (C)	87 (D)	88 (B)	89 (D)	90 (B)
91 (A)	92 (C)	93 (D)	94 (B)	95 (A)
96 (D)	97 (B)	98 (D)	99 (C)	100 (A)

PART 1

1 W-Br

(A) They're boarding a train.
(B) They're installing a railing.
(C) They're walking down stairs.
(D) They're sweeping a walkway.

(A) 사람들이 기차에 탑승하고 있다.
(B) 사람들이 난간을 설치하고 있다.
(C) 사람들이 층계를 걸어 내려오고 있다.
(D) 사람들이 보도를 쓸고 있다.

어휘 board 탑승하다 install 설치하다 sweep 쓸다, 청소하다
    walkway 보도

해설 2인 이상 등장 사진 – 사람의 동작/상태 묘사

(A) 동사 오답. 사람들이 기차에 탑승하고 있는(boarding a train) 모습
    이 아니므로 오답.
(B) 동사 오답. 사람들이 난간을 설치하고 있는(installing a railing) 모
    습이 아니므로 오답.
(C) 정답. 사람들이 층계를 걸어 내려오고 있는(walking down stairs)
    모습이므로 정답.

(D) 동사 오답. 사람들이 보도를 쓸고 있는(sweeping a walkway) 모습
    이 아니므로 오답.

---

2 M-Cn

(A) He's typing on a keyboard.
(B) He's organizing books on a bookcase.
(C) He's adjusting the position of a computer screen.
(D) He's posting a sign on a bulletin board.

(A) 남자가 키보드 자판을 두드리고 있다.
(B) 남자가 책장에 책을 정리하고 있다.
(C) 남자가 컴퓨터 화면 위치를 조정하고 있다.
(D) 남자가 게시판에 게시물을 붙이고 있다.

어휘 organize 정리하다 adjust 조정하다, 맞추다 post a sign
    게시물을 내걸다 bulletin board 게시판

해설 1인 등장 사진 – 인물의 동작/상태 묘사

(A) 정답. 남자가 키보드 자판을 두드리고 있는(typing on a keyboard)
    모습이므로 정답.
(B) 동사 오답. 남자가 책장에 책을 정리하고 있는(organizing books on
    a bookcase) 모습이 아니므로 오답.
(C) 동사 오답. 남자가 컴퓨터 화면 위치를 조정하고 있는(adjusting the
    position of a computer screen) 모습이 아니므로 오답.
(D) 동사 오답. 남자가 게시판에 게시물을 붙이고 있는(posting a sign
    on a bulletin board) 모습이 아니므로 오답.

---

3 M-Au

(A) Some people are riding bicycles.
(B) Some people are seated at a café.
(C) Some people are being served coffee.
(D) Some people are removing their coats.

(A) 몇 사람이 자전거를 타고 있다.
(B) 몇 사람이 카페에 앉아 있다.
(C) 몇 사람이 커피를 받고 있다.
(D) 몇 사람이 코트를 벗고 있다.

어휘 remove 벗다, 제거하다

해설 2인 이상 등장 사진 – 사람의 동작/상태 묘사

(A) 동사 오답. 사람들이 자전거를 타고 있는(riding bicycles) 모습이 아
    니므로 오답.

(B) 정답. 사람들이 카페에 앉아 있는(seated at a café) 모습이므로 정답.

(C) 동사 오답. 사람들이 커피를 제공 받고 있는(being served coffee) 모습이 아니므로 오답.

(D) 동사 오답. 사람들이 코트를 벗고 있는(removing their coats) 모습이 아니므로 오답.

해설 사물 사진 – 실내 사물의 상태 묘사

(A) 상태 오답. 커튼이 바닥에 펼쳐져 있는(laid out on the floor) 모습이 아니므로 오답.

(B) 상태 오답. 식물이 바깥에(outside) 있지 않으므로 오답.

(C) 정답. 미술품(artwork)이 벽에 걸려 있는(hung on a wall) 모습이므로 정답.

(D) 상태 오답. 의자 몇 개가 벽장에 보관되어 있는(stored in a closet) 모습이 아니므로 오답.

4 M-Cn

(A) The woman is entering a warehouse.
(B) The woman is pushing a cart.
(C) The woman is closing a package with tape.
(D) The woman is wearing a safety vest.

(A) 여자가 창고에 들어가고 있다.
(B) 여자가 수레를 밀고 있다.
(C) 여자가 테이프로 포장을 마감하고 있다.
(D) 여자가 안전조끼를 입고 있다.

어휘 warehouse 창고   package 포장

해설 1인 등장 사진 – 인물의 동작/상태 묘사

(A) 동사 오답. 여자가 창고에 들어가고 있는(entering a warehouse) 모습이 아니므로 오답.

(B) 동사 오답. 여자가 수레를 밀고 있는(pushing a cart) 모습이 아니므로 오답.

(C) 동사 오답. 여자가 테이프로 포장을 마감하고 있는(closing a package with tape) 모습이 아니므로 오답.

(D) 정답. 여자가 안전조끼를 입고 있는(wearing a safety vest) 모습이므로 정답. 참고로 wearing은 이미 착용 중인 상태를 나타내는 말로 무언가를 착용하는 동작을 가리키는 putting on과 혼동하지 않도록 주의한다.

5 W-Br

(A) Some curtains have been laid out on the floor.
(B) Some plants have been placed outside.
(C) Some artwork has been hung on a wall.
(D) Some chairs have been stored in a closet.

(A) 커튼이 바닥에 펼쳐져 있다.
(B) 식물 몇 개가 바깥에 놓여 있다.
(C) 미술품 몇 점이 벽에 걸려 있다.
(D) 의자 몇 개가 벽장에 보관되어 있다.

어휘 lay out 펼치다   artwork 미술품   closet 벽장

6 M-Au

(A) The woman's searching for supplies in a cabinet.
(B) The woman's squeezing a plastic bottle.
(C) The man's rearranging some laboratory equipment.
(D) The man's writing down some measurements.

(A) 여자가 캐비닛에서 물품을 찾고 있다.
(B) 여자가 플라스틱 병을 쥐어짜고 있다.
(C) 남자가 실험실 장비를 다시 배치하고 있다.
(D) 남자가 측정치를 기록하고 있다.

어휘 search for ~를 찾다   supplies 물품   squeeze 꼭 짜다   rearrange 다시 배열하다   laboratory 실험실   measurement 측정, 치수

해설 2인 이상 등장 사진 – 인물의 동작/상태 묘사

(A) 동사 오답. 여자가 캐비닛에서 물품을 찾고 있는(searching for supplies in a cabinet) 모습이 아니므로 오답.

(B) 정답. 여자가 플라스틱 병을 쥐어짜고 있는(squeezing a plastic bottle) 모습이므로 정답.

(C) 동사 오답. 남자가 실험실 장비를 다시 배치하고 있는(rearranging some laboratory equipment) 모습이 아니므로 오답.

(D) 동사 오답. 남자가 측정치를 기록하고 있는(writing down some measurements) 모습이 아니므로 오답.

PART 2

7

W-Br What does the holiday package include?
M-Cn (A) No, it's not.
      (B) It includes your flight and hotel room.
      (C) From the main post office.

휴가 패키지 상품에는 무엇이 포함되나요?
(A) 아니요, 그렇지 않습니다.
(B) 항공권과 호텔 객실이 포함됩니다.
(C) 중앙우체국에서요.

어휘 include 포함하다

해설 휴가 패키지 상품에 포함된 항목을 묻는 What 의문문
(A) Yes/No 불가 오답. What 의문문에는 Yes/No 응답이 불가능하므로 오답.
(B) 정답. 휴가 패키지 상품에 포함된 항목을 묻는 질문에 항공권과 숙박이 포함되어 있다고 적절히 응답하고 있으므로 정답.
(C) 연상 단어 오답. 질문의 package에서 연상 가능한 post office를 이용한 오답.

8

W-Am When'll the factory inspection take place?
M-Au (A) On March fifteenth.
(B) A safety checklist.
(C) We just ran out.

공장 시찰은 언제 이뤄집니까?
(A) 3월 15일이에요.
(B) 안전 점검표입니다.
(C) 방금 다 떨어졌어요.

어휘 inspection 검사, 시찰 take place 일어나다 run out 다 떨어지다, 고갈되다

해설 출고 검사의 시행 시점을 묻는 When 의문문
(A) 정답. 공장 시찰이 시행되는 시점을 묻는 질문에 3월 15일이라고 구체적인 날짜로 응답하고 있으므로 정답.
(B) 연상 단어 오답. 질문의 factory inspection에서 연상 가능한 safety checklist를 이용한 오답.
(C) 질문과 상관없는 오답. 질문에 어울리지 않는 응답을 하고 있으므로 오답.

9

M-Cn Where can I buy tickets for the next exhibit tour?
W-Br (A) At the first window.
(B) Last Thursday.
(C) No, it's too much.

다음 전시회 견학 입장권은 어디서 살 수 있나요?
(A) 첫 번째 창구에서요.
(B) 지난 목요일에요.
(C) 아니요, 너무 많아요.

어휘 exhibit 전시회

해설 입장권 구입 장소를 묻는 Where 의문문
(A) 정답. 다음 전시회 입장권을 구입할 수 있는 장소를 묻는 질문에 첫 번째 창구라고 적절히 응답하고 있으므로 정답.
(B) 질문과 상관없는 오답. When 의문문에 어울리는 응답이므로 오답.
(C) Yes/No 불가 오답. Where 의문문에는 Yes/No 응답이 불가능하므로 오답.

10

W-Am Isn't our new coffee excellent?
M-Cn (A) Cream and sugar, please.
(B) Yeah—I like it a lot.
(C) We don't have to.

새 커피, 훌륭하지 않나요?
(A) 크림과 설탕을 넣어주세요.
(B) 네, 정말 좋네요.
(C) 그럴 필요가 없습니다.

해설 새 커피가 좋은지를 묻는 부정 의문문
(A) 연상 단어 오답. 질문의 coffee에서 연상 가능한 cream and sugar를 이용한 오답.
(B) 정답. 새 커피가 좋은지를 묻는 질문에 그렇다면서 정말 좋다고 다시한 번 확인해 주고 있으므로 정답.
(C) 질문과 상관없는 오답. 질문에 어울리지 않는 응답을 하고 있으므로 오답.

11

M-Au When is the new copier arriving?
W-Br (A) Next Friday.
(B) Yes, I just came back.
(C) In the break room.

새 복사기는 언제 도착합니까?
(A) 다음 금요일에요.
(B) 네, 막 돌아왔어요.
(C) 휴게실에요.

어휘 copier 복사기 break room 휴게실

해설 복사기가 도착하는 시점을 묻는 When 의문문
(A) 정답. 복사기가 도착하는 시점을 묻는 질문에 다음 금요일이라고 적절히 응답하고 있으므로 정답.
(B) Yes/No 불가 오답. When 의문문에는 Yes/No 응답이 불가능하므로 오답.
(C) 질문과 상관없는 오답. Where 의문문에 어울리는 응답이므로 오답.

12

W-Am There're boxes in the storage room, aren't there?
M-Cn (A) The total is four dollars.
(B) Yes, he left for the day.
(C) No, I used the last one.

창고에 상자가 있죠, 그렇죠?
(A) 모두 합해 4달러입니다.
(B) 네, 그는 퇴근했어요.
(C) 아니요, 제가 마지막 상자를 썼어요.

어휘 storage room 보관실, 창고

해설 창고에 상자가 있는지 여부를 확인하는 부가 의문문
(A) 질문과 상관없는 오답. How much 의문문에 어울리는 응답이므로 오답.

(B) 질문과 상관없는 오답. 질문과 전혀 상관없는 제3자인 he로 응답하고 있으므로 오답.

(C) 정답. 창고에 상자가 있는지를 묻는 질문에 아니요(No)라고 부정한 뒤, 본인이 마지막 상자를 썼다면서 상자가 없는 이유를 뒷받침하고 있으므로 정답.

13

M-Au Karen, would you finish the presentation slides?

W-Am **(A) Sure, when do you need them?**
(B) Several members of the team.
(C) I already bought a present.

카렌 씨, 발표 슬라이드를 완성하시겠어요?
(A) 네. 언제 필요하세요?
(B) 팀원 여러 명이요.
(C) 이미 선물을 샀어요.

어휘 presentation 발표

해설 부탁/요청 의문문

(A) 정답. 발표 자료를 완성해달라고 요청하는 질문에 네(Sure)라고 답한 뒤 발표 자료가 언제 필요한지에 대해 추가로 묻고 있으므로 정답.
(B) 질문과 상관없는 오답. Who 의문문에 어울리는 응답이므로 오답.
(C) 유사 발음 오답. 질문의 presentation과 부분적으로 발음이 유사한 present를 이용한 오답.

14

M-Cn Will you be dining here, or would you like your food to go?

M-Au (A) I heard that's not true.
(B) She met him at lunch.
(C) We'd like to eat here.

여기서 드시겠어요, 아니면 가져가시겠어요?
(A) 사실이 아니라고 들었습니다.
(B) 그녀는 그를 점심시간에 만났어요.
(C) 여기서 먹을게요.

어휘 dine 식사하다

해설 식당에서 식사할지 음식을 포장해 갈지 여부를 묻는 선택 의문문

(A) 질문과 상관없는 오답. 질문에 어울리지 않는 응답을 하고 있으므로 오답.
(B) 연상 단어 오답. 질문의 dining과 food에서 연상 가능한 lunch를 이용한 오답.
(C) 정답. 식당에서 식사를 할지 음식을 포장해 갈지를 선택하라는 질문에 여기서 먹겠다며 선택사항 중 하나를 택하여 응답하고 있으므로 정답.

15

W-Am Why is Alan working from home?

M-Au **(A) Because he's expecting a delivery.**
(B) I live on Twentieth Street.
(C) A retail business.

앨런 씨는 왜 재택근무를 하죠?
(A) 물건 배송을 기다리고 있어서요.
(B) 저는 20번가에 삽니다.
(C) 소매업입니다.

어휘 expect 기대하다, 기다리다   retail 소매

해설 앨런 씨가 재택근무 하는 이유를 묻는 Why 의문문

(A) 정답. 앨런 씨가 재택근무 하는 이유를 묻는 질문에 그가 물건 배송을 기다리고 있다며 적절한 이유를 말하고 있으므로 정답.
(B) 연상 단어 오답. 질문의 home에서 연상 가능한 live를 이용한 오답.
(C) 연상 단어 오답. 질문의 working에서 연상 가능한 retail business를 이용한 오답.

16

W-Br We're leaving at five for the holiday party.

M-Cn (A) Just a few groceries.
(B) I have to work late tonight.
(C) Did you have a good time?

우리는 휴가 파티에 가기 위해 5시에 떠날 예정입니다.
(A) 식료품 약간이요.
(B) 저는 오늘밤 늦게까지 일해야 해요.
(C) 즐거운 시간 보내셨어요?

어휘 grocery 식료품, 잡화

해설 정보 전달의 평서문

(A) 질문과 상관없는 오답. 질문에 어울리지 않는 응답을 하고 있으므로 오답.
(B) 정답. 휴가 파티에 가기 위해 5시에 떠날 예정이라는 평서문에 오늘 밤 늦게까지 일해야 한다며 못 간다는 의사를 우회적으로 표현하고 있으므로 정답.
(C) 연상 단어 오답. 질문의 party에서 연상 가능한 have a good time을 이용한 오답.

17

W-Br How did you manage to fix your computer?

M-Au **(A) By installing a software update.**
(B) I think he's a good manager.
(C) They're very expensive.

컴퓨터를 어떻게 고쳤나요?
(A) 소프트웨어 업데이트를 설치해서요.
(B) 그는 좋은 관리자라고 생각해요.
(C) 그것들은 매우 비싸요.

어휘 manage to 가까스로 ~하다   install 설치하다

해설 컴퓨터를 수리한 방법을 묻는 How 의문문

(A) 정답. 어떻게 컴퓨터를 고쳤는지를 묻는 질문에 소프트웨어 업데이트를 설치했다며 구체적인 방법으로 응답하고 있으므로 정답.
(B) 유사 발음 오답. 질문의 manage와 발음이 부분적으로 유사한 manager를 이용한 오답.
(C) 질문과 상관없는 오답. 비싸다는 답변은 방법을 묻는 질문에 어울리지 않는 응답이므로 오답.

18

M-Cn Should I take the train to the conference center?

W-Am (A) Thank you.
(B) I can carry that.
(C) Yes, it's very fast.

회의장에 가려면 기차를 타야 하나요?
(A) 감사합니다.
(B) 제가 옮길 수 있어요.
(C) 네, 굉장히 빠릅니다.

어휘 conference 회의, 회담

해설 회의장에 가려면 기차를 타야 하는지를 묻는 조동사(Should) 의문문

(A) 질문과 상관없는 오답. 질문에 어울리지 않는 응답을 하고 있으므로 오답.

(B) 질문과 상관없는 오답. 질문 내용과 전혀 상관없는 응답을 하고 있으므로 오답.

(C) 정답. 회의장에 가려면 기차를 타야 하는지를 묻는 질문에 네(Yes)라고 답한 뒤, 굉장히 빠르다며 기차를 타면 좋은 점까지 덧붙여 응답하고 있으므로 정답.

19

M-Au Didn't you buy more postage stamps last week?

W-Am (A) The post office on the corner.
(B) Yes, but we already used them.
(C) A few years old.

지난주에 우표를 더 사지 않았나요?
(A) 모퉁이에 있는 우체국이요.
(B) 네, 하지만 이미 써 버렸어요.
(C) 몇 년 됐어요.

어휘 postage stamp 우표

해설 지난주에 우표를 추가 구입했는지를 확인하는 부정 의문문

(A) 연상 단어 오답. 질문의 postage stamps에서 연상 가능한 post office를 이용한 오답.

(B) 정답. 지난주에 우표를 추가 구입하지 않았는지를 묻는 질문에 네(Yes)라고 추가 구입했음을 긍정한 뒤 이미 다 사용했다며 구입한 우표의 이후 상황까지 알리고 있으므로 정답.

(C) 질문과 상관없는 오답. 질문에 어울리지 않는 응답을 하고 있으므로 오답.

20

W-Br I think last year's technology trade show was better.

M-Au **(A) This is my first time here.**
(B) Laptop computers.
(C) The Seattle office.

작년에 열린 기술 무역박람회가 더 나았던 것 같아요.
(A) 저는 이번에 처음 와 봐요.
(B) 노트북 컴퓨터요.
(C) 시애틀 지사요.

어휘 trade show 무역박람회

해설 의견 제시의 평서문

(A) 정답. 작년에 열린 기술 무역박람회가 더 나았다는 평서문에 자신은 이번이 처음이라며 작년 박람회에 대해 모른다는 말을 우회적으로 응답하고 있으므로 정답.

(B) 연상 단어 오답. 질문의 technology에서 연상 가능한 laptop computers를 이용한 오답.

(C) 질문과 상관없는 오답. Where 의문문에 어울리는 응답이므로 오답.

21

M-Cn May I borrow your stapler?

W-Am (A) A thirty-page contract.
(B) As soon as I'm finished with it.
(C) I always stay there.

스테이플러를 빌려주시겠어요?
(A) 30장짜리 계약서입니다.
(B) 제가 다 쓰는 대로요.
(C) 저는 항상 거기 있어요.

어휘 contract 계약서 as soon as ~하자마자

해설 부탁/요청 의문문

(A) 연상 단어 오답. 질문의 stapler에서 서류를 연상하게 하는 thirty-page를 이용한 오답.

(B) 정답. 스테이플러를 빌려달라고 요청하는 질문에 네(Yes)를 생략한 채 사용을 마치자마자 라며 우회적으로 응답하고 있으므로 정답.

(C) 유사 발음 오답. 질문의 stapler와 부분적으로 발음이 유사한 stay를 이용한 오답.

22

W-Br Who should present their research at the seminar?

M-Cn **(A) I think Lucy's data is impressive.**
(B) In the conference room.
(C) Ten copies of this report, please.

세미나에서 누가 연구결과를 발표해야 하죠?
(A) 루시의 자료가 인상적인 것 같아요.
(B) 회의실에서요.
(C) 이 보고서 열 부 부탁합니다.

어휘 present 제시하다, 발표하다 impressive 인상적인

해설 세미나에서 발표할 사람을 묻는 Who 의문문

(A) 정답. 세미나에서 연구결과를 발표할 사람을 묻는 질문에 루시의 자료가 인상적인 것 같다며 발표할 사람을 추천하고 있으므로 정답.

(B) 질문과 상관없는 오답. Where 의문문에 어울리는 응답을 하고 있으므로 오답.

(C) 연상 단어 오답. 질문의 present, research에서 연상 가능한 report를 이용한 오답.

TEST 9

23

M-Au Why have our sales decreased recently?

W-Am (A) Sure, I can slow it down.

(B) Turn right at the next corner.

(C) The vice president is investigating it.

판매량이 최근 감소한 이유가 뭐죠?

(A) 물론입니다, 제가 늦출 수 있어요.

(B) 다음 모퉁이에서 우회전하세요.

(C) 부사장님이 조사하고 계십니다.

어휘 decrease 감소하다 recently 최근 investigate 조사하다, 살피다

해설 판매량이 감소한 이유를 묻는 Why 의문문

(A) Yes/No 불가 오답. Why 의문문에는 Yes/No 응답이 불가능한데, Sure도 일종의 Yes 응답이라고 볼 수 있으므로 오답.

(B) 질문과 상관없는 오답. 길 안내를 묻는 How 의문문에 어울리는 응답이므로 오답.

(C) 정답. 최근에 판매량이 감소한 이유를 묻는 질문에 부사장님이 조사 중이라며 아직은 모른다는 말을 우회적으로 응답하고 있으므로 정답.

24

W-Br How is your new department manager doing at his job?

M-Au **(A) He's only been here a week.**

(B) Yeah, everyone in the company.

(C) I'd like to order that too.

새 부서장의 업무 처리는 어떻습니까?

(A) 여기 온 지 일주일밖에 안 됐어요.

(B) 네, 회사의 모든 사람이요.

(C) 저도 주문하고 싶어요.

어휘 department 부서

해설 새 부서장의 업무 처리 상태에 대해 묻는 How 의문문

(A) 정답. 새 부서장의 업무 처리 상태에 대해 묻는 질문에 그가 아직 일주일밖에 안 됐다며 평가를 내리기 힘들다는 말을 우회적으로 하고 있으므로 정답.

(B) Yes/No 불가 오답. How 의문문에는 Yes/No 응답이 불가능한데, Yeah도 Yes 응답이라고 볼 수 있으므로 오답.

(C) 질문과 상관없는 오답. 질문에 어울리지 않는 응답을 하고 있으므로 오답.

25

W-Am Do you know if there's a break after this talk?

W-Br (A) I spoke to him yesterday.

(B) I'll check the schedule.

(C) The administration building.

이번 강연 후 쉬는 시간이 있는지 여부를 아세요?

(A) 제가 어제 그에게 말했어요.

(B) 일정을 확인해 볼게요.

(C) 관리 본부입니다.

어휘 break 휴식시간 administration building 행정관, 본부

해설 강연 후에 쉬는 시간이 있는지를 묻는 간접 의문문

(A) 질문과 상관없는 오답. 질문과 전혀 상관없는 제3자인 him으로 응답하고 있으므로 오답.

(B) 정답. 강연 후에 쉬는 시간이 있는지를 묻는 질문에 일정을 확인해 보겠다며 모른다는 답변을 우회적으로 응답하고 있으므로 정답.

(C) 질문과 상관없는 오답. 질문에 어울리지 않는 응답을 하고 있으므로 오답.

26

W-Am Where can I charge my mobile phone?

M-Cn (A) A wireless device.

(B) Every day at three o'clock.

(C) Plug it in by the lamp.

휴대전화는 어디에서 충전할 수 있죠?

(A) 무선 기기입니다.

(B) 매일 3시에요.

(C) 등 옆에 연결하세요.

어휘 charge 충전하다 wireless 무선의 device 기기 plug in (전원을) 연결하다

해설 휴대전화를 충전할 수 있는 장소를 묻는 Where 의문문

(A) 연상 단어 오답. 질문의 mobile phone에서 연상 가능한 wireless device를 이용한 오답.

(B) 질문과 상관없는 오답. When 의문문에 어울리는 응답을 하고 있으므로 오답.

(C) 정답. 휴대전화를 충전할 수 있는 장소를 묻는 질문에 등 옆의 전원에 연결하라고 구체적으로 응답하고 있으므로 정답.

27

M-Au Which room can we use for Thursday's client reception?

W-Br (A) To get to Tokyo.

(B) About ten more workers.

(C) We'll need a large space for the food.

목요일 고객을 맞을 때 어떤 방을 사용하면 될까요?

(A) 도쿄에 도착하기 위해서요.

(B) 직원 10명 정도 더요.

(C) 음식 때문에 넓은 공간이 필요할 겁니다.

어휘 reception 환영, 맞이함

해설 고객 환영회에 이용할 방을 묻는 Which 의문문

(A) 질문과 상관없는 오답. Why 의문문에 어울리는 응답을 하고 있으므로 오답.

(B) 질문과 상관없는 오답. 질문에 어울리지 않는 응답을 하고 있으므로 오답.

(C) 정답. 고객을 맞이할 때 어떤 방을 이용할지를 묻는 질문에 음식 때문에 넓은 공간이 필요하다며 우회적으로 응답하고 있으므로 정답.

28

M-Cn Are you going to accept the transfer to New York City?

W-Am (A) That one over there.
(B) I'm waiting to hear about the salary.
(C) He's from London originally.

뉴욕 지사로의 전근을 수락할 예정인가요?
(A) 저쪽에 있는 것이요.
(B) 급여에 대한 이야기를 기다리는 중입니다.
(C) 그는 런던 출신입니다.

어휘 accept 수락하다 transfer 이전, 전근

해설 전근을 수락할지를 묻는 be동사 의문문
(A) 질문과 상관없는 오답. Which 의문문에 대한 응답이므로 오답.
(B) 정답. 뉴욕으로의 전근을 수락할 것인지를 묻는 질문에 급여에 대한 이야기를 기다리는 중이라며 아직 결정하지 않았음을 우회적으로 응답하고 있으므로 정답.
(C) 연상 단어 오답. 질문의 New York에서 연상 가능한 London을 이용한 오답.

29

M-Au Should we call the client before or after the staff meeting?

W-Br (A) How long do you think it'll take?
(B) A recently signed contract.
(C) I don't think he did.

고객에게 직원 회의 전에 전화해야 합니까, 아니면 끝나고 해야 합니까?
(A) 회의가 얼마나 걸릴 것 같아요?
(B) 최근 체결한 계약입니다.
(C) 그가 그런 것 같지는 않아요.

해설 고객에게 전화할 시점을 묻는 선택 의문문
(A) 정답. 고객에게 직원 회의 전에 전화할지 후에 전화할지를 묻는 질문에 회의가 얼마나 걸릴 것 같은지를 되물으며 선택하는 데 도움이 될 추가 정보를 구하고 있으므로 정답.
(B) 연상 단어 오답. 질문의 client에서 연상 가능한 contract를 이용한 오답.
(C) 질문과 상관없는 오답. 질문에 어울리지 않는 응답을 하고 있으므로 오답.

30

W-Am This purchase order needs a signature.

M-Cn (A) Takeshi can do it.
(B) The delivery should be on time.
(C) A refundable payment.

이 구매주문서에 서명을 해야 합니다.
(A) 타케시 씨가 할 수 있어요.
(B) 제때 배송되어야 합니다.
(C) 환불 가능한 지불금이요.

어휘 purchase order 구매주문서 signature 서명 on time 늦지 않게, 제때 refundable 환불 가능한

해설 사실/정보를 전달하는 평서문
(A) 정답. 구매주문서에 서명을 해야 한다는 평서문에 타케시 씨가 할 수 있다며 서명할 사람을 알려주고 있으므로 정답.
(B) 연상 단어 오답. 질문의 order에서 연상 가능한 delivery를 이용한 오답.
(C) 연상 단어 오답. 질문의 purchase에서 연상 가능한 payment를 이용한 오답.

31

M-Au It wasn't supposed to rain today, was it?

W-Br (A) The channel six forecast.
(B) The price was a little too high.
(C) You can borrow my umbrella.

오늘 비 온다는 얘기는 없었는데, 그렇죠?
(A) 6번 채널 예보요.
(B) 가격이 좀 비싸네요.
(C) 제 우산을 빌려드릴 수 있어요.

어휘 be supposed to ~하기로 되어 있다 forecast 예측, 예보

해설 비가 온다는 예보는 없었음을 확인하는 부가 의문문
(A) 연상 단어 오답. 질문의 rain에서 일기 예보를 연상하게 하는 forecast를 이용한 오답.
(B) 질문과 상관없는 오답. 질문에 어울리지 않는 응답을 하고 있으므로 오답.
(C) 정답. 오늘 비가 온다는 예보는 없었음을 확인하는 질문에 우산을 빌려드릴 수 있다며 비가 올 것에 대비하지 못한 상대방에게 적절히 대응하고 있으므로 정답.

PART 3

32-34

M-Au ³²Hello, Schooner's Grocery, how can I help you?

W-Am Hi, ³³I have a question—would it be possible for your store to start stocking Diamond granola bars again? They're my favorite, and I couldn't find any last time I was shopping.

M-Au Actually, another customer made the same request just yesterday! ³⁴I'll let the store manager know—she'll be reviewing our product inventory at the end of the month.

남 안녕하세요, 스쿠너 그로서리입니다. 어떻게 도와드릴까요?

여 안녕하세요. 여쭤볼 것이 있는데요. 매장에 다이아몬드 그래놀라바를 다시 가져다 놓을 수 있나요? 제가 제일 좋아하는 건데 지난번 장을 볼 때 찾을 수가 없었어요.

남   사실 어제 다른 고객께서 같은 요청을 하셨어요! **매장 관리자에게 알려 월말에 제품 재고목록을 검토할 수 있도록 하겠습니다.**

어휘	grocery 식료품, 잡화 stock (판매할 상품을) 갖춰 두다 favorite 가장 좋아하는 것 make a request 요청하다 review 검토하다 inventory 재고 목록

32

Where does the man work?

(A) At a grocery store
(B) At an office supply store
(C) At a gift shop
(D) At an advertising firm

남자는 어디에서 일하는가?

(A) 식료품점
(B) 사무용품점
(C) 선물가게
(D) 광고회사

어휘 office supply 사무용품   advertising 광고

해설 전체 내용 관련 – 남자의 직업

남자가 첫 번째 대사에서 여자에게 인사(Hello)를 건네며 스쿠너 그로서리입니다(Schooner's Grocery), 어떻게 도와드릴까요(how can I help you)라고 했으므로 남자는 식료품점에서 일하는 직원임을 알 수 있다. 따라서 정답은 (A)이다.

33

Why does the woman call the business?

(A) To ask about a product
(B) To confirm a delivery
(C) To praise an employee
(D) To inquire about job openings

여자는 왜 업체에 전화하는가?

(A) 제품에 대해 문의하기 위해
(B) 배송을 확인하기 위해
(C) 직원을 칭찬하기 위해
(D) 구인에 관해 문의하기 위해

어휘 confirm 확인하다, 확실히 하다   praise 칭찬하다   inquire 문의하다   job opening 구인

해설 세부사항 관련 – 여자가 업체에 전화한 이유

여자가 첫 번째 대사에서 여쭤볼 것이 있다(I have a question)면서 매장에 다이아몬드 그래놀라바를 다시 가져다 놓을 수 있는지(would it be possible for your store to start stocking Diamond granola bars again)를 묻고 있으므로 정답은 (A)이다.

34

What does the man say he will do?

(A) Provide a coupon
(B) Update a Web site
(C) Meet with a client
(D) Speak to a manager

남자가 하겠다고 말한 것은?

(A) 쿠폰 제공하기
(B) 웹사이트 업데이트하기
(C) 고객 만나보기
(D) 관리자에게 보고하기

어휘 provide 제공하다

해설 세부사항 관련 – 남자가 하겠다는 일

남자가 마지막 대사에서 매장 관리자에게 알려 월말에 제품 재고목록을 검토할 수 있도록 하겠다(I'll let the store manager know—she'll be reviewing our product inventory at the end of the month)고 했으므로 정답은 (D)이다.

▸▸ Paraphrasing	대화의 **let the store manager know** → 정답의 **Speak to a manager**

35-37 3인 대화

W-Br	Hi, Makoto. Sorry to bother you, but **35where will our department meeting be this afternoon?**
M-Au	I scheduled it in the conference room on the first floor, Room 176.
W-Br	Oh, but... **36the projector in that room isn't working.**
M-Au	Steve said he'd request one from the IT department. Oh, here he is now. Steve, have you had a chance to request the projector for this afternoon?
M-Cn	Yes, it's already set up. By the way, **37I'd like to make a few announcements about the new time-reporting process at the start of the meeting. Is that OK?**
M-Au	Sure, we have time for that.
여	안녕하세요, 마코토 씨. 방해해서 죄송합니다만 **저희 부서 회의는 오늘 오후 어디에서 열리나요?**
남1	1층 회의실 176호로 잡았습니다.
여	아, 그런데… **그 회의실의 프로젝터가 작동하지 않아요.**
남1	스티브 씨가 IT 부서에 요청했다고 했는데요. 아, 여기 오셨네요. 스티브 씨, 오늘 오후에 쓸 프로젝터를 요청하셨나요?
남2	네, 이미 설치되어 있어요. 그런데 **회의를 시작할 때 새로운 시간 보고 절차에 대해 공지를 하고 싶은데요. 괜찮을까요?**
남1	물론입니다. 시간이 있어요.

35

What does the woman ask about?

(A) The time of an event
(B) The name of a client
(C) The location of a meeting
(D) The cost of an order

여자는 무엇에 대해 물어보는가?

(A) 행사 시간
(B) 고객명
(C) 회의 장소
(D) 주문 비용

어휘 order 주문

해설 세부사항 관련 – 여자가 문의하는 사항
여자가 대화 초반부에서 부서 회의는 오늘 오후 어디에서 열리는지
(where will our department meeting be this afternoon)를 묻고 있
으므로 정답은 (C)이다.

36

What problem does the woman mention?

(A) Some equipment is not working.
(B) Some documents are missing.
(C) An agenda is incorrect.
(D) An employee is absent.

여자가 언급한 문제는 무엇인가?

(A) 장비가 작동하지 않는다.
(B) 문서 일부가 없어졌다.
(C) 회의 안건이 틀렸다.
(D) 직원이 결근했다.

어휘 agenda 의제, 안건 incorrect 부정확한, 맞지 않는

해설 세부사항 관련 – 여자가 언급한 문제
여자가 두 번째 대사에서 회의실의 프로젝터가 작동하지 않는다(the
projector in that room isn't working)고 했으므로 정답은 (A)이다.

37

What does Steve ask for permission to do?

(A) Revise a contract
(B) Make some announcements
(C) Complete a purchase
(D) Leave work early.

스티브 씨가 하겠다고 허가를 요청한 것은?

(A) 계약서 수정하기
(B) 공지하기
(C) 구매 완료하기
(D) 조퇴하기

해설 세부사항 관련 – 스티브 씨가 허가를 요청한 일
대화 후반부에서 남자2(Steve)가 회의를 시작할 때 새로운 시간 보고
절차에 대해 공지를 하고 싶다(I'd like to make a few announce-
ments about the new time-reporting process at the start of the
meeting)면서 괜찮을지(Is that OK) 허락을 구하고 있으므로 정답은 (B)
이다.

38-40

M-Cn	Hi, Bridgette. Do you want to go to the employee cafeteria for a coffee?
W-Br	OK!
M-Cn	I wanted to ask about your move. **38I'm so glad you're in my neighborhood now. Are you settling in to your new apartment?**
W-Br	Yes, thanks. There's just one thing, though. I'm not familiar with the area yet, and I'm trying to find a new eye doctor. Know of any?
M-Cn	Yeah, **39I have a good ophthalmologist, Dr. Chan. The great thing is she works on the weekend,** so you don't have to take time off to see her.
W-Br	Perfect. Do you happen to have her number?
M-Cn	**40I have her business card at my desk. Let me get it for you.**

남	안녕하세요, 브리지트 씨. 커피 마시러 직원 카페테리아에 가실래요?
여	좋아요!
남	이사하신 것에 관해 묻고 싶었어요. **저희 이웃이 되어 참 기뻐요. 새 아파트에 적응하셨나요?**
여	네, 고마워요. 그런데 한 가지, 아직 이 지역을 잘 몰라요. 새 안과의사를 찾고 있는데, 아는 분 계세요?
남	네, 훌륭한 안과의사인 찬 박사님이 있는데요. **주말에 진료하는 점이 특히 좋아요.** 진료 보러 가려고 휴가를 낼 필요가 없거든요.
여	좋네요. 전화번호 갖고 계세요?
남	**책상에 명함이 있어요. 가져다 드릴게요.**

TEST 9

38

What did the woman recently do?

(A) She moved to a new area.
(B) She published a book.
(C) She participated in a news conference.
(D) She purchased a mobile phone.

여자는 최근에 무엇을 했는가?

(A) 새로운 지역으로 이사했다.
(B) 책을 출간했다.
(C) 기자회견에 참석했다.
(D) 휴대전화를 샀다.

어휘 publish 출판하다 participate in ~에 참석하다 news conference 기자회견

해설 세부사항 관련 – 여자가 최근에 한 일

대화 초반부에 남자가 여자에게 이웃이 되어 참 기쁘다(I'm so glad you're in my neighborhood now)면서 새 아파트에 적응했는지(Are you settling in to your new apartment)를 묻고 있으므로 정답은 (A)이다.

> ▸ Paraphrasing 대화의 settling in to your new apartment
> → 정답의 moved to a new area

39

What does the man say about Dr. Chan?

(A) She is available on weekends.
(B) She speaks several languages.
(C) She conducts research.
(D) She works for a university.

남자가 찬 박사에 대해 말한 것은?

(A) 주말에도 진료를 한다.
(B) 여러 개의 언어를 구사한다.
(C) 연구를 시행한다.
(D) 대학교에서 일한다.

어휘 conduct 하다 research 연구

해설 세부사항 관련 – 남자가 찬 박사에 대해 언급한 사항

대화 중반부에서 남자가 훌륭한 안과의사인 찬 박사님이 있다(I have a good ophthalmologist, Dr. Chan)면서 주말에 진료하는 점이 특히 좋다(The great thing is she works on the weekend)고 했으므로 정답은 (A)이다.

> ▸ Paraphrasing 대화의 works on the weekend
> → 정답의 available on weekends

40

What does the man say he will do?

(A) Arrange a client luncheon
(B) Move some furniture
(C) Give the woman a business card
(D) Show the woman an informational video

남자가 하겠다고 말한 것은?

(A) 고객과의 점심식사 주선하기
(B) 가구 옮기기
(C) 여자에게 명함 주기
(D) 여자에게 정보 제공 동영상 보여주기

어휘 arrange 마련하다, 주선하다 luncheon 오찬 informational 정보를 주는

해설 세부사항 관련 – 남자가 하겠다는 일

남자는 마지막 대사에서 책상에 명함이 있다(I have her business card at my desk)면서 가져다 주겠다(Let me get it for you)고 했으므로 정답은 (C)이다.

41-43

> W-Am Welcome back, Raj! 41How was your vacation last week?
>
> M-Au Very good. 41I went to Fairview with my family, and 42it gave me some ideas for work—like how the city planning commission can make it easier to pay for parking in the business district.
>
> W-Am 42But the city just installed digital parking meters that accept credit cards last year.
>
> M-Au That's true, but it's easier to pay with a mobile application. That's what they do in Fairview. I could even add money to the meter remotely before I ran out of time.
>
> W-Am 43I've heard about those applications, but never used one before.
>
> M-Au 43I have one right here on my phone. Let me show you how it works.
>
> 여 어서 오세요, 라지 씨! 지난주 휴가는 어땠나요?
>
> 남 훌륭했어요. 가족과 함께 페어뷰에 갔는데, 업무에 관한 아이디어를 얻었어요. 도시계획 위원회가 업무 지구에서 주차료 정산을 더 쉽게 하는 방법 등이요.
>
> 여 하지만 시에서 작년에 신용카드가 되는 디지털 주차요금 징수기를 설치했잖아요.
>
> 남 맞아요. 하지만 모바일 앱으로 결제하는 편이 더 쉬워요. 페어뷰에서 그렇게 하거든요. 시간이 다 되기 전에 원격으로 징수기에 돈을 추가할 수도 있더라고요.
>
> 여 그런 앱에 대해 들어본 적은 있는데 써 보지는 못했어요.
>
> 남 제 전화기에 하나 있어요. 어떻게 작동하는지 보여드릴게요.
>
> 어휘 commission 위원회 district 지구 install 설치하다 accept 수락하다 remotely 원격으로 run out of time 시간이 다 되다

41

What did the man do last week?

(A) He conducted a safety inspection.
(B) He competed in an athletic tournament.
(C) He took a family vacation.
(D) He led a city government meeting.

남자가 지난주에 한 일은?

(A) 안전 검사를 시행했다.
(B) 육상 대회에 출전했다.
(C) 가족 휴가를 떠났다.
(D) 시 당국 회의를 진행했다.

어휘 safety inspection 안전 검사 compete 경쟁하다 athletic 육상의 tournament 대회, 경기

해설 세부사항 관련 – 남자가 지난주에 한 일
대화 초반부에 여자가 남자에게 지난주 휴가는 어땠는지(How was your vacation last week) 묻자 남자가 가족과 함께 페어뷰에 갔다(I went to Fairview with my family)고 했으므로 정답은 (C)이다.

42

What are the speakers mainly talking about?

(A) Methods of training employees
(B) Methods of paying for parking
(C) How to use protective equipment
(D) How to choose an insurance policy

화자들은 주로 무엇에 관해 이야기하는가?

(A) 직원 교육 방법
(B) 주차요금 납부 방법
(C) 방호장비 사용 방법
(D) 보험증서 선택 방법

어휘 method 방법 protective equipment 방호장비 insurance policy 보험증서

해설 전체 내용 관련 – 대화의 주제
대화 초반부에서 남자는 도시계획 위원회가 업무 지구에서 주차료 정산을 더 쉽게 하는 방법 등 업무에 관한 아이디어를 얻었다(it gave me some ideas for work—like how the city planning commission can make it easier to pay for parking in the business district)고 말하자 여자가 그렇지만 시에서 작년에 신용카드가 되는 디지털 주차요금 징수기를 설치했다(But the city just installed digital parking meters that accept credit cards last year)며 주차료 정산 방법에 대한 대화를 이어가고 있으므로 정답은 (B)이다.

43

What will the man probably do next?

(A) Charge a credit card
(B) Approve a budget
(C) Pick up a new uniform
(D) Demonstrate a mobile application

남자는 다음에 무엇을 하겠는가?

(A) 신용카드로 지불하기
(B) 예산 승인하기
(C) 새 유니폼 가져오기
(D) 모바일 앱 시연하기

어휘 charge a credit card 신용카드를 긁다 approve 승인하다 budget 예산 demonstrate 시연하다

해설 세부사항 관련 – 남자가 다음에 할 행동
여자가 마지막 대사에서 앱에 대해 들어본 적은 있는데 써 보지는 못했다 (I've heard about those applications, but never used one before) 고 하자 남자가 자신의 전화기에 하나 있다(I have one right here on my phone)면서 어떻게 작동하는지 보여주겠다(Let me show you how it works)고 했으므로 정답은 (D)이다.

> ▸▸ Paraphrasing 대화의 show you how it works
> → 정답의 demonstrate

44-46 3인 대화

M-Cn	Deborah, ⁴⁴**I want to introduce Ken Jacobs. He's the architect who'll be doing the remodeling plans for the restaurant.**
W-Br	Oh, nice to meet you, Mr. Jacobs. We're excited about the remodeling. ⁴⁵**One of our main priorities is to increase our seating capacity.**
M-Au	Yes, I know that seating is an important part of your plans. ⁴⁶**What I'd like to do today is just look around the building** and get some ideas for how to do that.
M-Cn	Sure. ⁴⁶**Deborah and I will show you around.**

남1 데보라 씨, 켄 제이콥스 씨를 소개하려고 합니다. 레스토랑 개조 계획을 맡을 건축가이십니다.
여 만나서 반갑습니다, 제이콥스 씨. 개조에 대해 기대하고 있어요. 우선순위를 두는 것 중 하나는 좌석수를 늘리는 것입니다.
남2 네, 계획 중 좌석이 중요한 부분임을 알고 있습니다. 오늘 건물을 둘러보고 어떻게 할지 아이디어를 얻으려고 합니다.
남1 네. 데보라 씨와 제가 안내해 드리겠습니다.

어휘 architect 건축가 priority 우선 사항 seating capacity 좌석수 show around 안내하다

44

Who is Ken Jacobs?

(A) An architect
(B) A chef
(C) A furniture designer
(D) A theater owner

켄 제이콥스 씨는 누구인가?

(A) 건축가
(B) 요리사
(C) 가구 디자이너
(D) 극장 소유주

어휘 theater 극장

해설 세부사항 관련 - 켄 제이콥스 씨의 직업

대화 초반부에 남자1이 켄 제이콥스 씨를 소개하려고 한다(I want to introduce Ken Jacobs)며 레스토랑 개조 계획을 맡을 건축가(He's the architect who'll be doing the remodeling plans for the restaurant)라고 했으므로 정답은 (A)이다.

45

What priority does the woman mention?

(A) Using local products
(B) Reducing expenses
(C) Finding qualified employees
(D) Providing more seating

여자가 우선시한다고 언급한 것은?

(A) 지역 제품 사용하기
(B) 비용 줄이기
(C) 자격을 갖춘 직원 찾기
(D) 좌석을 더 제공하기

어휘 reduce 줄이다 expense 비용, 경비 qualified 자격을 갖춘

해설 세부사항 관련 - 여자가 언급한 우선사항

대화 중반부에 여자가 우선순위를 두는 것 중 하나는 좌석 수를 늘리는 것이다(One of our main priorities is to increase our seating capacity)라고 했으므로 정답은 (D)이다.

▸▸ Paraphrasing 대화의 increase our seating capacity
→ 정답의 Providing more seating

46

What will the speakers do next?

(A) Walk around a building
(B) Estimate some prices
(C) Look at some plans
(D) Discuss permit requirements

화자들은 다음에 무엇을 하겠는가?

(A) 건물 둘러보기
(B) 가격 추산하기
(C) 계획 살펴보기
(D) 허가 요건 논의하기

어휘 estimate 추산하다, 견적을 내다 permit 허가(증)
requirement 요건

해설 세부사항 관련 - 화자들이 다음에 할 행동

대화 후반부에서 남자2가 오늘 건물을 둘러보고 싶다(What I'd like to do today is just look around the building)고 하자 남자1이 데보라 씨와 제가 안내해 드리겠다(Deborah and I will show you around)고 했으므로 정답은 (A)이다.

47-49

M-Au Welcome to Anderson's Hardware Store.

W-Am Hi. **⁴⁷I bought this electric saw from your store a while ago, and it stopped working. I'd like to exchange it for a new one.**

M-Au OK. If you give me your name, I can look up the details of your purchase.

W-Am Sure, my name's Frances Russell.

M-Au Unfortunately, this tool doesn't qualify for an exchange, because you bought it over a year ago. **⁴⁸The warranty's only valid for one year.**

W-Am Really? **⁴⁸I thought it came with a three-year guarantee.**

M-Au I have the warranty right here.

W-Am Oh, OK then. Thanks for checking.

M-Au **⁴⁹I recommend having our mechanic fix your saw.** She can repair all kinds of power tools for a small fee.

남 앤더슨 철물점에 오신 것을 환영합니다.

여 안녕하세요. **얼마 전에 이 매장에서 전기톱을 구입했는데, 작동을 멈췄어요. 새 걸로 교환하고 싶어요.**

남 알겠습니다. 성함을 알려주시면 구매 세부사항을 찾아볼 수 있습니다.

여 네, 제 이름은 프랜시스 러셀입니다.

남 안타깝게도 이 공구는 일 년도 더 전에 구매하셔서 교환이 안 됩니다. **보증기간은 1년만 유효합니다.**

여 그래요? **3년 보증이 되는 줄 알았는데요.**

남 여기 품질보증서가 있습니다.

여 아, 알겠습니다. 확인해 주셔서 고맙습니다.

남 **저희 기술자에게 수리를 맡기실 것을 추천해요.** 저렴한 비용으로 모든 종류의 전동공구를 수리할 수 있습니다.

어휘 hardware store 철물점 electric 전기의 saw 톱
a while ago 얼마 전 exchange 교환하다 qualify for
~의 자격을 얻다 warranty 품질보증서 valid 유효한
guarantee 품질보증서 mechanic 기계공 repair
수리하다 power tool 전동공구

47

What product are the speakers discussing?

(A) An electric tool
(B) A light fixture
(C) A safety helmet
(D) A laptop computer

화자들은 어떤 제품에 대해 이야기하는가?

(A) 전동공구
(B) 조명기구
(C) 안전 헬멧
(D) 노트북 컴퓨터

어휘 light fixture 조명기구

해설 전체 내용 관련 – 대화의 주제

여자가 첫 번째 대사에서 얼마 전에 이 매장에서 전기톱을 구입했는데, 작동을 멈췄다(I bought this electric saw from your store a while ago, and it stopped working)면서 새 걸로 교환하고 싶다(I'd like to exchange it for a new one)고 하자 남자도 그에 대한 답변으로 대화를 이어나가고 있으므로 정답은 (A)이다.

> ▸▸ Paraphrasing 대화의 **electric saw** → 정답의 **electric tool**

48

Why does the man say, "I have the warranty right here"?

(A) To indicate that he is confused
(B) **To prove that he is correct**
(C) To finalize a purchase
(D) To decline an offer

남자가 "여기 품질보증서가 있습니다"라고 말한 이유는?

(A) 자신이 헷갈렸다는 것을 나타내기 위해
(B) **자신이 옳다는 것을 입증하기 위해**
(C) 구매를 완료하기 위해
(D) 제의를 거절하기 위해

어휘 indicate 나타내다, 보여주다 confused 혼란스러운 prove 입증하다 finalize 마무리하다, 완결하다 decline an offer 제의를 거절하다

해설 화자의 의도 파악 – 여기 품질보증서가 있다는 말의 의도

대화 중반부에서 남자가 보증기간은 1년만 유효하다(The warranty's only valid for one year)고 했고 여자가 3년 보증이 되는 줄 알았다(I thought it came with a three-year guarantee)고 반박하자 인용문을 언급한 것이므로 정답은 (B)이다.

49

What does the man suggest the woman do?

(A) **Have an item repaired**
(B) Read a manual
(C) Take some photographs
(D) Complete a survey

남자는 여자에게 무엇을 하라고 제안하는가?

(A) **제품 수리 받기**
(B) 설명서 읽기
(C) 사진 촬영하기
(D) 설문 작성하기

어휘 survey 설문조사

해설 세부사항 관련 – 남자의 제안 사항

남자가 마지막 대사에서 저희 기술자에게 수리를 맡기실 것을 추천한다(I recommend having our mechanic fix your saw)고 했으므로 정답은 (A)이다.

> ▸▸ Paraphrasing 대화의 **have our mechanic fix your saw**
> → 정답의 **Have an item repaired**

50-52

M-Cn [50]**Welcome to your first day at the call center**, Amelia. Your station is right over here. Have you read the material about our solar panels?

W-Br Yes—I'm excited to get started!

M-Cn Great! So, you'll be calling potential clients on this list to talk about switching to solar energy. The list includes many types of businesses. [51]**We'd like to see you sign up ten new customers a day.**

W-Br Hmm... Ten new customers is a lot.

M-Cn I know it seems that way, but we usually don't have any problems meeting that quota. [52]**Would you like me to sit in on your first couple of phone calls and offer feedback?**

W-Br Sure, that sounds great.

남 아멜리아 씨, **저희 콜센터 첫 출근을 환영합니다.** 아멜리아 씨의 자리는 바로 저쪽입니다. 저희 태양 전지판에 대한 자료를 읽어 보셨습니까?

여 네, 일을 시작하게 되어 기뻐요.

남 좋아요! 자, 이 목록에 있는 잠재고객들에게 전화해 태양열 에너지로의 전환에 대해 이야기할 겁니다. 목록에는 많은 종류의 사업체들이 있어요. **하루에 신규 고객 열 곳과 계약했으면 합니다.**

여 음… 신규 고객 열 곳은 많아요.

남 그렇게 보일 수 있지만 보통은 할당량을 채우는 데 문제가 없습니다. **처음 거는 전화 두 통을 제가 함께 들어보고 피드백을 드릴까요?**

여 네, 그게 좋겠어요.

어휘 material 자료 solar panel 태양 전지판 potential 잠재적인 switch to ~로 바뀌다 include 포함하다 sign up 계약하다 quota 할당량 sit in on ~에 참관하다

50

Where do the speakers work?

(A) **At a call center**
(B) At a travel agency
(C) At a repair shop
(D) At a shipping facility

화자들은 어디에서 일하는가?

(A) **콜센터**
(B) 여행사
(C) 수리점
(D) 운송 시설

어휘 facility 시설

해설 전체 내용 관련 – 화자들의 근무 장소

남자가 첫 번째 대사에서 여자에게 콜센터 첫 출근을 환영한다(Welcome to your first day at the call center)고 했으므로 정답은 (A)이다.

TEST 9

51

Why does the woman say, "Ten new customers is a lot"?

(A) To support a decision
(B) To praise a colleague
(C) To request a promotion
(D) To express concern

여자가 "신규 고객 열 곳은 많아요"라고 말한 이유는?

(A) 결정을 지지하기 위해
(B) 동료를 칭찬하기 위해
(C) 진급을 요청하기 위해
(D) 우려를 표하기 위해

어휘 decision 결정 praise 칭찬하다 colleague 동료 promotion 진급 concern 우려

해설 화자의 의도 파악 – 신규 고객 열 곳은 많다는 말의 의도

인용문 앞에서 남자가 여자에게 하루에 신규 고객 열 곳과 계약했으면 한다(We'd like to see you sign up ten new customers a day)고 하자 여자가 인용문을 언급한 것이므로 여자가 할당량이 부담스럽다는 의도로 한 말임을 알 수 있다. 따라서 정답은 (D)이다.

52

What does the man offer to do?

(A) Speak with a supervisor
(B) Provide some feedback
(C) Check some inventory
(D) Order some tools

남자는 무엇을 해 주겠다고 하는가?

(A) 관리자와 면담하기
(B) 피드백 제공하기
(C) 재고목록 확인하기
(D) 도구 주문하기

어휘 supervisor 관리자, 감독관 inventory 재고목록

해설 세부사항 관련 – 남자의 제안 사항

남자가 마지막 대사에서 처음 거는 전화 두 통을 함께 들어보고 피드백을 제공하겠다(Would you like me to sit in on your first couple of phone calls and offer feedback)고 했으므로 정답은 (B)이다.

> ▸▸ Paraphrasing   대화의 **offer feedback**
>   → 정답의 **Provide some feedback**

53-55

M-Au Hi, Jasmine. **53My team just finished working on the prototype for the TZ59 camera. Here's the final report including the testing results and cost estimates for production. Can you let the rest of the managers know?**

W-Br Sure. By the way, I'm surprised at how quickly you were able to design the new camera.

M-Au Yeah, **54my team found some ways to cut out unnecessary steps from the process so we could get the work done faster.** We're trying to keep up with our biggest competitor. Remember... they're also releasing a new camera.

W-Br Right. You'll need approval to continue the project. **55I'll e-mail the report to the managers right now.**

남 안녕하세요, 자스민 씨. 저희 팀은 TZ59 카메라 시제품 작업을 끝마쳤습니다. 시험 결과 및 생산원가 견적서가 포함된 최종보고서가 여기 있습니다. 다른 관리자들에게 알려주시겠어요?

여 네. 그런데 새 카메라 디자인을 그렇게 빨리 마치다니 놀랍군요.

남 네, 저희 팀은 공정에서 불필요한 단계를 빼는 방법을 찾아, 일을 더 빨리 마칠 수 있었습니다. 최대 경쟁업체들에 뒤지지 않으려고 했어요. 경쟁업체들도 신규 카메라를 출시할 것이라는 점을 기억하세요.

여 맞아요. 프로젝트를 계속 진행하려면 승인이 필요할 겁니다. 제가 바로 관리자들에게 보고서를 이메일로 전송할게요.

어휘 prototype 원형 final report 최종보고서 cost estimates for production 생산원가 견적서 by the way 그런데 cut out 배제하다, 빼다 unnecessary 불필요한 process 공정 keep up with ~에게 뒤지지 않다, 발맞추다 competitor 경쟁자 release 출시하다 approval 승인

53

What are the speakers discussing?

(A) A job transfer
(B) A trade show
(C) A market survey
(D) A new product

화자들은 무엇에 대해 이야기하고 있는가?

(A) 전근
(B) 무역박람회
(C) 시장조사
(D) 신상품

어휘 transfer 이동, 전근 trade show 무역박람회 market survey 시장조사

해설 전체 내용 관련 – 대화의 주제

대화 초반부에 남자가 자신의 팀이 TZ59 카메라 시제품 작업을 끝마쳤고(My team just finished working on the prototype for the TZ59 camera) 시험 결과 및 생산원가 견적서가 포함된 최종보고서가 여기 있다(Here's the final report including the testing results and cost estimates for production)면서, 다른 관리자들에게 알려줄 수 있느냐(Can you let the rest of the managers know)고 물었다. 그리고 여자가 뒤이어 대화를 이어나가고 있으므로 정답은 (D)이다.

54

What did the man's team do to stay competitive?

(A) They worked more efficiently.
(B) They used inexpensive materials.
(C) They recruited top candidates.
(D) They offered discounts.

남자의 팀은 경쟁력을 유지하기 위해 무엇을 했는가?

(A) 더 효율적으로 일했다.
(B) 저렴한 소재를 사용했다.
(C) 유력한 지원자들을 채용했다.
(D) 할인을 했다.

어휘 stay competitive 경쟁력을 유지하다   efficiently 효율적으로   inexpensive 값싼   recruit 채용하다   candidate 지원자   offer 제공하다

해설 세부사항 관련 – 남자의 팀이 경쟁력을 유지하기 위해 한 일

남자가 두 번째 대사에서 자신의 팀이 공정에서 불필요한 단계를 빼는 방법을 찾아, 일을 더 빨리 마칠 수 있었다(my team found some ways to cut out unnecessary steps from the process so we could get the work done faster)고 설명하고 있으므로 정답은 (A)이다.

> ▸▸ Paraphrasing   대화의 cut out unnecessary steps from the process → 정답의 worked more efficiently

55

What will the woman do next?

(A) E-mail some managers
(B) Order some equipment
(C) Schedule a team meeting
(D) Confirm a reservation

여자는 다음에 무엇을 하겠는가?

(A) 관리자들에게 이메일 보내기
(B) 장비 주문하기
(C) 팀 회의 일정 잡기
(D) 예약 확정하기

어휘 equipment 장비   reservation 예약

해설 세부사항 관련 – 여자가 다음에 할 행동

여자가 마지막 대사에서 관리자들에게 곧바로 보고서를 이메일로 전송하겠다(I'll e-mail the report to the managers right now)고 했으므로 정답은 (A)이다.

56-58

W-Am Hi. ⁵⁶**This is Thalia Rosen from *Transport Today Magazine*. I'm calling about the article I'm working on.** Can I speak with Jorgen Schmidt, please?

M-Cn This is Jorgen. It's nice to hear from you again. ⁵⁷**Did you enjoy the tour of our assembly plant last week?**

W-Am ⁵⁷**Yes, I did.** It was interesting to see how you assemble the cars for your high-speed trains, and I have a lot of material for the article. I could use help with one problem, though.

M-Cn Sure.

W-Am ⁵⁸**My editor wants to see a wider variety of photos of the assembly plant.** Can we send a photographer next week to take some more pictures?

여 안녕하세요. 저는 트랜스포트 투데이 매거진의 탈리아 로젠입니다. 작성 중인 기사 때문에 전화했어요. 조겐 슈미트 씨와 통화할 수 있을까요?

남 접니다. 다시 전화 주셔서 반갑습니다. 지난주 저희 조립 공장 견학은 즐거우셨나요?

여 네, 즐거웠습니다. 고속열차를 위한 차량 조립 과정을 보는 것은 흥미로웠어요. 기사에 쓸 소재를 많이 얻었습니다. 그런데 한 가지 문제가 있어 도움이 필요해요.

남 말씀하세요.

여 저희 편집자가 더욱 다양한 조립 공장 사진을 보고 싶어하는데요. 다음 주에 사진기자를 보내 사진을 좀 더 찍을 수 있을까요?

어휘 article 기사   assembly plant 조립 공장   editor 편집자   a wide variety of 매우 다양한

56

What is the woman's job?

(A) Travel agent
(B) Pilot
(C) Journalist
(D) Lawyer

여자의 직업은 무엇인가?

(A) 여행사 직원
(B) 조종사
(C) 기자
(D) 변호사

어휘 journalist 기자   lawyer 변호사

해설 전체 내용 관련 – 여자의 직업

대화 초반부에서 여자가 본인이 트랜스포트 투데이 매거진의 탈리아 로젠(This is Thalia Rosen from *Transport Today Magazine*)이라며 작성 중인 기사 때문에 전화했다(I'm calling about the article I'm working on)고 했으므로 정답은 (C)이다.

57

What did the woman do last week?

(A) She toured a facility.
(B) She received a business loan.
(C) She attended a trade show.
(D) She conducted job interviews.

여자는 지난주에 무엇을 했는가?
(A) 시설을 견학했다.
(B) 기업 대출을 받았다.
(C) 무역박람회에 참석했다.
(D) 취업 면접을 실시했다.

어휘 facility 시설   business loan 기업 대출   trade show
　무역박람회   conduct (특정 활동을) 하다

해설 세부사항 관련 – 여자가 지난주에 한 일
대화 중반부에서 남자가 여자에게 지난주 조립 공장 견학은 즐거웠는지
(Did you enjoy the tour of our assembly plant last week) 묻자 여
자가 그렇다(Yes, I did)고 대답했으므로 정답은 (A)이다.

> ▸▸ Paraphrasing   대화의 **tour of our assembly plant**
> → 정답의 **toured a facility**

58

What problem does the woman mention?
(A) A flight was canceled.
(B) An office was closed.
(C) Some signatures are missing.
(D) More photographs are needed.

여자가 언급한 문제는 무엇인가?
(A) 항공편이 결항됐다.
(B) 사무실이 폐쇄됐다.
(C) 서명이 없다.
(D) 사진이 더 필요하다.

어휘 cancel 취소하다   signature 서명

해설 세부사항 관련 – 여자가 언급하는 문제
여자가 마지막 대사에서 편집자가 더욱 다양한 조립 공장 사진을 보고 싶
어한다(My editor wants to see a wider variety of photos of the
assembly plant)고 했으므로 정답은 (D)이다.

> ▸▸ Paraphrasing   대화의 **a wider variety of photos**
> → 정답의 **more photographs**

59-61

> W-Br   OK, team. As you know, ⁵⁹**the company
> wants to expand into new regions.** So
> we've been working with the strategic
> business unit to determine where to focus
> next year's global marketing campaigns.
> ⁶⁰**Today Jim Mackenzie from the strategic
> business unit will give us an update.**
>
> M-Cn   Hi, everyone. ⁶⁰**I analyzed data based on
> online search trends and determined some
> potential regions.** That is, regions where a
> lot of people were searching for products
> like ours. So we realized there'd be a high
> demand for our products in Australia.

W-Br   Thanks, Jim. Based on these results,
⁶¹**we should start creating a specialized
campaign targeting consumers in
Australia. Let's start talking about ideas
for this campaign.**

여   자, 여러분. 아시다시피 **회사에서 신규 지역으로 확장하고
싶어합니다.** 그래서 내년 전세계 마케팅 캠페인을 어느 지역에
집중할지 결정하기 위해 전략사업부와 협력해 왔고요. 오늘
전략사업부의 짐 맥켄지 씨가 최신 정보를 알려주실 겁니다.

남   안녕하세요, 여러분. 저는 온라인 검색 추이를 바탕으로 자료를
분석하여 가능성 있는 몇 개 지역을 결정했습니다. 즉, 다수가
우리 것과 같은 제품을 찾는 지역을 말합니다. 이에 따라
오스트레일리아에서 저희 제품에 대한 수요가 높을 것이라는
사실을 알게 됐습니다.

여   감사합니다, 짐 씨. 이러한 결과를 바탕으로 **오스트레일리아
소비자를 겨냥한 특별 캠페인 제작에 착수해야 합니다.**
캠페인에 관한 아이디어를 얘기해 봅시다.

어휘 expand into ~로 확장하다   strategic 전략적인
determine 결정하다   analyze 분석하다   based on
~에 기반하여   potential 잠재적인   realize 깨닫다
demand 수요   target 겨냥하다

59

What does the company want to do?
(A) Hold a focus group
(B) Expand into new markets
(C) Hire an architect
(D) Develop a new Web site

회사는 무엇을 하고 싶어하는가?
(A) 포커스 그룹 개최하기
(B) 신규 시장으로 확장하기
(C) 건축가 채용하기
(D) 신규 웹사이트 개발하기

어휘 focus group 포커스 그룹 (시장 조사 등을 위해 각계각층을
대표하도록 뽑은 소수 집단)   architect 건축가

해설 세부사항 관련 – 회사가 하길 원하는 일
대화 초반부에 여자가 회사에서 신규 지역으로 확장하고 싶어한다(the
company wants to expand into new regions)고 했으므로 정답은
(B)이다.

60

Why did the woman invite the man to the
meeting?
(A) To present the results of data analysis
(B) To develop a slide show for clients
(C) To announce a new store location
(D) To prepare for a shareholders' meeting

여자는 왜 남자를 회의에 초청했는가?

(A) 자료 분석 결과를 발표하기 위해
(B) 고객을 위한 슬라이드쇼를 개발하기 위해
(C) 신규 매장 위치를 알리기 위해
(D) 주주회의를 준비하기 위해

어휘 analysis 분석 announce 공지하다, 알리다 shareholder 주주

해설 세부사항 관련 – 여자가 남자를 회의에 초대한 이유

여자가 첫 번째 대사에서 오늘 전략사업부의 짐 맥켄지 씨가 최신 정보를 알려줄 것(Today Jim Mackenzie from the strategic business unit will give us an update)이라고 했고, 뒤이어 짐 맥켄지가 온라인 검색 추이를 바탕으로 자료를 분석하여 가능성 있는 몇 개 지역을 결정했다(I analyzed data based on online search trends and determined some potential regions)고 자료 분석 결과를 발표하고 있으므로 정답은 (A)이다.

61

What will the meeting attendees most likely do next?

(A) Report on individual progress
(B) Look at some design plans
(C) Discuss some marketing ideas
(D) Create a project timeline

회의 참석자들은 다음에 무엇을 하겠는가?

(A) 개인적인 진척사항 보고하기
(B) 디자인 기획안 살펴보기
(C) 마케팅에 관한 아이디어 논의하기
(D) 프로젝트 일정표 작성하기

어휘 individual 각각의, 개인적인 progress 진보 timeline 일정표

해설 세부사항 관련 – 회의 참석자들이 다음에 할 행동

여자가 마지막 대사에서 오스트레일리아 소비자를 겨냥한 특별 캠페인 제작에 착수해야 한다(we should start creating a specialized campaign targeting consumers in Australia)면서 캠페인에 관한 아이디어를 얘기해 보자(Let's start talking about ideas for this campaign)고 했으므로 정답은 (C)이다.

▸▸ Paraphrasing 대화의 **talk about ideas for this campaign**
→ 정답의 **Discuss some marketing ideas**

62-64 대화 + 탑승권

M-Cn Excuse me, ⁶²**is this the gate for flight 722 to London?**

W-Am No, ⁶²**that flight was just moved to a different gate.** ⁶³**We had to close this gate because the computer here isn't working.** You'll need to go to gate number... uh... 34 now.

M-Cn Oh, OK. And also—⁶⁴**do you have the Wi-Fi password for here in the terminal?**

W-Am The Internet password? ⁶⁴**Sure. It's FreeAir.** That's capital F, r, e, e, capital A, i, r. Let me know if you have any trouble accessing it.

남 실례합니다. 여기가 런던행 722편 게이트인가요?

여 아니요, 그 항공편은 다른 게이트로 옮겼습니다. 이쪽 컴퓨터가 작동하지 않아 게이트를 닫아야 했거든요. 게이트 번호… 34번으로 가셔야 합니다.

남 아, 알겠습니다. 그리고 터미널 와이파이 비밀번호를 아세요?

여 인터넷 비밀번호요? 네. FreeAir입니다. 대문자 F, r, e, e, 대문자 A, i, r입니다. 접속에 문제가 생기면 말씀해 주세요.

어휘 access 접속하다

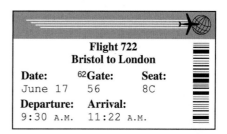

| Flight 722 | | |
| Bristol to London | | |

Date:	⁶²Gate:	Seat:
June 17	56	8C

Departure:	Arrival:	
9:30 A.M.	11:22 A.M.	

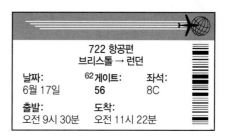

| 722 항공편 | | |
| 브리스톨 → 런던 | | |

날짜:	⁶²게이트:	좌석:
6월 17일	56	8C

출발:	도착:	
오전 9시 30분	오전 11시 22분	

62

Look at the graphic. What information has just changed?

(A) June 17
(B) 56
(C) 8C
(D) 9:30 A.M.

시각 정보에 의하면 어떤 정보가 변경되었는가?

(A) 6월 17일
(B) 56
(C) 8C
(D) 오전 9시 30분

해설 시각 정보 연계 – 변경된 정보

대화 초반부에서 남자가 여기가 런던행 722편 게이트인지(is this the gate for flight 722 to London) 묻자 여자가 그 항공편은 다른 게이트로 옮겼다(that flight was just moved to a different gate)고 했으므로 정답은 (B)이다.

63

What has caused the change?

(A) A flight is overbooked.
(B) A computer is not working.
(C) Weather conditions are poor.
(D) A flight crew has arrived late.

변경이 일어난 이유는 무엇인가?

(A) 비행이 초과 예약됐다.
(B) 컴퓨터가 작동하지 않는다.
(C) 기상 상황이 나쁘다.
(D) 승무원이 늦게 도착했다.

어휘 be overbooked 초과 예약되다　weather condition 기상 상황

해설 세부사항 관련 – 변경이 발생한 이유

여자가 첫 번째 대사에서 컴퓨터가 작동하지 않아 게이트를 닫아야 했다(We had to close this gate because the computer here isn't working)고 했으므로 정답은 (B)이다.

64

What does the woman give to the man?

(A) A meal voucher
(B) A Web site address
(C) A password
(D) A receipt

여자는 남자에게 무엇을 주었는가?

(A) 식권
(B) 웹사이트 주소
(C) 비밀번호
(D) 영수증

어휘 meal voucher 식권

해설 세부사항 관련 – 여자가 남자에게 준 것

남자가 두 번째 대사에서 터미널 와이파이 비밀번호를 아는지(do you have the Wi-Fi password for here in the terminal) 묻자 여자가 그렇다며(Sure) FreeAir(It's FreeAir)라고 알려 줬으므로 정답은 (C)이다.

65-67 대화 + 도표

> W-Br Hi, Roberto. ⁶⁵I'm sorry I'm late. I got stuck in heavy traffic. How's everything going here at the reception desk?
>
> M-Cn Fine. Most of the hotel guests have already checked out. By the way, the maintenance workers came by. I gave them today's list of maintenance tasks.
>
> W-Br Good. But ⁶⁶I'd better let them know there's a meeting in the Lilac Conference Room at ten o'clock. Doing the work in that room should be their top priority.

> M-Cn OK. Also, ⁶⁷I was looking for some city maps to hand out to guests. There's only one here at the reception desk.
>
> W-Br Check the storage room. There should be a box of maps there.

> 여 안녕하세요, 로베르토 씨. 늦어서 죄송합니다. 교통체증으로 정체가 됐어요. 안내데스크는 괜찮나요?
>
> 남 순조롭습니다. 호텔 투숙객 대부분이 이미 체크아웃했어요. 그런데 유지보수 인부들이 와서, 오늘의 유지보수 업무 목록을 전달했어요.
>
> 여 좋습니다. 하지만 10시에 라일락 회의실에서 회의가 있다고 알려주는 것이 좋겠어요. 그 방 작업이 가장 먼저 이뤄져야 하니까요.
>
> 남 네. 그리고 투숙객에게 나눠줄 도시 지도를 찾고 있어요. 안내데스크에는 하나밖에 없거든요.
>
> 여 창고를 확인해 보세요. 한 상자 있을 겁니다.

어휘 get stuck 갇히다, 꼼짝 못하게 되다　maintenance 유지, 보수　priority 우선 사항　hand out 나눠주다　storage room 창고

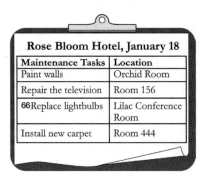

65

Why does the woman apologize?

(A) She damaged an item.
(B) She arrived late to work.
(C) She missed a meeting.
(D) She forgot to file a report.

여자는 왜 사과하는가?

(A) 물품을 망가뜨렸다.
(B) 늦게 출근했다.
(C) 회의를 놓쳤다.
(D) 잊어버리고 보고서를 제출하지 않았다.

어휘 apologize 사과하다 damage 손상시키다 file a report 보고서를 제출하다

해설 세부사항 관련 – 여자가 사과하는 이유
여자가 첫 번째 대사에서 늦어서 죄송하다(I'm sorry I'm late)며 교통 정체가 있었다(I got stuck in heavy traffic)고 했고, 안내데스크는 괜찮은지(How's everything going here at the reception desk)를 묻고 있으므로 직장에 늦게 도착했음을 알 수 있다. 따라서 정답은 (B)이다.

66

Look at the graphic. Which maintenance task is a priority?

(A) Painting walls
(B) Repairing the television
(C) Replacing lightbulbs
(D) Installing new carpet

시각 정보에 의하면 가장 우선시되는 유지보수 업무는?
(A) 벽에 페인트칠하기
(B) TV 수리하기
(C) 전구 교체하기
(D) 새 카펫 깔기

어휘 replace 교체하다 lightbulb 전구 install 설치하다

해설 시각 정보 연계 – 가장 우선시되는 유지보수 업무
대화 중반부에서 여자가 10시에 라일락 회의실에서 회의가 있다고 알려주는 것이 좋겠다(I'd better let them know there's a meeting in the Lilac Conference Room at ten o'clock)며 그 방 작업이 가장 먼저 이뤄져야 한다(Doing the work in that room should be their top priority)고 했다. 목록에서 라일락 회의실 보수 작업은 전구 교체라고 했으므로 정답은 (C)이다.

67

What is the man looking for?

(A) A guest list
(B) A conference schedule
(C) Registration forms
(D) Maps of the area

남자는 무엇을 찾고 있는가?
(A) 투숙객 명단
(B) 회의 일정표
(C) 신청서
(D) 지역 지도

어휘 registration 신청, 등록

해설 세부사항 관련 – 남자가 찾고 있는 것
남자가 마지막 대사에서 투숙객에게 나눠줄 도시 지도를 찾고 있었다(I was looking for some city maps to hand out to guests)고 했으므로 정답은 (D)이다.

▸▸ **Paraphrasing** 대화의 **city maps** → 정답의 **Maps of the area**

68-70 대화 + 스프레드시트

W-Am [68]I'm really pleased with the way our online jewelry business is growing, Max. Just last month, our sales increased by twenty percent.

M-Au Yes, that's great. But I wonder if we need a different software program to do our accounting. The program we're using now takes a day or two to update expenses.

W-Am That's true. Look. [69]We paid for our new printer at the beginning of the week, but the amount for that expense category still hasn't changed. It still says 300 dollars.

M-Au So we should use another program. You know, [70]my friend Suzanne has her own business. I'll give her a call to see what accounting software she uses.

여 우리 온라인 보석 사업이 성장해 나가는 모습이 아주 만족스러워요, 맥스 씨. 지난달만 해도 매출이 20퍼센트 상승했어요.

남 네, 훌륭합니다. 그런데 회계를 처리할 다른 소프트웨어 프로그램이 필요하지 않을까 합니다. 현재 사용 중인 프로그램은 비용 업데이트를 하는 데 하루 이틀이 걸리거든요.

여 맞아요. 자, 이번 주 초에 새 프린터 구입비용을 지불했는데 비용 항목 금액이 변동되지 않았군요. 여전히 300달러라고 나와 있어요.

남 그래서 다른 프로그램을 사용해야 한다는 겁니다. 제 친구 수잔느가 자영업을 하는데요. 전화해서 어떤 회계 소프트웨어를 사용하는지 확인해 보겠습니다.

어휘 jewelry 보석 accounting 회계 at the beginning of ~의 초반에 utility (bill) 공과금

Expenses		
[69]Equipment	$300	
Marketing	$520	
Utilities	$160	
Travel	$75	

비용		
[69]장비	300달러	
마케팅	520달러	
공과금	160달러	
출장	75달러	

68

What does the woman say she is pleased about?

(A) Employee performance
(B) Increased sales
(C) A positive review
(D) A store location

여자는 무엇이 만족스럽다고 말하는가?

(A) 직원들의 직무 성과
(B) 매출 증가
(C) 긍정적인 평가
(D) 매장 위치

어휘 positive 긍정적인

해설 세부사항 관련 – 여자가 만족스러워 하는 것

여자가 첫 번째 대사에서 우리 온라인 보석 사업이 성장해 나가는 모습이 아주 만족스럽다(I'm really pleased with the way our online jewelry business is growing)면서 지난달만 해도 매출이 20퍼센트 상승했다(Just last month, our sales increased by twenty percent)고 했으므로 정답은 (B)이다.

69

Look at the graphic. Which category amount needs to be updated?

(A) Equipment
(B) Marketing
(C) Utilities
(D) Travel

시각 정보에 의하면 어떤 항목의 금액이 변경되어야 하는가?

(A) 장비
(B) 마케팅
(C) 공과금
(D) 출장

해설 시각 정보 연계 – 금액이 변경되어야 하는 항목

대화 중반부에서 여자가 이번 주 초에 새 프린터 구입비용을 지불했는데 비용 항목 금액이 변동되지 않았다(We paid for our new printer at the beginning of the week, but the amount for that expense category still hasn't changed)며 여전히 300달러라고 나와 있다(It still says 300 dollars)고 했으므로 정답은 (A)이다.

> ▸▸ Paraphrasing   대화의 **printer** → 정답의 **equipment**

70

What does the man offer to do?

(A) Correct an online catalog
(B) Adjust a budget
(C) Consult another business owner
(D) Postpone a business trip

남자는 무엇을 해 주겠다고 하는가?

(A) 온라인 카탈로그 수정하기
(B) 예산 조정하기
(C) 다른 사업주와 상의하기
(D) 출장 연기하기

250

어휘 correct 수정하다   adjust 조정하다   consult 상의하다, 상담하다   postpone 연기하다

해설 세부사항 관련 – 남자의 제안 사항

남자가 마지막 대사에서 자신의 친구 수잔느가 자영업을 한다(my friend Suzanne has her own business)면서 전화해서 어떤 회계 소프트웨어를 사용하는지 확인해 보겠다(I'll give her a call to see what accounting software she uses)고 했으므로 정답은 (C)이다.

PART 4

71-73 공지

M-Au I have some good news to announce. **71Next week, our company will begin offering exercise classes. 72There have been several research studies that have shown that exercise during the day increases employee productivity.** So we'd like to organize this for our staff here on-site. Brad Choi, a local fitness instructor, will lead classes three times a week. The program is open to all. **73If you're interested, complete this short registration form** to give to Mr. Choi at the first class.

여러분께 알릴 기쁜 소식이 있습니다. **다음 주부터 회사에서 운동 강좌를 엽니다. 일과 중 운동이 직원 생산성을 향상시킨다는 연구 결과가 다수 있습니다.** 따라서 이곳 현장에서 직원들을 위해 운동 강좌를 마련하고자 합니다. 지역 운동 강사인 브래드 최 씨가 주 3회 강좌를 진행할 겁니다. 이 프로그램은 모두가 참여할 수 있습니다. **관심이 있으시면 간단한 등록 서류를 작성하셔서 첫 시간에 최 선생님께 주시면 됩니다.**

어휘 offer 제공하다   productivity 생산성   on-site 현장의   complete a form 서류를 작성하다   registration 등록, 신청

71

What is the topic of the announcement?

(A) Healthy eating options
(B) Exercise sessions
(C) Professional-development courses
(D) Volunteer opportunities

공지의 주제는 무엇인가?

(A) 건강한 식생활 선택사항
(B) 운동 강좌
(C) 전문성 개발 과정
(D) 자원봉사 기회

어휘 professional 전문적인, 직업적인   volunteer 자원봉사자

해설 전체 내용 관련 – 공지의 주제

지문 초반부에서 다음 주부터 회사에서 운동 강좌를 연다(Next week, our company will begin offering exercise classes)면서 관련 내용으로 공지를 이어가고 있으므로 정답은 (B)이다.

72

What benefit does the speaker mention?

(A) Decreased expenses
(B) Personal satisfaction
(C) Increased productivity
(D) Improved qualifications

화자는 어떤 이점에 대해 언급하는가?

(A) 비용 절감
(B) 개인적 만족감
(C) **생산성 향상**
(D) 자질 향상

어휘 satisfaction 만족 qualification 자질, 능력

해설 세부사항 관련 – 화자가 언급하는 이점

지문 중반부에서 일과 중 운동이 직원 생산성을 향상시킨다는 연구 결과가 다수 있다(There have been several research studies that have shown that exercise during the day increases employee productivity)고 했으므로 정답은 (C)이다.

73

What should interested listeners do?

(A) Fill out a form
(B) Make a reservation
(C) Send a text message
(D) Get a supervisor's approval

관심 있는 청자들은 무엇을 해야 하는가?

(A) **서류 작성하기**
(B) 예약하기
(C) 문자메시지 보내기
(D) 관리자 승인 받기

어휘 fill out 작성하다 make a reservation 예약하다 approval 승인

해설 세부사항 관련 – 관심 있는 청자들이 할 일

지문 후반부에서 관심이 있으면 간단한 등록 서류를 작성하라(If you're interested, complete this short registration form)고 했으므로 정답은 (A)이다.

> ▸▸ Paraphrasing 담화의 complete → 정답의 fill out

74-76 광고

M-Cn Tired of the same dining experience night after night? Try Fern Hollow Restaurant for a change. **74Fern Hollow is the only restaurant in the area that has live music performed by different musical groups every single night.** And if you love our food but can't make it into the restaurant, don't worry. You can still enjoy our delicious dishes at your next office function. **75Just visit our Web site** to book a catering service. And, **76for our regular customers, starting next month, make sure you join our brand-new loyalty program!**

매일 밤 똑같은 식사가 지겨우십니까? 그렇다면 이번에는 페른 할로우 레스토랑을 방문해 보세요. **페른 할로우는 이 지역에서 유일하게 매일 다양한 악단이 연주하는 라이브 음악이 나오는 레스토랑입니다.** 저희 요리를 좋아하는데 레스토랑에 방문할 수 없었다면 이제 걱정하지 마세요. 다음 번 회사 행사 때 저희 레스토랑의 맛있는 요리를 맛볼 수 있으니까요. **웹사이트를 방문하셔서 케이터링 서비스를 예약하세요.** 다음 달부터 단골 고객 여러분께서는 새 고객보상 프로그램에 참여하실 수 있습니다!

어휘 for a change 여느 때와 달리 perform 연주하다 function 행사, 의식 regular customer 단골 고객 brand-new 새로운 loyalty program 고객보상 프로그램

74

What does the speaker say is unique about a restaurant?

(A) There is live music every night.
(B) Vegetables are grown locally.
(C) Food is prepared at the table.
(D) Customers can pay by mobile phone.

화자는 레스토랑의 어떤 점이 독특하다고 말하는가?

(A) **매일 밤 라이브 음악이 나온다.**
(B) 채소를 지역에서 재배한다.
(C) 음식이 식탁에 준비되어 있다.
(D) 고객들은 휴대전화로 결제할 수 있다.

어휘 locally 지역에서

해설 세부사항 관련 – 레스토랑의 독특한 점

지문 초반부에서 페른 할로우는 이 지역에서 유일하게 매일 다양한 악단이 연주하는 라이브 음악이 나오는 레스토랑(Fern Hollow is the only restaurant in the area that has live music performed by different musical groups every single night)이라고 했으므로 정답은 (A)이다.

75

According to the speaker, what can the listeners do online?

(A) Check an event calendar
(B) Book a catering service
(C) Get directions to a location
(D) Download a coupon

화자에 따르면 청자들은 온라인으로 무엇을 할 수 있는가?

(A) 행사 일정 확인하기
(B) **케이터링 서비스 예약하기**
(C) 위치 찾기
(D) 쿠폰 다운로드하기

어휘 directions to ~로 가는 길

해설 세부사항 관련 – 청자들이 온라인으로 할 수 있는 일
지문의 중반부에서 웹사이트를 방문해 케이터링 서비스를 예약하라(Just visit our Web site to book a catering service)고 했으므로 정답은 (B)이다.

76

What will begin next month?

(A) A customer loyalty program
(B) A cooking class
(C) A dining room renovation
(D) A hiring event

다음 달에 무엇이 시작될 것인가?

(A) 고객보상 프로그램
(B) 요리 강좌
(C) 식당 개조
(D) 채용 행사

어휘 dining room 식당   renovation 개조, 보수   hiring 채용

해설 세부사항 관련 – 다음 달에 시작되는 것
지문의 마지막에서 다음 달부터 단골 고객은 새 고객보상 프로그램에 참여할 수 있다(for our regular customers, starting next month, make sure you join our brand-new loyalty program)고 했으므로 정답은 (A)이다.

77-79 담화

W-Br Thank you for stopping by our booth. [77]I hope you're enjoying the bicycle convention. [78]I don't know how many booths you've visited at the convention today, but if you're looking to purchase a bicycle with an innovative design, this will be your last stop. After three years of planning and engineering, our company is proud to bring you FutureBike, a bicycle designed to be folded up for easy transport. Many of our competitors have foldable bikes, but [79]what makes FutureBike unique is that it is the most lightweight on the market. At just over six kilograms, our bicycle is lighter than the average backpack!

저희 부스에 들러 주셔서 감사합니다. 본 자전거 박람회에서 즐거운 시간 보내시길 바랍니다. 오늘 박람회에서 몇 개의 부스를 둘러보셨는지 모르겠습니다만, 혁신적인 디자인의 자전거를 구매하고자 하신다면 이 곳이 여러분들에게 종착지가 될 것입니다. 저희 업체는 3년간의 기획 및 설계 제작을 거쳐 퓨처바이크를 자신 있게 선보입니다. 퓨처바이크는 쉽게 운반할 수 있도록 접을 수 있게 설계된 자전거입니다. 경쟁업체 다수가 접을 수 있는 자전거를 내놓았지만 퓨처바이크의 독특한 점은 시중에 나와 있는 제품 중에서 가장 가볍다는 것입니다. 6kg을 약간 넘는 정도로, 평균 배낭 무게보다 더 가볍습니다!

어휘 convention 박람회, 대회   innovative 혁신적인   fold up 접다   transport 운송, 운반   competitor 경쟁자   foldable 접을 수 있는   lightweight 경량의

77

Where most likely are the listeners?

(A) At a board meeting
(B) At an airport
(C) At a television studio
(D) At a convention

청자들은 어디에 있겠는가?

(A) 이사회   (B) 공항
(C) TV 스튜디오   (D) 박람회

어휘 board meeting 이사회

해설 전체 내용 관련 – 청자들이 있는 장소
지문 초반부에서 화자가 본 자전거 박람회에서 즐거운 시간 보내길 바란다(I hope you're enjoying the bicycle convention)고 했으므로 정답은 (D)이다.

78

What does the speaker mean when she says, "this will be your last stop"?

(A) The listeners will want to buy a product.
(B) An event is ending soon.
(C) An itinerary has changed.
(D) A company will no longer sell an item.

화자가 "이곳이 여러분들에게 종착지가 될 것입니다"라고 말할 때 의도하는 바는?

(A) 청자들은 제품을 사고 싶어 할 것이다.
(B) 행사가 곧 종료된다.
(C) 여행 일정이 변경됐다.
(D) 업체는 더 이상 물품을 판매하지 않는다.

어휘 itinerary 여행 일정표   no longer 더 이상 ~ 않다

해설 화자의 의도 파악 – 이곳이 여러분들에게 종착지가 될 것이라고 말한 의도
인용문 앞에서 오늘 박람회에서 몇 개의 부스를 둘러보셨는지 모르겠지만, 혁신적인 디자인의 자전거를 구매하고자 한다면(I don't know how many booths you've visited at the convention today, but if you're looking to purchase a bicycle with an innovative design)이라고 말한 다음 인용문을 언급했다. 따라서 자전거가 마음에 들어 더 이상 돌아볼 필요가 없다는 의도로 한 말임을 알 수 있다. 따라서 정답은 (A)이다.

79

According to the speaker, what is unique about a product?

(A) The size
(B) The price
(C) The weight
(D) The color

화자에 따르면 제품의 독특한 점은 무엇인가?

(A) 크기
(B) 가격
(C) 무게
(D) 색상

해설 세부사항 관련 – 제품의 독특한 점

지문 후반부에서 퓨처바이크의 독특한 점은 시중에 나와 있는 제품 중에서 가장 가볍다는 것(what makes FutureBike unique is that it is the most lightweight on the market)이라고 했으므로 정답은 (C)이다.

80-82 뉴스

M-Cn In local news, ⁸⁰**the city government has been considering converting the downtown public park into a housing development.** Over the past few years, ⁸¹**the city's population has increased due to job growth in the area.** The proposed new housing could meet this rising demand. However, ⁸²**the city needs both housing and green space— and there's the controversy. In fact, a debate was held at City Hall last night** and apparently, they had the highest attendance there ever.

지역 뉴스입니다. 시 당국은 도심 공원을 주택가로 전환하는 것을 검토하고 있다고 합니다. 지난 몇 년 간, 지역 내 일자리 증가로 인해 시의 인구가 늘어났습니다. 제안된 새 주택은 이러한 수요 증가를 충족시킬 수 있을 것입니다. 그러나 시에는 주택과 녹지가 모두 필요하기 때문에 논란도 있습니다. 사실 어젯밤 시청에서 토론회가 열렸는데요. 참석률이 역대 최고였다고 합니다.

어휘 convert 변환하다, 전환하다 housing 주택 population 인구 due to ~ 때문에 job growth 일자리 증가 rising demand 수요 증가 controversy 논란 debate 토론 apparently 보아하니, 듣자 하니 attendance 출석, 참석률

80

What is the news report mainly about?

(A) A tourism initiative
(B) Plans for a city property
(C) The results of an election
(D) The price of housing

뉴스는 주로 무엇에 관한 것인가?

(A) 관광 계획
(B) 시 부동산 계획
(C) 선거 결과
(D) 주택 가격

어휘 initiative 계획 property 부동산 election 선거

해설 전체 내용 관련 – 뉴스의 주제

지문 초반부에서 시 당국은 도심 공원을 주택가로 전환하는 것을 검토하고 있다(the city government has been considering converting the downtown public park into a housing development)고 했으므로 정답은 (B)이다.

81

According to the speaker, why has the local population increased?

(A) A university has been built.
(B) Public transportation has improved.
(C) More jobs are available.
(D) Some historical sites have opened.

화자에 따르면 지역 인구는 왜 증가했는가?

(A) 대학이 건립됐다.
(B) 대중교통이 나아졌다.
(C) 일자리가 더 생겼다.
(D) 유적지가 개방됐다.

어휘 public transportation 대중교통 historical site 유적지

해설 세부사항 관련 – 지역 인구가 증가한 이유

지문 중반부에서 지역 내 일자리 증가로 인해 시의 인구가 늘었다(the city's population has increased due to job growth in the area)고 했으므로 정답은 (C)이다.

▸▸ Paraphrasing 담화의 job growth
→ 정답의 More jobs are available.

82

What does the speaker mean when he says, "they had the highest attendance there ever"?

(A) He has been a reporter for many years.
(B) Future meetings will need to be held somewhere else.
(C) Residents are very interested in a topic.
(D) The city hall has finally been renovated.

화자가 "참석률이 역대 최고였다"고 말할 때 의도하는 바는?

(A) 수년간 기자로 일했다.
(B) 향후 회의는 다른 곳에서 개최되어야 한다.
(C) 주민들은 이 주제에 큰 관심이 있다.
(D) 시청이 드디어 개조됐다.

어휘 be held 개최되다 resident 주민 renovate 개조하다

해설 화자의 의도 파악 – 참석률이 역대 최고였다라고 말한 의도

인용문 앞에서 시에는 주택과 녹지가 모두 필요하기 때문에 논란이 있다(the city needs both housing and green space—and there's the controversy)면서 어젯밤 시청에서 토론회가 열렸다(a debate was held at City Hall last night)고 말한 다음 인용문을 언급했다. 따라서 논란이 있는 토론회에 참석률이 높다는 말은 토론 주제에 대해 관심이 높다는 의미이므로 정답은 (C)이다.

83-85 전화 메시지

W-Am Hi. My name is Harumi Ota, and ⁸³**I'm calling about a travel bag I ordered online from your company. I just received it, and saw that one of the straps is missing.** I checked your Web site, and verified that it was listed as having both a handheld strap and a shoulder strap. The thing is, **84I'm getting ready for a business trip. I have to travel to meet a client next week,** so please send the shoulder strap as soon as possible. Oh... and **85I want to let you know the bag was sent to the wrong address. My apartment number is 203, not 302.** Thanks very much.

안녕하세요, 저는 하루미 오타입니다. **온라인으로 주문한 귀사의 여행 가방에 관해 전화 드립니다. 방금 가방을 받았는데 끈 하나가 없어요.** 웹사이트를 통해 손에 드는 끈과 어깨에 매는 끈이 모두 있다는 것을 확인했어요. 문제는, **제가 출장 준비를 하는 중인데 다음 주에 고객을 만나러 가야 한다는 거예요. 그래서 어깨끈을 가능한 한 빨리 보내주셨으면** 합니다. 음… 그리고 **가방이 잘못된 주소로 배송됐다는 사실도 얘기하고 싶어요. 제 아파트는 302호가 아니라 203호입니다.** 감사합니다.

어휘 strap 끈 verify 확인하다 handheld 손으로 드는

83

Why is the speaker calling?

(A) To make a payment
(B) To request a refund
(C) To ask about a return policy
(D) To report a missing item

화자가 전화를 건 목적은?
(A) 돈을 지불하기 위해
(B) 환불을 요청하기 위해
(C) 환불 정책에 관해 문의하기 위해
(D) 없는 품목에 대해 알리기 위해

어휘 make a payment 지불하다 refund 환불 return policy 환불 정책

해설 전체 내용 관련 – 전화의 목적
지문 초반부에서 온라인으로 주문한 귀사의 여행가방에 관해 전화한다(I'm calling about a travel bag I ordered online from your company)며 방금 가방을 받았는데 끈 하나가 없다(I just received it, and saw that one of the straps is missing)고 했으므로 정답은 (D)이다.

84

What does the speaker say she is preparing for?

(A) A client meeting
(B) A trade show
(C) A job interview
(D) A staff meeting

화자는 무엇을 준비하고 있다고 말하는가?
(A) 고객 회의
(B) 무역박람회
(C) 면접
(D) 직원회의

어휘 job interview 면접

해설 세부사항 관련 – 화자가 준비하고 있는 것
지문 중반부에서 화자가 출장 준비를 하는 중인데 다음 주에 고객을 만나러 가야 한다(I'm getting ready for a business trip. I have to travel to meet a client next week)고 했으므로 정답은 (A)이다.

85

According to the speaker, what information was incorrect?

(A) An invoice amount
(B) A telephone number
(C) A mailing address
(D) A credit card number

화자에 따르면 어떤 정보가 잘못됐는가?
(A) 송장 금액
(B) 전화번호
(C) 발송 주소
(D) 신용카드 번호

어휘 invoice 송장, 견적서

해설 세부사항 관련 – 잘못된 정보
지문 후반부에서 가방이 잘못된 주소로 배송됐다는 사실을 얘기하고 싶다(I want to let you know the bag was sent to the wrong address)면서 화자 자신의 아파트는 302호가 아니라 203호(My apartment number is 203, not 302)라고 말했으므로 정답은 (C)이다.

86-88 전화 메시지

M-Cn Hello, Mr. Bradford. **86This is Mark Torres from *Creative Writer's Magazine.*** I stumbled on your blog and read some of your stories, and I'm impressed by your writing style. **87I'd like to see some more writing samples, if you have any that you haven't published yet.** We might be interested in publishing something in a future issue. If you call our office, we can probably set up an appointment for this week. Just keep in mind that an afternoon appointment would be better. **88There's a construction site across the street from our office, and they make a lot of noise in the morning,** but they're usually finished by noon.

안녕하세요, 브래드포드 씨. **저는 크리에이티브 라이터 잡지의 마크 토레스입니다.** 귀하의 블로그를 우연히 발견해 글을 몇 개 읽어보았는데, 문체가 인상깊었습니다. **출판되지 않은 습작 견본이 있다면 좀 더 보고 싶은데요.** 다음 호에 일부를 실어도 좋을 것 같습니다. 사무실로 전화 주시면 이번 주 중에 약속을 잡을 수 있을 겁니다. 오후 약속이 더 낫다는 점을 기억해 주십시오. **저희 사무실 건너편에 공사장이 있는데 오전에는 매우 시끄럽지만** 대개 정오엔 끝나니까요.

어휘 stumble on 우연히 발견하다 impress 감명을 주다 publish 출판하다 set up an appointment 약속을 잡다 keep in mind 명심하다 construction site 공사장

86

Where does the speaker work?

(A) At a university
(B) At a library
(C) **At a publishing company**
(D) At an art gallery

화자는 어디에서 일하는가?

(A) 대학교
(B) 도서관
(C) **출판사**
(D) 화랑

어휘 publishing company 출판사

해설 전체 내용 관련 – 화자의 근무 장소

지문 초반부에서 화자가 본인이 크리에이티브 라이터 잡지의 마크 토레스(This is Mark Torres from Creative Writer's Magazine)라고 소개하고 있으므로 정답은 (C)이다.

87

What does the speaker say he would like to see?

(A) An artist's biography
(B) A calendar of events
(C) Some blueprints
(D) **Some writing samples**

화자는 무엇을 보고 싶다고 말하는가?

(A) 화가의 자서전
(B) 행사 일정
(C) 청사진
(D) **습작 견본**

해설 세부사항 관련 – 화자가 보고 싶어 하는 것

지문 중반부에서 출판되지 않은 습작 견본이 있다면 좀 더 보고 싶다(I'd like to see some more writing samples, if you have any that you haven't published yet)고 말했으므로 정답은 (D)이다.

88

According to the speaker, what is the problem with a construction project?

(A) It blocks his view.
(B) **It is very noisy.**
(C) It has increased traffic.
(D) It is over budget.

화자에 따르면 공사 프로젝트의 문제점은 무엇인가?

(A) 시야를 가린다.
(B) **매우 시끄럽다.**
(C) 교통량이 증가했다.
(D) 예산을 초과한다.

어휘 block 막다 budget 예산

해설 세부사항 관련 – 공사 프로젝트의 문제점

지문 후반부에서 사무실 건너편에 공사장이 있는데 오전에는 매우 시끄럽다(There's a construction site across the street from our office, and they make a lot of noise in the morning)고 했으므로 정답은 (B)이다.

> ▸▸ Paraphrasing 담화의 **make a lot of noise**
> → 정답의 **very noisy**

89-91 회의 발췌

> **W-Br** I'm glad all the managers here at the hotel could attend this meeting. As you know, **89. 91we built this hotel last year thanks to our investors in Korea. Well, they're coming next week to discuss financing a second hotel.** Let's convince them. Let's show them that our business is worth another investment. Once their group arrives, I'd like the hotel restaurant to serve a nice meal. **90Ms. Carlyle, please have your staff prepare an elegant dinner with both Korean and Western dishes. 91We also need someone to greet them at the airport.** I know Soo-Bin can speak Korean. We want our investors to feel comfortable and welcome during their entire stay.
>
> 호텔 관리자 전원이 오늘 회의에 참석해 주셔서 기쁩니다. 아시다시피 **한국 투자자들 덕분에 작년에 이 호텔을 건립했는데요. 자, 다음 주에 투자자들이 방문해 두 번째 호텔 기금 조성에 관해 논의할 예정입니다.** 투자자들에게 확신을 줍시다. 우리 사업에 또다시 투자할 가치가 있음을 보여줍시다. 투자자 단체가 도착하면 호텔 레스토랑에서 맛있는 식사를 대접하면 합니다. **칼라일 씨, 직원들이 한국음식과 서양요리를 모두 갖춘 품격 있는 저녁식사를 준비하도록 해 주세요. 또한 누가 공항에서 영접을 해야 하는데요.** 수빈 씨가 한국어를 하는 걸로 알고 있습니다. 투자자들이 방문 기간 내내 편안함과 환대를 느낄 수 있길 바랍니다.

> 어휘 investor 투자자 finance 자금을 대다 convince 확신시키다, 설득하다 investment 투자 elegant 품격 있는, 우아한 greet 맞이하다 entire 전체의

89

Why will a group from Korea visit the hotel next week?

(A) To perform a safety inspection
(B) To attend an industry conference
(C) To research a magazine article
(D) **To discuss a possible investment**

TEST 9

다음 주 한국에서 온 단체는 왜 호텔을 방문하는가?

(A) 안전 검사를 실시하기 위해

(B) 업계 회의에 참석하기 위해

(C) 잡지 기사를 조사하기 위해

(D) 가능성 있는 투자에 관해 논의하기 위해

어휘 inspection 검사, 시찰 industry 업계, 산업 article 기사

해설 세부사항 관련 – 다음 주 한국에서 온 단체의 호텔 방문 이유

지문 초반부에서 한국 투자자들 덕분에 작년에 이 호텔을 건립했다(we built this hotel last year thanks to our investors in Korea)고 했고, 다음 주에 투자자들이 방문해 두 번째 호텔 기금 조성에 관해 논의할 예정(they're coming next week to discuss financing a second hotel)이라고 했으므로 정답은 (D)이다.

> ▸▸ Paraphrasing 담화의 discuss financing
> → 정답의 discuss a possible investment

90

What does the speaker instruct Ms. Carlyle to do?

(A) Find new suppliers

(B) Arrange a dinner

(C) Train some servers

(D) Purchase new uniforms

화자는 칼라일 씨에게 무엇을 하라고 지시하는가?

(A) 새로운 공급업체 찾기

(B) 저녁식사 준비하기

(C) 음식을 내는 직원들 교육하기

(D) 새 유니폼 구입하기

어휘 supplier 공급업체 arrange 마련하다, 주선하다

해설 세부사항 관련 – 화자가 칼라일 씨에게 지시한 사항

지문 중반부에서 화자가 칼라일 씨를 부르며 직원들이 한국음식과 서양요리를 모두 갖춘 품격 있는 저녁식사를 준비하도록 해 달라(Ms. Carlyle, please have your staff prepare an elegant dinner with both Korean and Western dishes)고 했으므로 정답은 (B)이다.

> ▸▸ Paraphrasing 담화의 prepare an elegant dinner
> → 정답의 Arrange a dinner

91

Why does the speaker say, "I know Soo-Bin can speak Korean"?

(A) To make a suggestion

(B) To refuse an offer

(C) To make an excuse

(D) To correct a mistake

화자가 "수빈 씨가 한국어를 하는 걸로 알고 있습니다"라고 말한 이유는?

(A) 제안을 하기 위해

(B) 제의를 거절하기 위해

(C) 변명을 하기 위해

(D) 실수를 바로잡기 위해

어휘 make a suggestion 제안하다 refuse 거절하다 offer 제의 make an excuse 변명하다 correct 바로잡다

해설 화자의 의도 파악 – 수빈 씨가 한국어를 하는 걸로 안다는 말의 의도

지문 초반부에서 한국 투자자들 덕분에 작년에 이 호텔을 건립했고(we built this hotel last year thanks to our investors in Korea) 다음 주에 투자자들이 방문한다(they're coming next week)고 했으므로 투자자들은 한국인임을 알 수 있다. 인용문 앞에서 누군가가 공항에서 그들(투자자들)을 영접해야 한다(We also need someone to greet them at the airport)고 했으므로 투자인인 한국인들을 영접할 사람으로 한국어를 할 수 있는 수빈 씨에게 제안을 하려는 의도로 볼 수 있다. 따라서 정답은 (A)이다.

92-94 광고

M-Au **[92]Landsford Career Center invites you to take advantage of the employment services we offer.** If you want to find a job or get ahead in your professional development, make an appointment with one of our career advisors. We have 30 years of experience helping clients find positions in the workforce. And **[93]mark this on your calendars: May fifteenth. Attend a job seminar at our Broad Avenue location** and begin your journey toward a satisfying career. **[94]You can also visit our Web site to read some comments from many of our happy clients.**

랜스포드 커리어 센터에서 제공하는 일자리 알선 서비스를 이용해 보세요. 일자리를 찾거나 전문적인 자기 계발에 성공하고 싶다면 저희 직업 상담사와 약속을 잡아보세요. 저희는 고객의 일자리 찾기를 돕는 데 30년의 경력을 갖추고 있습니다. 아울러 **5월 15일을 달력에 표시해 두시고, 저희 브로드 애비뉴 지점에서 열리는 구직 세미나에 참여하셔서** 만족스러운 커리어로 향하는 여정을 시작해 보세요. **저희 웹사이트를 방문해 만족도 높은 다수의 고객들이 남긴 평을 살펴보실 수 있습니다.**

어휘 take advantage of ~를 이용하다 get ahead 성공하다, 출세하다 professional 직업적인, 전문적인 make an appointment 약속하다 workforce 노동력, 노동 인구

92

What is being advertised?

(A) A delivery service

(B) A travel agency

(C) An employment center

(D) A driving school

무엇을 광고하고 있는가?

(A) 배송 서비스

(B) 여행사

(C) 직업소개센터

(D) 운전학원

어휘 advertise 광고하다 delivery 배송

해설 전체 내용 관련 - 광고되고 있는 것

지문 초반부에서 화자가 랜스포드 커리어 센터에서 제공하는 일자리 알선 서비스를 이용해 보시라(Landsford Career Center invites you to take advantage of the employment services we offer)고 했으므로 정답은 (C)이다.

> ▸ Paraphrasing 담화의 career center
> → 정답의 employment center

93

What will take place on May 15 ?

(A) A tour
(B) A luncheon
(C) An interview
(D) A seminar

5월 15일에 무슨 일이 있을 것인가?
(A) 견학
(B) 점심식사
(C) 면접
(D) 세미나

어휘 take place 일어나다 luncheon 오찬

해설 세부사항 관련 - 5월 15일에 일어날 일

지문 중반부에서 5월 15일을 달력에 표시하라(mark this on your calendars: May fifteenth)면서 브로드 애비뉴 지점에서 열리는 구직 세미나에 참여하라(Attend a job seminar at our Broad Avenue location)고 했으므로 정답은 (D)이다.

94

What can the listeners do on a Web site?

(A) Register for an event
(B) Read some comments
(C) Download a map
(D) View a price list

청자들은 웹사이트에서 무엇을 할 수 있는가?
(A) 행사 신청하기
(B) 고객평 읽기
(C) 약도 다운로드하기
(D) 가격표 보기

어휘 register for ~에 등록하다, 신청하다

해설 세부사항 관련 - 청자들이 웹사이트에서 할 수 있는 일

지문 마지막에서 웹사이트에 방문해 만족도 높은 다수의 고객들이 남긴 평을 살펴보라(You can also visit our Web site to read some comments from many of our happy clients)고 했으므로 정답은 (B)이다.

95-97 여행 정보 + 지도

W-Am Welcome to today's bus tour of the market district. Now that you've all found a seat, we'll get started. Today, we'll be exploring three of the main markets in the area. Unfortunately, **95there is one market that we won't be able to see. It's closed because it's located on First Street, and that road's shut down for emergency repairs.** Instead, **96we'll ride on a riverboat this afternoon.** You'll see some beautiful views of the city from the boat. **97Now, I suggest getting your cameras ready. We'll soon be stopping at a statue of the city's founder so you can take a picture.**

오늘 시장 지구 버스 견학에 오신 것을 환영합니다. 모두 자리를 찾아 앉으셨으니 출발하겠습니다. 오늘 이 지역 내 주요 시장 중 세 곳을 둘러볼 예정입니다. 안타깝게도 **볼 수 없는 시장이 하나 있습니다. 긴급 복구로 폐쇄한 퍼스트 스트리트에 위치한 시장이라 오늘 문을 닫았습니다.** 대신 **오늘 오후 강에서 배를 탈 예정입니다.** 배에서 아름다운 도시 풍경을 감상하실 수 있습니다. **이제 카메라를 준비하세요. 도시 건립자의 동상에 잠시 멈출 테니 사진을 찍으실 수 있습니다.**

어휘 district 지구 explore 답사하다, 탐험하다 emergency 긴급, 비상 repair 수리, 보수 statue 동상 founder 설립자

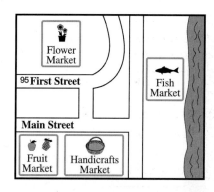

95

Look at the graphic. Which market is closed today?

(A) The flower market
(B) The fish market
(C) The handicrafts market
(D) The fruit market

시각 정보에 의하면 오늘 어떤 시장이 문을 닫는가?

(A) 꽃 시장
(B) 어시장
(C) 수공예품 시장
(D) 과일 시장

어휘 handicraft 수공예, 수공예품

해설 시각 정보 연계 – 오늘 문을 닫는 시장

지문 중반부에서 볼 수 없는 시장이 하나 있다(there is one market that we won't be able to see)면서 긴급 복구로 폐쇄한 퍼스트 스트리트에 위치한 시장이며 오늘 문을 닫았다(It's closed because it's located on First Street, and that road's shut down for emergency repairs)고 했으므로 정답은 퍼스트 스트리트에 있는 시장이다. 따라서 정답은 (A)이다.

96

What will the listeners do this afternoon?

(A) Meet a city official
(B) Visit a museum
(C) Attend a concert
(D) Take a boat ride

청자들은 오늘 오후 무엇을 할 것인가?

(A) 시 공무원 만나보기
(B) 박물관 방문하기
(C) 연주회 참석하기
(D) 보트 타기

어휘 official 공무원

해설 세부사항 관련 – 청자들이 오늘 오후에 할 일

지문 중반부에서 오늘 오후 강에서 배를 탈 예정(we'll ride on a riverboat this afternoon)이라고 했으므로 정답은 (D)이다.

> ▸▸ Paraphrasing 담화의 ride on a riverboat
> → 정답의 Take a boat ride

97

What does the speaker recommend that the listeners do next?

(A) Put on their name tags
(B) Take out their cameras
(C) Apply sunscreen
(D) Buy a bottle of water

화자는 청자들에게 다음에 무엇을 하라고 추천하는가?

(A) 이름표 달기
(B) 카메라 꺼내기
(C) 자외선 차단제 바르기
(D) 물 한 병 사기

어휘 apply 바르다 sunscreen 자외선 차단제

해설 세부사항 관련 – 화자가 추천하는 일

지문 후반부에서 이제 카메라를 준비하라(Now, I suggest getting your cameras ready)면서 도시 건립자의 동상에 잠시 멈출 테니 사진을 찍을 수 있다(We'll soon be stopping at a statue of the city's founder so you can take a picture)고 했으므로 정답은 (B)이다.

> ▸▸ Paraphrasing 담화의 getting your cameras ready
> → 정답의 Take out their cameras

98-100 전화 메시지 + 시계

> W-Br Hi, Gordon, it's Anna. **98I've arrived here in Vancouver for the opening of the branch office.** I wanted to discuss the sales strategy with you, and I don't think it can wait until I get back. I'm wondering if you'll be available for a discussion on Friday morning. **99There's a two-hour time difference between the office here in Vancouver and your office. So that'll be nine A.M. for you.** The opening ceremony here doesn't start until midmorning. **100Please call me back to confirm that this time will work for you.** Thanks.

> 안녕하세요, 고든 씨. 안나입니다. 지점 개소 때문에 밴쿠버에 왔습니다. 판매 전략을 함께 논의하고 싶은데요. 돌아갈 때까지 미뤄둘 수 없을 것 같습니다. 금요일 오전에 이야기 나눌 수 있는지 궁금합니다. 여기 밴쿠버 사무실과 고든 씨 사무실은 두 시간의 시차가 있어요. 고든 씨는 오전 9시가 되겠네요. 개소식은 오전 중간쯤 지나야 시작합니다. 저에게 다시 전화 주셔서 시간이 괜찮은지 알려 주십시오. 감사합니다.

> 어휘 branch office 지점 strategy 전략 time difference 시차 opening ceremony 개소식 midmorning 오전 중반

Brickson Company Offices

7:00 A.M.	8:00 A.M.
Vancouver	Denver
99 9:00 A.M.	10:00 A.M.
Chicago	Montreal

브릭슨 컴퍼니 사무실

오전 7시	오전 8시
밴쿠버	덴버
99오전 9시	오전 10시
시카고	몬트리올

98

What event is the speaker planning to attend?

(A) A retirement celebration

(B) A job interview

(C) A trade show

(D) A branch opening

화자는 어떤 행사에 참석하려고 하는가?

(A) 은퇴 기념식

(B) 면접

(C) 무역박람회

(D) 지점 개소식

어휘 retirement 은퇴 branch 지점

해설 세부사항 관련 – 화자가 참석하려는 행사

지문 초반부에서 화자가 지점 개소 때문에 밴쿠버에 왔다(I've arrived here in Vancouver for the opening of the branch office)고 했으므로 정답은 (D)이다.

99

Look at the graphic. Where is the listener's office located?

(A) In Vancouver

(B) In Denver

(C) In Chicago

(D) In Montreal

시각 정보에 의하면 청자의 사무실은 어디에 있는가?

(A) 밴쿠버

(B) 덴버

(C) 시카고

(D) 몬트리올

해설 시각 정보 연계 – 청자의 사무실 위치

지문 중반부에서 여기 밴쿠버 사무실과 고든 씨(청자) 사무실은 두 시간의 시차가 있다(There's a two-hour time difference between the office here in Vancouver and your office)면서 고든 씨는 오전 9시가 되겠다(So that'll be nine A.M. for you)고 했으므로 정답은 (C)이다.

100

What does the speaker ask the listener to do?

(A) Return a phone call

(B) Provide flight information

(C) Authorize an expense

(D) Verify an address

화자는 청자에게 무엇을 해 달라고 부탁하는가?

(A) 회신 전화하기

(B) 항공편 정보 제공하기

(C) 비용 재가하기

(D) 주소 확인하기

어휘 authorize 재가하다, 권한을 부여하다 verify 확인하다

해설 세부사항 관련 – 화자가 청자에게 부탁하는 사항

지문의 후반부에서 화자가 저에게 다시 전화해 시간이 괜찮은지 알려 달라(Please call me back to confirm that this time will work for you)고 했으므로 정답은 (A)이다.

> ▸▸ Paraphrasing 담화의 call me back
> → 정답의 Return a phone call

TEST 9

ETS TEST 10

1 (D)	2 (D)	3 (C)	4 (A)	5 (B)
6 (B)	7 (C)	8 (B)	9 (C)	10 (A)
11 (C)	12 (B)	13 (A)	14 (A)	15 (A)
16 (B)	17 (A)	18 (A)	19 (A)	20 (B)
21 (B)	22 (C)	23 (C)	24 (A)	25 (B)
26 (B)	27 (A)	28 (B)	29 (B)	30 (A)
31 (B)	32 (C)	33 (B)	34 (A)	35 (D)
36 (A)	37 (C)	38 (D)	39 (C)	40 (B)
41 (A)	42 (D)	43 (A)	44 (A)	45 (B)
46 (C)	47 (C)	48 (A)	49 (D)	50 (D)
51 (A)	52 (B)	53 (B)	54 (B)	55 (D)
56 (C)	57 (D)	58 (C)	59 (C)	60 (B)
61 (A)	62 (A)	63 (D)	64 (B)	65 (D)
66 (D)	67 (B)	68 (D)	69 (D)	70 (A)
71 (C)	72 (A)	73 (B)	74 (A)	75 (B)
76 (A)	77 (A)	78 (D)	79 (C)	80 (D)
81 (B)	82 (B)	83 (C)	84 (D)	85 (A)
86 (B)	87 (D)	88 (D)	89 (C)	90 (B)
91 (D)	92 (B)	93 (C)	94 (A)	95 (C)
96 (C)	97 (B)	98 (A)	99 (B)	100 (C)

PART 1

1 M-Au

(A) He's washing his uniform.
(B) He's talking to a patient.
(C) He's picking up some papers.
(D) He's using a laptop computer.

(A) 남자가 유니폼을 세탁하고 있다.
(B) 남자가 환자에게 이야기하고 있다.
(C) 남자가 종이를 집어 들고 있다.
(D) 남자가 노트북 컴퓨터를 사용하고 있다.

해설 1인 등장 사진 – 사람의 동작/상태 묘사

(A) 동사 오답. 남자가 유니폼을 세탁하고 있는(washing his uniform) 모습이 아니므로 오답.
(B) 사진에 없는 명사를 이용한 오답. 사진에 남자를 제외하고는 다른 사람 즉, 환자(a patient)의 모습이 보이지 않으므로 오답.
(C) 동사 오답. 남자가 종이를 집어 들고 있는(picking up some papers) 모습이 아니므로 오답.
(D) 정답. 남자가 노트북 컴퓨터를 사용하고 있는(using a laptop computer) 모습이므로 정답.

2 W-Am

(A) A woman is taking off her coat.
(B) A woman is drinking some coffee.
(C) A man is standing next to a suitcase.
(D) A man is reading a newspaper.

(A) 여자가 코트를 벗고 있다.
(B) 여자가 커피를 마시고 있다.
(C) 남자가 여행 가방 옆에 서 있다.
(D) 남자가 신문을 읽고 있다.

어휘 take off 벗다   next to ~ 옆에

해설 2인 이상 등장 사진 – 사람의 동작/상태 묘사

(A) 동사 오답. 여자가 코트를 벗고 있는(taking off her coat) 모습이 아니므로 오답.
(B) 동사 오답. 여자가 커피를 마시고 있는(drinking some coffee) 모습이 아니므로 오답.
(C) 동사 오답. 남자가 여행 가방 옆에 서 있는(standing next to a suitcase) 모습이 아니므로 오답.
(D) 정답. 남자가 신문을 읽고 있는(reading a newspaper) 모습이므로 정답.

3 M-Au

(A) Some people are installing an awning.
(B) Some people are unloading a truck.
(C) Some people are gathered around a market stand.
(D) Some people are painting a wall.

(A) 몇 사람이 차양을 설치하고 있다.
(B) 몇 사람이 트럭에서 짐을 내리고 있다.
(C) 몇 사람이 시장 가판대 주위에 모여 있다.
(D) 몇 사람이 벽을 칠하고 있다.

어휘 install 설치하다   awning 차양   unload 짐을 내리다   be gathered 모이다   stand 가판대

해설 2인 이상 등장 사진 – 사람의 동작/상태 묘사

(A) 동사 오답. 사람들이 차양을 설치하고 있는(installing an awning) 모습이 아니므로 오답.
(B) 사진에 없는 명사를 이용한 오답. 사진에 트럭의 모습이 보이지 않으므로 오답.
(C) 정답. 사람들이 시장 가판대 주위에 모여 있는(gathered around a market stand) 모습이므로 정답.

(D) 동사 오답. 사람들이 벽을 칠하고 있는(painting a wall) 모습이 아니 므로 오답.

---

4 W-Am

(A) She's holding a bottle in her hand.
(B) She's putting on a pair of boots.
(C) She's repairing a rocking chair.
(D) She's fixing a light on the ceiling.

(A) 여자가 손에 병을 들고 있다.
(B) 여자가 부츠를 신고 있다.
(C) 여자가 흔들의자를 고치고 있다.
(D) 여자가 천장 조명을 고치고 있다.

어휘 repair 수리하다   rocking chair 흔들의자   fix 고치다, 수리하다

해설 1인 등장 사진 – 사람의 동작/상태 묘사

(A) 정답. 여자가 손에 병을 들고 있는(holding a bottle in her hand) 모습이므로 정답.
(B) 동사 오답. 여자가 부츠를 신고 있는(putting on a pair of boots) 모 습이 아니므로 오답. 참고로 putting on은 무언가를 착용하는 동작을 가리키는 말로 이미 착용 중인 상태를 나타내는 wearing과 혼동하지 않도록 주의한다.
(C) 동사 오답. 여자가 흔들의자를 고치고 있는(repairing a rocking chair) 모습이 아니므로 오답.
(D) 동사 오답. 여자가 천장 조명을 고치고 있는(fixing a light on the ceiling) 모습이 아니므로 오답.

---

5 W-Br

(A) They are rearranging the tables in a room.
(B) The man is gesturing towards a whiteboard.
(C) The man's briefcase has fallen onto the floor.
(D) One of the women is filling a vase.

(A) 사람들이 방에서 탁자를 재배열하고 있다.
(B) 남자가 화이트보드를 향해 손짓을 하고 있다.
(C) 남자의 서류가방이 바닥에 떨어져 있다.
(D) 여자들 중 한 명이 꽃병을 채우고 있다.

어휘 rearrange 재배열하다   gesture 손짓하다   briefcase 서류가방

해설 2인 이상 등장 사진 – 사람 또는 사물 중심 묘사

(A) 동사 오답. 사람들이 방에서 탁자를 재배열하고 있는(rearranging the tables in a room) 모습이 아니므로 오답.
(B) 정답. 남자가 화이트보드를 향해 손짓을 하고 있는(gesturing towards a whiteboard) 모습이므로 정답.
(C) 동사 오답. 남자의 서류가방(briefcase)이 바닥에 떨어져 있는(fallen onto the floor) 모습이 아니므로 오답.
(D) 동사 오답. 여자들 중 한 명이 꽃병을 채우고 있는(filling a vase) 모 습이 아니므로 오답.

---

6 M-Cn

(A) A sign is hanging on a door.
(B) A cabinet has been stocked with supplies.
(C) Some shelves are being assembled.
(D) Some tools have been scattered on the ground.

(A) 문에 표지판이 걸려 있다.
(B) 캐비닛에 물품이 보관되어 있다.
(C) 선반 몇 개가 조립되고 있다.
(D) 도구 몇 개가 바닥에 흩어져 있다.

어휘 be stocked with ~로 채워지다, 구비되다   supplies 물품
     assemble 조립하다   be scattered 흩어지다

해설 사물 사진 – 실내 사물의 상태 묘사

(A) 동사 오답. 표지판(sign)이 문에 걸려 있는(hanging on a door) 모 습이 아니므로 오답.
(B) 정답. 캐비닛에 물품이 보관되어 있는(stocked with supplies) 모습 이므로 정답.
(C) 동사 오답. 선반(shelves)이 누군가에 의해 조립되고 있는(being assembled) 모습이 아니므로 오답.
(D) 동사 오답. 도구(tools)가 바닥에 흩어져 있는(scattered on the ground) 모습이 아니므로 오답.

PART 2

7

W-Br Which restaurant did Mayumi recommend?
W-Am (A) I don't think so.
       (B) Dinner at eight o'clock.
       (C) The French one.

마유미 씨는 어떤 레스토랑을 추천했나요?
(A) 제 생각은 다릅니다.
(B) 8시 정각에 저녁식사요.
(C) 프랑스 음식점이요.

어휘 recommend 추천하다

해설 마유미가 추천한 레스토랑을 묻는 Which 의문문
(A) 질문과 상관없는 오답. 질문에 어울리지 않는 응답을 하고 있으므로
   오답.
(B) 연상 단어 오답. 질문의 restaurant에서 연상 가능한 dinner를 이용
   한 오답.
(C) 정답. 마유미가 추천한 레스토랑을 묻는 질문에 프랑스 음식점이라고
   적절하게 응답하고 있으므로 정답. 참고로 one은 질문의 restaurant
   을 대신한 대명사이다.

8

M-Au Could you find a different shirt for that
      customer?
W-Br (A) Main Street.
      (B) Sure, what size?
      (C) A suit and a tie.

      저 손님께 다른 셔츠를 찾아드릴 수 있나요?
      (A) 메인 스트리트입니다.
      (B) 네, 사이즈가 뭐죠?
      (C) 정장과 넥타이입니다.

해설 부탁/요청 의문문
(A) 질문과 상관없는 오답. Where 의문문에 어울리는 응답이므로 오답.
(B) 정답. 손님께 다른 셔츠를 찾아줄 수 있냐고 요청하는 질문에 네
   (Sure)라고 답하며 사이즈가 뭐냐고 요청을 들어주기 위해 필요한 정
   보를 묻고 있으므로 정답.
(C) 연상 단어 오답. 질문의 shirt에서 연상 가능한 suit와 tie를 이용한
   오답.

9

W-Am When did you send me the invoice?
M-Cn (A) Because I've done a lot of work.
      (B) Keith from the marketing department.
      (C) Sometime last week.

      저에게 언제 청구서를 보내셨나요?
      (A) 제가 많은 일을 했기 때문입니다.
      (B) 마케팅 부서의 키스 씨요.
      (C) 지난주예요.

어휘 invoice 송장, 청구서   department 부서

해설 청구서를 보낸 시점을 묻는 When 의문문
(A) 질문과 상관없는 오답. Why 의문문에 어울리는 응답이므로 오답.
(B) 질문과 상관없는 오답. Who 의문문에 어울리는 응답이므로 오답.
(C) 정답. 청구서를 보낸 시점을 묻는 질문에 지난주에 보냈다며 구체적인
   시점으로 응답하고 있으므로 정답.

10

M-Cn Where's the computer programming
      handbook?
W-Br (A) Jim had it this morning.
      (B) A fifteen percent discount applies.
      (C) The printing company called.

      컴퓨터 프로그래밍 안내서는 어디에 있죠?
      (A) 오늘 오전에 짐 씨가 갖고 있었어요.
      (B) 15퍼센트 할인이 적용됩니다.
      (C) 인쇄업체에서 전화했어요.

어휘 handbook 안내서   apply 적용되다

해설 안내서가 있는 위치를 묻는 Where 의문문
(A) 정답. 컴퓨터 프로그래밍 안내서가 있는 위치를 묻는 질문에 구체적인
   위치를 말하는 대신 짐이 오늘 아침에 가지고 있었다고 우회적으로 응
   답하고 있으므로 정답.
(B) 질문과 상관없는 오답. 할인율은 질문에 전혀 어울리지 않는 응답이므
   로 오답.
(C) 연상 단어 오답. 질문의 handbook에서 연상 가능한 printing을 이용
   한 오답.

11

W-Br Isn't Mr. Akbari leading the accounting
      seminar?
M-Au (A) Let's close the account.
      (B) The electric bill was paid.
      (C) No, I think it's Ms. Garcia.

      아크바리 씨가 회계 세미나를 진행하지 않나요?
      (A) 계좌를 해지합시다.
      (B) 전기 요금은 지불했어요.
      (C) 아니요, 가르시아 씨인 것 같아요.

어휘 accounting 회계   close the account 계좌를 해지하다,
     신용거래를 끊다   electric bill 전기요금 고지서

해설 아크바리 씨가 세미나를 진행하는지를 묻는 부정 의문문
(A) 유사 발음 오답. 질문의 accounting과 부분적으로 발음이 유사한
   account를 이용한 오답.
(B) 연상 단어 오답. 질문의 accounting에서 연상 가능한 bill을 이용한
   오답.
(C) 정답. 아크바리 씨가 회계 세미나를 진행하는지를 묻는 질문에 아니요
   (No)라고 부정한 뒤 가르시아 씨인 것 같다며 세미나 진행자를 알려주
   고 있으므로 정답.

12

M-Cn Why is traffic so slow today?
W-Am (A) Just a rental car.
      (B) Because of road construction.
      (C) No, I worked yesterday.

      오늘 차가 왜 이렇게 밀리죠?
      (A) 렌터카예요.
      (B) 도로 공사 때문에요.
      (C) 아니요, 저는 어제 근무했어요.

어휘 construction 건설, 공사

해설 차가 막히는 이유를 묻는 Why 의문문
(A) 연상 단어 오답. 질문의 traffic에서 연상 가능한 rental car를 이용한
   오답.
(B) 정답. 차가 막히는 이유를 묻는 질문에 도로 공사 때문이라며 구체적
   인 이유를 제시하고 있으므로 정답.

(C) Yes/No 불가 오답. Why 의문문에는 Yes/No 응답이 불가능하므로 오답.

13

W-Br Let me help you fix the scanner.

M-Cn **(A) Thanks, but I'm almost finished.**

(B) He's a new hire.

(C) About twenty documents.

스캐너 고치는 걸 도와드릴게요.

(A) 감사합니다만 거의 다 됐어요.

(B) 그는 신입사원입니다.

(C) 약 20개의 문서입니다.

어휘 new hire 신규 채용자, 신입사원

해설 제안/권유 평서문

(A) 정답. 스캐너 고치는 걸 도와주겠다는 평서문에 감사합니다만 거의 다 됐다면서 정중하게 거절하고 있으므로 정답.

(B) 평서문과 상관없는 오답. 평서문과 전혀 상관없는 제3자인 he로 응답하고 있으므로 오답.

(C) 연상 단어 오답. 평서문의 scanner에서 연상 가능한 documents를 이용한 오답.

14

W-Am Is there a code to unlock the door, or is it open?

W-Br **(A) It should be open.**

(B) There's a clock in here.

(C) Just around the corner.

문을 열기 위한 비밀번호가 있나요, 아니면 문이 열려 있나요?

(A) 열려 있을 겁니다.

(B) 여기에 시계가 있어요.

(C) 모퉁이를 돌면 바로 있습니다.

어휘 code 암호

해설 절을 연결한 선택 의문문

(A) 정답. 문을 열기 위한 비밀번호가 있는지 아니면 문이 열려 있는지를 묻는 질문에 문이 열려 있을 것이라고 응답했으므로 정답.

(B) 유사 발음 오답. 질문의 unlock과 부분적으로 발음이 유사한 clock을 이용한 오답.

(C) 질문과 상관없는 오답. Where 의문문에 어울리는 응답이므로 오답.

15

M-Au What color folders would you like me to buy?

M-Cn **(A) I'd prefer the blue ones.**

(B) Yes, please hold this for me.

(C) At the stationery store.

폴더를 어떤 색으로 구매해 드릴까요?

(A) 파란 폴더가 좋습니다.

(B) 네, 이것 좀 들어주세요.

(C) 문구점에서요.

어휘 stationery 문구류

해설 구매할 폴더의 색상을 묻는 What 의문문

(A) 정답. 어떤 색깔 폴더를 구매하기를 원하는지 묻는 질문에 파란 폴더를 좋아한다며 구체적인 색깔로 응답하고 있으므로 정답.

(B) Yes/No 불가 오답. What 의문문에는 Yes/No 응답이 불가능하므로 오답.

(C) 질문과 상관없는 오답. 구입 장소를 묻는 Where 의문문에 어울리는 응답이므로 오답.

16

W-Br How can I request expedited shipping?

M-Au (A) The last shipment.

(B) Complete an order form online.

(C) Overnight to Singapore.

긴급 배송은 어떻게 신청하나요?

(A) 마지막 수송품입니다.

(B) 온라인에서 주문서를 작성하세요.

(C) 밤사이에 싱가포르로 갑니다.

어휘 expedited shipping 긴급 배송 shipment 수송, 수송품 complete a form 양식을 작성하다, 서류를 기입하다

해설 긴급 배송 신청 방법을 묻는 How 의문문

(A) 유사 발음 오답. 질문의 shipping과 부분적으로 발음이 유사한 shipment를 이용한 오답.

(B) 정답. 긴급 배송을 신청하는 방법을 묻는 질문에 온라인에서 주문서를 작성하라며 구체적인 방법을 제시하고 있으므로 정답.

(C) 연상 단어 오답. 질문의 shipping에서 연상 가능한 overnight과 Singapore를 이용한 오답.

17

M-Cn Don't we need to purchase more fabric samples?

W-Am **(A) Yes, I'll do that now.**

(B) Downstairs on the left.

(C) I've already read it.

직물 견본을 더 구입해야 하지 않나요?

(A) 네, 지금 할게요.

(B) 아래층 왼쪽요.

(C) 이미 읽었어요.

어휘 purchase 구매하다 fabric 천, 직물

해설 직물 견본을 더 구입해야 할지를 묻는 부정 의문문

(A) 정답. 직물 견본을 더 구입해야 할지를 묻는 질문에 네(Yes)라고 긍정한 뒤 지금 하겠다고 응답하고 있으므로 정답.

(B) 질문과 상관없는 오답. Where 의문문에 어울리는 응답이므로 오답.

(C) 질문과 상관없는 오답. 이미 읽었다는 답변은 직물 견본 추가 구입과는 상관없는 내용이므로 오답.

TEST 10

18

M-Au Where can I find the Human Resources department?

W-Br **(A) Upstairs, to the right of the elevator.**
(B) All new employees have to watch it.
(C) She's been working here for ten years.

인사부서는 어디에 있습니까?
(A) 위층 엘리베이터 오른쪽요.
(B) 모든 신입 직원이 봐야 해요.
(C) 그녀는 여기서 10년간 일했어요.

어휘 human resources 인적 자원, 인사부 employee 직원, 고용인

해설 인사부서의 위치를 묻는 Where 의문문

(A) 정답. 인사부서의 위치를 묻는 질문에 위층 엘리베이터 오른쪽에 있다며 구체적으로 응답하고 있으므로 정답.

(B) 연상 단어 오답. 질문의 Human Resources department에서 연상 가능한 new employees를 이용한 오답.

(C) 질문과 상관없는 오답. 근속연수를 묻는 How long 의문문에 어울리는 응답이고, 질문과 전혀 상관없는 제3자인 she로 응답하고 있으므로 오답.

19

W-Br Who did you speak to about renting the apartment?

M-Cn **(A) I think it was the property manager.**
(B) On the first of every month.
(C) There's a part missing.

아파트 임대에 관해 누구와 이야기했습니까?
(A) 부동산 관리인이었던 것 같아요.
(B) 매월 1일이에요.
(C) 없어진 부품이 있어요.

어휘 rent 임대하다 property 부동산 part 부품

해설 아파트 임대에 관해 이야기한 사람을 묻는 Who 의문문

(A) 정답. 아파트 임대에 관해 이야기했던 사람을 묻는 질문에 부동산 관리인이었던 것 같다며 적절하게 응답하고 있으므로 정답.

(B) 질문과 상관없는 오답. When 의문문에 어울리는 응답이므로 오답.

(C) 유사 발음 오답. 질문의 apartment와 부분적으로 발음이 유사한 part를 이용한 오답.

20

W-Am Are you going to the museum or watching the baseball game?

W-Br (A) About thirty euros.
(B) I don't like sports.
(C) Put your name here, please.

박물관에 갈 건가요, 아니면 야구경기를 관람할 건가요?
(A) 약 30유로요.
(B) 저는 스포츠를 좋아하지 않아요.
(C) 여기에 이름을 적으세요.

해설 박물관에 갈지 야구경기를 볼지를 묻는 선택 의문문

(A) 질문과 상관없는 오답. 입장료를 묻는 How much 의문문에 어울리는 응답이므로 오답.

(B) 정답. 박물관에 갈지 야구경기를 볼지를 묻는 질문에 스포츠를 좋아하지 않는다며 야구경기를 보는 것을 원하지 않고 박물관에 갈 것을 우회적으로 응답하고 있으므로 정답.

(C) 질문과 상관없는 오답. 질문에 어울리지 않는 응답을 하고 있으므로 오답.

21

M-Au Would you like me to review the budget report before you submit it?

W-Am (A) No, I don't know him.
(B) Yes, that'd be helpful.
(C) At least 500 dollars.

예산보고서를 제출하기 전에 제가 검토해 드릴까요?
(A) 아니요, 저는 그를 몰라요.
(B) 네, 도움이 될 것 같아요.
(C) 최소 500달러입니다.

어휘 budget 예산 submit 제출하다

해설 제안을 나타내는 의문문

(A) 질문과 상관없는 오답. 질문과 전혀 상관없는 제3자인 him에 대해 이야기하고 있으므로 오답.

(B) 정답. 예산보고서를 제출하기 전에 검토해 주겠다고 제안한 질문에 네(Yes)라고 긍정한 뒤 도움이 될 거라고 응답하고 있으므로 정답.

(C) 연상 단어 오답. 질문의 budget에서 연상 가능한 500 dollars를 이용한 오답.

22

M-Cn Do you plan to walk to the convention center?

M-Au (A) At the job fair.
(B) It was built last year.
(C) Pablo has a car.

컨벤션 센터에 걸어갈 계획인가요?
(A) 채용박람회에서요.
(B) 작년에 지어졌어요.
(C) 파블로 씨는 차가 있어요.

어휘 job fair 채용박람회

해설 컨벤션 센터에 걸어갈 계획인지를 묻는 조동사(do) 의문문

(A) 질문과 상관없는 오답. Where 의문문에 어울리는 응답을 하고 있으므로 오답.

(B) 연상 단어 오답. 질문의 convention center에서 연상 가능한 built를 이용한 오답.

(C) 정답. 컨벤션 센터에 걸어갈 계획인지를 묻는 질문에 아니오(No)를 생략한 채 파블로 씨에게 차가 있다면서 차를 타고 갈 것임을 우회적으로 응답하고 있으므로 정답.

23

W-Br We're out of flyers for our weekend sales event.

W-Am (A) A newspaper article.

(B) Is her flight on time?

(C) There's a printer in my office.

주말 할인 행사에 쓸 전단지가 다 떨어졌어요.

(A) 신문기사요.

(B) 그녀가 탄 항공편은 정시에 오나요?

(C) 제 사무실에 프린터가 있어요.

어휘 flyer 전단 article 기사

해설 정보 전달의 평서문

(A) 연상 단어 오답. 평서문의 flyer에서 연상 가능한 newspaper를 이용한 오답.

(B) 유사 발음 오답. 평서문의 flyer와 부분적으로 발음이 유사한 flight를 이용한 오답.

(C) 정답. 주말 할인 행사용 전단지가 다 떨어졌다는 평서문에 자신의 사무실에 인쇄기가 있다면서 해결책을 제시하고 있으므로 정답.

24

W-Am Weren't you planning to see a concert tonight?

M-Au **(A) The tickets are sold out.**

(B) I'll finish it right now.

(C) A very famous painter.

오늘밤에 콘서트를 보러 갈 계획이지 않았나요?

(A) 입장권이 매진됐어요.

(B) 지금 바로 끝마칠게요.

(C) 아주 유명한 화가예요.

어휘 be sold out 매진되다, 다 팔리다

해설 콘서트에 갈 계획이 아니었는지를 확인하는 부정 의문문

(A) 정답. 콘서트를 보러 갈 계획이 아니었는지를 확인하는 질문에 입장권이 매진되었다며 콘서트에 갈 수 없음을 우회적으로 응답하고 있으므로 정답.

(B) 연상 단어 오답. 질문의 planning에서 연상 가능한 finish를 이용한 오답.

(C) 질문과 상관없는 오답. 질문에 어울리지 않는 응답을 하고 있으므로 오답.

25

M-Cn When will the presentation materials be ready?

W-Br (A) New company policies.

(B) I have two slides left to make.

(C) A seat by the window.

발표 자료는 언제 준비될까요?

(A) 회사의 새 정책입니다.

(B) 두 장 더 하면 됩니다.

(C) 창가 좌석이요.

어휘 presentation 발표 material 자료 policy 정책

해설 발표 자료가 준비되는 시점을 묻는 When 의문문

(A) 연상 단어 오답. 질문의 presentation에서 연상 가능한 new company policies를 이용한 오답.

(B) 정답. 발표 자료가 준비되는 시점을 묻는 질문에 발표 자료를 두 장 더 만들면 된다고 구체적으로 응답하고 있으므로 정답.

(C) 질문과 상관없는 오답. 질문에 어울리지 않는 응답을 하고 있으므로 오답.

26

W-Br Who's working the closing shift next Monday night?

M-Au (A) On the corner of Maple Street.

(B) I'll take a look at the calendar.

(C) Maybe the computer's not working.

다음 월요일 저녁 마감시간에 누가 일하죠?

(A) 메이플 스트리트 모퉁이에 있어요.

(B) 일정표를 한번 볼게요.

(C) 컴퓨터가 작동하지 않는 것 같아요.

어휘 shift 교대 근무 (시간) take a look at ~를 보다

해설 다음 월요일 저녁 마감시간 근무자를 묻는 Who 의문문

(A) 질문과 상관없는 오답. Where 의문문에 어울리는 응답을 하고 있으므로 오답.

(B) 정답. 다음 주 월요일 저녁 마감시간에 근무하는 사람을 묻는 질문에 일정표를 확인해 보겠다며 모른다는 말을 우회적으로 표현하고 있으므로 정답.

(C) 단어 반복 오답. 질문의 working을 반복 이용한 오답.

27

M-Cn Can you call the Research Department to get a project update?

M-Au **(A) I'm meeting with them at two.**

(B) It's an old model.

(C) Three months ago.

연구부서에 전화해 프로젝트 최신 상황을 받을 수 있나요?

(A) 두 시에 그들을 만날 예정입니다.

(B) 그건 구형입니다.

(C) 석 달 전요.

해설 부탁/요청 의문문

(A) 정답. 연구부서에 전화해 프로젝트 최신 상황을 받을 수 있는지를 묻는 질문에 두 시에 그들을 만난다면서 전화할 필요가 없음을 우회적으로 응답하고 있으므로 정답.

(B) 질문과 상관없는 오답. 질문에 어울리지 않는 응답을 하고 있으므로 오답.

(C) 질문과 상관없는 오답. When에 어울리는 응답을 하고 있으므로 오답.

28

W-Br Doesn't the dentist's office open at seven A.M.?

M-Cn (A) I think it opened last year.

(B) **Not on weekends.**

(C) What a great offer!

치과 진료실은 오전 7시에 열지 않나요?

(A) 작년에 문을 연 것 같아요.

(B) **주말에는 아닙니다.**

(C) 멋진 제안이군요!

어휘 dentist 치과의사 offer 제안, 제공

해설 치과 진료실이 문을 여는 시간을 확인하는 부정 의문문

(A) 단어 반복 오답. 질문의 open을 반복 이용한 오답.

(B) 정답. 치과 진료실이 오전 7시에 열지 않느냐는 질문에 아니요(No)를 생략한 채 주말에는 그렇지 않다고 응답하고 있으므로 정답.

(C) 질문과 상관없는 오답. 질문에 어울리지 않는 응답을 하고 있으므로 오답.

29

M-Au The supplier said the cabinets will be delivered late.

W-Am (A) The storage room is that way.

(B) **That's going to put us behind schedule.**

(C) Some new kitchen appliances.

공급업체에서 캐비닛이 늦게 배송될 거라고 합니다.

(A) 창고는 저쪽에 있어요.

(B) **그럼 우리 일정이 늦어질 겁니다.**

(C) 새 주방용품이요.

어휘 supplier 공급업자 deliver 배송하다 storage room 보관실, 창고 behind schedule 예정보다 늦게 kitchen appliance 주방용품

해설 정보 전달의 평서문

(A) 연상 단어 오답. 질문의 cabinets에서 연상 가능한 storage를 이용한 오답.

(B) 정답. 공급업체에서 캐비닛이 늦게 배송될 거라고 했다는 평서문에 그럼 일정이 늦어지게 된다면서 배송 지연에 따른 영향을 말해주고 있으므로 정답.

(C) 유사 발음 오답. 질문의 supplier과 부분적으로 발음이 유사한 appliances를 이용한 오답.

30

M-Au Ms. Jones arrived at four today, didn't she?

W-Br (A) **All flights were delayed.**

(B) No, departures are on the first floor.

(C) Actually, a twenty percent bonus!

존스 씨는 오늘 4시에 도착했죠, 그렇죠?

(A) **모든 항공편이 지연됐어요.**

(B) 아니요, 출발편은 1층입니다.

(C) 사실 20퍼센트 보너스예요!

어휘 be delayed 지연되다 departure 출발

해설 존스 씨의 도착 시간을 확인하는 부가 의문문

(A) 정답. 존스 씨가 오늘 4시에 도착했는지를 묻는 질문에 아니요(No)를 생략한 채 모든 항공편이 지연되었다고 우회적으로 응답하고 있으므로 정답.

(B) 연상 단어 오답. 질문의 arrived에서 연상 가능한 departures를 이용한 오답.

(C) 질문과 상관없는 오답. 질문에 전혀 어울리지 않는 응답을 하고 있으므로 오답.

31

W-Am How long did the team meeting last?

M-Cn (A) Production costs are high.

(B) **There was only one item on the agenda.**

(C) No, we were the first to arrive.

팀 회의가 얼마나 오래 계속되었나요?

(A) 생산비가 높군요.

(B) **회의 안건이 하나밖에 없었어요.**

(C) 아니요, 우리가 처음 도착했어요.

어휘 last 계속되다 production cost 생산비 agenda 안건

해설 회의 지속 시간을 묻는 How 의문문

(A) 연상 단어 오답. 질문의 meeting에서 회의 주제로 자주 등장하는 production costs를 이용한 오답.

(B) 정답. 팀 회의가 얼마나 오래 계속되었는지를 묻는 질문에 회의 안건이 하나밖에 없었다며 회의 시간이 길지 않음을 우회적으로 응답하고 있으므로 정답.

(C) Yes/No 불가 오답. How 의문문에는 Yes/No 응답이 불가능하므로 오답.

PART 3

32-34

W-Am [32]**Good morning. Parktown Medical Center. How may I help you?**

M-Au Hi. This is Joe Chang. [33]**I just received a bill for my visit on October tenth in the mail today, but I'm sure I already paid it. I think there's been a mistake.**

W-Am Hmm, just a minute, Mr. Chang... OK, yes, our records do say "paid." I'm sorry. [34]**Our office installed new software last month,** and we've been having some technical difficulties.

M-Au Oh, that's OK. Thanks for letting me know.

여	안녕하세요. 파크타운 병원입니다. 어떻게 도와드릴까요?
남	안녕하세요. 저는 조 창입니다. **오늘 우편으로 10월 10일 내원 건에 대한 청구서를 받았는데요. 저는 이미 돈을 냈어요. 착오가 있었던 것 같습니다.**
여	음, 잠시만 기다리세요, 창 씨… 네, 저희 기록에 "지불 완료"라고 되어 있군요. 죄송합니다. **저희 사무실에서 지난달에 소프트웨어를 새로 깔았는데** 기술적인 문제가 좀 있습니다.
남	아, 괜찮습니다. 알려주셔서 감사합니다.

어휘	bill 청구서 install 설치하다 technical 기술적인

32

Where does the woman work?

(A) At a computer store
(B) At an accounting firm
(C) **At a medical clinic**
(D) At a post office

여자는 어디에서 일하는가?
(A) 컴퓨터 매장
(B) 회계사무소
(C) **병원**
(D) 우체국

어휘 firm 회사

해설 전체 내용 관련 – 여자의 근무 장소

여자가 첫 번째 대사에서 남자에게 인사(Good morning)를 건네며 파크타운 병원(Parktown Medical Center)이라고 했고, 어떻게 도와드릴지(How may I help you)를 묻고 있으므로 여자는 병원에서 일하는 직원임을 알 수 있다. 따라서 정답은 (C)이다.

▸▸ Paraphrasing	대화의 **Parktown Medical Center** → 정답의 **a medical clinic**

33

Why is the man calling?

(A) To change an appointment
(B) **To discuss a billing error**
(C) To buy some supplies
(D) To ask for direction

남자는 왜 전화를 걸었나?
(A) 예약을 변경하기 위해
(B) **청구서 오류에 관해 이야기하기 위해**
(C) 물품 구매를 위해
(D) 길을 묻기 위해

어휘 appointment 약속 billing 청구서 발행 supplies 용품, 물품

해설 세부사항 관련 – 남자가 전화한 이유

남자가 첫 번째 대사에서 오늘 우편으로 10월 10일 내원 건에 대한 청구서를 받았는데, 자신은 이미 돈을 냈다(I just received a bill for my visit on October tenth in the mail today, but I'm sure I already paid it)면서 착오가 있었던 것 같다(I think there's been a mistake)고 했으므로 정답은 (B)이다.

34

According to the woman, what happened last month?

(A) Some software was installed.
(B) A business relocated.
(C) A schedule changed.
(D) Some shipments were delayed.

여자에 따르면 지난달에 무슨 일이 있었는가?
(A) **소프트웨어를 설치했다.**
(B) 사무실이 이전했다.
(C) 일정이 변경됐다.
(D) 수송이 지연됐다.

어휘 relocate 이전하다 shipment 수송, 수송품 be delayed 지연되다

해설 세부사항 관련 – 여자가 말하는 지난달에 있었던 일

여자가 두 번째 대사에서 사무실에서 지난달에 소프트웨어를 새로 깔았다(Our office installed new software last month)고 했으므로 정답은 (A)이다.

35-37

M-Cn	Hi, Jee-Wha. ³⁵**The restaurant is catering a wedding next Saturday.** Are you available to work?
W-Am	Yes, I am. Do you need someone to make the desserts?
M-Cn	Well, I actually need someone to make the wedding cake. ³⁶**I know you're really skilled at baking and decorating cakes, so we could really use your help.**
W-Am	Sure. I'd be glad to do it.
M-Cn	Great, thanks. And ³⁷**here's the order form so you can see what kind of cake the bride and groom requested.**

남	안녕하세요, 지화 씨. **우리 식당은 다음 토요일 결혼식에 음식을 공급할 예정입니다.** 일하실 수 있나요?
여	네. 후식을 만들 사람이 필요하세요?
남	음, 사실 결혼식 케이크를 만들 사람이 필요해요. **케이크를 굽고 장식하는 일을 매우 잘 하시는 것으로 알고 있어요. 그래서 도움이 절실히 필요합니다.**
여	네. 그렇게 하겠습니다.
남	좋아요, 감사합니다. **여기 주문서가 있으니 신랑 신부가 요청한 케이크의 종류를 알 수 있을 겁니다.**

어휘	available 시간이 있는 be skilled at ~를 잘하다 decorate 장식하다 order form 주문서 bride and groom 신랑 신부 request 요청하다

35

What is happening next weekend?

(A) A retirement dinner

(B) A grand opening

(C) A birthday party

(D) A wedding

다음 주말에 무슨 일이 있을 것인가?

(A) 은퇴 기념식

(B) 개업식

(C) 생일파티

(D) 결혼식

어휘 retirement 은퇴, 퇴직 grand opening 개업식

해설 세부사항 관련 – 다음 주말에 일어날 일

남자가 대화 초반부에서 식당에서 다음 토요일 결혼식에 음식을 공급할 예정(The restaurant is catering a wedding next Saturday)이라고 했으므로 정답은 (D)이다.

36

What is the woman's specialty?

(A) Baking cakes

(B) Cooking vegetarian meals

(C) Designing kitchens

(D) Arranging flowers

여자의 전문 분야는 무엇인가?

(A) 케이크 굽기

(B) 채식주의자용 식사 만들기

(C) 주방 디자인하기

(D) 꽃꽂이

어휘 specialty 전문 분야 vegetarian 채식주의자 arrange flowers 꽃꽂이를 하다

해설 세부사항 관련 – 여자의 전문 분야

대화 중반부에서 남자가 여자에게 케이크를 굽고 장식하는 일을 매우 잘하는 것으로 알고 있으니 여자의 도움이 필요하다(I know you're really skilled at baking and decorating cakes, so we could really use your help)고 했으므로 정답은 (A)이다.

37

What will the woman most likely do next?

(A) Clean a workstation

(B) Choose an assistant

(C) Look at an order form

(D) Find some equipment

여자는 다음에 무엇을 하겠는가?

(A) 근무공간 청소하기

(B) 조수 선택하기

(C) 주문서 확인하기

(D) 장비 찾기

어휘 workstation (직원 1명에게 배당된) 작업 장소 assistant 조수 equipment 장비

해설 세부사항 관련 – 여자가 다음에 할 행동

남자가 마지막 대사에서 여기 주문서가 있으니 신랑 신부가 요청한 케이크의 종류를 알 수 있다(here's the order form so you can see what kind of cake the bride and groom requested)며 여자에게 주문서를 건네 주었으므로 정답은 (C)이다.

38-40

W-Am	Mr. Potter? My name is Aki Kimura. 38**I manage the Pine Street Apartments**, and I'm calling to see whether you've made a decision about renting the unit I showed you last week?
M-Cn	Actually, I'm still thinking about it. I really like the updated kitchen—plus, it's close to my work. But 39**the apartment isn't very big. I have a lot of furniture, and I don't think all of it will fit in that apartment.**
W-Am	Well, that unit is the smallest one we have because the maintenance room is right next to it. But 40**if you're still interested in it, I'd be willing to reduce the rent for you.**
여	포터 씨인가요? 저는 아키 키무라입니다. **파인 스트리트 아파트를 관리하고 있어요.** 지난주 보여드린 아파트 임대 여부를 결정하셨는지 확인 차 전화했습니다.
남	사실 아직 생각 중입니다. 새로 고친 주방이 정말 마음에 들었어요. 또 제 사무실과 가깝고요. 하지만 **아파트가 그리 크지 않군요. 제 가구가 많은데 다 들어갈 것 같지가 않아요.**
여	음, 그 아파트는 저희 물건 중 가장 작은 곳입니다. 관리실이 바로 옆에 있거든요. 그래도 **의향이 있으시다면 제가 임대료를 낮춰보겠습니다.**

어휘	manage 관리하다 make a decision 결정하다 maintenance 유지, 보수 reduce 낮추다, 감소시키다

38

Who is the woman?

(A) A financial adviser

(B) An art gallery owner

(C) A delivery driver

(D) An apartment manager

여자는 누구인가?

(A) 재정 자문가

(B) 화랑 주인

(C) 배송기사

(D) 아파트 관리인

어휘 financial 재정의 adviser 고문, 조언자 delivery 배송

해설 전체 내용 관련 – 여자의 직업

대화 초반부에 여자가 자신이 파인 스트리트 아파트를 관리하고 있다(I manage the Pine Street Apartments)고 했으므로 정답은 (D)이다.

39

What problem does the man mention?

(A) A room is poorly lit.

(B) A machine is too noisy.

(C) A space is too small.

(D) A location is inconvenient.

남자가 언급한 문제는 무엇인가?

(A) 방이 어두침침하다.

(B) 기계가 너무 시끄럽다.

(C) 공간이 너무 작다.

(D) 위치가 편리하지 않다.

어휘 poorly lit 침침한 inconvenient 불편한

해설 세부사항 관련 - 남자가 언급한 문제

대화 중반부에서 남자가 아파트가 그리 크지 않다(the apartment isn't very big)면서 가구가 많은데 다 들어갈 것 같지가 않다(I don't think all of it will fit in that apartment)고 했으므로 정답은 (C)이다.

> ▸▸ Paraphrasing 대화의 the apartment isn't very big
> → 정답의 A space is too small.

40

What does the woman offer to do for the man?

(A) Renovate a room

(B) Lower a price

(C) Hire a technician

(D) Rent an appliance

여자는 남자를 위해 무엇을 해 주겠다고 하는가?

(A) 방 개조하기

(B) 가격 낮추기

(C) 기술자 고용하기

(D) 가전제품 빌리기

어휘 renovate 개조하다 hire 채용하다 appliance 가전제품

해설 세부사항 관련 - 여자가 제안한 일

여자가 마지막 대사에서 의향이 있으시다면 제가 임대료를 낮춰보겠다(if you're still interested in it, I'd be willing to reduce the rent for you)고 했으므로 정답은 (B)이다.

> ▸▸ Paraphrasing 대화의 reduce the rent
> → 정답의 Lower a price

41-43

M-Au Evelyn, ⁴¹**I know you just started working at Star Botanical Gardens.** Have you given any tours of the grounds yet?

W-Br Not yet, but ⁴²**I just received my tour leader certificate yesterday.** ⁴³**Would you like me to lead a tour of the gardens today?**

M-Au ⁴³**Yes,** if you don't mind. A group just came in, and I have an important meeting to go to.

W-Br Of course— ⁴³**I'll go meet them now and start the tour.** I'm looking forward to leading my first group through the gardens.

남 에블린 씨, 스타 보태니컬 가든에서 이제 막 일을 시작하셨죠. 내부 견학 안내를 해 보셨나요?

여 아직 못했지만 어제 견학 안내원 자격증을 받았어요. 오늘 제가 식물원 견학을 맡았으면 하세요?

남 네, 괜찮으시다면요. 단체 한 곳이 입장했는데 저는 오늘 참석해야 할 중요한 회의가 있거든요.

여 괜찮아요. 지금 가서 만나보고 견학을 시작할게요. 처음 맡은 단체에게 어서 식물원 안내를 해 주고 싶어요.

어휘 botanical garden 식물원 tour of the grounds 구내 견학 certificate 자격증 look forward to ~를 고대하다

41

Where do the speakers work?

(A) At a botanical garden

(B) At a landscaping company

(C) At a jewelry shop

(D) At a travel agency

화자들은 어디에서 일하는가?

(A) 식물원

(B) 조경업체

(C) 보석가게

(D) 여행사

어휘 landscaping 조경

해설 전체 내용 관련 - 화자들의 근무 장소

대화 초반부에 남자가 여자에게 스타 보태니컬 가든에서 이제 막 일을 시작했다는 것을 알고 있다(I know you just started working at Star Botanical Gardens)면서 식물원의 견학 안내 업무에 대한 이야기를 이어가고 있으므로 정답은 (A)이다.

42

What did the woman recently do?

(A) She made a large sale.

(B) She finalized a budget.

(C) She organized activities for a celebration.

(D) She received a certificate.

여자는 최근에 무엇을 했는가?

(A) 대량 판매를 했다.

(B) 예산안을 마무리했다.

(C) 기념 행사를 위한 활동을 기획했다.

(D) 자격증을 받았다.

어휘 finalize 완결하다, 마무리짓다 budget 예산 organize 조직하다, 준비하다 celebration 기념 행사

해설 세부사항 관련 - 여자가 최근에 한 일

여자가 첫 번째 대사에서 어제 견학 안내원 자격증을 받았다(I just received my tour leader certificate yesterday)고 했으므로 정답은 (D)이다.

43

What will the woman do next?

(A) Give a tour
(B) Read a manual
(C) Call a vendor
(D) Rearrange a display

여자는 다음에 무엇을 하겠는가?

(A) 견학 안내하기
(B) 설명서 읽기
(C) 판매업체에 전화하기
(D) 전시품 다시 정리하기

어휘 manual 설명서 vendor 판매업체 rearrange 다시 배열하다

해설 세부사항 관련 - 여자가 다음에 할 행동

여자가 첫 번째 대사에서 오늘 자신이 식물원 견학을 맡았으면 하는지 (Would you like me to lead a tour of the gardens today)를 묻자 남자가 네(Yes)라고 했고, 뒤이어 여자가 지금 가서 만나보고 견학을 시작하겠다(I'll go meet them now and start the tour)고 했으므로 정답은 (A)이다.

> ▸▸ Paraphrasing 대화의 lead a tour → 정답의 Give a tour

44-46

M-Cn	Hi Monica, **⁴⁴I just wanted to let you know I'm about to leave for the trade show.**
W-Br	Sounds good. **⁴⁵I'll help you load the product samples into your car.**
M-Cn	It's just one small bag.
W-Br	Oh, OK. **⁴⁶You're not leaving right now, though, are you?** I thought the show didn't start until three o'clock.
M-Cn	You're right. But **⁴⁶I worry that the traffic on the highway will be really bad, so I thought I'd give myself extra time.**
남	안녕하세요, 모니카 씨. **무역박람회 참석 차 지금 출발한다고 알려드리려고요.**
여	잘됐네요. **차에 제품 견본을 싣는 걸 도와 드릴게요.**
남	작은 가방 하나밖에 안 돼요.
여	아, 알겠습니다. **지금 바로 출발하는 건 아니죠, 그렇죠?** 박람회는 3시나 되어야 시작하는 걸로 아는데요.
남	맞아요. 하지만 **고속도로 교통이 매우 혼잡할까 봐 걱정돼서 시간을 넉넉하게 두고 가야할 것 같아요.**
어휘	trade show 무역박람회 load 싣다

44

Where is the man going?

(A) To a trade show
(B) To a community festival
(C) To a board meeting
(D) To an orientation session

남자는 어디에 가는가?

(A) 무역박람회
(B) 지역 축제
(C) 이사회
(D) 오리엔테이션

어휘 community 지역사회, 공동체 board meeting 이사회

해설 세부사항 관련 - 남자가 가는 장소

대화 초반부에 남자가 무역박람회 참석 차 지금 출발한다는 걸 알려 드리고자 한다(I just wanted to let you know I'm about to leave for the trade show)고 했으므로 정답은 (A)이다.

45

What does the man mean when he says, "It's just one small bag"?

(A) He does not have space to bring an item.
(B) He does not need help.
(C) He thinks a product is too expensive.
(D) He needs to buy new luggage.

남자가 "작은 가방 하나밖에 안 돼요"라고 말할 때 그 의도는 무엇인가?

(A) 제품을 가져갈 공간이 없다.
(B) 도움이 필요하지 않다.
(C) 제품이 너무 비싸다고 생각한다.
(D) 새 수하물을 사야 한다.

어휘 luggage 짐, 수하물

해설 화자의 의도 파악 - 작은 가방 하나밖에 안 된다는 말의 의도

인용문 바로 앞에서 여자가 차에 제품 견본을 싣는 걸 도와 주겠다(I'll help you load the product samples into your car)고 하자 남자가 인용문을 언급한 것이므로 정답은 (B)이다.

46

Why is the man leaving early?

(A) He has to catch a flight.
(B) He needs time to eat lunch.
(C) He is worried about traffic.
(D) He has to practice a presentation.

남자는 왜 일찍 출발하는가?

(A) 비행기를 타야 한다.
(B) 점심 먹을 시간이 필요하다.
(C) 교통에 대해 우려한다.
(D) 발표 연습을 해야 한다.

어휘 catch a flight 비행기에 탑승하다 practice 연습하다 presentation 발표

해설 세부사항 관련 - 남자가 일찍이 출발하는 이유

대화 후반부에서 여자가 지금 바로 출발하는 건 아니죠(You're not leaving right now, though, are you)라고 묻자 남자가 고속도로 교통이 매우 혼잡할까 봐 걱정돼서 시간을 넉넉하게 두고 가야 할 것 같다(I worry that the traffic on the highway will be really bad, so I thought I'd give myself extra time)고 했으므로 정답은 (C)이다.

47-49 3인 대화

W-Am	Good afternoon, and ⁴⁷**welcome to The Crestview Café.** Do you have a reservation?
M-Cn	We don't—but we'd like a table for two.
W-Am	We're very busy right now. It'll be at least a half hour before I can seat you.
M-Au	That's not going to work, is it, Jack? ⁴⁸**Isn't our building being inspected at two o'clock?**
M-Cn	⁴⁸**Right**—we need to be there when the inspector arrives.
M-Au	Let's just eat somewhere else, then. There's that Italian place nearby...
M-Cn	That's fine with me. But ⁴⁹**we should call first to reserve a table**—we don't want to run into the same problem there.

여	안녕하세요. **크레스트뷰 카페에 오신 것을 환영합니다.** 예약이 되어 있나요?
남1	아니요. 하지만 2인석이 필요해요.
여	지금은 몹시 붐비는데요. 좌석으로 안내해 드리려면 최소 30분은 걸릴 겁니다.
남2	그럼 안되겠군요. 그렇죠, 잭 씨? **우리 건물이 두 시에 점검 예정이지 않나요?**
남1	네. 감독관이 도착할 때 우리가 있어야 해요.
남2	그럼 다른 곳에서 식사합시다. 근처에 이탈리아 음식점이 있어요...
남1	저는 좋습니다. 하지만 **전화부터 해서 좌석 예약을 해야 해요.** 거기서도 같은 문제가 생기면 안 되니까요.

어휘	reservation 예약 inspect 검사하다, 조사하다 reserve 예약하다 run into a problem 차질을 빚다

47

Where most likely are the speakers?

(A) At a train station
(B) At a movie theater
(C) At a restaurant
(D) At a furniture store

화자들은 어디에 있겠는가?

(A) 기차역
(B) 영화관
(C) 음식점
(D) 가구점

어휘 furniture 가구

해설 전체 내용 관련 - 대화 장소

여자가 첫 번째 대사에서 크레스트뷰 카페에 오신 것을 환영한다(welcome to The Crestview Café)고 했으므로 정답은 (C)이다.

48

What will begin at two o'clock?

(A) A building inspection
(B) A press conference
(C) An awards ceremony
(D) A job fair

두 시에 무엇이 시작될 것인가?

(A) 건물 점검
(B) 기자회견
(C) 시상식
(D) 채용박람회

어휘 press conference 기자회견 awards ceremony 시상식 job fair 채용박람회

해설 세부사항 관련 - 두 시에 시작하는 것

대화 중반부에서 남자2가 우리 건물이 두 시에 점검 예정이지 않나요(Isn't our building being inspected at two o'clock)라고 물었고 남자1이 그렇다(Right)고 답했으므로 정답은 (A)이다.

49

Why do the men decide to call a business?

(A) To order tickets
(B) To get driving directions
(C) To complain about a service
(D) To make a reservation

남자는 왜 업체에 전화하려고 하는가?

(A) 입장권을 주문하기 위해
(B) 주행하는 길을 묻기 위해
(C) 서비스에 불만을 제기하기 위해
(D) 예약하기 위해

어휘 make a reservation 예약하다

해설 세부사항 관련 - 남자가 업체에 전화하려는 이유

남자가 마지막 대사에서 전화부터 해서 좌석 예약을 해야 한다(we should call first to reserve a table)고 했으므로 정답은 (D)이다.

▸▸ Paraphrasing	대화의 **reserve a table** → 정답의 **make a reservation**

TEST 10

50-52

W-Br	Brian, ⁵⁰the autumn casual-wear collection is going to be featured in next month's magazine issue. ⁵⁰, ⁵¹Have you thought about which photographer we should use for the photo shoot?
M-Au	⁵¹Can't we use Nancy Chi? She's our magazine's best in-house photographer.
W-Br	Hmm, ⁵¹I think she's going to be out of the country. We're going to have to use one of the other photographers on staff.
M-Au	How about Julian Miller? ⁵²Nancy's worked with him a lot. I could ask her if Julian can handle this assignment.
여	브라이언 씨, 가을 평상복 신상품들이 잡지 다음 달 호에 실릴 예정입니다. 사진 촬영을 위해 어떤 사진작가를 써야 할지 생각해 보셨나요?
남	낸시 치 씨는 안 될까요? 우리 잡지사 최고의 내부 사진작가잖아요.
여	음, 해외에 나갈 예정인 것 같아요. 직원 중 다른 사진작가 한 명을 써야 합니다.
남	줄리안 밀러 씨는 어때요? 낸시 씨가 줄리안 씨와 작업을 많이 했어요. 줄리안 씨가 이번 일을 잘할 수 있을지 제가 낸시 씨에게 물어볼 수 있습니다.
어휘	collection (의류의) 신상품들, 컬렉션 be featured 나오다, 실리다 issue 호 in-house 내부의 handle 다루다, 취급하다 assignment 임무, 과제

50

Where do the speakers most likely work?

(A) At a car manufacturer
(B) At a law firm
(C) At an Internet-service provider
(D) At a fashion magazine

화자들은 어디에서 일하겠는가?
(A) 자동차 제조업체
(B) 법률사무소
(C) 인터넷 서비스 제공업체
(D) 패션잡지사

어휘 manufacturer 제조업체 law firm 법률사무소

해설 전체 내용 관련 – 화자들의 근무 장소

여자가 첫 번째 대사에서 남자에게 가을 평상복 신상품들이 잡지 다음 달 호에 실릴 예정(the autumn casual-wear collection is going to be featured in next month's magazine issue)이라고 했고, 사진 촬영을 위해 어떤 사진작가를 써야 할지 생각해 보았는지(Have you thought about which photographer we should use for the photo shoot)를 물으며 남자와 잡지 관련 업무를 논의하고 있으므로 정답은 (D)이다.

51

What are the speakers mainly discussing?

(A) A staff assignment
(B) A salary increase
(C) A safety procedure
(D) An equipment upgrade

화자들이 주로 논의하고 있는 것은?
(A) 직원 배정
(B) 임금 인상
(C) 보안 절차
(D) 장비 업그레이드

어휘 assignment 배치, 배정 increase 증가, 인상 procedure 절차

해설 전체 내용 관련 – 대화 주제

여자가 첫 번째 대사에서 사진 촬영을 위해 어떤 사진작가를 쓸지 생각해 보았냐(Have you thought about which photographer we should use for the photo shoot)고 묻자 남자가 낸시 치 씨를 추천했다(Can't we use Nancy Chi). 이에 다시 여자가 그녀(Nancy Chi)는 해외에 나갈 것 같다(I think she's going to be out of the country)며 직원 중 다른 사진작가 한 명을 써야 한다(We're going to have to use one of the other photographers on staff)고 했으므로 화자들은 사진 촬영의 업무를 맡길 직원에 대해 논의하고 있다. 따라서 정답은 (A)이다.

52

What does the man offer to do?

(A) Review a portfolio
(B) Consult a colleague
(C) Submit an application
(D) Schedule a business trip

남자는 무엇을 해 주겠다고 하는가?
(A) 포트폴리오 검토하기
(B) 동료 상담해 주기
(C) 지원서 제출하기
(D) 출장 일정 짜기

어휘 review 검토하다 consult 상담하다 colleague 동료 submit 제출하다 application 지원서 business trip 출장

해설 세부사항 관련 – 남자의 제안 사항

남자가 마지막 대사에서 낸시 씨가 줄리안 씨와 작업을 많이 했으니(Nancy's worked with him a lot) 줄리안 씨가 이번 일을 잘할 수 있을지 제가 낸시 씨에게 물어볼 수 있다(I could ask her if Julian can handle this assignment)고 했으므로 정답은 (B)이다.

▸▸ Paraphrasing 대화의 ask her → 정답의 Consult a colleague

53-55

M-Cn	Hi, Elaine. ⁵³The bank's been really busy today. ⁵³, ⁵⁴A bunch of the customer service reps are going to dinner tonight after we finish closing. Do you want to join us?

W-Am I'll probably have to work late tonight.

M-Cn That's too bad. We'll miss you. Why do you have to work late?

W-Am 55I still have to finish that summary, you know, the summary of the bank's quarterly earnings. The regional manager is coming by in the morning, and she'll want to review it right away.

남 안녕하세요, 엘레인 씨. 오늘 은행이 무척 바빴죠. 고객 서비스 안내직원들이 마감 후 저녁을 먹으러 갈 예정인데요. 함께 가실래요?

여 저는 오늘 늦게까지 일해야 할 겁니다.

남 저런, 아쉽네요. 왜 늦게까지 일을 해야 하죠?

여 은행 분기별 이익 개요를 마무리해야 해요. 오전에 지역 관리자가 오는데, 바로 검토하길 원할 겁니다.

어휘 a bunch of 다수의 service rep(representative) 서비스 안내직원 summary 요약, 개요 quarterly earnings 분기 이익 regional 지역의 right away 곧장, 바로

53

Where do the speakers work?
(A) At an employment agency
(B) At a bank
(C) At a pharmacy
(D) At a supermarket

화자들은 어디에서 일하는가?
(A) 직업소개소
(B) 은행
(C) 약국
(D) 슈퍼마켓

어휘 employment agency 직업소개소 pharmacy 약국

해설 전체 내용 관련 – 화자들의 근무 장소

대화 초반부에 남자가 오늘 은행이 무척 바빴다(The bank's been really busy today)고 했고, 고객 서비스 안내직원들이 마감 후 저녁을 먹으러 갈 예정인데(A bunch of the customer service reps are going to dinner tonight after we finish closing) 함께 갈 수 있는지(Do you want to join us)를 물으며 바쁜 은행 업무 후 회식에 대해 이야기하고 있다. 따라서 정답은 (B)이다.

54

Why does the woman say, "I'll probably have to work late tonight"?

(A) To offer a solution to a problem
(B) To decline an invitation
(C) To ask for some help
(D) To correct a misunderstanding

여자가 "저는 오늘밤 늦게까지 일해야 할 겁니다"라고 말한 이유는?
(A) 문제에 대한 해결책을 제안하기 위해
(B) 초대를 거절하기 위해
(C) 도움을 요청하기 위해
(D) 오해를 바로잡기 위해

어휘 decline an invitation 초대를 거절하다 correct 바로잡다, 고치다 misunderstanding 오해

해설 화자의 의도 파악 – 오늘밤 늦게까지 일해야 한다는 말의 의도

인용문 바로 앞에서 남자가 고객 서비스 안내직원이 마감 후 저녁을 먹으러 갈 예정인데(A bunch of the customer service reps are going to dinner tonight after we finish closing), 함께 갈 수 있는지(Do you want to join us)를 묻자 여자가 인용문을 언급하였으므로, 야근해야 해서 저녁식사에 참석할 수 없다는 의도로 한 말임을 알 수 있다. 따라서 정답은 (B)이다.

55

What does the woman say she has to do by tomorrow?
(A) Review a résumé
(B) Set up a display
(C) Prepare a demonstration
(D) Finish a summary

여자가 내일까지 해야 한다고 말한 것은?
(A) 이력서 검토하기
(B) 전시품 설치하기
(C) 시연 준비하기
(D) 개요 마무리하기

어휘 résumé 이력서 demonstration 시연

해설 세부사항 관련 – 여자가 내일까지 해야 하는 일

여자가 마지막 대사에서 은행 분기별 이익 개요를 마무리해야 한다(I still have to finish that summary, you know, the summary of the bank's quarterly earnings)고 했으므로 정답은 (D)이다.

56-58

W-Br Hi, I'm the technician from Tilson's Electrical Service. Sorry I'm late. 56I couldn't find a parking space nearby, so I had to park my car several blocks from here. Are you the owner of the business?

M-Au Yes. I hope you didn't walk too far. So... I called you because 57the lights in this room aren't functioning. The lights should turn on automatically when people walk into the room.

W-Br OK. Does anybody need to use this room today?

M-Au Well, 58I'm supposed to interview a job applicant after lunch... but I can conduct the interview in another room. So, please take your time.

여	안녕하세요, 저는 틸슨 전기 서비스의 기술자입니다. 늦어서 죄송합니다. 근처에 주차장을 찾을 수가 없어서 몇 블록 떨어진 곳에 주차해야 했습니다. 업체 사장님이신가요?
남	네, 너무 오래 걷지 않으셨어야 할 텐데요. **이 방 전등이 제대로 작동하지 않아서** 전화 드렸습니다. 사람이 방에 들어올 때 불이 자동으로 켜져야 하거든요.
여	알겠습니다. 오늘 이 방을 사용해야 하나요?
남	음, **점심 이후에 구직자 면접을 할 예정이지만**… 다른 방에서 면접을 진행할 수 있습니다. 천천히 하십시오.

어휘	technician 기술자 nearby 근처에 function (제대로) 기능하다 automatically 자동으로 be supposed to ~하기로 되어 있다 job applicant 구직자 conduct 하다 take one's time 서두르지 않고 하다

56
Why is the woman late?
(A) She could not find a tool.
(B) She did not submit a report on time.
(C) She had to park far away.
(D) She was waiting for an assistant.

여자는 왜 늦었는가?
(A) 연장을 찾을 수가 없었다.
(B) 보고서를 제시간에 제출하지 못했다.
(C) **먼 곳에 주차해야 했다.**
(D) 조수를 기다리고 있었다.

어휘 tool 도구, 연장 submit 제출하다 on time 제때에 assistant 조수

해설 세부사항 관련 – 여자가 늦은 이유
대화 초반부에서 여자가 근처에 주차장을 찾을 수가 없어서 몇 블록 떨어진 곳에 주차해야 했다(I couldn't find a parking space nearby, so I had to park my car several blocks from here)고 했으므로 정답은 (C)이다.

▸▸ Paraphrasing	대화의 **several blocks from here** → 정답의 **far away**

57
What problem does the man mention?
(A) Some signs are missing.
(B) Some floor tiles are loose.
(C) A handrail is broken.
(D) Some lights will not turn on.

남자가 언급한 문제는 무엇인가?
(A) 표지판 일부가 없어졌다.
(B) 바닥 타일 몇 개가 제대로 붙어 있지 않다.
(C) 난간이 부서졌다.
(D) **전등이 켜지지 않는다.**

해설 세부사항 관련 – 남자가 언급한 문제
대화 중반부에서 남자가 이 방 전등이 제대로 작동하지 않는다(the lights in this room aren't functioning)고 했으므로 정답은 (D)이다.

58
What does the man say he will do after lunch?
(A) Change a light bulb
(B) Lock a room
(C) Conduct an interview
(D) Get a supervisor's approval

남자는 점심식사 후 무엇을 할 것이라고 말하는가?
(A) 전구 갈기
(B) 방 잠그기
(C) **면접 진행하기**
(D) 관리자 승인받기

어휘 light bulb 전구 approval 승인

해설 세부사항 관련 – 남자가 점심식사 후 할 일
남자가 마지막 대사에서 점심 이후에 구직자 면접을 할 예정(I'm supposed to interview a job applicant after lunch)이라고 했으므로 정답은 (C)이다.

59-61 3인 대화

M-Au	Raj, I have a potential client on the phone from a real estate agency. I'm transferring her to you now...
M-Cn	Good morning. 61**This is Raj from Secure Shredding.** How can I help you?
W-Am	Hi. 59**I'm a real estate agent here in town,** and 60**I want to get rid of old documents— you know, with sensitive client information. Can you dispose of them?**
M-Cn	Sure. Here's how it works: we come to your office with our special shredding truck. We collect the documents and shred them right on-site.
W-Am	How much would that cost?
M-Cn	It depends. 61**Why don't I come to your office sometime next week and we can discuss the details?**
W-Am	OK, I'm available next Tuesday.

남1	라지 씨, 부동산 중개업소에서 잠재고객이 전화를 했는데요. 지금 전화를 연결해 드릴게요…
남2	안녕하세요. **저는 시큐어 슈레딩의 라지입니다.** 어떻게 도와드릴까요?

여	안녕하세요. 저는 이 지역의 부동산 중개업자인데요. 고객의 중요한 정보가 담긴 오래된 문서들을 없애고 싶어요. 처리해 주실 수 있나요?
남2	물론입니다. 어떤 방식인지 설명해 드릴게요. 저희가 특별 파쇄 트럭을 가지고 사무실로 방문해서 서류를 가지고 현장에서 파쇄해 드립니다.
여	비용은 얼마인가요?
남2	상황에 따라 다릅니다. 다음 주쯤 제가 사무실을 방문해 자세한 내용을 상의하면 어떨까요?
여	좋아요. 다음 화요일에 시간이 있어요.

어휘	real estate 부동산 get rid of ~를 제거하다 sensitive 민감한 dispose of ~를 처리하다, 버리다 shred 자르다, 찢다 on-site 현장에서 available 시간이 되는

59
What business does the woman work for?

(A) A software company
(B) A stationery store
(C) A real estate agency
(D) An accounting firm

여자는 어떤 사업체에서 일하는가?
(A) 소프트웨어 회사
(B) 문구점
(C) 부동산 중개업소
(D) 회계사무소

어휘 stationery 문구류 accounting 회계

해설 전체 내용 관련 – 여자의 근무 장소
여자가 첫 번째 대사에서 자신이 이 지역의 부동산 중개업자(I'm a real estate agent here in town)라고 소개하고 있으므로 정답은 (C)이다.

60
What does the woman want to do?

(A) Purchase a printer
(B) Dispose of old documents
(C) Renew a lease
(D) Ship some boxes

여자는 무엇을 하고 싶어하는가?
(A) 프린터 구매하기
(B) 오래된 문서 처리하기
(C) 임대계약 갱신하기
(D) 상자 수송하기

어휘 purchase 구매하다 renew 갱신하다 lease 임대

해설 세부사항 관련 – 여자가 하고 싶어하는 일
여자가 첫 번째 대사에서 고객의 중요한 정보가 담긴 오래된 문서들을 없애고 싶다(I want to get rid of old documents—you know, with sensitive client information)면서 남자2에게 처리해 줄 수 있는지(Can you dispose of them)를 묻고 있으므로 정답은 (B)이다.

61
What will Raj most likely do next week?

(A) Meet the woman at her office
(B) Send the woman a catalog
(C) Attend a small-business seminar
(D) Pick up flyers from a printshop

라지 씨는 다음 주에 무엇을 하겠는가?
(A) 여자의 사무실에서 여자 만나기
(B) 여자에게 카탈로그 보내기
(C) 소기업 세미나에 참석하기
(D) 인쇄소에서 전단 찾아오기

어휘 attend 참석하다 flyer 전단 printshop 인쇄소

해설 세부사항 관련 – 라지 씨가 다음 주에 할 일
남자2가 첫 번째 대사에서 시큐어 슈레딩의 라지(This is Raj from Secure Shredding)라고 자신을 소개하며 여자와 통화를 시작했고, 마지막 대사에서 여자에게 다음 주쯤 사무실을 방문해 자세한 내용을 상의하면 어떨지(Why don't I come to your office sometime next week and we can discuss the details)를 묻고 있으므로 정답은 (A)이다.

62-64 대화 + 일정표

M-Cn	Hello. I'm calling about becoming a member of your fitness center. 62I'm a flight attendant, and I've just started working a route to and from this city.
W-Br	So you don't live in this city?
M-Cn	No, I stay at a hotel. 63I'm only here on Saturdays and Sundays, between flights.
W-Br	OK. Do you have any specific fitness goals in mind?
M-Cn	Actually, yes. I'm interested in working with a personal trainer.
W-Br	No problem. We have a trainer who's here on those days. 64I'll set up an appointment for you to fill out the membership forms.

남	안녕하세요. 피트니스 센터 회원 가입에 관해 전화했습니다. 저는 승무원인데요. 이 도시를 오가는 노선 비행을 시작했거든요.
여	이 도시에 거주하시는 건 아니군요?
남	네, 저는 호텔에 투숙합니다. 매주 토요일과 일요일, 비행 중간에만 여기 있어요.
여	알겠습니다. 염두에 두고 있는 특정한 운동 목표가 있나요?
남	네, 개인 트레이너와 운동하는 데 관심이 있어요.
여	좋습니다. 해당 요일에 일하는 트레이너가 있어요. 회원가입 양식을 작성하실 수 있도록 제가 약속을 잡을게요.

어휘	flight attendant (비행기) 승무원 specific 특정한, 명확한 have ~ in mind ~를 염두에 두다 set up an appointment 약속을 정하다 fill out a form 양식을 작성하다, 서류에 기입하다

Personal Trainer Schedule	
Monday/Tuesday	Maria
Wednesday/Thursday	Ali
Friday	Lior
63Saturday/Sunday	Ema

개인 트레이너 일정표	
월요일/화요일	마리아
수요일/목요일	알리
금요일	리오르
63토요일/일요일	에마

62

What is the man's job?

(A) Flight attendant
(B) Taxi driver
(C) Hotel manager
(D) Salesperson

남자의 직업은 무엇인가?

(A) 승무원
(B) 택시 운전사
(C) 호텔 관리인
(D) 판매원

어휘 salesperson 판매원

해설 전체 내용 관련 – 남자의 직업

대화 초반부에서 남자가 자신은 승무원(I'm a flight attendant)이라고 했으므로 정답은 (A)이다.

63

Look at the graphic. Who will the man's trainer most likely be?

(A) Maria
(B) Ali
(C) Lior
(D) Ema

시각 정보에 의하면 남자의 트레이너는 누구이겠는가?

(A) 마리아
(B) 알리
(C) 리오르
(D) 에마

해설 시각 정보 연계 – 남자의 트레이너가 될 사람

대화 중반부에서 남자가 매주 토요일과 일요일, 비행 중간에만 여기 있다 (I'm only here on Saturdays and Sundays, between flights)고 했으므로 정답은 (D)이다.

64

Why does the woman make an appointment for the man?

(A) He has to take a fitness assessment.
(B) He has to complete some paperwork.
(C) He wants to practice using some equipment.
(D) He wants to tour a fitness center.

여자는 왜 남자를 위해 약속을 잡는가?

(A) 남자는 체력 평가를 받아야 하기 때문에
(B) 남자는 서류를 작성해야 하기 때문에
(C) 남자는 장비를 이용해 운동하고 싶어하기 때문에
(D) 남자는 피트니스 센터를 둘러보고 싶어하기 때문에

어휘 make an appointment 약속하다 assessment 평가
complete 작성하다, 기입하다 equipment 장비

해설 세부사항 관련 – 여자가 남자를 위해 약속을 잡는 이유

여자가 마지막 대사에서 회원가입 양식을 작성할 수 있도록 약속을 잡아 주겠다(I'll set up an appointment for you to fill out the membership forms)고 했으므로 정답은 (B)이다.

> ▸▸ Paraphrasing 대화의 fill out the membership forms
> → 정답의 complete some paperwork

65-67 대화 + 평면도

W-Am	Welcome to Granger Furniture. How can I help you?
M-Cn	Hello, 65I'm looking for an adjustable desk. I want one that I can either stand at or sit at. Do you carry those?
W-Am	Yes, we have desks like that in our office furniture department. 66Just go straight ahead past the café, and then you'll see a sign for office furniture. A salesperson there will be happy to help you.
M-Cn	Excellent. Before I go there, 67could you look at this discount coupon that I downloaded from your Web site? Can I use it?
W-Am	Um, let me see... yes, it's good on any purchase until the end of the month.
M-Cn	Thanks. That's what I wanted to know.

여	그레인저 퍼니처에 오신 것을 환영합니다. 어떻게 도와드릴까요?
남	안녕하세요. 저는 조절이 가능한 책상을 찾고 있습니다. 서서 쓰거나 앉아서 쓰는 것이 모두 되는 책상을 원해요. 그런 물건이 있나요?
여	네. 저희 사무용 가구 부서에 그런 책상들이 있습니다. 카페를 지나 곧장 가시면 사무용 가구 표지판이 보일 겁니다. 그쪽 판매원이 도와드릴 겁니다.

남   좋습니다. 그쪽으로 가기 전에 **웹사이트에서 받은 할인 쿠폰을 좀 봐 주시겠어요?** 사용이 가능한가요?

여   음, 한번 볼게요… 네. 이번 달 말까지 모든 구매 건에 유효합니다.

남   감사합니다. 그게 궁금했어요.

어휘	adjustable 조절 가능한 good 유효한 purchase 구매

Store Floor Plan

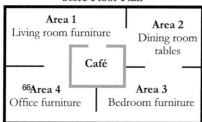

매장 평면도

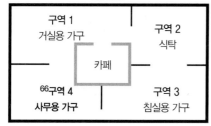

65

Why is the man at the store?

(A) To interview for a job
(B) To make a delivery
(C) To complain about a service
(D) To buy some merchandise

남자는 왜 상점에 갔는가?
(A) 면접을 치르기 위해
(B) 배송하기 위해
(C) 서비스에 관한 불만을 제기하기 위해
(D) **상품을 사기 위해**

어휘 make a delivery 배송하다   merchandise 물품, 상품

해설 세부사항 관련 - 남자가 상점에 온 이유
남자가 첫 번째 대사에서 조절이 가능한 책상을 찾고 있다(I'm looking for an adjustable desk)고 했으므로 정답은 (D)이다.

66

Look at the graphic. Where does the woman direct the man to go to?

(A) Area 1
(B) Area 2
(C) Area 3
(D) Area 4

시각 정보에 의하면 여자는 남자를 어디로 안내하는가?
(A) 구역 1
(B) 구역 2
(C) 구역 3
(D) **구역 4**

해설 시각 정보 연계 - 여자가 남자에게 안내하는 구역
대화 중반부에서 여자가 카페를 지나 곧장 가면 사무용 가구 표지판이 보일 것(Just go straight ahead past the café, and then you'll see a sign for office furniture)이라고 했으므로 정답은 (D)이다.

67

What does the man show the woman?

(A) An invoice
(B) A discount coupon
(C) A corporate policy
(D) A product brochure

남자는 여자에게 무엇을 보여주는가?
(A) 송장
(B) **할인 쿠폰**
(C) 회사 정책
(D) 제품 안내책자

어휘 invoice 송장, 청구서   corporate 회사의   policy 정책

해설 세부사항 관련 - 남자가 여자에게 보여주는 것
남자가 두 번째 대사에서 여자에게 웹사이트에서 받은 할인 쿠폰을 좀 봐 줄 수 있는지(could you look at this discount coupon that I downloaded from your Web site)를 묻고 있으므로 정답은 (B)이다.

68-70 대화 + 웹페이지

W-Am Hi, Adam. Glad we could get together... So, how's work going?

M-Au Pretty well. **68The thing I like most about my job is how interesting it is.** However, **69I really want to travel overseas for work, but my company doesn't have any international clients. So I'm starting to look for a new position.**

W-Am You know, there's a new job search Web site I heard about called EmployIn.com. You can even use it to search by amount of travel required.

M-Au That's great! I'll take a look tonight. And how about you? How's work?

W-Am Actually, 70**I'm planning on going into business for myself soon.** Friday is my last day and then I'll be my own boss!

여	안녕하세요, 애덤 씨. 이렇게 만나서 반가워요. 일은 어때요?
남	꽤 좋아요. 제 일에 대해 가장 좋은 점은 정말 재미있다는 사실이죠. 하지만 전 해외 출장이 무척 가고 싶은데 우리 회사는 해외 고객이 없어서, 새 일자리를 찾고 있어요.
여	Employln.com이라는 구직 웹사이트가 있다고 들었는데, 여길 이용하면 출장 비중에 따라 일자리를 찾을 수 있어요.
남	그거 좋네요! 오늘 밤 한번 봐야겠어요. 어떻게 지내세요? 일은요?
여	사실 곧 자영업을 시작하려고 계획 중이에요. 금요일이 마지막 날인데, 그 이후엔 제 사업을 할 거예요.

어휘 international 국제적인 require 요구하다, 요청하다
actually 사실 go into business 사업을 시작하다

68

What does the man say he likes about his current job?

(A) His boss is supportive.
(B) His company offers bonuses.
(C) The office is close to his home.
(D) The work is interesting.

남자는 현재 직업에 대해 어떤 점을 좋아하는가?
(A) 상관이 도와준다.
(B) 회사에서 보너스를 지급해 준다.
(C) 사무실이 집에서 가깝다.
(D) 일이 재미있다.

어휘 current 현재의 supportive 도와주는, 힘이 되는 offer 제공하다

해설 세부사항 관련 – 남자가 현재 직업에 대해 좋아하는 점
남자가 첫 번째 대사에서 자신의 일에 대해 가장 좋은 점은 정말 재미있다는 사실(The thing I like most about my job is how interesting it is)이라고 했으므로 정답은 (D)이다.

69

Look at the graphic. Which job will the man most likely apply for?

(A) Senior Accountant
(B) Tax Accountant
(C) Property Accountant
(D) Management Accountant

시각 정보에 의하면 남자는 어떤 직업에 지원하겠는가?
(A) 상급회계사
(B) 세무사
(C) 자산운용사
(D) 관리회계사

어휘 apply for ~에 신청하다, 지원하다 accountant 회계사
property 재산, 소유물 management 관리, 경영

해설 시각 정보 연계 – 남자가 지원할 직업

남자가 첫 번째 대사에서 해외 출장이 무척 가고 싶은데 우리 회사는 해외 고객이 없다(I really want to travel overseas for work, but my company doesn't have any international clients)며 새 일자리를 찾고 있다(I'm starting to look for a new position)고 했다. 시각 정보를 보면 해외 출장을 가는 일자리는 관리회계사이므로 정답은 (D)이다.

70

What does the woman say she will do soon?

(A) Start her own company
(B) Transfer to another department
(C) Plan a vacation
(D) Go to graduate school

여자는 곧 무엇을 할 것이라고 말하는가?
(A) 자신의 사업을 시작할 것이다.
(B) 다른 부서로 이동할 것이다.
(C) 휴가를 계획할 것이다.
(D) 대학원에 진학할 것이다.

어휘 transfer 이동하다, 전근하다 graduate school 대학원

해설 세부사항 관련 – 여자가 곧 할 일

여자가 마지막 대사에서 곧 자영업을 시작하려고 계획 중(I'm planning on going into business for myself soon)이라고 했으므로 정답은 (A)이다.

> ▸▸ Paraphrasing 대화의 going into business for myself
> → 정답의 Start her own company

PART 4

71-73 전화 메시지

> M-Au Hello, this is Max from Priceright Graphics.
> **71I'm calling to inform you that your printing
> order is ready for pickup.** You can come to our
> store anytime during our regular business hours,
> between nine A.M. and five P.M. **72The itemized bill
> you requested has been sent to you by e-mail. 73If
> you have the time, we would appreciate it if you
> could fill out a quick survey about our service on
> our Web site.** Thanks for your business.
>
> 안녕하세요. 프라이스라이트 그래픽스의 맥스입니다. 귀하의 인쇄 주문
> 이 완료되어 찾으실 수 있음을 알려드립니다. 저희 정규 영업시간인 오
> 전 9시에서 오후 5시 사이 아무 때나 매장에 방문하시면 됩니다. 요청
> 하신 항목별 청구서는 귀하의 이메일로 보내드렸습니다. 시간이 있으시
> 면 저희 웹사이트에 있는 서비스 관련 간단한 설문조사를 작성해 주십시
> 오. 감사합니다.
>
> 어휘 regular business hours 정규 영업시간 itemized
> 항목별로 구분된 appreciate 감사하다 fill out a survey
> 설문조사를 작성하다, 기입하다

71

Where does the speaker most likely work?

(A) At a bank
(B) At an electronics store
(C) At a printshop
(D) At a museum

화자들은 어디에서 일하겠는가?

(A) 은행
(B) 전자제품 판매점
(C) 인쇄소
(D) 박물관

어휘 electronics 전자제품 printshop 인쇄소

해설 전체 내용 관련 – 화자들의 근무 장소

지문 초반부에서 화자가 귀하의 인쇄 주문이 완료되어 찾으실 수 있음을
알려드린다(I'm calling to inform you that your printing order is
ready for pickup)고 했으므로 정답은 (C)이다.

72

What does the speaker say he has e-mailed?

(A) An invoice
(B) A brochure
(C) A trade-show calendar
(D) A reference letter

화자는 무엇을 이메일로 보냈다고 말하는가?

(A) 송장
(B) 안내책자
(C) 무역박람회 일정
(D) 추천서

어휘 invoice 청구서, 송장 trade show 무역박람회, 시사회
    reference letter 추천서

해설 세부사항 관련 – 화자가 이메일로 보낸 것

지문 중반부에서 요청하신 항목별 청구서는 귀하의 이메일로 보내드
렸다(The itemized bill you requested has been sent to you by
e-mail)고 했으므로 정답은 (A)이다.

▸▸ Paraphrasing 담화의 the itemized bill → 정답의 An invoice

73

What does the speaker ask the listener to do on a
Web site?

(A) Sign a document
(B) Fill out a survey
(C) Submit an application
(D) Register for a class

화자는 청자에게 웹사이트에서 무엇을 해 달라고 요청하는가?

(A) 문서에 서명하기
(B) 설문조사 작성하기
(C) 신청서 제출하기
(D) 수업 등록하기

어휘 submit 제출하다 application 지원서, 신청서 register
    등록하다

해설 세부사항 관련 – 화자가 웹사이트에서 해 달라고 요청한 일

지문 후반부에서 시간이 있으시면 저희 웹사이트에 있는 서비스 관
련 간단한 설문조사를 작성해 달라(If you have the time, we would
appreciate it if you could fill out a quick survey about our
service on our Web site)고 했으므로 정답은 (B)이다.

74-76 공지

> W-Am Hi, everyone. **74I just need all of the prep
> cooks to listen for a second.** Our restaurant's
> received a few customer complaints. Apparently,
> **75the sliced vegetables that go in our chef's
> salad have been brown and too soft.** This is
> unacceptable. So cooks, remember that we do not
> use vegetables that are more than a day old. We
> can't serve poor quality salads at our restaurant.
> **76Mark, please sort through the bin of cut
> vegetables and throw out any that aren't fresh.**
>
> 안녕하세요, 여러분. 예비 조리사 여러분께서는 잠깐 귀 기울여 주세
> 요. 우리 식당에 일부 고객 불만사항이 접수됐습니다. 요리사 샐러드에
> 들어가는 얇게 자른 채소가 갈색이었고 너무 물렀다고 합니다. 용납할

수 없는 일이죠. 조리사 여러분, 하루 이상 된 채소는 쓰지 않는다는 점을 기억해 주세요. 우리 식당에서 질 나쁜 샐러드는 제공할 수 없습니다. **마크 씨, 썰어 둔 채소 통을 잘 살펴보고 신선하지 않은 것들은 버려 주세요.**

어휘 complaint 불만 unacceptable 용납할 수 없는 sort through 자세히 살펴보다 bin 통 throw out 버리다

74

Who is the intended audience for the announcement?

(A) Cooks
(B) Customers
(C) Waiters
(D) Hosts

누구를 대상으로 한 공지인가?

(A) 조리사
(B) 고객
(C) 종업원
(D) 주인

해설 전체 내용 관련 – 공지의 대상
지문 초반부에서 예비 조리사 여러분들께서는 잠깐 귀 기울여 달라(I just need all of the prep cooks to listen for a second)고 했으므로 정답은 (A)이다.

75

Which menu item does the speaker mention?

(A) A soup
(B) A salad
(C) A main course
(D) A dessert

화자는 어떤 메뉴에 대해 언급하는가?

(A) 수프
(B) 샐러드
(C) 주 요리
(D) 후식

해설 세부사항 관련 – 화자가 언급한 메뉴
지문의 중반부에서 요리사 샐러드에 들어가는 얇게 자른 채소가 갈색이었고 너무 물렀다고 한다(the sliced vegetables that go in our chef's salad have been brown and too soft)고 했으므로 정답은 (B)이다.

76

What does the speaker ask Mark to do?

(A) Sort through some food items
(B) Apologize to a customer
(C) Stay for a later shift
(D) Clean some dishes

화자는 마크 씨에게 무엇을 하라고 요청하는가?

(A) 일부 식품 살펴보기
(B) 고객에게 사과하기
(C) 늦은 근무시간에 일하기
(D) 설거지하기

어휘 apologize 사과하다

해설 세부사항 관련 – 화자가 마크에게 요청한 일
지문의 마지막에서 화자가 마크(Mark)를 부르며 썰어 둔 채소 통을 잘 살펴보고 신선하지 않은 것들은 버려달라(please sort through the bin of cut vegetables and throw out any that aren't fresh)고 했으므로 정답은 (A)이다.

77-79 워크숍 발췌

W-Br All right everyone, **77that concludes our group training on interviewing strategies from us here at Danley Career Coaching.** I heard some very good responses from many of you during our interview role-play. And remember, **78you can access the video recording of your practice interview online.** It's complimentary from our company. **78Please watch it when you get home** so that you can think about the principles we talked about today. Also, **79if you're considering signing up for one-on-one coaching,** Kenta has worked here for over twenty years.

좋아요, 여러분. 이로써 댄리 커리어 코칭에서 있었던 **면접 전략에 관한 단체교육을 마칩니다.** 면접 역할극 동안 많은 분들이 좋은 반응을 보내 주셨습니다. **여러분의 연습 면접을 녹화한 동영상을 온라인으로 보실 수 있습니다.** 저희 회사에서 무료로 제공하는 서비스입니다. **집에 돌아가면 꼭 시청하셔서** 오늘 얘기한 원칙들에 대해 생각해 보셨으면 합니다. 아울러 **일대일 개인지도 신청을 생각하신다면** 켄타 씨가 여기서 20년 넘게 근무했습니다.

어휘 conclude 끝내다, 마치다 strategy 전략 response 반응, 응답 role-play 역할극 complimentary 무료로 제공하는 principle 원칙 sign up for ~에 등록하다, 신청하다

77

What is the focus of the workshop?

(A) Interviewing techniques
(B) Leadership skills
(C) Collecting consumer feedback
(D) Time-management tips

워크숍의 주제는 무엇인가?

(A) 면접 기술
(B) 리더십 기술
(C) 고객 의견 수집
(D) 시간관리에 관한 조언

어휘 collect 모으다, 수집하다 time management 시간관리

해설 전체 내용 관련 - 워크숍의 주제

지문 초반부에서 이로써 댄리 커리어 코칭에서 있었던 면접 전략에 관한 단체교육을 마친다(that concludes our group training on interviewing strategies from us here at Danley Career Coaching)고 했으므로 정답은 (A)이다.

> ▶▶ Paraphrasing 　담화의 interviewing strategies
> 　　　　　　　　 → 정답의 Interviewing techniques

78

What should the listeners do at home?

(A) Create a schedule
(B) Work on a résumé
(C) Read some articles
(D) Watch a video

청자들은 집에서 무엇을 해야 하는가?
(A) 일정 짜기
(B) 이력서 작성하기
(C) 기사 읽기
(D) 동영상 시청하기

어휘 article 기사

해설 세부사항 관련 - 청자들이 집에서 해야 할 일

지문 중반부에서 여러분의 연습 면접을 녹화한 동영상을 온라인으로 볼 수 있다(you can access the video recording of your practice interview online)면서 집에 돌아가면 꼭 시청하라(Please watch it when you get home)고 했으므로 정답은 (D)이다.

79

Why does the speaker say, "Kenta has worked here for over twenty years"?

(A) To announce Kenta's retirement
(B) To explain Kenta's promotion
(C) To recommend Kenta's services
(D) To agree with Kenta's opinion

화자가 "켄타 씨가 여기서 20년 넘게 근무했습니다"라고 말한 이유는?
(A) 켄타 씨의 퇴임을 알리기 위해
(B) 켄타 씨의 진급에 대해 설명하기 위해
(C) 켄타 씨의 서비스를 추천하기 위해
(D) 켄타 씨의 의견에 동의하기 위해

어휘 retirement 은퇴, 퇴직 promotion 진급 recommend 추천하다

해설 화자의 의도 파악 - 켄타 씨가 여기서 20년 넘게 근무했다고 말한 의도

인용문 앞에서 일대일 개인지도 신청을 생각하신다면(if you're considering signing up for one-on-one coaching)이라고 말한 다음 인용문을 언급했으므로 개인지도 신청자들에게 켄타 씨가 경력이 많음을 강조하여 추천하려는 의도로 한 말임을 알 수 있다. 따라서 정답은 (C)이다.

M-Au Good afternoon, and welcome to Radio Five local news. **80Crowds have already started gathering near the Millvale stadium for this evening's championship soccer match.** Sports fans are very excited about this match because it's the first time in ten years that the Millvale team has made it to the championship. **81If you're going to the game, you can expect a lot of traffic on roads around the stadium, so you should consider taking public transportation.** Transit Authority is running extra buses all evening. And **82now, let's see what type of weather to expect. Here's Samantha with the forecast.**

안녕하십니까, 라디오 파이브 지역 뉴스입니다. **오늘 저녁에 있을 축구 경기 결승전을 보기 위해 군중들이 밀베일 경기장 근처로 모여들기 시작했습니다.** 스포츠 팬들은 이번 경기를 무척 기대하는데요. 밀베일 팀이 10년만에 결승전에 올랐기 때문입니다. **경기를 관람하러 가시는 분은 경기장 근처 도로 교통체증을 예상하고 대중교통 이용을 고려하셔야 할 것 같습니다.** 트랜짓 오써리티는 저녁 내내 추가 버스를 운행합니다. 자 이제 어떤 날씨가 예상되는지 살펴보시죠. 예보를 위해 사만다 기자가 나와 있습니다.

어휘 crowd 군중, 관중 gather 모이다 make it to the championship 결승전에 진출하다 public transportation 대중교통 forecast 예보

80

What type of event is taking place this evening?

(A) A holiday parade
(B) An arts fair
(C) A music concert
(D) A sports competition

오늘 저녁 어떤 종류의 행사가 열리는가?
(A) 축제 행렬
(B) 아트페어
(C) 음악회
(D) 스포츠 경기

어휘 take place 열리다 competition 경쟁, 시합

해설 세부사항 관련 - 오늘 저녁 열리는 행사

지문 초반부에서 오늘 저녁에 있을 축구경기 결승전을 보기 위해 군중들이 밀베일 경기장 근처로 모여들기 시작했다(Crowds have already started gathering near the Millvale stadium for this evening's championship soccer match)고 했으므로 정답은 (D)이다.

> ▶▶ Paraphrasing 　담화의 soccer match
> 　　　　　　　　 → 정답의 A sports competition

TEST 10

81

What does the speaker advise the listeners to do?

(A) Save their tickets
(B) Take public transportation
(C) Bring a camera
(D) Arrive early

화자는 청자들에게 무엇을 하라고 충고하는가?

(A) 입장권 모으기
(B) 대중교통 이용하기
(C) 카메라 가져오기
(D) 일찍 도착하기

해설 세부사항 관련 – 화자가 청자들에게 충고하는 것

지문 중반부에서 경기를 관람하러 가시는 분은 경기장 근처 도로 교통체증을 예상하고 대중교통 이용을 고려하셔야 할 것 같다(If you're going to the game, you can expect a lot of traffic on roads around the stadium, so you should consider taking public transportation)고 했으므로 정답은 (B)이다.

82

What will the listeners hear next?

(A) A celebrity speech
(B) A weather report
(C) A new song
(D) A business update

청자들은 다음에 무엇을 듣겠는가?

(A) 유명인사 담화
(B) 일기예보
(C) 신곡
(D) 실적 업데이트

어휘 celebrity 유명인사 weather report 일기예보

해설 세부사항 관련 – 청자들이 다음에 들을 것

지문 마지막에 어떤 날씨가 예상되는지 살펴보자(now, let's see what type of weather to expect)면서 예보를 위해 사만다 기자가 나와 있다(Here's Samantha with the forecast)고 했으므로 정답은 (B)이다.

> ▸▸ Paraphrasing 담화의 forecast → 정답의 A weather report

83-85 전화 메시지

W-Am Hi, Ms. Farrell. It's Bonnie Wolfberg from Goodlane Real Estate returning your call. 83I understand you're interested in putting your home up for sale next month, and I'd be happy to help you with that. 84The first step of this process is for me to view your property. After the visit, I can give you an idea of the price you could potentially get for your home. We have a list of buyers looking for houses in your area and could probably make a sale relatively quickly. Unfortunately, 85I'm leaving town tonight to go on vacation, so I won't be able to meet with you until next week. I hope that's all right.

안녕하세요, 퍼렐 씨. 저는 굿레인 부동산의 보니 볼프버그인데요. 답신 전화 드립니다. 다음 달에 집을 내놓을 의향이 있으신 것으로 압니다. 제가 도와드릴 수 있으면 좋겠습니다. 첫 번째 절차는 제가 건물을 보는 것입니다. 방문 이후, 받을 수 있는 금액안을 제시해 드릴 수 있습니다. 저희는 이 지역에서 집을 찾고 있는 구매자 목록을 확보하고 있어 상대적으로 빠르게 매각하실 수 있습니다. 안타깝게도 저는 오늘 밤 휴가를 떠나 다음 주까지 뵐 수가 없습니다. 양해해 주셨으면 합니다.

어휘 real estate 부동산 put ~ up for sale ~를 팔려고 내놓다 process 과정 property 건물, 재산 potentially 잠재적으로 relatively 상대적으로 go on vacation 휴가 가다

83

What does the listener want help with?

(A) Completing a building design
(B) Planning a grand opening
(C) Selling a home
(D) Purchasing furniture

청자는 무엇에 대해 도움을 바라는가?

(A) 건물 디자인 완성하기
(B) 개업식 기획하기
(C) 집 매각하기
(D) 가구 구매하기

어휘 complete 완료하다 grand opening 개업식

해설 세부사항 관련 – 청자가 도움을 바라는 일

지문 초반부에서 화자가 청자에게 다음 달에 집을 내놓을 의향이 있으신 것으로 알고 있으며 제가 도와드릴 수 있으면 좋겠다(I understand you're interested in putting your home up for sale next month, and I'd be happy to help you with that)고 했으므로 정답은 (C)이다.

> ▸▸ Paraphrasing 담화의 putting your home up for sale
> → 정답의 Selling a home

84

What does the speaker say she will do first?

(A) Get city approval
(B) Contact a bank
(C) Submit a payment
(D) Visit a property

화자는 제일 먼저 무엇을 하겠다고 말하는가?

(A) 시 승인받기
(B) 은행에 연락하기
(C) 지불금 내기
(D) 건물 방문하기

어휘 approval 승인 submit 제출하다 payment 지불, 지불금

해설 세부사항 관련 – 화자가 먼저 하겠다는 일

지문 중반부에서 화자가 첫 번째 절차는 제가 건물을 보는 것(The first step of this process is for me to view your property)이라고 했으므로 정답은 (D)이다.

85

Why is the speaker unable to meet until next week?

(A) She will be out of town.
(B) She is busy with another client.
(C) Her car is being repaired.
(D) Her house is being renovated.

화자가 다음 주까지 만날 수 없는 이유는?

(A) 지역을 떠나 있을 예정이다.
(B) 다른 고객 일로 바쁘다.
(C) 차가 수리 중이다.
(D) 집이 개조 중이다.

어휘 repair 수리하다, 고치다 renovate 개조하다, 보수하다

해설 세부사항 관련 – 화자가 다음 주까지 만날 수 없는 이유

지문 후반부에서 오늘 밤 휴가를 떠나 다음 주까지 만날 수가 없다(I'm leaving town tonight to go on vacation, so I won't be able to meet with you until next week)고 했으므로 정답은 (A)이다.

▸▸ Paraphrasing 담화의 leaving town → 정답의 be out of town

86-88 담화

M-Cn OK, **86before we open this morning, I'd like to talk to you about a couple of things.** First— the break room. A lot of staff have been leaving personal items like coats, shoes, and bags in the break room for long periods of time. **87Keep in mind that everyone working here uses the break room, and it ought to be kept neat and clean.** So, if you put any personal belongings in there, please take them with you at the end of your shift. **88There was one other thing, but,** uh, **86the store's opening in a few minutes**. **88Thanks.**

자, 오늘 아침 시작하기 전 두 가지 사항을 말씀드리려고 합니다. 첫 번째는 휴게실 관련 사항인데요. 많은 직원들이 코트, 신발, 가방 등 개인 물품을 오랫동안 휴게실에 내버려 둡니다. **휴게실은 전 직원이 사용하므로 물품은 깔끔하고 청결하게 보관되어야 함을 명심해 주십시오.** 따라서 개인 소지품을 휴게실에 둘 경우, 근무 종료 시 가져가시기 바랍니다. **다른 사항이 한 가지 더 있습니다만 몇 분 후면 개장이군요.** 감사합니다.

어휘 break room 휴게실 personal 개인의 neat 깔끔한 personal belongings 개인 소지품

86

Who most likely is the speaker?

(A) A health inspector
(B) A store supervisor
(C) A maintenance worker
(D) An interior decorator

화자는 누구이겠는가?

(A) 위생 검사관
(B) 매장 관리자
(C) 유지보수 인부
(D) 실내 장식가

어휘 inspector 검사관 supervisor 감독관, 관리자 maintenance 유지, 보수

해설 전체 내용 관련 – 화자의 직업

지문 초반부에서 오늘 아침 개장하기 전 두 가지 사항을 말씀드리고자 한다(before we open this morning, I'd like to talk to you about a couple of things)면서 직원들에게 주의사항을 공지하고 있는 것으로 보아 관리자임을 알 수 있고, 후반부에서 몇 분 후면 가게 개장(the store's opening in a few minutes)이라고 했으므로 정답은 (B)이다.

87

What does the speaker ask the listeners to do?

(A) Send accurate time sheets
(B) Save important documents
(C) Recommend a job candidate
(D) Keep an area neat

화자는 청자들에게 무엇을 하라고 요청하는가?

(A) 정확한 근무시간 기록표 보내기
(B) 중요한 문서 저장하기
(C) 입사 지원자 추천하기
(D) 구역을 깔끔하게 유지하기

어휘 accurate 정확한 time sheet 근무시간 기록표 job candidate 입사 지원자

해설 세부사항 관련 – 화자가 청자들에게 요청한 일

지문 중반부에서 휴게실은 전 직원이 사용하므로 물품은 깔끔하고 청결하게 보관되어야 함을 명심해 달라(Keep in mind that everyone working here uses the break room, and it ought to be kept neat and clean)고 했으므로 정답은 (D)이다.

88

What does the speaker imply when he says, "the store's opening in a few minutes"?

(A) Customers should be patient.
(B) Employees should work quickly.
(C) A schedule was changed.
(D) A meeting is ending.

화자가 "몇 분 후면 개장이군요"라고 말할 때, 그 의도는 무엇인가?

(A) 고객들은 참고 기다려야 한다.

(B) 직원들은 빨리 일해야 한다.

(C) 일정이 변경됐다.

(D) 회의를 마친다.

어휘 patient 참을성 있는

해설 화자의 의도 파악 – 몇 분 후면 개장이라는 말의 의도

인용문 앞에서 다른 사항이 한 가지 더 있습니다만(There was one other thing, but)이라고 한 뒤 인용문을 언급했고, 뒤이어 감사합니다(Thanks)라고 말을 마쳤으므로 곧 개장이기 때문에 추가 공지사항을 전달하지 않은 채 회의를 끝내려는 의도로 한 말임을 알 수 있다. 따라서 정답은 (D)이다.

89-91 견학 정보

M-Au Thanks for joining us today on a tour of our newest art exhibit. **89This exhibit features the works of Martina Santos, who specializes in making mosaics.** Each of her mosaics is crafted from hundreds of small, colored tiles. As you'll notice, the subjects of her artwork are plants and animals. That's because **90Ms. Santos draws her inspiration from nature.** OK, let's get started. While we walk through the exhibit, I'll provide you with some information on each mosaic. And **91at the end of our tour, we'll stop at the front desk, where you can pick up a free postcard with images of Ms. Santos' most famous works of art.**

오늘 저희 최신 미술 전시회 견학을 와 주셔서 감사합니다. **본 전시회에서는 마티나 산토스 씨의 작품을 선보입니다. 모자이크 제작 전문 작가인데요.** 모자이크는 작고 다채로운 타일 수백 개로 만들어집니다. 알아채셨겠지만 작품의 주제는 동식물입니다. **산토스 씨가 자연에서 영감을 얻기 때문입니다.** 자, 이제 시작하죠. 전시회를 둘러보는 동안 모자이크별로 정보를 제공해 드릴 예정입니다. **견학 마지막에는 안내데스크로 갈 겁니다. 그곳에서 산토스 씨의 가장 유명한 미술품들이 담긴 무료 엽서를 가져가실 수 있습니다.**

어휘 exhibit 전시 specialize in ~를 전문으로 하다 craft 공들여 만들다 draw inspiration from ~에서 영감을 얻다 postcard 엽서

89

Who is Martina Santos?

(A) A reporter

(B) An architect

(C) An artist

(D) A gardener

마티나 산토스 씨는 누구인가?

(A) 기자

(B) 건축가

(C) 화가

(D) 정원사

해설 세부사항 관련 – 마티나 산토스 씨의 직업

지문 초반부에서 본 전시회에서는 모자이크 제작을 전문으로 하는 마티나 산토스 씨의 작품을 선보인다(This exhibit features the works of Martina Santos, who specializes in making mosaics)고 했으므로 정답은 (C)이다.

90

According to the speaker, what is Martina Santos' source of inspiration?

(A) Travel

(B) Nature

(C) History

(D) Music

화자에 따르면 마티나 산토스 씨가 영감을 얻는 원천은 무엇인가?

(A) 여행

(B) 자연

(C) 역사

(D) 음악

해설 세부사항 관련 – 마티나 산토스 씨가 영감을 얻는 원천

지문 중반부에서 산토스 씨가 자연에서 영감을 얻는다(Ms. Santos draws her inspiration from nature)고 했으므로 정답은 (B)이다.

91

What does the speaker say the listeners can receive at the front desk?

(A) Some tickets

(B) Some headphones

(C) A receipt

(D) A postcard

화자는 청자들에게 안내데스크에서 무엇을 받을 수 있다고 말하는가?

(A) 입장권

(B) 헤드폰

(C) 영수증

(D) 엽서

어휘 receipt 영수증

해설 세부사항 관련 – 청자들이 안내데스크에서 받을 수 있는 것

지문 후반부에서 견학 마지막에는 안내데스크로 갈 텐데, 그곳에서 산토스 씨의 가장 유명한 미술품들이 담긴 무료 엽서를 가져갈 수 있다(at the end of our tour, we'll stop at the front desk, where you can pick up a free postcard with images of Ms. Santos' most famous works of art)고 했으므로 정답은 (D)이다.

92-94 연설

W-Br **92Thanks everyone for coming to Alina's farewell party.** I know I speak for the entire marketing department here at Kushing Cosmetics when I say we'll miss working with her. We all appreciate her positive attitude and ability to understand customer needs. **⁹³She was only with us one year, and during that time** sales of our new cosmetics line increased by ten percent! Fortunately, **⁹⁴she's not leaving the company but just transferring to the Singapore branch office, so we'll be able to keep in touch. Best of luck, Alina.**

앨리나 씨 송별회에 와 주신 모든 분께 감사드립니다. 쿠싱 코스메틱 마케팅 부서 전원을 대표해 앨리나 씨와 함께 일한 순간이 그리울 것이라는 말씀을 드립니다. 앨리나 씨의 긍정적인 태도와 고객 요구사항을 이해하는 능력에 감사드립니다. 함께 일한 지 일 년 밖에 안 되었지만, 그 기간 동안 신규 화장품 판매가 10퍼센트 상승했습니다. 다행히 회사를 떠나는 것이 아니고 싱가포르 지점으로 이동하는 것이니 계속 연락을 주고받을 수 있을 겁니다. 행운을 빕니다, 앨리나 씨.

> 어휘 farewell 작별 entire 전체의 appreciate 감사하다 positive 긍정적인 attitude 태도 customer needs 고객 요구사항 cosmetics 화장품 transfer 전근하다, 이동하다 branch office 지점 keep in touch 연락하고 지내다

92

What event is taking place?
(A) A product launch
(B) A going-away party
(C) An awards ceremony
(D) An anniversary celebration

어떤 행사가 열리고 있는가?
(A) 제품 출시
(B) 고별 파티
(C) 시상식
(D) 기념일 축하행사

어휘 launch 출시 awards ceremony 시상식 anniversary 기념일

해설 세부사항 관련 – 현재 열리고 있는 행사
지문 초반부에서 앨리나 씨 송별회에 와 주신 모든 분께 감사드린다(Thanks everyone for coming to Alina's farewell party)고 했으므로 정답은 (B)이다.

> ▶▶ Paraphrasing 담화의 Alina's farewell party
> → 정답의 A going-away party

93

Why does the speaker say, "sales of our new cosmetics line increased by ten percent"?
(A) To request additional staff
(B) To express disappointment
(C) To recognize an accomplishment
(D) To describe a new advertising strategy

화자가 "신규 화장품 판매가 10퍼센트 상승했습니다"라고 말한 이유는?
(A) 추가 직원을 요청하기 위해
(B) 실망감을 표시하기 위해
(C) 업적을 인정하기 위해
(D) 새 광고 전략을 설명하기 위해

어휘 request 요청하다 additional 추가의 disappointment 실망 recognize 인지하다, 인정하다 accomplishment 업적, 성취 strategy 전략

해설 화자의 의도 파악 – 신규 화장품 판매가 10퍼센트 상승했다는 말의 의도
인용문 바로 앞에서 함께 일한 지 일 년 밖에 안 되었지만, 그 기간 동안(She was only with us one year, and during that time)이라고 한 뒤 인용문을 언급하였으므로 일 년이라는 짧은 기간 동안 그녀와 같이 일하면서 판매 실적이 좋았다는 의도로 한 말이므로 정답은 (C)이다.

94

According to the speaker, what is Alina going to do?
(A) Transfer to another location
(B) Buy a house
(C) Start a new business
(D) Write a book

화자에 따르면 앨리나 씨는 무엇을 할 것인가?
(A) 다른 지점으로 전근
(B) 집 구매
(C) 신규 사업 시작
(D) 책 집필

해설 세부사항 관련 – 앨리나 씨가 할 일
지문 마지막에서 다행히 회사를 떠나는 것이 아니고 싱가포르 지점으로 이동하는 것이니 계속 연락을 주고받을 수 있을 것(she's not leaving the company but just transferring to the Singapore branch office, so we'll be able to keep in touch)이라면서 앨리나 씨에게 행운을 빈다(Best of luck, Alina)고 했으므로 정답은 (A)이다.

95-97 회의 발췌 + 그래프

W-Am Let's briefly discuss our progress in developing our new handheld G-Tech video game device. **⁹⁵We had twenty-five employees from other departments test out the prototype, so let's look at the results.** Most of them really liked the appearance. Hmm... we won't be able to change the weight of the device at this point. But **⁹⁶look at this other feature: only ten people liked it. So that's what I want our team to work on**—I know we can do better. Please, **⁹⁷send me some ideas by the end of the week.** We'll have a brainstorming session on Monday to make a final decision.

새로운 소형 G-테크 비디오 게임기기 개발에 관련된 진척사항에 대해 간단히 얘기합니다. 타 부서 직원 25명에게 시제품을 써 보게 했는데, 결과를 살펴보죠. 대부분 외관은 매우 마음에 들어 했습니다. 음… 이 시점에서 기기 무게를 바꾸지는 못할 겁니다. 하지만 이 기능을 한번 보죠. 열 사람만이 마음에 들어 했습니다. 우리 팀은 이 기능에 노력을 기울여야 해요. 더 잘 해낼 수 있습니다. 이번 주 말까지 아이디어를 보내주세요. 최종 결정을 내리기 위해 월요일에 브레인스토밍 시간을 갖겠습니다.

어휘 briefly 간단히 progress 진보 handheld 휴대용의, 소형 기기 test out 시험해 보다 prototype 시제품 appearance 외관 feature 기능 brainstorming 브레인스토밍(여러 사람이 동시에 자유롭게 자기 생각을 제시하는 방법) make a decision 결정하다

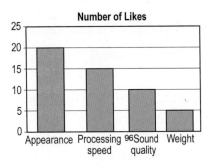

Number of Likes

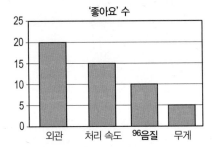

'좋아요' 수

95

According to the speaker, where did the feedback come from?

(A) A trade magazine review

(B) A board member

(C) A group of employees

(D) A marketing research firm

화자에 따르면 어디에서 의견을 얻었는가?

(A) 업계지 논평
(B) 이사회 회원
(C) 직원들
(D) 마케팅 연구조사 업체

해설 세부사항 관련 – 의견의 출처

지문 초반부에서 타 부서 직원 25명에게 시제품을 써 보게 했는데, 그 결과를 살펴보자(We had twenty-five employees from other departments test out the prototype, so let's look at the results)고 했으므로 정답은 (C)이다.

96

Look at the graphic. Which feature will the listeners work on?

(A) Appearance

(B) Processing speed

(C) Sound quality

(D) Weight

시각 정보에 의하면 청자들은 어떤 기능에 노력을 기울일 것인가?

(A) 외관
(B) 처리 속도
(C) 음질
(D) 무게

어휘 processing 처리

해설 시각 정보 연계 – 청자들이 노력을 기울이게 될 기능

지문 중반부에서 이 기능을 한번 보라(look at this other feature)면서 열 사람만이 마음에 들어 했다(only ten people liked it)고 했고, 우리 팀은 이 기능에 노력을 기울여야 한다(So that's what I want our team to work on)고 했으므로 정답은 (C)이다.

97

What does the speaker ask the listeners to do by the end of the week?

(A) Talk to their managers

(B) Suggest some ideas

(C) Revise some documentation

(D) Approve some specifications

화자는 청자들에게 이번 주 말까지 무엇을 하라고 요청하는가?

(A) 관리자에게 이야기하기
(B) 아이디어 제안하기
(C) 문서 수정하기
(D) 사양 승인하기

어휘 suggest 제안하다 revise 수정하다, 변경하다 approve 승인하다 specification 사양

해설 세부사항 관련 – 화자들이 청자들에게 이번 주말까지 하라고 요청한 일

지문 후반부에서 이번 주 말까지 아이디어를 보내라(send me some ideas by the end of the week)고 했으므로 정답은 (B)이다.

> ▸▸ Paraphrasing 담화의 send me some ideas
> → 정답의 Suggest some ideas

98-100 담화 + 지도

M-Cn Welcome to our fifth annual company retreat here at Bankbury Nature Preserve. This morning we'll start with some hiking. There are four trails to choose from, but [98]**I highly recommend going out to the Mountain Lodge.** You'll get a great view of the entire nature preserve from up there, and it's a nice spot to stop for lunch. Now, don't forget that [99]**we'll be meeting at the Wildflower Garden at three P.M. for some team-building activities,** so please make sure to leave enough time to hike over there. Before we split into our groups, [100]**I'm going to come around and hand out water bottles.**

뱅크버리 자연보존지역에서 열리는 제5회 연례 회사 야유회에 오신 것을 환영합니다. 오늘 아침에는 하이킹으로 시작하겠습니다. 네 개의 길 중 선택할 수 있지만 **마운틴 랏지로 가실 것을 적극 추천합니다**. 위로 올라가면 자연보존지역의 멋진 전체 경관을 볼 수 있으니까요. 점심을 먹기에 좋은 곳이죠. **오후 3시에 팀워크 활동을 위해 와일드플라워 가든에서 모일 예정이니** 하이킹 하기에 충분할 정도로 시간을 두시기 바랍니다. 그룹으로 나뉘기 전에 **제가 돌아다니면서 물병을 나눠드리겠습니다**.

어휘 annual 연례의   retreat 야유회, 피정   trail 산길   highly recommend 적극 추천하다   nature reserve 자연보존지역 split into ~로 나뉘다   hand out 나눠주다

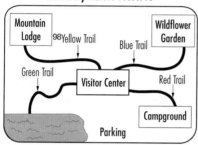

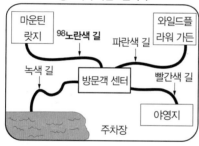

98

Look at the graphic. Which trail does the speaker recommend?

(A) Yellow
(B) Blue
(C) Red
(D) Green

시각 정보에 의하면 화자는 어떤 길을 추천하는가?

(A) 노랑
(B) 파랑
(C) 빨강
(D) 녹색

해설 시각 정보 연계 – 화자가 추천하는 길

지문 초반부에서 마운틴 랏지로 가실 것을 적극 추천한다(I highly recommend going out to the Mountain Lodge)고 했으므로 정답은 (A)이다.

99

According to the speaker, what will happen at 3:00 P.M.?

(A) The bus will leave the parking area.
(B) Some team events will begin.
(C) A photograph will be taken.
(D) A park ranger will give a lecture.

화자에 따르면 오후 3시에 무슨 일이 있을 것인가?

(A) 버스가 주차장을 떠난다.
(B) 팀 행사가 시작된다.
(C) 사진 촬영이 이뤄진다.
(D) 공원 경비원이 강연을 할 것이다.

어휘 park ranger 공원 경비원   lecture 강의

해설 세부사항 관련 – 오후 3시에 일어날 일

지문 중반부에서 오후 3시에 팀워크 활동을 위해 와일드플라워 가든에서 모일 예정(we'll be meeting at the Wildflower Garden at three P.M. for some team-building activities)이라고 했으므로 정답은 (B)이다.

▸▸ Paraphrasing   담화의 team-building activities
→ 정답의 team events

100

What does the speaker say he will do next?

(A) Lead a hike
(B) Meet with the company director
(C) Distribute some beverages
(D) Go to the visitor center

화자는 다음에 무엇을 하겠다고 말하는가?

(A) 하이킹 안내하기
(B) 회사 중역 만나기
(C) 음료 나눠주기
(D) 방문객 센터로 가기

어휘 director 중역, 이사   distribute 분배하다, 나눠주다   beverage 음료

해설 세부사항 관련 – 화자가 다음에 할 행동

지문 후반부에서 제가 돌아다니면서 물병을 나눠드리겠다(I'm going to come around and hand out water bottles)고 했으므로 정답은 (C)이다.

▸▸ Paraphrasing   담화의 hand out water bottles
→ 정답의 Distribute some beverages